Siegfried von Vegesack
Briefe
1914–1971

Siegfried von Vegesack

1914–1971

Herausgegeben von
Marianne Hagengruber

Morsak Verlag

Schutzumschlag:
Siegfried von Vegesack
vor der Tür seines Hauses in Weißenstein, 1967
Foto: Horst Sauer

Schutzumschlaggestaltung: Heinz G. Schütze

Gesamtherstellung:
Morsak Druckerei und Verlag oHG
8352 Grafenau
ISBN 3–87553–282–1

Siegfried von Vegesack: eine Kurzbiografie

1888   Am 20. März (westlicher Zeitrechnung) wurde Sieg-
            fried von Vegesack in Blumbergshof in Livland gebo-
            ren. Er war das neunte Kind des Ordnungsrichters Ot-
            to Gotthard von Vegesack und seiner Frau Janet Con-
            stance Clementine (gen. Jenny) von Campenhausen.
1901–1907   besuchte er das Stadtgymnasium von Riga.
1907–1912   studierte er in Dorpat „ich weiß kaum noch was".
1912–1914   setzte er das Studium in Berlin, Heidelberg und Mün-
            chen fort.
            In München lernte er seine spätere Frau, die schwedi-
            sche Schriftstellerin Clara Nordström, kennen. Durch
            den Kriegsausbruch war für Vegesack eine wissen-
            schaftliche oder journalistische Tätigkeit in seiner Hei-
            mat unmöglich geworden. Er folgte seiner Braut nach
            Schweden.
1915   Am 16. Februar heiratete er Clara Nordström in Stock-
            holm.
1916   kehrten Clara Nordström und Siegfried von Vegesack
            nach Deutschland zurück. Vegesack bekam eine An-
            stellung in der Pressestelle des Auswärtigen Amtes bei
            Paul Rohrbach. Er veröffentlichte politische Artikel
            und, gemeinsam mit baltischen Freunden, Gedichte.
1917   Im April wurde die Tochter Isabel geboren; im Herbst
            verließ die Familie Vegesack Berlin und übersiedelte
            nach Niederbayern.
1918   erwarben Clara und Siegfried von Vegesack den leerste-
            henden Turm der Burg Weißenstein bei Regen. Sie be-
            trieben eine kleine Landwirtschaft und widmeten sich

	wieder ihrer schriftstellerischen Arbeit; Vegesack übersetzte vornehmlich aus dem Russischen: Romane von Gogol, Ljeskow und Turgenjew.
1923	wurde der Sohn Gotthard geboren; er fiel 1943 in Polen.
1923–1926	stellten sich erste schriftstellerische Erfolge ein: In Cottbus wurde die *Tote Stadt* uraufgeführt, in Prag mit großem Erfolg *Der Mensch im Käfig;* bei A. R. Meyer in Berlin erschien der Gedichtband *Die Kleine Welt vom Turm* gesehen.
	Freunde aus der Berliner und Münchner Zeit kamen zu Besuch nach Weißenstein; die Freundschaft mit Kubin und Koeppel, die in der Nähe wohnten und arbeiteten, und mit Bergengruen wurde begründet.
1929–1932	verpachteten Clara und Siegfried von Vegesack den Turm an die Künstlervereinigung PORZA und zogen in den Tessin. Als Gäste kehrten sie zeitweise auf den Turm zurück.
1932	erschien Vegesacks Roman *Das fressende Haus* über seine Jahre in Weißenstein, den er in wenigen Wochen im Tessin geschrieben hatte.
1933	Am 12. März wurde Vegesack für einige Tage im Amtsgericht Regen festgehalten, weil er die neuen Machthaber beleidigt hatte. Auch dort verfaßte er politisch-satirische Gedichte, mit denen er schon in den zwanziger Jahren den Zorn der niederbayerischen und baltischen Öffentlichkeit erregt hatte.
1933–1935	erschien in drei Teilen die *Baltische Tragödie*.
1935	wurde die Ehe geschieden. Vegesack ging in den dreißiger Jahren häufig auf Reisen: nach Schweden und Südtirol, nach Jugoslawien, ins Baltikum und nach Südamerika.
1940	Im April heiratete Vegesack Gabriele (gen. Jella) Ebermayer (geb. 1903), die Tochter eines Würzburger Obersten.
1941	wurde der Sohn Christoph geboren; Vegesack meldete

sich freiwillig als Dolmetscher in den Osten, kam als „Sonderführer" in die Ukraine, nach Georgien, auf die Krim und schließlich auch in die alte Heimat. Seine „Denkschrift" über die Behandlung der Bevölkerung im Osten konnte erst 1965 erscheinen.

1956   wurde Vegesack als Ordentliches Mitglied in die Deutsche Akademie für Sprache und Dichtung gewählt.

1957   erschien der Schlußband der Baltischen Trilogie, *Der letzte Akt.*

1959–1960 reiste Vegesack nach Südamerika.

1960   erschien *Vorfahren und Nachkommen.* Die Baltische Trilogie war fertiggestellt.

1963   erhielt Vegesack den Ostdeutschen Literaturpreis der Künstlergilde Esslingen.

1965–1966 reiste Vegesack ein letztes Mal nach Südamerika. Als eine Art Lebensbilanz erschien nach dieser Reise der Roman *Die Überfahrt* (1968).

Neben den hier aufgeführten Büchern erschienen Kinderbücher, Gedicht- und Prosabände, Reiseberichte, Romane und Übersetzungen. In den fünfziger und sechziger Jahren arbeitete Vegesack bevorzugt für den Rundfunk, wo er seine Texte zum großen Teil auch selbst lesen konnte.

1974   Am 26. Januar ist Siegfried von Vegesack in Weißenstein gestorben, wo er auch begraben ist.

Vorwort

„Bücher sind nur dickere Briefe an Freunde; Briefe sind nur dünnere Bücher für die Welt!" (Jean Paul)

Briefe halten das Eintägige fest und geben ihm einen Wert in der Geschichte; oftmals erschließen sie sie erst. Sie erzählen dem Leser hier und jetzt vom Schreiber dort und damals; mit der räumlichen überwinden sie auch die zeitliche Distanz. Die direkte Anrede bringt sie dem Leser so nahe wie dem Adressaten. Genußvoll verzichten sie zumeist auch auf das stilistische Korsett einer zeitüberspannenden Form und machen Geschichte für den Leser zum persönlichen Erlebnis. Der Schreiber müht sich nicht, Aufregungen und momentane Empfindungen zu verbergen, einzubauen in einen größeren Gedanken; er erzählt von seiner Umgebung, seiner Welt, wie er sich in ihr einrichtet, manchmal sogar vom Wetter. Unverhohlen, manchmal unbeabsichtigt, beschreiben Briefe die Entstehung eines Werkes und rechtfertigen es aus erkennbaren Bedingungen.
Der Leser ist dankbar: Er sucht den Menschen hinter dem Werk, das dieser sich solche Mühe gegeben hat, dauerhaft zu gestalten. Der Leser möchte es verstehen können aus einem Leben, das seinem vergleichbar ist; er sucht nach Trost und Verständnis und findet in einer Zeit, in der es jedem schwer fällt, über sich selbst zu reden, Wörter und Themen in alten Briefen. Notwendig entstehen Briefe aus dem Alleinsein. Sie schließen den Leser in die Gedanken des Schreibenden ein und erfüllen seine Sehnsucht nach Neuigkeiten, Erfahrungen und Klatsch, wodurch Geschichte erst erlebbar wird, wenn er dem literarischen Formwillen mißtraut.
Auch für Vegesack war das Authentische von großer Bedeutung: Immer wieder äußert er in Briefen, manchmal im Ton des Bedauerns, er habe nur gestalten können, was lebhaft Erinnerung in ihm war; er hat die Aufgabe eines Chronisten einer beinahe versunkenen Zeit und Gesellschaft mit großem Ernst erfüllt und ihre Wichtigkeit erkannt.

Das Baltikum, woher Vegesack stammte, verdankte seiner exponierten Lage Zeiten unvergleichlichen Glanzes und ununterbrochener Machtkämpfe. Die deutsche Oberschicht fühlte sich immer zum Deutschen Reich gehörig, während auf das Territorium die Schweden, die Polen, die Russen und auch die Deutschen ihre Hand legten. Das bittere Ende der langen Geschichte des Baltikums erlebte Vegesack in seinem Leben: teils in Livland, teils aus Erzählungen und Briefen, die seine Familienangehörigen und Freunde ihm zukommen ließen.

Im Ersten Weltkrieg und in seinem Kampf gegen das neue Sowjetregime verlor das Land Hunderttausende von Einwohnern durch Kriegstod und Massenvernichtung; dann konnte es sich zwanzig Jahre in glanzloser Freiheit behaupten; 1939 wurde das Land durch den zwischen Hitler und Stalin geschlossenen Nichtangriffspakt an die Sowjetunion ausgeliefert. 1941 erklärten die Nazis den Sowjets den Krieg und fielen ins Baltikum ein; wieder kamen durch Massenvernichtungen (diesmal traf es vor allem die Letten und Juden) Hunderttausende um. Drei Jahre später „befreiten" die russischen Truppen das Land und gliederten es dem eigenen Staat ein; in Teheran wurde es Stalin zugestanden; wieder wurden zwischen 1941 und 1949 Hunderttausende nach Sibirien deportiert und ermordet.

„Der Kampf der Menschen gegen die Macht ist der Kampf des Erinnerns gegen das Vergessen", schreibt Kundera, dem so ein Schicksal nicht fremd ist. Beinahe erleichtert machte Vegesack sich nach einigen modischen Romanen, Mitte der dreißiger Jahre, endlich an „seinen Stoff": Er schrieb die *Baltische Tragödie,* der später ein *Letzter Akt* und ein gewaltiges Vorspiel folgen sollten.

In einer „Drei-Minuten-Biografie" für die Rigasche Rundschau (vermutlich 1932) beschrieb er seine frühen Jahre:

„Auf dem väterlichen Gute Blumbergshof in Livland als neuntes Kind meiner Eltern geboren, wollte ich mit zehn Jahren Missionär werden. Ich las eifrig das Missionsblatt „Hosianna", lief in den Wald und predigte laut (da keine Schwarzen vorhanden waren) den Tieren und Bäumen. Später schoß ich ebenso eifrig Eichhörnchen, Hasen, Rehe, Füchse und zuletzt sogar einen Elch. Machte das Abitur, ich gestehe es tief beschämt, mit silberner Medaille, studierte (wenn man das so nennen darf) in Dorpat (ich weiß kaum noch was), verlor das linke Auge auf der Mensur, machte mit dem anderen Auge das russische Staatsexamen, setzte das Studium in Heidelberg, Berlin und München fort, und war gerade fertig, als der Krieg ausbrach. Da der russische Staat keine einäugigen Soldaten brauchte, konnte ich un-

gestört nach Schweden fahren, wo ich mit dreißig Rubeln in der Tasche ankam, mir zwei goldene Trauringe kaufte und mich am nächsten Tag in Stockholm trauen ließ. Ich arbeitete in der Redaktion einer schwedischen Zeitung, dann bei Paul Rohrbach in Berlin, nährte mich in der großen Zeit von Kohlrüben, Tee und Zwieback, den man nach langem Anstehen gegen ärztliches Zeugnis bekam und der aus Sägespänen hergestellt wurde. Als meine Beine blau wurden und die Adern platzten, floh ich mit meiner Frau und sechs Monate alter Tochter in den Bayerischen Wald.
Hier fanden wir einen alten Raubritterturm mit Spuk und Gespenstern, der seit Jahren leer stand, und deshalb für ein Butterbrot zu haben war. Mit vierundsiebzig Bierseideln (die einzige Hinterlassenschaft der alten Raubritter), sechs steinernen Kanonenkugeln und einem ungeheuren runden Tisch richteten wir uns gemütlich ein. Dann kauften wir uns eine Ziege, dann eine Kuh. Ich lernte das Mähen (zwei Sensen flogen dabei in Stücke), meine Frau das Melken, wir aßen Pilze, Beeren, Brennesseln und wurden gesund."
Den Turm verließ Vegesack nur noch für kleinere und größere Reisen. In diesem Fressenden Haus blieb vieles aufbewahrt. So ließ sich aus den Gegenbriefen ein Großteil der geführten Korrespondenz rekonstruieren und ermöglichte die vorliegende Arbeit. Der Schriftsteller Vegesack, geübt im Denken, kundig im Schreiben, hatte ein ambivalentes Verhältnis zum Aufbewahren von Briefen: Er lehnte es strikt ab, Briefe aufzubewahren, tat es aber doch. Mehr noch: Einige der Briefe schrieb er ab, versah sie auch mit Randbemerkungen, um einem späteren Leser die Arbeit zu erleichtern. Er wußte allzugut, welch ein Schatz in Briefen lag. Sein Spätwerk, die *Vorfahren und Nachkommen* wären wohl kaum entstanden, hätte er nicht 1958 die „Orellensche Brieflade" gefunden. Auch in seinen Romanen und Erzählungen läßt er die Figuren immer wieder alte Brieflade hervorziehen, um sich und anderen zu erklären, wer sie sind und woher sie kamen. So läßt er Jaschka sagen: „Du weißt, daß ich keine Bücher lese – was die Menschen sich ausdenken und schreiben und die Dichter sich zusammenphantasieren, das interessiert mich nicht. Aber in diesen Briefen ist ja nichts ausgedacht, die Menschen, die sie schrieben, haben wirklich gelebt, und das, wovon sie berichten, ist nicht ausgedacht und erfunden, sondern wirklich geschehen."
Was wirklich geschehen ist in Vegesacks Leben als Schriftsteller, davon erzählen vor dem Hintergrund der Zeitgeschichte und der literarischen Strömungen auszugsweise diese Briefe.

Als Vegesack das literarische Zentrum verlassen hatte, verhielt er sich keineswegs als einsamer Seher, sondern setzte seine Mitarbeit heiter und entschlossen fort. Und diese beschränkte sich keineswegs auf „landwirtschaftliche Lyrik" (wie ein Redakteur ihm schrieb). Vegesack war mehr als zwei literarischen Generationen Zeitgenosse und er verweigerte nie politische Verantwortung und moralisches Urteil.

Die Briefe geben im Ausschnitt das literarische Leben dieses Jahrhunderts wieder: Berlin, den Expressionismus und den „Sturm", das Salon- und Theaterleben; die legendären Figuren der literarischen und künstlerischen Welt in Berlin und München wurden zu Adressaten und Kollegen.

Briefe sind nicht Vegesacks wesenhafter Umgang mit Freunden – Freundschaften waren ihm wichtig und Briefe dienten nur, sie über die Zeit räumlichen Getrenntseins zu retten. So tragen sie auch nicht ausgesprochen literarischen Charakter. Neben großen Zeitthemen kommt es zu Gesprächen über das Werk: Er hat den Freunden literarisches Urteil abverlangt und selbst auch gegeben. Aber der Herr von Vegesack pflegte zu schweigen, wenn Selbstzweifel und unglückliche Stimmung es vielleicht nahegelegt hätten, Rat und Aufmunterung von seinen Freunden einzuholen. 1943, als in Berlin das Unterste nach Oben gekehrt wurde, gingen die meisten Briefe Vegesacks an seine dortigen Freunde verloren, entweder in den Flammen oder in den Trümmern, aus denen die Flüchtenden nur das Notwendigste retteten.

Bei der Auswahl der Briefe wurde das Hauptaugenmerk auf die Entstehungsgeschichte des Werkes gelegt, auf Vegesacks Selbstverständnis und Selbsteinschätzung als Dichter.

Während die Briefe nach dem Zweiten Weltkrieg in großer Zahl erhalten sind und aus sich selbst sprechen, war es im ersten Teil des Buches notwendig, die spärlichen Briefe (aus denen wiederum thematisch eine Auswahl getroffen wurde) durch Anmerkungen in ihrer Vielzahl von Hinweisen auf historische und literarische Vorkommnisse leichter lesbar zu machen.

Diese Anmerkungen setzen sich zusammen aus Briefen an Vegesack, aus Kritiken über seine Werke und aus Texten Vegesacks, die im Nachlaß erhalten sind oder aus Veröffentlichungen in Zeitschriften und Zeitungen wieder aufgefunden werden konnten. Viele sind zum Verständnis notwendig, manche sind kurios. Auf den Abdruck zugänglicher Texte wurde verzichtet.

Soll man Briefe schreiben? überlegte Vegesack 1932 –

„. . . wer Briefe bekommen will, muß selbst Briefe schreiben. Dazu braucht er drei Dinge: erstens Zeit, zweitens Zeit, und drittens noch einmal Zeit.

12

Wer hat aber heute noch die Muße und Ruhe für einen richtigen Brief? Was jetzt in die Maschine diktiert oder mit großen fahrigen Buchstaben schnell aufs Papier geschmiert wird, sind Mitteilungen, Nachrichten, aber nicht Briefe."

Die Muße, das stimmt, hatte er nie, Briefe anstelle des Werkes zu schreiben, oder solche, die den Gedanken dafür vorbereiteten, wie sein verehrter Jean Paul. Die besten Briefe schrieb Vegesack, von den brillanten Berichten aus Südamerika abgesehen, wenn er sein Werk erklären und verteidigen mußte, wenn er seine Stellung in der Welt und in der Zeit benennen mußte. Sie sind Literaturgeschichte an seinem Exempel. Briefe der Muße sind sie nicht, aber insofern wirklich Briefe seiner Zeit.

Marianne Hagengruber

Siegfried von Vegesack in Blumbergshof

Siegfried von Vegesack: geb. 20. März 1888 in Blumbergshof in Livland als jüngster Sohn von Gotthard von Vegesack und dessen Frau Jenny (geb. von Campenhausen) und als solcher traditionsgemäß für eine wissenschaftliche Laufbahn bestimmt. Nach dem Schulabschluß studierte er in Dorpat Geschichte, ging nach seinem Russischen Staatsexamen nach Berlin, Heidelberg und München, wo er seine Studien in Geschichte und Kunstgeschichte erweiterte. Zuweilen träumte er davon, Künstler zu werden, aber eine deutliche Begabung oder Neigung glaubte er nicht zu verspüren.

Im Wintersemester 13/14 kam er nach München, und wogegen er sich vorher gesträubt hatte, das geschah ihm nun: Er hatte eine Einladung zur Hochzeit eines Vetters nach Schweden ausgeschlagen, um keine Schwedin kennenzulernen und heiraten zu müssen; er hatte die Einladung zur Hochzeit seines Bruders nach Schweden ausgeschlagen, weil man dort wieder nur Schwedinnen kennenlernt und er wollte keine Schwedin heiraten. In München wohnte er in der Pension Gisela:

Es „war ein Haus mit bescheidenem Komfort, aber mehr als anregender Gesellschaft: jedes Stockwerk beherbergte mindestens ein Genie, und jedes Zimmer wenigstens ein Zukunft verheißendes Talent, ein ungewöhnliches Phänomen oder eine verkannte Größe ... Da tauchte plötzlich, wie aus einer anderen Welt, eine ganz ungewöhnliche Erscheinung auf: eine blonde Nordländerin, die ihre großen graugrünen Augen in ratlosem Staunen von einem zum anderen gleiten ließ".

(Siehe: Pension Künstlerheim. ANA 397 der Bayr. Staatsbibl.)

Clara Nordström

Clara Nordström (geb. 1886 in Karlskrona in Schweden – 1962 in Mindelheim gestorben). Schriftstellerin und erste Ehefrau S. v. V's. Sie arbeitete bereits als Schriftstellerin, als Vegesack sie kennenlernte und zählte viele „Phänomene" der „Münchner Szene" und auch aus der literarischen Szene in Berlin, wo sie zuvor gelebt hatte, zu ihren Freunden. Vegesacks Bekanntschaft mit Kubin, Hesse und Werner Richter, mit Rolf von Hoerschelmann und Max Unold kam durch ihre Vermittlung zustande.

Siegfried von Vegesack nahm bei Clara Nordström Unterricht in der schwedischen Sprache und begann unter ihrem Einfluß auch zu schreiben. Der erste Brief, noch vor der Hochzeit geschrieben, ist schon ein Bekenntnis Vegesacks zu seinem künftigen Schriftstellerberuf, in dem Clara ihn, wie er gesteht, anleitet und kritisiert.

Als sie beschlossen hatten zu heiraten, kehrte Vegesack mit ihr in die alte Heimat zurück, wo er eine Anstellung an der Rigaschen Rundschau erwartete. Aber der Ausbruch des 1. Weltkrieges machte diese Erwartung zunichte: Clara Nordström mußte das Baltikum verlassen und Vegesack konnte mit der erwarteten festen Anstellung nicht mehr rechnen, blieb aber zunächst in seiner Heimat.

An Clara Nordström

(Blumbergshof)
Freitag, den 31. Okt/13.
November 14
kurz vor 10

Alskling! Bevor ich ins Bett krieche nur ein paar Worte: vom Kaffee bis zum Abendbrot sass ich an der „Nebenfigur". Jetzt glaube ich den eigentlichen Ton gefunden zu haben, auf den Alles ankommt, und auf den Alles stimmen muss: das Meiste von dem, was dasteht, werde ich wegwerfen oder ändern müssen. Das ist die „Trollsche" Schule: Du glaubst nicht, wie sehr Du „dabei" bist, wenn ich schreibe, – ich höre Deine Stimme, die meine Feder führt, – Alskling, wie ich Dir danke! Wie hast Du mein plumpes Ohr geschärft, – und doch wirst Du noch so vieles zu verbessern haben: das hört nie auf! – Heute klingelte Helga an; sie hat von Mama eine Karte bekommen, in der Mama fragt, welches Mamas Mädchenname ist (Familienname), – es ist für die Papiere vom Pastor Keller notwendig; und nun denk Dir: ich habe ihn ganz vergessen und kann nicht darauf kommen! Verzeih mir! Da die nächste Post von hier erst Montag geht, bat ich Helga, Dir eine Karte zu schreiben, die Du nun wohl erhalten haben wirst. –
Es ist noch unbestimmt, wann Mama und Helga mit der kleinen Britt zurückkommen. – Heute Morgen hatte es sich ein wenig aufgeklärt, und ich beschloss einen Jagdzug zu unternehmen mit Klise und Bossi auf dem Moor, am Rande des Kallei-Waldes. Klise und Bossi hoben einen Hasen, – und das „Skranja" (wie man hier das „Geläute" nennt) ging in den Wald; ich lief vor, und kam gerade zur rechten Zeit, wie eben der arme Hase nichtsahnend über den Graben springen wollte; zwei Schuss, – und er legte sich zappelnd hin und gab seinen Geist auf. Klise, die das Jagen ihres beschwerlichen Zustandes wegen gleich aufgegeben hatte, kam zuerst auf mein Pfeifen und die Schüsse erregt angestürmt, – fand den Hasen und legte sich stolz neben ihn. Da kam Bossi schon atemlos angekeucht, – aber galant wie er ist, überliess er die Beute seiner Gattin, – obgleich er ihn gejagt hatte.

Zu Hause bekam jeder von ihnen ein Hasenbein als Belohnung! Die Wirtin war sehr erfreut und schleifte den Hasen stolz in den Eiskeller; nach Smilten wurde das Ereignis sofort telephonisch verbreitet! Die Fleischnot hat also ein Ende! – Aber auch einen Verlust habe ich dabei zu beklagen: der eine Hahn ist von der alten Schrotflinte abgefallen, – ich bemerkte es erst zu Hause, – nach dem Mittag habe ich ihn überall im Walde gesucht, – aber wie soll man dies kleine Stück Eisen finden! Nun kann ich nur einen Schuss abgeben, wie bei der Büchse! – Dann habe ich heute den „Lille bror" glücklich beendet, – und morgen geh ich an Strindberg! In Italien bin ich auch ein wenig umhergewandert, also ein „guter" Tag, – wie „gut" er ohne Troll sein kann! – Alskling, ich fühle es ja immer deutlicher: im Frühjahr heiraten wir und mieten uns irgendwo ganz billig ein paar Zimmer für den Sommer, – bis zum Herbst wird sich dann alles klären, – länger kann ich nicht warten, als bis zum Frühling! Mut, Troll, – ich sehe, wie es schon heller wird, – am Ende des Tunnels, in dem wir nun sitzen! Gute Nacht, Alskling, – draussen stürmt es und schneit es, – aber wir sind doch nah und können nicht von einander fortgeblasen werden! Dein ganz Standhafter!
PS Die Adresse von den Loddigerschen ist: Riga, Alexanderbouch 1, wenn Du Ihnen schreiben willst! –

Alskling (schwed.): Liebling
Troll: ein kleiner Zauberer. SvV nannte Clara Nordström so, weil er behauptete, sie könne ein wenig zaubern.
Lille bror (schwed.): Kleiner Bruder. Für die literarischen Arbeiten, von denen im Brief die Rede ist, gibt es keine weiteren Hinweise.
Die von bestimmten Zeitungen schon länger geförderte Deutschfeindlichkeit im Baltikum, unter der Vegesack als Schüler schon zu leiden hatte, war nun zur offiziellen Meinung geworden. Im August 1914 wurden die deutschen Schulen geschlossen, die Deutschen Vereine zur Liquidation gezwungen; es wurde verboten, an öffentlichen Orten und auf der Straße deutsch zu sprechen, deutsche Briefe zu schreiben und deutsche Zeitungen zu lesen. Behördliche Maßnahmen veranlaßten Haussuchungen, Verhaftungen und Verbannungen der baltischen Deutschen. Am 15. Februar 1915 erging das Gesetz über die Zwangsliquidation des deutschen Grundbesitzes

in Rußland. Hunderte von deutschen Familien wurden zwangsumgesiedelt. Die Deutsch-Balten richteten ihre Hoffnung auf die Eingliederung ins Reich: daß die deutschen Truppen das Baltikum besetzen würden.
Siegfried von Vegesack verließ im Februar 1915 das Baltikum und fuhr nach Schweden, wo er am 16. Februar in der Deutschen Kirche in Stockholm mit Clara Nordström getraut wurde. Er blieb vorerst dort, lernte Schwedisch, arbeitete als Volontär bei der deutschfreundlichen Zeitung „Nya Dagligt Allehanda" und schrieb von Schweden aus Aufsätze für deutsche Zeitungen wie den „Roten Tag" in Berlin.

An Prof. Georg Schweinfurth   (2)   Stockholm, den 26. Mai 1915

Hochverehrter Herr Professor!
Vielmals danke ich Ihnen für Ihren liebenswürdigen Brief vom 10. Mai, dessen Inhalt und Grüsse ich gleich an Dr. Philipp übermittelt habe. In diesen Tagen erhielt ich von ihm aus Riga einen sehr ausführlichen Brief vom 14. Mai, den ich Ihnen beiliegend übersende, – ich glaube, so werden Sie sich am besten von dem günstigen Zustande meines lieben Freundes überzeugen können! Die „gute Tante", die sich seiner so freundlich angenommen hat, ist, – wie Sie aus dem Briefe ersehen werden, – eine Frau Goeschel, – wenn ich nicht irre, eine geborene Schweinfurth. –
Nun hat Italien doch begonnen, und der Krieg wird sich wohl noch länger hinausziehen, als man erwartete. Falls ich im Herbst hier keine feste Anstellung finden sollte, wollen wir nach Deutschland ziehn, wo ich leichter Arbeit zu finden hoffe. Der hiesige deutsche General-Consul versicherte mir, daß eine Erlaubnis für unsere Einwanderung nach Deutschland leicht zu erwirken wäre. Bisher habe ich hier in der Redaktion einer sehr anständigen und wohl am meisten 'deutsch' gesinnten Zeitung, „Nya Dagligt Allehanda" gearbeitet, wo ich über die russische Presse zu referieren hatte. Einige Referate habe ich auch für die „Kreuz-Zeitung" zusammengestellt, deren letztes über 'Rußlands Kohlenhunger' ich Ihnen zu übersenden bat, – vielleicht haben auch *die* „guten" Nachrichten Ihr Interesse gefunden!

Nun habe ich eine große Bitte an Sie, mit der ich hoffe Ihnen, hochverehrter Herr Professor, nicht lästig zu fallen: vielleicht wären Sie in der Lage, mir einen Rat zu geben, wo und an wen ich mich am besten zu wenden hätte, um in Deutschland irgend eine Arbeit zu finden! Ich habe in Dorpat das Studium der Geschichte beendet und mein russ. Staatsexamen gemacht, – was mir aber wohl für Deutschland kaum von Nutzen sein wird! Außerdem habe ich in Berlin und München zwei Jahre Geschichte und Kunstgeschichte studiert und war für den vorigen Herbst an der Redaktion der 'Rigaschen Rundschau' angestellt, – als der Krieg ausbrach und ich meine Anstellung zufolgedessen verlor. Infolge zu schwacher Augen und auch fehlender Geldmittel muss ich leider von einer wissenschaftlichen Laufbahn absehen. Das Einzige, was ich vielleicht für mich anzuführen hätte, ist die Beherrschung der russischen u. schwedischen Sprache. Falls Sie, hochverehrter Herr Professor, die grosse Liebenswürdigkeit hätten und mir irgend einen Rat geben könnten, wäre ich Ihnen zu ausserordentlichem Dank verpflichtet! Falls unsere Heimat nicht zu Deutschland kommt, halte ich eine Rückkehr dorthin für ausgeschlossen! –

Wir reisen in ein paar Tagen nach Trosa, – einem kleinen Badeort südlich von Stockholm, – unsere Adresse ist dann: *Trosa, Pension Regnell.* – Meine Frau läßt Sie herzlich grüssen! –

In der Hoffnung, dass meine Bitte nicht zu unbescheiden ist, empfiehlt sich Ihnen

Ihr Ihnen aufrichtig ergebener

PS: Wenn wir wirklich die Gelegenheit hätten, Sie in Deutschland zu treffen, würde es sowohl meiner Frau wie mir eine grosse Freude sein!

Georg Schweinfurth (1836 in Riga geboren, 1925 in Berlin gestorben): Er war als Botaniker, Geologe und Ethnograph ein bedeutender Afrikaforscher. Sein Hauptwerk „Im Herzen von Afrika" erschien 1874 in zwei Bänden. Er war ein beliebter und geschätzter Wissenschaftler und ein verehrter Landsmann.

21

Der in Estland geborene Otto Freiherr von Taube schreibt in seinem Erinnerungsbuch über einen Aufenthalt in Palermo, die Balten seien in der Pension T. gut angeschrieben gewesen, denn „Stammgast daselbst, oft für ganze Monate, war unser berühmter Landsmann, der Afrikareisende Schweinfurth, welcher, tropengewohnt, sich nicht gern über die Alpen nordwärts wagte und seine Forschungsreisen lieber mit Erholungen in Palermo als in Deutschland oder in seiner Heimat unterbrach". (OvT: Stationen auf dem Wege, Heidelberg 1969, S. 27)

Seine letzten Lebensjahre verbrachte Schweinfurth in Berlin, wo er im Botanischen Garten seine reichhaltigen Sammlungen archivierte. Als Vegesacks nach Deutschland zurückgekehrt waren, lud er Clara Nordström in den Botanischen Garten ein: „Ich bin beflissen, ihr einige Schönheiten der Alpenflora zu zeigen . . ." (Br. vom 19. Juni 1918)

Clara Nordström hatte nämlich, wie es scheint, schon vor ihrer Heirat mit Vegesack dafür gesorgt, daß über ihre schwedische Adresse Georg Schweinfurth Briefe aus dem Baltikum empfangen und solche dorthin senden konnte (so auch an seinen „Großneffen" Philipp Schweinfurth), da der Postverkehr zwischen dem Baltikum und dem „Reich" nahezu unterbunden war.

Was die Lebensstellung für Vegesack betrifft, von der in diesem Brief die Rede ist, so wußte Schweinfurth ihm nicht gut zu raten: „. . . im Journalistenfach drängt sich die baltische Diaspora mit Überhäufung zusammen." Dem Historiker Vegesack empfiehlt S. aber, eine Studie über die vergleichbare Stellung von Riga und Triest anzufertigen und verweist ihn auf die Bibliothek von Lübeck, „wo man einen Kenner des Schwedischen und Russischen wohl brauchen könnte". (Br. vom 30. Mai 15)

Als Vegesack schon in den Bayerischen Wald abgewandert war, unterhielten sie sich über vergleichbare Riten bei den Waldlern und den Bogo-Negern, etwa den Brautraub.

Daß diese frühen Briefe an Georg Schweinfurth überhaupt erhalten sind, ist Schweinfurths wissenschaftlicher Fürsorglichkeit zuzuschreiben. An seine Nichte, die Frau des Afrikaforschers Gerhard Rohlfs, schrieb er, während er seinen Nachlaß ordnete, über das Aufheben von Briefen: „Denn erst nach hundert oder Hunderten von Jahren gewinnt so etwas Interesse, und was kommt es alsdann auf unsere kleinen und kleinlichen Geheimnisse an!" (in Konrad Günther: Georg Schweinfurth. Lebensbild eines Afrikaforschers, Stuttgart 1954)

Philipp Schweinfurth (geb. 1887 in Riga – gestorben 1954 in Istanbul):

Er war der „Neffe" von Georg Schweinfurth („unsere Ur- und Großväter waren Brüder" G. Schw.) und Vegesacks Klassenkamerad in Riga. Er blieb während des Krieges in Riga, betrieb kunsthistorische Forschungen und bereitete sich auf seine Lehrtätigkeit vor. 1919-26 war er Dozent an der Universität Riga und von 1924-26 auch an der Lettischen Kunstakademie Riga. 1927 Privatdozent an der Universität Breslau, wo er von 32 bis 36 als nb. ao. Professor arbeitete, in der gleichen Position ging er 1936 nach Berlin, wo er ab 1939 an der Humboldt-Universität Professor war, bis diese 1943 zerstört wurde. 1947 nimmt er dort die Lehrtätigkeit wieder auf, folgt aber 1949 seiner Frau in die Schweiz, von circa 1950 an arbeitet er als Professor an der Universität Istanbul.

Philipp Schweinfurth hatte während seiner Jahre in Riga unter schweren Depressionen zu leiden und war auch mehrmals in Behandlung. Eine Tischlerlehre hat ihn möglicherweise wieder hergestellt, aber durch alle seine Briefe zieht sich niedergedrückte Stimmung und Unentschlossenheit. In den zwanziger- und dreißiger Jahren unternimmt er ausgedehnte kunsthistorische Reisen u. a. nach Ägypten und Spanien; mehrmals trifft er Vorbereitungen für eine Umsiedlung oder Emigration, aber er kann sich nicht entschließen und schiebt Geldmangel vor.

Auch im September 1925 deutet er eine Umsiedlung an, er hat Aussicht auf einen Lehrauftrag in Berlin. Am 23.9. stirbt dort sein Onkel, und Philipp kehrt nach Riga zurück, von wo er immer wieder schreibt, die Lage habe sich gebessert.

Die nächsten Briefe von Philipp Schweinfurth sind aus Berlinchen, wohin er mit seiner Frau geflüchtet ist, als er in Berlin nach der Bombardierung im Jahre 1943 alles verloren hat. Er kehrt nach dem Krieg mit der Frau, seinen Schwägerinnen und einem Kind nach Berlin zurück und folgt den Frauen dann in die Schweiz. 1949 erhält er einen Lehrauftrag an der Uni Zürich und später einen Ruf an die Universität Istanbul, wo er Mitglied der Literarischen Fakultät wird. Sein letzter Brief ist vom 5.11.52. Sein Schriftenverzeichnis umfaßt 79 Titel. Sein Hauptwerk ist DIE BYZANTINISCHE FORM, Berlin erstmals 1943 und Mainz 1954. (siehe: Philipp Schweinfurth: Schriftenverzeichnis in chronologischer Reihenfolge von Heinz Ladendorf. Aus der Byzantinistischen Arbeit der Deutschen Demokratischen Republik. Hrsg. von J. Irmscher, Berlin 1957)

Philipp Schweinfurth und Vegesack verband eine lebenslange sehr intensive Freundschaft, die sich leider nicht dokumentieren läßt, da Vegesacks Briefe an Schweinfurth trotz großer Bemühungen nicht mehr zu finden sind. Nur zwei Briefe Vegesacks sind in Durchschlägen erhalten, einer aus dem Jahr 1919 und einer aus dem Jahr 1949.

An Prof. Georg Schweinfurth ⁽³⁾

Trosa, Pension Regnell,
d. 5. Juni 1915

Hochverehrter Herr Professor!

Soeben erhielt ich Ihren so unendlich liebenswürdigen Brief vom 30. Mai und bin Ihnen für Ihre wertvollen Ratschläge ebenso dankbar, wie für das freundliche Entgegenkommen, das Sie mir erwiesen haben! – Ich bin ganz Ihrer Ansicht, dass es vorläufig für mich am Besten ist, die Ereignisse hier abzuwarten. Um aber doch wenigstens eine Möglichkeit für die Zukunft näher in Betracht zu ziehen, will ich auf Ihren freundlichen Rat hin in diesen Tagen nach Lübeck schreiben und anfragen, ob ich vielleicht in der dortigen Bibliothek eine Arbeit finden könnte. Gerne würde ich mich mit dem von Ihnen vorgeschlagenen Thema 'Riga und Triest' näher befassen, – leider habe ich aber alle meine Bücher zu Hause lassen müssen, – (über die russische Grenze gelang es mir, nur das aller Unentbehrlichste herüberzuschaffen, – darunter den alten Schopenhauer, der von der russischen Gendarmerie einer eingehenden Besichtigung unterworfen und schliesslich als 'unverdächtig' freigegeben wurde!) und hier in Trosa, – der zweitkleinsten Stadt Schwedens mit kaum 1000 Einwohnern, – steht mir leider keine Bibliothek zur Verfügung! Ich begnüge mich daher mit der eingehenden Erlernung der schwedischen Sprache, wobei ich mich im Schriftlichen noch wesentlich zu vervollkommnen habe. Jeden Vormittag erteilt mir meine Frau eine regelrechte Stunde, – Schwedisch zu lesen geht nun fast ebenso leicht und schnell wie deutsch; aber das Übersetzen *ins Schwedische* ist wesentlich schwerer, – bis zum Herbst hoffe ich aber auch darin so weit zu kommen, dass ich auch hier in Schweden im Notfall eine Stelle finden könnte. –

An Philipp will ich in diesen Tagen ausführlich schreiben und ihm zu verstehen geben, dass Alles, was er mir zukommen läßt auch zu

24

Ihnen wandert, und ihn bitten, – Ihrem Wunsche gemäss, – möglichst *viel Persönliches* mitzuteilen! –

Nach dem glücklichen Fortgang der Kriegsereignisse im Osten hoffen wir sehr auf eine radikale Änderung zum Guten in der Heimat! Es ist nur sehr schade, dass man in Deutschland, – nach einem Aufsatz von Harnack im letzten Hefte der 'Woche' zu urteilen, – sich den Ostseeprovinzen gegenüber merkwürdig kühl verhält. Eine aufklärende Propaganda in dieser Richtung wäre vielleicht sehr zeitgemäss! –

Meine Frau bittet mich, Ihnen und auch Frau Rohlf die allerbesten Grüsse zu bestellen!

Indem ich Ihnen, hochverehrter Herr Professor, nochmals für die grosse Liebenswürdigkeit, mit der Sie sich meiner Sache angenommen haben, aufs allerwärmste danke, verbleibe ich Ihr aufrichtig ergebener

Kriegsereignisse: Seit dem Frühjahr 1915 waren die baltischen Länder Kriegsschauplatz. Die deutschen Truppen eroberten am 8. Mai 1915 Libau, am 1. August Mitau und hielten von da an das ganze Kurland besetzt.

Harnack, Adolf von (Dorpat 1851-Heidelberg 1930): Professor für Kirchengeschichte in Berlin. Von 1906 bis 1921 war Harnack der Generaldirektor der späteren Preußischen Staatsbibliothek. Sein Aufsatz in der „Woche" vom 29. Mai 1915 trägt den Titel: *Die Leistung und die Zukunft der baltischen Deutschen* und ist der Versuch, über die Kulturleistung der Balten aufzuklären und das Streben verständlich zu machen, die Ostseeprovinzen dem Deutschen Reich wieder anzugliedern, das im dt. Volk auf wenig Unterstützung und keine große Freude zu stoßen schien.

(4)

An Prof. Georg Schweinfurth   Trosa, Pension Regnell,
                                      Schweden den 18. August 1915

Hochverehrter Herr Professor!

Erst heute erhalte ich von Ihrem Neffen eine Antwort, – ich war schon recht beunruhigt über sein Schicksal. Nun freut es mich doppelt, Ihnen wieder gute Nachrichten von ihm übermitteln zu können! Ich glaube, es ist am besten, wenn ich Ihnen den Brief selbst, wie das letzte Mal, schicke: er wird Ihnen am anschaulichsten von seinem merkwürdig geruhsamen Leben in Riga berichten, – aus der Ferne stellt man sich Alles viel schlimmer vor! Ich hoffe, dass es nicht all zu lange dauern möge, dass wir ohne russische Censur Briefe aus Riga erhalten können! Briefe *nach* Riga sollen nicht mehr befördert werden, – lese ich in den schwedischen Zeitungen. Ich werde es mit einer russischen Karte versuchen, – vielleicht lässt man sie passieren! –

Meine Frau lässt sich Ihnen empfehlen!

Mit herzlichem Dank für Ihre freundliche Karte empfiehlt sich Ihnen, hochverehrter Herr Professor,

Ihr ganz ergebener

An Prof. Georg Schweinfurth   Smålands Taberg,
                                        Turisthotellet d. 10. Sept. 15

Hochverehrter Herr Professor!

Infolge unseres Umzuges hierher und eines Aufenthaltes in Stockholm erhielt ich Ihren liebenswürdigen Brief vom 21. August sehr verspätet erst vor einigen Tagen, und hätte ihn gleich beantwortet, wenn mich nicht eine böse Erkältung mit Fieber daran verhindert hätte. Sie werden es mir deshalb verzeihen, wenn ich Ihnen erst heute antworte und erst heute Ihnen herzlich danke für die freundliche Übersendung des „beliebten und unbeliebten Deutschen", den ich mit lebhaftem Interesse gelesen, – besonders die Erlebnisse aus dem Schatz Ihrer reichen Erinnerungen! Für ein Leben, wie das Ihrige, müssen viele Erscheinungen des gegenwärtigen Krieges in gewisser Hinsicht wie eine grosse Rekapitulation eigener Erlebnisse wirken: das pöbelhafte Benehmen von seiten der Russen, – die freundschaftlichen Gefühle der Araber und Türken: alles, was Sie selbst unmittelbar am eigenen Leibe erfahren, macht sich nun in vergrössertem Maasstabe geltend! Da die Post-Verbindung mit Riga nun vollständig abgebrochen ist, werden Sie wohl sicher früher als ich von dort Nachrichten erhalten! Hoffentlich hat Ihr Neffe Philipp bei seiner Mutter in Riga bleiben können, – ich hörte, dass alle Männer im Alter von 18-43 Jahren ausgewiesen seien, – kann mir aber nicht denken, dass dieses Gebot wirklich zur Durchführung gelangt ist. Für Philipp in seinem Zustande wäre dies wohl ganz entsetzlich gewesen, besonders, da sich seine Mutter ja nicht rühren kann und an Riga gebunden ist. Zur Sicherheit schreibe ich Ihnen seine Adresse, damit Sie, sobald dieses möglich sein wird, an ihn schreiben können:

Riga, Schalenstrasse 11, (. . .), Pension Haken.
Die Vertreter der Ritterschaft sind nach Dorpat übergesiedelt, nur Astaf Transehe, der Ritterschafts-Notar und Bearbeiter des reichen Schirrenschen Archives, ist zur Überwachung des Ritterhauses in Riga geblieben. Falls Sie Prof. Schiemann bei Gelegenheit sehen sollten, so teilen Sie ihm, bitte, dieses mit: er wird sich sicher dafür interessieren, von Astaf Transehe voraussichtlich doch bald direkte Nachrichten erhalten zu können!
Wenn doch unsere grossen Hoffnungen in Erfüllung gingen!!
Indem ich Ihnen nochmals für Ihre freundlichen Zeilen aufrichtig danke, empfiehlt sich Ihnen, hochverehrter Herr Professor,
Ihr ganz ergebener

P.S. Meine Frau bittet mich, sich Ihnen zu empfehlen

Georg Schweinfurth: *„Der beliebte und der unbeliebte Deutsche";* Skizze in den „Süddeutschen Monatsheften" (1915)
Schirren, Karl (Riga 1826 - †1910): Bis 1869 war er Professor f. russ. Geschichte in Dorpat. Die Verfechtung der Rechte seiner Heimat kostete ihn seine Stellung. *1869* erschien seine *Livländische Antwort an Herrn Juri Samarin*, eine umfassende Broschüre, die das ganze Verhältnis der livländ. Provinzen zum russ. Reich behandelte; der Kernabschnitt wendet sich gegen Samarin, den Vertreter des damals noch i. d. Anfängen begriffenen Panslawismus. Nach 1874 war Schirren Prof. in Kiel.

An Prof. Georg Schweinfurth · Smålands Taberg,
Schweden d. 30. Okt. 1915

Hochverehrter Herr Professor!

Gestern abend erhielten wir endlich nach langer Zeit beiliegenden Brief von *Philipp*, der merkwürdig schnell, – nur 10 Tage gegangen ist! Obgleich in ihm nichts von dem enthalten ist, was augenblicklich wohl alle Menschen in Riga in Atem hält, – (während die Kanonen donnern, sitzt der gute Philipp im Museum u. studiert 'Rembrandt'!) – wird Ihnen sein Brief jedenfalls die Gewissheit geben, dass er gesund ist, arbeitet und seinen Kopf nicht verloren hat! – Durch meine Mutter, die in Dorpat lebt, will ich ihm Nachricht geben, dass sein Brief glücklich angekommen. Ich bitte Sie um die Freundlichkeit ihn behalten zu wollen: da er englisch geschrieben ist, fürchte ich, dass er auf dem Rückwege verloren gehen würde! Soeben höre ich von einem Herrn *von Günzel*, der vor 10 Tagen in Riga war, dass *alle Livländer ohne Ausnahme* auswandern wollen, falls wir nicht zu Deutschland kommen, – der nationale Aufschwung soll ganz *enorm* sein! Der Bürgermeister (Stadthaupt) von Riga, Herr von Bulmering, und viele Andere sind eben nach Irkutsk verschickt worden! –

In der Hoffnung, dass Sie, hochverehrter Herr Professor, recht bald *direkt* von Philipp Nachrichten erhalten werden können, grüsst Sie herzlich und empfiehlt sich Ihnen

Ihr ganz ergebener

Im Herbst 1915 lernte Vegesack in Schweden Paul Rohrbach kennen, der dort einen Vortrag hielt. Vegesack trug ihm seine Bitte um eine Anstellung in Deutschland vor und Rohrbach übernahm ihn in seine Zentralstelle für Auslandsdienst des Auswärtigen Amtes. Da Vegesack nur einen russischen Paß besaß und Schwierigkeiten drohten bei der Einwanderung nach Deutschland, bürgte Ferdinand Graf Zeppelin, „der Luftschiffonkel", der mit V.'s Tante Isabella verheiratet war, für ihn.

Im November 1915 ging Vegesack nach Berlin als Sekretär des von Rohrbach gegründeten „Ausschusses für Deutsche Ostpolitik", um für die baltische Sache zu arbeiten.

Paul Rohrbach (1869 in Irgen/Kurland geboren, 1956 in Langenburg/Baden gestorben) hatte in Dorpat, später in Berlin und Straßburg studiert, wo insbesondere Adolf von Harnack (Prof. für Kirchengeschichte) und Richthofen (Prof. für Geographie) ihn beeinflußt hatten. Eine akademische Karriere war ihm verschlossen geblieben, so bereitete er sich auf eine Laufbahn als Publizist vor: er unternahm ausgedehnte Reisen nach Asien und Afrika.

1903 wurde er kaiserlicher Kommissar für das Ansiedlungswesen in Deutsch-Südwestafrika.

Von 1906 ab war er ausschließlich publizistisch tätig. Vor und nach dem 1. Weltkrieg war er der meistgelesene Kommentator außen- und kolonialpolitischer Thesen in Deutschland.

Von der Theologie herkommend und stark von Harnack und Naumann beeinflußt, entwickelte Rohrbach in einer Synthese von Christentum und Politik eine fast chiliastisch anmutende Theorie eines deutschen Kulturimperialismus.

In seinen Lebenserinnerungen: *Um des Teufels Handschrift*. Hamburg 1953, schreibt er:

„Nach Berlin zurückgekehrt, stellte ich alle meine Arbeit auf den Krieg ein. Ich hatte kurz vorher mit der Herausgabe einer Wochenschrift *„Das größere Deutschland"* begonnen. Um jeden Verdacht auf Alldeutschtum abzuwehren, benannte ich sie um in *„Deutsche Politik"* . . . Dann wurde mir nahegelegt, mich für die bei der Presse-Abteilung des Auswärtigen Amtes neu eingerichtete „Zentralstelle für Auslandsdienst" zur Verfügung zu stellen . . . In der Zentralstelle wurden mir Aufbau und Leitung wöchentlicher Berichte über die Presse der feindlichen und neutralen Länder anvertraut . . . Für Rußland stand neben mir an erster Stelle als Sachkundiger Axel Schmidt, der einige Jahre vorher, wegen seiner demokratischen Anschauungen, das stark konservative Baltenland verlassen und sich eine publizistische Tätigkeit in Deutschland gesucht hatte . . . Rußland (wurde vervollständigt) durch Specht und Siegfried von Vegesack. Es wurden regelmäßige und häufige Sitzungen abgehalten, in denen jeder über sein Gebiet referierte und zu dem aus den Zeitungen gesammelten Material seinen Kommentar gab. Die engl., amerik. und russischen Zeitungen bekamen wir über Schweden, die frz. über die Schweiz . . . Wöchentlich wurde für das Auswärtige Amt eine gedruckte Presseübersicht hergestellt." (S. 195-197)

29

Paul Rohrbach

„Wir Kenner Rußlands vertraten die doppelte These, daß die Hoffnung auf einen Sonderfrieden mit dem Kaiserlichen Rußland falsch war und daß es unser Kriegsziel gegen Rußland sein mußte, die volklich und historisch nicht zusammengehörigen Bestandteile der Riesenmasse eigenstaatlich zu organisieren . . .

Mit Broederichs und Vegesacks Hilfe arbeitete ich eine umfassende Denkschrift „Russisches" aus und sandte sie an Stellen, wo ich mir davon eine politische Wirkung versprach." (S. 200)

Rohrbach war ein Kritiker der Weimarer Republik, aber seine Breitenwirkung ließ in jener Zeit auch nach. Im Rahmen seiner Aufgabe veranstaltete Vegesack über 100 Vorträge in allen Teilen Deutschlands, gab eine eigene Korrespondenz, zahlreiche Broschüren und verschiedene Bücher heraus, so das „Baltenbuch" (im Gelben Verlag in Dachau), v. a. die Sammlung „Ostsee und Ostland", wovon ein Band „Die jungen Balten" behandelte: die jungen baltischen Dichter. Es war der Band 4 der Reihe „Die Baltischen Provinzen" und wurde von Bruno Goetz herausgegeben.

Bruno Goetz (1885 in Riga geboren, 1954 in Zürich gestorben) begann, nachdem er in Wien und München studiert hatte, seine Tätigkeit als Schriftsteller und Übersetzer gleichfalls in Berlin. In seinem Vorwort schreibt Goetz:

30

„Die Balten sind immer Individualisten gewesen. Das hängt irgendwie mit der Enge und Abgeschlossenheit ihres Heimatbodens, mit der Abenteuerlichkeit und Zerrissenheit ihrer Geschichte, mit der Gefährdung und Gefährdetheit ihres nationalen Lebens zusammen. Um sich behaupten zu können, mußten sie nach außen und innen die Herren bleiben. Das hat dem Einzelnen den Nacken gesteift und ihn in seinen Eigenheiten und Eigentümlichkeiten bestärkt. Die Balten sind deshalb ein Geschlecht voller Widersprüche, wie die meisten deutschen Geschlechter, – nur dünnblütiger, spiritualer, skeptischer – ein Herrengeschlecht, kein Volksstamm: kein neuer Bauernstand führte ihm neues Blut zu.

Ihr künstlerisches Leben stand immer in engem Zusammenhang mit dem deutschen Mutterlande. Was sie an Dichtungen hervorgebracht haben, ist zuerst und vor allem *deutsche* Dichtung, ist von ihr nur der Färbung, nicht der Art nach unterschieden . . .

Die jungen baltischen Dichter fußen also nicht eigentlich auf der älteren *baltischen* Dichtung. Im Gegenteil nur sehr weniges, nur jene unfaßbare, unbestimmbare baltische Färbung haben sie mit ihr gemein. Ihre geistige Heimat ist Deutschland." (Die Jungen Balten: Gedichte. Band 4 der Reihe: Die Baltischen Provinzen. Herausgegeben von Bruno Goetz, Verlag Fritz Lehmann, Berlin-Charlottenburg 1916)

Im Kreis dieser zumeist in Berlin lebenden Jungen Balten hatte Vegesack für seine Dichtungen sein erstes bedeutendes Forum. Goetz charakterisierte seine frühen Gedichte so: „zarte, leise und manchmal auch etwas spöttische Verse – haben einen Unterton von versteckter Müdigkeit und überwacher Verträumtheit: sie verbergen viel und verkleiden es mit seltsamen Masken."

Das Bewußtsein einer großen Vergangenheit und zweifelhafter Zukunft ließ den jungen Vegesack ein altes Gedicht schreiben:

Im Grabe

Oft lieg des Nachts ich regungslos gebannt:
mir ist, als wenn ich längst in Grabestiefe
den ewgen Schlaf der Toten einsam schliefe,
vom Todesschweigen feierlich umspannt.

Die Hand ruht welk gefaltet in der Hand.
Ein jeder Laut, der sich zu mir verliefe,
und mich zurück ins helle Leben riefe, –
prallt dumpf nur ab an meines Sarges Wand.

So seltsam dünkt mich all mein Tagestun:
die Wünsche, Hoffnung, Furcht und Sehnsucht ruhn
und lösen sich allmählich und verblassen.

Nur fernes Mitleid regt sich noch in mir
mit jener stillen Seele, welche hier
so sanft und abgeklärt die Welt verlassen.

In dieser Anthologie „Die jungen Balten" war aber auch ein Gedicht erschienen, das schon auf Vegesacks Zukunft vorauswies:
Das Mistbeet.
Infolge schwerer Erkrankung mußte Vegesack 1917 Berlin verlassen und siedelte nach Bayern, aufs Land, über. Am 1. April 1917 wurde die Tochter Isabella geboren. Im März 1918 erwarb er den Getreidekasten der Burg Weissenstein bei Regen, wo er bis zu seinem Lebensende leben und arbeiten sollte.
Lasst im Vergangenen schwelgend mich vergehn . . .
hatte in dieser Anthologie Gustav Specht geschrieben, der gleichfalls mit
Vegesack im Ausschuß für deutsche Ostpolitik gearbeitet hatte und, als Vegesack Berlin verlassen hatte, sein getreuer Berichterstatter und Agent in
Berlin wurde.
Gustav Specht (1885 in Riga geboren, 1956 in Konstanz gestorben) war in
Riga in einem großbürgerlichen Haus aufgewachsen, hatte in Jena und
Straßburg studiert und über J. M. R. Lenz promoviert. Er war Oberlehrer in
Kiew und Moskau gewesen und 1913 nach Berlin gekommen, um dort das
„höhere Schulwesen" zu studieren. Während des 1. Weltkrieges, der ihn in
Berlin überraschte und seine Rückkehr verhinderte, arbeitete er bei Paul
Rohrbach. Vegesack erinnert sich in seinem Nachruf auf Specht: „Es sind
jetzt grade vierzig Jahre her, dass wir ‚junge Balten' uns in Berlin kennenlernten: Bruno Goetz, Hellmuth Krüger, Gustav Specht und ich. Wir arbeiteten damals unter Paul Rohrbach und Axel Schmidt in der Zentralstelle für
Auslandsdienst im Auswärtigen Amt, mussten russische Zeitungen lesen

und übersetzen, was uns keinen allzu grossen Spass machte. Zum Trost dichteten wir heimlich nebenbei und lasen uns Abends unsere Erzeugnisse vor, die 1916 in der Anthologie ,Die jungen Balten' erschienen und bei den ,alten' Balten allgemeines Kopfschütteln erregten, weil diese Verse alles andere, nur nicht ,Heimatgedichte' in der bisher üblichen Art waren!

Schon damals, mit dreissig Jahren, war Gustav Specht ein Eigenbrötler und Sonderling, der sich schroff nach aussen abschloss, und zu dem man nur schwer einen Zugang finden konnte. Hatte man aber einmal seine Freundschaft gewonnen, so hielt er unerschütterlich an ihr fest ... Seiner Kritik habe ich vieles zu verdanken. Er war, – wie ich es ihm einmal sagte, – mein ,literarisches Gewissen': streng und unbestechlich. Und das war er auch den eigenen Gedichten gegenüber. Er konnte Wochen, ja Monate und Jahre, an einer Verszeile feilen. Ans Gedrucktwerden, oder gar daran, seine Gedichte gegen Entgelt zu veröffentlichen, – daran dachte er nie.

Und so blieb es immer ein Rätsel, wovon Gustav Specht eigentlich lebte. Gelegentlich übersetzte er aus dem Russischen, so die ,Kreutzersonate' von Tolstoj, zu der Gerhard Hauptmann ein Vorwort schrieb. Auch verfaßte er Librettis für Opern. Einmal glückte es ihm sogar, für vier Worte ein Honorar von 200 Mark zu erhalten: das Metropoltheater in Berlin hatte einen Preis von 200 Mark für den besten Titel einer neuen Revue ausgesetzt, den Specht gewann. Sein Titel lautete: ,Von Mund zu Mund.' Zum Leben brauchte Specht eigentlich nur russische ,Papyros', die er stets selbst stopfte, und vom Morgen bis zum Abend, oft auch die Nacht durch rauchte. Wenn ich ihn in seinem möblierten Zimmer in Berlin besuchte, war er stets in Rauchwolken eingehüllt. Sonst schien er keine leiblichen Bedürfnisse zu haben. Und so sah er schon damals wie ein wandelndes Skelett aus: ein Totenkopf mit mächtig hochgewölbter Stirn und ausgehöhlten Wangen."

Und als Vegesack, der auf dem Lande aufgewachsen war, wieder aufs Land zurückkehrte, schrieb Specht aus Berlin (12.2.18): „. . . denken Sie in Ihrer Waldeinöde ab und zu daran, dass es einen Potsdamer Platz gibt, und dass nicht weit davon ein „Sturm" stürmt und die grosse Kunstempfängnis gebenedeit und gefeiert wird."

Die jungen Balten kamen in den Kulturschmelztiegel Berlin und blieben vom Expressionismus nicht verschont, wenngleich sie noch ihre Zirkel pflegten. Am 15. März 1918 schrieb Gustav Specht:

„. . . Und Sie haben nicht dabei sein können! Und Sie sind dabei, sich in einen Turm einzusperren, wo sich hier in Berlin grosse Dinge vollziehen . . . Ich schrieb Ihnen neulich schon, dass Friedrich Kayssler sich unserer Gedichte angenommen hat. Der Zirkel fand im Heim der Frau von Bülow statt; es ist übrigens nicht die Romanschriftstellerin, wie ich zuerst vermutete, sondern die Witwe Hans von Bülows! Frau von Bülow hatte zu dieser Veranstaltung sogar Einladungen nach auswärts hin ergehen lassen, es waren Zuhörer aus Hannover, Weimar u. a. zugegen – ein illustrer Kreis, dem man das „Geistige" ansah, schade, dass man nicht alle genauer kannte und bei dem fürchterlichen Gedränge sich nur den Zunächststehenden vorstellen konnte.

Ich lege Ihnen die Vortragsfolge der Gedichte bei, wie sie Kayssler selbst festgesetzt hatte. Diese Auslese scheint wohl seinem intimeren Geschmack zu entsprechen. Sie hätten Ihr „Heimchen" hören sollen! Schon dieser unvergleichlichen Interpretation Kaysslers wegen muss man sich freuen, dass Sie seinerzeit auf die Aufnahme dieses Gedichtes in die Sammlung bestanden – gegen gewisse Einwendungen von Bruno Goetz.

Und dann das „Wispern der besorgten Mäuse", – es war einzig, Kaysslers Wiedergabe dieses Ihres Gedichtes erleben zu dürfen. Sowas gibt Mut zu neuen Taten – lassen Sie sich das gesagt sein!"

(Friedrich Kayssler (1874-1945) Schauspieler und Theaterdirektor. Seit 1895 wirkte er vorwiegend in Berlin; von 1918-23 als Direktor des Volkstheaters; als Schauspieler ein strenger, spröder Typus, der sich besonders in der Darstellung von Hebbel und Strindberg auszeichnete.)

Vegesack hörte auf Specht und schrieb. Er wandte sich nun dem Theater zu und das Ergebnis war ein Einakter: *Die Beichte der schönen Simonetta.* Die Bühnenvertriebsstelle charakterisierte das Stück so:

„Simonetta, eine schöne Sünderin des Fleisches, lässt den jungen Fra Giovanni zu sich kommen, um ihre Beichte abzulegen über ihren lasterhaften Lebenswandel. Alle Lust des Fleisches hat sie bis auf den Grund ausgekostet, nun ist sie krank auf den Tod. Sie fragt den jungen Mönch, ob Gott ihre Sünden vergeben könne, worauf ihr Fra Giovanni entgegnet, Gottes Güte kenne keine Grenzen. Er will von ihr nicht weichen, bis sie erlöst ist; er fühlt Gott in sich, seine Kraft. Und da Gott Mensch ward, nahm er die Sünden der Welt auf sich, also will auch er, Fra Giovanni, ihre Sünden auf sich nehmen. Immer mehr erregt Simonetta die Sinne des jungen Geistlichen, bis er halb in geistiger Ekstase, halb in fleischlicher Sinnenlust vor ihr niederstürzt und ihr leidenschaftlich die Hände, den Mund, die Füsse und schliesslich die Schuhe küsst, aus denen sie behutsam geschlüpft ist, um mit hellem, silbernem Lachen hinter dem Vorhang zu verschwinden, wie ein Kind, das sich über ein Spiel freut."

Gustav Specht
1941

Am 20. Mai 1919 lehnte der Bühnenvertrieb das Stück ab: „ . . . so bestehen auch heute noch dieselben Bedenken gegen die zu sehr hervortretende Perversität dieses Einakters. Wenn auch ein Umschwung in die Verhältnisse eingetreten ist, so ist doch das religiöse Gefühl unserer katholischen Mitbürger im grossen und ganzen dasselbe geblieben. Ein Versuch, das Werk bei einer massgebenden Bühne unterzubringen, würde seiner Tendenz wegen scheitern . . . "

Auch Specht schrieb am 23. Mai 1918:

„ . . . Ich rate Ihnen nicht, die ‚Simonetta' Friedrich Kayssler zu schicken. Kayssler ist augenblicklich mit Vorbereitungen für seine neue Direktionstätigkeit (er übernimmt vom Herbst ab das Volkstheater am Bülowplatz) so sehr in Anspruch genommen, dass er für ihm ins Haus fliegende Manuskripte keine Musse aufbringen könnte. Eine etwaige Aufführung der „Simonetta" im Volkstheater verbietet sich schon der sehr grossen Räumlichkeiten wegen, wo jede Kammerspiel-Wirkung verloren geht.

Von Herwarth Walden sind eine ganze Reihe neuer Sachen in eigenem Verlage erschienen. Ich würde sie Ihnen gern schicken, wenn Sie die Dichtungen nur rationenweise Ihrer Frau einflössen und sie schonungsvoll daran erinnern, sich auf ihr besseres Ich (wirklich besser als das Waldensche Ich) zu besinnen . . . "

Der Gedanke liegt also nicht ferne, daß Herwarth Waldens „Sturm" und der Berliner Expressionismus ihre Wirkung zumindest auf Clara Nordström nicht verfehlten. Aber auch Vegesack schrieb immer noch „berlinerisch", und zwar wieder ein Theaterstück: *Der Blinde König*.

Aus dem Gutachten der Bühnenvertriebsstelle: „Es wird hier der lobenswerte Versuch gemacht, die heutige Zeitströmung und den revolutionären Zug der Menschheit in das liebliche Gewand des Märchens zu kleiden." Handlung: Die einzige Tochter eines blinden Königs will nicht mehr den alten Traditionen huldigen. Es ist ihr zu langweilig, immer nur müssig und im Nichtstun am Hofe zu leben, um schliesslich einen ebenbürtigen Prinzen zu heiraten. Ihr Ideal ist ein Schornsteinfeger, der mit ihr bis zum Monde steigt. Da kommt ein Prinz vom Mond, der bei der Mondrevolution seinen Thron verlor. Er kommt auf die Erde, um Schornsteinfeger zu werden und die Menschheit zu reinigen. Zu gleicher Zeit kommt an den Hof ein Schornsteinfeger, Adolar Süsskind, der gern einmal Prinz sein möchte. In seiner Verkleidung hält man ihn auch dafür. Aber die Prinzessin schlägt ihn aus und tritt mit dem prinzlichen Schornsteinfeger eine Reise über den Mond an, die sie auch wieder über die Erde zurückführt und ihr die Menschheit und die menschlichen Dinge in jeder Gestalt zeigt, bis der Schluss die alte Moral kündet, dass der Mensch in jeglicher Gestalt im Innern nur Mensch sein soll, denn Gott wohnt in uns allen . . .

Der Bühnenvertrieb lehnte auch die Aufnahme dieses Stückes ab, aber Specht las es vor (Br. vom 12. Febr. 1919):

„ . . . Vorigen Sonntag liess ich Ihren „Blinden König" vor einem Publikum von 9 Kunstgläubigen bei Schmidts steigen. Der Eindruck liesse sich im Theaterreporter-Jargon als ‚Achtungserfolg' bezeichnen. Die harmonische Wirkung blieb aus, weil Sie sich in den letzten Szenen durch das Umbiegen des Themas ins Ethische um ein herzhaftes Salto mortale, wie man es als Abschluss eines Märchenspiels wünscht, gebracht haben . . . Da ihr Stück viel von einem Puppenspiel an sich hat, könnten Sie vielleicht den Versuch machen, es beim Münchner Marionettentheater anzubringen . . . vorausgesetzt, dass Sie das Ende des Stückes einer Reparatur unterziehen . . . Bleibt aber immer noch der *Grundgedanke,* der die Aussichten auf eine Uraufführung ‚dahier' recht fraglich erscheinen lässt. Denn kein Berliner Theaterdirektor würde gegenwärtig glauben, es vor Gott und den Mondewiken verantworten zu können, den ohnehin verwirrten Zeitgenossen ein Schauspiel zu bieten, das – wenn auch nicht eindeutig gegenrevolutionär – so doch in jedem Falle die Revolution quietistisch-philosophisch von der hohen Warte aus wertet."

Specht wies Vegesack nun darauf hin, daß sich auch für ihn eine Tätigkeit als Übersetzer aus dem Russischen denken ließe.

Specht, der sich als Puschkin-Übersetzer prädestiniert fand durch seinen „seinerzeitigen Umgang mit Mitarbeitern der Brockhaus/Efronschen Leipziger Puschkin-Monumentalausgabe in russischer Sprache", hatte bereits eine Übersetzungsprobe abgeliefert. Der beiden bekannte, gleichfalls junge Balte, Johannes von Günther, arbeitete im Georg Müller-Verlag und war dort für Übersetzungen aus dem Russischen verantwortlich. Aber „es ist ja eine bekannte Eigenart des Verlages Georg Müller, allerhand grosse Unternehmen zugleich anzufangen und dann das meiste nicht zu Ende zu führen . . . " Specht wies Vegesack auf Lermontov und Ljeskov hin: „Eine neue Übersetzung würde sich entschieden empfehlen . . . Dass Ljeskov Ihrem Naturell nicht liegt, kann ich mir sehr wohl denken. Er ist reichlich altmodisch, man findet aber doch bei ihm vortreffliche Sittenschilderungen aus der für die Geschichte der russischen Gesellschaft bedeutsamen Epoche der 60er Jahre. Die Darstellung der Petersburger Deutschen ist bei ihm schlechtweg meisterhaft und von einer beglückenden Treffsicherheit . . ." (Brief von Specht vom 6. Mai 1918)

Mit dem Verlag Georg Müller, München und Berlin, stand Vegesack bereits in Verbindung. Der Verlagsleiter schrieb am 21.10.1915 an Vegesack: „Herr von Günther teilte mir mit, dass er Sie autorisiert habe, die Chronik des Grafen Birger Mörner, Maria Aurora Königsmark, zu übersetzen. Ich erteile hiermit den Auftrag, dieses Werk für meinen Verlag ins Deutsche zu übertragen und setze als Termin für die Ablieferung des Manuskriptes den 1. Mai 1916 fest." Das Buch erschien, wenngleich erst im Jahr 1922.

Im Sommer 1918 arbeitete Vegesack an Essays, darunter einem über *Das Ethos in der jüngsten deutschen Dichtung*. In diesem Essay, den er später als Vortrag ausarbeitete, sagt Vegesack, die deutsche Revolution habe weniger in der Politik als in der Poetik stattgefunden „und dass, wenn von einer deutschen Revolution, nur von einer des Geistes und des ethischen Willens geredet werden kann."

Während des Krieges, der Deutschland politisch und geistig isolierte, hatten die Dichter den Krieg schon überwunden, im Werk vorweggenommen (Georg Heym, Reinhard Goering, Reinhard Sorge) – und das Versöhnungswerk auf dem Weg zu EUROPA begonnen. „Nicht eine Politisierung des Geistes, sondern eine Durchgeistigung der Politik ist die Aufgabe unseres Geschlechtes."

Vor allem im neuen Drama werde der Mensch nun nicht mehr als vom Schicksal in die Knie gezwungenes Wesen, sondern als selbstverantwortlich dargestellt (Kornfeld, Wedekind, Sternheim). Was das Drama aber an Neuerung verspreche, sei in der Epik schon zur Meisterschaft gelangt in Heinrich Mann. „Krieg ist nur zu höchsten Potenz gesteigerte Wirklichkeit. Jede Wirklichkeit ist Krieg: Kampf, Roheit, Hass, Habgier und Mord. Nicht der Krieg allein, sondern die Wirklichkeit überhaupt ist das zu Überwindende." (ANA 397 der Bayr. Staatsbibl.)

Gustav Specht schrieb zu diesem Vorhaben (am 29. August 1918): „Es freut mich, dass Sie bei Abfassung Ihres Aufsatzes über die moderne deutsche Literatur für das ‚Deutschland-Buch' Gelegenheit haben, für Heinrich Mann eine Lanze zu brechen. Ich glaube, dass Ihre Saat auf günstigen Boden fallen wird, da Heinrich Mann in Russland ja schon berühmt und Abgott der jungen Dichterschule ist! Das Publikum betrachtet es als eine Binsenwahrheit, dass Heinrich der grössere von beiden Brüdern ist . . ." Vegesack beabsichtigte, diesen Vortrag u. a. auch in Riga zu halten.

An Philipp Schweinfurth   (7)   Weissenstein, den 3. Aug. 1919

Mein lieber Philipp!
Verzeih, dass ich Dir erst heute auf Deinen Brief vom 28. Mai ausführlicher antworte: mit Deinem Brief hatte ich Deine Adresse fortgeschickt, und als ich sie zurückbekam, hoffte ich Dich in Berlin zu treffen, wohin ich meiner Schwiegermutter entgegengefahren war. Dort besuchte ich Deinen Onkel, den ich lebendiger und frischer als je vorfand. Er hatte soeben einen Brief von Dir (etwa vom 10. Juli) erhalten, und las ihn mir mit vielen lebhaften Randbemerkungen vor, – er meinte, das wären seine Ansichten von 1854, und wir Beide waren recht erstaunt über das, was Du schriebst! Hoffentlich irrst Du Dich nicht, ich bin recht skeptisch, halte auch die bolschewistische Gefahr für nicht überwunden, – ich fürchte, Du wirst noch Enttäuschungen erleben!
Sobald die Verhältnisse sich einigermassen geklärt haben, will ich nach Riga kommen, um meine Mutter zu sehen. Nach der bolsch. Gefangenschaft ist sie schwer erkrankt, jetzt geht es ihr aber besser. Sie wohnt Nikolaistr. 18, W. 6. bei meinem Bruder, falls Du sie gelegentlich aufsuchen wolltest, wär es sehr nett von Dir. Ich würde etwa

Philipp Schweinfurth in Muralto, 1950.

14 Tage in Riga bleiben, so dass wir Zeit haben werden, uns gründlich auszusprechen. Nun habe ich eine grosse Bitte. Es ist mir der Gedanke gekommen, Deinem Beispiel folgend, in Riga einen Vortrag zu halten, und zwar über die jüngste deutsche Dichtung! Ich habe nämlich den Eindruck, dass man bei uns von den geistigen Kräften im neuen Deutschland gar keine oder eine sehr geringe Ahnung hat, – und doch liegt nur hier der Schlüssel zum Verständnis für das, was heute in Deutschland vorgeht. Vielleicht wäre es Dir möglich, das Nötige für meinen Vortrag in Riga vorzubereiten. Es würde mir viel daran liegen, dass meine Zuhörerschaft sich nicht auf deutsch-baltische Kreise beschränken würde, sondern dass auch die lettische Intelligenz herangezogen werden könnte. Mein Vortrag wird selbstverständlich ganz unpolitisch sein, ich glaube aber, dass grade rein kulturelle Fragen nach der politischen Überspannung von besonderem Interesse sein werden. Als Unterlage kann vielleicht folgendes dienen: im Auftrage der Deutsch-Ukrainischen Gesellschaft habe ich für das von dieser Gesellschaft herausgegebene ukrainische „Deutschlandbuch" einen grösseren Aufsatz über den „Charakter der jüngsten deutschen Dichtung" geschrieben, er befindet sich eben im Druck. Ausserdem bringt eins der nächsten Hefte der „Deutschen Politik" eine kleinere Abhandlung von mir über „Das Ethos der jüngsten deutschen Dichtung". Sobald diese Nummer erschienen ist, schicke ich sie Dir. Vielleicht könnte dieser Artikel im Auszuge in einer Rigaschen Zeitung veröffentlicht werden, – als Voranzeige für den Vortrag! Alles das überlasse ich ganz Dir. Wann ich komme, ist noch unbestimmt, ich hoffe aber, dass es im Spätherbst möglich sein wird.

Hier gehen grosse Dinge vor: wir haben uns eine kleine Wiese gekauft, ein Kuhstall wird eingerichtet, und wir sehen mit Spannung dem grossen Augenblick entgegen, da eine Kuh zum ersten Mal unsere Schwelle überschreiten wird! Leider war der Sommer recht kühl und feucht, wir hoffen aber auf einen schönen Herbst. Unsere Mutter aus Schweden bleibt den ganzen Winter bei uns, ausserdem beherbergen wir einen „Sonderling" als Pensionär, der im September durch einen zweiten ersetzt wird. Wir haben wieder ein Werk des Grafen Mörner aus dem Schwedischen übersetzt, dazwischen wird

„geheut", Holz gehackt oder die Ziege und Isabel geweidet, – ein recht idyllisches Leben! Wann wirst Du daran teilnehmen können?! Mit vielen sehr herzlichen Grüssen von uns Dreien hofft auf ein bald. Wiedersehen

Am 23. August 1919 antwortete Philipp Schweinfurth: „ ... In der Tat, ich rate Dir durchaus ab, jetzt hierher zu reisen; ein Vortrag findet hier noch keine Resonanz ... – es fehlt hier allen an Musse, Konzentrationsfähigkeit, Aufschwung der geistigen Interessen, wir sind noch übermüdet, die bisher ganz ungeahnte Veränderung des ganzen Lebens, der Kampf mit allen Kräften gegen eine trostlose Verelendung, Verarmung, gegen die Gefahr, von den Werten des Lebens ganz abgedrängt, weit fortgedrängt zu werden, nimmt uns noch viel zu sehr in Anspruch ... " – Zu dieser Vortragsreise kam es im Frühjahr 1924.

(8)
An Siegfried Jakobsohn/Hrsg. d. Weissenstein, den 11. 12. 1919
Zeitschrift Die Weltbühne

Sehr geehrter Herr Jakobsohn,
Mit Ihrem Vorschlage, meine 12 Apostel einzeln in beliebiger Reihenfolge und beliebigen Zwischenräumen zu veröffentlichen, bin ich ganz einverstanden, nur möchte ich gern, dass alle 12 im Lauf von höchstens einem Jahre zum Abdruck gelangen, – was wohl mit Ihrer Absicht übereinstimmen wird, da Sie mir versichern, dass sie die Gedichte „sehr bald aufgearbeitet haben würden".
Sehr dankbar wäre ich Ihnen, wenn es sich ermöglichen liesse, dass ich einen Vorabdruck erhielte, um eventuelle Korrekturen vorzunehmen, da ich gegen jeden geringsten Druckfehler, ja auch nur ein fehlendes „ , " sehr empfindlich bin. Vielleicht liesse es sich dann sogar einrichten, dass ich einige Sonderabzüge der vereinigten Zwölf bekäme: natürlich nur in dem Fall, wenn die Erfüllung dieser Bitte nicht mit allzu grossen Schwierigkeiten verknüpft wäre. Selbstverständlich müssten die entsprechenden Unkosten von meinem Honorar abgezogen werden. –

Was nun Ihre freundliche Antwort in Nr. 50 der „Weltbühne" betrifft, so bin ich überrascht, wie schlecht Sie über die Persönlichkeit Rohrbachs unterrichtet sind, wenn Sie ihn mit diesen Worten charakterisieren: „er ist für mein Gefühl ein Mann, der Alles ertragen kann, nur das Eine nicht: in aussichtslos scheinender Opposition zu stehen!" Wissen Sie denn gar nichts von seiner Tätigkeit in Südwest-Afrika, seinen Auseinandersetzungen mit den Regierungsbehörden: obgleich Rohrbach durch seine völlig aussichtslose Opposition Amt und Stellung verlieren musste, zog er es als aufrechter Mann doch vor, seinen Dienst zu quittieren, als seine Ansichten denen seiner vorgesetzten Behörden anzupassen. Aber selbst wenn Sie Rohrbachs sehr lesenswertes Buch „Aus Südwest-Afrikas schweren Tagen" nicht kennen (dort finden sie nämlich, wie in einem Vorspiel zum Weltkriege, alle Unzulänglichkeiten unserer beamteten und militärischen Stellen, die hauptsächlich zu unserer Katastrophe geführt haben, – die ganze Torheit, politische Dinge *nur* militärisch lösen zu wollen, – alles das ist schon damals von Rohrbach nicht nur erkannt, sondern auch bekämpft worden, zu einer Zeit, als man bei uns von diesen Dingen so gut wie nichts ahnte!) – selbst wenn Sie dies Buch nicht kennen, hätten die Reichstagsverhandlungen vom 26. Februar 1909 und die im Anschluss daran veröffentlichten Mitteilungen Rohrbachs in der „Hilfe" (März 1909) Sie hierüber unterrichten können. Aber sie werden antworten: damals ist Rohrbach jung gewesen, im Kriege ist er aber alt, zahm und regierungsfromm geworden. Auch das stimmt nicht. Wie Sie wissen, wurde Rohrbach während des Krieges ins Auswärtige Amt als Leiter der von ihm organisierten „Zentralstelle für Auslandsdienst" berufen. Das hinderte ihn nicht daran, in seinem „Weltpolitischen Wanderbuch" gegen die türkischen Armenier-Greuel sehr energisch Stellung zu nehmen, und zwar so energisch, dass das Buch vom selben Auswärtigen Amt beschlagnahmt wurde. Was tat Rohrbach darauf? Er warf den Leuten sein Gehalt hin, verzichtete auf jeden Pfennig für seine Tätigkeit, arbeitete freiwillig im Interesse des einmal begonnenen Unternehmens weiter, – als er aber sah, dass ihm auch hier nur die Wahl zwischen Aufgabe seiner Selbständigkeit oder seiner Stellung übrig blieb, hat er sich auch diesmal ohne jedes Schwanken für die Aufgabe der letzteren entschieden und seinen Dienst im Auswärtigen Amt 1917 ebenso quittiert, wie 10 Jahre vorher im Kolonial-Amt. Sie werden zugeben, dass von einem solchen Mann, dessen Temperament jedes Mal, wenn er in amtlicher Stellung tätig war, ihn dazu trieb, Amt und Stellung seiner persönlichen Überzeugung und Unabhängigkeit zu opfern, – dass von einem solchen Mann alles Andere, aber nur nicht das behauptet werden kann, was Sie von ihm behaupten!

Ich weiß: hierauf können Sie mir nichts erwidern als: ich habe mich geirrt! Aber da ich ebenso gut weiss, dass wir noch weit von den Zeiten entfernt sind, da sich ein Publizist zu diesem Geständnis entschliessen könnte, ohne es zugleich für einen Selbstmord zu halten (wie schade, dass Ihre „Weltbühne" nicht auch in dieser Hinsicht unserer Presse überlegen ist!) – will ich Ihnen gerne eine weitere Antwort ersparen und bitte Sie nur, falls Sie sich in Zukunft noch über Rohrbach äussern sollten, dies nur nach gründlicher Sichtung des ganzen Tatsachen-Materials tun zu wollen, – wie es, soweit ich dies beurteilen kann, sonst Ihre Gewohnheit ist!

Mit vorzüglicher Hochachtung empfiehlt sich Ihnen ergebenst

Siegfried Jakobsohn (1881-1926): Berliner, Jude und Theaterkritiker. Schon 1901 begann er als Kritiker bei der „Welt am Montag", 1905 gründete er seine eigene Wochen-Schrift, die *Schaubühne*, die er in den Kriegs-Jahren, unter dem Druck der Ereignisse und durch eigenes politisches Engagement umwandelte in die *Weltbühne*

Die Zwölf Apostel: Eine Reihe von Zwölf Gedichten mit den Titeln *Heinrich Mann* (Mnais spricht), *Strindberg, Knut Hamsun, Nietzsche, Tolstoj, Dostojewski, Flaubert, Hölderlin, Georg Büchner, Schopenhauer, Jean Paul, (Richard Wagner)*. Sie erschienen in den Jahren 20 und 21 in der Weltbühne und wieder in dem Gedichtband „*Die kleine Welt vom Turm gesehen*" im Verlag von Alfred Richard Meyer in Berlin 1925.

Alfred Richard Meyer (1882-1956) war wie Jakobsohn eine zentrale Figur im literarischen Leben Berlins in jenen Jahren, sowohl als Schriftsteller wie auch als Verleger: er gab in seinem Verlag „Lyrische Flugblätter" heraus und propagierte sie als „neue Publikationsweise von Lyrik". Von Vegesack brachte er nicht nur den erwähnten Gedichtband, sondern im darauffolgenden

Jahr auch die Komödie *Der Mensch im Käfig* heraus (1926)

Siegfried Jakobsohn schrieb, daß er Gedichte nach ihrer Quantität, nicht nach ihrer Qualität beurteile: „Ich kann Gedichte nur zur Füllung einer Seite bringen und das wird womöglich Jahre dauern, bis ein Gedicht genau von der Länge dieses Liedes nötig ist . . . " Die *Apostel* kamen unter die Leute: Gustav Specht schrieb am 27. Dezember 1919: „Ich schrieb Ihnen schon, daß ich Muck (Hellmuth Krüger) auf den Gedanken gebracht habe, Ihre beiden russischen Apostel Moissi zur Beachtung zu empfehlen. Und siehe da, – Moissi hat angebissen!! Moissi war sehr zufrieden, diese Gedichte seinem Repertoire einverleiben zu können; er sagt, er hätte schon längst vergebens nach Gedichten gesucht, die den Genien der russischen Literatur huldigen." Und am 14. Jan. 1920:

„Moissi bedauert, dass Ihr ‚Tolstoi' und ‚Dostojewski' so kurz geraten sind. Er hätte bei einer grösseren Zuhörerschar die Erfahrung gemacht, dass sie erst aufzuhorchen beginnt, wenn die Chose schon zu Ende ist. Das ist ja auch nicht anders zu erwarten. In einem Saal z. B. wie die Philharmonie würden Ihre Miniaturen natürlich spurlos im grossen Raume untertauchen. Trotzdem wird Moissi Ihre beiden russischen Helden in geschlosseneren Räumen auch weiterhin, von seiner sanften Hauchstimme getragen, gen Himmel steigen lassen . . . "

Krüger, Hellmuth (1890-1955), Junger Balte, Schauspieler und Kabarettist.

Moissi, Alexander (1880-1935), Schauspieler. Er war der Sohn italienischer Eltern und war über Wien und Prag nach Berlin zu Max Reinhardt gekommen. In Erinnerung blieben sein „flackerndes Temperament" und seine „weiche Cellostimme".

(9)

An Siegfried Jakobsohn/   Weissenstein, den 10. 1. 1920
Die Weltbühne

Sehr verehrter Herr Jakobsohn!

Nein, das habe ich wirklich nicht erwartet, dass ich Sie zu „Rohrbach bekehren" würde! Aber ich hoffte wohl, dass Sie von einem Mann, – auch wenn er Ihr politischer Gegner ist, – nicht Dinge behaupten würden, die den Tatsachen widersprechen. Zuerst schrieben Sie, dass Rohrbach an unserer „verbiesterten" Ostpolitik mitschuld sei, – ich habe auf Grund von Rohrbachs eigenen Aufsätzen das Gegenteil nachgewiesen. Darauf behaupten Sie, dass Rohrbach Alles, aber nur das Eine nicht vertragen könne: in aussichtslos erscheinender Opposition zu stehen. Auch hier habe ich das Gegenteil nachgewiesen, und Sie müssen das, wenn auch mit einem mürrischen „Meinetwegen" zugeben. Nun verschanzen Sie sich hinter dem verpönten Wort „Nationalist": Rohrbach sei, wenn auch „ein kluger und gebildeter", so doch ein „Nationalist".

Ist Ihnen das Wort „national" wirklich so sehr zum roten Tuch geworden, dass Sie zwischen einem „national empfindenden" Menschen und einem „Nationalist" keinen Unterschied anerkennen? Rohrbach – ein deutscher Nationalist?! Er, der als Erster und am eindringlichsten den alldeutschen Chauvinismus bekämpft hat, und am wütendsten von den Alldeutschen gesteinigt wird? –

Wenn Sie, als „vaterlandsloser Geselle" in denselben Fehler fallen, wie unsere Alldeutschen, indem Sie jeden anders denkenden und empfindenden Politiker ohne Weiteres verdammen, dann, fürchte ich, wird aus dem „Glück, in das Sie unser Unglück verwandeln" wollen, nichts werden. Soeben lese ich in Rohrbachs „Deutscher Politik" einen ausgezeichneten Aufsatz gegen den Antisemitismus. Wann wird Ihre „Weltbühne" einem Deutschen wieder das Recht zugestehen, sich als Deutscher zu fühlen, ohne dass er als alldeutscher „Nationalist" verschrieen wird?

In ausgezeichneter Hochschätzung

Ihr ganz ergebener

Im August 1920 war ein neues Theaterstück fertig und Specht brachte es in Berlin zur Verlesung (Brief vom 10.8.20):

„. . . *Die tote Stadt* wurde gestern Abend von mir im Maleratelier von Arthur Goetz, Brunos jüngstem Bruder, vor 7 Zeugen beiderlei Geschlechts siegreich aus der Taufe gehoben. Der Eindruck war stark und einheitlich von A bis Z. Mein Zuhörerkreis wünscht eine Wiederholung, die nächstens an anderem Ort inmitten einer größeren Corona vonstatten gehen soll. –

Das Stück muß, muß, muß auf die Bretter! Wirklich: welch ein Vorwärts seit dem „Blinden König" . . .

. . . Ich las ununterbrochen ca. 2 Stunden. Eine Darstellung müßte sich ebenfalls pausenlos abwickeln."

Es handelt sich nämlich um ein Kaleidoskop großstädtischer Szenen, einen Bilderreigen von Typen, Bruchstücken von Bildern, die nur dann ihre Wirkung entfalten, wenn sie mit rasender Geschwindigkeit hintereinander, besser noch, übereinander gespielt werden.

Das Stück wurde im Frühjahr 1923 in Cottbus aufgeführt. Das Berliner Tageblatt schrieb:

„Vegesack ist durchaus ein Typus. Er gehört zu den zehn oder zwölf, ich sage nicht: zu dem Dutzend der Nachrevolutionäre, die einen Zorn auf die Menschheit haben und sich an der moralischen Entlausungskur versuchen. Sie verwenden die Blitzszenen, die heute rascher abzuwickeln sind als früher, umrühmen die Gefallene wie Wedekind, charakterisieren bitternisvoll wie Strindberg, werfen aber in das Chaos den Flimmerschein von Zukunftserwartung und Läuterungssehnsucht. Es wird immer darauf ankommen, ob sie gerade diesen erträumten Glanz „gestalten" können. Echt ist nur ihre Verzweiflung; der Lack der Hoffnung wirkt unecht. Der scheinbar völlig verzweifelte und nachtseitige Naturalismus sprach dennoch immer, wenn auch sehr leise, eine Moral aus; unsere Antinaturalisten pappen ihre ideale Forderung wie ein grellbuntes Plakat auf ein dunkles Gemälde. Im Negativen nicht ohne Wucht, in der Abbildung der Verkommenheit von ehrlicher Empörung befeuert, sind sie schwach im Positiven."

Daneben gingen die Übersetzungsarbeiten weiter. Der literarischen Mode gehorchend, bemühte Vegesack sich um die Nordländer: Hamsun (beim Verlag Albert Langen in München) und um den gerade höchst geschätzten Strindberg (beim Hyperion-Verlag und beim Georg-Müller Verlag). Erste Erfolge hatte Vegesack als Übersetzer aus dem Russischen.

(10)
An Rösl & Cie,   Burghaus Weissenstein, den 18. Nov. 1921
Verlagsbuchhandlung,
München

Sehr geehrter Herr Rösl!
In Ihrem letzten Brief vom 2. November machten Sie mir den schweren Vorwurf, dass ich Ihnen vom Erscheinen einer Ljesskow-Ausgabe im Musarion-Verlag nichts mitgeteilt hätte, und dass Sie

von meiner Karte vom 28. Okt., in der ich Sie zur Eile antrieb, da die Musarion-Ausgabe schon Ende November erscheinen würde, „peinlich berührt" seien. Ich wies darauf die Haltlosigkeit Ihres Vorwurfes nach, indem ich Sie darauf aufmerksam machte, dass ich Ihnen schon am 13. August das Erscheinen einer Ljesskow-Ausgabe im Musarion-Verlag mitteilte, – dass diese schon Ende November herauskommen würde, habe auch ich erst jetzt erfahren. In Ihrer Karte vom 15. Nov., die ich soeben erhalte, übergehen Sie diese Angelegenheit mit Stillschweigen, während ich doch glaube, ich hätte erwarten dürfen, dass Sie für Ihren irrtümlich und völlig unberechtigten Vorwurf wenigstens einige entschuldigende Worte hätten finden können. Statt dessen schreiben Sie mir: „ausgemacht war schnellste Lieferung eines Manuskriptes und schnellste Drucklegung". Ich habe das Manuskript – bis auf eine Novelle – genau zum Termin abgeliefert, und auch diese eine Novelle nach vorheriger Anfrage nur um so viel zu spät, als Sie mir selbst Aufschub gewährt. Ich habe also alles getan, wozu ich verpflichtet war, ja noch mehr, indem ich freiwillig, ohne im Geringsten durch eigenes Verschulden hierzu genötigt zu sein, die Hälfte der durch die Korrektur entstandenen Mehrkosten selbst zu bezahlen mich bereit erklärte; denn diese Korrekturen musste ich nur deshalb an den Druckfahnen vornehmen, weil Sie mir das Manuskript, trotz meiner mehrfachen Bitten, nicht mehr vor der Drucklegung übersandten.

Wenn Sie also, trotzdem Sie mir nichts Stichhaltiges vorwerfen können, nun erklären, dass „der ganze Band Ihnen keine Freude mehr mache", so glaube ich fast, dass es für beide Teile das beste wäre, wenn wir unseren Vertrag lösen und das Buch einem anderen Verlag übergeben würden. Bitte teilen Sie mir Ihre Bedingungen für eine solche Übergabe mit, – noch vor einem Monat fragte ein Verleger bei mir wegen Ljesskow an. Damals musste ich ihm leider eine negative Antwort geben.

Meine frühere Zusage, Ljesskow-Übersetzungen in Zukunft immer Ihnen zuerst vorzulegen, muss ich unter diesen Umständen natürlich zurücknehmen.

Mit den besten Grüssen

Ihr sehr ergebener

Beim Verlag Rösl & Cie. in München waren 1921 bereits Erzählungen von Nikolai Gogol in Vegesacks Übersetzung erschienen: *Die Nase und andere Geschichten* (Die Nase, Der Newski-Prospekt, Die Geschichte von dem Streit zwischen Iwan Iwanowitsch und Iwan Nikiforowitsch, Die Kalesche und Die Aufzeichnungen eines Wahnsinnigen).

Werner Richter hatte im Berliner Börsen-Courier vom 18.9.1921 geschrieben: „Die Novellen Gogols (die Siegfried von Vegesack in ein die russischen Konturen fest umschmiegendes Deutsch brachte) scheinen dem Heutigen in merkwürdiger Weise verspätet und zugleich verfrüht".

Werner Richter (1888 in Schlesien geboren, 1969 in Lugano gestorben) war Redakteur und Korrespondent des Berliner Börsen-Courier und seit der Berliner Zeit ein Freund von Clara und Siegfried von Vegesack bis zu seinem Tod. Später machte er sich einen Namen als Verfasser historischer Biografien, mußte während des Dritten Reiches Deutschland verlassen und kehrte dann in die Schweiz zurück.

Bei Rösl & Cie. wurde nun ein Ljesskow-Band in der Übersetzung Vegesacks vorbereitet: *Der Mensch im Schilderhaus und andere Geschichten* (Der Mensch im Schilderhaus, Lady Macbeth von Mzensk, Der Überfall, Der Haarkünstler, Das Tier, Ein kleines Versehen).

Während der Vorbereitungen hierzu bemühte sich die Südbayrische Verlagsanstalt in München, *Lady Macbeth von Mzensk* herauszubringen. Die SÜVA hatte nichts dagegen, daß die Erzählung in einer Sammelausgabe bei Rösl erschien; schon im Juni 22 war die Erzählung vergriffen und wurde neu aufgelegt. Aus einer beabsichtigten weiteren Zusammenarbeit der SÜVA mit Vegesack ist aber nichts geworden.

(11)

An den Verlag Rösl & Cie   Weissenstein, den 21. Juni 22.

Sehr geehrter Herr Rösl!

Mit bestem Dank bestätige ich den Empfang Ihres Briefes vom 16. d. M., in dem Sie doch noch das Erscheinen des Romanes meiner Frau in diesem Herbst in Aussicht stellen. Wir verstehen durchaus die schwierigen Verhältnisse, mit denen heute die Herausgabe eines Buches verknüpft ist, möchten aber doch bemerken, dass die Verteuerung der Herstellungskosten bei Abschluss des Vertrages vor-

auszusehen war, und dass damals einer s o f o r t i g e n Drucklegung
nichts im Wege stand.

Wenn Sie unter den gegenwärtigen Verhältnissen den Roman zum
vereinbarten Termin drucken lassen, werden wir Ihr Entgegenkommen zu würdigen wissen und daraus ersehen, dass Sie auch unsere
Gründe, die uns zum Festhalten am Termin zwingen, anerkennen.
Denn es handelt sich ja bei meiner Frau nicht um die paar Tausend
Mark Garantiehonorar, sondern um einen viel schwerer wiegenden
ideellen und moralischen Verlust, der ihr durch diese harte Enttäuschung bei ihrer ersten grösseren Arbeit zugefügt würde. Sicher
würde ihre Produktivität darunter leiden, und auch die in Aussicht
stehende Veröffentlichung des Romanes in Schweden und Däne-
mark würde dadurch in Frage gestellt werden. Da das Erscheinen
des Romanes in Skandinavien bei dem gegenwärtigen Valutastand
auch für Sie von Vorteil sein wird, glaube ich, dass eine Verzögerung
der deutschen Ausgabe auch nicht in Ihrem Interesse liegen kann.
Für die Besorgung der russischen Turgenjew-Ausgabe auf meine Kosten danke ich Ihnen bestens, ebenso für die Verlängerung des Ab-
lieferungstermines. Da ich aber gewöhnlich nur im Sommer und
Herbst Zeit zum Übersetzen habe, liegt mir viel daran, die russische
Ausgabe m ö g l i c h s t b a l d zu bekommen.

Bei Ihrer Arbeitsüberlastung möchte ich Ihnen mit der Februar-
Abrechnung keine unnützen Mühen verursachen. Daher bitte ich
Sie, die Abrechnung erst zum nächsten Termin, d. n. August, fertig-
stellen zu lassen.

Da meine Frau das Manuskript ihres Romanes für ihre Übersetzung
ins Schwedische braucht, bittet sie Sie um die Freundlichkeit, ihr
das Ihnen z u e r s t geschickte Exemplar (nicht das für die Drucklegung später durchgesehene) wieder zurückschicken zu wollen.

Ihrer baldigen endgültigen Entscheidung entgegensehend, bin ich
mit den besten Grüssen auch von meiner Frau
Ihr sehr ergebener

Der „Roman meiner Frau" war *Tomtellila*. Rösl hatte wegen schwieriger wirt-
schaftlicher Verhältnisse trotz gegenteiliger Vertragsabmachungen sein Erscheinen ins Ungewisse verschieben wollen.

Der Roman erschien mit Illustrationen von Rolf von Hoerschelmann 1923 bei Rösl & Cie.

Turgenjew: Der beabsichtigte Sammelband mit Erzählungen von Turgenjew kam bei Rösl nicht zustande. Rösl hatte Vegesack vorgeworfen, die deutsche Fassung sei weitgehend korrekturbedürftig. Die drei Erzählungen kamen schließlich 1925 beim Verlag Albert Langen in München heraus: *Erste Liebe und andere Geschichten* (Erste Liebe, Pjetuschkow, Mumu). Der Albert-Langen-Verlag teilte am 12. Dez. 24 mit: „ . . . Wir haben Ihre Übersetzung der drei Novellen von Turgenjew nunmehr gelesen und können Ihnen sagen, dass wir nicht abgeneigt sind, diese drei Novellen . . . herauszugeben. Nur müssen wir Ihnen ehrlich sagen, dass wir in Ihrer Übersetzung hie und da in Kleinigkeiten das Deutsch etwas unbeholfen finden und dass Sie uns gestatten müssen, in der Korrektur hie und da eine Kleinigkeit zu ändern . . . "

(12)
An Herrn Baron von Schnurbein
Burghaus Weissenstein,
den 7. Juli 1922

Sehr verehrter Herr Baron!

Zu meiner grossen Überraschung erfahre ich soeben von Herrn Römhild, dass er als Pachtsumme 2 000 Mk. für die Parzelle in Aussicht genommen hätte, – also 4 000 Mk. für die von mir gepachtete Wiese. Als ich im März mit Herrn Römhild darüber sprach, nannte er mir als voraussichtlichen Preis 400 Mk. für die Parzelle. Wenn auch das deutsche Geld inzwischen weiter gefallen ist, so erscheint es mir doch nicht ganz gerechtfertigt, in so kurzer Zeit gleich das Fünffache der anfangs genannten Summe festzusetzen. Auch können bei einer Pacht die bei der Grassteigerung erzielten Preise nicht massgebend sein: denn der Bauer, der steigert, tut nichts für das Grundstück, während ich als Pächter es durch Dünger und Kunstdünger wesentlich verbessere und dadurch seinen Wert erhöhe. Der Kunstdünger ist aber heute sehr teuer, – ein Zentner doppelschwefelsaurer Ammoniak kostet 600 Mk. – (in diesem April habe ich schon einen Teil der Wiese mit Ammoniak bestreut), für die ganze Wiese brauche ich mindestens 3–4 Zentner, ausserdem Kainit und Thomasmehl, Kalk und Stalldünger, dazu kommt für mich der sehr teure Transport (da ich weder Wagen noch Ochsen habe, und jedes Fuhrwerk extra bezahlen muss) – so dass ich mindestens 3–4 000 Mk. allein für den Dünger jährlich rechnen muss. Es wäre dann für mich fast praktischer, auf die Pacht zu verzichten und mich, wie bisher, an der Steigerung zu beteiligen. Nun liegt aber eine rationelle Bewirtschaftung der Wiese in unserem beiderseitigen Interesse, deshalb hoffe ich doch noch, dass es Ihnen möglich sein wird, die in Aussicht genommene Pachtsumme einigermassen herabzusetzen, – ich bin gern bereit, Ihnen jede gewünschte Sicherheit zu geben, dass ich die Wiese nach allen Regeln einer ordnungsmässigen Bewirtschaftung düngen werde. Meine eigene kleine Wiese, von der ich vor zwei Jahren nur einen Wagen Heu heimfahren konnte, hat beim diesjährigen Schnitt gute vier Wagen ergeben, und zwar nur aus dem Grunde, weil ich keine Kosten bei der Beschaffung von Kunstdünger gescheut habe. Auch Ihrer Wiese, die sich heute noch in einem nicht sehr schönen Zustand befindet, würde ich mich mit demselben Eifer annehmen, und sie in diesen fünf Jahren sicher hochbringen. Diese Kapitalsanlage würde sich aber für mich nur dann rentieren, wenn ich als Pächter nicht ebenso viel zu zahlen hätte, wie die Bauern bei der Grassteigerung, die nichts für die gesteigerten Grundstücke tun.

Gleichzeitig möchte ich Ihnen folgende Bitte meines Pachtnachbarn, des Gütlers A. H. von K., übermitteln. Er ist Kriegsbeschädigter, hat eine schwer kranke Frau und sechs zum gr. Teil kleine Kinder, besitzt nur knappe 4 Tagwerk schlechten Wiesengrund, der für seine zwei Kühe und zwei Jungrinder nicht ausreicht. Daher ist er, ebenso wie ich, darauf angewiesen, sich etwas Wiesenland pachtweise zu beschaffen, und hat deshalb die zwei Parzellen neben meinen (bei der Windschnur) gepachtet. Er weiss aber nicht, wie er die 4 000 Mk. Pacht aufbringen soll, und müsste wahrscheinlich unter diesen Umständen auf die Pacht verzichten. Vielleicht wäre es Ihnen möglich, auch bei ihm den Pachtpreis herabzusetzen, und ich bitte Sie, sehr verehrter Herr Baron, ihn in erster Linie zu berücksichtigen, da er bedürftiger ist.

In der Hoffnung, dass es Ihnen möglich sein wird, die von mir dar-

gelegten Gründe zu würdigen und unsere gemeinsame Bitte zu erfüllen,
bin ich mit den besten Grüssen
Ihr sehr ergebener

Vegesack hatte vom Baron von Schnurbein Grund gepachtet zur landwirtschaftlichen Nutzung. Römhild war Schnurbeins Verwalter.

(13)

An Baron Schnurbein   (Weissenstein) 18. Juli 22

Sehr verehrter Herr Baron!
Vielen Dank für Ihre freundlichen Zeilen vom 12. d. M. und Ihr liebenswürdiges Entgegenkommen in der Pachtangelegenheit! Ich bin mit den von E. H. vorgeschlagenen Bedingungen einverstanden (für dieses Jahr 3 000 Mk., von 1923 an 4 000 Mk. jährlich), und werde mit Herrn Römhild einen entsprechenden Pachtvertrag aufsetzen. Ganz besonders dankbar bin ich Ihnen aber dafür, dass Sie mir die Zusicherung geben, dass nach Ablauf der fünf Jahre die Pacht nicht ohne Weiteres an einen Anderen übertragen werden wird, so dass ich nicht zu befürchten brauche, dass ein Anderer ernten wird, was ich in das Grundstück hineinstecke! Ich werde mir nun gleich eine grössere Menge Kunstdünger bestellen, und habe auch meinen Pacht-Nachbar dazu überredet, der die Wirkung des doppelschwefelsauren Ammoniaks auf der von mir gepachteten Parzelle schon feststellen konnte! Es ist überhaupt sehr günstig, dass meine Parzellen an der Strasse liegen, so dass sich jeder Bauer vom Wert des hier im Walde noch recht verachteten Kunstdüngers überzeugen kann! In der Hoffnung, Euer Hochwohlgeboren doch noch einmal in unserem alten Turm begrüssen zu dürfen, bin ich mit den besten Empfehlungen auch von meiner Frau
Ihr sehr ergebener

52

Der Landmann Vegesack hatte die Großstadt aber keineswegs aus den Augen verloren. 1922 erschien im Berliner *Tage-Buch* (hrsg. von Stefan Großmann) das Gedicht: *Hugo, wo hast du wieder deine Finger drin?*, das gegen die Machenschaften des Großindustriellen Hugo Stinnes gerichtet war. Großmann hatte am 7. April 1922 geschrieben:

„... das ‚Hugolied' drucke ich auf jeden Fall sehr gern im ‚Tage-Buch' ... Im großen Ganzen würde ich mich freuen, wenn ich in einen ganz dichten Kontakt mit Ihnen käme, sodass Sie im ‚Tage-Buch' mit einer gewissen Regelmässigkeit und Schlagfertigkeit auf Zeitereignisse erwidern könnten..."

Hugo Stinnes (1870-1924) war zunächst im familieneigenen Unternehmen tätig, gründete 1893 aber seine eigene Firma und legte damit den Grundstein zu einem der größten Trusts (Stinnes-Konzern). 1920-24 war er als Mitglied der Deutschen Volkspartei im Reichstag vertreten. Hugo Stinnes schuf einen Konzern, über den er kurz vor seinem Tod 1535 juristisch selbständige Unternehmen mit 2 888 Betriebsstätten kontrollierte, darunter Bergbau, Handel, Transportunternehmen, Papierherstellung, Druck- und Verlagsgewerbe, Banken und Versicherungen.

Das „Stinnes-Gedicht" *Hugo, wo hast du wieder deine Finger drin* ist am 15. April 1922 in der Berliner Zeitschrift Tage-Buch abgedruckt. Darauf bezieht sich der folgende Brief. Es war ihm aber ein noch glänzenderer Schicksal bestimmt:

In der Süddeutschen Zeitung vom 27./28. Februar 1965 erinnerte sich Anton Sailer gelegentlich der Neueröffnung des Hauses an das Kabarett „Bonbonnière" in München:

„Hans Gruß ... gründete das ganz mit Seide ausgeschlagene Nachtlokal im Jahre 1921. Serviert wurde grundsätzlich nur Champagner, für Herren war Frack oder Smoking obligatorisch, wer einen dunklen Anzug trug, durfte gerade noch oben im Rang Wein trinken. Industriekapitäne, Filmleute und durchreisender Adel stellten die Hauptgäste, und ihre Damen waren unsagbar ‚mondän'.

(Das Plakat) war derart irritierend, daß man in dieser ‚Bonbonnière' eine Lasterhöhle vermutete – in Wirklichkeit war es dort nur teuer, außerdem gab es bestes Kabarett. Als Conférencier stand Willi Schaeffers auf der Bühne. Er sagte kokette Diseusen an, erstklassige Zauberkünstler und Tänzerinnen mit expressionistischen Ausdrucksstudien. Aber die große Stunde dieser Kleinkunstbühne schlug im September 1923 und zwar mit der Revue: ‚Bis hierher und nicht weiter!' Autoren waren Leopold Schwarzschild von der politischen Wochenschrift ‚Das Tagebuch', der hellsichtige Poet Walter

Mehring und – Heinrich Mann. Jede Nummer schlug wie eine Bombe ein, den größten Erfolg hatte ein Chanson über den damals allmächtigen Hugo Stinnes. Atemlose Stille herrschte jeden Abend, wenn es schneidend erklang: ‚Hugo, wo hast du wieder deine Finger drin? . . .'
Geschrieben hatte das Siegfried von Vegesack, die Musik aber stammte von einem Siebzehnjährigen, der auch am Flügel saß und hier mit einem Paukenschlag seine Karriere begann: Peter Kreuder. Am 9. November 1923 allerdings stürmten braune Windjacken die Bühne und Hans Gruß wollte von dieser Revue nichts mehr wissen . . . "

Siegfried von Vegesack

HUGO, WO HAST DU WIEDER
DEINE FINGER DRIN?

Hugo, wo hast du wieder deine Finger drin?
Hugo, wo schaust du wieder schon so gierig hin?
Alle deine Taschen sind voll bis an den Rand,
Und schon wieder streckst du aus die leere Hand.
Kohle, Stahl, Papier, – alles ist schon dein,
Und du steckst dir immer neue Sachen ein!

Ich tu' es ja nicht wegen des Gewinnes,
Ich tu' es nur als Patriot!
Ich bin ja nur Hugo Stinnes,
Nur Stinnes, nur Stinnes, –
Stirb, oder friß mein Brot!

Hugo, wo hast du wieder deine Finger drin?
Hugo, wo schaust du wieder schon so gierig hin?
Eine Zeitung nach der andern kaufst du dir,
Kaufst die Druckerschwärze und das Druckpapier,
Läßt dann drucken nur das, was dir behagt,
Und ganz Deutschland liest, was Hugo Stinnes sagt:

Ich tu' es ja nicht wegen des Gewinnes,
Ich tu' es nur als Patriot!
Ich bin ja nur Hugo Stinnes,
Nur Stinnes, nur Stinnes, –
Stirb, oder friß mein Brot!

Hugo, wo hast du wieder deine Finger drin?
Hugo, wo schaust du wieder schon so gierig hin?
Baust dir Schiffe, Häuser, Fabriken ohne Zahl,
Kaufst dir Flüsse, Städte, – alles ganz egal.
Menschen an der Isar, Spree und an der Lahn,
Und nun kaufst du dir die ganze Eisenbahn!

Ich tu' es ja nicht wegen des Gewinnes,
Ich tu' es nur als Patriot!
Ich bin ja nur Hugo Stinnes,
Nur Stinnes, nur Stinnes, –
Stirb, oder friß mein Brot!

(14)
An Dr. Gysae, Feuilleton der   5. Okt., 22.
Deutschen Allgemeinen Zeitung

Sehr geehrter Herr Doktor!
Besten Dank für Ihre Zeilen vom 2. d. M., auf die ich Ihnen Folgendes erwidern möchte. Sie schreiben mir, dass Sie und Herr Dr. Fechter in einer längeren Unterredung zu dem Ergebnis gekommen wären, Arbeiten von mir aus dem bewussten Grunde in Zukunft nicht
mehr zum Abdruck zu bringen. Falls sich Ihr Entschluss hierauf, –
auf die Frage meiner Mitarbeit, – beschränken sollte, kann ich Ihre
Stellungnahme verstehen, und habe nichts gegen sie einzuwenden.
Ich selbst habe ja seit dem Frühjahr keinen Beitrag mehr an die D. A. Z.
geschickt, und hatte auch nicht die Absicht, dies in Zukunft zu tun.
Wenn ich überhaupt noch nach Weihnachten gelegentlich Kleinig-

keiten einsandte, so geschah dies nur auf freundliche Aufforderungen Ihrerseits.

Aber der über mich verhängte Boykott erstreckt sich ja noch viel weiter. Ihre Redaktion erhielt, – ganz ohne mein Wissen, – von dritter Seite eine Besprechung meiner Ljesskow- und Gogol-Bücher. Diese Besprechung wurde angenommen und sogar bereits gedruckt, – als plötzlich, auf Grund meines im „Tage-Buch" veröffentlichten Stinnes-Liedes das Erscheinen des Artikels unterdrückt wurde, mit der Begründung, dass mein Name überhaupt nicht mehr in der D. A. Z. erwähnt werden dürfe. Ich möchte auch noch heute nicht annehmen, dass diese Massnahme auf Sie und Dr. Fechter zurückzuführen ist. Denn hier handelt es sich doch um einen eklatanten Missbrauch dessen, was man mit dem schönen Wort „Macht der Presse" bezeichnet: die Kritik (denn auch das Totschweigen ist eine Kritik, - vielleicht die schärfste!) eines rein l i t e r a r i s c h e n Buches wird dem p o l i t i s c h e n Interesse dienstbar gemacht; denn meine literarische Qualität als Übersetzer wird doch dadurch nicht berührt, dass ich es gewagt habe, ein Lied gegen Stinnes zu verfassen! Und zwar nicht gegen die P e r s o n Stinnes, – wie Sie meinen, – (die Person Stinnes ist mir völlig gleichgültig) – sondern ausschließlich gegen die Sache, das S y s t e m , das P r i n z i p , das heute am krassesten von Stinnes vertreten wird. Und wie Recht ich mit meinem Liede habe, zeigt mir eben dieses Beispiel, das ich nun an mir selbst erfahre: dieses Prinzip unterdrückt sogar, aus politischen Gründen, eine unabhängige literarische Kritik, – „stirb, oder friss mein Brot!" – Damit ist die Sache für mich erledigt, und es täte mir nur aufrichtig leid, wenn Sie, verehrter Herr Doktor, und Dr. Fechter, auch jetzt, nachdem Sie den ganzen Umfang des über mich verhängten Boykottes erfahren haben, sich mit dieser rigorosen Massnahme solidarisch erklären sollten.

Was den Roman meiner Frau betrifft, so haben Sie meine Anfrage missverstanden. An einen Vorabdruck in der D. A. Z. (oder überhaupt in irgendeiner Zeitung) hat weder meine Frau, noch ihr Verleger gedacht. Ich fragte nur an, ob eine Besprechung ihres Romanes (natürlich *nicht* von mir!) in der D. A. Z. gedruckt werden könnte, – oder ob das Rezensionsverbot sich auch auf die Bücher meiner Frau erstreckt. Es freut mich nun, aus Ihrem Brief zu ersehen, dass dies nicht der Fall ist.

Mit den besten Empfehlungen an Sie und Herrn Dr. Fechter
bin ich
Ihr ganz ergebener

Dr. Gysae, Leiter der Feuilleton-Redaktion der DAZ, hatte am 2. 10. 22 an Vegesack geschrieben:

„Um allen Legendenbildungen vorzubeugen, möchte ich Ihnen sagen, dass Ihre Vermutung, es habe betreffs Ihrer Mitarbeit irgendeine Anweisung oder irgendein Wunsch von anderer Seite vorgelegen, nicht zutrifft. Wir selbst, d. h. Dr. Fechter und ich, sind in einer längeren Unterredung, die wir in der von Ihnen erwähnten Angelegenheit gehabt haben, zu dem Ergebnis gekommen, dass es uns nicht ganz geschmackvoll erscheinen würde, wenn wir in unserem Feuilleton Arbeiten eines Autors zum Abdruck bringen, der gleichzeitig in anderen Zeitungen bzw. Zeitschriften Arbeiten veröffentlicht, die sich ausgesprochenermassen gegen die Person des Inhabers unserer Zeitung richten."

Gustav Specht schrieb aber (22. 11. 22):

„Sie haben nicht wohlgetan, daß Sie (ich riet Ihnen doch davon ab) ihren Sündenfall mit Stinnes wieder zum Unterhaltungsthema der Redaktionsstube der D. A. Z. gemacht haben. Goetz beteuert zum x-tenmal, daß er den Bürstenabzug meiner Rezension mit eigenen Augen gesehen hat. *Dies* bitte ich Sie aber nicht zur Sprache zu bringen, überhaupt wäre es das Gescheiteste, wenn Sie diese lächerliche Angelegenheit – aus Rücksicht auf Goetz – ganz und gar ruhen liessen, da es jetzt leider ohnedies für Gysae klar sein dürfte, daß nur Goetz das großartige Redaktionsgeheimnis ausgeplaudert haben kann." –

(15)

An Clara Nordström   Weissenstein, den 25. Nov. 22

Min Alskling!
Allt gå bra! Es ist 11 Uhr, ich bin eben von Loitzenried heimgekehrt, mit 3 Pfund und 400 Gramm, – die Hälfte geht heute an Dich ab!

Gib der H. nicht *zu* viel, – denn mehr werden wir Dir nicht schicken
können! Die alte Kronschnabel hat eine Nichte, die gut kochen soll,
– vielleicht wird etwas draus, sie wollte sich erkundigen.
Isabel und Frau B. sind noch draussen, herrliches Sonnenwetter,
aber Wind. Isabels Schnupfen ist ganz fort. Heute morgen sang sie
in meinem Bett und fragte mich dann etwas vorwurfsvoll: „Warum
kann ein Herr nicht singen?" Ich entschuldigte mich, so gut ich
konnte!
Als ich gestern heimkam, ging ich gleich auf die Wiese, und war dort
bis zum Dunkelwerden in meiner Tätigkeit vertieft. Die Mädchen
haben gestern den letzten Wagen aufgeladen, – heute kommt er hinaus,und ich hoffe, heute damit fertig zu werden. Aber dann wartet
der Garten auf mich, die Blumenbeete vor dem Hause, – wie ich
zum Schreiben kommen soll, weiss ich noch nicht. Ich glaube es hat
auch keinen Sinn, jetzt damit anzufangen; ich werde doch bald wieder unterbrochen; Montag muß ich auch zur Holzauktion; sei also
deshalb nicht enttäuscht, wenn in dieser Woche keine Geburtswe-
hen beginnen: lieber eine Spätgeburt als eine Frühgeburt! – Gestern
Abend schrieb ich an Mama; ein paar Bilder von Isabel (die sie gemalt hat!) lege ich bei, – von denen, die ich Dir nach Berlin schickte;
das darf ich doch? – Eben höre ich den kleinen Wagen, und Isabel
ruft: „Grüss Gott!" Der Tisch wird gedeckt, ich muß mich beeilen. –
Gestern wollte ich doch nicht allein schlafen, – da nahm ich ... Kisse Mons zu mir ins Bett! Aber Kisse Mons fühlte sich nicht wohl.
Ich hatte auch ihr „Topsi" (wie Isabel sagt) mitgenommen, – aber
Kisse Mons wollte mir unzweideutig zu verstehen geben, dass sie
nicht bei mir zu übernachten wünsche. Sie schlich deshalb unter
mein Bett und fing dort an, schreckliche, unheilverkündende Geräusche von sich zu geben; da ich sie nicht fangen konnte und
nichts zur Hand hatte, um sie fortzuscheuchen, flog einer von Deinen Pantoffeln auf sie zu (forlåt: dem Pantoffel ist kein Unheil wi-
derfahren!) Nun sprang die Katze aus ihrem Versteck und beschloss,
sich noch ostentativer verständlich zu machen: direkt vor mein Bett
pflanzte sie was Unbeschreibliches! Dann hüpfte sie auf mein Bett,
auf mein Kopfkissen! Nun ging die Jagd los, endlich gelang es mir,
sie zu packen, und mit der Lampe, Katze und Katzentopsi flog ich

schreckensbleich im Schlafrock die Treppe hinunter: Miezecke hatte erreicht, was sie wollte! Mit einem grossen Lappen und Bodenscheurer bewaffnet, trat ich dann den Rückmarsch an, und die Aufräumungsarbeiten begannen!

Isabel schickt Dir einen schönen Gruss – auch an Onkel Häuselmann, „Frau Onkel Häuselmann", Onkel Unold und Tante Hirsekorn! Und dass Onkel Häuselmann bald kommen soll! Und der „kleinen Fee" auch einen Gruss! Mari's Stimme dröhnt durch das Haus. Grosse Sensation: heute beginnt bei Arbingers ein „Tanzkursus", – ein Tanzlehrer aus Regen will sich der hohen Kulturaufgabe unterziehen, die Mädchen von Weissenstein in die Geheimnisse der Francé (!) einzuweihen! Mari und Fanny, die extra aufgefordert wurden (der Kursus kostet 10 Mark), sind zum Glück zu stolz: „Francé" können sie besser als die in Regen! Die junge Frau Arbinger beteiligt sich am Kursus, – ob die Fräulein Zieglers mitwirken, ist noch unentschieden! Pilze und Kartoffeln stehen auf dem Tisch, – also Schluss! Grüss alle, auch die „Gisela", – allstid, allstid hos Dig, – i synnerket i München!! Vergiss mich nicht ganz! Dein Standhafter
PS
Die Post bringt eben beiliegenden Brief, – schreib, dass so viel Du weisst, d. Gedichte von Elfriede Skalberg nur in einer Anthologie „Die junge Balten" (Verlag Felix Lehmann, Charlottenburg) erschienen sind; ältere (aber viel schwächere) Gedichte von ihr sind früher in Riga erschienen; am besten er wendet sich direkt an die Skalberg, – Adresse: *Riga, Redaktion der 'Rigaschen Rundschau' Domplatz*. Mit der Villon ist es also nichts! Von Rösl eine Karte, dass er bis Ende der Woche verreist ist! Sonst nichts von Belang!
Dein St.

Clara Nordström hielt sich offensichtlich in München auf in Gesellschaft der langjährigen Freunde:
Rolf von Hoerschelmann: Maler, Buchillustrator, Sammler (1885-1947); *Max Unold*, Maler, Buchillustrator (1885-1964) und *Alfred Kubin*, Zeichner, Buchillustrator (1877–1959, seit 1906 in Zwickledt). Sie waren auch häufig auf dem Turm zu Gast und blieben lebenslang Freunde Vegesacks. Vegesack

erinnert sich an den Beginn der Freundschaft:

„Im Frühjahr 1913 kam ich nach München. Die Stadt war mir fremd, ich kannte keine Menschenseele, fühlte mich aber vom ersten Tage an hier heimisch. Natürlich wohnte ich in Schwabing, in der Pension Gisela, in der schon Thomas Mann gelebt hatte. Durch den Zeichner Rolf von Hoerschelmann, der nebenan in der Gedonstrasse in seinem berühmten ,Fuchsbau' hauste, wurde ich in einen Kreis junger Maler und Dichter eingeführt, die sich zu einem seltsamen Geheimbund, der ,Hermetischen Gesellschaft', zusammengeschlossen hatten. " (E. S.) „Über dreissig Jahre sind es nun her, dass ich Hoerschelmann zum ersten Mal in seinem berüchtigten ,Fuchsbau' in der Gedonstrasse aufsuchte, wo er hinter einem endlosen, mit Bücherregalen und Kisten vollgekramten Korridor inmitten seiner aufgehäuften Schätze, Mappen und Drucke hauste. Gleich nahm er den schüchternen Studenten mit in die ,Petersklause', in den ,Verein süddeutscher Bühnendichter', deren Mitglieder alles andere, – nur nicht Süddeutsche und Bühnendichter sein durften! Ringelnatz, der bekannte E. T. A. Hoffmann-Forscher Georg Maassen, der Anarchist Mühsam und viele andere später bekannt gewordene Namen gehörten diesem Kreise an, über dem noch die Gloriole der alt-schwabinger Glanzzeit leuchtete. Wir führten aus dem Stegreif die herrlichsten Stücke auf, – eine prächtige Wilhelm-Tell-Aufführung ist mir besonders in der Erinnerung geblieben: Hoerschelmann als Knabe mit dem Apfel auf dem Kopf! Er war die Seele des Ganzen, ein trinkfester, gesangsfreudiger, an immer neuen übermütigen Einfällen unerschöpflicher Zecher . . .

Klein von Wuchs, fast ein Zwerg, suchte er diesen physischen Mangel durch betonte robuste Männlichkeit und einen manchmal aggressiven Hang zum Bevormunden wett zu machen. Doch mit dem Alter wurde er sehr viel milder und umgänglicher: hinter dem rechthaberischen Kampfhahn kam immer mehr der warmherzige Freund, der gütige und weltweise Einsiedler zur Geltung." (H. eN).

Der Kreis war im Grunde der gleiche, die Statuten aber wesentlich strenger in der Hermetischen Gesellschaft: Zu dieser gehörten: „. . . u. a. Hoerschelmann, Unold, Weissgerber, Foitzick, Köster, Körting, Floerke, Mühsam und Ringelnatz, der damals noch Hans Bötticher hiess. Auch Alfred Kubin, der zu jener Zeit nicht mehr in München lebte, gehörte als korrespondierendes Mitglied der Hermetischen Gesellschaft an.

Wir versammelten uns im Peterskeller, einem unterirdischen Gewölbe nahe der Peterskirche, wo wir ungestört von der banalen Aussenwelt unter einem strengen Ritual und kultischen Bräuchen dem Okkulten huldigten und die Geister E. T. A. Hoffmanns und des Hermes Trismegistos mit Inbrunst beschworen. Die Aufnahme in die Hermetische Gesellschaft erfolgte mit feierlichen Zeremonien, und bei der Taufe erhielt jeder von uns ‚hermetischen Vätern' einen besonderen Namen. So hiess ich – obgleich ich im Mai aufgenommen wurde – ‚Vater Dezember'. Nur Ringelnatz, der bei der Aufnahme-Prüfung die ihm gestellten Fragen ungenügend beantwortet hatte, blieb zeitlebens, zu seinem tiefen Kummer, der ‚kleine mittlere Seitenvater Appendix'!

... Alles an der Hermetischen Gesellschaft war geheim und von Mystik umwittert. Aber wenn wir auch nur im Geheimen existierten, verfolgten wir doch aufmerksam und streng, was sich sonst in Schwabing, namentlich in der literarischen Welt, zutrug. Und wenn sich ein Anlaß dazu bot und ein Eingreifen uns angebracht erschien, sandten wir – natürlich auf vornehmem Briefpapier – geheimnisvolle Verlautbarungen in die Welt hinaus, die zu unserer eigenen Überraschung ernst genommen wurden, Verwirrung und Proteste hervorriefen und zuweilen sogar die erwünschte Wirkung hatten. So wurde eine neue Zeitschrift, der ‚Turmhahn', die unser Missfallen erregt hatte, kurzerhand von uns aufgefordert, sofort ihr Erscheinen einzustellen. Wer beschreibt unseren Triumph, als der arme Turmhahn tatsächlich bald darauf einging!"

Und im Verein Süddeutscher Bühnenkünstler: „Wir führten meist Stücke und Szenen eigener Erfindung auf, Opern und sogar Oratorien. Unvergeßlich ist ‚die' Aufführung von Wilhelm Tell, mit dem prächtigen Foitzick in der Titelrolle! Improvisationen und der Chorgesang wurden besonders gepflegt. Besonders beliebt war es, einen Auftritt, ja, ein und denselben Satz in immer neuen Abwandlungen und Betonungen zu bringen, wodurch erstaunliche Wirkungen erzielt wurden. Auch Roda Roda beteiligte sich an diesen improvisierten Aufführungen, und sogar Hans Pfitzner, der unverdrossen am Klavier unsere wilden Gesänge begleitete:

„Uns aber lasst zechen und krönen
mit Laubgewind
die Stirnen, die noch dem Schönen
ergeben sind!"

Auch Sportspiele, und vor allem der Schüttelreim, wurden gepflegt, dessen unerreichter Meister Erich Mühsam war, der daraus den kunstvollen Schleifenreim entwickelte:

„Es war die Jungfrau Liebtraut,
die an den Folgen einer Traube litt.
Im Leib rumorten ihre Triebe laut –
weshalb sie schnell in eine Laube tritt!" (E. S.)

„Dann kam der erste Weltkrieg, alles flog auseinander. Doch die alte Anziehungskraft von Schwabing war so stark, dass in den Nachkriegsjahren sich viele wieder zusammenfanden und andere hinzukamen. Jetzt wurde die ,Brennessel' der Treffpunkt. Man war älter, gesetzter geworden. Hoerschelmann bekam einen Spitzbart und einen kleinen Spitzbauch, – doch einen guten Tropfen schätzte er noch immer. Bis ein immer stärker werdendes Herzleiden ihm den Alkohol und das Rauchen untersagte.
Aber noch viel tiefer bedrückte ihn die grauenhafte, amusische Zeit, die nun hereinbrach, und die dem letzten Rest Alt-Schwabinger Lebensfreude den Todesstoss versetzte. Der zweite Weltkrieg räumte dann endgültig mit Schwabing auf . . ." (H. eN)
Zitiert aus: Erinnerungen an das alte Schwabing (E. S.) und Rolf von Hoerschelmann. Ein Nachruf (H. eN). Beide Texte im Nachlaß Vegesacks in der Bayr. Staatsbib. ANA 397

(16)

An Dr. Hock,   Burghaus-Weissenstein, den 27. April, 1923
Regen

Sehr geehrter Herr Doktor!
Vor allem möchte ich Ihnen im Anschluss an unser gestriges Gespräch noch einmal meinen wärmsten Dank dafür aussprechen, dass Sie so freundlich waren, mich von der üblen Nachrede in Kenntnis zu setzen, die über mich in gewissen Kreisen in Regen im Umlauf ist. Da ich mit jenen Herren nirgends zusammenkomme und nicht einmal weiss, wer diese unglaublichen Behauptungen hinter meinem Rücken ausstreut, bin ich Ihnen für Ihr liebenswürdiges Anerbieten doppelt dankbar, dass Sie die Herren über den wahren Sachverhalt und meine wirklichen Ansichten unterrichten wollen. Zu diesem Zweck möchte ich hier kurz schriftlich fixieren, was ich Ihnen gestern mündlich mitteilte:

I.) Im Februar hatte ich mit Herrn Rechtsanwalt Schneider ein Gespräch über die politische Lage, in dessen Verlauf ich mich scharf gegen die national-sozialistische Agitation aussprach, die der deutschen Sache unendlich schade, da sie dem französischen Chauvinismus nur die gewünschte Waffe gegen uns in die Hand drücke. Ich erklärte, dass man grade a l s D e u t s c h e r dieses unverantwortliche Treiben der Hitler-Leute verurteilen müsse, da diese Worthelden nicht der deutschen, sondern der französischen Politik Vorschubdienste leisten, indem sie die sich uns wieder zukehrende Sympathie des Auslandes vor den Kopf stossen und dadurch den Franzosen ihr Vorgehen an der Ruhr erleichtern. Wenn nun das strikte Gegenteil von dem behauptet wird, was ich gesagt habe, – nämlich i c h begrüsste den französischen Einfall in das Ruhrgebiet, – so ist das eine glatte Lüge, die nicht einmal auf einem Missverständnis, sondern nur auf einer bewussten Verdrehung meiner Worte beruhen kann. Näheres über meine Ansichten zur national-sozialistischen Frage habe ich in der „Vossischen Zeitung" veröffentlicht, – den Aufsatz lege ich bei.

II.) Was die Behauptung betrifft, ich sei „kein Deutscher", möchte ich Sie nur kurz auf folgende Tatsachen hinweisen:

Ich bin Deutsch-Balte von Geburt, d. h. ein Deutscher, der von Kindheit an für sein Deutschtum gegen die Russifizierung kämpfen und leiden musste. Schon als Gymnasiast habe ich mich als Einziger meiner Klasse geweigert, die vom russischen Geschichtslehrer verlangte Erklärung „Ich bin ein Russe" niederzuschreiben, und bin deshalb den grössten Schikanen und erbittertsten Verfolgungen von Seiten des russischen Lehrerpersonals ausgesetzt gewesen, ebenso auf der Universität. Während des Krieges habe ich mich am grossen Deutsch-Baltischen Liebeswerk für die Deutschen Kriegsgefangenen , das von der russischen Regierung streng verboten war, beteiligt, und habe mit Lebensgefahr Briefe der aus Ostpreussen nach Sibirien verschleppten deutschen Zivilgefangenen über die Grenze in die Deutsche Gesandtschaft nach Stockholm gebracht. Dann habe ich während des Krieges bei meinem Freund Dr. Paul R o h r b a c h , dem bekannten Verfasser des „Deutschen Gedanken in der Welt", im Auswärtigen Amt in Berlin für die Deutsche Sache gearbeitet, und bin dann im Sommer 1917 nur in Folge monatelanger, durch die Berliner Unterernährung mir zugezogener schwerer Krankheit daran verhindert worden, als Freiwilliger die Ostoffensive mitzumachen, für die ich mich bereits beim Kriegsministerium zur Verfügung gestellt hatte. Als weitere schriftliche Dokumente, die meine deutsche Gesinnung und meine Arbeit im Interesse Deutschlands bestätigen, füge ich die vom Baltischen Vertrauensrat beglaubigten Abschriften zweier Schreiben bei (die Originale befinden sich bei mir):

1) meines Onkels, des Grafen Ferdinand Zeppelin,

2) des damaligen Staatssekretärs des Äussern, Zimmermann.

Schließlich muss doch schon allein d i e Tatsache genügen, dass ich im Frühjahr 1919, also grade zur Zeit des völligen deutschen Zusammenbruchs, als so Viele, wie die Ratten das sinkende Schiff, Deutschland verliessen, mich hier, und nicht wo anders, einbürgern liess, nur um für mich und die Meinen eine wirklich deutsche Heimat zu finden!

III.) Was die lächerliche Behauptung betrifft, ich sei „Bolschewist", so genügt es wohl, darauf hinzuweisen, dass zahlreiche meiner nächsten Verwandten, darunter mein leiblicher Bruder, von den Bolschewisten ermordet worden sind, und dass wir grade durch die Bolschewisten alles in der Heimat verloren haben. Schliesslich möchte ich noch erwähnen, dass ich selbst das gesamte bolschewistische Greuel-Material für eine Denkschrift des Prinzen Max von Baden gesammelt umd bearbeitet habe, – was ich als „Bolschewist" wohl kaum getan hätte!

Allerdings bin ich aus politischen und ethischen Gründen gegen die Anhäufung übermässiger Besitztümer in wenigen Händen, gegen den wucherhaften Reichtum und skrupellose Gewinnsucht auf der einen, – und krasse Armut und völlige Verelendung breiter Volksschichten, besonders des Mittelstandes, auf der anderen Seite. Ich bin für eine gerechte Verteilung des Besitzes, nicht gegen den Besitz selbst; ich bin für Bodenreform, Kleingrundbesitz und Siedelungswesen, – wer diese Dinge mit Bolschewismus verwechselt, hat vom Bolschewismus überhaupt keine Ahnung: denn der Bolschewismus will j e d e n Besitz abschaffen und bekämpft deshalb den Kleingrundbesitz am allerheftigsten, da grade dieser den stärksten und wirksamsten Damm gegen die kommunistisch-anarchistische Propaganda darstellt.

Aus denselben, – sowohl politischen, wie auch ethischen Gründen, – stehe ich n i c h t auf Seiten der mehr oder weniger verkappten Reaktion, jener Hakenkreuzler, die durch nationalistischen Schwindel und politischen Meuchelmord unser schwerkrankes Vaterland in immer tiefere Not stürzen und jede Gesundung verhindern. Meiner Ansicht nach stehen gerade diese rechtsradikalen Kreise viel näher dem Bolschewismus, als sie es vielleicht selbst ahnen, denn ihre Wirkung ist dieselbe: beide predigen Gewalt und Terror, und beide dienen der Zersetzung und Anarchie. –

Zum Schluss möchte ich betonen, dass meine Einstellung zu allen diesen Fragen nicht die eines Parteipolitikers oder überhaupt Politikers, sondern die eines freien, rein geistigen, für die Kunst lebenden Schriftstellers ist. Daher vermag ich, unbeschadet meines Deutschtums, hinter dem chauvinistischen Frankreich des Poincaré auch jenes andere, bessere Frankreich des Anatole France, Romain Rolland, Barbusse usw., zu sehen, – ebenso wie mich der russische Bolschewismus nicht hindert, die Geistesheroen Russlands, wie Tolstoi, Dostojewskij, Ljesskow, zu bewundern und zu lieben.

Ich bekenne mich also zu jenem w a h r h a f t deutschen Wesen der Humanität, das sich in unseren grössten und besten Köpfen, wie Hölderlin, Goethe, Schiller, Kant und Nietzsche, für alle Zeiten dokumentiert hat, – nicht zu jener traurigen Karikatur des Deutschtums, wie sie durch die Hitler-Leute gekennzeichnet wird, die in ihrer politischen Engstirnigkeit vom wahren deutschen Wesen nie einen Hauch verspürt haben. –

Ich darf wohl die Erwartung aussprechen, dass jene Herren, die, wie ich annehme, nur auf Grund entstellter Wiedergabe meiner Ansichten diese falschen Behauptungen über mich in Umlauf gebracht haben, jetzt, nach Kenntnisnahme des wahren Sachverhaltes, ihr mir zugefügtes Unrecht wiedergutmachen und die ganze Angelegenheit zurechtstellen werden!

Indem ich Ihnen, sehr verehrter Herr Doktor, nochmals für Ihren mir erwiesenen Freundschaftsdienst aufrichtig und herzlich danke,

bin ich,
mit den besten Empfehlungen auch an Ihre Frau Gemahlin
Ihr ganz ergebener

Der Aufsatz *Schlag sie tot, Patriot* (ANA 397 der Bayr. Staatsbibl.) spiegelt
wieder, wie schwierig es in jenen Jahren, zwischen dem Ende des 1. Weltkrieges und der Bedrohung durch den aufkommenden Nationalsozialismus
war, eine Meinung zu Deutschtum zwischen Stolz und Empörung zu fassen.
Der Aufsatz erschien am 15. April 1920 in der „Weltbühne":

Rundschau
„Schlag sie tot, Patriot!" Ich bin kein Jude. Auch kein besonderer Judenfreund. Aber wenn das so weiter geht wie jetzt, dann könnte man wohl bald
das vogelfreie Dasein eines Ostjuden der Schmach, Deutscher zu sein, vorziehen.
Gewiß, man mußte sich auch früher zuweilen als Deutscher schämen. Als
alle Welt uns anspie und wir Vertrauen und Achtung wiederzuerringen hoff-
ten, indem wir uns selbst bespuckten. Aber damals, als man sich nackt und
wehrlos am öffentlichen Pranger der ganzen Welt verhöhnt fühlte – grade
damals rief etwas in unserm Innersten: Jetzt kannst du dich, jetzt mußt du
dich als Deutscher bekennen, denn deutsch sein heißt: verworfen sein –
und ist es nicht immer rühmlicher gewesen, statt mit Allen über Einen zu
triumphieren, allein von aller Welt verworfen zu werden? Und grade damals, als Millionen von uns ans Auswandern dachten, konnte es für einen
Auslandsdeutschen eine schmerzliche Lockung sein, sich im verfolgten
und gepeinigten Deutschland dauernd niederzulassen, um an der innersten
Gemeinschaft teilzuhaben: an der Gemeinschaft des Unglücks.
Aber heute? Kann man heute noch Deutscher sein, ohne vor Scham sich in
den Wäldern verkriechen zu wollen? Heute, wo wir nichts Besseres zu tun
haben, als alles Unrecht, das man uns zugefügt hat, am wehrlosen Dritten –
am Juden auszulassen! Gibt es denn für uns Deutsche nur dies eine Mittel,
unser seelisches Gleichgewicht zu bewahren: zu treten, wenn man getreten
wird? Gibt es überhaupt etwas Erbärmlicheres, als Prügel eines Stärkern mit
dem Fußtritt gegen einen Schwächern zu quittieren?
Wenn unsre Alldeutschen ahnten, wie undeutsch sie sind! Denn wenn es ei-

nen wirklich deutschen Wesenszug gibt (oder richtiger: gab!), der weder bei den Franzosen noch bei den Russen (von den Engländern ganz zu schweigen) so stark entwickelt ist wie bei uns, so ist es der: daß wir Deutsche für fremde Eigenart ein ganz besonderes Verständnis haben, von Shakespeare bis Strindberg, von Dante bis Dostojewski den fremden Herzschlag wie unsern eignen spüren. Und nun sollen wir unser „Deutschtum" durch Pogrome betätigen!

Aber ganz abgesehen von allen Gründen der Moral, des Anstandes und unsrer nationalen Würde (wenn es die noch gibt), ist die Judenhetze wohl das Dümmste, was alldeutscher Eifer zur Erreichung seines Zieles anstellen konnte. Denn wenn es so weiter geht, wird voraussichtlich der anständige Jude mit Selbstgefühl Deutschland verlassen. Und grade die Minderwertigen, die sich unter allen Umständen anpassen, werden bleiben, werden, wenns nötig ist, ihr Judentum verleugnen und umso schneller in den deutschen Volkskörper eindringen. Es ist so wie mit einer Vergiftung: je heftiger man sich sperkelt, desto rascher und sicherer schreitet sie vor.

Gewiß: das deutsche Volk in seiner Mehrheit steht noch nicht hinter den Pogromhelden. Aber so, wie unsre Feinde von gestern durch unablässiges Hetzen schließlich die ganze Welt von unsrer Minderwertigkeit überzeugten – genau so wird es auch der alldeutschen Agitation zuletzt gelingen, alle Verbrechen (und erst recht ihre eignen!) auf die Juden abzuwälzen, wenn nicht eine Gegenaktion erfolgt.

Nicht von jüdischer, sondern von deutscher Seite müßte diese erfolgen. Nur dann könnte sie vielleicht etwas von dem ungeheuern Schaden wieder gut machen, den alldeutsche Berserkerwut wieder angerichtet hat. Die besten Köpfe, die besten Namen aller Derer, denen deutsch sein mehr bedeutet als gesinnungstüchtiges Gebrüll in Jägerhemd und Lodenmantel, sollten sich zu einer eindrucksvollen Kundgebung schnell zusammentun: „Schlag sie tot, Patriot!" – nicht die Juden, sondern die für jeden Deutschen schmachvolle Judenhetze!   Siegfried von Vegesack

Ende Februar 1923 wurde in Cottbus *Die tote Stadt* uraufgeführt. Sie war unter der Direktion von Ernst Immisch von Josef Kandner inszeniert worden, dem „als Reinhardschüler", wie es in einer Kritik heißt, „naturgemäß der Expressionismus besonders liegt". Auch der von Vegesack sehr verehrte *Monty Jacobs* (1875-1945), der von 1914 bis 1934, als er Schreibverbot erhielt, das Feuilleton der Vossischen Zeitung leitete, hatte eine „*Kunstreise nach Kottbus*" (Voss. Ztg. vom 2.3.23) unternommen und berichtete:

Daß man, um Uraufführungen deutscher Stücke zu sehen, jetzt aus der Stadt hinaus in die Provinz (Kottbus) fahren müsse, wo ein mutiger Intendant am Wochenende die Operetten so hoch besteuert, daß er sich während der Woche die Unverfrorenheit leisten kann, Stücke junger deutscher Autoren aufzuführen.

„Siegfried von Vegesack gewinnt zwar als eines der wenigen Talente der Short Story in Deutschland bereits seine Anerkennung, aber die *Tote Stadt* ist das erste Schauspiel, das er aufführen läßt. Dieser baltische Baron hat sich in die bayerische Waldeinsamkeit vergraben, um dort von einem uralten Schloßturm aus seine vier Tagwerke Land zu bebauen. Man muß von der Einstellung eines Stadtflüchtlings ausgehen, um Vegesacks Drama zu verstehen. Denn die Großstadt bedeutet für ihn Sodom und Gomorrha. Seine sieben Höllenkreise zeigen den Querschnitt eines Hauses mit Hof, Beletage, Gartenhaus. Aber was sich auswendig so treuherzig in Nestroys Manier gibt, das ist innen mit Strindbergs Dynamit geladen. Strindberg – dieser Eindruck drängt sich immer wieder auf, wenn die kurzen Szenen vorüberhuschen. Strindbergs Szene, das ist auch das Vorbild des wachsamen Spielleiters Josef *Kandner*, der seinen Darstellern einen Stil des Unwirklichen aufzuerlegen sucht, ein Traumspiel nach der Melodie der Gespenstersonate. Durch alle Stockwerke des Hauses geht eine wilde Jagd, Jäger ist ein Toter, der Herr Rat, Jagdbeute ein junges Paar, dessen Braut der Rat in irgendeiner schwarzen Messe zu Fall gebracht hat. Meute aber ist alles: die Witwe des Toten, gegen die Lulu und Salome als wahre Herzblättchen erscheinen, ein gespenstischer Lumpensammler, ein Herrenknecht in dreifacher Maske. So geht es, hussa, hinter der jungen Braut her, bis die Braut, unter die Strassendirnen gehetzt, Zuflucht bei ihrem Verlobten findet. Er hebt sie, in einem schönen und kühnen Schlußbild, über einen Sarg hinweg: freie Menschen im Aufschwung über eine Welt des Schlamms.
Bis dahin mußte Kottbus viel Kummer und Elend ertragen. Denn Vegesack gehört nicht zu den Schüchternen. Es kommt ihm nicht darauf an, links eine Kreißende wimmern, rechts eine Irre nach ihrem Kinde graben zu lassen. Särge öffnen sich, und streng schematisch, wie im Inferno, gliedert sich Sodom . . . Der Starrkrampf in elf Szenen, das gelingt ihm . . ."
Der Skandal blieb nicht aus, aber jeder der Kritiker hatte ihm ein anderes Gewicht beigemessen.
Vegesack war mit Familie und Freunden angereist, obwohl Immisch geschrieben hatte (7. Okt. 22):
„Selbst im günstigsten Fall ist bei einem derartigen Stück auf einen Kassen-

erfolg nicht zu rechnen. Ich bin daher nicht in der Lage, allzu große Aufwendungen für den Autor zu machen, in dessen Interesse ich das ohnehin grosse Risiko übernehme."

(17)

An die Vertriebsstelle des   Weissenstein, den 29. 4. 1923
Verbandes Deutscher
Bühnenschriftsteller – Herrn
Dr. Lachmansky – Berlin

Sehr geehrter Herr Doktor!

Durch längeres Kranksein verhindert, komme ich erst heute dazu, Ihre freundlichen Zeilen vom 13. d. M. zu beantworten. Da Sie in dem für mich wesentlichsten Punkt so weit entgegenkommen, die Vertragsdauer von 10 Jahren auf 5 zu kürzen, verzichte ich auf meine übrigen Änderungsvorschläge, und habe den Vertrag unterzeichnet.

Kurz vorher erhielt ich aus Wien vom Verlag Max Pfeffer beiliegende Karte, – das Raimundtheater hat sich leider nicht für die Annahme entschliessen können; das Exemplar befindet sich beim Verlag Pfeffer, der es bei einer anderen Wiener Bühne einreichen wollte. Ich bitte Sie, sich mit diesem Verlag direkt deswegen in Verbindung setzen zu wollen. Was das Schlossparktheater in Steglitz betrifft, so bin ich Ihnen für Ihre vertrauliche Mitteilung dankbar, – ich hatte noch kein Exemplar dorthin geschickt. Dem Stadttheater in Cottbus hatte ich seinerzeit 4 Exemplare gegeben, eins davon habe ich zurückerhalten (ich schicke es Ihnen in diesen Tagen), – mindestens 2 wären also dort noch zu haben. Der Regisseur Josef Kandner, der die „Tote Stadt" inszeniert hat, wollte 1 Exemplar für sich behalten, um es, wie er hoffte, eventuell in Stuttgart zur Aufführung zu bringen, – vielleicht wenden Sie sich deswegen direkt an Herrn Kandner, und wegen der übrigen Exemplare an das Cottbuser Stadttheater. Dann erhielt ich bald nach der Aufführung beiliegende Zeilen von einem Herrn Rolf von Lossow, bisher stellv. Direktor des Düsseldorfer Schauspielhauses, jetzt Berlin SW 68, Charlottenstr. 14 – seine

„Blätter", die er mir schickte, kommen mir etwas verschwommen und „völkisch" vor, – vielleicht wissen Sie Näheres von ihm und ob es sich lohnt, ihm ein Exemplar zu senden!

Jetzt zu meinem neuen Stück, das ich in diesem Winter geschrieben habe, und das Ihnen in diesen Tagen zugehen wird. Es heisst „Der Mensch im Käfig", und ist eine Affenkomödie, die zum Teil im Urwald unter den Menschenaffen, aber auch in der vornehmen Welt unter den Affenmenschen spielt. Von der Bühnenwirksamkeit dieses Stückes erwarte ich sehr viel mehr, als von der „Toten Stadt", wenn ich mir auch gewisser Schwierigkeiten, die einer Aufführung wohl noch im Wege stehen, durchaus bewusst bin. Diese Affenkomödie passt nämlich auf keine normale Bühne, sondern verlangt ein Theater mit Cirkus-Varieté-Einschlag, wie es von Tairof und seinen Leuten angestrebt wird. Der Berliner Vertreter der Moskauer und Petersburger Sowjetbühnen und des Sowjet-Verlages, Herr Eugen Lundberg, interessiert sich lebhaft für mein Affenstück, er hat ein Exemplar, und ich habe ihn für die Übersetzung ins Russische autorisiert. Bitte setzen Sie sich direkt mit Herrn Lundberg in Verbindung, er ist am besten im Frenkel-Verlag zu erreichen, Friedenau, Sieglindestr. 9, Te. Rheingau 1244.

Ein zweites Exemplar der Affenkomödie habe ich auf Veranlassung von Karl Heinz Martin an Alfred Kerr geschickt, ein drittes gab ich Stefan Grossmann, der es Pallenberg geben wollte, und ein viertes Exemplar hat Direktor Immisch in Cottbus, der mich darum bat. Vielleicht wäre es am zweckmässigsten, wenn Sie sich mit allen diesen Herrn direkt in Verbindung setzen würden, um die Sache ein wenig in Schwung zu bringen! Von den Berliner Bühnen käme, glaube ich, das Theater in der Königsgrätzerstr. noch am ehesten für dies Affenstück in Betracht.

Schliesslich möchte ich Sie noch auf ein Märchenspiel „Der Blinde König" aufmerksam machen, das ich zwar schon vor mehreren Jahren geschrieben habe, das mir aber auch heute, nachdem ich einiges gekürzt und geändert habe, bühnenwirksam und gut erscheint; ja, ich glaube, dass sich eine Aufführung dieses Märchenspiels heute viel eher ermöglichen liesse, als damals, als wir noch mitten in den Revolutionswirren steckten, und daher keine Distanz vorhanden war, alle diese Dinge mit einer gewissen spielerischen Leichtigkeit zu betrachten. Der Dramaturgische Beirat des Deutschen Bühnenvereins hat den „Blinden König" angenommen, und alle drei Herren, sowohl Prof. Klaar, als auch Julius Bab und Rudolf Leonhard, haben sich sehr anerkennend über mein Märchenspiel ausgesprochen. Das Manuskript befindet sich noch eben bei diesem Beirat, der sich aber jetzt aufgelöst hat. Falls Sie für meinen „Blinden König" Interesse haben sollten, bitte ich Sie, sich das Exemplar von dort kommen zu lassen. Übrigens wird mein Märchenspiel im nächsten Winter in Riga aufgeführt werden.

Inzwischen habe ich weitere Kritiken über die „Tote Stadt" erhalten: „Düsseldorfer Ztg.", „Weichsel-Ztg.", „Hannoveran. Anzeiger", „Cottbuser Anzeiger", „Märkische Volksstimme", „Lausitzer Landeszeitung" (die drei in Cottbus!), „Nakanunje" (Berlin), – letztere ist für mich besonders wichtig wegen Moskau und Petersburg. Auf alle Fälle schicke ich Ihnen Auszüge auch dieser Kritiken, – die Berliner Pressestimmen haben Sie doch erhalten? Ausserdem soll in der „Deutschen Rundschau" eine eingehende Würdigung der „Toten Stadt" von Bruno Goetz erscheinen.

Zum Schluss möchte ich noch die Bitte aussprechen, mich, wenigstens die erste Zeit, auch brieflich von Vertragsabschlüssen in Kenntnis setzen zu wollen, – Ihre Auslagen hierfür will ich gern ersetzen! In der Hoffnung, dass Sie sich nun mit wirklichem Eifer meiner Sachen annehmen und mir recht bald Günstiges werden mitteilen können,

bin ich

mit den besten Empfehlungen

Ihr ganz ergebener

Tairov, Alexander J. (1885-1950). Er leitete ab 1914 das Moskauer Kammertheater und gehörte mit Meyerhold und Wachtangov zu den „Gegenspielern" Stanislavskijs, der in den Jahrzehnten zuvor einen legendären naturalistischen Aufführungsstil geschaffen hatte. Tairov bemühte sich um ein „synthetisches Theater", das alle Arten der Bühnenkunst organisch in sich vereinigt, so daß in ein und derselben Aufführung alle Elemente in harmo-

71

nischer Verflechtung schließlich ein einheitliches Theaterwerk ergeben. *Alfred Kerr* (1867-1948) hatte als Theaterkritiker größten Einfluß auf das Berliner Theaterleben jener Zeit
Max Pallenberg (1877-1934) war Charakterkomiker

(18)

An das Bezirksamt Regens   9. Mai, 23.

Sehr geehrter Herr Oberregierungsrat!
Beiliegend übersende ich Ihnen den kleinen Aufsatz, von dem ich Ihnen sprach und aus dem Sie ersehen werden, dass ich mich nur gegen jene nationalistische Agitation wende, wie sie in München betrieben wird und leider noch bis vor kurzem von der Regierung allzu nachgiebig geduldet wurde, – nicht aber gegen das Bayerische Volk selbst, das ich gegen einseitige und gehässige Angriffe verteidigt habe. Ebenso wendet sich mein Gedicht „Christus in München", (das, ich gebe es gern zu, in einzelnen Ausdrücken allzu scharf und übertrieben zugespitzt ist, – aber ein satyrisches Gedicht kann beim besten Willen nicht „objektiv" und „sachlich" sein, es muss seinem Wesen nach, wie jede Karikatur, unterstreichen und vergröbern, um den Kern, das Wesentliche der Sache stärker und wirksamer hervorzuheben, und dieser Kern, den ich treffen wollte und wohl auch getroffen habe, ist auch hier jener Geist der Unduldsamkeit, wie er in den schroffen Massnahmen unserer Fremdenpolitik zum Ausdruck gelangt!) keineswegs gegen Bayern oder das bayerische Volk, das in seinem Grundwesen gastfreundlich und tolerant ist, und jener, hauptsächlich von landfremden Elementen betriebenen nationalistischen Hetze fernsteht.
Zur Ergänzung füge ich noch zwei kleine Beiträge hinzu, aus denen Sie ersehen werden, dass ich die verschiedenen Tagesfragen nie von einem parteipolitischen, sondern immer nur vom ethisch-reinmenschlichen Standpunkt betrachte, – um die eigentliche Politik kümmere ich mich nicht, nur dort, wo meiner Ansicht nach die ethischen Forderungen des wahren Christentums verletzt werden, fühle ich mich verpflichtet, meiner Anschauung auch öffentlich

Ausdruck zu geben. Meine eigentlichen Arbeiten liegen ja auf einem ganz anderen, rein-geistigen Gebiet, dem der Dichtung und Kunst. Aber Sie tun mir unrecht, wenn Sie deshalb meine Ansichten für „dichterisch-verschwommen" halten, denn sie sind ja im Grunde ganz klar und eindeutig, und decken sich mit den Worten Christi: „Liebet eure Feinde, tut wohl denen, die euch hassen ... Du sollst nicht töten!"

In jedem Fall bin ich Ihnen aber, sehr geehrter Herr Oberregierungsrat, für die freundliche persönliche Aussprache von heute Vormittag aufrichtig dankbar, denn wenn unsere Ansichten wohl auch verschieden sind, so glaube ich doch, dass Sie an der Lauterkeit meiner Gesinnung nicht mehr zweifeln und mich nicht mehr für einen deutsch- und bayernfeindlichen „Landesverräter" halten werden!

In der Hoffnung, dass Sie bei Gelegenheit auch die übrigen Herren, die durch entstellte Wiedergabe meiner Ansichten durch Herrn Rechtsanwalt Schneider so gegen mich aufgehetzt worden sind, hiervon in Kenntnis setzen werden (so ist es mir nie eingefallen, „jeden Widerstand gegen die Franzosen als sinn- und zwecklos" zu erklären, sondern ich habe lediglich die Ansicht vertreten, dass dieser passive Widerstand a l l e i n keinen Erfolg haben könne, wenn er nicht durch eine aktive Politik der Verhandlungen, der Verständigung, begleitet würde, – inzwischen haben ja die Ereignisse meiner Ansicht recht gegeben!) bin ich, mit den besten Empfehlungen an Ihre Frau Gemahlin,
in ausgezeichneter Hochachtung
Ihr ganz ergebener

P.S. Soeben fallen mir beiliegende Zeilen des Verlages Reclam in die Hände, die ich kürzlich erhielt, – Sie sehen: meine Tätigkeit wird wo anders keineswegs als „deutschfeindlich" betrachtet! –

Das Gedicht, das in Regen Anstoß erregt hatte, *Christus in München,* ist im Mai 1923 in der *Weltbühne* von Siegfried Jakobsohn erschienen. Jakobsohn hatte an Vegesack geschrieben (28. 5. 23): „ ... Ich wäre gar nicht überrascht, wenn mir ‚Christus in München' noch einen Prozeß wegen Gotteslästerung einbrächte ... Wenn Sie sich über die Nationalsozialisten äußern, tun Sie es hoffentlich bei mir."

In Niederschönenfeld waren die Aufrührer der Bayrischen Räterepublik interniert, so auch Erich Mühsam, der von dort drei Briefe an Clara Nordström schickte.

Siegfried von Vegesack

CHRISTUS IN MUENCHEN.

Als der Herr Jesus Christus nach München kam
Und gleich beim Hauptbahnhof ein möbliertes Zimmer nahm,
Warf ihn ein Schupo nachts aus dem Bette
Und fragte, ob er auch eine Einreiseerlaubnis hätte.

Der Herr Jesus Christus zeigte auf das Evangelium.
Der Schupo blätterte darin herum
Und sagte: „Dies ist kein Ausweispapier –
Kommen Sie mit auf das Polizeirevier!"

Der Herr Jesus Christus kam auf die Polizei.
Man fragte ihn: wo geboren, und wer und was er sei.
Der Herr Jesus Christus sprach: „Ich geboren in Bethlehem,
Gestorben auf Golgatha bei Jerusalem;

Der Schreiner Josef war mein Vater, und war es doch nie,
Meine Mutter war Jungfrau und hiess Marie."
Der Schupo fragte ihn: „Sind Sie Christ oder Jude?"
Dem Herrn Jesus Christus war es seltsam zu Mute,

Er lächelte und sagte: „Ich bin Jude und Christ!"
Da schrie ihn der Schupo an: „Mensch, reden Sie keinen Mist
Und wo wollten Sie denn in Bayern hin?"
Der Herr Jesus Christus sprach: „Ich wollte sehn, wie ich gestorben bin;

Das kann man sich ja jetzt Alles genau
Bei Euch ansehen in Oberammergau!"
Da hat ihn der Schupo schrecklich angeblickt
Und ihn angebrüllt: „Mensch, Sie sind wohl verrückt!

Nach Oberammergau wollen Sie – Sie?
Das ist doch nur für Christen und unsere Fremdenindustrie!
Aber Sie und die ganze Slawiner- und Judenbande
Schmeissen wir raus aus unserm christlichen Bayernlande!"

Und der Herr Jesus Christus ward zum Bahnhof geführt
Und noch selbigen Tages in einem Viehwagen abtransportiert.
Leider hat man nicht mehr vernommen,
Wohin der Herr Jesus Christus aus Bayern gekommen,

Ob er nach Wien oder nach der Tschechoslovakei,
Nach Jerusalem oder Berlin abgeschoben sei.
Vielleicht, dass man ihn auch gefangen hält
In der Ordnungszelle Niederschönenfeld.

(19)

An Josef Kandner   Burghaus-Weissenstein, den 8. Juli, 1923.

Sehr geehrter Herr Kandner!
Vielen Dank für Ihre freundlichen Zeilen! Natürlich behalten Sie
bitte Ihr Exemplar der „Toten Stadt", – ich schrieb der „Vertriebsstelle", dass Sie noch ein Exemplar hätten, weil Sie damals von einer
zweiten Aufführung sprachen, die Sie veranstalten wollten, – ich
werde der Vertriebsstelle mitteilen, dass dies Exemplar Ihnen gehört, und bitte Sie, es zu behalten!
Ich habe noch zwei Theaterstücke, ein Märchenspiel „Der Blinde
König", das im kommenden Winter in Riga aufgeführt werden soll,
für das sich Düwell ganz besonders interessierte, und das auch seinerzeit vom „Dramaturg. Beirat" des Deutschen Bühnenvereins
einstimmig zur Aufführung empfohlen worden ist, und eine Affen-

komödie „Der Mensch im Käfig", die ich in diesem Winter geschrieben habe, und die auch die Vertriebsstelle übernommen hat. Obgleich beide Stücke gar nicht politisch-patriotisch sind, sondern Torheit und Beschränktheit ganz allgemeinmenschlich behandeln, glaube ich doch kaum, dass die Franzosen eine Aufführung gestatten würden! Falls Sie sich doch für die Sachen interessieren, setzen Sie sich bitte direkt mit der Vertriebsstelle in Verbindung, die beide Manuskripte besitzt, – ich habe keins mehr!

Die Hochstaplergeschichte mit Düwell hat sich genau so abgespielt, wie ich es in der „Voss" dargestellt habe, nichts ist erfunden! Jetzt bittet er uns aus dem Gefängnis flehend um Verzeihung, – allerdings auch um weitere 200,000 M. für den Rechtsanwalt, der ihn verteidigen wird u. für ihn Bewährungsfrist zu erwirken hofft, – und wir haben ihm das Geld geschickt!! Denn wie wir hören, ist D. ein durch und durch krankhaft veranlagter Mensch, kein gemeiner Verbrecher, – hoffentlich nimmt er sich diese Lehre zu Herzen! Am 19. Juli findet die Gerichtsverhandlung in Berlin statt. – Von unserem Gelde, – 1 160000 Mark hat er uns abgenommen, – haben wir natürlich nie etwas wiedergesehen! Ich liess ihn erst verhaften, als er auch einen Freund von uns begaunern wollte! –

Ich will Sie gern in Zukunft über meine Sachen auf dem Laufenden halten, und bin mit den besten Grüssen, auch von meiner Frau, Ihr ganz ergebener

Im BERLINER BÖRSEN-COURIER vom 7.5.23 erschien folgende Notiz: „Der glückliche Autor. Der Schriftsteller Siegfried von Vegesack, der in der Nähe von Regen im Bayerischen Wald mit Gattin und Töchterchen in einem wuchtigen Turm der Burgruine Weißenstein haust und dichtet und daneben sich dem Ackerbau und der Viehzucht widmet, empfing vor ein paar Wochen einen nicht unlieben Besuch. Denn welchem Dramatiker wäre ein glattrasierter Herr unwillkommen, der sich als Spielleiter der Hollaender-Bühnen in Berlin vorstellt und als Zweck seines Erscheinens angibt, er wolle von dem Autor ein Bühnenwerk für das Deutsche Theater und die Calderon-Gesellschaft erwerben! Herr von Vegesack, dessen dramatischer Erstling kürzlich in Cottbus erfolgreich aus der Taufe gehoben wurde, freute sich über das ehrende Anerbieten, und da er von großzügiger Gastlichkeit ist, lud er den Regisseur Herrn Walter *Rafael* ein, bei ihm zu bleiben, bis er das gewünschte Werk geschrieben habe. Er ging sogar noch weiter: er stellte dem Regisseur, der auf einen längeren Aufenthalt nicht vorbereitet gewesen war, seine eigene Garderobe zur Verfügung, und der Gast nahm das Anerbieten gern an. Die Tage schwanden, das Werk wuchs, und die Beziehungen zwischen Vegesack, seiner liebenswürdigen Gattin und dem Regisseur gestalteten sich recht angenehm, zumal man auf Weissenstein für jeden anregenden Besuch dankbar ist und ihn möglichst lange festzuhalten sucht. Da erklärte kürzlich Herr Rafael, er sei in der Lage, seinem Wirt unter ungewöhnlich günstigen Bedingungen zu einem kostbaren Konzertflügel zu verhelfen, und Herr von Vegesack nahm keinen Anstand, ihm zum Ankauf des Instrumentes mehrere Millionen auszuhändigen. Herr Rafael trat von Regen aus die Heimreise an, von der er mit dem Flügel wiederkehren wollte. Statt seiner aber traf ein Schreiben von Vegesacks Berliner Sachwalter, Grafen Mellin, ein, wonach diesen ein Freiherr Egon Trütsch von Falckenstein ersucht habe, ihm einige Millionen zurückzuerstatten, die er Herrn von Vegesack geliehen habe. Graf Mellin spürte der Sache mit Hilfe der Kriminalpolizei weiter nach und so gelang es, den Regisseur in der Person des Kabarettisten Hardy Düvel zu verhaften, der zuletzt hier im Brettl ‚Größenwahn' aufgetreten war und seitdem sich dem zwar einträglichen, aber nicht ganz ungefährlichen Beruf des Hochstaplers zugewendet hatte." Vegesacks Artikel: „*Dichter und Hochstapler*" war am 22. April 23 in der Voss. Ztg. erschienen.

Im Sept. 23 wurde Clara Nordströms + SvVs Sohn *Gotthard* geboren. Im Frühjahr 1924 kam die Vortragsreise nach Riga zustande. Am ersten der drei Abende sprach Vegesack über *Das Ethos in der jüngsten deutschen Dichtung*. Am zweiten Abend stellte er *Strindberg als Lyriker* vor, und die Rigasche Rundschau schrieb: „ . . . Herr von Vegesack las mehrere rein lyrische und einige längere politische Gedichte, die in den Siebziger und Achtziger Jahren entstanden sind. Das Hauptinteresse fiel seinen politisch sozialen freien Rhythmen zu, die, wie der Vortragende bemerkte, bis zu einem gewissen Grade an Heine erinnern . . . "

Am dritten Abend las Vegesack aus eigenen Werken, so auch aus dem neuen Stück *Der Mensch im Käfig*. Die Rigasche Rundschau berichtete: „ . . . Die possierlichen und nicht immer ganz anständigen Sitten des Urwaldes erregten unter der Zuhörerschaft zuerst einiges Befremden; jedoch gewöhnte man sich mit der Zeit an die Affensprache und manche merkwürdige Gewohnheiten unserer Vetternschaft."

Philipp Schweinfurth schrieb an die daheimgebliebene Clara Nordström am 5.4. aus Riga:

„Verehrte Frau Clara,

Siegfried ist nun bereits seit einer Woche hier und hat gestern seinen dritten Abend gehabt. Reise und Klimawechsel hatten Heiserkeit bewirkt, trotzdem hat er aber sehr gut gelesen, und ganz ausgezeichnet die Affensache. Ich hatte bisher nicht gewusst, dass er so vorzüglich lesen kann, nicht nur im Ausdruck, sondern auch technisch, das Modulieren der Stimme, ein Ding, das gar nicht leicht ist. Ich sehe einen grossen Erfolg seines Debuts in Berlin voraus. Hier in Riga hatte er für alles was er zu sagen hatte und für die Affen dazu wenig Publikum. In Anlage und Aufbau der Affenkomödie ist mir manches unklar geblieben (es wurden ja auch nur Teile verlesen) aber der Inhalt der Sache schien mir gut hingestellt: für mich liegt er zwischen der Welt der Affen und der Menschen, die beide zwei Seiten des rätselhaften Dinges sind, das wir Leben und Bewusstsein nennen. Mich frappierte neulich eine der letzten Tagebucheintragungen Schopenhauers: „Ich möchte doch wissen, wer eigentlich etwas davon hat." Der Dichter selbst ist anderer Meinung über den Inhalt seiner Sache. Die Aufführung selbst wird sicher ein Erfolg sein, und es ist interessant, wie sich dieser gestalten wird.

Die meisten der vorgetragenen Gedichte, auch der Strindberg-Übersetzungen, waren mir vom Turm her bekannt. Strindberg wirkte sehr schön und wurde sehr gut gelesen. Siegfried war, wie ich mir das gedacht hatte, in den wenigen Tagen, die er hier war, sehr in Anspruch genommen. Wir waren aber doch an einem Abend zusammen und haben uns auch dazwischen gesehen. Die Anwesenheit eines Freundes ist für mich das allerseltenste Gefühl. Es war schön, dass er hier war. Haben Sie Dank für die Grüsse, die er mir von Ihnen brachte, und für die Einladung in den Turm."

An Jakob Haringer   Weissenstein, den 3. Februar 1925
Bayrisch Gmain bei
Bad Reichenhall

War das wirklich notwendig? Nachdem Sie unsere Gastfreundschaft
genossen, uns nachträglich mit Schmutz zu bewerfen? Dankbarkeit
haben wir nie erwartet, ja, jeden Dank Ihrerseits von vornherein abgelehnt, da es ja nichts Schöneres gibt, als jemandem ein wenig helfen zu dürfen ... Aber schliesslich: es gibt auch einen Herzenstakt
des Empfängers, und der hätte Ihnen verbieten müssen, mit so hässlichen Ausdrücken über meine Frau herzufallen.
Und alles, weil Sie Ihr Buch von unserem Freunde, dem Bildhauer
Professor Langer in Düsseldorf, zurückgeschickt erhielten, und in
der *Annahme*; meine Frau hätte Langers Ungünstiges über Sie geschrieben! Selbst wenn dies der Fall gewesen wäre, hätten Sie nicht
das Recht gehabt, Ihre Wut gegen meine Frau in dieser unverschämten Weise loszulassen. In Wirklichkeit ist aber Ihre Annahme falsch:
meine Frau hat sich im Gegenteil bei Langer für Sie verwandt, und
zwar mit solchem Eifer, dass sie selbst von Frau Langer einen ziemlich abweisenden Brief erhalten hat. Nicht so sehr Ihr Buch, als Ihr
Bettelbrief hat Langers abgestossen: wer seine Bücher und Bettelbriefe unverlangt in Massen versendet wie Sie, muss sich schon darauf gefasst machen, dass nicht Jeder von ihnen begeistert ist. Reinhold von Walter hat ja auch die Annahme Ihres Buches abgelehnt,
ebenso Gustav Specht. Es ist natürlich sehr bequem, alle diese Menschen (dies *sehr* fein empfindend sind!) als „Trottel" und „Spiesser"
abzutun, und sich selbstgefällig als „verkannte Grösse" zu bespie-
geln, – aber dann sollte die Verkannte Grösse doch wenigstens so
gross sein, auf den Beifall dieser „Spiesser" zu verzichten, und nicht
völlig Unschuldige wütend zu beschimpfen! Oder war das nur die
nachträgliche Rache der Grösse, weil meine Frau sich einmal erlaub-
te, einiges an Ihren Werken zu kritisieren? In jedem Fall ist Ihr Vorgehen nicht nur geschmacklos, sondern auch schamlos. Wer so empfindlich über jedes vermeintliche Unrecht klagt und jammert, wie

Sie es beständig tun, dürfte nicht der Gemütsroheit fähig sein, die Sie sich zu Schulden kommen liessen.

Aber ich glaube, es hat alles einen tieferen Grund: Sie haben es darauf abgesehen, *jeden* vor den Kopf zu stossen, um nur ja in Ihrem Unglück bleiben zu dürfen, das Sie ja ganz allein für sich gepachtet haben. Denn wenn Ihnen geholfen wäre, – bräche dann nicht Ihre ganze Dichtung zusammen? Sie sind eifersüchtig auf Ihr Leiden, – und sogar ein wenig stolz darauf. Dass auch andere Schmerz empfinden können, ist Ihnen völlig gleichgültig. Schmerz und Scham über einen Menschen, der die reinsten Gefühle, die man ihm entgegenbrachte, beschmutzte.

Sie fragen, wo sind Menschen? Hier haben Sie Menschen gehabt, die Ihnen mit offenen Herzen, mit brüderlicher und schwesterlicher Teilnahme entgegenkamen. Sie müssen sich nicht wundern, wenn auch diese Menschen sich nun Ihnen verschliessen. Schon aus Gründen der Sauberkeit. Die ja natürlich nur ein Kennzeichen von „Trotteln" und „Spiessern" ist.

Jede weitere Verbindung mit Ihnen breche ich ab.

P.S. Soeben erhalten wir von Direktor Salzer (Regensburg) beiliegende 20 Mk. für Sie, – und zwar nur, weil meine Frau sich bei S. für Sie verwandte. – Wenn ich daran denke, dass meine Frau als Erste unter Tränen den Wunsch aussprach, Sie bei uns aufzunehmen, und jetzt Ihre unverschämte offene Karte lese, würgt mich der Ekel. Wenn Sie ahnten, was für ein „Spiesser" und „schellenlauter Tor" Sie selbst sind, und was noch schlimmer ist: ein Hochstapler der grossen Worte und Gefühle! Da ist mir schon unser richtiger Hochstapler von 1923 lieber! –

Die angesprochene Karte ist leider nicht aufzufinden.

Jakob Haringer: war der letzte Vagantendichter der deutschen Literatur, der unterwegs geboren worden (1898) und unterwegs gestorben (1948) ist. Er spielte den Aufrührer, und als er von den Behörden verfolgt wurde, den Narren. Das Alleinsein und das Nacktsein als eigentliches Schicksal des Menschen trieb er als Thema seiner Gedichte immer weiter. Für sein Leben fand er eine Methode, diesem Schicksal zeitweilig zu entgehen: Almosen setzten ihn in die Lage, sich vorübergehend mit mehreren schönen Anzügen einzudecken und seinen Geliebten wertvolle Geschenke zu machen. Mitunter erbat er auch Geld, um seine Gedichtbände publizieren zu können, und viele seiner erfolgreicheren Kollegen spendeten oder unterstützen ihn auf andere Weise: 1926 war er schon für den renommierten Kleistpreis vorgeschlagen worden, Hesse und vor allem Döblin äußerten sich begeistert. Aus Kürschners Deutschem Literaturkalender hatte Haringer sich die Adressen seiner Kollegen notiert und schrieb ihnen Bittbriefe, denen er mitunter ein handgeschriebenes Gedichtheft beilegte. Solch eine Sendung bekam offensichtlich auch Siegfried von Vegesack. In einem Artikel für die Vossische Zeitung schrieb er: „Am Tag vor Weihnachten brachte uns der Postbote einen schmalen Gedichtband: Jakob Haringer „Weihnacht im Armenhaus". Dem Buch war ein gedruckter Brief beigegeben, in dem u. A. zu lesen war, dass ein 30-bändiges Lebenswerk desselben Verfassers des Druckes harre.

Mit gelindem Grauen öffnete ich das Buch, las zuerst mit Misstrauen, dann mit wachsendem Interesse, und endlich erschüttert nicht so sehr von den Dichtungen selbst, als von der Stimme eines zerrissenen, verzweifelten Menschen, der sein Elend, sein Alleinsein in diese Verse verströmte. Ein Nachfahre Hölderlins, Lenzens, Grabbes, Trakls, jener nie Vollendeten, nie Abgeklärten, aber grade deswegen ewig Jungen, jeder aufgewühlten Jugend zugesellten Ahnherren stammelt und schreit hier seine qualbesessenen Visionen in die Welt, die nichts von ihm wissen will . . . Es ist kaum zu glauben, dass sich bisher keine Menschenseele ernstlich um diesen Dichter gekümmert hat.

Allerdings: dieser Querkopf, dieser verbitterte, in sein Leid, seine Not verrannte und verbissene, mit sich, Gott und aller Welt zerfallene Quärulant und Nörgler macht es einem nicht leicht, ihm zu helfen und wird jeden vor den Kopf stossen, der sich mit ihm und seinen Werken befasst . . . Neben Versen und Sätzen, die im Himmel geschrieben sind, steht echter, unverfälschter Kitsch, wie man ihn in einem Backfischroman kaum schöner finden kann. Denn Haringer verachtet jede Arbeit, selbst die am eigenen Werk. Er schmeisst seine Visionen unbekümmert aufs Papier, wie's gerade kommt, kennt weder Selbstzucht noch Selbstkritik, nicht die Strenge der eigenen Schöpfung gegenüber, die erst den Dichter krönt . . . " (Ana 397, I, O, 21 u. 22)

Aber außer Frau Claras anthroposophischer Weitherzigkeit scheint Haringer und Vegesack nichts verbunden zu haben. „Lieber die Nächte mit Lumpen verlumpen, als so wie ihr in Ehren verludert, verstunken" – war Haringers Credo.

Der im Frühjahr 1925 erschienene Gedichtband Vegesacks *Kleine Welt vom Turm gesehen* enthielt ein Gedicht, das Jakob Haringer gewidmet ist. Es zeugt von Mitgefühl, wenn auch nicht von Verständnis für Werk und Lebensform des eigenwilligen Dichters:

DER ARMENHÄUSLER

Alle Quellen sind mir versiegt.
Alle Lichter erloschen.
Ich hab ein totes Kind gewiegt,
Und aufbewahrt einen falschen Groschen.

Die Nacht ist groß und sternenlos,
Wie eine alte Frau,
Die ihre Augen ausgeweint.
Verwelkt die Brust, verblüht der Schoß,
Die Haare der Liebe wurden grau.
Wie ist die Welt versteint!

Not, Not und nichts als Not:
Was hab ich sonst gekannt?
Not war mein täglich Brot
Vor dieses Lebens kalter Kerkerwand.

Mein Herz ist ausgebrannt.
Oh, wär ich tot!

Als der Gedichtband fertiggestellt war, fragte Alfred Richard Meyer bei Vegesack an, wie man ihn ankündigen sollte: „ . . . Eine Anzeige in der Vossischen Zeitung würde sich etwa auf 200-300 Mark stellen – eine Angelegenheit, die wir lieber lassen wollen, weil sie sich in der Tat nicht verlohnt . . . " und am 4. Mai 1925: „ . . . Seit Freitag bin ich dabei, Ihre Bücher an die Presse zu senden. Es ginge schneller, wenn ich nicht einen schlimmen Finger hätte . . . Die Inserate kann ich jetzt nicht mehr aufgeben, sondern erst Anfang Juni. Wir müssen das noch einmal ausführlich besprechen, ob sich das lohnt . . . Nun vor allem – Ihr Buch ist leider unangenehm schwer geworden, weil Sie so schweres Papier wählten. Die Drucksachen-Versendung kostet allein 20 Pf. Und das Buch muss, da nur broschiert, sehr gut verpackt werden, um auf dem Transporte nicht zu leiden. Ich wählte sehr dicke Pappen daher. Und ließ auch Extrazettel drucken. Beleg auch anbei . . ."

(21)

Herrn Dr. Hans Thyriot   Burghaus Weissenstein,
Redaktion der Westen   den 2. April 1925
Berlin-Wilmersd

Sehr geehrter Herr Doktor!
Ich danke Ihnen für Ihr freundliches Interesse, das Sie mir entgegenbringen, und bin gern bereit, für Ihren Aufsatz die gewünschten Unterlagen zu geben.
In diesen Tagen wird im Verlag Alfred Richard Meyer mein Gedichtband „Die Kleine Welt vom Turm gesehen"* (*soeben erschienen) erscheinen, den ich Ihnen dann gleich zugehen lassen will. Das Buch enthält 100 Gedichte, – die Ernte von etwa 15 Jahren. Was ich sonst hier und da an Skizzen und dergleichen veröffentlicht habe, sind Kleinigkeiten, vom Tage und für den Tag geschrieben, hauptsächlich um etwas Geld zu verdienen.
Mein eigentliches Gebiet ist das Drama. Mein erster Versuch war ein kleiner Einakter: „Die Beichte der schönen Simonetta", 1914 geschrieben, Hoefert hat ihn einmal vorgetragen und wollte ihn auch aufführen, – mir ist diese Anfangsarbeit ziemlich fremd geworden. Im Winter 1918 schrieb ich ein Märchenspiel „Der Blinde König", 1920 ein Schauspiel „Tote Stadt", 1923 eine Affenkomödie „Der Mensch im Käfig" und eben habe ich ein Schauspiel „Menschenfresser", eine Weltgeschichte in vier Stationen, beendet. Die Manu-

skripte liegen bei der Vertriebsstelle Deutscher Bühnenschriftsteller, Motzstrasse 85, die den Vertrieb übernommen hat.

Von diesen Dramen ist bisher nur die „Tote Stadt" in Cottbus (1923) aufgeführt worden, – einige Kritiken lege ich bei, – und am 25. April soll die Uraufführung meiner Affenkomödie im Deutschen Landestheater in Prag stattfinden* (*Inzwischen aufgeführt. Beiliegend einige Kritiken).

Nun noch einige biographische Daten. Ich bin 1888 auf unserem väterlichen Gut Blumbergshof in Livland, als neuntes Kind meiner Eltern, geboren, wuchs mit Ausnahme der Schulzeit (Riga) auf dem Lande auf, und fühle mich auch heute nur auf dem Lande wohl. Studierte in Dorpat (Russ. Staatsexamen), Heidelberg und München Geschichte und Kunstgeschichte, zog, als die Verhältnisse in meiner Heimat immer trostloser wurden (ich war vom Militärdienst befreit, weil ich nur auf einem Auge sehe, u. auch auf diesem sehr kurzsichtig bin, – das andere wurde mir auf einer Mensur eingeschlagen), im Februar 1915 nach Schweden, wo ich mit 30 Rubeln in der Tasche in Stockholm anlangte, dafür 2 Trauringe kaufte und schon am nächsten Tag mit der Schwedin Clara Nordström, die auch Schriftstellerin ist, und die ich in München kennen gelernt hatte, getraut wurde. Im November 1915 zogen wir nach Berlin, wo ich bei meinem väterlichen Freunde Dr. Paul Rohrbach im Interesse unserer baltischen Heimat arbeitete.

Als die Verhältnisse in Berlin 1917 immer schlimmer wurden, meine Frau und ich selbst schwer erkrankten, und uns eben eine Tochter geboren war, verliessen wir, auf dringenden Rat der Ärzte, die Stadt und vergruben uns hier im Bayerischen Walde, wo wir durch reinen Zufall einen alten sehr romantischen Ruinenturm fanden, in dem wir nun schon 7 Jahre als halbe Bauern wohnen. Ich lernte hier allerlei nützliche Dinge: Gartenarbeit, Mähen, Ziegen und Kühe hüten usw., aber ein schweres Darmleiden zwang mich immer mehr, dieser körperlichen Tätigkeit zu entsagen, vor einem Monat musste ich mich in München einer Operation unterziehen, und hoffe nun wieder ganz gesund zu werden.

Erwähnen möchte ich noch kurz, dass ich auch Verschiedenes aus dem Russischen übersetzt habe: Gogol, Ljesskow (Bei Rösl & Co., –

der erste in Deutschland erschienene Novellenband von Ljesskow!)
Turgenjew (bei Langen) usw. Auch habe ich eine grössere Auswahl
von Gedichten Strindbergs ins Deutsche übertragen (einige Proben
sind im Neuen Merkur und in der Weltbühne erschienen), – kann
sie aber nicht veröffentlichen, weil Schering dies nicht zulässt!!
Ja, sonst weiss ich nicht, was ich noch berichten soll. Falls Sie mal
zufällig in unsere Gegend kommen sollten, würde ich mich freuen,
Sie bei uns zu begrüssen! Ein Bild unseres Eulenturmes lege ich bei.
Da wir uns als freie Schriftsteller nur mühsam durchschlagen können, haben wir uns entschlossen, für die Sommermonate einige
Pensionäre bei uns aufzunehmen, – dieses erwähne ich nur, weil Sie
für mich Interesse haben, und vielleicht zufällig Jemand wissen, der
in unseren Turm passen würde!
Mit den besten Ostergrüssen
Ihr sehr ergebener
P.S. Haben Sie die Probenummern meiner Feuilletonkorrespon-
denz erhalten, – ich ließ sie dem „Westen" zugehen, wusste aber
nicht die genaue Adresse!

Der schwedische Schriftsteller *August Strindberg* (1849-1912) war in Berlin
groß in Mode. Vegesack bemühte sich um sein Werk, weil das skandinavi-
sche Kulturgut den Balten ohnehin vertraut war und er andererseits durch
seine Frau und eigene Studien in der Lage war, aus dem Schwedischen zu
übersetzen. Seit am 1.1.1920 Schweden der Berner Konvention zum
Schutz von Werken der Literatur und Kunst beigetreten war, gestaltete sich
eine Veröffentlichung von Übersetzungen aber als schwierig. Strindberg
hatte nämlich mit einem Brief vom 15. 2. 1899 Emil Schering als einzigen
Übersetzer autorisiert und diese zunächst zeitlich bedingte Zusage 1900
„für alle Zeit" erweitert.
Emil Schering (1873-1951) hatte als junger Germanistikstudent 1893 sein
entscheidendes Strindberg-Erlebnis gehabt, das ihn trotz der berechtigten
Einwände, die man gegen seine Übersetzungen haben kann, zum wichtigsten Strindbergprotagonisten in Deutschland werden ließ. Von 1902-1930
erschien das Gesamtwerk Strindbergs, von Schering herausgegeben und
übersetzt, in 46 Bänden (beim Verlag Georg Müller, Leipzig). Schering war
besessen von seiner Aufgabe: „Die Eindeutschung August Strindbergs ist

meine Lebensaufgabe" stellte er den frühen Bänden als Motto voran. Die Werke Strindbergs erschienen in einem schlechten Deutsch, mit Auslassungen, veränderten Titeln und eigenwilligen Umstellungen. Der Aufnahme Strindbergs in Deutschland hat dies aber nur wenig geschadet, denn überall war man nur am „Stoff" und der „neuen Fühlweise" interessiert (siehe: *Fritz Paul*: Deutsche Strindberg-Ausgaben. Ein Ärgernis? in: Strindberg und die deutschsprachigen Länder. Basel und Stuttgart 1979).

Während es früher Konkurrenzunternehmungen gegeben hatte, waren der Verlag und der deutsche Buchmarkt ab 1920 an Schering gebunden. Vegesack hätte nur auf dem Rechtsweg eine Veröffentlichung erstreiten können. Der kontaktierte Hyperion-Verlag, dem Vegesack die Gedichte vorlegte, scheute diese Auseinandersetzung.

Der Georg-Müller-Verlag hatte aber doch eine Arbeit für Vegesack. Am 4. Juni 1921 schrieb er: „ . . . Wir haben die Absicht, zum Herbst eine neue Frakturausgabe – zunächst der Romane – Strindbergs auf gutem Papier herauszubringen . . . .Wir wollen diese gute Ausgabe nun in revidierter Form herausgeben und möchten hiermit bei Ihnen anfragen, ob Sie die Durchsicht übernehmen würden. Es handelt sich *nicht* um eine stilistische Neugestaltung der Scheringschen Arbeit – diese dürften wir nicht vornehmen lassen – wohl aber um die Beseitigung sinnstörender und flagranter Übersetzungsfehler" und am 31. 5. 22: „ . . .Wir bestätigen mit bestem Dank den Empfang des Verzeichnisses der gröbsten Fehler, die Sie in den fünf Bänden der lebensgeschichtlichen Romane Strindbergs, Scheringscher Fassung, gefunden haben . . . Wir nehmen davon Kenntnis, dass Schering die ersten 50 Seiten von „Entzweit" fortgelassen hat. Er scheint überhaupt in seiner Übersetzung Strindbergs häufig recht willkürlich verfahren zu sein . . ." und nochmals am 14. 3. 23: „ . . .Schering schreibt eine wütende Karte, in der er Ihre Adresse verlangt, um mit Ihnen abzurechnen, weil Sie das „Inferno" nach der schwedischen Übersetzung verhunzt hätten, nicht nach dem französischen Original (wie er). So sagt er tatsächlich. Wie Schering drauf kommt, dass Sie die Überarbeitung besorgt haben, ahnt im Verlag niemand . . ."

Herrn Dr. Martin Knapp,   Burghaus-Weissenstein,
München   4. April 1925.

Sehr geehrter Herr Doktor!
Ich danke Ihnen herzlich für Ihre freundlichen Zeilen und die schönen Wunderhornlieder, die ich mir bei nächster Gelegenheit vorspielen lassen will, – wir selbst haben leider kein Klavier!
Wir haben als Pensionspreis 7 Mk. gedacht, für vier Mahlzeiten, – einfache, aber sehr kräftige und wirklich reichliche Landkost: nicht wie in den üblichen Pensionen, in denen ich jedenfalls nie satt werde! Unold und Hoerschelmann könnten darüber nähere Auskunft geben, sie sind oft und lange bei uns gewesen. Seitdem wir eine Hausdame haben, die sich um alles kümmert, ist das Essen auch „kultivierter" geworden! Besonders lieb wären uns Künstler und Sonderlinge, während wir vor Oberlehrern und Spiessern schreckliche Angst haben!
Ja, meine Korrespondenz war ein glücklicher Einfall: ich verwerte fast nur Zweitdrucke, die früher in der Voss oder im Berliner Tageblatt erschienen sind, habe also gar keine Arbeit davon, und bringe es auf etwa 40 Abdrucke im Monat! Es ist mein einziges festes Einkommen!
Am 25. April findet im Deutschen Landestheater in Prag die Uraufführung einer Affenkomödie „Der Mensch im Käfig" von mir statt, die zum Teil im Urwald unter wirklichen Affen spielt. Ich bin gespannt, was das Publikum dazu sagen wird, fürchte einen kleinen Theaterskandal, wie ich ihn schon einmal in Cottbus erlebt habe!
Sehr freuen würde ich mich, wenn Sie uns wirklich mal besuchen wollten, damit Sie sich erst recht in unserem alten Gemäuer heimisch fühlen!
In den nächsten Tagen wird mein kleiner Gedichtband „Die Kleine Welt vom Turm gesehen" herauskommen, – erlauben Sie mir, dass ich Ihnen dann ein Exemplar als Ostergruss übersende?
Mit den besten Wünschen für die Ostertage
an Sie und die Ihrigen
grüsst Sie Ihr sehr ergebener

Knapp, Martin (1883-1972), Sohn eines Pfarrers und hatte selbst Theologie studiert, war zu jener Zeit im Verlag Piper in München angestellt.

(23)

An die Vertriebsstelle des   Weissenstein, den 30.4.25
Verbandes Deutscher
Bühnenschriftsteller – Herrn
Dr. Lachmansky – Berlin

Sehr geehrter Herr Doktor!

Soeben aus Prag zurückgekehrt, will ich Ihnen gleich von der Premiere berichten! Zunächst muss ich bemerken, dass für das schwierige Werk viel zu wenig Proben angesetzt waren, und dass selbst bei der Generalprobe am Samstag Vormittag noch sehr vieles nicht klappte. Da ich erst am Freitag kam und nur den beiden letzten Proben beiwohnen konnte, war es mir nicht mehr möglich, wesentliche Änderungen vorzunehmen. So wurde die Uraufführung zur Generalprobe, und die erste Aufführung, die wirklich einigermassen klappte, fand erst am Sonntag statt: der Erfolg am Sonntag war noch sehr viel grösser und durchschlagender als am Samstag! Leider waren die meisten Kritiker (Max Brod vom Prager Tagblatt, Otto Pick von der Prager Presse!) nur zur Generalprobe am Samstag Vormittag gekommen, als auf der Bühne noch ein völliges Chaos herrschte, und der Vertreter der „Bohemia" war, wie man mir erklärte, sehr verschnupft, dass man ihn nicht zur Generalprobe aufgefordert hatte! Schliesslich kam noch ein ungünstiger Umstand hinzu: gleichzeitig mit meiner Uraufführung fand die Premiere einer Operette mit der sehr gefeierten Emmy Sturm als Gast statt, die bis Mittwoch jeden Abend auftrat, – daher konnten die Kritiker mein Stück nur in der Generalprobe ansehen: die Operette war für sie natürlich viel wichtiger! Trotz dieser Kollision mit der Operetten-Novität konnte mein Affenstück schon am Dienstag zum dritten Mal vor ausverkauftem Haus gespielt werden, und für diesen Samstag und Sonntag waren weitere Aufführungen angesetzt.

Der grösste Fehler bei der Uraufführung war der, dass der Schluss

Szenenfoto einer Aufführung des Dramas „Der Mensch im Käfig" in Prag. 2. Akt:
„Auf dem Schiff". Paul Hörbiger als Jimmy und Roman Reinhardt als Säbel-Sabel,
Bühnenbild und Fotografie: Liese Krieger

des dritten Aktes durch viel zu langsames Spiel und viel zu derbe
Mätzchen des kleinen Affen Jack (der den Vorhang zuzieht) ins
Wasser fiel, auch versagte die Beleuchtung: der Zuschauerraum
blieb dunkel, so dass das Publikum gar nicht wusste, woran es war!
Auch im letzten Bilde, im Urwald, stellten sich am Samstag noch
viele Längen heraus, die dann am Sonntag gestrichen wurden. Diese
Sonntag-Aufführung hatte deshalb beim Publikum einen sehr viel
stärkeren Erfolg, der bis zum Schluss anhielt. Man versicherte mir
allgemein, dass dies der grösste Erfolg der ganzen Spielzeit sei: der
Beifall sei noch viel stärker gewesen, als bei Klabunds „Kreidekreis",
der jetzt zum 25. Mal gegeben wurde!
In erster Linie habe ich diesen Erfolg dem wirklich genialen Affen-
Darsteller Hörbiger zu verdanken: von Menschen, die den „Spre-
chenden Affen" in Berlin gesehen haben, hörte ich, dass Hörbiger
Gräetz bei weitem übertreffen soll. So etwas an affenartigem Spiel

habe ich überhaupt nicht für möglich gehalten! Sehr schlecht war dagegen der „Dichter-Denker", der seinen Auftritt durch allerlei Mätzchen unerträglich in die Länge zog, und gar nicht von der Bühne fortzukriegen war!

Ich habe jedenfalls das Eine gelernt: es ist absolut notwendig, dass ich früher zu den Proben komme, denn bei der Generalprobe kann man nichts mehr ändern, und erst wenn man alles auf der Bühne leibhaftig vor sich sieht, bemerkt man viele Mängel und Längen!

Ich werde deshalb jetzt das ganze Manuskript einer sorgfältigen Bearbeitung unterziehen, und vieles, nach den Erfahrungen der Prager Aufführung, ändern und zusammenstreichen. Den vierten Akt (die Präsidentenwahl), der ja in Prag ganz gestrichen wurde, will ich in ein kurzes Zwischenspiel vor dem Vorhang umwandeln, während dessen wird die Bühne wieder zum Urwald umgebaut, so dass zwischen dem 3. und letzten Bilde keine Pause stattfindet: denn die letzte Urwaldscene ist ja kein Akt für sich, sondern ein kurzer, lyrischer Epilog! Diese letzte Scene: Jimmy und Miss Evelyne im Mondschein auf dem Baume, wirkte sehr stark!

Ich habe das Regiebuch aus Prag hier, und will sofort mit der Umarbeitung beginnen. In etwa zwei Wochen hoffe ich Ihnen das neue Manuskript in 6 Exemplaren schicken zu können. Ich bitte Sie, dann sofort weitere Exemplare herstellen zu lassen, und an folgende Adressen zu versenden, die mir Herr Regisseur Demetz in Prag nannte: Hans Bartsch, Metropolitan-Building, New York, Nighel Playfair, New-Theatre, London, Direkteur Dulin, Théatre de l'Atelier, Paris-Montmartre, Direkteur Jouvet, Théatre Champs Elyssées, Paris, rue montagne.

Ausserdem möchte Herr Otto Pick von der Prager Presse (Dr. Pick, Prager Presse, Prag XII, Fochova 62) ein Exemplar haben, um es ins Tschechische zu übersetzen; ich habe ihn hierzu autorisiert, und bitte Sie, alles Nähere direkt mit ihm zu vereinbaren.

Schließlich teilte mir Herr Direktor Kramer mit, dass er mein Affenstück in Wien unterbringen will, und Herr Demetz sagte mir, dass er in der Russischen Gesandtschaft in Prag gelesen hätte, dass der „Mensch im Käfig" in der nächsten Spielzeit am Moskauer Staatstheater aufgeführt würde!

Szenenfoto einer Aufführung des Dramas „Der Mensch im Käfig" in Prag. 4. Akt: „Urwald-Idyll". V. l. n. r.: Anita Voß, Josef Renner, Ida Meixner und Paul Hörbiger; Bühnenbild und Fotografie: Liese Krieger.

Die Prager Pressestimmen wollte Herr Demetz Ihnen direkt zuschicken, Sie werden sie wohl inzwischen erhalten haben. Sobald alle Kritiken vorliegen (auch aus dem Reich), will ich sie zusammenstellen und drucken lassen, im Format Ihrer Zeitschrift „Der Bühnenschriftsteller", – wenn es Ihnen recht ist; bitte schreiben Sie mir, wie viele Exemplare Sie verwenden können.

Obgleich man mich in Prag zur Premiere eingeladen hatte, wurde mir nur die Fahrt, im Betrage von 300 Tsch. Kr., vergütet, – Hotel und Aufenthalt musste ich selbst bezahlen. Ich hatte nicht so viel Geld mit, so dass ich gezwungen war, mir einen Vorschuss von 100 Mk. (800 Kr.) geben zu lassen. Da bei meiner Abreise am vierten Tage bereits die dritte Aufführung vor ausverkauftem Hause stattfand, und für den nächsten Samstag und Sonntag weitere Aufführungen angesetzt waren, glaubte ich dies Ihnen gegenüber verantworten zu können, und bitte Sie, diese Inkorrektheit freundlichst entschuldigen zu wollen! Bei den nächsten Vertragsabschlüssen bitte ich Sie es durchzusetzen, dass mir vom Theater Fahrt und Aufenthalt für eine Woche vergütet werden, denn ich habe jetzt gesehen, wie richtig es ist, die letzten Proben zu überwachen!

Meine „Menschenfresser", die ich in Prag vorlas, fanden sehr starken Beifall. Eine Kritik von Max Brod im „Prager Tagblatt" füge ich bei. Ebenso den unterzeichneten Vertrag, den ich, wie die früheren, fürs Erste auf 5 Jahre abschliesse.

Mit den besten Grüssen Ihr sehr ergebener

Hans Demetz, der Direktor des Deutschen Landestheaters Prag und Regisseur der Aufführung, schrieb an Clara Nordström (4.5.25): „... das Stück erweist sich als die stärkste Neuheit des heurigen Spieljahres, wir haben bereits fünf bis auf das letzte Plätzchen ausverkaufte Häuser, die Leute gehen zu Hunderten von der ausverkauften Abendkassa weg. Es ist eine wirkliche Sensation, was ja der fabelhaften Darstellung Hörbigers auch zu verdanken ist . . . "

(*Paul Hörbiger* spielte in Prag die Rolle des Menschenaffen Jimmy)

Mit den von Vegesack vorgeschlagenen Änderungen war Demetz nicht einverstanden: ein Zwischenspiel, wie Vs. es sich vorstelle, sei technisch so leicht nicht durchführbar und seine Wirkung fraglich, denkbar sei eher ein Empfang beim neuen Präsidenten im Weissen Haus zu Metropolis.

Auch mit einer Übersetzung ins Tschechische war Demetz keineswegs einverstanden, so lange das Stück an seinem Haus laufe, denn mit Tantiemeneinbußen müsse dann gerechnet werden. Übersetzungen ins Italienische und Amerikanische seien nachgefragt worden. Vom Guild Theatre in New York sei durch den Agenten Khol sogar ein Kabel übermittelt worden: „Wünschen Mensch im Käfig als Basis für eine Operette zu benutzen, müssen uns dazu die Dienste eines Librettisten, eines Komponisten und eines Textdichters verschaffen, können nicht mehr als 1½ % an Vegesack für die Buchrechte zahlen . . ."

Dennoch war der Ansicht des Herrn Khol nach eine Operette „wohl ein sehr grosses Geschäft".

Das amerikanische Theater erhielt einige Zeit die Option aufrecht, aus einer Aufführung wurde aber nichts; jedenfalls fehlen dafür jegliche Nachweise wie auch für eine Aufführung im Moskauer Künstlertheater, von der mehrmals die Rede war.

Hören wir die Fabel von Max Brod (Prager Tagblatt): „Im Urwald erscheint Professor Jim Jimson, um die Sprache der Menschenaffen zu erforschen. Er begegnet dem Menschenaffen Jimmy, der von einem Missionär etwas Menschensprache gelernt hat. Die beiden verständigen sich. Der Professor möchte unter den Affen leben, der Affe möchte (ähnlich wie in Franz Kafkas „Bericht an eine Akademie") zu vollständiger Menschwerdung gedeihen. Sie helfen einander. Der Professor erhält von Jimmy einen Affenpelz und bleibt im Urwald. Jimmy bekommt die Kleider des Professors, geht nach New York, spielt dort die Rolle des Professors, wird vom Kammerdiener des Professors zwar etwas mißtrauisch angesehen, schließlich aber doch für den im Urwald etwas verwilderten Professor gehalten; die Tochter des Kohlenkönigs verliebt sich in ihn, er steigt von Stufe zu Stufe, wird schließlich sogar Präsident der Republik, die (im Jahr 2000) bereits die ganze Erde umfaßt. Doch schließlich langweilt ihn das Treiben der Menschen und namentlich ihre Politik so maßlos, daß er mit seiner Braut in den Urwald heimkehrt und neben dem Professor, der sich indessen unter den Affen glücklich akklimatisiert hat, seinen altäffischen Hausstand auf einem Baumstamm einrichtet . . .

Und das liebevolle Erlebnis dieses Urwalds, aus dem Naturleben des bayrischen Waldes herübergeholt, breitet einen poetischen Glanz, ein anmutiges Lächeln selbst über die aggressiven Szenen der Tierkomödie, – trotz klarer Tendenz lebt man in einer Märchenwelt, noch dazu in einer solchen, deren abenteuerliche Komik einen vor lauter Lachen nicht zum rechten Ärger wider die kritisierte Menschheit kommen läßt.

Außerhalb liebevoller Naturstudien aber richtet sich die edle Seele dieses wahren Deutschen, der Baron aus dem Baltenlande und dennoch Demokrat und Pazifist ist, auf eine bessere Zukunft Europas. Seine Hymne gilt dem grossen Fortschrittsfanatiker Heinrich Mann, gilt Tolstoi und Strindberg, den Kündern einer neuen zarteren Menschlichkeit, sein politisches Bekenntnis schließt sich, allem Chauvinismus absagend, an Coudenhoves Paneuropa an."

Richard Graf von Coudenhove-Kalergi (1894-1972) war in Böhmen aufgewachsen und hatte in Wien studiert. Gegen Ende des Jahres 1919 hatten Überlegungen, wie der Völkerbund gerettet werden könnte, ihn zur Propaganda für eine Paneuropäische Staatenunion geführt. Wie wir schon in seinem Vortrag über den „Ethos der jüngsten deutschen Dichtung" gehört haben, schloß Vegesack, wie einige seiner heimatlos gewordenen baltischen Kollegen, sich dieser Idee begeistert an. Das Bekenntnis zu EUROPA unterstrich Vegesack, wie wir sehen werden, immer wieder.

1926 nahm er mit seiner Frau in Wien am ersten Paneuropa-Kongreß teil. Seine Eindrücke hat Vegesack unter dem Titel *Utopie oder Wirklichkeit?* In seiner Feuilleton-Korrespondenz (o. Dt.) veröffentlicht:

„ . . . Die Vertreter von 28 verschiedenen Nationen, Persönlichkeiten von Rang und Ruf aus dem politischen, wirtschaftlichen und geistigen Leben, hatten sich unter dem paneuropäische Symbol, dem roten Kreuz auf goldener Sonne, in Wien versammelt. Wer vor drei Jahren einen solchen Kongreß vorausgesagt hätte, wäre wahrscheinlich in ein Irrenhaus eingesperrt worden . . .

So paradox es auch klingen mag: der Kongreß wäre erfolgreich gewesen, wenn die paneuropäische Bewegung, die zu ihm führte, vorher weniger Erfolg gehabt hätte. Zu viele Türen offizieller Persönlichkeiten haben sich bereitwillig dem jungen Grafen Coudenhove geöffnet, all zu viele Minister a. D., abgewirtschaftete Politiker und abgetakelte Excellenzen haben sich der modischen Bewegung bemächtigt, um sich noch einmal irgendwie zu betätigen . . . Die Jugend war leider verhältnismäßig schwach vertreten . . . "

Dies liege an allerhand Mißverständnissen über die Bewegung, u. a. daß Paneuropa das nationale Eigenleben der Völker auflösen wolle, schreibt Vegesack, wenn Europa sich aber nicht einige, würde es zwischen Amerika und Rußland zerrieben, deshalb: „Nur ein geeintes Europa kann seine Nationen vor diesem Schicksal retten, *nur als Europäer können wir Deutsche bleiben.* Aus der Ohnmacht des europäischen Nationalismus gibt es daher nur eine Rettung: den Aufstieg zum *nationalen Europäertum!"*

1925 fand gelegentlich der Aufführung des *Menschen im Käfig* in Prag auch eine Dichterlesung Vegesacks statt, und Max Brod war wieder dabei: „Die schleierlos aufleuchtende Hymne „An Europa", lebhaft akklamiert, bildete den Übergang zu dem neuen Drama „Menschenfresser", das Liebe unter den Menschen nicht durch Brüderlichkeits-Predigt aufdrängen will, sondern einfach den Haß lächerlich macht und dadurch sein Ziel viel sicherer erreicht."

Das Gedicht *Europa* ist in dem Gedichtband *Kleine Welt vom Turm gesehen* erschienen und Richard Coudenhove-Kalergi gewidmet.

An Kubin   Burghaus-Weissenstein, den 24. Juli 1925.

Liebe Freunde und Nachbarn!
Heute Morgen brachte uns der Postbote, schwerbepackt, die „Rauhnacht" in den Turm, und gleich wurde sie im Saal ausgepackt, ausgebreitet und mit wachsender Begeisterung angestaunt und bewundert! Wie Vieles wächst aus diesen lebenden Blättern heraus, immer
neue Molche und Ungeheuer kriechen oder flattern hervor, kein
Fleckchen ist totes Papier, jeder Strich, jeder Ast atmet ein besonderes Leben, und je tiefer man sich in diese Welt hineinverliert, desto
leibhaftiger und unheimlicher wird sie! Haben Sie vielen, vielen
Dank für diese Gabe, die als eine der kostbarsten Schätze in unserer
Burg auf dem grossen runden Tisch im Saal aufbewahrt wird! Der
Zufall wollte es, dass grade gestern mein guter Freund Schweinfurth
(Kunsthistoriker und Privatdozent an der Universität in Riga) hier
anlangte, so dass auch der nötige „Sachverständige" zugegen war,
der uns auf alle verborgenen Feinheiten aufmerksam machen konnte! Sobald wie möglich wollen wir, – meine Frau oder ich, vielleicht
auch wir Beide, – etwas darüber schreiben, – hoffentlich gelingt es
uns, das auszusprechen, was wir auf dem Herzen haben, und hoffentlich wird das nicht zu „laienhaft" sein! Aber vielleicht ist das
grade gut, dass wir keine Leute vom „Fach" sind! –
Sehr freundlich ist es von Ihnen, dass Sie mich, wenn ich auf meiner
Wanderung in Ihre Gegend komme, über die Nacht aufnehmen
wollen, – aber ich fürchte, ich werde dann nicht die Zeit dazu haben,
da schon die Wanderung etwa eine Woche beanspruchen wird, und
ich wegen meiner Korrespondenz und anderer Arbeiten nicht so
lange von Hause fortbleiben kann! Jedenfalls gebe ich Ihnen noch
rechtzeitig Nachricht, und bitte Sie, sich in k e i n e m Fall durch
meinen Besuch in Ihren Plänen und Arbeiten stören zu lassen: ich
weiss, wie kostbar die Augenblicke sind, wenn man arbeiten kann,
und wie lästig dann jede Störung ist! Wenn es im August, – wie ich
fast fürchte, – nicht dazu kommt, besuchen wir Sie vielleicht später
im Herbst, auf unserer Donau-Reise nach Wien, die wir ja schon
lange planen! Und vielleicht können wir Ihnen dann die blaue Kat-

ze mitbringen, – wenn Sie und Ihre Gattin nicht vorher sie von uns abgeholt haben!! Auf irgend eine Weise wird die blaue Katze jedenfalls zu Ihnen gelangen, – es wird sicher eine abenteuerliche Fahrt werden, – vielleicht mit dem Autobus, oder mit dem Schiff auf der „blauen" Donau! –

Hier ist jetzt richtiger, glühender Hochsommer. Ich schmore nachmittags auf den Felsen im Walde in der Sonne, oder bade im Flüsschen. Vormittags wird auf der Maschine geklappert (Isjagin hat schon wieder eine seiner verrückten Geschichten geschrieben, – zwei ältere lege ich als Proben bei! Aber die noch nicht veröffentlichten sind besser!), abends hören wir Mozart (im Grammophon, nicht Radio!!), – dazwischen wird mit dem „Kraftwerk" Licht fabriziert, – so vergehen die Tage schnell, und der Herbst kommt, bevor es eigentlich richtig Sommer wurde!

Hier aus dem Fenster sehe ich die grüne Kuppe des Lusen hinter den blauen Höhenzügen hervorlugen, – er erinnert mich immer an unsere schöne Wanderung!

Mit vielen herzlichen Grüssen an Sie Beide

Alfred Kubin (1877-1959), Zeichner und Schriftsteller. 1898 trat er in die Kunstgewerbeschule Salzburg ein, dann in die Kunstakademie München; von 1905-09 führten ihn ausgedehnte Reisen durch Mitteleuropa und den Balkan; er gehörte dem „Münchner Kreis" an, aber zumeist eben nur als „korrespondierendes Mitglied", denn 1906 hatte er sich in Zwickledt O. Ö., wenige Kilometer von der bayerischen Grenze niedergelassen; seit 1924 kamen Kubin und Vegesack häufig zusammen, zumeist in Waldhäuser, im Haus des gemeinsamen Freundes Koeppel, das ungefähr auf halbem Weg liegt zwischen Weissenstein und Zwickledt.

Zum 50. Geburtstag Kubins schrieb Vegesack in seiner Feuilleton-Korrespondenz: „Er selbst bekennt, daß er nächst Künstler ‚Grübler, Seher' ist. Ja, er ist vor allem Seher, einer, der mehr und tiefer sieht, als wir alle, ein fanatischer Augenmensch, dem auch das *innere* Gesicht gegeben wurde. Wir haben viele grosse Könner, einige, deren Technik sicher vollkommener, ausgeglichener ist, aber kaum einen, der so unmittelbar aus dem Elementaren, Unbewußten schöpft, wie Alfred Kubin. Er wird von seinen eigenen Visionen überwältigt, wie er berichtet, „von einer dunklen Macht genotzüchtigt, die seltsame Tiere, Häuser, Landschaften, groteske und furchtbare Situationen hinzaubert". Oder er erwacht nachts mit heftigem Schüttelfrost und gegen 40 Grad Fieber, und sieht im Delirium einen Zug sonderbarer Gestalten vorübergaukeln, die er dann am Morgen skizziert. Fast allen Zeichnungen haftet etwas Traumhaftes, Mystisches an, wir spüren eine Welt, die tiefer und geheimnisvoller ist, als unsere sogenannte „Wirklichkeit". Und was das Entscheidende ist: Kubin sieht das Unheimliche, Spukhafte grade im Alltäglichen, im Banalen, im scheinbar Nebensächlichen.

Als ein rechter Magier und Zauberer ist Alfred Kubin nicht nur der Herr und Schöpfer seiner Visionen, sondern selbst vom Dämon seiner Geschöpfe besessen. Er muß sie erlitten haben. Denn hinter dem tollen Spuk, dem derben Humor dieser unheimlichen Visionen verbirgt sich die Melancholie eines Auserwählten, der das Grauen kennt. ‚Ich selbst bin von der altgewohnten Kubin-Hypochondrie öfters besessen, dazwischen blitzt die ebenso unerwartet immer wieder auftauchende Sonne des Mutes – und heute gehört zum Abenteuer des Lebens, wie wir es führen, ja schon eine wahre Verwegenheit', schreibt Kubin in einem Brief . . . "

Isjagin: Fedor B. Isjagin diente als Pseudonym für die Veröffentlichung der Geschichten aus dem alten Rußland mit dem Titel „*Der Herr ohne Hose*" 1926 im Frankfurter Iris-Verlag. Der Verlagsvertrag enthielt ausdrücklich den Bestandteil, daß ein getrenntes Honorar für den „noch lebenden Autor" und den Übersetzer Vegesack vorgesehen sei, von dem es im § 2 des Vertrages heißt: „Herr Siegfried von Vegesack handelt dabei im vollen Einvernehmen mit dem Autor des Werkes, als dessen Bevollmächtigter, rechtmässiger Vertreter er in dieser Angelegenheit auftritt . . ." (3. 11. 25)

In der Neuen Badischen Landeszeitung vom 17. 10. 1926 heißt es: „Was *Siegfried von Vegesack*, sein Übersetzer . . . von diesem Isjagins Freunden zu berichten weiß, ist nicht viel. Er floh, kaum dreißigjährig, aus dem Chaos der Bolschewistenwelt in die deutsche Reichshauptstadt, wo der Balte ihn kennen lernte; er lebte, angeekelt auch vom russischen Emigrantentum, einen Sommer lang als Gast Vegesacks auf Weissenstein im Bayerischen Wald; er war verschwunden von dort an einem Herbstmorgen; seine Hinterlassenschaft bestand aus einigen Dankesworten an den Gastfreund und einem russischen Manuskript, dem ein Zettel beilag: ‚Machen Sie damit, was Sie wollen!' . . . Die Zeit wird lehren, ob Fedor B. Isjagin, dessen letzter Gruß an den Übersetzer vor Jahresfrist aus einem Dorf des Uralgebirges kam, nach berühmten Mustern nur wie ein Meteor über den literarischen Himmel geglitten ist, oder ob der Schein seines Namens sich vermehrend dauern wird."

Der Kritiker des St. Galler Tageblattes vom 27. Juni 1926 vermutet oder lobt: „Die vortreffliche Verdeutschung liest sich wie eine Urschrift."

Verärgert reagierte Gustav Hermann, der noch am 1. 10. 26 eine huldvolle Kritik über die Erzählungen geschrieben hatte (Leipziger Neueste Nachrichten) und beabsichtigte, einige davon in eine Anthologie russischer Erzähler aufzunehmen (siehe Brief von Gustav Hermann vom 13. 10. 26/ FH), als ein Dr. Luther Isjagins Identität durchschaut hatte; Gustav Hermann suchte diesen von einer Veröffentlichung abzuhalten, da er seinem „nach sehr strengen literarischen Grundsätzen redigierten Buche, das bereits ausgedruckt ist", eine „Blamage" ersparen wollte.

Im Februar 1927 erschien aber in der Zeitschrift „Die Literatur" die Kritik von Arthur Luther, in der es zum Schluß heißt: „ . . . man fragt sich nur, warum der Autor, der doch kein Anfänger mehr ist, sondern sich durch ein Gedichtbuch und zahlreiche kleine Skizzen schon einen Namen gemacht hat, den Ruhm, der ihm allein zukommt, auf den Ehrenscheitel eines gar nicht existierenden Russen häufen muß?" (geschr. in Leipzig)

(25)
An Alfred Kubin   Burghaus-Weissenstein, den 19. Aug., 1925.

Liebe Freunde!

Ich komme eben von einer grossen Fusswanderung in die Böhmischen Urwälder zurück, die ich zusammen mit dem Freiburger Professor Konrad Guenther zum Kubany unternahm, – auf dem Heimweg über Passau konnten wir leider nicht mehr nach Zwickledt, auch hörten wir von Köppel's, wo wir vorbeikamen, dass Sie mit Gästen schon genügend gesegnet wären, – und so schaute ich vom Oberhaus nach Österreich zu Ihnen hinüber, und grüsste Sie diesmal nur in Gedanken! Haben Sie vielen, herzlichen Dank für Ihren ausführlichen Brief, – als ich ihn erhielt, hatte ich grade den kleinen Artikel für die Voss fertig geschrieben, einen Durchschlag lege ich bei, – hoffentlich sind Sie damit einverstanden! Ich konnte mich nur ganz kurz und allgemein fassen, da die Zeitungen wenig Raum haben. Sobald der Artikel in der Voss erschienen ist, will ich ihn auch in der Korrespondenz bringen! Die Voss trödelt aber sehr, ist mit Material überhäuft, so dass es wohl noch eine Zeit lang dauern wird. Fürs Erste ist die Grossstadt von der wichtigen Neuigkeit unterrichtet worden, dass die kleine blaue Katze zu Ihnen kommen wird!

Wir freuen uns schon sehr auf Ihr Kommen im September, hoffentlich passt es Ihnen in der zweiten Hälfte, da meine Frau am 28. August nach Schweden fährt, und wohl nicht vor dem 10. September heimkehren wird. Es wird dann ganz still bei uns sein, Sie brauchen keine Gäste zu fürchten, und Sie werden sich dann gut mit der kleinen Kisse Mons einleben können, die sich immer schöner entwickelt! Da alle vier Geschwister gestorben sind, kann die Mutter sie gut versorgen, ausserdem trinkt sie schon recht ordentlich Milch, die Isabel ihr mit Zucker versüsst!

Die Wanderung über den Lusen in die Böhmischen Urwälder (nach Buchenwald – Fürstenhut – Kuschwarda – Eleonorenhain – Schattowa – Kubany) war herrlich, zwei mal haben wir uns regelrecht verirrt, und uns nur nach den Sternbildern orientieren können! Den stärksten Eindruck machten auf mich die ungeheuren Wälder hinter dem Lusen, aber auch der Urwald am Kubany ist sehr schön. In Passau kamen wir grade in ein Trachtenfest hinein, das mich so hinriss, dass ich meine längst schlummernde Sehnsucht nach dem blossen Knie nicht mehr bezähmen konnte, und mir für das letzte Reisegeld eine schöne Hose erstand, die allgemein bewundert wird! Jetzt muss ich nur noch das Jodeln lernen, – dann bin ich komplett! Piper ist nicht gekommen, der letzte Sturm soll die Engelburg ziemlich mitgenommen haben. Auch hier wütete ein furchtbarer Orkan mit Wassersturz und Blitzschlägen, – alle elektrischen Sicherungen brannten durch, die Kontakte sollen nur so durchs Haus geflogen sein! Ich war grade in der Nacht auf der Hochwaldhütte in Oberzwieselau: auf dem Heimweg fand ich am anderen Tage die Landstrasse in einer Länge von 70 Schritt einfach fortgespült! Das war auch eine gemütliche „Rauhnacht", in der alle tollen Geister los waren! –

Auf baldiges Wiedersehen im Turm! Wenn Sie in Passau um 12 Uhr

33 abfahren, sind Sie in Regen schon um 5 Uhr! Falls der Weg herauf (in ¾ Stunden bequem) für Ihre Gattin doch zu beschwerlich sein sollte, kann ich ein Auto für Sie bestellen!
Mit vielen herzlichen Grüssen an Sie Beide
P.S. (Handschrift Clara N.) Als gestern Mellins hier waren, fragte die junge Gräfin, ob es denn nicht möglich wäre, daß sie Sie kennenlernen könnten, sie habe gehört, Sie seien der größte Zeichner der Gegenwart. Ich bestätigte und versprach Sie zu überreden, daß Sie beide mit uns Mellins auf Schloß Oberzwieselau besuchen würden. Hoffentlich lassen Sie sich auch überreden: Ihre C. V.

Professor Konrad Guenther (1874 in Riga geb., 1955 in Freiburg i. Br. gestorben): Er war der Großneffe von Professor Georg Schweinfurth und auch in dessen Haus erzogen worden. Ab 1902 wirkte er 45 Jahre lang als akad. Lehrer für Zoologie an der Universität Fr/Br. Er bemühte sich um einen umfänglichen Nachweis organischer Zusammenhänge innerh. des Tierlebens – und insbesondere um eine Darstellung heimischer Landschaften mit ihrem Tier- und Pflanzenleben. In den Jahren 23/24 war er einer Einladung nach Brasilien und Argentinien gefolgt, um seine Kenntnisse dort auf dem Gebiet der biologischen Schädlingsbekämpfung einzusetzen.
Der Sohn von Konrad Guenther schrieb, sein Vater habe Vegesack mehrmals im Bayrischen Wald aufgesucht. „Ich fand in einem der Bücher von Vegesack zwei Fotos, die mein Vater aufgenommen hat . . . In ein Buch von Vegesack hat dieser eine Widmung geschrieben: ‚Für Konrad Guenther zur Erinnerung an die gemeinsame Wanderung auf den Lusen und in die Böhmischen Urwälder! Weissenstein, den 18. August 1925. SvV‚"
Korrespondenz: Vegesack führte von 1923-1932 seine *„Korrespondenz: 100 Zeilen"*, einen Vertrieb kleiner Feuilletonartikel, die u. a. auch von Clara Nordström, Werner Bergengruen, Wilhelm von Hebra stammten.

(26)
An Alfred Kubin   Burghaus-Weissenstein, den 16. Febr. 1926.

Liebe Freunde und Nachbarn!
Grade gestern wollte ich Ihnen schreiben, – da kam Ihr Schreibma-

schinen-Brief, den wir fachkritisch prüften und aufrichtig bewunderten! Sie haben ja kaum einen Fehler gemacht! Ja, es ist sehr lustig auf einer guten Maschine zu klappern, und wenn man sich einmal daran gewöhnt hat, kann man gar nicht mehr mit der Feder schreiben!

Hoffentlich sind Sie mit der „Kubin-Nummer" meiner Korrespondenz und meiner eigenmächtigen Umtaufung der „Engländerinnen" in die „Gefährliche Entdeckung" einverstanden! Solche Nachdrucke aus Büchern, die schon erschienen sind, werden von den Zeitungen gewöhnlich gar nicht honoriert, – hätte ich den Beitrag als „Vor-abdruck" vor Erscheinen des Buches bringen können, wäre es besser gewesen! Aber vielleicht bringt die „gefährliche Entdeckung" doch einige Honorare ein, so dass ich Ihnen auch einen kleinen „Weissensteiner Staatspreis" schicken kann! Eigentlich wollte ich die „Wette" drucken, – die mir besonders gefällt, – aber die „gefährliche Entdeckung" ist, glaub ich, für den Nachdruck geeigneter! Die Voss hat noch immer nicht den Artikel über die Rauhnacht gebracht; ich will sie heute wieder mahnen. Im Bücherwurm wird nächstens etwas über den „Guckkasten" erscheinen! In der Februar-Nummer des Bücherwurm hat Kisse Mons sich auf der Rückseite einer Kubinschen Zeichnung verewigt!!

Kisse Murre schläft den ganzen Tag zusammengerollt auf dem grossen Diwan dicht beim eisernen Ofen, – aber abends erwacht sie, macht einen ungeheuren Buckel, miaut vor der Tür, – und zieht auf Abenteuer in die Nacht hinaus! Hoffentlich wird der Erfolg nicht ausbleiben!

Eine kleine Angora-Katze würde uns sehr beglücken! Hoffentlich werden die jungen Katzen einander ähnlich sein, so dass die Mütter nichts vom Kindertausch merken! Sonst kommt es wieder zu entsetzlichen Katzentragödien, Kindsmord u. dergleichen!

Im Januar war ich ein paar unvergessliche Tage oben bei Köppels, – leider konnte meine Frau nicht mitkommen. Sie müssen *unbedingt* einmal im Winter nach Waldhäuser, – es ist wirklich gar keine Kunst, mit den Brettern dort im Walde umherzustapfen, – und Sie lernen eine vollkommen neue Welt kennen! Meine nächste Korrespondenz-Nummer bringt den Aufstieg auf den Lusen, durch den tiefverschneiten, vereisten Wald!

Von Unolds haben wir noch nichts gehört, sie werden wohl bald nach Waldhäuser kommen. Koeppels wollten ursprünglich nach Frankreich, – ob das die Rosinen sind?! Wahrscheinlich haben sie wieder neue Pläne!! Wir planen wieder mal eine Donaufahrt im Frühjahr, – nach Budapest oder Wien! Und zwar auf einem Frachtdampfer (d. h. Motorschiff, ohne Kohlenstaub!) des Bayerischen Lloyd, – könnten Sie nicht mitkommen?! Man liegt in Liegestühlen u. gondelt die Donau hinunter und wieder hinauf, – und träumt dabei von einer Mittelmeerreise! Und die Katzen nehmen wir natürlich mit!!

Mit vielen herzlichen Grüssen

vom ganzen Turm

hs. Zusatz:

P. S. Wenn Sie wirklich an Robert Lutz einige empfehlende Worte wegen der Campenhausen'schen Memoiren schreiben würden, wäre ich Ihnen *sehr* dankbar! Ich habe noch nicht dorthin geschrieben. Der volle Titel ist: *„Generalleutnant Balthasar Freiherr von Campenhausen"* (einer der 12 Trabanten Karls d. XII., der nach der Schlacht von Poltawa mit Karl zusammen den Ritt nach B. unternimmt, später in den Dienst Peters d. Grossen tritt und Generalgouverneur von Finnland wird. Kulturhistorisch *sehr* interessantes Material, zusammengestellt von meinem verstorbenen Vetter Hermann Campenhausen). –

Reinhold Koeppel (1887-1950) Maler

Koeppel war in einem Dorf im Harz als Sohn eines Buchhändlers geboren worden, hatte bald die Mutter verloren und „wuchs wild heran". Nach Absolvierung der Schule kam er auch zu einem Buchhändler in die Lehre, nach Dresden, wo er im Haus des Direktors der Dresdner Galerie verkehrte, mit dessen Sohn er befreundet war. Auf ausgedehnten Wanderungen in die Böhmischen Wälder kam er nach Waldhäuser, wo er sich niederließ, sich ein Haus kaufte und zu malen begann. Immer wieder unternahm er von dort aus größere Reisen, zumal er erste Erfolge zu verzeichnen hatte: er malte in Paris und stellte dort auch aus, wurde in die „union internationale des

beaux artes et des lettres" gewählt. Dann kam der Krieg und Koeppel meldete sich freiwillig. Er wurde Flieger, stürzte drei Mal ab und mußte fortan am
Stock gehen. Ab 1920 lebte Hanne bei ihm in Waldhäuser und das Koeppelhaus wurde ein gastliches Haus. Etwa 1923 kam Vegesack zum erstenmal
nach Waldhäuser, traf dort Kubin und machte mit K + K eine ausgedehnte
Wanderung. Als Koeppel 1930 von einer längeren Reise zurückkehrte,
brach die Krankheit aus, die ihn ein Jahr ins Krankenhaus und zwanzig Jahre in den Rollstuhl brachte. Am 15. Dezember 1950 ist er gestorben.

(27)
An Gehrt   Burghaus-Weissenstein, den 1. März 1926.

Mein lieber Gehrt!
Einen so geschwollenen, albern-törichten Brief, wie den vom 23.
Februar, hätte ich dem alten Gehrt nie zugetraut: die Zeit muss Dich
sehr verbittert und verärgert haben, aus dem frischen, gesunden
Jungen, den ich einst so gern hatte, ist ein Griesgram und Sauertopf
geworden.
Ohne auf die Sache selbst näher einzugehen, – denn das hätte wohl
bei Deiner Geistes-Verfassung keinen Zweck, – möchte ich nur folgendes kurz bemerken:
1) Dass Du meinen „Grenzstein" auf den Grundbesitz beziehst,
und einen heimlichen Kommunisten in mir witterst, finde ich
reichlich naiv, – eigentlich müsstet grade Ihr in den Randstaaten
vom Segen der europäischen Kleinstaaterei (über deren Grenzsteine
ich mich so respektlos geäussert habe!) nicht besonders erbaut sein!
2) Wenn Du auch nur einigermassen über die Frage der deutschen
Fürstenabfindung und das allgemeine Elend, die Not des deutschen
Volkes (2 Millionen Erwerbslose!) orientiert wärst, würdest Du wissen, dass meine Verse im Simplizissimus nicht von Spottlust über
die früheren Fürstenhäuser, sondern von tiefem, sozialem Erbarmen mit dem gequälten deutschen Volk diktiert sind, das durch die
Unfähigkeit eben jener Fürsten an den Bettelstab gebracht, nun
auch noch (buchstäblich: Grossherzog von Mecklenburg-Strelitz)
fürstliche Maitressen mit Millionen versorgen soll! Oder findest Du
diese krasse Ungerechtigkeit wirklich in Ordnung?!

Wie ist Bismarck, – auf den sich doch unsere „Vaterländischen" immer berufen, – mit den Fürsten umgesprungen! (siehe Haus Hannover!), – und da soll die lammfromme deutsche Republik nicht das Recht haben, die masslosen Ansprüche dieser Herrschaften wenigstens etwas einzudämmen?! Die deutsche Republik, der die Fürsten es überhaupt zu danken haben, dass sie heute ruhig leben können: ohne das mutige Einspringen der „gottverfluchten" Sozis – als der tapfere Lindström-Ludendorf feige nach Schweden ausskniff, – wäre ja das bolschewistische Chaos über Deutschland hereingebrochen! Erst diese unverschämten Forderungen haben ja die allgemeine Erbitterung gegen die früheren Fürsten, denen niemand ein Haar gekrümmt hat, wachgerufen!
Meine Korrespondenz werde ich Dir gewiss nicht weiter zugehen lassen.

(Der *Grenzstein:* kleiner, rein feuilletonistischer Artikel in der Korrespondenz v. 28. Okt. 25)

Gehrt: offensichtlich ein Jugendfreund Vegesacks, der die Korrespondenz der „100 Zeilen" erhalten hat und sich nach zunehmendem Ärger über Vegesacks Sinneswandel nun empört Luft macht, als in dieser Korrespondenz und auch im Simplizissimus die „Fürstengedichte" erschienen: „Wo hast Du dieses semitisch-zersetzende, kommunistisch-plebejisch-Verletzende her? – Mit der Muttermilch hast Du es nicht eingesogen – und baltischer Einfluss ist es auch nicht." (Brief vom 23. Februar 1926, ANA 397 der BSt)
Das war noch nicht alles. Vom Vorsitzenden des Livländischen Stammadelsverbandes kam folgender Brief (11. Februar 1926 ebda):
„Sie haben es für möglich befunden im Simplicissimus unter Ihrem Namen Lieder zu veröffentlichen, die durch Inhalt und Form tiefste Empörung und Ekel bei Ihren baltischen Standesgenossen und in den besten Kreisen Deutschlands erregt haben.
Sie haben das Recht freier Veröffentlichung Ihrer Dichtung. Wir, Ihre Standesgenossen vom livländischen Adel haben aber auch das Recht aus der Veröffentlichung solcher Erzeugnisse Ihres dichterischen Talents, die nicht mit den traditionellen Begriffen von Ehre und Pietätsgefühl unseres Standes vereinbar sind, die Konsequenzen zu ziehen.
Der Vorstand des livländischen Stammadelsverbandes hat beschlossen, ge-

gen Sie wegen Veröffentlichung dieser aufhetzerischen, zynischen Spottlieder, als einer die Ehre und die geheiligten Traditionen des baltischen Adels verletzenden Handlung bei der Plenarversammlung des livländischen Stammadelsverbandes Klage zu erheben, und Ihren Ausschluss aus der livländischen Adelsmatrikel zu beantragen . . . " (Der Adelsverband schloß V aus; daraufhin traten auch seine Brüder aus.)

Auch der Livonen-Philister-Verein in Dorpat (Alte Herren der Burschenschaft) war gekränkt (Brief vom 4. 6. 26 ebda):

„Auch die Philister der *Livonia* sind veranlasst worden, zu Ihrer Veröffentlichung Stellung zu nehmen. In diesem Anlass hat am 16. Mai d. J. eine Livonen-Philister-Versammlung stattgefunden, an der ein Vertreter der Rigaschen Philister teilnahm und zu der Äusserungen der in anderen Städten Estlands lebenden Philister eingelaufen waren." Eine Entscheidung wurde vertagt und Vegesack aufgefordert, sich persönlich zu dieser Angelegenheit zu äußern.

Fürstenabfindung: Forderung der nach der Novemberrevolution 1918 vertriebenen Fürsten. Das Wiedererstarken des deutschen Monopolkapitals und die Wahl Hindenburgs zum Reichspräsidenten begünstigten diese Forderungen nach Entschädigung. Als die sozialdemokratisch geführte preussische Regierung sich zu umfänglicher Entschädigung des Hauses Hohenzollern entschloss, rief die KPD zu einer breiten Protestkampagne auf, der sich die SPD anschloss – ein Gesetzentwurf, nach dem die Gelder für Kriegsinvaliden etc. verwendet werden sollten, stieß in der Bevölkerung auf großen Zuspruch. Ein Volksbegehren wurde angestrengt, das unerwartet hohe Stimmenzahl, aber nicht die erforderliche einbrachte, und der Gesetzesentwurf wurde abgelehnt. Ausgeschrieben war das Volksbegehren vom 4. bis 17. März 1926.

NOTSCHREI DEUTSCHER FÜRSTEN

Deutsches Volk, hilf deinen armen
Fürsten edelen Geblütes!
Fühl ein menschliches Erbarmen
Untertänigen Gemütes!
Wenn Millionen auch verhungern, und Millionen elend starben:
Deutsches Volk, lass deine Fürsten, deine Fürsten nur nicht darben!

Oder sollen wir von heute
An nicht mehr, wie früher, erben?
Ganz wie andre simple Leute
Schäbig unser Brot erwerben?
Hast du auch den Krieger-Witwen, deinen Waisen nichts zu geben:
Deutsches Volk, lass deine Fürsten, deine Fürsten fürstlich leben!

Knausre nicht mit den Millionen,
Denk der Kronen, die uns zierten!
Fürstlich musst du uns entlohnen,
Weil wir dich so klug regierten!
Deine Krüppel, Invaliden, deutsches Volk, magst du vergessen:
Doch vergiss nicht die erlauchten, hohen, fürstlichen Maitressen!

LIED DEUTSCHER KRÜPPEL
zum Leierkasten zu singen.

Spielt auf, ihr Krüppel gross und klein,
Den Fürsten hochgeboren!
Wir haben ja nur Arm und Bein,
Und keinen Thron verloren!

Lasst uns ein Liedchen singen!
Dem Herrn in Doorn,
Hochwohlgeborn,
Ein lustig Ständchen bringen!

Sind wir auch lahm und taub und blind,
Und können kaum noch gehen,
So lasst uns doch mit Weib und Kind
Den Leierkasten drehen:

Gebt her den letzten Heller,
Dem Herrn in Doorn,
Hochwohlgeborn,
Auf seinen Fürstenteller!

So humpeln wir von Tor zu Tor
Und sammeln ohne Ende,
Und spielen euch ein Liedchen vor
Zur deutschen Fürstenspende:

W i r schenken unsre Krücken –
Den Herrn in Doorn,
Hochwohlgeborn,
Ein wenig zu beglücken!

Ein Schimmer ist vom Fürstenglanz
Uns Krüppeln doch geblieben,
Drum sei als Dank des Vaterlands
Auf unser Grab geschrieben:

„Sie wollten gern krepieren,
„Dass die in Doorn,
„Hochwohlgeborn,
„Millionen einkassieren!"

(28)
An den Livonen-Philister-Verein,   29. Juni, 26.
Dorpat

Auf Ihre Anfrage vom 4. d. M. bin ich gern bereit, Ihnen die Beweg-
gründe mitzuteilen, die mich zur Veröffentlichung der Gedichte im
Simplizissimus veranlasst haben.
Was diese Gedichte entstehen liess war nichts anderes, als das krasse
Missverhältnis, das in meinen Augen zwischen der furchtbaren Not

des deutschen Volkes auf der einen und den, wie ich glaube, masslosen und ungerechtfertigten Forderungen der Fürsten auf der anderen Seite besteht. Wie es Ihnen bekannt sein dürfte, beanspruchen die ehemaligen deutschen Fürsten nicht nur ihren bisherigen Privatbesitz, sondern auch jene Liegenschaften, die sie nur als regierende Fürsten besassen, oder die ihre Vorgänger durch Kabinettsorder sich eigenmächtig angeeignet hatten. Angesichts der furchtbaren Not, die durch den verlorenen Krieg und die Inflation in Deutschland herrscht, durch die viele Millionen ihres letzten Sparpfennigs beraubt, an den Bettelstab gebracht worden sind, finde ich diese masslosen Ansprüche der Fürsten mit dem Rechtsbewusstsein eines wirklich gerecht denkenden Menschen unvereinbar.

Aus diesem Gefühl ehrlicher Empörung über das kleinliche Verhalten der Fürsten, die in dieser Zeit der allgemeinen Verarmung nur an ihre eigenen Taschen denken und der Not der Volksgenossen nicht das geringste Verständnis entgegenbringen, habe ich meine Gedichte geschrieben. Sie mögen einseitig, verallgemeinernd, in der Form allzu scharf sein, – das gebe ich zu. Aber wie immer man es beurteilen mag – einer ehrlosen, gemeinen Gesinnung wird mich niemand bezichtigen können. Aber ich bin kein Politischer, der seine Worte vorsichtig wählt und sorgfältig abgewogene politische Artikel schreibt. Ich bin ein Dichter, der, – wie ich glaube, – das Recht für sich in Anspruch nehmen darf, seine subjektive Ansicht so zu äussern, wie sein menschliches Gefühl und künstlerisches Gewissen es ihm eingeben.

Meiner Ansicht nach wäre es am besten gewesen, wenn die Fürsten wenigstens auf einen grossen Teil ihrer Besitzungen freiwillig zugunsten der Invaliden und Kriegshinterbliebenen verzichtet hätten. Leider haben sie dies, schlecht beraten, nicht getan und erst durch ihre ungeheuren Forderungen jene grosse Erregung im Volk hervorgerufen, die jetzt eine völlige Enteignung verlangt. Dass ich persönlich gegen eine solche, auch den Privatbesitz aufhebende Enteignung bin, brauche ich wohl kaum zu betonen. Auch haben meine Gedichte nichts mit dem erst später nach ihrer Veröffentlichung beantragten Volksentscheid über die Enteignung des Fürstenbesitzes zu tun.

An Konstantin S. Stanislawskij   Burg Weissenstein
                                                  15. Nov., 1926

Hochverehrter Herr Stanislawskij!
Gestatten Sie mir, dass ich Ihre freundliche Anfrage vom 5. d. M.,
die ich soeben erhalte, auf deutsch beantworte, da ich mich im Russischen schwerer ausdrücken kann!
1) Mit bestem Dank bestätige ich den Empfang Ihres Werkes, das
ich mit grösstem Interesse lese und über das ich gern in der deutschen Presse eingehend berichten will. Sobald mein Aufsatz erschienen ist, schicke ich Ihnen ein Belegexemplar.
2) Ich bin gern bereit, Ihr Buch ins Deutsche zu übersetzen und es
bei einem guten Verlag herauszugeben. Zu diesem Zweck will ich einen Prospekt mit kurzer Inhaltsangabe herstellen und mich an verschiedene erstklassige Verleger wenden, die für Ihr Werk in Frage
kommen. Aber Sie werden es verstehen, dass ich diese Arbeiten und
Verhandlungen erst dann beginnen kann, wenn Sie mich zu der
Übersetzung und Herausgabe a u t o r i s i e r e n. Ich bitte Sie deshalb, mir so bald wie möglich eine Vollmacht zu schicken, damit ich
in der Lage bin, mit den Verlegern zu verhandeln.
3) Was die von Ihnen genannten Honorar-Forderungen betrifft
(15% vom Ladenpreis des verkauften Exemplars, bei vorher festge-
setztem Zahlungstermin), so werde ich versuchen, diese Bedingungen durchzusetzen, fürchte aber, dass es schwer fallen wird, unter
den heutigen schwierigen Verhältnissen dies zu erreichen. Ein deutscher Autor erhält heute im besten Fall 15%, – und bei Ihnen
kommt ja noch das Übersetzer-Honorar hinzu, das ja auch der Verleger tragen muss! In diesem Fall werde ich Ihnen die verschiedenen
Angebote der Verleger vorlegen, und selbstverständlich nur mit Ihrer Genehmigung einen Vertrag abschliessen.
4) Den grössten Wert würde ich darauf legen, dass ein anständiger,
wirklich erstklassiger Verlag Ihr Werk herausbringt: denn ein guter
Verleger, der Ihr Buch in schöner Ausstattung und grosser Auflage
herausgiebt, und auch nur 12% zahlt, wird für Sie (auch materiell!)

vorteilhafter sein, als ein mässiger Verlag, selbst wenn dieser 15% anbietet!

5) Wäre es eventuell möglich, für die deutsche Ausgabe Scenenbilder vom Moskauer Künstler-Theater zu bekommen? Ich glaube, einige schöne Aufnahmen würden den Wert des Werkes noch erhöhen!

6) Wie ich aus Berlin höre, soll bereits ein deutscher Verlag Ihr Werk angekündigt haben. Es ist nicht ausgeschlossen, dass man versuchen wird, Ihr Buch auch o h n e Ihre Autorisation zu veröffentlichen. Falls Sie mich zur Übersetzung und Herausgabe autorisieren, werde ich in der Lage sein, Ihre Interessen gegen jeden Missbrauch zu schützen.

In der Hoffnung, recht bald von Ihnen eine Vollmacht zu erhalten, empfiehlt sich Ihnen
in aufrichtiger Verehrung
Ihr sehr ergebener

Stanislawskij, Konstantin S. (1863-1938): Schauspieler, Regisseur, Theaterleiter: 1888 war er Mitbegründer der „Gesellschaft für Kunst und Literatur", in der Laien zusammen mit Schauspielern Theateraufführungen erarbeiteten. 1898 zusammen mit Nemirowitsch-Dantschenko der Gründer des legendären Moskauer Künstler-Theaters, das in den zwanziger Jahren von der Parteiführung als vorbildlich für den realistischen Stil erklärt wurde.

Aufsatz: Es handelt sich dabei um eine Art Werbetext für Stanislawskijs Buch „Mein Leben in der Kunst", das 1925 in Rußland erschien, in deutscher Übersetzung erst 1951. In Vegesacks Übersetzung liegen zwei Aufsätze von Stanislawskij vor: „Meine Begegnung mit Tolstoj" (16. 10. 27) und „Mein Gastspiel in Berlin" (31. 10. 28), aber nicht das hier angesprochene Buch.

Der Kontakt zu Stanislawskij kam durch die Vermittlung von Eugen Lundberg, dem Berliner Vertreter der Moskauer und Petersburger Sowjetbühnen und des Sowjetverlages, zustande (siehe Brief von Stanislawskij vom 5. Nov. 26/FH).

An Reinhold und Hanne Koeppel   (Weissenstein), 11. Mai 1927

Liebe Freunde und Nachbarn!
Nun sind Sie wohl von Ihrer Weltreise heimgekehrt, – herzlich willkommen im Bayerwald!! Und vielen Dank für alle ihre freundlichen Karten! Ich besuchte Unolds zu Ostern, – es war schön bei Ihnen, aber doch für mich etwas wehmütig: das Koeppelhaus – ohne
Koeppels!

*Vor dem Koeppel-Haus: (v. l. Alfred Kubin, Hanne Koeppel, Reinhold Koeppel,
Hedwig Kubin)*

Wir sitzen noch immer hier, nachdem ich im Februar und März 6 Wochen in Berlin und Riga war. Und bleiben wohl auch fürs Erste hier: meine Frau hat eine regelrechte „Pension" aufgetan, wir selbst bewohnen nur noch eine bescheidene 4-Zimmer-Wohnung, – die 6 anderen Zimmer haben wir für die Pensionäre eingerichtet! Wir haben schon 5 Pensionäre, Freitag kommt noch ein Ehepaar mit einem Kind, – dann ist alles besetzt! Schade nur, dass wir jetzt keinen Platz für unsere guten Freunde haben, – aber im Herbst wird es wohl wieder lichter werden! Falls Sie von jemand hören, der sich im Bayerischen Walde erholen will, dann machen Sie bitte für das Weissensteiner Sanatorium Propaganda!!

Vielleicht überfalle ich Sie einmal im Laufe des Sommers mit dem Schriftsteller Werner Bergengruen (der mit Frau u. Kind sich für den ganzen Sommer bei uns eingemietet hat), – wir wollen über den Lusen zum Dreisessel wandern, – falls wir überhaupt in Waldhäuser übernachten, wohnen wir natürlich im Gasthof. Haben Sie nicht Lust, mit in das Stifter-Land zu wandern? Oder sind Sie jetzt so stolz, dass Sie nur noch vom Mittelmeer schwärmen und französisch sprechen?!! Ich weiss nicht, ob wir überhaupt noch mit Ihnen verkehren können, – seitdem Sie so lange beim „Erbfeind" waren !!! Der „Weltrekord" ist eben in der Voss erschienen, ich schicke Ihnen in diesen Tagen ein Exemplar!

Mit vielen herzlichen Grüssen
hofft Sie bald wiederzusehen Ihr
Meine Frau grüsst sehr herzlich, –
sie kann nicht selbst schreiben, da sie für die Pensionäre sorgen muss!

Werner Bergengruen (1892 in Riga geboren – 1964 in Baden-Baden gestorben): Er stammte aus baltischer Familie, hatte das Baltikum aber schon als Kind verlassen und am 1. Weltkrieg schon auf deutscher Seite teilgenommen. Seit 1925 war er Schriftleiter der „Baltischen Blätter" in Berlin; 1936 nahm er seinen Wohnsitz in Solln bei München, 1942 zog er nach Tirol und 1946 nach Zürich; 1958 kehrte er nach Deutschland, nach Baden-Baden, zurück.

Vegesacks Freundschaft mit Bergengruen hatte 1924 begonnen, als dieser die Anthologie „Baltisches Dichterbrevier" (Verlag Neuner in Berlin) herausgegeben hatte.

Fred Ottow schrieb darüber: „Wer von ihnen (den Reichsdeutschen) wußte, daß in dieser ältesten Kolonie des Heiligen römischen Reiches deutscher Nation, in der Paul Flemming, in der ein Hamann, Herder, Holtei, Maximilian Klinger, Kotzebue, Richard Wagner gewirkt, in der Kants ‚Kritik der reinen Vernunft' verlegt und erstmalig gedruckt worden ist, seit Jahrhunderten eine deutsche Dichtung geblüht hat, die sich wahrhaftig nicht zu verbergen braucht?

Es ist das Verdienst *Werner Bergengruens*, in seinem . . . *Baltischen Dichterbrevier* einen Überblick über diese Dichtung gegeben zu haben. Mit einem altlivländischen Morgensegen von 1400 beginnt die Auswahl und führt über Burkard Waldis, den genialen Jakob Michael Reinhold Lenz . . . bis zu den Jüngsten, von denen wir als die bekanntesten Otto von Taube, Herbert von Hoerner, Bruno Goetz, Johannes von Günther, Gustav Specht, Siegfried von Vegesack und den Herausgeber Bergengruen selber nennen wollen."

„Dann haustest Du einen Sommer bei uns auf dem Turm, dann ich bei Dir in Zehlendorf, – und wo sind wir nicht alles seitdem zusammen gewesen, – in Solln bei München, Zürich, Baden-Baden, Darmstadt – zuletzt noch in diesem Frühjahr in Köln. Und jedes Beisammensein war immer so, als wären wir überhaupt nicht getrennt gewesen", schrieb Vegesack in seinem Nachruf.

Leider ist diese „Freundschaft, die über die Hälfte meines Lebens ungetrübt und immer neu belebt gedauert hat", nur noch in den Briefen Bergengruens an Vegesack nachzulesen. Vegesacks Briefe an Bergengruen wurden, wie die Witwe Bergengruens mitteilte, vernichtet.

(Nachruf auf Bergengruen in der Nr. 222 des Jahres 1964 der „Baltischen Briefe")

(31)

An Bruno Goetz   4. Juni, 1927.

Lieber Bruno!

Ich danke Dir, dass Du mir so offen geschrieben hast, und will Dir ebenso offen antworten. Vor allem will ich Dir auf Deine schweren Vorwürfe erklären, dass mir nichts ferner lag, als Dir und Deinem

Buch zu schaden und eine Verbreitung Deines Buches zu hemmen, – Du weisst, wie ich zu Dir und Deinem Schaffen stehe, und glaube, diesen hässlichen Vorwurf habe ich am aller wenigsten von Dir verdient. Du überschätzst meine kleine Kritik, wenn Du ihr diese Wirkung beimisst.

Nun zur Sache selbst. Dein „Göttliches Gesicht" war mir, das muss ich offen bekennen, eine Enttäuschung, besonders nach den beiden anderen Novellen, die Du uns vor einem Jahr vorlast. Dort war alles, – wie auch im „Lobgesang", – lebendig und gestaltet, alles, was Du zu sagen hattest, war restlos in die Dichtung aufgegangen. Hier dagegen, im „Göttlichen Gesicht", sprengt das Gedankliche, das Weltanschaulich-Philosophische die Dichtung, die nur zum Vorwand für tiefsinnige Erörterungen benutzt wird. Die Gestalten selbst werden zu Schemen, zu Abstraktionen, wie die Lotte, um deren Geschick, wie Du schreibst, sich alles dreht, – was hilft das, wenn die Lotte selbst nicht lebendig wird?

Am liebsten hätte ich überhaupt nichts über Dein Buch geschrieben, aber das Unglück war, dass ich nicht nur vom Verlag, sondern auch von der Voss ein Exemplar erhielt, mit der Bitte, es kurz zu besprechen. Was sollte ich nun tun: das Buch zurückschicken, – dann hätte es ein Anderer besprochen, und ich müsste mich sehr täuschen, wenn die Kritik (von einem, der Dich nicht kennt) dann nicht viel schlimmer ausgefallen wäre. Ich fragte deshalb Bergengruen, ob er nicht Dein Buch in der Voss besprechen wolle, aber er sagte mir, er würde in einer Zeitschrift darüber schreiben. So blieb mir nichts anderes übrig, als dies undankbare Geschäft selbst zu besorgen, und ich habe dies so schonend und vorsichtig getan, wie ich es nur konnte. Und grade dies hat Dich geärgert, dieses „Wohlwollen"! Aber wie sollte ich Dein Buch „in Grund und Boden verdonnern", wenn ich vieles darin, trotz seiner Mängel und Schwächen, sehr schön finde?!

Die einzige Gestalt von Fleisch und Blut ist der Cyrus von Rossberghe, diese „Nebenfigur" ist so lebendig, dass alle anderen neben ihr, – sogar die Lotte, – wie Schatten erscheinen. Nur aus diesem Grunde habe ich den Rossberghe besonders hervorgehoben, – und warum sollte ich nicht seinen richtigen Namen dabei nennen? Was ist dabei verletzend, und wer kann dadurch verletzt werden? Wenn er ein Schuft gewesen wäre, – aber ich betone ja ausdrücklich die Anständigkeit seiner Gesinnung! Du selbst erzähltest mir ja, dass der Rechenberg zu dieser Figur Modell gestanden hätte, – natürlich wird das, was wir gestalten, immer anders, als das ursprüngliche Modell, das ändert aber nichts an der Tatsache, dass wir uns in der Conception an einen w i r k l i c h e n Menschen gehalten haben! Von einem „Schlüsselroman" ist in meiner Besprechung überhaupt nicht die Rede, – dazu gehört sich doch viel mehr, als dieser Hinweis auf ein Original!

Über Dein Buch selbst wollen wir uns einmal gründlich in aller Ruhe aussprechen, – brieflich ist das sehr schwer, – heute wollte ich Dir nur schreiben, dass sich in meinem Verhältnis zu Dir nichts geändert hat, und dass auch Dein empörter Brief nichts an meiner Freundschaft ändern kann, – wenn Du nicht selbst, gekränkt, mir den Rücken kehren willst. Aber ich hoffe: wenn Du Dir die Sache nochmals überlegst, wirst Du die hässlichen Vorwürfe fallen lassen. Denn das wäre doch wirklich eine Gemeinheit: über einen Freund herzufallen, um ihm u. seinem Werk zu „schaden"! Habe ich diesen Vorwurf verdient?

Bruno Goetz: Goetz und Vegesack blieben zeitlebens in freundschaftlicher Verbindung, aber insbesondere in den zwanziger Jahren wechselten sie Briefe, die sich mit ihren Werken und deren Entstehung beschäftigen. Bedauerlicherweise ist auch der Nachlaß von Bruno Goetz nicht aufzufinden und Vegesacks Briefe an ihn, mit Ausnahme dieses einen, der im Durchschlag erhalten ist, müssen als verloren gelten.

Bruno Goetz war ein Übersetzer von Rang: er übersetzte aus dem Russischen und vor allem aus dem Italienischen. Werner Bergengruen hat in seiner Grabrede für B. G. gesagt: „ . . . seine Liebe zum Süden, eine Liebe, die bei ihm, der von sich selber bekannte, er habe nie in seinem Leben Heimweh, sondern immer nur Fernweh empfunden, nicht satt werden konnte. Im Süden, in Italien, im Tessin mit dem ihm altvertrauten Ascona fand er das naturhafte, von den Schädigungen einer götterlos gewordenen Spätzeit noch nicht berührte, antikisch von Göttern, Dämonen und Menschen bewohnte Land, dem er sich zugeschaffen fühlte ... Dieser frommen Liebe zum Süden verdanken wir ... auch seine vielgerühmten und nicht genug zu rühmenden Nachdichtungen italienischer Lyrik."

„Vom Übersetzen lebe ich", sagte Bruno Goetz, „aber meine eigenen Sachen schreibe ich nur zu meinem Vergnügen!" Und die Titel seiner Werke lassen die Themen seiner Dichtung erkennen: *Das Göttliche Gesicht, Götterlieder, das Heile Wort, Lobgesang, Das Reich ohne Raum.*

Goetz schrieb in den zwanziger Jahren über Vegesack, wie Vegesack über Goetz schrieb, anerkennend freundschaftlich. Aber Vegesacks knappe Kritik über *Das Göttliche Gesicht* erregte Goetz's Widerspruch.

Lobgesang. Ein Hymnus mit Sprechchören. 1927

Am 9. Mai 1926 schrieb Goetz an Vegesack:

„Hast Du von der neuen Vereinigung ‚Bühne der Lebenden' in München gehört? Thomas Mann gehört zum Vorstand. Sie veranstalten Autorenabende, um die Bühnen zur Aufführung noch nicht aufgeführter Werke lebender Autoren zu animieren und gegebenfalls die Mittel aufzubringen, schwierig aufzuführende Werke in Szene zu setzen. Könntest Du nicht dort Deine neue Komödie vorlesen? Setze Dich doch mit Thomas Mann in Verbindung. Seine Adresse ist: München, Poschingerstrasse 1. Es ist eine Vereinigung von Kunstfreunden, die keine festen Statuten hat und deren Mitgliedschaft man nur durch Einladung erwerben kann. Ich las die Notiz vor wenigen Tagen in den „Münchner Neuesten Nachrichten" und habe sofort auch an Thomas Mann wegen meines ‚Lobgesang' geschrieben. Hoffentlich kann er etwas dafür tun."

Und Bruno Goetz las am 16. Juni 1926 dort seinen „Lobgesang" – Vegesack berichtete:

„Während allgemein, im Landtag und in der Presse, der Niedergang des Münchner Kunstlebens festgestellt wird, Karl Wolfskehl einen öffentlichen Vortrag über dieses traurige Thema hält, und Leute wie Roda Roda ihre Zelte an der Isar abbrechen und nordwärts, nach Berlin, flüchten, hat sich in München eine Gemeinschaft von Kunstfreunden zusammengetan, die unter dem Namen ‚Bühne der Lebenden' das Interesse für junge dramatische Kunst wecken will. Namen wie Thomas Mann, Professor Litzmann, Professor Fritz Strich bürgen dafür, dass hierbei wirklich ein ernsthafter Wille zur Erneuerung des daniederliegenden Münchner Kunst- und Theaterlebens am Werk ist, es fragt sich nur, ob jene jungen Dramatiker vorhanden sind, die man so eifrig fördern will ..."

Bruno Goetz, der Verfasser eines noch viel zu wenig bekannten Romanes von Jean Paulscher Bilderkraft der Sprache und Hoffmannscher Phantastik, ‚Das Reich ohne Raum', las sein dionysisch-kultisches Werk ‚Der Lobgesang', das vor einem Jahr in Münster die Uraufführung erlebte. Ein Spiel von eigentümlichen Reiz und ungewöhnlicher Sprachkraft, das nach eigenem Gesetz, ohne zu antikisieren, die Sprechchöre wieder einführt. *Thomas Mann*, das frisch ernannte Mitglied der Akademie der Dichtkunst, hielt eine sehr warmherzige, ungezwungene, ganz und gar unakademische Ansprache, in der er mit schönen, eindringlichen Worten für das Werk von Bruno Goetz eintrat . . ."

Das Göttliche Gesicht. Roman. 1927

Von diesem Werk zeigte sich Vegesack in seinem Artikel für die Vossische Zeitung weniger beeindruckt: „In dieser Erzählung, die der Verlag mit Unrecht zu einem Roman umgetauft hat, tritt uns mit ungewöhnlicher Lebendigkeit das prachtvolle baltische Original des Cyrus von Rossberghe entgegen, – des Freiherrn von Rechenberg-Linden, den die Gräfin Reventlow geheiratet und in ihrem ‚Geldkomplex' dargestellt hat. Unter den sonderbaren Propheten und Narren von Askona nimmt sich dieser versoffene kurländische Baron in seiner tollen Ursprünglichkeit und Anständigkeit der Gesinnung wie ein verspäteter Don Quizote aus. Leider ist die Erzählung selbst nicht ebenso bluterfüllt wie diese eine Gestalt. Bruno Goetz verliert sich in seinem göttlichen Gesicht zu sehr ins Abstrakte, Symbolische, was er zu sagen hat, ist, wie immer, schön und klug, wie z. B.: ‚Glückseligkeit ist tief aus Grauen, Frieden ist tief aus Mord, Liebe ist tief aus Tod, Leben ist tief aus Qual', – aber er sagt das alles nur, statt es zu *gestalten*. Trotzdem: ein schönes Buch, erfüllt von Luft und Licht der oberitalienischen Landschaft."

(zitiert nach Texten im Nachlaß V's in der Bayr. StaBi)

(32)

Herrn Dr. Paul Plaut   z. Zt.: München-Solln
                                              ca. Okt 27

Sehr geehrter Herr Doktor!

Mit dem Vorbehalt, dass ich nur auf Grund meiner eigenen Erfahrungen sprechen kann, und dass deshalb meine Ansichten durchaus keine allgemeine Gültigkeit beanspruchen, möchte ich Ihnen Folgendes auf Ihre drei Fragen antworten:

1) Die Konzeption vollzieht sich im Unterbewusstsein, sie ist des-

halb schwer mit Worten zu erklären oder zu beschreiben. Sobald der Einfall ins Bewusstsein tritt, hat er sich bereits zur Idee, zum Kern und Keim des kommenden Werkes kristallisiert. Aber die eigentliche Empfängnis liegt tiefer, im Dunkel des Unbewussten. Es kommt wohl vor allen Dingen auf eine empfangsbereite Stimmung an, in die dann der zeugende Gedanke, der Einfall, durch irgend einen äusseren Eindruck veranlasst, blitzartig einschlägt. Es kann irgend eine Musik sein, ein Ton, eine Farbe, irgend eine Landschaft oder ein Gesicht. Es kann auch ein Traum sein. Nach meinen Erfahrungen kommen die besten Einfälle am Morgen, im Halbschlaf, vor oder beim Erwachen.

2) Viele Kinder werden empfangen, aber wenige werden geboren. Auch von den vielen Einfällen erweist sich nur ein Teil als lebensfähig. Ist aber ein Einfall wirklich lebendig, dann wächst er wie von selbst und schiesst wie ein Kristall nach allen Seiten zusammen, zur klaren, schöpferischen Idee, die aber noch lange in uns reifen muss, bis die eigentliche Geburt, das „Hinausziehen", das „Produzieren" beginnt.

Diese Geburt, das künstlerische Schaffen, das Gestalten und Hinausstellen der in uns lebenden, uns erfüllenden Idee, vollzieht sich ganz wie die natürliche Geburt unter dem Zwang eines Müssen, Nichtanders-Könnens: nicht wir schaffen, etwas drängt sich aus uns hinaus, nicht wir schreiben, etwas schreibt in uns. Aber zugleich tritt jetzt bei der Geburt das Bewusstsein, die Kritik, die Selbstkontrolle in ihr Recht. Nichts ist falscher, als sich das Dichten wie einen mühelosen Erguss göttlicher Inspirationen vorzustellen. Sobald das Werk aus uns heraustreten will, beginnt das Ringen um die Gestaltung, der bewusste Kampf um das Wort, um die Verkörperung und Darstellung der in uns lebendigen Idee. Nur unter Wehen, mit Anspannung unserer letzten seelischen und geistigen Kräfte wird das Kunstwerk geboren.

3) Die Empfängnis vollzieht sich im Unterbewusstsein. Aber von dem Augenblick an, wo sich der Einfall zur klaren Idee kristallisiert hat, bis zum vollendeten Werk, wird das künstlerische Schaffen immer stärker von unserem Bewusstsein, der Kritik, überwacht und geleitet. Wenn auch die tiefsten schöpferischen Kräfte im Dunkel

quellen und sich dem zu grellen Licht des Bewusstseins entziehen. In der Hoffnung, dass Ihnen mit diesen kurzen und, wie ich selbst weiss, allzu groben Ausführungen über dieses sehr komplizierte Thema gedient sein wird,
empfiehlt sich Ihnen
mit den besten Grüssen
Ihr sehr ergebener

In seinem Brief vom 6.10.27 hatte Plaut geschrieben, er sei mit einer „Arbeit zur Psychologie der produktiven Persönlichkeit" beschäftigt und erbitte Vegesacks Stellungnahme zu „Problemen des künstlerischen Schaffensprozesses" in folgenden Punkten:
1. Wie kommt der Dichter zu dem, was man so leichthin als „Konzeption" bezeichnet, welcher seelische Prozeß ist es, aus dem die Idee für ein neues Werk geboren wird?
2. Welchen Weg legt der „Einfall" bis zum klar empfundenen Gedankengang, Motiv oder dgl., weiter bis zum vollendeten Werk zurück?
3. Spielt bei alledem das Bewußtsein eine führende Rolle und wo oder nicht?

(33)
An Fred Ottow, Redakteur der   Weissenstein, den 29. Sept. 29.
Münchner-Augsburger
Abendzeitung

Lieber Fred,
ich wollte Dir eigentlich gar nicht schreiben, aber ich glaube, es ist doch besser, dass ich Dir ganz offen sage, wie sehr mich die boshafte, hämische und unfaire Kritik (wenn man so ein Machwerk überhaupt noch „Kritik" nennen kann!) ausgerechnet in Deiner Zeitung verletzt hat. Gegen eine s a c h l i c h e ablehnende Kritik habe ich nichts einzuwenden, aber dieser Bericht war alles andere, nur nicht sachlich: er war durch und durch tendenziös. Sogar den starken Publikums-Erfolg, der doch nicht bestritten werden kann, unter-

schlägt dieser Mann, – ja, indirekt bezichtigt er sogar mich oder die Theaterleitung in einer ganz perfiden Weise der Unwahrheit, indem er den grossen Prager Erfolg anzweifelt! In Wirklichkeit war meine Affenkomödie in den letzten vier Jahren der grösste Theater-Erfolg in Prag: sie wurde 50mal am Deutschen Landestheater, 14mal im tschechischen Burian-Theater gespielt, – für Prag etwas ganz Ausserordentliches. Allerdings war die Aufführung in Prag völlig anders, als in Augsburg: sie hatte Schwung, Tempo, – während hier alles in gedehntem Spiel versackte, oder durch Vergröberung ins Possenhafte abglitt. Eine wirkliche Kritik hätte zwischen Aufführung und Stück unterscheiden müssen. Aber ich glaube: das Stück selbst passte Deinem Kritikus nicht, – und das kann ich verstehen! Der Pakt zwischen Säbel-Sabel und Kohlen-König ist ja heute, nach Aufdekkung der Anbiederungs-Versuche unserer deutsch-nationalen mit französischen Militärs noch viel aktueller, als vor sechs Jahren!! Ich verstehe, dass mein Stück in der M. A. abgelehnt werden musste, aber das hätte in einer halbwegs anständigen Form geschehen sollen, nicht in dieser boshaften, unnoblen Weise, die die Tatsache des Erfolges einfach verschweigt! Und Deine „Objektivität" brauchte nicht so weit zu gehen, dass Du diese Unwahrhaftigkeit zuliesst! Ich bin ganz Deiner Ansicht: grade weil wir Freunde sind, durftest Du die „Kritik" in keiner Weise beeinflussen, aber dies war keine Kritik, dies war bewusste Entstellung der Tatsachen, eine durch und durch tendenziöse Berichterstattung, die Du in keinem Fall hättest dulden dürfen, – trotzdem wir Freunde sind! Es ist selbstverständlich, dass ich, – so lange dieser Schmierfink in Deiner Redaktion sitzt, – nicht an der M. A. mitarbeiten kann.

So, nun habe ich alles gesagt, was ich auf dem Herzen hatte, ich hoffe, damit ist die Sache erledigt! Sprechen wir nicht mehr davon. Ich will die unerfreuliche Angelegenheit vergessen.

Alvensleben war gestern hier, so brauchte ich nicht nach München zu kommen. Alles ist jetzt perfekt. Die Leiterin kommt wahrscheinlich am 8. Oktober, und Mitte oder Ende Oktober werden wir wohl nach Lugano ziehen!

Es grüsst Dich und Deine Frau nicht weniger herzlich

(und nun, nachdem ich alles gesagt habe, auch nicht mehr verschnupft!)
Dein alter

Fred Ottow (1886–1969), Jugendfreund von Siegfried und Ernst v. V., Übersetzer aus dem Russischen, Schriftsteller und Redakteur einer Zeitung in
Greifswald, nach 1928 Chefredakteur der Münchner-Augsburger-Abend-
zeitung. Verheiratet mit einer Schwester von Ernst v. V.'s Frau, war er nach
dem Krieg, als Ernst mit seiner Familie auf dem Turm lebte, dort häufig zu
Gast.
Der Mensch im Käfig hatte am 22. 9. 29 seine „reichsdeutsche Uraufführung"
gehabt: im Augsburger Stadttheater unter der Leitung von Lustig-Prean (Intendant und Regisseur). Die Kritiken sind im Grunde positiv, auf eine sei
verwiesen: in den Augsburger Neuesten Nachrichten vom 23. 9. 29:
„Aber dem Dichter haben sich in der Waldeinsamkeit, in der er lebt, und in
der er seine Komödie geschrieben hat, die normalen Maße doch sehr verschoben. Er nimmt den allerschlechtesten Fall der Weltentwicklung zur
Voraussetzung und übersieht in seiner Gallebitterkeit und Überschätzung,
einer bestimmten Art zu leben, die Kräfte des Guten, die allüberall vorhanden sind und nicht zulassen werden, daß die Menschheit dereinst beim Affen endigt. Waldbruder Vegesack, es wird nicht so sein, daß lebendige Auto-
maten in Stühlen sitzen und der Menschheit mit Gold und Kanonen gebieten . . . Und darum müssen wir den Dichter Vegesack eigentlich bedauern,
daß er, der sonst so scharfe Beobachter, dergleichen nicht gesehen hat . . ."
Während man diese Zeilen heute als Kulturkuriosum ansehen kann, ist die
von Vegesack angesprochene Kritik in der Münchner-Augsburger Abendzeitung ein offener Angriff gegen den Dichter und wirft ihm in allen Punkten Unfähigkeit vor: Mangel an Idee, Sprache und Gestaltungsfähigkeit
(M. A. A. vom 26. 9. 26)
Alvensleben, Werner von, Begründer und Leiter der Künstlervereinigung
PORZA, die in der Schweiz, in Frankreich, Italien und Deutschland Porza-
Häuser unterhielt, in denen Schriftsteller, Maler und Musiker aller Nationen zwanglos für kürzere oder längere Zeit zusammentrafen. Die Porza hat
1933 zu existieren aufgehört.
Vegesack hat sein Haus der *Porza* vermietet und zog selbst nach Lugano
(1929–32). In einem Artikel des Berliner Tageblattes vom 13. Mai 1930 hat

Peter Flamm diesen Aufenthalt in wirkungsvollen Zusammenhang gebracht mit Vegesacks Roman *„Liebe am laufenden Band"* (Berlin 1929): „Bitte Herrn Baron von Alvensleben . . . guten Morgen, Herr Baron . . . ja, ich komme soeben aus Porza . . . vierzehn Tage lang . . . ja, sehr gut gefallen . . . Sie als Präsident sämtlicher internationaler Gruppen . . . aber dies eine Haus in Cadempino ist doch immerhin ein ganz schöner Anfang, und Siegfried von Vegesack hat ja nun seinen Turm im bayerischen Wald ebenfalls der Porza zur Verfügung gestellt . . . aber weil das Haus in Cadempino ursprünglich im benachbarten Porza stand . . . na ja, meinetwegen . . . sagt Vegesack auch, der hat mir übrigens wirklich sehr gefallen, sitzt mit seiner Frau da, das muss eigentlich komisch sein, eine Theosophin zur Frau zu haben . . . Schwedin, ja . . . schreibt einen neuen Roman, ich finde den vorigen sehr interessant, ‚Liebe am laufenden Band', sehr kühn mitten hinein in die Problematik des sexus, hätte bei einem anderen Verleger eine remarquialische, zehnmal so grosse Auflage, aber der dumme Kerl hat einen Verlagsvertrag gemacht, der meiner Meinung nach ein wenig gegen die guten Sitten geht . . . immer wenn einer Geld braucht, macht er Dummheiten . . . für meine Bedürfnisse ein wenig zu viele Schriftsteller auf einem Haufen . . . wenn die sich abends beim Kamin ihre Sachen vorlesen oder auch nur ihre Ideen: das müssen Sie in Zukunft verbieten, ich habe mich furchtbar geschämt, in der gleichen Branche zu arbeiten . . ."

Der Roman *Liebe am laufenden Band* ist 1929 beim Universitas-Verlag in Berlin erschienen. Daß der Verleger selbst nicht die beste Meinung davon hatte, schrieb er drei Jahre später, als Vegesack seinen im Tessin geschriebenen Roman *Das fressende Haus* vorlegte: „ . . . wir gestehen Ihnen offen, wir hielten ihn (Vs) auf Grund seiner bisherigen Produktion nur für einen oberflächlichen Unterhaltungsschriftsteller . . . wir sehen jetzt, dass Vegesack in ein vollkommen neues Stadium eingetreten ist."

Auch Gustav Specht äußerte sich in der Rhein. Westf. Zeitung vom 10. 11. 1929 zu „Sittenproblemen der Zeit": „ . . . Sexualnot in der Ehe? . . . Oder – *Liebe am laufenden Band*? Ein Buch dieses Titels erscheint jetzt in den Schaufenstern aller Buchläden. Es ist ein Bekenntnisroman von *Siegfried von Vegesack*, wo zwischen Wintersportlust, Sonne und Schneegipfeln die Ehe-Sanierungsversuche unserer Zeit ernst und heiter entrollt werden. Das Berghotel Sonnenhof des Ehe-Experimentators Dr. Hirner ist ein Ehe-Laboratorium, das einer Auslese von Menschen Gelegenheit bietet, alle Möglichkeiten einer geschlechtlichen Bindung oder flüchtigen Gemeinschaft zwischen Mann und Weib am eigenen Leibe, am eigenen Gemüt auszukosten.

Ein Bund radikaler Lebensformen . . ."
Bergengruen hat in der Kassler Post (24. 11. 29) auf den Roman hingewiesen:

„ . . . Fast jeder erotische Zusammenschluß von heute unterliegt einer Reservatio mentalis: dies und das erwarten wir von einander, dies und das wollen wir einander geben: Erregungen, Lust, Gefühlchen, im besten Fall Gefühle, unter keinen Umständen aber geben wir uns selbst, den ganzen Menschen, Haut und Haar. Vorbehalte aber sind die Hohlheitssymptome jeder Leidenschaft. Das ist Versachlichung der Gefühle, Rationalisierung des Eros, solides Tauschgeschäft. Gott ist entthront, Liebe ist nicht mehr Erschütterung, sondern Teilfunktion; im großen Warenhause der Welt wird sie in der Abteilung für Lustgefühle verabfolgt, mechanisch und exakt: ‚Liebe am laufenden Band'".

Der Roman schließt mit dem „Absprung zur Ehe" der männlichen Hauptfigur, „aus der vorehelichen Situation gesehen. Allein gerade dieser Umstand ist geeignet", schreibt Bergengruen, „die Position des Autors zu bezeichnen, dem das Statische wenig, das Dynamische alles bedeutet."

Im Tessin lernte Vegesack seine *NENA* kennen. Von Clara Nordström hatte er sich bereits getrennt, auch wenn die Ehe erst Jahre später geschieden wurde. Vegesack kehrte alleine auf den Turm zurück. *NENA* (Lea de Loeb) war Halbjüdin und zog es vor, mit ihren Kindern nach Südamerika zu gehen, wenngleich die nationalsozialistische Propaganda in Argentinien und Brasilien beinahe noch schlimmer wütete. Sie war neun Jahre jünger als Vegesack, heiter, musikalisch und aufgeschlossen und blieb zeitlebens Vegesacks zumeist ferne Geliebte. Vegesack besuchte sie mehrmals in Argentinien, sie schrieben sich häufig Briefe, oftmals im gleichen Augenblick, und es ist mehr als bedauerlich, daß nur wenige aus späten Jahren gefunden wurden.

(34)
Zuschrift an den „Waldler", Regen   Januar 31

Mein im „Simplizissimus" veröffentlichtes Gedicht ist nicht eine Verhöhnung Christi und des Christentums, sondern ganz im Gegenteil eine Verspottung der Nationalsozialisten, denen ich meine Verse in den Mund lege. Gerade weil ich die nationalistischen und antichristlichen Tendenzen der Nationalsozialisten bekämpfe,

123

mußte ich mich in meinem Gedicht so kraß ausdrücken, um den ganzen Irrsinn, die Unduldsamkeit und Torheit der Nazis, – wo möglich mit ihren eigenen Worten, – ins Lächerliche zu ziehen. Daß mein Gedicht nur so, d. h. *ironisch-satyrisch*, und *nicht als meine eigene Anschauung* aufzufassen ist, wird jeder vorurteilslose und mit gesundem Menschenverstand begabte Leser begreifen. Der „Simplizissimus", heute wohl das schärfste antinationalsozialistische Blatt in Deutschland, das fast in jeder Nummer die Nationalsozialisten und Hitler verspottet, hätte ja auch sonst niemals mein Gedicht abgedruckt!

Ich selbst bin überzeugter Christ, und wenn ich auch nicht Katholik bin, so hege ich die allergrößte Hochachtung vor der katholischen Kirche. Im übrigen bin ich weder Nationalsozialist, noch Kommunist, da mir jeder Radikalismus, – ob von rechts, oder von links, – äußerst zuwider ist.

Die Diskussion hatte sich entzündet an dem im *Simplizissimus* vom 22. Dezember 1930 abgedruckten Gedicht:

Deutsche Weihnacht 1930

Es ist Zeit, dass wir uns vom jüdischen Krippenkind
zum urgermanischen Wotan-Kultus bekehren.
Nur Esel, Schafe und einfältiges Rind
können, damals wie heute, ein jüdisches Wesen verehren.

Dieses Kind, das durch feige Flucht und List
sich dem Bethlehemer Pogrom entzogen,
war natürlich Jude und nannte sich nur Christ,
und hat die Weltgeschichte durch seinen Namen betrogen.

Ein arbeitsscheuer, landfremder Vagabund,
der mit bolschewistischen Lehren hausierte.
Mit einem Wort: ein jüdischer Hund,
der gegen die arische Autorität agitierte.

Nein, wir brauchen Wotan, den germanischen Held,
mit rauschendem Vollbart und blitzendem Speere,
der alle Juden verjagt aus der deutschen Welt
mit jauchzendem Walküren-Heere!

Heil Wotan! Heil Hitler! Die Stunde gebeut's,
die d e u t s c h e Weihnacht, jetzt naht sie:
Fort vom Kreuze, – zum Hakenkreuz!
Fort vom Nazarener, – zum Nazi!

Der Pfarrer von Regen eröffnete in der Zeitung die Diskussion – in der Meinung, die im Gedicht geäußerten Glaubenssätze entsprächen denen Vegesacks und dieser wolle sich als Nazi bekennen:
„Einstmals hat er sich aus der bolschewistischen Flut in Rußland hierher zu uns gerettet, weil er sein teures Leben in unseren christlich-friedlichen Kreisen sicher fühlte. Nun wundert es uns aber nicht mehr, wenn er als ‚arischer Herrenmensch' in Rußland dieselbe Gesinnungsrohheit geoffenbart hat, daß sich die Russen gegen solchgeartete ‚arische Autorität' empörten und auflehnten … Darum scheint er heute die Couleur gewechselt zu haben …
Auch seine Besuche auf Weißenstein bringen ihn ja verdammt nahe zu *Moskauischer Gesinnung*: Die bayerische Staatsregierung dürfte allen Anlaß haben, sich die Besucherliste der Villa Vegesack-Weißenstein einmal vorlegen und Besucher wie Post überwachen zu lassen …"
Nachdem Vegesack nun seine Gegendarstellung hatte erscheinen lassen, war die Kirche zwar zufriedengestellt, erklärte, daß sie aus mangelnder Übung im Lesen des „Simplizissimus" zu dieser Auffassung gelangen mußte: „Das einzige Wort, woraus man auf den höhnenden Charakter des Gedichtes schließen könnte, wäre das letzte: Nazi. Jedoch ist dies wiederum nicht eindeutig zu ersehen, weil es wegen des Reimes gewählt sein konnte."
Und es wird verwiesen auf eine *„Erklärung* der Nationalsozialistischen Deutschen Arbeiterpartei im Inseratenteil" der gleichen Ausgabe: sie will mit Vegesack nichts zu tun haben und erklärt ihn als ihren Gegner: „Vegesack ist Linksdemokrat und Pazifist, die Freunde Vegesacks gehören nahezu alle der gleichen Weltanschauung an, ein Großteil sind Juden. Erst kürzlich weilte der aus der Rätezeit bekannte Bolschewist Erich Mühsam längere Zeit in Weißenstein. Auch die Künstlergenossenschaft, der Vegesack angehört und deren Satzungen uns bekannt sind, ist international und pazifistisch-demokratisch eingestellt …" (5. Jan. 31)

Zuschrift an den „Waldler", Regen   Januar 1931

Erwiderung

Auf die Erklärung des Herrn Dr. O. Hock im Waldler vom 5. Januar
habe ich folgendes zu erwidern:

1. Es gibt zahlreiche Beweise dafür, daß die National-Sozialisten
und ihre Anhänger das Christentum bekämpfen. Ich brauche nur
auf die nationalsozialistische Broschüre „Vom Kreuz zum Hakenkreuz" und auf die jüngste Erklärung des General Ludendorff hinzuweisen, das er „daß Christentum als unvereinbar mit deutscher
Art ablehne".

2. Erich Mühsam hat nicht als mein Gast, sondern als Pensionär der
Künstler-Vereinigung Porza, der ich Weißenstein zur Verfügung gestellt habe, hier gewohnt. Diese Künstlervereinigung ist satzungsge-
mäß völlig unpolitisch: es gehören ihr sowohl Mitglieder der rechten, wie der linken Parteien an, ihr Generalpräsident ist mein Freund
Baron Alvensleben, von dem man wohl kaum behaupten kann, daß
er Jude ist. Aber ich gebe gern zu, daß auch einige Juden mit mir befreundet sind, da ich nicht so borniert bin, andersgläubige und an-
dersrassige Menschen für minderwertig zu halten. Im übrigen ist
Mühsam nicht Bolschewist, sondern ein erbitterter Gegner des
Moskauer Regimes.

3. Ich bin Schriftsteller und kämpfe für Frieden, Gerechtigkeit,
Menschenliebe. Sie, Herr Dr., sind Arzt, der eigentlich nur an das
Wohl der Menschen denken, und sich von jedem Parteikampf fern-
halten sollte, – und kämpfen für engstirnigen Nationalismus, Haß
und Krieg. Ein trauriges Beispiel für die Verhetzung weiter Volksschichten auch bei uns im Walde. Ich bedaure nur, daß der gute
Name Ihres von mir und wohl auch von allen Bewohnern Regens
aufrichtig verehrten Herrn Vaters durch Ihre politische Agitations-
tätigkeit so mißbraucht wird.

Die Schriftleitung des „Waldler" veröffentlicht daraufhin eine Zusammenfassung der Diskussion unter dem Titel „Ausklang" und beschwichtigt nach
allen Seiten.
Mühsam verließ ihn nicht: als Vegesack sich im 2. Weltkrieg freiwillig als
Dolmetscher meldete, mußte er in Bartenstein/Ostpreussen (1941) eine Erklärung abgeben: „Ich bin niemals Kommunist gewesen . . . im Gegenteil:
schon 1919 habe ich eine Denkschrift über die bolschewistischen Greuel
im Baltikum verfaßt, die durch Dr. Paul Rohrbach an den Prinzen Max von
Baden geleitet wurde.
. . . den Anarchisten Erich Mühsam lernte ich als Student 1913 in einem
Kreis Münchner Maler und Schriftsteller kennen. Er war ein grundanstän-
diger, etwas verdrehter Kerl. Seine politischen Ansichten haben wir nie
ernst genommen. Im Jahr 1929 vermietete ich mein Haus in Weissenstein
an die Künstlergemeinschaft „Porza", die Erich Mühsam im Sommer 1930
für zwei Monate in meinem Haus aufnahm. Ich war damals nur vorübergehend in Weissenstein. Nach 1930 bin ich Mühsam nicht mehr begegnet."
(Im Nachlaß Vegesack ANA 397 der Bayer. Sta. Bi.)

(36)
An Klara Nordström   Blumbergshof, den 27. Juli 32.

Min älskade käre Vän!
Nun will ich Dir ausführlicher berichten, – in Riga kam ich nicht dazu: die Zeit war zu kurz, und Gotthard nahm mich ganz in Anspruch. Wir blieben drei Tage in Riga, – Freitag, Sonnabend und
Sonntag, – früher konnten wir nicht fahren, da Mama doch etwas
von den Kindern haben wollte. Auch war es gut für die Kinder, sich
etwas von der Seereise zu erholen, und es war auch nicht zu heiss in
der Stadt. Hella sorgte rührend für die Kinder, es war ein ewiger
Kampf, wo wir essen sollten: Mama und Tante Lina wollten uns haben, und Hella und Ernst! Wir teilten uns, waren hier und dort, es
war ein beständiges Hin- und Her-Laufen, Bella half überall brav
mit beim Abräumen und Abspülen, – Gotthard musste Tante Lina
festhalten, damit Bella allein abräumen und abspülen konnte!
Nein, als „Überraschung" brachte ich Gotthard nicht zu Mama,

das wäre auch nicht gut gewesen: sie hätte die grosse Gemütsbewegung kaum ertragen. Und so hat sie die lange Vorfreude gehabt. Mama ist sehr, sehr gealtert, nicht nur physisch, auch geistig, – in diesen letzten Jahren hat sie sich sehr verändert. Auch das Gedächtnis hat stark nachgelassen. Tante Lina ist immer die Alte, nur noch mehr zusammengeschrumpft, und sie hört nicht mehr gut. Ich bin so froh, dass ich beide Kinder mitbrachte: so hat Mama auch noch Gotthard gesehen, und er wird sich auch an sie erinnern!

Sonntag fuhren wir mit Hella und Ernst an den Rigaschen Strand, nach Wezaken, wo es ganz still ist. Wir badeten, die Kinder buddelten im Sande, Gotthard sammelte Muscheln wie in Le Lavandou, es war ein schöner Tag! Am Abend waren Isabel und ich noch bei Mama.

Am andern Morgen, kurz vor acht, ging unser Zug nach Wolmar, dann mit der kleinen Bahn nach Smilten. Hier war eine Fuhre für die Koffer und eine Brettdroschke für uns entgegen: die erste Hälfte des Weges kutschierte Isabel, dann Gotthard, – beide waren selig, dass es kein Auto war! Ein richtiges, lebendiges Pferd ist doch viel, viel mehr! So fuhren wir denselben Weg, den wir vor achtzehn Jahren als Verlobte fuhren, und den ich seitdem nie mehr im Sommer gefahren bin! Du hättest die Begeisterung der Kinder sehen sollen, als sie so, die Leine in der Hand, hinter dem Pferdeschwanz sassen!! Schon um halb drei kamen wir in Blumbergshof an, – aber wir fuhren nicht durch die alte Allee, sondern bogen schon vor dem Kruge rechts auf den alten Viehweg ein, der zum früheren Verwaltershaus führt. Und da standen Manfred, Helga, Anna-Lieschen und Ernst-Albrecht. Anna-Lieschen ist 16 Jahre alt, aber kleiner und rundlicher als Isabel, Ernst-Albrecht, der eben sein Abitur gemacht hat, ist länger als ich! Isabel und Anna-Lieschen haben sich sofort sehr befreundet, sind unzertrennlich, helfen der alten Minna im Hause, rannten gleich den ersten Morgen auf den Otkar-Berg. Gotthard hat sich ganz an Ernst Albrecht angeschlossen, der rührend mit ihm spielt. Gestern Abend spielten wir alle „Trivater"!

Das Häuschen sieht jetzt sehr nett aus, mit einer grossen hellen Veranda. Fast alle Möbel haben sie aus Riga hergebracht, so dass die Zimmer sehr gemütlich eingerichtet sind; in Riga hat Manfred jetzt nur ein kleines Absteige-Quartier von zwei Zimmern. Im alten Wohnhaus ist die Post, Molkerei und ein Kramladen untergebracht; hinter den dichten Büschen ist das Haus von hier aus kaum zu sehen.

Wir stehen alle früh auf, schon vor sieben (heute um 6), um 12 wird zu Mittag gegessen, am Nachmittag gehen wir baden, und ganz früh wird schlafen gegangen. Sei ganz unbesorgt: es wird kaum Fleisch gegessen!

Es gibt schöne Gemüse-Suppen, Beeren, „Kissel", Gries-Speisen, sehr viel Milch. Aber Gotthard soll nicht zu viel Milch trinken, das sagte mir Herr Rutz, und wenn er trinkt, immer schluckweise, nicht zu viel auf einmal. Den ersten Tag ass er nicht sehr viel, aber heute futterte er schon ganz gehörig. Er sieht schon wieder ganz rosig aus, und die Pöckchen sind fast ganz verschwunden. Den ganzen Tag läuft er, gut eingeölt, in der Bade-Hose herum, fängt Frösche, liest, ist immer beschäftigt. Nach dem Mittag lass ich ihn immer eine halbe Stunde ganz still auf dem Bett liegen, – dann darf er auch nicht lesen: das ist eine gute Entspannung für ihn. Ich glaube, er wird sich hier glänzend erholen, ebenso wie Isabel! Beide haben sich schon vollkommen hier eingelebt. In einer Woche kommt Adda aus Königsberg, Adda soll es ganz besonders gut verstehen, mit kleinen Jungen umzugehen.

Ich will ungefähr bis Mitte August hier bleiben, ein paar Tage vor den Kindern nach Riga fahren, um etwas mehr bei Mama zu sein, – vielleicht besuche ich auch Macki Mühlen für einen Tag. Es hat keinen Sinn, dass die Kinder vor Mamas Geburtstag, am 23. nach Riga kommen, unser Schiff geht am 27. Manfred, Adda oder Helga bringen sie etwa am 22. nach Riga, oder ich hole sie ab, wenn niemand fährt. Du kannst also ganz unbesorgt sein: besser aufgehoben könnten die Kinder nirgends sein, und höchstens eine Woche werde ich sie hier allein lassen!

Jeden Abend wasche ich Gotthard gründlich von Kopf bis zu den Füssen, und das hat er nötig! Besonders die Kniee!! Und die Füsse!! Am Morgen wäscht er sich selbst.

Nun noch einmal zu den Geldsachen. Vielleicht wäre es am besten, wenn Du doch 1600 Mk. beim Verlag für Dich liegen lassen würdest, – so dass Du mit 400 Mk. im Monat bis Weihnachten fest rechnen kannst, – wenn ich Dir dann im Monat 100 Mk. oder mehr zahlen kann, kannst Du dieses Geld zur Abdeckung der Schulden an Utti, Frl. Giessmann usw. verwenden. Utti wird sicher noch etwas warten können! Für Isabel brauchst Du nichts zu zahlen (ausser den Klavierstunden, – wenn Du sie wirklich für notwendig hältst!), Gotthard muss unbedingt wo anders untergebracht werden, am besten natürlich bei Rutz! Ich hoffe sehr, dass er darauf eingehen wird! In keinem Fall darf Gotthard wieder zu Dir in das kleine Zimmerchen ziehen, – dann würde das alte Elend anfangen, und Du kämst nicht zu Deiner Arbeit!!

An die Deutsche Verlagsanstalt habe ich geschrieben, dass sie 100 Mk. an den Universitas-Verlag schicken (der mir mit 100 Mk. für die Reise ausgeholfen hat), und die restlichen 200 Mk. an die Gewerbebank Deggendorf, für die Zinsen. Hoffentlich wird das Geld bald überwiesen werden.

Willst Du von Oslo direkt zu Arved und Inga? Das wird wohl praktischer sein. Ich adressiere aber den Brief nach Ljungskile, da ich ja keine andere Adresse von Dir weiss.

Das letzte Reisefeuilleton kann ich leider nicht verwenden: es sind einige gute Beobachtungen, aber das Ganze ist für ein Feuilleton nicht rund und abgeschlossen: es ist unverarbeiteter Rohstoff!! Quäl Dich nicht damit ab, schreib nur, wozu Du Lust hast, vor allem aber: atme möglichst tief und stark die schwedische Luft ein! Das ist das Allerwichtigste!!

Grüss Inga und Arved, wenn Du zu ihnen kommst!
Auch hier lassen alle Dich sehr grüssen!
Dich umarmen ganz fest Deine Drei:
Buberl, Bella und dein standhafter lille Vän!

Manfred + Ernst, Helga, Anna Lieschen, Adda und Ernst-Albrecht, Hella: V's Brüder und deren Familie
Arved + Inga: V's Bruder + dessen Frau, die in Schweden lebten
Mackie Mühlen: Jugendfreund V's, den er in den vierziger Jahren im Osten wiedertrifft und der später im Lager umgekommen ist.

An Frank Thiess   Weissenstein, den 8. Oktober 32

Sehr verehrter Herr Thiess!
Ich danke Ihnen herzlich für die schönen Worte, die Sie meinem
„Fressenden Haus" mit auf den Weg geben: ich könnte mir keine
bessere und angenehmere Begleitung wünschen! Ganz wie auf der
Fahrt von Langen nach Innsbruck!
Hier habe ich leider alles noch viel schlimmer vorgefunden als ich es
erwartet hatte: die Pächter können nicht nur nichts zahlen, sondern
sind noch so verschuldet, dass vieles an mir hängen bleibt! Hoffentlich wird das „fressende Haus" bald selbst etwas zum Fressen geben!
Mit herzlichen Grüssen
und Empfehlungen an Ihre verehrte Gattin,
Ihr aufrichtig ergebener

Frank Thiess (1890 in Livland geboren – 1977 in Darmstadt gestorben). Seine Eltern waren schon 1893 nach Deutschland emigriert. Ihr unglückliches
Emigrantenschicksal bestimmte seine Entscheidung, als sie ihn betraf, und
darüber hinaus. Er hatte 1915–19 am Berliner Tageblatt als Redakteur gearbeitet, von 1921–23 als Theaterkritiker in Hannover und ab 1923 als freier
Schriftsteller. Ob er Vegesack in der berühmten Berliner Pension „Schmolke" kennengelernt hat, wo sich auch Otto Flake häufig aufhielt, ist nicht gewiß; jedenfalls schreibt Thiess 1938, daß er Vegesack dort nicht mehr aufsuchen werde, da es mit der Pensionsleitung zu Mißstimmigkeiten gekommen war.
Das fressende Haus ist erstmals 1932 beim Universitas-Verlag erschienen.

An Hermann Hesse   Weissenstein bei Regen
                                         d. 10. Oktober 1932

Sehr verehrter Herr Hesse!

In diesen Tagen wird der Universitäts-Verlag Ihnen meinen Roman „Das Fressende Haus" schicken. Darf ich Sie um die Freundlichkeit bitten, aus den vielen Bücher-Paketen, die in Ihr Haus fallen, gelegentlich dieses Buch herauszugreifen und ein wenig darin zu blättern?

Vor einem Jahr habe ich es geschrieben, ganz in Ihrer Nähe, angesichts des Generoso, des Collino d'Oro, der Hügel von Montagnola. Ich habe Sie nicht besucht, aus Scheu, Sie zu stören. Aber schon das Bewußtsein Ihrer Nähe hat mir wohlgetan, hat mir bei meiner Arbeit geholfen.

Und so möchte ich Ihnen mein Buch in die Hand geben, als ein Zeichen meiner Dankbarkeit, meiner aufrichtigen Verehrung!

Es grüsst Sie

Ihr sehr ergebener

Hermann Hesse (1877 in Calw geboren, 1962 in Montagnola gestorben): seit 1904 freier Schriftsteller, seit 1919 hatte er sich in Montagnola niedergelassen. Der erste Brief an Hesse ist vom 27. 9. 1918 und von Clara geschrieben, die sich bei Hesse dafür bedankt, beim Fischer-Verlag für sie ein gutes Wort eingelegt zu haben. Einen Nachsatz zu diesem Brief hatte der auf Weissenstein weilende Rolf von Hoerschelmann geschrieben, der Hesse offensichtlich auch kannte.

An Clara Nordström   Weissenstein, Sonntag den 16. Okt. 32

Min alskade kare Vän!

Eben holte ich Deinen Brief von der Post, und muss Dir gleich sagen, dass ich Dich *gar nicht* für verrückt halte, dass die Dinge, von denen Du schreibst, mir nicht fremd sind! Gegen die christlichen Grundwahrheiten habe ich mich nie gesträubt, – wer die Kraft des Glaubens leugnet, ist ein Narr. Nur fehlt mir selbst, – wenigstens heute noch, – dieser Glaube, der Wunder bewirkt. Das ist ja das eigentliche Thema vom „Fressenden Haus"! Bei der Anthroposophie stört mich das Sektiererhafte, diese kastenhafte Geheimnistuerei und Überheblichkeit; jetzt kann ich es Dir ja sagen: ich habe nie daran gezweifelt, dass die Anthroposophie für Dich nur ein notwendiges Durchgangsstadium war! Sie hat Dir sicher viel geholfen, – aber nun kannst Du diese Krücken fort werfen und auf eigenen Beinen weiter gehen!!

Hier ist noch alles beim Alten: Frau Nellens Schwester wird erst heute Abend aus Leipzig zurückkommen, dann wird es sich definitiv entscheiden, ob Nellens wenigstens bis zum 1. Januar bleiben können. Aber ich glaube, es wird darauf herauskommen. In dem Fall will ich morgen oder übermorgen nach München fahren, um mit der Witwen- und Waisen-Kasse zu verhandeln. Wahrscheinlich wohne ich bei Rohrbachs, ich erwarte noch ihre Antwort. In jedem Fall kannst Du mir bis Mittwoch dorthin schreiben: *Widenmayerstr. 31.*

Dann will ich so schnell wie möglich nach Meran. Vielleicht mache ich auf der Fahrt dorthin bei Hebra Station, er wohnt ganz nahe von Rosenheim, direkt auf der Strecke nach Kufstein, wo ich so wie so vorbeikomme, – immer wieder hat er mich gebeten, ihn zu besuchen, u. da will ich es diesmal tun, wenn in München alles glatt geht! Aber daran zweifle ich nicht.

Bin so glücklich, dass Du gut arbeiten kannst, und hoffe bald Deinem Beispiel zu folgen!!

Gestern Abend sass ich beim Arbinger, trank eine Mass Bier mit den Bauern. Alles jammert, dass wir nicht mehr hier sind, wir sollen bald wiederkommen und ganz hier bleiben! Ich sagte, wenn die Kinder mit der Schule fertig sind, dann würden wir Beide wohl wieder hier wohnen, – was sie sehr beruhigte! Und dass wir zu Weihnachten in jedem Fall wieder hier sein werden!

Ich glaube jetzt auch, dass sich niemand in Regen über das „Fressende Haus" aufregen wird, – aus der Entfernung sieht alles viel schlimmer aus! Auch die Nazis (der A. ist ja jetzt auch Nazi geworden, wie Tröger!) sind hier harmlose Leute!

Heute nachmittag will ich die alten Schmieds besuchen, Annas Mutter hat nämlich Namenstag! Schrieb ich Dir schon, dass ich neulich ein altes Weibchen im Dorf traf (ich weiss nicht, wer es war!) die mir zur Begrüssung sogar die Wange tätschelte, – ich musste an Mama denken!

. . . Dein lille standhafter Vän!

Nellens bewirtschafteten in dieser Zeit den Turm, nicht gerade wirtschaftlich, wie sich herausstellen sollte. Der Turm mußte am 21. Dez. 32 „im Sturm" zurückerobert werden.

Die Witwen- und Waisenkasse hatte die Verpachtung organisiert.

Rohrbachs lebten damals in München, da Paul Rohrbach gebeten worden war, an einer „Deutschen Akademie" mitzuwirken, deren Arbeit nicht sehr fruchtbringend war, so daß sie 1935 München wieder verließen. Auf dem Rückweg, schreibt Paul Rohrbach in seinen Lebenserinnerungen, habe er einen Besuch gemacht bei seinem Freund Vegesack auf dem Turm im Bayerischen Wald, wo dieser sich dichtend niedergelassen hatte (S. 404. Um des Teufels Handschrift, Hamburg 1953).

Wilhelm von Hebra war eines der Mitglieder des „Münchner Kreises" gewesen und hatte einige Beiträge zur „Feuilleton-Korrespondenz" geleistet.

(40)

An Hermann Hesse · · · · · · · · · · · Meran, Villa Regina, den 15. 11. 32.

Sehr verehrter Herr Hesse,

ich danke Ihnen für Ihre freundliche Absicht, mein „Fressendes Haus" zu empfehlen, aber noch mehr für Ihre offene mir sehr wertvolle „persönliche Anmerkung"!

Sie haben mit Ihren beiden Einwänden vollkommen Recht, und ich muss Ihnen gestehen, dass ich mir selbst im Innersten diese Vorwürfe gemacht habe. Man muss sich wohl bei seinen ersten Versuchen

Hermann Hesse

einen Meister als Führer wählen, und da habe ich mich wohl zu stark führen lassen! Und dass ich Kais innere Wandlung nur angedeutet, nicht aufgehellt und gestaltet habe, ist sicher der wunde Punkt des Buches, – das habe ich selbst gefühlt, wurde mir aber erst durch Ihre Worte ganz klar darüber! Wie gut, dass Sie mir das gesagt haben, – und w i e Sie es mir gesagt haben! Ich danke Ihnen herzlich!

Falls ich wieder einmal nach Lugano kommen sollte, werde ich mich bei Ihnen melden. Aber ich bitte Sie schon heute, mich nur dann zu empfangen, wenn Sie es gern tun, – ich bin nicht empfindlich, verstehe Ihre Menschenscheu und bin selbst durch das lange Leben in der Einsamkeit etwas Einsiedler geworden!

Es grüsst Sie

Ihr aufrichtig ergebener

Hesse hatte in einem undatierten Brief (FH) geschrieben:

„Ihr Buch habe ich gelesen, und werde es in einer meiner kurzen Buchanzeigen im ‚Bücherwurm' empfehlen. Ich glaube, nach den Erfahrungen von 30 Jahren, nicht, daß solche Anzeigen viel nützen, aber immerhin dienen sie den Verlegern gelegentlich zur Unterstützung ihrer Propaganda. Ich werde also Ihr Buch empfehlen, und mit gutem Gewissen, aber ich habe auch Einwände gegen das Buch, die die Öffentlichkeit nichts angehen, die ich Ihnen aber doch andeuten möchte.

So sehr mir Vieles gefällt, so stört mich doch zweierlei. Zuerst die Anklänge an Hamsun. Man findet sie bei vielen jüngern Autoren, manches daran begreife ich, aber sie stören mich eben doch. Es gibt Sätze in Ihrem Buch, die könnten, bis auf den Tonfall genau, in der Stadt Segelfee oder im Segen der Erde stehen. Das ist das eine. Das andre aber ist wichtiger. Ich interessiere mich in einem guten Buch gerne viele Seiten lang für Kleinigkeiten, für Katzen und Hunde, Landschaften und Stimmungen, aber mein erstes Interesse gilt dem Menschen, und zwar seiner Seele, und zwar der Möglichkeit, diese Seele zu beeinflussen, zu verändern, zu sublimieren, überhaupt: den Menschen von der Seele her ändern, leiten, steigern!

Nun geht in Ihrem Buch so etwas vor sich. Der Baron erlebt, im Augenblick wo er alles verloren und begraben hat, und im Moment nachdem er sich erschießen wollte, das Wichtigste seines Lebens: eine Art Wandlung oder Bekehrung, in der Nacht nach dem Begräbnis. Es ist der Gipfel des ganzen Buches, gibt ihm seinen Sinn und sein Gesicht. Nun schweigen Sie aber über die Vorgänge dieser Wandlung beinahe vollkommen, Sie deuten nur an, daß dem bisher Ungläubigen ‚Derjenige' begegnet sei etc - kurz: nachdem wir uns für Katze, Hund, Schulden, (. . .) lange interessiert haben, kommt das Große und Richtige, und wird wie in einem frommen Traktätchen durch ein frommes Raunen erledigt statt durch eine Aufhellung. Der Punkt des Buches, wo das einzige wirklich Wichtige und Wunderbare geschieht, ist sein schwächster . . ."

Kritik Hesses zum Fressenden Haus im Bücherwurm 18. 2. 1933:

Auch in dieser Kritik schreibt Hesse: „die Patenschaft Hamsuns spürt man stark" – geht dann über zu einer kurzen Zusammenfassung, um wieder auf sein Thema zu kommen: „Es fehlt diesem Balten nicht an Kraft, an Geist, an schönen Gesinnungen, aber nicht sie geben dem Buch Wert und Gepräge, sondern die intimen Erlebnisse des Gärtners, des Bauern, des Viehzüchters und des jungen Ehemanns."

(41)

An Herrn Tröger/Bayerwald-Bote   17. März 33

Sehr geehrter Herr Tröger!

Wie ich höre, haben Sie in Ihrem Blatt meine und Fräulein Gutfelds Verhaftung mitgeteilt. Ich bitte Sie deshalb um die Freundlichkeit, Ihre Leser nun auch von unserer Freilassung und folgenden Tatsachen in Kenntnis zu setzen:

1) Die Untersuchung hat einwandfrei festgestellt, dass weder gegen mich, noch gegen Fräulein Gutfeld auch nur das Geringste vorliegt, dass alle Verdächtigungen vollkommen unbegründet waren, so dass die Schutzhaft sofort wieder aufgehoben wurde.

2) Fräulein Gutfeld ist auf Wunsch meiner Frau zu Weihnachten zu uns gekommen, um uns bei der Übernahme des Hauses behilflich zu sein. Da unsere Pächter nicht gutwillig das Haus räumten, verzögerte sich die Übernahme. Fräulein Gutfeld wollte uns Anfang März verlassen, nur auf unseren Wunsch hat sie ihre Abreise bis zum 20. März verschoben, um sich nach der angreifenden Instandsetzung des Hauses ein wenig zu erholen.

3) Wenn Sie in Ihrer Notiz Fräulein Gutfeld als „Jüdin" bezeichnen, so möchte ich nur erwähnen, dass Fräulein Gutfeld unendlich viel Gutes für die bedürftige Bevölkerung hier getan hat: erst kürzlich sind durch ihre Vermittlung 38 Paar Holzschuhe und 35 Paar neue Lederstiefel und viele Kleidungsstücke unter den notleidenden Familien von Weissenstein und Umgebung verteilt worden. An dieser selbstlosen und aufopferungsvollen „Jüdin" könnten wir Christen uns schon ein Beispiel nehmen!

4) Was mich selbst betrifft, so bin ich für meine Verhaftung nur dankbar: erstens habe ich meinen neuen Roman ungestört in aller Ruhe in der Gefängnis-Zelle vollenden können (wo es noch einsamer und stiller war, als oben in Weissenstein!), und zweitens ist durch die Haussuchung bei mir endgültig mit allen schon seit Jahren umgehenden dunklen Verdächtigungen über meine Person aufgeräumt worden. Wer jetzt noch diese albernen Lügen-Märchen verbreitet, den werde ich unnachsichtlich zur Anzeige bringen und gerichtlich zur Rechenschaft ziehen!

Mit vorzüglicher Hochachtung

Siehe SvV: Wie ich die zwölf Jahre erlebte. Eine Rechenschaft (S. 1f ANA 397 der B. St.):

„Am 5. März 1933, – einem Sonntag, – kam eine Horde von braunen Uniformen aus Regen nach Weissenstein herauf marschiert und hisste auf dem Turm der Ruine eine grosse rote Fahne mit einem Hakenkreuz. Das ärgerte mich. Ich telefonierte an die Landpolizei in Regen und veranlasste, dass die Hakenkreuz-Fahne vom Turm herunter geholt wurde.
Am nächsten Sonntag, den 12. März, war aber diese Fahne unsere Fahne geworden. Wieder kamen Horden von braunen Uniformen herauf, wieder wurde die rote Hakenkreuz-Fahne auf dem Turm der Ruine gehisst. Unser Haus wurde umstellt, braune Uniformen drangen bis zu mir in die Bibliothek – und ich wurde verhaftet.
Dass ich am Sonntag zuvor die Hakenkreuz-Fahne vom Turm der Ruine hatte entfernen lassen, war aber nur der Anlass zu meiner Verhaftung. Als Mitglied der Paneuropäischen Union und der internationalen Künstler-Vereinigung Porza war ich schon längst der Partei ein Dorn im Auge . . .
Gleichzeitig wurde auch unsere Hausdame, – Eva Gutfeld – verhaftet, weil sie Jüdin war. Ausserdem war grade in jenen Tagen vom Rotary-Club in Berlin ein Paket mit Kleidungsstücken für sie angekommen, die sie unter der notleidenden Bevölkerung in Weissenstein verteilen wollte, wie sie es schon früher getan hatte. Auch die Verbindung mit dem Rotary-Club schien verdächtig . . ."
Der neue Roman war *Blumbergshof. Geschichte einer Kindheit* und ist 1933 beim Universitas-Verlag in Berlin erschienen.

(42)

An Freiherrn Otto von Taube   z. Zt.: Meran, Villa Regina,
Gauting bei München   den 8. 4. 34.

Sehr verehrter, lieber Baron Taube!
Haben Sie herzlichen Dank für Ihren so freundlichen Brief und Ihre so verständnis- und liebevolle Würdigung meines Buches! Es freut mich ganz besonders, dass diese erste Kritik, die ich erhalte, von Ihnen kommt, dass grade Sie als Balte meinem Versuch, von unserer Heimat und Vergangenheit Zeugnis abzulegen, mit solcher Wärme

zustimmen! Das gibt mir Mut für den dritten und schwersten Teil, der den Zusammenbruch behandeln soll!
Ich würde mich freuen, Sie einmal kennen zu lernen. Vielleicht können wir uns in München gelegentlich treffen? Ich bin allerdings nur selten, und immer nur kurz in München, – wenn ich das nächste Mal durchreise, will ich Ihnen Nachricht geben!
Mit landsmannschaftlichem Gruss
Ihr aufrichtig ergebener

Otto von Taube (geb. 1879 in Reval, gestorben 1973 in Tutzing). Schon 1892 waren seine Eltern aus dem Baltikum weg gegangen, zuerst nach Kassel, 1895 nach Weimar, wo Taube auch nach seinen Studien und ausgedehnten Reisen am Goethe-Nationalmuseum arbeitete (1910); diese Anstellung gab er aus gesundheitlichen Gründen bald auf und wurde freier Schriftsteller; 1921 ließ er sich in Gauting bei München nieder und arbeitete als Lyriker, Erzähler, Essayist und Kunsthistoriker.
Würdigung: Taube hatte für die „Literarische Welt" eine Rezension von *„Herren ohne Heer"* geschrieben, in der er ausführlich auf die politische Situation einging, die den Hintergrund des Romanes bildete: „denn Herren ohne Heer zu sein, ist das natürliche Los aller Kolonisten."
„Die Schilderung dieser gräuelvollen, entsetzlichen Zeiten, die doch nur ein Auftakt für den endgültigen Zusammenbruch der Deutschen 1918 und 1919 sein sollten, schildert Vegesacks Roman, der auch als Kunstwerk ein reiches Meisterwerk ist."
Herren ohne Heer. Roman. Der zweite Teil der Baltischen Tragödie, ist 1934 beim Universitas-Verlag erschienen.

An die Tochter Isabel   Kolocep bei Dubrownik (Ragusa),
                               Hotel Kalamota, den 2. Mai 34.

Meine liebe, liebe Bella!
Den Brief, den Du an Mama schicktest, bekam ich in Venedig, und
den ersten aus Nygård hierher nachgeschickt! Habe mich über beide so gefreut, sorgte mich schon um Dich, weil ich so lange nichts
von Dir hörte! Bin sehr froh, dass Du Dich in Nygård schon so gut
eingelebt hast, – nur Deine armen Pfoten tun mir so leid, – ganz
blau gefroren, – usch! Wenn Du hier wärst, würdest Du es eher zu
heiss haben bei der Arbeit. Die Sonne brennt schon ordentlich, aber
vom Meer kommt immer etwas Abkühlung, so dass man es gut ertragen kann. Heute Morgen hatte das Meer 18 Grad! Jeden Morgen
früh, noch vor dem Frühstück, spring ich ins Wasser, – hier ist eine
herrliche Bucht mit Sandboden, das Wasser ist ganz blau, – man badet hier direkt vor dem Hotel! Ich sitze eben in einem ganz bunten
Bademantel, den ich mir gestern in Ragusa gekauft habe, auf meiner
Terrasse, – man kann den ganzen Tag im Bademantel herumlaufen!
Die Insel Koločep (früher hiess sie Kalamota, und ganz früher sollen
die Griechen sie „Kalamos" genannt haben, was „Schilf" heisst, und
dasselbe Wort ist wie „Kalmus") ist etwas grösser als Dyngön, liegt
genau so weit von Ragusa wie Dyngön von Fjällbacka, – eine halbe
Stunde mit dem Motorboot. Nur ist sie viel grüner, es wachsen hier
richtige Pinienwälder, Cypressen, Agaven, Kakteen, Oliven, Feigen-
bäume, Rosen, – aber das Ufer ist felsig und erinnert oft an Dyngön,
aber die Felsen sind nicht so farbig und nicht so glatt.
Gestern ruderten wir mit einem Boot zu einer Grotte, – man musste
sich ganz flach aufs Boot legen, so klein war das Loch im Felsen, und
dann war man plötzlich in einer grossen unterirdischen Höhle, auf
einem unterirdischen See mit ganz blauem Wasser, – es war unglaublich schön! Hier gibt es aber viel weniger Fische, wie in Dyngön, man fängt auch die ganz kleinen. Nachts fahren die Fischer, haben ein ganz helles Licht an der Spitze des Bootes, mit dem sie bis
auf den Grund des Meeres sehen können, und wenn sich dann ein
Fisch zeigt, stechen sie mit einem spitzen Haken! Nächstens sollen

140

sie auch mit dem Netz hinausfahren. Die Fischer sind hier auch sehr nette, anständige Leute, sie haben auch etwas Kindliches, wie auf Dyngön! Aber verstehen kann man sie nicht, nur ein paar Worte erinnern an das Russische. Am Sonntag tanzte einer in seiner dalmatinischen Nationaltracht, mit dicken Pluderhosen und einer roten Schärpe um den Bauch, – das hätte Dir Spass gemacht!

Eine Kuh soll es auf der Insel geben, aber ich hab sie noch nicht gesehen, sonst nur Ziegen und Schafe. Und furchtbar viel Katzen. Wenn man in Ragusa auf der alten Stadtmauer geht, sieht man fast auf jedem Dach eine Katze! Ausserdem gibt es hier noch Eulen und einen Uhu. Und einen Hund, den ich aber nur bellen gehört habe.

Natürlich sollst Du in Stuttgart das Tippen lernen, – wegen gründlich, – später werden wir schon viel zusammen sein! Ich kann doch nur eine perfekte Sekretärin brauchen!

Sobald etwas Geld da ist, lass ich es Dir durch die Bank schicken. Werde in diesen Tagen an die Bank schreiben. Wahrscheinlich wirst Du wieder den Pass einschicken müssen, – vielleicht geht es auch so. Du brauchst doch ein Taschengeld, – kannst Du mit 30 Mk. im Monat auskommen? Du wirst Dir doch einiges anschaffen müssen! Ueberleg es Dir, was Du brauchst!

So, und jetzt spring ich wieder ins Wasser, denn bald ist Mittagessen, und da muss man sich doch Appetit schaffen!

hs. Zusatz:

Grüss in Munkfors Tante Inga und Onkel Arved, wenn Du hinfährst, sag Onkel Arved, dass ich ihm sehr für seinen Brief danke, u. doch hoffe, dass er mir einiges von seinen Kriegserlebnissen wird aufschreiben können, wenn er seinen Vortrag gehalten hat!

(44)

An Konrad Guenther   Burg Weissenstein, 1. Januar, 1935

Lieber Herr Professor!

haben Sie herzlichen Dank für Ihren freundlichen Gruss, – mit lebhaftem Interesse habe ich Ihre Schrift gelesen, – und nun überschütten Sie meine Tochter mit so viel schönen Büchern! Es ist wirklich sehr freundlich von Ihnen, dass Sie sich ihrer annehmen und ihre grosse Naturliebe durch Ihre Schriften unterstützen!

Isabel sagt mir, dass Sie sich nach einem englischen Verleger umsehen. Da möchte ich Ihnen den Rat geben, sich an die Leiterin der englischen Agentur Curtis & Brown, Frau Li Wegner, zu wenden, die auch mein Buch „Das Fressende Haus" in England untergebracht hat. Ihre Adresse ist: Berlin, Ansbacherstr. 15, Curtis & Brown. Sie vertritt die Agentur in Berlin, das Hauptbüro befindet sich in London. In England wird alles durch solche Agenturen vermittelt, – sie wissen am besten, welcher Verlag für welches Werk in Frage kommt. Berufen Sie sich auf mich, Frau Wegner wird Ihnen sicher einen guten Rat geben!

Nun habe ich eine Bitte an Sie. Es handelt sich um Folgendes. Ich brauche für meine nächste Arbeit naturwissenschaftliche Unterlagen, und zwar recht verschiedener Art, und weiss nicht, wie und wo ich sie mir beschaffen soll. Vielleicht könnten Sie mir einige Werke nennen, die für mich in Frage kämen? Hier eine kleine Liste meiner besonderen Wünsche:

1) Etwas Geologisches, über die Entstehung der Erde, Gebirge, Meere, – namentlich über die beständige Veränderung von Gebirgsufer und Meer, Sinken und Steigen der skandinavischen Westküste, die verschiedenen Gesteine, Granit usw. Ich kenne nur die kleine bei Reclam erschienene Schrift von Dacqué: „Vom Werden des Erdballs", – aber da finde ich nicht viel. Auch ist diese Schrift nicht sehr anschaulich. Mir kommt es nicht so sehr auf ein streng wissenschaftliches Werk, sondern mehr auf eine auch für den Laien anschauliche und verständliche Darstellung an.

2) Dann über Moose, Farne, Schachtelhalme, – die primitive Vegetation auf einer Felsinsel im Skagerrak, – vielleicht überhaupt etwas Allgemeines über die nordische Vegetation, die Geschichte unserer einfachen Pflanzen? Vor allem aber: die Moose! Besonders die Moose, die auf Felsen wachsen, die eigentlich mehr Flechten sind! Und über den Tang!!

3) Ueber das Leben der Aale, Makrele, Lachse, – vor allem aber der Quallen und Krabben! In Brehms Tierleben habe ich nichts dar-

über gefunden. Allerdings habe ich hier nur eine kleine Ausgabe. Auch über die Seehunde! Und Hummern! Kurz: die ganze Tierwelt des Skagerraks! Und die Mucheltiere!!

4) Und nun das Wichtigste: wo erfahre ich Näheres über das „Meerfeuer", – das Glühen der winzigen mikroskopisch kleinen Geschöpfe, die das Leuchten des Meerwassers verursachen?

Einmal las ich ein wunderbares Buch von einem Franzosen über Schmetterlinge, – er hiess Faure oder so ähnlich, – so etwas möchte ich haben! So wie Sie Ihr schönes „Tierleben unserer Heimat" geschrieben haben, – also etwas für Laien, anschaulich, aber deshalb nicht oberflächlich! Meine Wünsche sind nur leider sehr umfassend, so dass ich wohl ein recht grosses Material werde durcharbeiten müssen! Vielleicht können Sie mir einige Fingerzeige geben, mir ein paar Werke nennen!

h. s. Zusatz:

Durch meinen Verlag will ich Ihnen mein „Fressendes Haus" schikken, es wird Sie vielleicht interessieren, da Sie ja unseren Turm kennen! Mit den besten Wünschen für das Neue Jahr grüsst Sie herzlich Ihr

Die englische Ausgabe des Fressenden Hauses: *The House Devouring* erschien 1936 bei Hurst & Blecket in London (Üs: Anna Clover-Wilson) Die Vorbereitungen galten dem Roman *Meerfeuer*, der 1936 bei Universitas in Berlin erschien.

An den Universitas-Verlag,   Burg Weissenstein, den 18. II. 35
Herrn Dr. Mayer,
Berlin W. 50

Sehr geehrter Herr Doktor!
Nachdem ich nun den letzten Band meiner baltischen Trilogie abgeliefert habe, wird es an der Zeit, die Frage meiner weiteren Produktion und ihre Finanzierung zu erörtern. Ich habe das Gefühl, dass
erst jetzt, nach Abschluss der autobiographischen Bücher, die Kräfte für mein eigentliches Schaffen frei geworden sind, dass ich nun
endlich so weit bin, aus meiner eigenen Haut hinaus – und in fremde Menschen und Schicksale hineinzukriechen, mit einem Wort,
dass erst jetzt bei mir die schöpferische Gestaltung von Menschen
und Dingen beginnt. Alles Bisherige war nur Abrechnung mit dem
Vergangenen, Rechenschaft über mich selbst.
Sehr Vieles rumort in meinem Kopf, noch kann ich nichts Bestimmtes über mein nächstes Buch sagen; aber ich glaube, es wird
der Sommer-Roman „Meerfeuer" werden, von dem ich Ihnen
schon erzählte, und der auf einer kleinen Insel an der schwedischen
Westküste spielen soll. Nach dem vielen Morden im „Totentanz"
muss jetzt etwas Heiteres, Sommerliches kommen, – viel Sonne,
viel Meer, etwas Liebe und nichts von Tod! Aber es soll natürlich
nichts allzu Harmloses, Oberflächliches werden, – die dunklen
Sommerwolken-Schatten, die kalten Unterströme sollen nicht fehlen!
Für dieses Buch rechne ich ein Jahr, so dass es im nächsten Frühling
erscheinen könnte; falls aber durch einen eventuellen Vorabdruck
sich die Buchausgabe bis zum Herbst 1936 verzögern sollte, so
könnte im Frühling 1936 mein „Kritzelbuch" erscheinen, das in
hübscher Aufmachung sicher einen guten Absatz finden wird:
schon oft bin ich gefragt worden, ob meine kleinen Sachen in Buch-
form zu haben wären; in diesem „Kritzelbuch" will ich etwa Hundert meiner besten Kinder-, Tier-, Bauern-, und sonstige Kurzgeschichten aus dem Bayerischen Wald, altlivländische Idyllen usw.
möglichst bunt und lustig zusammenstellen. Sollte der Roman

schon im Frühling 1936 erscheinen, könnte das „Kritzelbuch" zu Weihnachten 1936 herauskommen. Und als Weihnachtsbuch für dieses Jahr müsste endlich die Neuauflage der „Kleinen Welt" herausgebracht werden: die 2000 Ex. der ersten Auflage sind bis auf etwa 50 Ex. vergriffen.

Für dieses und das nächste Jahr würde also das Programm folgendermassen aussehen:

1935: Ostern: „Totentanz",
      Herbst: „Kleine Welt",
1936: Ostern: „Meerfeuer",
      Herbst: „Das Kritzelbuch".

Nun kommt der schwierige Teil, das eigentliche Problem wie soll dieses Programm finanziert werden? Ich kann nicht in Ruhe arbeiten, wenn ich mir von Monat zu Monat Vorschüsse erbetteln muss, – ich muss, wenigstens für ein Jahr, einigermassen gesichert sein. Auch wenn ich noch so geringe Ansprüche habe, brauche ich für mich und meine Familie mindestens 400 Mk. im Monat, da ich 150 Mk. im Monat Zinsen zahlen muss, dazu kommt noch die Lebensversicherung, die Steuern, oft auch noch Reparaturen am Kraftwerk u. „fressenden" Haus; wenn meine Frau von ihrem Verlag nicht 200 Mk. im Monat bekäme, würden auch die 400 Mk. nicht reichen. Das wären im Jahr wieder 4800 Mk.

Es liegt weder im Interesse des Verlages, noch in meinem, dass wir uns über den Absatz meiner Bücher irgend welchen Illusionen hingeben; wir können wohl hoffen, dass sich der Absatz mit der Zeit steigern wird, aber rechnen dürfen wir nicht damit, rechnen können wir nur mit den Zahlen, die bisher vorliegen, und die sind traurig genug: von den drei Büchern „Fress. Haus", „Blumbergshof" u. „Herren ohne Heer" sind laut Ihrer Abrechnung vom 31. 12. 34. in etwas über zwei Jahren zusammen *10442 Ex.* verkauft worden, und mein Honorar-Anteil beträgt: *3614 Mk.*

Das sind im Jahr rund 4 bis 5 Tausend Exemplare, und auf mich entfallen vom Verkauf im Jahr rund 1500 Mk., im letzten Jahr sogar nur 1230 Mk.! Mit anderen Worten: ich verdiene in Wirklichkeit nur 100 Mk. im Monat, und der Verlag zahlt jeden Monat 300 Mk. drauf! So ist die Vorschuss-Schuld von 2046 Mk. in einem Jahr auf

5616 Mk. angewachsen, und wird in diesem Jahr, wenn das so weiter geht, auf über 9000 anwachsen. Diese Zahlen beweisen, dass es so *nicht* weiter geht, – der Verlag kann mir nicht weiter ins Blaue hinein Vorschüsse geben, und ich kann mich nicht noch weiter verschulden. Andrerseits liegt es auch im Interesse des Verlages, dass ich weiter arbeiten kann, und dass ich v o n meiner Arbeit leben kann. Da ich, wie oben nachgewiesen, von dem, was ich mir verdiene, nicht leben kann, gibt es nur zwei Möglichkeiten: entweder ich arbeite zu wenig, – oder ich verdiene zu wenig. In den letzten drei Jahren habe ich vier Romane geliefert, ich glaube nicht, dass ich noch mehr arbeiten kann, oder es würde auf Kosten der Qualität gehen. So bleibt nur die andere Möglichkeit. Ich verdiene zu wenig, mein Anteil ist zu gering.

Als ich seinerzeit mit Herrn Krüger den ersten Vertrag abschloss, erklärte er mir selbst, dass die Bedingungen schlecht wären, dass aber der Verlag für mein erstes Buch keine besseren geben könne. In den letzten Verträgen sind ja die Bedingungen ein wenig verbessert worden, aber erst nach Verkauf der ersten 10000 Ex. wird sich das auswirken. Und damit ist mir jetzt nicht geholfen. Für eine wirkliche Sanierung meiner Schulden beim Verlag gibt es nur ein einziges Mittel und das ist: Revision der Verträge!

Wenn ich wenigstens wirklich die 10% bekäme, – aber durch diese sogenannten „broschierten" Exemplare ist mein Anteil nicht einmal 7%! Ich habe ausgerechnet: bei 15% hätte ich schon heute keine Schulden beim Verlag. Wenigstens nach 3000 Ex. müsste mein Anteil 15% betragen, – dann würde sich meine Schuld nicht weiter vergrössern: ich würde rund 3000 Mk. im Jahr verdienen, und der Rest würde durch Vorabdrucke und event. Uebersetzungen gedeckt werden. Bleibt aber mein Anteil so gering wie bisher, bleibe ich hinter den Vorschüssen immer weiter zurück, – kann ich überhaupt nie aus meinen Schulden herauskommen! So wie die Dinge heute liegen, hat der Verlag mir durch den Verkauf von 10442 Ex. nur 3614 Mk. zu verdienen gegeben, – während der Anteil, den ich dem Verlag durch Vorabdrucke und Lizenzdrucke zu verdienen gab, – 3120 Mk. beträgt, – mit anderen Worten: für 10000 Ex. brauchte der Verlag mir de facto nur 500 Mk. zu zahlen!

Ich hoffe, der Verlag wird sich diesen Erwägungen nicht entziehen, denn es liegt doch in seinem eigenen Interesse, dass meine Schulden saniert werden und dadurch mir die Möglichkeit gegeben wird, für den Verlag weiter zu arbeiten. Ich will nicht Schätze ansammeln, ich will lediglich in Ruhe arbeiten, – nur das ist der Zweck dieser Zeilen; wenn ich von den 10% leben könnte, würde ich mich damit begnügen. Wie aber Ihre Abrechnung beweist, lebe ich heute zu ¾ von Vorschüssen! Und das kann doch nicht so endlos weiter gehen!

Heute will ich Ihnen noch keine genaueren Vorschläge über die Revision der Verträge machen und möchte Sie nur bitten, sich das alles selbst zu überlegen und vielleicht auch mit Ihrem Aufsichtsrat Rücksprache zu nehmen. Wenn ich im Mai nach Berlin komme, können wir alles Nähere vereinbaren. Ich möchte nur noch betonen, dass es mir nur auf zwei Dinge ankommt: dass die Vorschüsse nicht noch weiter anwachsen, und dass ich in Ruhe weiter arbeiten kann!

Wegen der Abrechnung habe ich noch einiges hinzuzufügen:

1) Wie ich Ihnen schon schrieb, ist mein Anteil am Vorabdruck-Honorar für „Herren ohne Heer" um 600 Mk. zu gering berechnet; er beträgt 2400 Mk., und nicht 1800 Mk.

2) Ab 3000 Ex. erhalte ich 12 ½%, und nicht 10%, – bei „Blumbergshof" ist aber mein Anteil immer mit 10% berechnet!

3) Von 3000 Ex. vom „Fressenden Haus" soll mein Anteil nur 6 Pf. betragen, – selbst bei Rohabzügen scheint mir das doch etwas wenig; liegt es wirklich im Interesse des Verlages, das Buch zu verschleudern?

4) Im Juli sagten Sie mir, dass von „Blumbergshof" rund 4000 Ex., von „Herren ohne Heer" 3000 Ex. verkauft wären, – laut Abrechnung sind aber bis zum 31. Dez. von „Bl." nur 3700 Ex., und von „H. o. H." nur 2327 Ex. abgesetzt worden, – oder werden in der Abrechnung nur die Ex. berechnet, für die das Geld eingelaufen ist?

5) Wie ich Ihnen schon im Sommer sagte, ist die Materialbeschaffung für den „Totentanz" für mich sehr kostspielig gewesen, – nicht nur, dass ich weite Reisen machen musste (in die baltische Heimat und auch nach Schweden zu meinem Bruder, ohne den ich das Buch überhaupt nicht hätte schreiben können, –) ich musste auch

viele zeit- und geld-raubende Nachforschungen anstellen, in der Stadtbibliothek in Riga und in der Staatsbibliothek in Berlin allein drei Wochen arbeiten, einen ganzen Koffer voll Drucksachen und Broschüren überall zusammenkratzen, – vieles mir neu anschaffen.

Auch für den zweiten Band „Herren ohne Heer" habe ich Unkosten gehabt, wenn auch nicht so grosse. Ich hoffe, dass der Verlag mir wenigstens einen Teil dieser Ausgaben für die Materialbeschaffung ersetzen wird.

Leider habe ich für den Februar noch immer kein Geld erhalten, ich hoffe, dass wenigstens meine Frau inzwischen die 150 Mk. erhalten hat, um deren Ueberweisung ich Sie bat!

Bin sehr gespannt, Ihr Urteil über den „Totentanz" zu hören! Bei der ersten Korrektur werde ich doch noch verschiedenes verbessern können?

Mit den besten Grüssen
auch an Herrn von Bergen,

Ihr sehr ergebener

(46)

An den Universitas-Verlag   Burg Weissenstein, den 9. März, 35.
Berlin W. 50,
Herrn Dr. Mayer

Sehr geehrter Herr Doktor,
ich hoffe, dass Sie inzwischen von Ihrer Reise zurückgekehrt sind, und möchte nun eingehend Ihren Brief vom 23. d. M. beantworten. Vor allem möchte ich Ihnen dafür danken, dass Sie den ganzen Fragenkomplex nicht einseitig vom Standpunkt des Verlages betrachten, sondern auch meiner schwierigen Lage so viel Verständnis entgegenbringen. Ich glaube zuversichtlich, dass wir uns im Mai, wenn ich nach Berlin komme, über alle Einzelheiten mündlich leicht einigen werden.

Aber der Hauptpunkt, – die Weiterfinanzierung meiner Arbeit, –

macht mir Sorge, je mehr ich darüber nachdenke. Wenn ich wirklich wieder Kleinkram schreiben muss, werde ich nicht so bald zu meiner eigentlichen Arbeit kommen. Die Erinnerung an meinen unglückseligen „Paltemann"-Roman steht mir noch wie ein Schreckgespenst vor Augen: damals musste ich immer wieder kleine Sachen schreiben, und so missglückte die grosse Arbeit. Erst als ich den Kleinkram von mir stiess, mich ganz in die eigentliche Arbeit versenkte, glückte der erste Wurf: das Fressende Haus. Man kann nicht zweien Herren dienen, nicht mit der linken Hand Feuilletons, und mit der rechten einen Roman schreiben. Entweder das Eine, – oder das Andere.

Und selbst wenn ich das wieder versuchen würde, – heute würde es einen viel grösseren Kraftaufwand erfordern, als damals. Die Vossische Zeitung, die sehr gute Honorare zahlte, existiert nicht mehr, und die anderen, die für Erstdrucke in Frage kommen, – Berliner Tageblatt, Frankfurter usw. – zahlen jetzt miserabel. Und von den Provinzblättern, die früher meine Sachen nachdruckten, sind die meisten inzwischen eingegangen, und der Rest honoriert sehr schlecht. Um 100 Mk. im Monat nebenbei zu verdienen, müsste ich sehr viele kleine Sachen schreiben, – und das wäre Gift für mein eigentliches Schaffen. Ob und wann ich dann zu meinem Roman kommen würde, ist ganz unbestimmt, irgend einen Termin könnte ich nicht nennen. Und es liegt doch auch im Interesse des Verlages, dass ich mit dem neuen Roman spätestens in einem Jahr fertig werde, damit ein Vorabdruck zustande kommt.

Nun verstehe ich vollkommen, dass der Verlag mir nicht Vorschüsse ins Blaue geben kann. Bleiben wir deshalb bei Ihrer Kalkulation: Sie rechnen mit einem Verkauf von rund 2000 alten Büchern, und einem Vorschuss für etwa 5000 Ex. vom neuen Roman. Aber Sie rechnen mit 10% vom gebundenen Exemplar, auch für die alten Bücher, die doch alle schon das dritte Tausend überschritten haben. Ich will mich nun keineswegs auf die Bedingungen der grossen Verlage berufen, wie z. B. der Deutschen Verlagsanstalt, aber schon mittlere Verleger, wie z. B. der Piper-Verlag, zahlen heute ganz allgemein 12% für die ersten 3000, und 15% ab drittes Tausend vom gebundenen Exemplar. Da alle meine Bücher das dritte Tausend überschritten

haben, irgend ein Risiko für den Verlag also nicht mehr vorliegt, müsste es doch möglich sein, mir für diese Bücher 15% einzuräumen. Das ergäbe dann, für 2000 Ex. rund 1800 Mk. im Jahr.
Unter diesen Bedingungen würde ein Vorschuss für 5000 Ex. vom neuen Roman ungefähr 3000 Mk. entsprechen, – das wären dann zusammen 4800 Mk., also grade 400 Mk. im Monat.

Sollte dieser Betrag durch den Verkauf meiner Bücher doch nicht hereinkommen, so bin ich bereit, auch vom Vorabdruck des neuen Romanes einen entsprechenden Anteil zur Abdeckung dieses Vorschusses an den Verlag abzutreten.

Ich glaube, eine solche Regelung unserer Verträge würde den Verlag mit keinem neuen Risiko belasten, und mir die Möglichkeit geben, ungestört und mit ganzer Kraft an die neue Arbeit zu gehen. Auch für den Verlag wird es zweckmässiger sein, eine volle Kraft mit 400 Mk. im Monat zu bezahlen, als eine halbe mit 300 Mk. Von keinem Angestellten wird der Verlag es verlangen, dass er sich durch Nebenarbeiten das zur Existenz nötige Geld verdient, – warum wird dies grade vom Autor verlangt, der doch am aller wenigsten seine Kraft zersplittern sollte?!

Und noch eins. Jeder Angestellte, der einfachste Setzer erhält pünktlich am 1. sein Gehalt. Warum muss grade der Autor immer Wochen lang, – jetzt schon über einen Monat, – auf sein Geld warten?! Diese kleinen Beträge können doch beim Verlag keine grosse Rolle spielen, – wäre es wirklich nicht möglich, es wenigstens so einzurichten, dass ich spätestens am 10. des Monates das Geld erhalte? Für den Februar habe ich noch 200 Mk. zu bekommen.

Ich bitte Sie, zu veranlassen, dass an meine Frau nach *Körntal bei Stuttgart, Neue Halde 16, – 100 Mk.* so bald wie möglich geschickt werden! Und wenigstens *300 Mk.* an die *Gewerbebank Deggendorf.* Die ersten 100 Fahnen sind an den Verlag abgegangen, der Rest folgt, sobald ich ihn von der Druckerei erhalte.

Wie steht es mit der Kartenskizze? Ich halte es für sehr wünschenswert, wenn eine solche Skizze dem „Totentanz" beigefügt werden könnte, da man sich sonst sehr schwer ein Bild über die Kämpfe des Baltenregimentes und der Baltischen Landeswehr machen kann. Die Karte kann ganz einfach sein; im *Baltischen Vertrauensrat, Ans-*

bacherstr. 36, Tel. Bavaria 5170, wird man sicher eine übersichtliche Karte erhalten und vielleicht auch jemand nennen können, der die Skizze herstellen kann. Meine Skizze ist wohl allzu primitiv! Mit dem besten Grüssen
Ihr ergebener

(47)

An Alfred Kubin   Weissenstein, den 13. Mai 35

Liebe Freunde und Nachbarn, – jenseits der Grenze, aber diesseits im Herzen! Haben Sie herzlichen Dank für Ihre Zeilen und das Blatt, das ich in die „Kubin-Mappe" getan habe, – wie oft wollte ich Ihnen schon schreiben, aber wenn man sich so lange nicht gesehen hat, weiss man nicht mehr, wo anfangen! Und vieles lässt sich doch nur mündlich mitteilen. Dazu besteht nun leider gar keine Aussicht, – wir leben auf zwei verschiedenen Planeten!
Seit dem November bin ich wieder auf dem Turm, mit Isabel, die sich von ihrer anstrengenden Tätigkeit als Garten-Elevin in Schweden ein wenig ausruhen musste und mir hier über eine schwere Zeit hinweggeholfen hat. Meine Frau ist mit dem Jungen in Korntal bei Stuttgart, – vor Ostern waren wir zwei Wochen in Stuttgart und haben sie öfter besucht. Seit dem Herbst geht es meiner Frau nicht gut, – sie hat eine Wunde am Bein, die nicht heilen will, und erhöhte Temperaturen, so dass sie das Zimmer hüten muss. Jetzt geht es ihr etwas besser, aber wir können noch keine Pläne für den Sommer machen. Der Junge war zu Ostern eine Woche hier, er hat sich gut entwickelt, – ein wenig zu wild für seine Mutter! Er will ungern etwas lernen und träumt davon, einmal Fischer oder Matrose zu werden! Gottlob, – Tinte hat er von uns Beiden nicht ins Blut bekommen! Und Isabel ist schon fast erwachsen, – 18 Jahre, – sogar etwas grösser als ihre Mutter! Sie ist mit allen Bauern hier befreundet, isst oft bei ihnen zu Mittag aus einer Schüssel, interessiert sich noch immer für alle Kälber im Dorf und tanzt mit den Burschen! Jetzt fährt sie zu meinen Verwandten nach Meran, um dort im Garten zu arbeiten.

Siegfried bebrütet das Ei. A.K.

Ich hocke hier und brüte
Auf einem Ei;
Wie sehr ich mich auch mühte,
Dass mein Gehirn raucht glühte, –
Noch ging es nicht entzwei!

Was wird dem Ei entspringen?
Der Glucke ist nicht wohl,
Wird's piepsen, wird es singen?
Wird's Gold und Silber bringen?
Oder —— ist es hohl?!

16. VII. 29.

Alfred Kubin / Siegfried von Vegesack: Eintrag ins Burgbuch

Im Herbst will sie, wenn es irgend geht, für ein Jahr nach England. Ich will noch bis Ende Mai hier bleiben, dann nach Berlin und für den Sommer entweder mich irgendwo in einem Fischerdorf an der Ostsee vergraben, oder nach Blumbergshof, in meine livländische Heimat. Und im Herbst, – wenn es irgend geht, – für ein- zwei Jahre nach Argentinien . . . Ich habe das dringende Bedürfnis, einmal aus dem europäischen Tollhaus herauszukommen und die Weltkugel auch von der anderen Seite anzuschauen. Persönliche Gründe bestärken mich in diesem Wunsch. Wie Sie vielleicht schon wissen werden, sind meine Frau und ich im Begriff, uns auch formell zu trennen, – seit Jahren leben wir ja schon in Wirklichkeit völlig getrennt. Zuerst die Anthroposophie, und nun die Rassenseuche haben uns immer mehr entfremdet; furchtbar, wie diese Dinge auch in das intime Familienleben eindringen und alles untergraben können . . . Natürlich trennen wir uns in aller Freundschaft, – wahrscheinlich werden wir auch diesen letzten Sommer mit dem Jungen zusammen sein. Und dann wird Aurel-Kai[+] wieder mal sein Köfferchen packen und sich auf die Wanderschaft begeben, – in eine neue Heimat . . . Nicht für immer, aber doch für längere Zeit . . . Den tieferen Grund finden Sie im „Totentanz", Seite 251!

Wenn es geht, will ich den Turm halten, für die Kinder. Eine sehr tüchtige Schwester Frieda Muth führt hier seit zwei Jahren eine Fremden-Pension. Aber die Hypothek-Zinsen, die ich aufbringen muss, sind so hoch, dass ich nicht weiss, ob es mir möglich sein wird. . . . Die Zeitungen sterben, die Honorare werden immer geringer. Eben ist die englische Übersetzerin vom „Fressenden Haus" hier (in 22 Stunden aus London hergeflogen und gefahren!) – nun will sie auch die „Baltische Trilogie" übersetzen! Hoffentlich wird etwas daraus!!

Nun leben Sie wohl und alles, alles Gute für Ihr Schaffen! Ich denke oft an Sie, und das gibt mir Mut! Wie schade, dass wir uns jetzt nicht sehen können! Aber ich gebe die Hoffnung nicht auf, dass einmal die verrückten Grenzpfähle fallen werden!!

Zum 50. Geburtstag von Hoerschel war ich in München, – es war eine sehr gelungene Feier, und Hoerschel in seinem Element! Dem

armen Peter[++] geht es nicht gut, wieder halb gelähmt. Ich fürchte, dass er nicht mehr gesund wird.
In alter Freundschaft grüsst Sie und Ihre Frau sehr herzlich Ihr

Anm. [+] von fremder Hand: so nennt sich Vegesack als (. . .) im Totentanz!
Anm. [++] von fremder Hand: Koeppel

Kubin schrieb an R. Koeppel (schon am 2. Febr. 27.):
„. . . Über Vegesacks Pläne sind wir teilweise orientiert. Mir tut es leid, denn ich weiß wenigstens von früher, wie er am Turm etc. hing – und nun sieht man halt wie alles um uns veränderlich ist unter anderem, leider auch eine Rechenaufgabe. Zu wissen, daß V. nicht mehr in W. ist, ist für Dich wie für uns entschieden triste, für ihn selbst eine Schicksalsangelegenheit – möge er Gutes finden. –"
(siehe: *Die Wilde Rast.* Alfred Kubin – Briefe an Reinhold und Hanne Koeppel. München 1972)

(48)
An Thomas Mann   Burg Weissenstein, z. Zt.:
                                              Berlin W. 50,
                        Nürnbergerstr. 65, Pension Schmolke.
                                                6. 6. 35
Telegram.
Thomas Mann, Küssnacht bei Zürich.
Den Abwesenden, immer Gegenwärtigen grüsst in Verehrung
Siegfried von Vegesack.

Thomas Mann [1875–1955] Schriftsteller. Vegesack hat Th. Mann zu jeder Zeit größte Bewunderung entgegengebracht.

Siehe *SvV*: Wie *ich die zwölf Jahre erlebte. Eine Rechenschaft* [im Nachlaß V's der Bay. Sta.Bi.] *S. 11*
„Zum 60. Geburtstag von Thomas Mann telegraphierte ich ihm in die Schweiz: ... Der Universitas-Verlag riet mir dringend davon ab, dieses Telegramm abzuschicken, – aber ich tat es trotzdem. Wie mir Thomas Mann 1952 in Zürich mitteilte, hat er es nicht erhalten."

(49)

An die Tochter Isabel:

An Bord der „Regina"
zwischen Stettin und Swinemünde
d. 18. Juni 1935

Meine liebe, liebe Bella!
Es ist wirklich sehr, sehr hässlich von mir, dass ich Dir so lange nicht geschrieben habe, – aber in Berlin war ich so gehetzt, hatte keinen Augenblick für mich, musste so vieles erledigen, dass ich erst jetzt, auf dem Schiff, dazu komme, an Dich zu schreiben! Gedacht habe ich aber viel an Dich, und mich so über Deine lieben Blumen-Briefe gefreut! Du glaubst gar nicht, wie froh mich ein paar Worte von Dir machen! Ich höre und sehe Dich dann so deutlich, als wärst Du neben mir, – und jetzt, auf der Regina, muss ich daran denken, wie wir vor 3 Jahren mit Buberl hier fuhren, – wie wir oben standen, und wie Du dann plötzlich hinuntergehen und Dich hinlegen musstest, – aber bei Dir war es ja nicht schlimm! Und wie Gotthard im Liegestuhl blass wurde und etwas von sich gab!!
Diesmal scheint die Überfahrt ganz ruhig zu werden, – kein Wind, aber leider auch keine Sonne. Hoffentlich kommt sie morgen heraus, – möchte tüchtig in der Sonne schmoren, mich von Berlin ausruhen! Ich musste so lange in B. bleiben, – erst gestern hat es sich entschieden: denk Dir, – aber nun muss ich eine neue Seite anfangen, – so gross ist die Neuigkeit, die Du jetzt erfahren wirst, – (also, – pass auf, – bist Du schon sehr neugierig?! So, nun höre und staune): – also!!!
Das „Berliner Tageblatt" schickt mich im Oktober nach Südameri-

ka, – als Berichterstatter!! Ist das nicht grossartig?! So kann ich drüben von dem leben, was ich schreibe! Und dabei herumfahren! Hoffentlich fällt mir auch was ein! Mir ist es ein wenig unheimlich, – weil ich doch eigentlich gar kein „Berichterstatter" bin! Die Devisenstelle muss noch die Erlaubnis geben, dass man mir das Geld hinüberschickt, – viel brauche ich ja nicht, mit 200 Mark werde ich im Monat auskommen. Das wird sich bis Ende Juli entscheiden. Also bitte Daumen halten!!

Und nun hab ich mich entschlossen, für 5 Wochen nach Blumbergshof zu fahren, – bis Gotthards Ferien anfangen. Und dann, – Ende Juli, – treffen wir uns, Mama, Buberl und ich, – in einem kleinen Fischerdorf an der Ostsee, das „Althagen" heisst und nicht weit von Rostock liegt. Dort soll es noch sehr still und billig sein. Und dort wollen wir bis zum September bleiben. Im September werde ich wahrscheinlich eine Vortragsreise durch Ostpreussen unternehmen, aus meinen Büchern vorlesen, – und so etwas Geld verdienen. Und im Oktober, – schwimm ich hinüber, – wenn alles klappt! Vielleicht hat die gute Clover bis dahin etwas für Dich gefunden, und wir können bis England zusammen fahren! Vielleicht kann ich im Oktober vor der Überfahrt für kurze Zeit nach Meran zu Dir kommen, – jedenfalls müssen wir uns sehen, irgendwo und irgendwie! Kannst Du Dir vorstellen, wie froh und glücklich ich bin! Hatte schon alle Hoffnung aufgegeben, – und nun hat sich alles ganz von selbst ergeben!!

Bitti und Gisi waren für 4 Tage nach Berlin gekommen, Bitti wohnte bei T. Anna u. Lona. Wir waren am letzten Sonntag zusammen, gingen ins Aquarium, besuchten Rüdiger (Roderichs Bruder, mit dem wir damals im Zoo waren!), – und Bitti ass bei mir, bei der Schmolke, zu Mittag! Sie war ganz begeistert von Berlin und Greifswalde. Am 1. Juli fährt sie zusammen mit Gisi nach Schweden. Beide lassen Dich sehr grüssen und erwarten einen langen Brief von Dir, – nach der „geschwollenen" Karte! Der grosse dicke Mann, der immer zu spät zum Essen kommt, lässt Dich herzlich grüssen, – natürlich kam er wieder zu spät zum Essen! Auch das eiserne Veilchen, Max, die Schmolke und alle grüssen Dich sehr! Und Lona! Sie gefällt mir immer besser! Von den „Gespenstern" hat die Eine schon geheiratet.

Bei der Margaretha war ich nicht, – wegen Kaffee und keine Zeit. Ausser T. Anna und Lona habe ich niemand von den Verwandten besucht, – hatte wirklich keine Zeit dazu. Max wohnte jetzt ausserhalb von Berlin, bei einer Freundin, in einer schönen Villa, wo er sich gut erholt hat, sah sehr wohl aus. Hat mich heute zur Bahn begleitet, – und winkte wie damals, als wir nach Riga fuhren! Specht hat eine Arbeit und ist fast dick geworden, – dick für seine Verhältnisse! (Sieht nicht mehr wie ein Totenkopf aus.)

Wir nähern uns Swinemünde, – die Post wird hier an Land gegeben. Will noch schnell an Buberl eine Karte schreiben. Daher Schluss für heute, – aus Blumbergshof mehr!

Meine Adresse ist bis zum 20. Juli: *Lettland, Lobergi, caur Aumeister* (Deutsch darf man nicht schreiben! Zu verrückt!!) Grüss Lörchen, den Maistro, Onkel Leo, T. Edith, – die ganze Regina, – von der „Regina"!!

Dich liebt, umarmt ganz fest und küsst, – auf die rechte und auf die linke Backe, – (so, – es genügt!!) Dein alter, wieder ganz vergnügter (wenn auch todmüder) Papa (Man sieht schon das Meer! Der Himmel ist ganz grau! Habe eine schöne Aussen-Kabine, – ganz allein für mich!) Gute Nacht, – schlaf gut!!

Bitti, Gisi, Rüdiger u. s. f.: Nichten und Neffen V's

Max: vermutlich Mackie Mühlen

Das „eiserne Veilchen": Werner Illing

Werner Illing (1895 Chemnitz – 1979 Esslingen) Schriftsteller und Funkredakteur.

Vegesack und Illing hatten sich schon in Berlin kennengelernt, wo Illing ständiger Mitarbeiter der Vossischen Zeitung war, bevor er sich 1927 dem Film und Funk zuwandte. Er hatte zahlreiche Hörspiele geschrieben und Drehbücher u. a. für Zarah Leander und Heinz Rühmann. Seit 1949 arbeitete er als ständiger freier Mitarbeiter am Süddeutschen Rundfunk. Illing hatte lange Zeit auf dem Turm verbracht; auch nach dem Krieg besuchten die beiden Freunde sich häufig und in ihren Briefen (erhalten nur nach dem Krieg) findet ein eingehendes Gespräch über ihre schriftstellerischen Werke statt.

(50)

Herrn Professor	z. Zt.: Blumbergshof, den 3. Juli 35.
Marcel Beaufils,	Adr.: Lettland, Lettonie,
Paris XVI.	Lobergi caur Aumeister.

Sehr verehrter Herr Professor,
verzeihen Sie, dass ich erst heute Ihren freundlichen Brief vom 5. Juni beantworte, – ich war die ganze Zeit unterwegs, zuerst in Berlin, und bin nun hier in meiner alten Heimat gelandet. Wie ich höre, ist Ihr Manuskript in Weissenstein angelangt, – wenn ich nach Deutschland zurückkehre, werde ich es lesen.
Das deutsch-französische Buch, das Sie mit einigen Freunden planen, interessiert mich sehr. Gern will ich, so weit es mir möglich ist, daran mitarbeiten, denn nichts liegt mir so sehr am Herzen, wie eine endgültige, aufrichtige Verständigung unserer beiden Völker. Allen Pessimisten zum Trotz glaube ich, dass grade jetzt die Zeit für eine solche Verständigung reif geworden ist. Sie haben ganz recht: das Misstrauen und die Angst sind die grössten Hindernisse für diese Verständigung. Eine offenherzige Aussprache kann nur für beide Teile von Vorteil sein. Ich bin nicht National-Sozialist, muss aber gestehen, dass ich vom ehrlichen Friedenwillen unseres Führers fest überzeugt bin. Auch das deutsche Volk will keinen Krieg. Was soll also dieses Schreckgespenst, das niemand will und das nur von den Leuten immer wieder an die Wand gemalt wird, die ihr Geschäft damit machen, – hüben und drüben?! Leider sind diese Geschäftsleute viel besser organisiert, als wir geistigen Arbeiter; wir zersplittern uns viel zu sehr: sind teils „national", teils „international" eingestellt und übersehen dabei ganz, dass wir Deutsche und Franzosen ein gemeinsames grosses Erbe zu bewahren haben: Europa. Zerfleischen wir uns, wird Europa zugrunde gehen, wird der Bolschewismus triumphieren. Nur wenn Frankreich und Deutschland für immer

ihren Streit begraben, wird es eine europäische Zukunft geben . . .
Wäre es nicht zweckmässiger, statt eine Rundfrage zu veranstalten,
das Buch so anzulegen, dass immer ein Franzose oder Deutscher einem Deutschen oder Franzosen antwortet? Natürlich muss jeder
den guten Willen haben, auch den Anderen zu verstehen. In einem
Schlusswort müsste die Bilanz gezogen werden.

Ende Juli werde ich wieder in Deutschland sein, und könnte dann
mit einigen Freunden über Ihren Plan sprechen. Vielleicht können
Sie mir bis dahin Näheres mitteilen. Dabei fällt mir eine alte Idee
ein, die ich schon lange habe: man müsste einen Band deutscher
und französischer Gedichte herausgeben von Dichtern, die im Kriege gefallen sind! Und jedes Gedicht auch in deutscher oder französischer Uebertragung! Das gäbe ein erschütterndes Dokument. Ich
denke dabei an Ernst Stadler, der die Franzosen liebte, Francis James
übersetzte, – und 1914 in Frankreich gefallen ist!

Da ich Ende Juli an die Ostsee gehe und dort bis zum September
bleiben will, kann ich Sie leider nicht bitten, nach Weissenstein zu
kommen. Aber ich hoffe, dass wir uns ein anderes Mal sehen werden!

Mit den besten Grüssen

Marcel Beaufils, Germanist und Musikwissenschaftler, Lehrer am Lycée Pasteur in Paris, bemühte sich um die Unterbringung von Vegesacks Romanen
„Das Fressende Haus" und „Blumbergshof" auf dem französischen Bücher-
markt.
– Ihr Manuskript: eine Komödie von Marcel Beaufils in der Übersetzung
von G. Hermann
– Das deutsch-französische Buch: Es war „als Brücke gemeint" – „Menschen positiven und guten Geistes" sollten Vorschläge machen, welche Zu-
geständnisse sie dem anderen Volk machen würden, um das „Mißverständ-
nis praktisch und zwar endgültig" auszuräumen. (siehe Brief von Beaufils
an Vs vom 5. Juni 35/FH)
Ernst Stadler (1883–1914) Elsässer, Dichter und Literaturhistoriker
Francis Jammes (1868–1938) französischer Dichter.

51

An die Tochter Isabel   Weissenstein, d. 30. Nov. 35

Meine liebe, liebe Bella!

Nur noch schnell ein paar Worte, bevor ich ins „Körbchen husche",
– ich muss Dir nur sagen, wie sehr ich mich über Deinen Brief aus
Neapel und die Karten gefreut habe, und dass Du so glücklich bist!
Wie schön, dass Du das alles sehen konntest, bevor Du wieder in
den Nebel und die Kälte musst! Und dass Du einen so guten und
zuverlässigen Begleiter und Führer hast, der Dir alles gezeigt hat!
Grüss ihn herzlich von mir, und sag ihm, dass auch ich ihm danke, –
und ob er nicht einmal wieder nach Weissenstein kommen will, –
immer Italien und blauer Himmel muss doch auf die Dauer langweilig sein!!
Hier gibt es ja schliesslich auch einiges Schöne zu sehen, was es auf
Capri bestimmt nicht gibt: dicker Dreck, Nebel, Regen wenn man
beim F. vorbeikommt, bleibt man fast im Dreck kleben, – zischende
böse Gänse, Düngergeruch, überall weisse verfaulte Rüben, Kuhfla-
den, ganz weich, wenn man hineintritt, Jauchewagen, – an der
Landstrasse bei der Buche riecht es so, dass man nur mit zusammen-
gepresster Nase im Sturmschritt vorbei kann, – und wenn die braune Jauche nicht recht fliessen will, stochert der Mann mit einem
Stock hinten im Loch herum, bis es wieder im Bogen herausspru-
delt . . . Und die Strasse ist aufgeweicht, und wenn man ins Haus
tritt, klebt der Kot so hoch an den Stiefeln, dass man auf Stelzen zu
gehen glaubt. Und das Speisezimmer ist eiskalt und rauchig, und
die Rohre werden gekehrt, und der Russ fliegt in schwarzen Wolken
durch die Luft, und die niedlichen Kätzchen haben überall Kek-
keckchen gemacht, es duftet süss, wohin man tritt, glitscht man aus,
und der Tee ist gefroren, man muss die Kruste mit dem Löffel durchschlagen, und das Wasser in der Waschschüssel ist gefroren, und die
Zahnbürste hat Raureif, und die Handtücher sind wie aus Blech,
und von der Decke rieselt der Kalk, manchmal fliegen einem auch
angefaulte Asseln und klebrige Herbstfliegen auf den Kopf, auch
Spinnen, und es zieht durch das ganze Haus, weil die Türen nicht
zugehen oder kaputt sind, und auch die Fensterscheiben sind kaputt,

Siegrfried von Vegesack mit Tochter Isabel in den Dolomiten.

und die Fensterstöcke angefault, und der Fussboden bricht überall ein, man bleibt mit dem Fuss zwischen den Brettern stecken, und das Treppengeländer wackelt, und wenn man im Dunkeln hinaufgeht, knallt man mit dem Knie gegen den Treppenabsatz, und wenn man anknipst, brennt das Licht nicht, weil es ausgeschaltet ist, und wenn es eingeschaltet ist, geht die Sicherung durch, und wenn die Sicherung durch ist, dann wird so lange herumprobiert, bis es Kurzschluss gibt und überhaupt keine Lampe brennt, und dann sitzt man im Dunkeln, d. h. wenn man sitzen kann, und nicht vom Wind, der von unten weht, fortgeblasen wird. Und wenn man nicht fortgeblasen wird, und sich mit beiden Händen festhält, flattern die Papiere, die man eben hinuntergeworfen hat, wieder in die Höhe, bevor man den Deckel zumachen kann, und wenn der Deckel auch zu ist, stinkt es so, dass man ohnmächtig von der Schwester hinausgetragen wird . . . Ich hoffe, dass Du jetzt darauf brennst, wieder nach Weissenstein zu kommen, grüne Citronen, wie auf Capri, haben wir zwar nicht, dafür ganz grüne Aepfel, und die sind sicher noch saurer! Denk Dir, als ich Frau Feineis erzählte, dass Du „nach Rom gefahren bist", – sah sie mich ganz verschmitzt an, – erst da fiel mir ein, dass sie etwas ganz anderes denken könnte, und sprach gleich von Florenz und Neapel! Und die Franzi Feineis meinte: „Ja, ja, die Isabel ist jetzt *weltbewandert!"*
hs. Zusatz:
Meinen ersten Brief nach Mailand wirst Du wohl bekommen haben! Schreib an Bärle, wann Du kommst! Und bleib ruhig ein paar Tage in München! Wir werden ja hier lange genug zusammen sein! Und Schnee ist auch noch nicht da! – Hoffe morgen das 5. Kapitel zu beenden! Grüss Lugano, wenn Du hinkommst, – *Lucino,* unterhalb *Biogno,* westlich von Lugano, – da wohnte ich in dem kl. Haus, im grossen Park, – damals gehörte der ganze Besitz Wendlands! Nun gute Nacht, – „weltbewanderte" Isabel, – grüss alle in Mailand und Meran u. komm gesund nach Hause!! Dich umarmt Dein alter Björn-Papa.

Bärle = Werner Richter.

52

An den Universitas-Verlag,   Burg Weissenstein, 1. April 36.
Berlin W. 50,
Herrn Dr. Mayer.

Sehr geehrter Herr Doktor,
ich glaube, es wird am besten sein, wenn wir mündlich alles eingehend besprechen, bevor wir den neuen Vertrag festsetzen, – wir werden dann sicher bald zu einer Einigung kommen! Nur so viel will
ich heute noch bemerken: die bisherige Vereinbarung, dass der Verlag mir im Monat 300 Mk. zahlt mit vierteljähriger Kündigungsfrist
... ist für mich beim besten Willen ganz untragbar, – weil ich unter
diesen unsicheren und unzulänglichen Bedingungen nicht arbeiten
kann. Drei Jahre lang habe ich unter diesem Druck, dieser ewigen
Geldmisere und Hetze gearbeitet, immer in der Hoffnung, wenn
das nächste Buch fertig ist, dann werde ich etwas aufatmen können,
– und statt dessen wurde es immer schlimmer! Vier Bücher habe ich
in diesen drei Jahren geschrieben, mehr arbeiten konnte ich beim
besten Willen nicht, – wenn das so weiter gehen soll, bin ich in kurzer Zeit erledigt. Entweder gibt mir der Verlag die Möglichkeit, in
Ruhe weiterzuarbeiten, oder er gibt mir überhaupt keinen Pfennig
mehr, und ich bin von allen Verpflichtungen frei. Die jetzige Schuld
wird in ein bis zwei Jahren durch den Verkauf der 6 Bücher abgedeckt werden.
Damit Sie ein klares Bild über meine finanzielle Lage bekommen,
gebe ich Ihnen hier einen Ueberblick über meine *laufenden* Verpflichtungen: für den Jungen: 100 Mk.; für die Tochter: 75 Mk.; Lebensversicherung: 40 Mk.; Bankzinsen: 50 Mk. = 265 Mk. im Monat.
Nicht einbegriffen sind die 100 Mk. Hypothekzinsen der Witwen-
und Waisenkasse, für die ich auch jetzt immer noch hafte, gegen
2000 Mk. rückständige Zinsen, Arztrechnung usw. Mit 300 Mk. im
Monat komme ich beim besten Willen nicht aus, – wenn ich weiter
arbeiten soll, muss der Verlag wie früher 400 Mk. im Monat zahlen.
Und ich meine, das kann er ohne jedes Risiko tun: der Bücherabsatz
im vergangenen Jahr hat die 300 Mk. im Monat gedeckt, – 100 Mk.

im Monat müssten durch Vorabdrucke oder Lizenzabdrucke gedeckt werden. Es liegt natürlich auch in meinem Interesse, dass die Vorschuss-Schulden nicht wieder grösser werden, deshalb bin ich gern bereit, von dem auf mich entfallenden Anteil aller Extra-Einnahmen (Vorabdrucke usw.) die Hälfte dem Verlag zu überlassen, – wenn der Verlag mir 400 Mk. im Monat zahlt. Bleibt es aber bei den bisherigen 300, muss ich auf einen grösseren Anteil bestehen.

Was nun den Vorabdruck betrifft, so wird die Unterscheidung, ob der Vertrag durch den Verlag oder den Autor zustande gekommen ist, leicht zu Differenzen Anlass geben: so hat sich jetzt das Berliner Tageblatt zuerst an mich gewandt, und ich habe es an den Verlag gewiesen! Bisher hat der Verlag sich immer mit 20% begnügt, und selbst bei diesem Satz bisher über 4000 Mk. von meinen Vorabdrukken erhalten, – ich denke, damit müsste er sich begnügen.

Was die Lizenzabdrucke betrifft, so habe ich mich am 9. 12. 35 nachträglich mit dem Satz 50:50 nur in Bezug auf das „Fressende Haus" einverstanden erklärt, nicht aber auch für die anderen Bücher. Wenn die Reichsschrifttumskammer diesen Satz für gerecht hält, so ist das ihre Sache, – den gutbesoldeten Herren dieser Reichsschrifttumskammer, die von unseren Beiträgen leben, kann es ja auch ziemlich gleichgültig sein, was ein „freier Schriftsteller erhält! Ich verstehe es beim besten Willen nicht, warum der Verlag für ein paar Briefe ebenso viel erhalten soll, wie der Autor, der das Buch geschrieben hat! Sie haben mir doch selbst erklärt, dass solch eine Lizenzausgabe einer Buchgemeinschaft den Buchabsatz in keiner Weise beeinflusst!

Wenn die Deutsche Buchgemeinschaft wirklich nur 20 Pf. für den 700 Seiten starken Band meiner Triologie zahlen will, und nur für 8000 Exemplare, und auch diesen Betrag nur in drei Raten, – so lehne ich diese unmöglichen Bedingungen strikt ab: ich lasse meine Bücher nicht verschleudern! Dann soll sich die Buchgemeinschaft nach anderen Autoren umsehen, mich bekommt sie nicht. Ich bitte Sie, dies der Buchgemeinschaft mitzuteilen.

Gleich nach Ostern komme ich nach Berlin. Ich hoffe, dass wir dann irgend einen Ausweg finden werden, der dem Verlag den nötigen Gewinn und mir die Möglichkeit gibt, in Ruhe weiter zu arbei-

ten. Kann der Verlag mir diese Möglichkeit nicht geben, so müssen wir uns trennen: denn es wäre gewissenlos von mir, vom Verlag weitere Zahlungen zu empfangen, wenn ich nicht weiter arbeiten kann. Mit den besten Grüssen
Ihr ergebener

P. S. Die Trilogie stelle ich auf alle Fälle fertig und nehme sie nach Berlin mit, – wenn die Buchgemeinschaft aber nicht mehr zahlt, werde ich die Bände nicht abliefern.

(53)

An Hermann Hesse   Burg Weissenstein, 17. 4. 36.

Sehr verehrter Herr Hesse!
Haben Sie herzlichen Dank für Ihre freundliche Auskunft! Auch wenn sie sich nur auf die „Jahre der Korruption" bezieht, so ist sie doch sehr lehrreich: die Buchgemeinschaft erklärt nämlich, auch Sie hätten sich nur mit 20 Pf. pro Exemplar begnügt! Die Buchgemeinschaft scheint jetzt gründlich saniert zu sein, – und da ist es ja begreiflich, dass sie sich an die Jahre der „Korruption" nicht mehr erinnern kann!
Eben las ich wieder in Ihrem Buch „Vom Baum des Lebens" und das schöne Gedicht „Besinnung", das Sie ein mal so freundlich waren mir zu schicken und das ich in das Buch hineingelegt habe. Schon längst wollte ich Ihnen dafür danken, hoffte immer wieder, es einmal mündlich zu tun, aber nun ist uns ja auch die Schweiz versperrt! Die Welt wird immer enger, – was helfen die Flugzeuge, – in der Postkutsche kam man weiter!
Es grüsst Sie in Verehrung
Ihr

P. S. Ein kleines Gedicht „ Moos", das kürzlich entstanden ist, füge ich bei!

166

Auskunft: Hesse schrieb in einem undatierten Brief: „Meine Erfahrungen mit der Buchgemeinschaft stammen noch aus den ‚Jahren der Korruption' und waren durchaus gut ... Bei den heutigen Verhältnissen scheint mir das Honorar von 20 Pfg. mässig aber nicht unmöglich; dagegen scheint mir allerdings der Anspruch Ihres Verlegers auf die volle Hälfte des Ertrages recht unanständig. Aber ich kenne mich heute in den dortigen Verhältnissen nicht mehr aus."

siehe SvV: *Wie ich die zwölf Jahre erlebte.* Eine Rechenschaft
„Ende September kam ich in Rio de Janeiro an. Hier wurde ich von einem freundlichen Kulturfunktionär der Auslands-Organisation empfangen und in einer deutschen Pension untergebracht. Ich glaubte all' den unerfreulichen Dingen in Deutschland entflohen zu sein, – aber wie irrte ich mich! Hier war es fast noch schlimmer. Ich musste einer Veranstaltung der Partei beiwohnen, auf der dickbäuchige Männer in braunen Hemden feierlich mit einer Hakenkreuz-Fahne, im Takt des Badenweiler Marsches, durch den Saal zogen, mit Josef Ponten auf einer Versammlung zum ‚Tag des deutschen Buches' eine Ansprache halten, – ein Glas Cognak half mir über diese Stunde hinweg." (S. 15)

(54)

An Isabel
Rio de Janeiro, Rua Santo Amaro 43 a.
per Adr. Grunewald, den 29. 9. 36.

Meine liebe, liebe Bella!
Bin am Donnerstag, den 24. Sept. glücklich auf der anderen Seite der Erdkugel gelandet, – alles kommt mir noch wie ein Traum vor, so merkwürdig ist hier alles: die Sonne steht ganz steil am Himmel, nach Norden, der Mond liegt schief auf dem Bauch, die Sterne sind fremd, überall laufen hier Schwarze herum in europäischen Kleidern, sitzen neben einem in der Elektrischen oder im Autobus, es wimmelt von schwarzen, braunen und weissen Kindern auf der

167

Strasse, die Bäume haben harte Blätter wie aus Blech und sonderbare Blüten und Früchte, es ist Frühling, aber ganz andere Vogelstimmen zwitschern in den Zweigen, einen blauen Kolibri sah ich schon, der wie eine Libelle mit den Flügeln wirbelte, – hier nennt man die Kolibris „Blumenküsser", – die Luft ist weich und feucht und warm, wie aus Watte, – gehe ich nur eine halbe Stunde ganz langsam spazieren, in weisser Hose und Jacke, – muss ich zu Hause gleich unter die Dusche und mich umziehen, – und dabei ist es noch ganz „kalt", – der Sommer kommt ja noch! Im Hemd darf man sich nicht auf der Strasse zeigen, wer keine Jacke trägt, darf in keiner Elektrischen fahren, kein Café betreten, muss Strafe zahlen! Aber in Badehose darf man mitten durch die Stadt zum Strand laufen! Badete gestern zum ersten Mal im atlantischen Ozean, – wundervolle Brandung, ganz lange Wellen, – und das Meer dabei ganz ruhig! Und diese Stadt! Stelle Dir Lugano vor, nur tausend mal grösser, die Hauptbucht über 20 Kilometer breit und lang, und überall Buchten, Inseln, Gebirge, Urwald, der bis zur Stadt herunterwächst, Palmen, Wolkenkratzer, Nachts weisse Lichtschnüre an den Buchten entlang, und auf einem hohen Berg einen leuchtenden Christus, – wo anders wäre das schrecklich, aber hier wird auch das Geschmackloseste schön, – so märchenhaft ist diese Stadt! Nun will ich Dir der Reihe nach berichten. Die Fahrt war herrlich, fast die ganze Zeit schönes Wetter, nur im Kanal und im Golf von Biskaya Sturm, frische Passatwinde, so dass es am Aequator gar nicht so heiss war. Wir landeten zuerst in Pernambuco, durften aber dort nicht an Land gehn. Am Aequator wurde ich richtig getauft, mit Seife eingerieben und dreimal ganz ins Wasser getaucht, – was nicht angenehm war! Habe eine richtige „Taufurkunde" bekommen, die ich Dir einmal schicken will! Hier in Rio wurde ich gleich am Schiff von sehr netten Leuten empfangen, einem Dr. Eckardt und seiner Frau, einem jungen Balten Glasenapp, der auch „Livone" war, seit 10 Jahren hier ist, und anderen Herren. Eckardt sorgt rührend für mich, führt mich überall herum, hat mich in einer netten kleinen Pension untergebracht, 300 Milreis für volle Verpflegung, einen ganzen Monat, – das sind 42 Mark!! Also noch viel billiger, als in Pustichow! Von der Strasse Rua Santo Amaro (weiss nicht, was das für ein Heiliger ist!)

steigt man auf einer steinern Treppe 84 Stufen hinauf. Von meinem Fenster habe ich einen schönen Blick auf Gärten, Palmen, einen alten Mangobaum, komische Bäume mit sonderbaren Früchten, ein kleines Haus mit Hof, wo eine unförmige Schwarze Wäsche wäscht, Grillen zirpen in den Bäumen, unten heulen die Autos, Hunde bellen, – vielleicht sind es auch Jaguare, – manchmal sollen sogar giftige Schlangen sich bis in die Stadt hinein ringeln! Ja, was soll ich Dir noch erzählen? Bin noch so benommen, dass alles durcheinander läuft! War heute bei unserem Botschafter zum Mittag, hinter jedem Stuhl ein Diener, wegen vornehm, kam mir wie in einem Theater vor, in meinem neuen Anzug! Denk Dir, der Botschafter hat mich eingeladen, ganz bei ihm zu wohnen, in einem richtigen kleinen Palais, – aber ich will doch lieber in meiner kleinen Pension bleiben, weil ich nicht den ganzen Tag vornehm sein will! Habe auch gleich den Anzug wieder ausgezogen, wegen heiss. Alle Menschen sind hier unglaublich nett, drei mal hat man mich schon im Auto herumgefahren. Aber ganz heimlich freue ich mich doch schon darauf von hier fortzukommen, aufs Land, mit einem Pferdchen durch den Urwald zu reiten! Bis zum 1. November bleibe ich hier, wegen Vorlesungen. Dann soll ich in den Staat Espirito Santo, nördlich von Rio, zu deutschen Kolonisten aus Pommern, die es nicht leicht haben, werde von einer Siedelung zur anderen reiten, nur etwas Wäsche mitnehmen. Für diese Expedition rechne ich ungefähr einen Monat. Dann, Anfang Dezember, komme ich wieder nach Rio, und will am 3. Dez. mit dem Schiff nach Rio Grande do Sul, zu den deutschen Siedelungen in Südbrasilien, von dort nach Montevideo, und im Januar nach Buenos Aires. Schreib mir am besten an die Deutsche Botschaft in Rio de Janeiro, dort wird man immer meine Adresse wissen. Am 15. Oktober geht die „Cap Arcona", wenn Du mir bis zum 13. antworten kannst, hab ich den Brief am 28. Oktober, bevor ich nach Espirito Santo gehe. Bis zum 1. Nov. kannst Du mir auch an meine oben angegebene Adr. schreiben! Nun will ich noch ein paar Zeilen an Maxl hinzufügen, – muss Porto sparen! Ciao! Habe heute Morgen an Mama und Gotthard geschrieben, – so bekommt Ihr Vier die ersten Luftbriefe! Gute Nacht! Bei Euch ist es ja schon längst Nacht!!

Dich umarmt und liebt
Dein alter Björn.

d. 30. Sept. GutenMorgen! Wunderbar geschlafen bis 6, gleich aufgestanden und unter die Dusche! Gehe jetzt in die Stadt, damit die
Briefe rechtzeitig abgehen. Heute scheint es etwas frischer zu sein.
Vom Mangobaum hängen sonderbare grüne Schnüre herunter, die
sich hin und herbewegen. Die Vögel zwitschern auf portugiesisch!
Ciao! Adio! Grüss das Veilchen und den „Knaben" wenn Du sie
siehst! Alles Liebe! Dein alter Björn.

(55)
An Isabel   Rio de Janeiro, Rua Santa Christina 132,
                                          p. Adr. Michahelles,
                                            den 26. Nov. 36.

Meine liebe, liebe Bella!
Gestern morgen bin ich glücklich hier aus den Urwäldern heimgekehrt, und fand gleich auf der Botschaft Deinen Luftbrief vom 17.
Nov. vor, auch mit dem halben Extrablatt ist er also für das Flugzeug
nicht zu schwer gewesen! Wie schade, dass Du mich im Radio nicht
hören konntest, – das nächste Mal will ich Dir die Welle mitteilen,
damit Du sie leichter finden kannst! Aber hier werde ich wohl nicht
mehr im Radio sprechen, – die Zeit ist zu kurz, heute in einer Woche
fahre ich schon südwärts, nach S. Franzisco do Sul, wo ich am 5.
Dez. ankomme. *Vom 5. Dez. bis etwa 10. Januar* ist meine Adr.: *Con-
sulado Allemao* (Deutsches Konsulat), *Porto Alegre, Brasilien. Ab 15.
Januar: Deutsche Gesandtschaft, Montevideo, Uruguai.* Deine Briefe
machen mir so viel Freude, – auch der vom 12. Okt., den ich immer
wieder lese, – alles interessiert mich so. Denn ausser Dir und Gotthard schreibt mir eigentlich niemand, ich allerdings auch nicht,
denn wenn man so viel Neues sieht, weiss man nicht, wo mit dem
Schreiben anfangen! Also, der Reihe nach: in Victoria (das ein Rio
in Taschenformat ist!) wohnte ich beim deutschen Konsul Langen,

170

der in Villa Velha am Meer, 20 Min. Autofahrt von Victoria, ein wunderbares Landhaus hat (mit zwei Hunden, die ganz wie der alte Greif aussehen!), das Meer und der Strand ist dort noch viel schöner, als hier in Copacabana, – wenig Menschen, herrliche Felseninseln, die an Schweden erinnern! Delfine und Riesenschildkröten gibt es dort, von Walen habe ich aber nichts gehört! Langens sind reizende Menschen, ich fühlte mich dort ganz zu Hause, wohnte in einem „Kavalierhäuschen" im Garten, ganz für mich, hatte ein Extra-Badehäuschen mit Riesendusche, nur musste ich aufpassen, dass mir nicht die grossen Brotfrüchte auf den Kopf fielen, wenn ich von einem Häuschen ins andere spazierte, – kürbisgrosse, rätselhafte Früchte, die an einem Baum hingen und dann und wann wie Bomben platzend zu Boden stürzten! Am 5. Nov. fuhr ich mit der „Hupa" (wie dort die Autobusse heissen, – aber was für ein Bus: ein offener Kasten, in dem man aufgereiht, wie in einem Käfig sitzt, – mehr Schwarze, als Weisse, – und der alle Augenblicke im Dreck stecken bleibt und grauenhaft hupt, – daher „Hupa" nach Cachoeira, wo ich um 6 ankam und von einem jungen Pfarrer empfangen wurde, in Reitstiefeln und mit zwei Mulis, und der mir drei Stunden entgegengeritten war, nur um mich abzuholen! Dieser Pfarrer sah, – wie alle Pfarrer, die ich dann in Espirito Santo kennen lernte, gar nicht wie ein Pastor aus, sondern wie ein Farmer oder Jäger, und so war er auch: frisch, gar nicht pastörlich. Wir ritten gleich los, obgleich es schon dunkel wurde, aber die Sterne und viele Glühkäfer leuchteten, und der Wald dröhnte vom Zirpen, Hämmern, Kreischen, Trommeln und vielen anderen rätselhaften Geräuschen der Grillen, Frösche und Vögel, die aber so laut brüllen, dass man glaubt, hinter jedem Baum sitzt ein Jaguar oder Puma! Und unter einem toben die Wasserfälle, – manchmal 20 Meter senkrecht in der Tiefe, und die „Pikade", der Reitweg ist so schmal, dass grade für die vier Hufe vom Muli Platz ist! Aber zum Glück sah ich das im Dunkeln gar nicht, ich ahnte es nur, wenn das Wasser tief unten donnerte. Manchmal mussten wir auch durch tosende Bäche, und dann wieder durch dicken Urwald, den breitkrempigen Filzhut vor das Gesicht, weil die Zweige oft bis zur Brust niederhingen, mit Dornen und Schlingen! Diesen Ritt werde ich nie vergessen! So ein Muli

(Maultier, nicht Maulesel: Papa Esel, Mama Pferd, – beim Maulesel
umgekehrt!) ist ein wunderbares Tier, klug, überlegt jeden Schritt,
klettert die steilsten Hänge hinauf und hinunter, auch in der Dun-
kelheit hat man ein so sicheres Gefühl, überlässt sich ganz dem Tier!
Um 10 kamen wir im Pfarrhaus S. Leopoldina an, eine sehr nette
junge Pfarrersfrau erwartete uns. Am übernächsten Tag ritt ich zum
nächsten Pfarrer, nach Jequitibá, – 6 Stunden, – und wieder begleitete mich der Pfarrer Diercks. Jequitibá liegt 800 M. hoch, ähnlich wie
Waldhäuser, mit herrlichem Blick auf die Wälder und Berge, die
mich hier sehr an den Bayr. Wald erinnerten, so von weitem aus der
Höhe gesehen! Am Sonntag war Gottesdienst, und dann kamen
Hunderte von deutschen Kolonisten auf ihren Mulis und Pferdchen angeritten, – die Frauen natürlich alle im „Damensitz", was
sehr komisch aussieht, – besonders bei dicken alten Weiberchen!
Vor der Kirche sind unzählige Pflöcke, da werden die Mulis ange-
bunden. Manche Kolonisten müssen viele Stunden bis zur Kirche
reiten, und jeder Pfarrer hat ausser seiner Kirche viele Kapellen und
abgelegene Gemeinden zu bedienen, – im Jahr muss er 3 bis 4 Tausend Kilometer reiten! Ein Pfarrer hat zu einer Gemeinde 28 Reit-
stunden, – also drei Tage hin, und drei Tage zurück! 15 Pfarrkirchen
gibt es, und gegen 25 000 deutsche Kolonisten. Fast alles Pommern,
die ersten sind vor 80 Jahren eingewandert, wohnen also schon in
der dritten Generation dort, – und sprechen nur platt und hoch-
deutsch und keine Silbe portugiesisch! Etwas doof sind sie wohl,
recht zurückgeblieben, ungefähr so wie unsere Waldler! Die meisten
sind nie aus dem Urwald herausgekommen, haben nie ein Auto gesehen! Als einmal in der Nacht ein Flugzeug dort hinübersauste,
glaubten sie, das wäre der Teufel, und verkrochen sich zitternd! Aus
diesem sogen. „Hochland" wandern die tüchtigsten und unterneh-
mungslustigsten nach dem Norden, – über den Rio Doce, – aus, wo
sie für sich und ihre Kinder neue Kolonieen kaufen. Sieh auf der
Karte nach! Vor 20 Jahren wohnten hinter dem Rio Doce nur Indianer, in undurchdringlichen Urwäldern. Erst nach dem Kriege haben
sich die ersten Kolonisten jenseits des Flusses angesiedelt, im „Tief-
land". Um auch dorthin zu gelangen, bin ich mit der Hupa und einem „Caminjon" (Lastauto!) nach Collatina am Rio Doce gefah-

ren, von dort mit der Bahn nach Baixu Guandu, und dann auf dem Muli mit der Fähre über den Rio Doce, – in die richtigen Urwälder, nach Mutum, S. Antonio, Panquinhas und San Bento! Vielleicht findest Du die Orte auf der Karte, – obgleich es eigentlich keine Orte, nur vereinzelte Höfe sind! Ich habe über 300 Km. auf dem Muli zurückgelegt, bin manchmal von 6 Uhr Morgens bis 6 Uhr Abends auf dem Sattel gewesen, bin einmal sogar ganz allein geritten, habe mich einmal richtig verirrt, habe Affen, Schlangen, grüne Papageien und Kolibri gesehen, – und Indianer! Der Brief wird zu lang, wenn ich alles genau beschreiben würde, – nur so viel will ich Dir noch sagen: die Affen waren süss, zwei kleine und zwei grosse, sie hatten weisse Gesichter, sehr lange Schwänze und schnalzten laut, als wir vorbeiritten! Man nennt diese Art „Katzenaffen". Die Lachaffen habe ich nur gehört, es klingt recht unheimlich, ein dumpfes „Gu-gu-gu", – nicht „Ga-ga-ga", wie in meinem Affenstück! Dann sah ich eine schwarze Schlange, und eine schwarz-weiss-rote „Korallenschlange", die sehr giftig sein soll. Ueberhaupt sind die kleinen Schlangen viel schlimmer, als die grossen, weil man sie schwer sieht. Ein Pfarrer, bei dem ich wohnte, ist einmal von einer grossen Schlange umgeworfen worden! Ausserdem gibt es dort Jaguare, Wildschweine (die sehr unangenehm sind, weil sie in Rudeln auftreten!) und in den Sümpfen Jacarés, – das sind kleine Krokodile, immerhin 3 Meter lange Biester. Aber lebendig habe ich diese Tiere nicht gesehen! Nur ein ausgestopftes Jacaré auf Rädern, – statt Schaukelpferd für die Kinder! Sehr viel grosse blaue Schmetterlinge und grüne Papageien, die furchtbar schreien, – ich meine die Papageien, nicht die Schmetterlinge! Und die Kolibris knurren, wenn sie um eine Blüte wirbeln, – ich begreife nicht, wie ein so winziger Vogel knurren kann! Von den Indianern sind leider nur sehr wenige übrig geblieben, – von den einheimischen „Aimorés" nicht ein mal 20, die in einer elenden Baracke wohnen. Ausserdem sind dort in der schlimmsten Fiebergegend am Panka aus Parana Indianer untergebracht, – von über 300, die man dort vor zwei Jahren hinbrachte, leben nur noch 147! „Wir alle sind im Sterben", sagte mir der Häuptling. Malaria, Typhus und Caschá (der Schnaps!) räumen schnell mit ihnen auf. Einmal hatten viele Indianer Masern, und da sie es so

Siegfried von Vegesack in La Barrancosa im Oktober 1937

heiss hatten, sprangen sie in den Fluss, und sind dann alle gestorben. Die letzten hocken traurig da, machen wohl noch Pfeile, Bogen und bunten Kopfputz, – aber nicht für sich, sondern nur für die „Fremden", die nach Victoria kommen und so was haben wollen. Leider machen sie keine Gürtel und der Kopfputz sah nicht sehr echt aus, – mit Zwirn zusammengenäht! – so habe ich nichts für Dich kaufen können! Konsul Langen gab mir für Gotthard einen Indianer-Bogen und Pfeile, die der *I. Ingenieur des Dampfers „Rio de Janeiro", Herr Bielenberg,* am 10. 11. nach Hamburg mitgenommen hat. Da ich nicht weiss, ob er Gotthards Adr. kennt, schreib ihm bitte, an die

Adr. der Hamburg-Südamerikanischen Dampfergesellschaft, Hamburg u. bitte ihn, den Bogen und die Pfeile, die er von Konsul Langen in V. bekommen hat, an Gotthard zu schicken! Grüß Max, Veilchen u. alle, die gut zu Dir sind! Zu Weihnachten musst Du Dir ein Extra-Buch von Universitas holen, – habe nichts, Dir zu schicken, u. ausserdem ist es schon zu spät! Dich liebt und umarmt Dein alter Björn, der viel an Dich denkt, – liebe, liebe Bella.

Text der Kurzwellen Sendung
mit Brief an Isabel   Nov. 36

Liebe Zuhörer in Deutschland! Meine liebe Isabel!
So viel Wasser liegt nun zwischen uns, so entsetzlich viel Wasser, wie viel, – das merkt man erst, wenn man 20 Tage gefahren ist und nichts als Wasser gesehen hat! Und nun bin ich hier, auf der anderen Seite der Erdkugel, und alles ist hier anders, als bei Euch in Deutschland: hier ist es Frühling, ja, eigentlich schon Sommer, die Sonne brennt, man läuft in der Badehose zum Strand, der Nordwind ist heiss, der Südwind kühl, der Mond steht verkehrt am Himmel, und auch die Sterne kommen mir etwas verdreht vor.
Ich will Dir nicht von Rio de Janeiro vorschwärmen, – wie schön das Meer, wie schön die Berge, wie schön diese Stadt ist, – denn dazu würden die fünf Minuten gar nicht reichen. Ich will Dir nur schnell ein paar kleine Erlebnisse berichten, die ich hier gehabt habe: denk Dir, ich habe einen richtigen Kolibri gesehen, – nicht aufgespiesst hinter Glas, wie damals in Stuttgart, sondern ganz lebendig: er wirbelte mit den blauschillernden Flügeln in der Luft, wie eine Libelle, und sah fast wie ein Schmetterling aus; ja, auch das ist hier verkehrt: es gibt hier Vögel, so klein wie Schmetterlinge, und Schmetterlinge, – so gross wie Vögel!
Und denk Dir: neulich sah ich richtige Delphine. Ich fuhr auf einem kleinen Dampfer über die Bucht, – und plötzlich, dicht vor dem Schiff schäumt das Wasser, tauchen Delphine aus dem Meer,

tollen und spielen an der Oberfläche wie ausgelassene Kinder! Ja, und dann hab ich noch dieses erlebt. Ich steige im dichten Gedränge eine Treppe hinauf und fühle plötzlich eine winzige Hand in meiner: ein süsses schwarzes Negerkind geht neben mir und denkt wohl, ich wäre der Papa. Der richtige Papa zupft das Kind, – da blickt es auf, mit wunderbar grossen, staunenden Kulleraugen, lacht übers ganze Gesicht, drückt noch fester meine Hand, – wir lachen alle Beide und gehen Hand in Hand die Treppe hinauf! Schade, dass Du in Deinem Säuglingsheim keine Negerkinder hast, – die würden Dir Spaß machen!

Rätselhaft ist nur etwas hier, – rätselhaft, ja beinahe unheimlich: man kann hier nie etwas selbst bezahlen! Ich fahre im „Bond", – wie hier die Elektrische genannt wird, – der Schaffner kommt, ich zücke das Portemonnaie, – er winkt ab: ist schon bezahlt! Ich trinke in einem kleinen Café, – jedes zweite Haus ist hier ein Café, – einen „Espresso", – ist schon bezahlt! Ich esse mit ganz fremden Menschen irgendwo zu Abend, – ist schon bezahlt! Und ich erfahre nicht einmal, wer der Zauberer gewesen ist, der alles unsichtbar erledigt hat! Es ist wie verhext: wie schnell ich auch in die Tasche greife, – der Zauberer kommt mir zuvor, alles ist immer bezahlt.

Und noch ein sonderbares Erlebnis. Ich musste neulich auf die Hauptpolizei, um meine Aufenthalts-Bewilligung zu verlängern. Ein Riesenhaus, mit endlosen Treppen und Korridoren. Ueberall stehen schwerbewaffnete Soldaten herum, ich irre hin und her, mir ist sehr unheimlich zu Mut. Endlich gelang ich mit klopfendem Herzen durch eine mit Doppelposten bewachte Tür zum Allgewaltigen, – er winkt, – hinter mir klirrt es unheimlich, ich höre schon das Rasseln von Ketten und Handschellen, denke, nun werde ich abgeführt, – aber nein: man bringt auf einem Tablett zwei Tassen Kaffee! Und während wir gemütlich Kaffee trinken, wird alles gemütlich erledigt. Noch nie hab ich mich auf einer Polizei so wohl gefühlt! Wann wird die Polizei bei uns in Berlin Ausländer mit Kaffee bewirten? Und auch hier, im Rundfunk, wo ich spreche, bekam ich natürlich gleich eine Tasse Kaffee. Lieber Rundfunk in Berlin, – wie wäre es, wenn auch bei Dir diese schöne Sitte eingeführt würde? Heisser Kaffee ist besser, als ein Glas kaltes Wasser!!

Ja, was soll ich noch erzählen? Dass alle Menschen hier unglaublich nett und herzlich sind, dass man mich sehr verwöhnt, und dass ich mich immer besser einlebe? Nun hab ich schon 8 mal vorgelesen, im Deutschen Heim, in der Deutschen Schule, im Deutschen Krankenhaus den Schwestern, – und da musste ich besonders an Dich denken, Isabel! Und dann habe ich auch in verschiedenen Vororten gelesen, vor deutschen Arbeitern und Handwerkern. Und auch im Verein brasilianischer Künstler. Leider kann ich noch kein portugiesisch, aber verstanden haben wir uns doch. Jedenfalls hat mich ein Brasilianer nachher umarmt, wobei man sich gegenseitig die Schulter klopft, – auch das ist eine hübsche Sitte hier, die man oft auf der Strasse beobachten kann. Aber natürlich umarmen sich nur die Männer, – Frauen umarmt man nicht, – jedenfalls nicht auf der Strasse!

Montag fahre ich nach Victoria hinauf, 20 Stunden Bahnfahrt, und von dort geht's immer weiter nordwestlich, in richtige Urwälder, wo 40 Tausend deutsche Bauern wohnen, die sich vor bald 100 Jahren dort angesiedelt haben. Keine Bahn, kein Auto führt dort in die Wildnis, – auf einem Pferdchen werde ich von Hof zu Hof reiten, – immer ein Tagesritt, – und vier Wochen werde ich unterwegs sein! Nur einen Wäschesack nehme ich mit, – und dann geht's los in den Urwald! Ende November komme ich zurück, – vielleicht kann ich Dir dann von der Reise erzählen! Meine Adresse bleibt immer Rio de Janeiro, Deutsche Botschaft.

Nun muss ich schliessen. Gute Nacht, liebe Zuhörer, liebe, liebe Bella, – Peter Klex, Werner, Bübchen, all Ihr Lieben drüben, gute Nacht, Gotthard, mein lieber, lieber Junge! Ciao! Adio, – liebe liebe Isabel!

B. A. 9. April 37

Liebe Bella! Finde eben beim Aufräumen diese Blätter, – und da Du mich damals im Radio nicht hören konntest, schicke ich sie Dir mit einem Foto! Vorgestern ging ein Flugbrief an Dich ab. Ich bin ein wenig erkältet, – die Nase fliesst, – und muss ausserdem gleich zum Zahnarzt, – deshalb heute nur so kurz!

Wahrscheinlich werde ich auch hier im Kurzwellen-Sender sprechen, – werde Dir rechtzeitig Nachricht geben, mit welcher „Welle"!
Ciao! Wenn Du diese Zeilen bekommst, dampfe ich schon den Parana hinauf! Aber Briefe werden mir nachgeschickt, die Adr. bleibt:
Buenos Aires, Calle Peru 1401, a. c. Mönckeberg. Dich umarmt Dein
alter Björn.

(56)

An Isabel   Porto Feliz, am Uruguay,
                                               Santa Catarina, den 7. I. 37.

Meine liebe, liebe Bella!
Mir geht es wieder unverschämt gut: sitze auf einer schönen, schat-
tigen Veranda, unter mir fliesst der Uruguay, 600 M. breit und 40 M.
tief, unzählige bunte Schmetterlinge flattern um mich herum, – ein
dunkelbrauner mit wunderbarem Pelz setzt sich immer wieder auf
meinen Daumen und beklopft ihn mit seinem langen Rüssel, eben
sitzt er auf meiner Stuhllehne, ich muss aufpassen, dass er nicht in
die Maschine kommt! – als ich gestern im Uruguay badete, war eine
Wolke von bunten Schmetterlingen um mich herum, – schwarz-ro-
te, blaue, leuchtend orangerote, und einige waren sogar numme-
riert, hatten eine richtige „88" auf beiden Flügeln, schwarz-weiss ge-
mustert mit roten Tupfen, und inwendig blau-grün schillernd! Und
alle sind zahm setzen sich einem aufs Haar, auf die Stirn, besonders
hatten sie es auf meinen blauen Bademantel abgesehen, der manchmal ganz bunt von Schmetterlingen war! Ja, ich habe es hier sehr
gut, wohne beim deutschen Konsul Gaisser und seiner sehr netten
Frau in einem entzückenden Häuschen und werde sehr verwöhnt.
Eben haben wir herrlich gefrühstückt: zuerst gab es blaue und grüne
Trauben aus dem Garten, – nicht so schön, wie die in Meran, etwas
säuerlich, aber doch bei der Hitze (37 Grad im Schatten!) sehr erfri-
schend! – wunderbare Melonen und herrlichen Wabenhonig, den
eine Kolonistenfrau mir als Dank für meinen gestrigen Vortrag ver-

ehrt hat! Ja, gestern Abend sprach ich im deutschen Vereinshaus, von weither waren die Kolonisten gekommen, der Saal war ganz voll. Porto Feliz ist eine deutsche Siedelung, die vor 10 Jahren gegründet wurde, mitten im Urwald. Die nächste Bahnstation ist 213 Km. entfernt, – von Cruzero do Sul musste ich 24 Stunden mit der Bahn fahren, und dann 15 Stunden mit dem Lastauto, – aber das alles gilt hier noch als „Nachbarschaft"! Die Bahnfahrt war schrecklich, staubig und heiss, alles voll Menschen in flatternden Pyjamas, schwarze, braune und weisse bunt durcheinander, der Zug musste mitten in der Nacht eine Stunde stehen, weil 7 Kühe den Bahndamm blockierten, – lange Zeit trabten sie vor der pfeifenden Lokomotive her, bis eine Brücke kam, wo sie zum Teil abstürzten, zum Teil zwischen den Balken hängen blieben! Viel schöner war die Fahrt mit dem „Caminhao" (sprich: Kaminjóng!), wie hier die Lastautos genannt werden, die auch Passagiere aufnehmen. Zuerst ging es nach „Neu-Württemberg", einer schwäbischen Siedelung, die sehr hübsch mitten im Camp in einem fruchtbaren Tal liegt und mit der weissen Kirche ganz wie ein schwäbisches Dorf aussieht. Hier blieb ich zwei Tage, bis der Caminhao weiterging: 120 Km. durch den Camp, und 60 Km. durch den Urwald. Wir fuhren ganz früh um 5 Uhr los, die Sonne ging rot über dem Camp auf, – endlose hügelige Flächen, auf denen nur gelbes hohes Gras in Büscheln und hier und da, in einer Senkung, ein Flickchen Wald wächst. Pferde und Zebu-Kühe mit mächtigen Hörnern weiden, – sonst ist der Camp leer, ganz selten begegnet man einem Menschen oder einem Wagen, der dann gewöhnlich von mindestens 6 Pferden oder unzähligen Ochsen bespannt ist. Und einige Strausse habe ich auch gesehen, die wie Riesen-Küken aussehen und merkwürdig, wie auf Stelzen laufen. Eine grosse Straussenmama mit vielen jungen spazierte ganz nahe am Weg und steckte nicht einmal den Kopf in den Sand! Wahrscheinlich, weil kein Sand da war, – nur rote Erde! In Brasilien gibt es nämlich nur rote Erde, die furchtbar staubt, und wenn es regnet, ist alles ein furchtbarer roter Brei. Dann kann auch kein Caminhao gehen, oft ist man hier wochenlang von der Welt abgeschnitten!

Nun bin ich schon eine Woche hier, fast täglich reiten wir im Urwald herum, hier ist er nicht so tropisch, wie in Espirito Santo, aber auch sehr wild und schön, und das Land ist sehr fruchtbar: Mais, Tabak, Reis, Bananen, Wein, Pfirsiche, Orangen, Mandarinen. Und Ananasse! Ganze Felder von Ananassen, die hier „Abacaschi" heissen, – leider werden sie erst im Februar reif. Neulich machten wir eine wunderschöne Bootsfahrt auf dem Uruguay stromabwärts, aber zurück war es sehr schwer gegen die starke Strömung zu rudern, weil der Uruguay gestiegen war und wir im Dunkeln die Stromschnellen schwer sehen konnten! Wir ruderten dicht am bewaldeten Ufer entlang, die Aeste hingen weit ins Wasser hinein, oft mussten wir unter und zwischen den Zweigen durch. Der Wald war voll Glühwürmchen und die Grillen und Frösche machten wie jede Nacht einen Lärm wie ein Maschinenhaus: es pfeift, hämmert, klopft, – lauter metallische Geräusche. Ein Frosch wimmert genau so wie ein kleines Kind, und eine Grille pfeift wie eine Eisenbahn! Jetzt gehe ich baden, – es ist zu heiss, – später schreibe ich weiter.

Wir haben gebadet, sind drei Stunden durch den Wald geritten, – es war herrlich! Frau Gaisser lässt Dich sehr herzlich grüssen, und Herr Gaisser machte mir eben den Vorschlag, ob Du nicht für ein halbes Jahr herkommen willst! Aber hier hättest Du keine Kinder, – Gaissers haben keine. Gestern Abend lernte ich eine Halb-Indianerin kennen, – „Sylvia", – die als Kindermädchen bei benachbarten Kolonisten ist, ein nettes, stilles Wesen mit sehr traurigen Augen.

Ich habe schon zu Weihnachten nach Porto Alegre geschrieben und gebeten, dass man mir die Post hierherschickt. Ein mal in der Woche kommt das Caminhao aus Neu-Württemberg mit der Post her, gestern Abend ist es nun gekommen, aber es ist drüben, am anderen Ufer geblieben, weil der Weg, der zur Fähre hinunterführt, zu schlecht ist, und dieser Weg wird nun in Ordnung gebracht. Von hier oben, auf der Veranda können wir alles mit dem Fernglas beobachten! Da steht das Lastauto mit der Post, bis Mittag wird es wohl herüberkommen! Du kannst Dir denken, wie gespannt ich bin: über einen Monat bin ich ganz ohne Post gewesen! Heute Abend oder Morgen früh muss ich mit demselben Caminhao nach Neu-Württemberg, weil ich morgen Abend dort sprechen soll. Zufällig ist der Deutsch-Brasilianische Jugendring, – über 300 Jungen und

Mädchen, – dort in einem Jugendlager versammelt, und so werde ich meinen 19. Vortrag vor der deutschen Jugend halten! Es hängt mir allmählich aus dem Halse heraus, immer wieder von den baltischen Dingen zu erzählen und aus dem „Totentanz" vorzulesen, – aber nun werde ich bald zwei Monate Ruhe haben: in Uruguay will ich jedenfalls in der heissen Zeit keine Vorträge halten, aber dafür werde ich nun endlich doch etwas schreiben müssen, – „meine Eindrücke verarbeiten", – wie man so schön sagt! Bisher habe ich keine einzige Zeile geschrieben! Am liebsten würde ich noch ein ganzes Jahr nichts schreiben!

Der Caminhao setzt sich eben in Bewegung, rollt zur Fähre hinunter, – wir gehen jetzt die Post holen! Hoffentlich bringt sie einen Brief von Dir!!! Nein, – nichts: kein einziger Brief! Nun hoffe ich in Porto Alegre recht viele vorzufinden!

Morgen um 5 in der Früh gehts mit dem Caminhao los, gegen 7 Abends hoffe ich in Neu-Württemberg anzukommen, und um halb neun muss ich schon sprechen! Hoffentlich haben wir keine Panne! Am 17. schiffe ich mich in Rio Grande ein, am 18. komme ich in Montevideo an. Adr.: *Montevideo, Deutsche Gesandtschaft, Uruguay.*

Grüss alle, die Grüsse von mir haben wollen: Maxl, Veilchen, Meyendorffs, Nasos, – an Gotthard habe ich vorgestern einen Schiffs-Brief geschrieben, mit vielen Postmarken! Bei der Hitze ist es schwer, Briefe zu schreiben! Stürze mich gleich in den Uruguay, – die Schmetterlinge warten schon! Ciao, Adio! Dich umarmt und liebt Dein alter Björn!

hs. Zusatz:

d. 12. Jan. Porto Alegre. Der Rand muß ausgenützt werden! Bitte sag Max, dass ich ihm mit der nächsten Post schreibe, – beide Briefe hier vorgefunden. Bin nach der Reise zu kaputt! Von Mama eine Karte erhalten, – ist die Schwester noch in Weissenstein? Dich umarmt Dein alter Björn-Papa!

P. S. II Den „Spitzpudeldachs" noch immer nicht bekommen, hoffe ihn heute im Consulat vorzufinden! Bin so gespannt auf die Bilder! – Ein kl. „Wölfchen" habe ich mir doch angeritten, – aber nur ein Baby!! Habe bisher in Brasilien zurückgelegt: 130 Std. mit der

Bahn, 75 Std. mit dem Auto, 30 Std. mit dem Schiff u. 65 Std. auf dem Sattel! Bin also 300 Std. unterwegs gewesen, – fast 1 Monat!!

Spitzpudeldachs – Tiergeschichten aus dem Bayerischen Wald, die im Sommer 1934 in Pustichow an der Ostsee unter Mitwirkung von Vegesacks Sohn Gottfried entstanden waren, erschienen 1936 mit Illustrationen von Albert Schäfer-Ast im Atlantis-Verlag Berlin und Zürich.

(57)

An Isabel
Uruguay, Balneario La Pedrera,
Agencia M. 39, Hotel Doña Julia.
den 29. I. 37.

Meine liebe, liebe Bella,
seit einer Woche bin ich nun hier gelandet, an einem winzigen, sehr idyllischen Badeort, der nur aus ein paar Häuschen besteht, wohne in einem kleinen, primitiven, aber ganz sauberen Hotel, bade wieder drei mal täglich im Meer und erhole mich gründlich nach den strapazanten Reisen in Brasilien! Aber das Meer ist hier nicht wie in Pustichow: man kann kaum schwimmen, die Brandung ist zu stark, man wird von den Wellen hin und her geschleudert und manchmal ganz umgeworfen, und zu weit darf man nicht hinaus, weil man sonst von der Strömung abgetrieben wird! Sei ganz unbesorgt: ich bin sehr vorsichtig, lasse mich eigentlich nur von den Wellen duschen und massieren, und wenn es mir zu toll wird, krabble ich wieder ans Ufer. Der Sandstrand ist endlos breit, es gibt viele merkwürdige Muscheln, sogar ganz dreieckige in allen Farben, und gewöhnlich sind gar keine Menschen am Strand, so dass ich ohne Badehose baden kann. Die Uruguayer sind nämlich sonderbare Menschen: sie hocken meist im Hotel, und wenn sie mal an den Strand kommen, sitzen sie im Schatten extra für diesen Zweck aufgebauter runder Dächer, die auf Pflöcken stehen und starren entsetzt auf das

Meer: ganz selten geht einer bis ans Wasser und benetzt seine Knöchel! Und vor der Sonne haben sie fürchterliche Angst. Mich halten sie wahrscheinlich für einen völlig Irrsinnigen! Auf der Karte wirst Du vielleicht den Ort La Paloma finden, – nördlich von Montevideo, – und La Pedrera ist noch etwas nördlicher, etwas weiter als Hoff von Pustichow, so dass man hier den Leuchtturm von La Paloma sehen kann, und wenn er am Abend blinkt, muss ich an den Leuchtturm denken, den wir in Pustichow sahen! Etwas landeinwärts gibt es einen schönen Eukalyptus-Wald, der herrlich duftet, und weite Campflächen, auf denen die Rinder weiden. Gestern sah ich sogar einen Hasen im Walde herumhoppeln, – wahrscheinlich dachte er auch: „Nur keine Angst!" – und hoppelte deshalb davon. An einer Stelle, grade bei La Pedrera, sind schöne zerklüftete Felsen am Strande, an denen die Brandung hochspringt, sonst weit und breit nur Sand. Schwarze, sehr grosse Entenhafte Vögel watscheln am Strand hin und her, lassen einen ganz nahe heran und fliegen dann schwerfällig davon. Ich habe sie die „Gouvernanten" genannt, weil sie so streng und neugierig aussehen! – In Montevideo kam ich pünktlich am 18. Morgens an, – aber niemand, weder von der Gesandtschaft noch sonst wer, war zum Schiff gekommen, ganz ratlos stand ich da, wusste nicht wohin, – da redet mich plötzlich ein Gepäckträger auf deutsch an: „Sind Sie Herr von V.? Ich habe Ihren Namen auf dem Koffer gelesen. Ich bin Albrecht, und wer Albrecht nicht kennt, der kennt Montevideo nicht!" Und dann packte er alle meine Sachen auf sein Lastauto, lud mich ein, mit aufzusteigen: „Dichter sind doch immer verflucht arme Kerle!" und dann brachte er mich zum Zoll, und von dort in eine nette deutsche Pension! Unterwegs erzählte er mir, dass er sehr gern gute Bücher lese, – von „Totentanz in Livland" habe er schon gehört, aber es sei zu teuer, ich möchte es ihm doch zum Lesen geben! In der einzigen deutschen Buchhandlung in Montevideo fand ich alle meine Bücher ausgestellt! Dann besuchte ich den Gesandten, – er hatte den Brief des Konsuls aus Porto Alegre, der mich anmeldete, erst nach meiner Ankunft erhalten. Montevideo ist sehr teuer, so blieb ich nur zwei Tage dort und fuhr dann hierher. Jetzt ist es für Vorträge auch zu heiss, – Ende März werde ich in Montevideo einen Vortrag halten. Und bis

dahin bleibe ich hier. Ich hoffe bald von Dir einen Brief zu bekommen, – der letzte war vom 5. Dez.
hs. Zusatz:
Bringe Dir etwas Schönes vom Uruguay mit, – einen echten Edelstein (Amatyst!) Grüss alle,– besonders Max u. Veilchen! Ciao! Da man hier keine Flugpost abschicken kann, geht der Brief nach Buenos Aires und fliegt von dort zu Dir.
Bitte schick den Zettel an Gotthard! Und wenn Du beim Verlag vorbeikommst, gib ihm meine neue Adresse, die bis Ende März gilt! – Ist Weissenstein noch immer leer? Wohnt Franz im Haus? Hoffentlich findet Krüger bald jemand!

(58)

An Isabel   Mittwoch, den 21. April 37.

Guten Morgen, Bella! Sitze im blauen Bademantel vor der Maschine, – im Anzug wurde es mir zu heiss, – heute ist wieder ein richtiger Sommertag! Am Morgen bin ich mit Dr. Hinze, – meinem lieben Zahnarzt (der alles umsonst macht!) und seiner Frau nach La Plata gefahren, einem sehr hübschen Universitätsstädtchen, 60 Km. von hier, haben uns dort das Museum mit den Ichtiosaurussen (oder wie sie heissen!) angesehen, die noch grösser und unheimlicher sind, als die in Stuttgart, haben gut gegessen, und kamen erst am Nachmittag zurück. Dann machte ich einen Besuch bei der deutschen La-Plata-Zeitung, wo ich schon angemeldet war, und nun will ich schnell den Brief zu Ende schreiben, damit er heute Abend mit dem Flugzeug abgeht! Wenn ich doch für ein paar Tage, – oder wenigstens Stunden, – mitfliegen könnte, – so vieles hätte ich Dir zu erzählen! Der erste öffentliche Vortrag ist nun gestiegen, mit gutem Erfolg, – es gab sogar Beifallsstürme, während ich sprach, so dass ich, wie eine Primadonna warten musste, bis die Menschen sich beruhigten! Sieben weitere Vorträge stehen nun fest, in Schulen und Vereinen, am 7. Mai der letzte, und dann will ich auch gleich abhaun, den Parana hinauffahren, nach Missiones. Ich freue mich schon darauf, obgleich die Trennung von M. mir sehr schwer fällt, – aber wir haben ja

184

hier in der Stadt fast nichts von einander, sehen uns nur zwischendurch zu den Mahlzeiten, und sind dann beide so todmüde! Mönkkebergs haben nun endlich eine sehr schöne Wohnung gefunden, beziehen sie schon Ende April. Bisher wohnten sie in einer engen kleinen Pension, Mamita in einem winzigen Zimmer auf den Hof, neben der Küche, – unfasslich, wie sie das alles ausgehalten hat! Und dabei ist sie immer so fröhlich, wenigstens nach aussen, darf sich nie anmerken lassen, wie schwer sie es hat, muss mit den Kundinnen, – verwöhnten Damen, – scherzen, immer guter Dinge sein! Mariannchen ist gestern untersucht worden, Anfang Mai wird ihr der Blinddarm fortgenommen. Dann tritt sie in die Bank ein.

Eva Moritz sagte mir in Berlin, dass eine Nichte von ihr in Missiones (Argentinien) mit einem Kolonisten verheiratet ist, aber sie vergass mir, ihre Adresse zu geben. Hier lernte ich nun einen Herrn Wieland kennen, der in Missiones wohnt und der dort *der* Mann ist, der alles tut, von dem man mir schon in Montevideo erzählt hatte, – und da sagte er mir zum Schluss, dass seine Frau eine Baltin sei, ich fragte nach dem Namen, und da sagte er „Moritz", – die Nichte von Eva Moritz! Er wohnt in Porto Monte Carlo, am Parana, zwischen Posadas und den Iguassu-Fällen, er lud mich gleich ein, bei ihm zu wohnen und von dort aus die verschiedenen Kolonien aufzusuchen. Ruf doch mal bei Eva Moritz an, und erzähl ihr das, und grüss sie sehr herzlich von mir! Vielleicht wird sie Dir auch einige Ratschläge geben können, was Du am besten tust, wenn Du mit der Ausbildung fertig bist! Wenn Du mal Zeit hast, besuch sie doch! Dein Examen hast Du also bestanden, – gratuliere Dir nachträglich! Auch zum Sieg über die Oberschwester! Von Deiner Freistelle weiss nur Mamita, – ich sage und schreibe niemand davon, auch nicht Mama. Schaff Dir für das Geld alles an, was Du brauchst, und leg das andere Geld auf einer Sparkasse oder sonstwo an, damit Du eine kleine Reserve für den Notfall hast! Die 75 Mk. wirst Du jedenfalls immer weiter bekommen, – die hast Du Dir ehrlich „verdient"! Ja, wir wollen es so einrichten, dass wir im nächsten Jahr nicht weit von einander sind, so dass Du bei mir sein kannst, wenn Du frei hast! Und ein bis zwei Monate musst Du jedenfalls ganz ausspannen! Und Ski laufen!

Es ist gleich sieben, ich muss den Brief fortbringen.
Ciao! Adio! Dich umarmt und liebt
Dein alter Björn.
h. s. Zusatz:
P. S. Den Flugbrief, den ich Dir zum Geburtstag schrieb, hast Du
hoffentlich bekommen! Deinen Brief vom 28. März erwarte ich
nun täglich!

In der Deutschen La Plata Zeitung vom 19. April 1937: *Treuekundgebung der
Deutsch-Österreichischen Vereinigung* „ . . . Wir müssen uns vorbehalten, über
Siegfried von Vegesack als Interpret seiner Dichtungen bei anderem Anlasse
ausführlich zu sprechen. Hier sei nur betont, dass sich dem tiefen Eindruck
seiner Dichtung, verstärkt durch eine männlich-kräftige und dabei warme
‚verinnerlichte' Sprache, kein Zuhörer entziehen kann, daß jeder im Ban-
ne dieses durch und durch *deutschen* Mannes und Dichters steht vom ersten
bis zum letzten Worte, das er spricht . . . Eine kurze Begrüßungsansprache,
die mit scharf betonter, klarer Sprache auf den Anlaß des Festabends hin-
weist und Aufgaben und Ziele der D.-Ö.-Vereinigung mit einer Treuekundgebung in Einklang brachte . . .
(S. v. V.) . . . wies zunächst auf die enge Schicksals-Verbundenheit der Balten
mit den Deutschösterreichern, in deren Heimat er sich stets ‚wie daheim'
gefühlt habe, hin und betonte, daß heute, dank dem Führer und dem von
ihm erweckten Gedanken der deutschen Volksgemeinschaft auch die Bin-
nendeutschen Verständnis und Teilnahme für den Kampf und das harte Los
der Grenz- und Auslandsdeutschen gewonnen hätten. Für die dann folgende Vorlesung aus der ‚Baltischen Tragödie', deren tiefe Wirkung schon hervorgehoben wurde, dankte ihm die Zuhörerschaft mit langem, herzlichem
Beifall."
Und in der Deutschen La Plata Zeitung vom 25. 4. 37: „Es ist ein wahrhaft
deutsches Erlebnis, den Dichter des baltischen Deutschtums aus seinen Werken kennen zu lernen, wenn er sie uns am Lespult vermittelt, lebendig und
schlicht in Wort und Ausdruck, wenn er uns zurück- und hinführt zu den
Quellen unseres Seins, zum blut- und erdgebundenen *deutschen Volkstum.*
Wie ich die Zöwlf Jahre erlebte. Eine Rechenschaft: (S. 17). „Den Einmarsch
Hitlers in Österreich erlebte ich in Argentinien. Ich muss gestehen, dass ich

186

diesem Ereignis, – so aus der Ferne gesehen, – mit vollem Herzen zustimmte. Warum sollte den Deutschen die Vereinigung verwehrt werden, die ja die Österreicher selbst mit Begeisterung wollten, für die sie nach dem Ersten Weltkrieg freiwillig gestimmt hatten, und die nur durch den Einspruch Frankreichs damals verhindert worden war? Dass die Angliederung Österreichs nur der erste Schritt auf dem Wege war, sich ganz Europas zu bemächtigen, konnte ich damals nicht ahnen. Weit entfernt vom quälenden Druck all' der unerfreulichen Dinge daheim, gab ich mich der Illusion hin, dass die Nazi's vielleicht doch mit der Zeit zur Vernunft kommen würden."

Mamita: Nena (die Schwester von Frau Mönckeberg) Vs. hatte sie in Lugano kennengelernt, sie blieb die „Frau seines Lebens" und das Ziel seiner Reise.

(59)

An die Tochter Isabel   Foz de Iguassu, Brasilien!
                                              den 6. Juni 1937

Meine liebe Bella!
Sitze seit gestern hier eingeregnet in einem trostlosen brasilianischen Dorf, in einem trostlosen Gasthof (neben dem Arbingers Wirtschaft ein Prachthotel ist!) kann bei den grundlosen Wegen keinen Schritt hinaus, – die Erde ist ein roter, klebriger Brei, als ich gestern die 5 km, von der argentinischen Grenze (vom Iguassu) hierherwanderte, blieb ich immer wieder stecken, rutschte aus und fiel 2 mal hin, – meine Hosen sind noch eben bis zu den Knien mit einer roten Kruste überzogen, – u. da ich nichts zum Wechseln mithabe, musste ich mich gleich ins Bett legen, bis die Hosen und Strümpfe etwas trocken wurden! Nun warte ich auf etwas Sonne, um dann zu den Wasserfällen zu fahren, die von hier 26 km entfernt sind. Vielleicht werde ich eine Woche hier sitzen müssen! Denn die Wasserfälle, – die grössten der Welt, – möchte ich in jedem Fall sehen, – obgleich ich jetzt eigentlich genügend Wasser um mich herum habe! Ausserdem hängen in diesem Gasthof an allen Wänden Bilder vom Wasserfall!
Nebenan dröhnt ein Radio, – in Rio findet nämlich gerade ein

187

Auto-Rennen statt, und eine sehr laute und aufgeregte Stimme erzählt, wie schnell die Autos laufen. Begreifen kann ich kein Wort, aber es muss sehr aufregend sein, denn alle lauschen andächtig. Manchmal hört man sogar das Sausen der Autos! Gestern Abend hörte ich den Kurzwellensender aus Berlin! Denk Dir, ein Herr Mandt, bei dem ich in Eldorado wohnte, hat Dich am 27. Dez. gehört! Er ist Administrator einer grossen Yerba-Pflanzung, hat ein schönes Haus im Urwald, 5 grosse dänische Doggen, 2 gelbe stichelhaarige „Spitzpudeldächse" und 9 Katzen! Die Bäume bei ihm hängen voller Orangen, Mandarinen, Grapefruits, – jeden Morgen verspeiste ich eine herrliche Grapefruit, – die auf deutsch „Pampelmuse" heisst, – sie schmecken herrlich!

Von hier fahre ich wieder den Parana hinunter, zu Herrn Mandt, wo ich noch etwa 14 Tage bleiben will, um verschiedene abgelegene Kolonisten aufzusuchen. Von dort fahre ich dann weiter flussabwärts, nach Monte Carlo, zu Wielands, wo ich bis Mitte Juli bleiben will. Wielands sind reizende Menschen, ich war schon ein paar Tage bei ihnen. Sie haben auch eine grosse Pflanzung, hauptsächlich Orangen und Grapefruits. Du kannst Dir gar nicht vorstellen, wie schön solche Orangen-Pflanzungen aussehen: die dunkelgrünen Bäume voll gelber Kugeln! Viele Tausend Bäume, und alle hat Wieland selbst gepflanzt! Die Bäume wachsen hier unglaublich schnell: in 4–5 Jahren tragen sie schon eine Menge Früchte! Wielands haben 2 kl. Kinder, einen Jungen v. 5 Jahren und ein Mädchen von 2. Dem Jungen hab ich schon das Grunzen beigebracht. Sie, Frau Wieland, macht alles allein, ohne jede Hilfe, – Kochen, Haushalt, und Kinder! Und immer vergnügt! Wir haben dann zusammen das Geschirr abgetrocknet, – abspülen durfte ich doch nicht, obgleich ich darin doch ein grosser Spezialist bin! Dann sitzt man am Kamin, trinkt Mate (der Kürbis mit der „Bambilla" wandert von Mund zu Mund!) und hört dem Radio zu! Es ist doch ein unheimliches Gefühl, so deutlich die Stimme aus Berlin zu hören! Erst hier im Urwald verstehe ich, welche Bedeutung das Radio hat, – $\frac{1}{4}$ nach 7 nach argentinischer Zeit, – also $\frac{1}{4}$ nach 12 bei Euch, – kommen immer die Nachrichten aus Deutschland. – Mit den Pflanzungen ist es aber nicht so einfach, wie man denkt: die letzten beiden Jahre hat der Hagel die ganze Ernte vernichtet, und in diesem Jahr haben Fliegen die Orangen gestochen, so dass über die Hälfte der Früchte verdorben sind, – voll Maden! Und auch die Ameisen machen sich zu schaffen. Wenn die Sonne scheint, ist hier alles herrlich, – aber wenn es regnet unbeschreiblich trostlos, weil man keinen Schritt tun kann, ohne in der roten lehmigen Erde zu versinken! Und ausserdem ist es sehr kalt, weil es ja keine Öfen gibt!

Ich hoffe sehr in Eldorado oder Monte Carlo einen Brief von Dir vorzufinden! Dein letzter war der Flugbrief vom 27. April. Ich schrieb Dir auf dem Parana, – ich glaube, am 20. Mai. Von Gotthard habe ich schon ewig nichts gehört, – zuletzt im Februar!

Auch Mama hat meine Briefe nicht beantwortet, – zuletzt schrieb ich ihr am 20. April. Ich habe das Gefühl, dass sie mir nicht schreiben will, und dass sie auch keine Briefe von mir haben will, solange ich hier bin. Jedenfalls werde ich ihr jetzt nicht mehr schreiben. Hoffentlich wird sie nicht auch Gotthard beeinflussen, dass er mir nicht schreibt. Der Junge tut mir so leid, dass er auch im Sommer arbeiten soll, beim Turnhofbauer. Jedenfalls wird dies der letzte Sommer sein, den er nicht bei mir ist. Im nächsten Sommer will ich mit ihm, – und vielleicht kannst Du Dich dann auch freimachen, – nach Blumbergshof! O Bella, – ich sehne mich doch furchtbar nach Euch Beiden, – der letzte Rest von „Zu-Hause", den ich habe! Nein, hier könnte ich mich nie zu Hause fühlen, auch nicht mit Mamita. So alte Bäume kann man nicht mehr umpflanzen! Aber vielleicht kann M. später, nach drei Jahren, nach Europa, wenn Justus mit der Schule fertig ist. So bleibt eine kleine Hoffnung, wenn auch nur eine sehr kleine . . .

Noch immer erzählt die aufgeregte Stimme von Autorennen! Und draussen ist alles grau, Wolken, Nebel und dünner Regen. Es ist kalt und feucht, habe den dicken blauen Pulli und den dicken Sportanzug an (Bübchen überredete mich sehr, ihn zu kaufen, und nun bin ich ihr so dankbar für den guten Rat!) und friere trotzdem! Gleich wird zu Mittag gegessen, – die Teller klappern schon, – und dann krieche ich ins Bett, – weil ich im Bett nicht friere! Vielleicht kann ich sogar trotz Radio schlafen! Es ist so trostlos hier, dass es schon wieder komisch ist! Ich glaube, ich werde nie mehr zu einem Wasserfall fahren. Und dazu überall an den Wänden die Bilder vom Wasserfall, – ich habe genug davon! Mag das Wasser fallen, – aber ohne mich!

Mittwoch, d. 9. Juni 37
Hotel Des Catarchtos, Iguassu

Bella! Bella!
Ich bin so unbeschreiblich glücklich! Sonntag abend klärte es sich auf, – Montag früh fuhr ich zu den Wasserfällen, erreichte am Abend den Dampfer nicht mehr (der nächste fährt erst Freitag) und so *musste* ich noch länger hier bleiben, aber auf der argentinischen Seite, *musste* leichtsinnig sein, in einem sehr vornehmen und sehr teuren Hotel wohnen, – denn etwas anderes gibt es nicht, – aber es gibt auch nur *einen* Iguazu! Ich widerrufe alles, was ich über Wasserfälle geschrieben habe, ja noch mehr: diese Iguazu-Fälle sind das Herrlichste, Gewaltigste, was ich je gesehen habe!! Viel, viel schöner als ich erwartet hatte! Stelle Dir vor: ungeheure Urwälder (auf dem Weg zu den Fällen mussten wir drei mal gestürzte Bäume forträumen, um überhaupt durchzukommen!) – und aus dieser grünen Wildnis bricht ein gewaltiger Strom hervor, wälzt sich über eine breite Felswand (über 2 km ist der Iguazu hier breit!) und stürzt dann 76 Meter senkrecht in die Tiefe! Von Brasilien hat man die schönste Gesamtansicht, aber von der argentinischen Seite kann man an die einzelnen Fälle näher herankommen. Bin überall herumgeklettert, habe 120 Aufnahmen gemacht, – hoffentlich wird ein Teil gelungen sein! Gestern und heute vormittag war herrliche Sonne. Jetzt regnet es wieder, – aber auch wenn es morgen den ganzen Tag regnet, – ich habe genug gesehen, es reicht für mein Leben! Sitze eben in einer sehr vornehmen Halle, neben einem brennenden Kamin. Komme mir wie ein englischer Lord vor, – habe mein eigenes Badezimmer, u. eigenes Clo! (Begreife gar nicht, wie man anders leben kann!) Nur meine „Bombache" (Pumphose) sieht nicht sehr lordhaft aus: bis über die Knie von rotem Lehm bespritzt! Und

Siegfried von Vegesack und „Nena"

wenn ich so im Speise-Saal erscheine, fürchte ich immer, dass die drei vornehmen Ober den Schlag bekommen! Aber sie bedienen mich mit ganz besonderem Respekt, – vielleicht denken sie, wer mit einer solchen Dreckhose zu Tisch erscheint, muss ganz besonders vornehm sein!! Gleich wird der Gong zu Tisch rufen. Alles steht feierlich in der Halle umher. Sogar das Feuer im Kamin knistert nur ganz leise, – wegen vornehm! – Hier gibt es einen Schmetterlings- und Schlangen-Fänger, der Schmetterlinge und Schlangen präpariert und verkauft, – leider sind sie sehr teuer, – und leider bin ich doch kein englischer Lord! Sonst hätte ich einige für Dich erstanden!

Ciao! Adio! Dich liebt und umarmt ganz fest Dein alter Björn.

Bübchen: Gerte, die erste Frau von Vegesacks Freund Werner Illing

(60)

An Isabel

Puerto Tabay, Misiones
den 3. August 37

Meine liebe, liebe Bella!

Seit einer Woche lebe ich hier in Tabay, mitten im Urwald, bei einer sehr netten Schweizer Familie Christ, – die Frau ist Baltin, stammt aus Riga, u. spricht ganz baltisch! Vorgestern gab es sogar echte „Speckkuchen", und gestern „Kümmelkuchen"! Man verwöhnt mich wieder mal sehr, und ich habe es sehr gut. Wohne ganz für mich, in einem extra-Gästehaus, etwas abseits vom Wohnhaus, und bei mir haust auch eine schwarze Dackel-Mama mit drei reizenden Jungen. Christs haben zwei Kinder, ein Mädchen von 8, u. einen Jungen von 6 Jahren, und eine Lehrerin unterrichtet sie in einem winzigen Schulhäuschen, das wie ein Puppenhäuschen aussieht. Christs wohnen ganz für sich, weit von allen Kolonisten, und rund herum sind endlose Urwälder. Von meinem Fenster habe ich einen herrlichen Fernblick, – Wälder, nichts als Wälder, und ganz weit am Horizont blaue bewaldete Höhenzüge. Manchmal kommen grosse Schwärme von grünen Papageien lärmend angeflogen, – gestern sassen zwei im Baum vor meinem Fenster und schwatzten! Aber hier sprechen sie noch ihre eigene Sprache, und „Lore" sagen sie noch nicht! Und dann gibt es hier ganz merkwürdige Vögel mit riesigen Schnäbeln, – dicke, krumme Schnäbel, die fast so gross sind wie sie selbst! Wenn sie fliegen, wundert man sich, dass sie nicht nach vorne umkippen! Sie heissen „Tucane". Und starähnliche kleine schwarze Vögel gibt es hier, die ganz so schwatzen, und gelbe Vögel mit langen Schwänzen, die wie Elstern aussehen. Jetzt fängt ja hier der erste Frühling an, es ist aber schon ganz sommerlich heiss und schwül, ich laufe in kurzen Hemdsärmeln, auch abends ist es ganz warm. Wir warten schon lange auf Regen, aber es wetterleuchtet nur, und kein Gewitter kommt herauf. Meinem Magen geht es noch immer nicht gut, ich glaube, das schwüle Wetter ist daran schuld! Bin zu schwach und zu müde für einen richtigen Brief, und auch die Feder ist etwas verbogen, – verzeih also das Geschmier! Ich habe Gotthard zum Geburtstag eine Eidechsenhaut geschickt (die Eidechsen sind hier so gross wie kleine Krokodile, und fressen Eier und Küken!) und heute schicke ich ihm eine Schlangenhaut und die Haut von einem „Tatú", einem Gürteltier! Ich hoffe, dass sie gut ankommen, und dass Mama nicht entsetzt ist! Die Schlange und das Gürteltier gehen nach Ursprung ab. –

Am Sonntag fuhr ich über den Parana nach Paraguay hinüber, zu einem alten Herrn Mayntshusen, der dort seit 34 Jahren lebt und die Indianer studiert. Er wohnt mit den Indianern zusammen, den „Guayakii", einem wilden Stamm, der noch ganz primitiv in der Steinzeit-Kultur lebt, und der sehr scheu ist. Sie haben noch steinerne Äxte, und hobeln mit Muscheln, und die Pfeile haben steinerne Spitzen! Sie leben in den Wäldern und nähren sich von Tieren, Honig und Larven, – dicken, weissen Würmern, die sehr schmackhaft und nahrhaft sein sollen, wie mir Mayntshusen erzählte. Aber ich habe sie nicht versucht! Früher wohnten über 70 Guayakis bei Mayntshusen, aber ein Teil ist wieder in die Urwälder zurückgewandert. Viele sind auch gestorben. Und die Kinder der Gestorbenen

zieht Mayntshusen auf. Jetzt hat er 10 solche Waisen, die er selbst
füttert, – mit Brot, Honig und Bananen, und die ganz zutraulich
sind; sie wandern immer Hand in Hand, in einer langen Kette, damit keiner verloren geht, und der älteste und verständigste, „Gaucho" genannt, führt sie an. Dieser „Gaucho" war mein besonderer
Freund, er kam immerfort zu mir gelaufen und legte seine dreckige
braune Pfote in meine Hand! Ich habe ihnen allen vorgegrunzt, und
dann lachten sie furchtbar! Viele Aufnahmen habe ich von den
Guayakii gemacht, – hoffentlich sind sie gut geworden!
Mayntshusen hat von einer Indianerin eine Tochter, die 17 Jahre alt
ist, und sehr gut deutsch spricht. Sie ist eben auch zu Besuch hier
und heisst „Sylvia".

An Isabel

(61)
Asuncion, Deutsche Gesandtschaft,
den 27. August 37.

Meine liebe, liebe Bella!
Schnell, bevor die Luftpost abgeht, einen Gruss aus Asuncion, der
Hauptstadt von Paraguay, – erstens wegen Marken, und zweitens
wegen überhaupt! Grade vor einem Monat schrieb ich Dir einen
Luftbrief aus Posadas, den Du hoffentlich bekommen hast, und am
3. August einen gewöhnlichen Brief. Hier fand ich Deinen Brief
vom 18. Juli vor, – jedes mal, wenn ich Deine rote Schrift lese, ist es
mir, als sässest Du neben mir, – so deutlich höre ich Deine Stimme!
Alles interessiert mich so. Ja, Du hast ganz recht, – solch ein Bum-
mel hat keinen Sinn, jedenfalls nicht mit solchen Mädchen! So
schön, dass Du mir alles schreibst, – auch Gotthard schreibt mir
(„aber sag es niemand!"), dass er mit Franz eine halbe Maass beim
Schink getrunken hat, – „rein nordisch, Sache!" Ich habe ihm gestern einen dicken Brief mit vielen Postmarken von Paraguay geschickt, – wegen zu dick mit gewöhnlicher Post. Dieser Luftbrief
fliegt von hier direkt über Rio nach Berlin, soll nur 6 Tage unterwegs
sein! Gleichzeitig geht ein Luftbrief an Universitas und Krügerchen

ab. Ich habe Universitas gebeten, zu Gotthards Geburtstag einen Karl-May-Band zu schicken, weiss aber nicht, welchen Band, was er noch nicht kennt. Vielleicht kannst Du der Gutenbergbuchhandlung einen Wink geben!

Gotthard schrieb mir, dass Weissenstein fast versteigert worden wäre. Habe deshalb an Krüger geschrieben und ihn gebeten, mir Nachricht zu geben, wie es mit dem Hause steht. Denn ich sorge mich sehr. Fürchte, dass der neue Pächter, wie Schwester Frieda, nach den fetten Sommermonaten verduften wird! Und was dann?! Krüger hat mir noch nie geschrieben, auch Frau Feigl, die ich darum bat, schweigt. So weiss ich nichts. Und das beunruhigt mich sehr.

Seit drei Wochen bin ich in Paraguay. Grade als ich bei Gewitter und strömendem Regen über den Parana setzte und in Hohenau an Land ging, brach hier die Revolution aus. Aber bisher habe ich nichts von dieser Revolution bemerkt! Hier, in Asuncion, haben die Kanonenboote drei mal in die Luft geschossen, – wegen Revolution, – dann bekam der bisherige Präsident Hausarrest, ein neuer setzte sich auf den Präsidentenstuhl, – das war alles! Paraguay ist überhaupt ein wunderbares Land. Alle Frauen rauchen dicke Zigarren und tragen Riesenkörbe mit Orangen, Banangen, Weinflaschen und allem möglichen Zeugs auf den Köpfen! Sie haben einen wunderbaren Gang, sehn aber schon mit zwanzig Jahren alt aus, – Gott sei Dank, dass Du keine Paraguayerin bist: hier wärst Du eine alte Schachtel! Mit 12 Jahren bekommen sie gewöhnlich schon Kinder. Und die Männer trinken Canña, – das ist Zuckerrohrschnaps, – oder Mate, und arbeiten grade so viel, dass sie dies tun können. Wozu sonst arbeiten? Das ist doch ein Unsinn! Deshalb können sie die Deutschen nicht begreifen. Die Deutschen schlagen den Urwald herunter, pflanzen Wein, Baumwolle, sogar Kaffee. Und bauen grosse Häuser, Die Paraguayer begreifen das nicht: wie dumm diese Weissen sind, – bauen sich ein Haus, – statt für dasselbe Geld 20 Jahre nicht zu arbeiten!!

Ich war in Hohenau, Villarica und Independencia, wo viele Deutsche wohnen. Besonders gut hat es mir in Independencia gefallen, einer Kolonie, die erst nach dem Kriege vor 15 Jahren von Deutsch-Ostafrikanern gegründet wurde, – unglaublich, was die Deutschen dort in dieser kurzen Zeit geleistet haben, besonders die Schwaben und Badenser, die nachher kamen und grosse Weinäcker anlegten. Heute wohnen dort gegen 2 000 Deutsche. Wunderbare Wälder und Berge, die etwas an den Bayr. Wald erinnern!

Gestern besuchte ich hier einen Indianerstamm, der vor einigen Monaten aus dem Chaco gekommen ist und sich hier im „Zoologischen Garten" gemütlich angesiedelt hat! Sie hausen da in Lehm- und Strohhütten, mit sehr vielen gelben Hunden, weben, spinnen, trocknen Krokodil-Häute, die sie im Fluss gefangen haben und die fürchterlich stinken, machen Besen aus Straussfedern und warten darauf, dass sie fotografiert werden. Dann stellen sie sich stolz hin, – einige haben sich sogar zu diesem Zweck sehr schön angemalt, – und verlangen 5 Peso für die Aufnahme, das sind 5 Pfennige hier! Wehe, wenn man knipst, und nicht gleich zahlt! Nur die kleinen Kinder lassen sie nicht fotografieren, – sobald man sie knipsen will, stürzen sie mit den Kleinen in ihre Höhlen hinein und verkriechen sich. Andere wollen unbedingt fotografiert werden, und sind tief beleidigt, wenn man ohne knipsen vorbeigeht! Besonders uralte Weiber mit Brüsten, die bis zu den Knien herunterhängen, stellen sich kokett hin! Und alle stinken furchtbar.

Morgen halte ich hier meinen 62. Vortrag in Südamerika! Besonders schön war es in Independencia: trotz Regen kamen über Hundert Kolonisten zum Vortrag angeritten, die vielen Pferde sahen so hübsch aus, wie sie da im Lampenschein standen, und während ich in der offenen Schulhalle sprach, hörte ich immer das Schnauben und Scharren der Pferde!

Am 2. September fahre ich den Paraguay und dann den Parana nach Buenos Aires hinunter, steige unterwegs in La Paz aus, wo ich ein paar Tage bei einem Herrn von Harder bleiben will, der mich auf seine Estancia eingeladen hat. Um den 10. Sept. komme ich wohl in B. A. an, will dort bis Ende Sept. bleiben, und dann auf eine grosse Estancia in der Nähe von B. A., um dort in Ruhe alles auszuarbeiten, – denn Ullstein wird allmählich böse, dass ich ihm noch immer nichts geschickt habe! Devisen kann ich nicht mehr bekommen, trotzdem will ich Ende Oktober nach Chile, – durch Vorträge und Artikel für die La Plata-Zeitung hoffe ich das Reisegeld zu beschaffen, vielleicht bekomme ich auch Ermässigung für die Fahrkarte! Und das Leben hier und in Chile kostet mir ja nichts! Ueberall wird man eingeladen und rührend aufgenommen, – ich habe schon so viele Einladungen zum Wohnen in und um B. A. bekommen, dass ich immer wieder absagen muss! Auch aus Chile hat man mich wieder dringend eingeladen. Hier wurde ich auch gleich von der Bahn abgeholt in ein grosses Hotel, dann zum Direktor einer grossen deutschen Bank, bei dem ich eben wohne, – und nun hat mich auch der Gesandte eingeladen, dass ich bei ihm wohne! Und jeden Abend gibt es Einladungen, – am Sonntag Abend werden 50 Personen zu meinem offiziellen „Empfang" vom Gesandten eingeladen! Das ist sehr nett, – aber furchtbar ermüdend! Heute will ich mich ganz früh drücken und ins Bett. Auf dem Schiff werde ich mich wieder erholen können!

Die Aufnahmen vom Iguazu sind sehr schön geworden, – über 100 Bilder, – aber ich habe nur einige Abzüge machen lassen, wegen kein Geld! Vielleicht kann ich Dir aus B. A. einige schicken. Da ich jetzt kein Geld mehr aus Deutschland bekomme, bleibt mehr für Euch, und im Notfall für das Haus. So wird meine Schuld beim Verlag immer kleiner, – so kostet mein Hiersein nicht nur nichts, sondern ich spare auch das, was ich sonst in Deutschland verbrauchen würde! Wenn wir doch endlich aus diesen Geldnöten hinauskämen, ein wenig sorglos leben könnten! Und dann wollen wir die nächste Zeit zusammenbleiben, jedenfalls in der Nähe, wie damals in Ekshärad! Zuerst musst Du Dich einige Monate gründlich ausruhen, und dann schmieden wir gemeinsame Pläne für den Herbst und Winter!! Und im Sommer: Blumbergshof! Anna-Lieschen hat mir einen langen, sehr lieben Brief geschrieben, – ich lasse ihr „Meerfeuer" schicken und will ihr nächstens schreiben. Von Max lange nichts gehört. Auch von Veilchen nichts. Man ruft zum Essen, – Adio! Ciao!!! Bald mehr!

Dich umarmt ganz fest
Dein alter Björn!

An Isabel   Valdivia, Chile, den 12. Dez. 37.

Meine liebe, liebe Bella!
Es ist schon spät, bin todmüde, war die letzte Zeit immer unterwegs,
will Dir aber nur schnell noch schreiben, damit Du zu Weihnachten
wenigstens etwas von mir bekommst, – morgen früh geht die letzte
Post für Luftbriefe ab!
Nun wirst Du aus Schweden zurück sein, hoffentlich hast Du meinen Luftbrief in Munkfors, vom 10. Nov. bekommen! Die Reise
nach Chile, über die Cordilleren war herrlich, zuerst im Auto, dann
mit der Bahn, über 3 000 M. hoch, wo noch Schnee lag, und überall
die mächtigen Schneegebirge, der Aconcagua über 7 000 M.! Und
dann hinunter nach Chile, nach der Stein- und Schneewüste, grüne
Wiesen, blühende Büsche und Bäume, und zuletzt Weizenfelder!
Santiago erinnert etwas an Bozen und Meran, – nur viel grösser und
weiter das Tal, und die Schneeberge der Cordilleren noch viel gewaltiger. Ich wohnte draussen, in einem Villenvorort, bei einem sehr
netten jungen deutsch-chilenischen Ehepaar Fonck, er ist Archi-
tekt. Hier in Chile gefällt es mir eigentlich am besten, vieles, besonders die Menschen, erinnern an Livland. Ich weiss nicht, woran das
liegt. Auch gibt es hier Nadelbäume, Linden, – und sogar Birken!
Denk Dir, hier in Valdivia blühen eben die Linden!!! Und es gibt
Kirschen und Erdbeeren!

Ich bin hier schon viel herumgekommen: Santiago, Valparaiso,
Concepcion, – und jetzt Valdivia. Und überall habe ich Vorträge gehalten, – schon 16 in Chile (82 in Südamerika, – werde es wohl noch
auf 100 bringen!) und überall habe ich reizende Menschen kennen
gelernt! Du ahnst gar nicht, wie man mich hier verwöhnt, in Concepcion wurde ich von jungen Mädchen mit Riesen-Rosen- und
Wicken-Sträussen auf dem Bahnhof empfangen, – und es gab einen
grossen Empfangs-Kallas mit Kaffe und Kuchen, – von 50 Damen!!! Das war eine sehr anstrengende Sache, ich wanderte mit meiner Tasse von Tisch zu Tisch, und als ich dann etwas vorlesen sollte,
packte mich der Teufel und ich las ganz unmögliche Gedichte, –
vom idyllischen Dorf, und die Ballade von Theobald und Mausi!!

Ganz entsetzt starrten mich die 50 kuchenessenden Damen an! Frau Fonck hat mir für Dich eine wundervolle weisse Schafswoll-Decke gegeben, wie man sie hier zum Reiten auf die Pferde legt, und die Du als Bettvorleger benutzen sollst, ich hab sie in meinem Reisesack verpackt und bring sie Dir mit! Sie ist ganz herrlich weich und wollig. Ein Araukarier, Indianer, hat sie gemacht. Vielleicht finde ich auch noch etwas für Dich bei den Indianern. Mittwoch fahre ich an den Villarica-See, wo deutsche Kolonisten wohnen, und in der Nähe sind auch Indianer. Ganz herrlich sind hier die Vulkane, wie weisse Zuckerhüte stehen sie am Himmel, und einige spucken auch noch. Vielleicht erlebe ich hier auch noch ein kleines Erdbeben, aber bisher ist die Erde ganz ruhig gewesen. Vier mal habe ich schon im Stillen Ocean gebadet, heute hier bei Corral, aber das Wasser war eiskalt, und der Sand ganz schwarz. Ich bin schnell wieder herausgelaufen!

In einer Woche komme ich nach Osorno, und von dort zu Victor Schilling, wo ich mich ausruhen und arbeiten will. Dann will ich Dir auch ausführlicher schreiben! Meine Adr. ist: *Osorno, Chile, Casilla 248, a. c. Victor Schilling.* Casilla heisst Postfach! Hier muss man alles durch Postfach schicken, – weil die Postboten zu unzuverlässig sind! Der Chilene sagt, wenn er was kaputt gemacht hat: „es hat sich zerbrochen!", und wenn er zu spät zum Zug kommt: „Der Zug hat mich dagelassen!" und wenn ein Huhn in der Nacht eingegangen ist: „das Huhn ist tot aufgewacht!" Ist das nicht herrlich?!

hs. Zusatz:

Habe Minuschkas Adr. verlegt, – bitte gib ihr diese Zeiten, wenn möglich zu Weihnachten! Und bring ihr irgendetwas, was sie brauchen kann, von mir! Verzeih diesen mageren Brief, – bin todmüde, – und morgen früh muss der Brief fort. Dein alter Björn.

Freiherrn Otto von Taube,   z. Zt.: Sierra Grande,
Gauting bei München   Argentinien,
                 den 31. I. 38.

Lieber Baron Taube!

Vor einigen Tagen erreichte mich Ihr Brief vom 24. 8., für den ich Ihnen herzlich danke! Im Mai komme ich nach Deutschland zurück und wenn ich durch München komme, – wahrscheinlich Ende Mai, – will ich Sie jedenfalls aufsuchen und Ihnen ausführlich berichten! Heute nur in aller Kürze: ja, ich habe den Lapacho blühen gesehn, grade als Sie mir schrieben, im August, war ich in Paraguay, – aber auch schon in Misiones blühte er überall karminrot! Ein wunderbarer Baum. Und Kolibris, und Tucane habe ich gesehn, mit ihren grossen krummen Schnäbeln, und Jacarés … Den ganzen Oktober war ich auf einer grossen Estancia, bin täglich über den Camp geritten, hab die „Herden Gottes" leibhaftig gesehn, bin auch am Haus des Segundo Sombra vorbeigekommen … Im November fuhr ich nach Chile, über die Anden, war auch im Süden, bei den herrlichen Seen und Vulkanen, bin acht Tage lang durch Urwälder über die Küstenkordillere an den Stillen Ozean geritten, mit Zelt und Schlafsack. Jetzt hab ich mich hier in der Sierra bei Freunden verkrochen, um in Ruhe die vielen Eindrücke zu verarbeiten. Da ich seit bald einem Jahr aus Deutschland keinen Pfennig erhalte, musste ich die Reise durch Vorträge finanzieren, – habe bisher 89 Vorträge gehalten! Am 14. April schiffe ich mich in B. A. ein, komme am 12. Mai in Hamburg an, – also auf frohes Wiedersehen im Mai, – alles Weitere mündlich!

Mit herzlichen Grüssen

Ihr

In der Zeitschrift „Wille zum Reich" (herausgegeben von Kurt Maßmann) war am 5. Juli 1937 der folgende Artikel erschienen:

Siegfried von Vegesack hat das Wort!

Bestimmten Persönlichkeiten des öffentlichen Lebens, deren Tätigkeit durch die nationalsozialistische Revolution nicht gestört worden ist, müssen wir heute noch einige Fragen vorlegen. Zum größten Teil sind es solche, die sie in der Vergangenheit selbst angeschnitten haben, die damals offen geblieben sind und heute abgeschlossen werden sollen. Der Dichter Siegfried von Vegesack beispielsweise hat in einem Gedicht auf Heinrich Mann die Frage gestellt: „Vergaß er mich? Hat er mich ganz vergessen?" Dieser Ausruf zeugt von einer Anhänglichkeit an diesen Emigranten, die für einen deutschen Dichter immer peinlich bleiben wird, wenn sie nicht entscheidend beantwortet wird. Zahlreiche nationalsozialistische Studenten behandeln heute in ihren Arbeiten die Nachkriegszeit. Ihnen würde Vegesack die Arbeit mit einer klaren Stellungnahme erleichtern. Wir stellen ihm dafür unsere Zeitung gern zur Verfügung. Daß die Aufforderung berechtigt ist, mag dieses Gedicht aus der „Welt-Bühne" vom 8. Juli 1920 zeigen:

„Vergaß er mich, hat er mich ganz vergessen?
Ich friere so
und war doch einst der süßen Glieder froh,
wenn über meinem marmorblassen
Arme
das Mondlicht hergeflimmert
und Brust und Schenkel
bedeckt mit kleiner Schatten Laubgesprenkel
und über meinen Leib geschimmert.
Ein Knabe klagte,
daß ich mich seiner Not erbarme.
Nun sind auch seine Lippen mir geschlossen.
Vergaß er Mnais? Die Tränen, die er einst vergossen?
War es nur Spiel,
daß er so hart die süßen Stunden schmäht? –
Und hat doch einst so heiß zu mir gefleht!
Wie tief er fiel:
nun zieht gefeiert er auf lauten Gassen
und predigt Liebe – und hat mich verlassen!"

Und dann muß Vegesack noch zu einer anderen Frage Stellung nehmen.

Nach bestimmten Ausführungen aus früherer Zeit sind wir nämlich berechtigt, zu fragen, ob er schon zum mosaischen Glauben übergetreten ist. In einer Verwahrung gegen den Antisemitismus in der „Welt-Bühne" vom 15. 4. 1920 hat er, nachdem er beteuert, daß er weder Jude noch Judenfreund ist, folgendes geschrieben: „Aber wenn das so weiter geht wie jetzt, dann könnte man wohl bald das vogelfreie Dasein eines Ostjuden der Schmach, Deutscher zu sein, vorziehen." Nach diesen Ausführungen, die er in seinem Beitrag in der „Welt-Bühne" noch weiter erklärt, ist es in der Tat fraglich, ob Vegesack nicht nach der Machtübernahme durch den Nationalsozialismus stillschweigend von diesem Gelöbnis Gebrauch gemacht hat. Er wird selbst am ehesten einsehen, daß eine klare Stellungnahme zu seinen Worten von früher die beste Lösung der hier angeschnittenen offenen Fragen sein wird. Damit wird zugleich allen Anspielungen von Kennern der damaligen Zeit die Spitze genommen und reiner Tisch gemacht.

Herr Siegfried von Vegesack hat das Wort.

Siehe SvV: *Wie ich die zwölf Jahre erlebte.* S. 20

„Mir fiel ein Stein vom Herzen: endlich war die Stunde gekommen, mich zu dem zu bekennen, was ich über die Juden-Frage und all' die Abscheulichkeiten dachte, die damals in Deutschland geschahen. Ich schrieb folgende Antwort:

Was nun meine Stellungnahme zum Judentum und Antisemitismus betrifft, so habe ich Folgendes zu bemerken. Es ist wahr, – ich bin weder Jude, noch ein besonderer Judenfreund, ja, ich muss sogar gestehen, dass ich vor dem Kriege, als Student, ausgesprochener Antisemit war. Aber dann habe ich einige sehr kultivierte, hochanständige Juden kennen gelernt und festgestellt, dass es zweierlei Typen gibt: den gewissenlosen, profitgierigen, unausstehlichen Raffke, und eben sein Gegenteil, – den selbstlosen, hilfsbereiten, durch und durch anständigen Juden. Es würde zu weit führen, wenn ich hier die ganze Judenfrage aufrollen wollte. Nur so viel möchte ich erklären, um meinen Standpunkt klarzustellen:

Dass der Antisemitismus, d. h. die Abwehr gegen das namentlich in der Nachkriegszeit übermässig in unser geistiges und wirtschaftliches Leben eingedrungene Judentum berechtigt, ja, notwendig war, – darüber kann heute, selbst unter einsichtigen Juden kein Zweifel bestehen. Aber es fragt sich, ob die Methoden dieses Antisemitismus immer richtig waren und sind. – Und da muss ich offen gestehen, dass ich diese Methoden ablehnen muss, weil sie auch völlig Unschuldige treffen: ich kenne Juden, die als Freiwillige in den Krieg gegangen sind, als gute Deutsche für unser Vaterland geblutet haben, – und denen man jetzt alles genommen hat. Diesen Antisemitismus lehne ich ab.

Ich weiss, dass viele aufrichtige Nationalsozialisten genau so denken wie ich, – nicht etwa aus Liebe zum Judentum, sondern aus grenzenloser Liebe zu unserem deutschen Volk, das nur der wahrhaft liebt, der den Mut hat, jedes Unrecht, auch das eigene, – als undeutsch zu verurteilen.

Dr. Klingenfuss im Auswärtigen Amt, der genau wusste, wie ich stand, mir aber trotzdem behilflich gewesen war, von der Auslands-Organisation die Genehmigung für meine Südamerika-Reise zu bekommen, versicherte mir, dass ich meine Erklärung in dieser Form unmöglich abgeben dürfe, da ich dann nicht nur selbst, sondern auch meine Kinder unweigerlich ins K.-Z.-Lager kommen würden. Daraufhin habe ich meine Erklärung in der Form zwar gemildert, aber im Wesentlichen doch das gesagt, was ich meinte. Eine Antwort auf diese Erklärung habe ich nie erhalten. Ich weiss auch nicht, ob sie überhaupt veröffentlicht wurde."

(Im Archiv d. Instituts für Weltwirtschaft in Kiel, das die Zeitschrift „Wille zum Reich" aufbewahrt, wurde eine solche Antwort auch nicht aufgefunden.)

In der Weltbühne vom 15. 4. 1920 hatte Vegesack den Artikel veröffentlicht, der Anstoß zu dieser Aufforderung gegeben hatte: „Schlag sie tot, Patriot" (von dem bereits die Rede war).

(64)

An die Schriftleitung   c/o Kurt Wolfurt, Berlin
„Wille zum Reich",   Prager Platz den 24. 7. 38
Herrn Kurt Massmann, Berlin

Sehr geehrter Herr Massmann!

Von einer fast zweijährigen Südamerika-Reise heimgekehrt, komme ich erst jetzt dazu, Ihre in Heft 13, vom 5. Juli 1937 der Zeitschrift „Wille zum Reich" mir gestellten Fragen zu beantworten.

Zunächst meine Stellungnahme zu Heinrich Mann. Ich habe den

Dichter Heinrich Mann sehr geschätzt, vor allem seine schönen italienischen Novellen, die vor dem Kriege erschienen. Unter diesen Novellen befindet sich eine, die „Mnais" heißt, und die in der Gestalt einer Hirten-Statue das Problem der Kunst darstellt. Im Kriege begann dann Heinrich Mann politische und soziale Romane zu schreiben, die keine Kunstwerke waren. Hatte der „Untertan" bei aller verzerrenden Satyre noch gewisse Qualitäten, so glitten die „Armen" völlig in die Niederung eines tendenziösen Machwerkes ab, – ich konnte das Buch nicht zu Ende bringen und habe seitdem nichts mehr von Heinrich Mann gelesen. Mein in Ihrer Zeitschrift abgedrucktes Gedicht ist ein Niederschlag dieser Enttäuschung, dieses Schmerzes, und wenn die Hirtin Mnais um ihren Bildhauer klagt, so meine ich damit die Kunst, die ihrem abtrünnigen Dichter nachtrauert:
„Wie tief er fiel:
„nun zieht gefeiert er auf lauten Gassen
„und predigt Liebe, – und hat mich verlassen!"
Das Gedicht ist 1919 entstanden, also zu einer Zeit, als Heinrich Mann allgemein als d e r grosse Dichter gefeiert wurde. Aber für mich war der Dichter, der er einst gewesen war, schon damals gestorben. „Wie tief er fiel", – es war der Absturz des Dichters zum Pamphletisten.
Was nun meine Äusserung über das Judentum betrifft, so habe ich Folgendes zu bemerken:
Ich bin kein Politiker, und wenn selbst Berufspolitiker nicht für jeden Satz verantwortlich gemacht werden können, den sie mal vor zwanzig Jahren gesagt oder geschrieben haben, so kann erst recht ein Dichter, der sich gelegentlich in die Politik verirrt hat, sich zu einer etwas krassen Äusserung hinreissen lassen, – namentlich wenn er noch jung ist. Nicht politische, sondern rein menschliche Motive haben meine Worte von damals veranlasst. Und deshalb können sie heute, nach achtzehn Jahren, nachträglich auch nicht politisch gewertet werden.
Heil Hitler!

Herrn Dr. Monty Jacobs,   7. 12. 38.
Berlin-Nikolasse

Lieber Herr Doktor!
Ich danke Ihnen für Ihre freundlichen Worte und hoffe, dass Sie Ihren Herzknax inzwischen überwunden haben! Wie schwer Ihnen der Entschluss geworden ist, das Land zu verlassen, für das Sie als Freiwilliger vier Jahre lang an der Front gekämpft haben, und wie es Ihnen heute zu Mute sein muss, – das kann ich Ihnen nachfühlen, und brauche Ihnen nicht zu sagen, wie schmerzlich auch für mich Ihr Fortgang ist. Denn Sie und Ihr gastliches Haus waren für mich ein Stück Berlin, das ich nie vergessen werde, und wenn ich wieder nach Berlin komme, werde ich Sie vermissen. Ich bin kein Freund von „grossen" Worten, – aber es drängt mich, Ihnen heute zu sagen, dass ich stets in herzlicher Freundschaft und Dankbarkeit Ihrer gedenken werde, und dass ich hoffe, dass wir auch in Zukunft, – wenn auch nur brieflich, – in Verbindung bleiben werden!
Auf alle Fälle will ich Ihnen die Adresse von Frau Anna Clover Wilson geben, der Uebersetzerin meines „Fressenden Hauses", die zu Verlagen und Zeitschriften Beziehungen hat: Birmingham 15, Bromart Flats, St. Martin's Street. Vielleicht kann sie Ihnen von Nutzen sein. Wenn Sie ihr schreiben, dann grüssen Sie sie von mir, – sie ist auch in Weissenstein gewesen, und hat mein Buch mit viel Liebe und grosser Einfühlung ins Englische übersetzt!
Vielleicht kann Ihnen auch Fräulein Eva Gutfeld von Nutzen sein,- die Jahre lang hier in Weissenstein war und seit einigen Jahren bei einer befreundeten Familie in England wohnt und sehr viel Menschen kennt. Ihre Adresse ist: London NW 11, 53 Hampstead Way, c. o. Huttenbach. Sie weiss natürlich von Ihnen. Ich will ihr nächstens schreiben, – vielleicht können Sie sich gelegentlich treffen!
In jedem Fall hoffe ich von Ihnen zu hören, – ich habe Sie nie verleugnet, und werde es auch in Zukunft nicht tun, darauf können Sie sich verlassen! Wie tief und wie schmerzlich der Schnitt auch sein mag, den Sie jetzt vollziehen werden, – nehmen Sie das Bewusstsein

mit hinüber, dass man auch Sie hier in Deutschland nicht vergessen
wird!
Mit allen guten Wünschen für Sie und die Ihrigen
grüsst Sie herzlich

Monty Jacobs (1875–1945)
langjähriger Feuilletonredakteur der Vossischen Zeitung. 1934 erhielt er
Schreibverbot, 1938 floh er über die Schweiz nach England, wo er als Theaterkritiker an Exilzeitschriften mitarbeitete und literaturhistor. Schriften
verfaßte. Als Vegesack sich im 2. Weltkrieg als Dolmetscher in den Kriegs-
dienst meldete, mußte er in Bartenstein 1941 eine Erklärung abfassen, in
der er sich zu Monty Jacobs bekannte: er habe ihn aufgesucht, so oft er nach
Berlin gekommen sei (ANA 397 StaBi)
Im Jahr 1938 plante Vegesack eine Vortragsreise durch Deutschland (in erster Linie: Südamerika-Vortrag mit Lichtbildern). Die Zeiten schienen aber
vorbei, in denen ein Schriftsteller nach Gutdünken aufbrechen, auf Reisen
gehen und Vorträge halten konnte. Der Universitas-Verlag stellte eine Anfrage beim Deutschen Volksbildungswerk und erhielt die Antwort: „ . . . er
ist dabei, die politische Zuverlässigkeit des Herrn von Vegesack zu überprü-
fen. Während Herr von Vegesack seinerzeit von der Reichsstelle zur Förderung des deutschen Schrifttums aus politischen Gründen abgelehnt wurde, hätte er seitens der Auslandsorganisation der NSDAP so gute Eindrücke
der Tätigkeit des Herrn von Vegesack in Amerika, dass er die Sache doch
ernsthaft ins Auge fassen wolle, da literarisch gesehen, eine solche Vortragsreise durchaus im Interesse des Deutschen Volksbildungswerkes läge . . .“
August Friedrich Velmede, einer der beiden Leiter des Volksbildungswerkes,
schien bei der Überprüfung einen so guten Eindruck erhalten zu haben,
daß er Vegesack am 11. Februar 1939 um folgende ehrenvolle Mitarbeit bat:
„Reichsleiter Alfred Rosenberg hat mich beauftragt, die Zusammenfassung
eines bibliophilen Drucks vorzubereiten, der zur Vollendung des 50. Le-
bensjahres unseres Führers ihm durch ihn persönlich . . . übergeben werden
wird.
Ein begrenzter Kreis deutscher Dichter soll gebeten werden, alle ihre Wünsche und Eindrücke und darin eingeschlossen eben auch ihr Bekenntnis an
diesem Tag dem Führer in geprägter dichterischer Form zu sagen. Es ist dabei nicht daran gedacht, dass dieses Bekenntnis ausschliesslich in Gedicht-

form verfasst werden müsste. Auch soll aus der Achtung vor dem dichterischen Wort kein unbedingter Zwang entstehen, das, was der einzelne an
diesem Tag seinem Führer sagen möchte, neu zu formen, wenn es schon in
gültiger Form in schon vorhandenen Veröffentlichungen ausgesagt und
daraus für diesen besonderen Anlass nachgedruckt werden könnte . . ."
Siehe SvV: *Wie ich die zwölf Jahre erlebte* (S. 23)
„Im Winter 1938/39 vergrub ich mich wieder in meine Arbeit. Ich schrieb
die beiden Erzählungen: ‚Die gestohlene Seele', die in Chile, und den ‚Aufruhr in der Quebrada', die in Argentinien spielt. Ich lebte in meinen Gedanken in Südamerika, nahm keine Zeitung in die Hand und kümmerte mich
nicht um das, was in der Weltgeschichte vor sich ging. Ich glaubte dem, was
Hitler in München erklärt hatte, – dass er keinen Quadratmeter fremden
Bodens beanspruche, – und gab mich der Illusion hin, dass er sein Wort halten würde.
Als ich daher nach Weihnachten aufgefordert wurde, mich an einer Glück-
wunsch-Adresse für Hitler zu seinem kommenden 50. Geburtstag zu beteiligen, schrieb ich aus vollem Herzen die Worte:

„Was Jahrhunderte versäumten
und den Grössten nicht gelang –
was Millionen nur erträumten,
Einer ohne Blut erzwang:

Aus Zerrissenheit und Kleinheit,
Kleinmut, Ohnmacht, Zwist und Zank:
die Geburt der deutschen Einheit, –
ihm, dem Einen, unser Dank!"

In: DEM FÜHRER. Worte Deutscher Dichter. Tornisterschrift des Ober-
kommandos der Wehrmacht, Heft 37 (Lit. Archiv Marbach) erschien das
Gedicht in folgender Form:

Was Jahrhunderte versäumten
und den Größten nicht gelang,
was Millionen nur erträumten, –
Einer ohne Blut *bezwang:*

Aus *Erniedrigung* und Kleinheit
Kleinmut, Ohnmacht, Zwist und Zank
die Geburt der deutschen Einheit, –
Dir dem Einen unser Dank!

Während die „Erniedrigung" anstelle der „Zerrissenheit" auch in einer Variante im Nachlaß Vegesacks von dessen Hand auftaucht, wurde „erzwang" von höherer Stelle in „bezwang" geändert.

(66)

An Baron Arend v. Pahlen   Weissenstein, den 8. 4. 39.

Sehr geehrter Baron Pahlen!
Ehrlich muss ich Ihnen gestehen: ich bin kein Freund von solchen Rundfragen, trotzdem will ich, so gut ich es vermag, Ihre Frage beantworten.
Mir scheint die Fragestellung nicht ganz glücklich, jedenfalls von einer falschen Voraussetzung auszugehen. Warum es keinen „klassischen baltischen Roman" gibt? Ja, gibt es denn etwa einen klassischen preussischen, bayrischen, westfälischen oder schwäbischen Roman? Oder überhaupt, – seit dem „Grünen Heinrich", seit Jean Pauls „Siebenkäs" und Stifters „Nachsommer" so etwas wie d e n klassischen deutschen Roman, der seine „Synthese zwischen Vergangenheit und Gegenwart schafft"? Alle Bemühungen in dieser Richtung sind bisher doch nur Versuche, Bruchstücke geblieben, und so ist es eigentlich kein Wunder, dass auch der klassische baltische Roman noch nicht geschrieben worden ist.
Wir haben den historischen baltischen Roman, – Pantenius, – wir haben den baltischen Roman des Niederganges, der Vorkriegszeit, – Eduard Keyserling, – und schliesslich habe ich es versucht, in meiner „Baltischen Tragödie" den Zusammenbruch der baltischen Welt darzustellen. Gewiss, das alles sind nur Ausschnitte, nur Schilderungen eng begrenzter Gesellschaftskreise, mehr oder weniger autobiographische Berichte; aber grade diese scheinen mir als Dokumente der Zeit wichtiger zu sein, als der verfrühte Versuch, schon heute, wo

Siegfried von Vegesack, 1938.

alles noch im Fluss ist, das baltische Schicksal in seiner Eigenart mit seinen Widersprüchen, Gegensätzen und Absonderlichkeiten „allgemeingültig" zu gestalten.

Es ist wichtig, dass das, was wir selbst erlebt haben, wahrheitsgetreu, – ohne Beschönigung und Selbstverherrlichung, – festgehalten und kommenden Geschlechtern überliefert wird. Dies allein habe ich als meine Aufgabe betrachtet, und dies allein, scheint mir, kann heute, wo uns alles noch viel zu nahe liegt, unsere Aufgabe sein. Eine „allgemeingültige Synthese" müssen wir der Zukunft überlassen. Denn unsere Zeit, den Musen abhold, hat anderes, Wichtigeres zu tun, als sich den Spiegel vorzuhalten und sich selbst darzustellen: sie hat unserem Volk den Raum zu schaffen, den es zum Leben braucht. Erst die Grundmauern für unser Haus, erst das Dach überm Kopf, – und dann, – wenn die Götter und Musen uns gnädig sind, – werden uns auch jene Werke wieder erstehen, die uns heute versagt bleiben! In der Hoffnung, dass meine magere Antwort Sie nicht zu sehr enttäuschen wird,

empfiehlt sich Ihnen

Ihr ergebener

Baron Arend von der Pahlen, Berlin-Charlottenburg, hatte in einem Brief vom 4. April 1939 (FH) um eine Antwort auf eine Rundfrage betreffend den Baltischen Roman gebeten. Er schrieb: „Die Schriftleitung des ‚Baltischen Beobachters' hat mich aufgefordert, in einem Aufsatz die Gründe zu untersuchen, warum bisher aus landsmannschaftlicher Feder kein einziges Werk erschienen ist, das man schlechthin als ‚den' klassischen baltischen Roman bezeichnen könnte. Gemeint ist ein Roman, der sich nicht auf Kleinmalerei beschränkt und nicht in einem eng begrenzten Gesellschaftskreise spielt, sondern die eigenartigen Lebensverhältnisse in der alten Heimat mit einem Anspruch auf allgemeine Gültigkeit umreißt und eine Synthese zwischen der Vergangenheit und der Gegenwart schafft . . ."

Er schreibt daneben, daß Antworten auf die von ihm gestellte Frage von seiten Bergengruens, v. Keyserlings, Frobenius' und Thiess' bereits eingegangen seien. Bittet um eine Erörterung von 1–2 Seiten.

Pantenius, Theodor Hermann (Mitau 1843 – Leipzig 1915) Autor v. kurländ.
Novellen und histor. Romanen
Keyserling, Eduard von (1855 in Estland – 1918 in München) Schriftsteller

(67)
An den   Weissenstein, den 20. 4. 39.
Verlag Carl Schünemann,
Herrn Dr. Wien,
Berlin-Charlottenburg

Lieber Herr Doktor!
Alles, was Sie mir über meine südamerikanischen Erzählungen
schreiben, hat vom Verlag und „Geschäft" aus gesehen, sicher seine
Berechtigung. Aber Ihren Wunsch, die dunklen Geschichten durch
etwas Erotik oder das heroische Element aufzuhellen und schmack-
hafter zu machen, kann ich beim besten Willen nicht erfüllen.
Denn ich schreibe weder für die Sortimenter, noch für das Lesepu-
blikum, das sich „unterhalten" will. Ich schreibe das, was ich schreiben muss, was ich auf dem Herzen habe, – wenigstens in meinen
Büchern. Die drei Erzählungen bilden organisch ein Ganzes, behandeln das Thema Südamerika in drei Ausschnitten: deutsche Kolonisten, einheimische Indios, Landschaft und Tierreich mit ihren
Naturkräften. Nicht willkürlich habe ich diese drei Erzählungen zusammen in einem Band vereinigt, sondern nach einem vorher genau festgesetzten Plan, den ich in keinem Fall zerstören will. Durch
Hinzufügung weiterer Geschichten würde diese Einheit verloren
gehen, würde grade das, worauf es mir ankommt, nicht zur Geltung
kommen. Mag Karl Goetz schreiben, wie er will, – ich kann nur so
schreiben wie ich die Dinge drüben gesehen und erlebt habe. Will
der Verlag das Buch in dieser Gestalt nicht bringen, – was ich keineswegs bedauern würde, – so bitte ich Sie, mir umgehend das Manuskript zurückzuschicken, damit ich den Band wo anders unterbringen kann.
Was nun meine weiteren Arbeits-Pläne betrifft, so habe ich nicht einen Roman, sondern drei fertig im Kopf, – eine Trilogie, die das

Schicksal der Deutschen in Uebersee zum Thema hat, und deren jeder einzelne Band ungefähr den Umfang der ganzen Baltischen Tragödie haben würde. Diese drei Romane werden heissen:

I. „Der Weg über das Wasser",

II. „Die fremde Erde",

III. „Die Rückkehr".

Mit dem ersten Band, – etwa 500 Seiten, – hoffte ich bis zum Herbst 1940 fertig zu werden, vielleicht auch schon bis zum nächsten Frühling. Aber das ist nun ganz ausgeschlossen, da der Verlag mir ja nichts mehr zahlt, und ich deshalb wieder Kleinkram schreiben muss. Und so nebenbei kann ich das, was ich mir vorgenommen habe, nicht bewältigen. Dazu gehört meine volle Kraft, ich müsste mindestens ein Jahr ungestört schaffen können. Da der Verlag mir diese Möglichkeit nicht geben kann, werde ich ihm den Roman in absehbarer Zeit nicht liefern können. Das ist traurig, aber ich kann ja schliesslich nicht von Luft leben, und leider bin ich auf meine Feder angewiesen. Wie schwer es mir fällt, jetzt wieder für Zeitungen und Zeitschriften zu schreiben, brauche ich Ihnen nicht zu sagen. Aber es bleibt mir nichts anderes übrig.

Mit den Besten Grüssen

Ihr ergebener

Der *Schünemann-Verlag* hat 1938 Vegesacks Werke vom Universitas-Verlag übernommen. Honorar und Vorauszahlungen wurden unter Voraussetzung festgesetzt „Ihr Haus würde in kürzester Frist, d. h. innerhalb weniger Wochen verkauft. Herr von Bergen (Universitas) hatte mich davon unterrichtet, daß die Reichsjugendführung das Haus erwerben wolle, Sie dadurch von Ihren Schulden befreit würden und daß dann eine normale Verrechnung bzw. Auszahlung der anfallenden Honorare erfolgen könnte..." (Brief von Schünemann vom 31. 10. 38/FH).

„Daß Sie Ihr Haus nicht unter allen Umständen, sondern nur dann verkaufen wollen, wenn Ihnen Geld zum Bau eines Blockhauses übrig bliebe, ist mir neu . . ." (Brief von Schünemann vom 4. 11. 38/FH).

1938 war bei Schünemann der mit vielen Fotos ausgestattete Reisebericht

„Unter fremden Sternen" erschienen, über dessen mäßigen Erfolg – wegen des hohen Preises – Dr. Wien klagt (Brief vom 18. 4. 39)

Der Briefwechsel vom Frühjahr 39 bezieht sich auf einen Band mit drei Erzählungen aus Südamerika (Eine dunkle Geschichte, Die Gestohlene Seele, Aufruhr in der Quebrada). Nach Ansicht des Lektors fehlt den Erzählungen das heroische (er zieht zum Vergleich „Brüder über dem Meer" von Karl Götz heran) und das erotische Element: „Wie gesagt, eine Liebesnovelle, denn sonst ist das Buch nur eine Angelegenheit von Männern, und Männer haben heute keine Zeit, Bücher zu lesen." (Brief vom 18. 4. 39)

Der erwähnte Roman in drei Bänden sollte später „Der Letzte Akt" werden. Siehe: *Wie ich die zwölf Jahre erlebte.* S. 25. „So hatte ich wieder einen Knochen, an dem ich nagen konnte. Ich machte mich an die Arbeit und habe in Weißenstein 1940 den ‚Letzten Akt' der ‚Baltischen Tragödie' geschrieben. Die Kölnische Zeitung hat 1941 den Roman unter dem Titel ‚Und wenn sie nicht gestorben sind' als Vorabdruck veröffentlicht. Der Schünemann-Verlag wollte das Buch aber nur unter der Bedingung bringen, wenn das Manuskript völlig umgearbeitet und den damaligen Ansichten angepasst würde, – was ich natürlich ablehnte. Ich hatte über diese sogenannte ‚Umsiedlung' meine eigenen Gedanken, die ich in keinem Fall der damals propagierten ‚Heimkehr ins Reich' anpassen konnte. So ist der ‚letzte Akt' erst lange nach dem Krieg, – 1958 im Salzer Verlag erschienen."

(68)

Herrn Dr. Wien,   Weissenstein, den 25. 4. 39
Carl Schünemann Verlag,
Berlin-Charlottenburg

Lieber Herr Doktor!

Ich danke Ihnen für Ihre freundliche Absicht, meine südamerikanischen Erzählungen zum Vorabdruck anzubieten, – die Zeitschrift „Atlantis" hat bereits die „Gestohlene Seele" angenommen, und auch den „Aufruhr in der Quebrada" hoffe ich bald unterzubringen.

Ihr Vorschlag, mich den Wünschen des Verlages anzupassen, ist mir beim besten Willen nicht möglich. Wenn ich schon für Geld schreiben muss, dann tu ich es mit meinen kleinen Sachen, – das Grosse, was ich vorhabe, kann nur entstehen, wenn praktische Erwägungen dabei keine Rolle spielen!

So fürchte ich, dass ein weiteres Arbeiten für Ihren Verlag mir nicht möglich sein wird. Auch ich bin durch den Verlag sehr enttäuscht worden. Im Juli, als wir alles besprachen, erklärte mir Herr Ostertag, dass ich erst in zwei Jahren, – also Herbst 1940, – den nächsten Roman abzuliefern brauche, und dass der Verlag mir sicher bis dahin aus den laufenden Eingängen die Möglichkeit zum Arbeiten werde geben können. Er rechnete mit einem Absatz von 20 000 Exemplaren vom „Fressenden Haus" in einem Jahr, – und nur im Hinblick darauf erklärte ich Esel mich mit 17 Pf. pro Exemplar einverstanden, – statt dessen sind bisher nur 3 000 Ex. abgesetzt worden! Liegt das wirklich nur am Buch? Sie selbst schreiben, dass die Preislage zwischen 3 und 4 Mk. „gefährlich" wäre, – warum hat man dann den Preis so billig angesetzt?!

Und auf der anderen Seite: welch ein Wahnsinn, die „Sterne" für 9 Mk. auf den Markt zu bringen! Universitas hatte für dasselbe Buch 6.50 kalkuliert, was ich auch Herrn Ostertag mitteilte. Den Misserfolg hat sich der Verlag selbst zuzuschreiben.

Und noch etwas: warum erscheinen die Bücher immer so spät? Im November, – statt im September oder Oktober, – und jetzt mit dem „Kritzelbuch" wieder erst im Mai, – statt im März! Die Manuskripte hatte ich ja schon längst im Juli abgeliefert!

Wenn wirklich der schlechte Absatz nur durch die Bücher selbst verschuldet wird, – wie kommt es dann, dass sie in den Buchgemeinschaften so gut gehen: das „Fressende Haus" – 25 000 Ex., – die „Baltische Tragödie", – in knapp zwei Jahren 42 000 Ex.!

Meine Vorschuss-Schuld beträgt zur Zeit 8 000 Mk., – genau der Betrag, den der Verlag von Universitas übernommen hat. Die Schuld ist also nicht weiter angewachsen. Und nur deshalb ist sie so hoch, weil ich meine Südamerika-Reise ja aus eigener Tasche bestreiten musste! Sie schreiben: „Je früher Sie mir Ihrer grossen Ueberseetrilogie vorwärts kommen, desto schneller kann auch Schünemann dann wieder finanziell einspringen", – aber wie soll ich arbeiten, wenn ich den Lebensunterhalt für mich und meine Kinder durch

Kleinkram zusammenschreiben muss?! Wenn der Verlag mir nicht die Möglichkeit zum Arbeiten gibt, dann soll er sich auch nicht wundern, wenn er keine weiteren Bücher von mir bekommen wird. Dies ist mein letztes Wort, und Sie werden sehen, dass ich Wort halten werde!
Mit den besten Grüssen
Ihr ergebener

Kritzelbuch: Vegesack wünschte eine Neuauflage der *Kleinen Welt vom Turm gesehen:* Der Verlagsleiter des Universitas-Verlages hatte ihm 1938 geschrieben: „... und dann noch die Gefahr, dass irgendjemand Anstoss nimmt, da ein grosser Teil der Gedichte doch immerhin erstmalig in der We. Bü. (Weltbühne) erschienen sind ..."
Als Vegesack zu Schünemann gekommen war, versuchte er es nochmals. Der Lektor, Dr. Wien, antwortete am 6. Jan. 1939:
„... Der Haupteinwand richtet sich dabei gegen eine höchst negativistische Haltung, die den Klang und das Weltgefühl einer Lyrik zwischen Tucholsky und Kästner in sich trägt und über Dinge spottet oder unangenehme Dinge darstellt, die man heute im Schrifttum anders behandelt sehen möchte ..."
Das Wort „Einzelhaft" sei ein „Faustschlag ins Gesicht der Zeit, die nun tatsächlich Gemeinschaftsbewusstsein kennt."
Dennoch einigte man sich, einzelne Gedichte zusammen mit Prosaszenen in einem Band zu vereinigen. Hoerschelmann hatte Skizzen für den Umschlag vorgelegt, die Dr. Wien „unmöglich" fand; auch durfte, wie Vegesack es wünschte, das Buch nicht in Antiqua gesetzt werden, weil die R. S. K. dies nicht gern sah.

(69)

An die Redaktion der   Blumbergshof, den 29. 7. 39.
Rigaschen Rundschau.

Sehr geehrter Herr Chefredakteur!
In Nr. 167 Ihrer geschätzten Zeitung vom 27. Juli werden W e r n e r

Bergengruen und Otto von Taube von einem Ihrer Mitarbeiter zu meiner grossen Verwunderung „unsere ehemaligen Landsleute" genannt. Liegt hier eine gedankenlose Entgleisung vor, oder soll damit bewusst allen Balten-Deutschen, die im Reich leben, ihr Baltentum abgesprochen werden? In jedem Fall möchte ich, – und wie ich glaube, nicht nur in meinem Namen, – diese sonderbare Bezeichnung „ehemalig", die uns da angehängt wird, mit aller Entschiedenheit zurückweisen. Denn eine solche spitzfindige und engherzige Unterscheidung zwischen „ehemaligen" und „derzeitigen" Baltendeutschen ist nicht nur grundfalsch, sondern würde ja, konsequent durchgeführt, das Balten-Deutschtum seiner namhaftesten Vertreter berauben: Schweinfurth, Harnack, Schiemann, Bergmann, Rohrbach, Keyserling, – nur um ein paar Namen aufs Geratewohl herauszugreifen, – wären ja dann nur „ehemalige", also gar keine waschechten Balten gewesen! Als müsste jeder, der ins Reich geht, seine baltische Haut wie ein Hemd abtun, als könnten echte Balten nur in der Heimat leben und wirken!

Diese Auffassung widerspricht nicht nur allen Tatsachen unserer Geschichte, – sie widerspricht auch den Anschauungen unserer heutigen Zeit. Der Einzelne ist das Ergebnis von Vererbung und Umwelt, in die er hineingeboren ist, – er kann also nicht nach Belieben sein angeborenes Wesen verändern und plötzlich ein anderer werden, wenn er sein Geburtsland verlässt. Man kann nicht bis zum zwanzigsten oder dreissigsten Lebensjahr Balten-Deutscher sein, und dann plätzlich Bayer werden, weil man sich in Bayern niederlässt! Das Baltentum ist ja schliesslich kein Verein, aus dem man jederzeit austreten oder gestrichen werden kann, und dessen Angehörige ausserhalb der Heimat höchstens nur noch als „ehemalige", so zu sagen korrespondierende Mitglieder geduldet werden!

Nein, man ist Balte, oder man ist es nicht, und ist man Balte, dann bleibt man es bis an sein Lebensende, ganz gleichgültig, wo man wohnt oder begraben wird. Nicht der Stempel im Pass, sondern das Blut der Vorfahren im Herzen sagt, wer du bist!

Siegfried von Vegesack

Die Zuschrift erschien am 2. 8. 39 i. d. Rigaschen Rundschau unter dem Titel *„Klärung der Begriffe"*.
Auf die Erwiderung der Redaktion folgte Vegesacks erneute Zuschrift unter dem Titel *„Landsmann oder Volksgenosse"* am 17. 8. 39 in der Rigaschen Rundschau.

(70)

An die Redaktion
der Rigaschen Rundschau

Zu Ihrer Erwiderung vom 2. August habe ich Folgendes zu bemerken. Es freut mich zu hören, dass uns im Reich lebenden Balten unser Baltentum nicht abgesprochen werden soll, und dass mit der Bezeichnung „e h e m a l i g" n u r eine „r ä u m l i c h e" Unterscheidung gemeint war. Wenn es sich aber nur um eine räumliche Unterscheidung handelt, dann müsste ein anderes Wort dafür gewählt werden, denn „ehemalig" drückt im deutschen Sprachgebrauch keine r ä u m l i c h e, sondern eine z e i t l i c h e Begrenzung aus: ein ehemaliger Student ist jemand, der Student w a r und es nicht mehr ist, und umgekehrt nennen wir Deutsche, die im Auslande wohnen, nicht „ehemalige Deutsche", sondern Deutsche im Ausland.
In diesem Fall müsste es also heissen: „unsere Landsleute im Reich", – die Bezeichnung „ehemalige Landsleute" hat dagegen einen ganz anderen Sinn, und klärt deshalb nicht, sondern verwirrt nur die Begriffe. Ich hoffe, dass damit die Begriffe nun endgültig geklärt sind!

Blumbergshof, den 4. August 1939.

Siegfried von Vegesack

An Otto v. Taube   Burg Weissenstein, 15. Okt. 39.

Lieber Baron Taube!

Schon längst wollte ich Ihnen für Ihren freundlichen Brief danken,
– aber so vieles kam dazwischen, dass ich erst jetzt dazu komme!
Auch für die Vermittlung der Andronikow-Arbeit bin ich Ihnen
dankbar. Ende Oktober komme ich deswegen nach München, und
hoffe, Sie dann auch zu sehen!

Beiliegende Ausschnitte aus der Rigaschen Rundschau werden Sie
vielleicht interessieren. Bald wird es nur noch „ehemalige" Balten
geben, – wie Sie wohl schon gehört haben, sollen in nächster Zeit alle Balten nach Polen „umgetopft" werden! Das gleiche Schicksal,
wie in Südtirol! Die russische „Freundschaft" kommt uns teuer zu
stehen!

Mit herzlichen Grüssen,

auch an Ihre Gattin,

Ihr

Andronikov, Vladimir Michailovic: *Lebenserinnerungen.* Der Verlag Langen-
Müller hatte, durch Vermittlung Otto von Taubes, Vegesack gebeten, die Le-
benserinnerungen Andronikovs vor der Drucklegung durchzusehen. Die
Arbeit blieb schließlich unveröffentlicht. Vorarbeiten befinden sich im
Nachlaß Vegesacks (ANA 397/IV 17)

Dr. Martin Knapp, der beim Langen-Müller-Verlag diese Arbeit betreute,
schrieb am 29. 8. 39 an Vegesack:

„ . . . Sie erfuhren durch Fürst Wladimir Andronikow, dass unser Verlag es
sehr begrüssen würde, wenn Sie die von ihm geschriebenen Erinnerungen,
die in unserem Verlage erscheinen sollen, durchsehen, und, wo es nötig erscheint, etwas überholen würden . . . Es ist aber der selbstverständliche
Wunsch des Fürsten wie unseres Verlages, dass Sie, sehr verehrter Herr v. V.,
für diese freundliche Mithilfe in einer Weise honoriert werden, die Ihnen,
wie wir hoffen, zur Freude gereichen wird . . . Gesamthonorar der ersten
Auflage . . . zwischen Ihnen und dem Fürsten zu gleichen Teilen geteilt
wird . . ."

Und am 9. 9. 39: „... Die Mehrkosten der Reise würden kein Hindernis bilden. Und hier kann Ihnen der Fürst für Ihr Zusammenkommen mit ihm stets seinen Wagen zur Verfügung stellen. Als ehemaligem russischen Offizier ist es ihm gelungen, genügend Benzin zu erhalten ..."

(72)

An Alfred Kubin   Weissenstein, d. 28. Dez. 39

Lieber Freund!
Das war eine schöne und grosse Überraschung, die mir der Weihnachtsmann in den Turm schneite! Ganz brav habe ich zuerst nur ein wenig darin herumgeblättert, und erst am Weihnachts-Abend mit der Lektüre begonnen, – dann aber in einem Zuge das ganze Buch verschlungen! Und da ich ganz allein Weihnachten feierte, störte mich niemand in meiner Gefrässigkeit, und so konnte ich mich mit wahrem Behagen und Genuss diesem herrlichen Weihnachts-Schmaus hingeben! Manchmal lachte ich laut auf, – so bei der wunderbaren Geschichte Ihres prinzligen Debuts, – und manchmal lief es mir kalt über den Rücken, und dann wieder waren Lachen und Gruseln so miteinander vermischt, – wie bei der Geschichte von „Mimi", – dass ich nicht wusste, wozu mich entscheiden!
Ihre scheinbar so lose aneinandergereihten Erzählungen runden sich wunderbar ab zu einem Gesamtbild Ihres Schaffens und des Menschen, der dahinter steht, dass mir Ihr Buch wie ein Schlüssel erscheint, der Ihr Reich erst richtig erschliesst! Ich will mich nicht in Lobes-Hymnen ergiessen, die Sie langweilen werden, – nur dies eine muss ich Ihnen noch gestehen: dass wir arme Tintenklexer viel von Ihnen lernen können, wie Sie mit wenigen Worten eine Atmosphäre und Stimmung heraufbeschwören, wie z. B. im „Besuch in der Heimat", – das ist nicht mehr vom „Schreibtisch eines Zeichners", sondern eines Dichters: Sie sind eben ein „Zauberer", der *beides* kann!
Dabei fällt mir ein schon lange gehegter Wunsch ein. Die „andere

Seite", die Sie mir einmal schenkten, hat meine Frau entführt. Und nun fehlt es mir sehr. Falls Sie noch ein Exemplar übrig haben sollten, wäre ich Ihnen dafür sehr dankbar! Wissen Sie übrigens, dass noch nie so viel Bücher gekauft worden sind, wie jetzt zu Weihnachten? In München standen die Leute buchstäblich Schlange in den Buchhandlungen! Mein „Kritzelbuch" – Auflage 10 000 Ex. – war schon Anfang Dezember vergriffen! Bücher sind eben ziemlich das Einzige, was man noch ohne „Punkte" u. Bezugsscheine bekommt!
Sonst hat dieses Jahr mir nichts Gutes gebracht und Vieles genommen: einen guten Freund, eine liebe Freundin, und – die alte Heimat. Und diesmal endgültig und für immer. Noch kommt mir alles wie ein böser Traum vor, – dass ich nie mehr Blumbergshof wiedersehen werde ... Die Menschen werden wie Radieschen umgetopft, – aber sogar Radieschen vertragen das nicht. Ein alter Freund von mir, Gerd Aderkar, den ich noch in diesem Sommer auf seinem Restgut besuchte (das seit fast 500 Jahren im Besitz der Familie war) musste schwerkrank aufs Schiff und ist dann gleich in Swinemünde, im Krankenhaus, gestorben. Ein Bruder von mir bleibt drüben, er ist Arzt und hat keine Familie. Wer aber Kinder hat, muss fort, weil alle deutschen Schulen geschlossen werden.
Ich bleibe nun hier und hoffe die innere Ruhe zu finden, die ich zum Arbeiten brauche, Sie haben ganz recht, – es gibt nur ein Übel: leben müssen und nicht schaffen können!
So wünsche ich Ihnen von Herzen ein fruchtbares neues Jahr, – wer weiss, was es uns sonst noch bringen wird ... Mit vielen herzlichen Grüssen, auch an Ihre Frau, Ihr getreuer

Alfred Kubin: *Vom Schreibtisch eines Zeichners* Berlin 1939
Die andere Seite. Roman. 1909
Als 1939 das Baltikum der Sowjetunion zugestanden wurde, mußten die Baltendeutschen das Land verlassen und wurden im Warthegau angesiedelt.
Vegesacks langjähriger Freund Mackie Mühlen schrieb von dort an Vegesack am 20. 8. 40 (FH).
„ . . . Alles, was man bisher für richtig und wichtig gehalten, alle Ansichten,

Gefühle, alles hatte seinen Wert verloren oder einen ganz neuen bekommen, alles, was man bisher beleistet hatte, war unwichtig, was man gearbeitet hatte, wertlos und wurde zerstört, was man gesammelt, verschleudert. Es war ein Glück, dass jede persönliche Entscheidung überflüssig und unmöglich war, denn nach bisher gültigen Ansichten handelte man gegen jede Vernunft und Moral. Man hat glaube ich einfach alles gar nicht verstanden, der Himmel hat uns eingenebelt und in diesem Zustand leben wir noch heute, wie glaube ich alle Menschen überhaupt. Wenn ich alte Briefe lese und sehe, was für ein Mass von Gedanken und Empfindungen unsere Grosseltern an die Dinge taten, versteht man, dass wir nur durch ein ziemliches Mass von Verblödung und Stumpfsinn fähig sind, dies alles mit Gleichmut zu ertragen. Man nennt das Mut und Unverzagtheit und gebraucht andere schöne Worte, die ganz veraltet sind und für uns überhaupt nicht mehr passen. Man müsste jetzt eine ganz andere Sprache erfinden und es ist einfach peinlich, dass die Redewendungen früherer Zeiten jetzt noch angewandt und geglaubt werden und also lauter falsche Gedanken und Gefühle vorgetäuscht werden . . ."

	(73)
An Jella	Weissenstein, den 15. Febr. 40

Mein Liebes, mein Gutes, meine Jella!
Es ist schon über neun, wir haben jeder 2 Schnäpse getrunken, der Sturm heult um den Turm, es schneit ununterbrochen, – bald werden wir ganz eingeschneit sein! Ein Glück, daß ich gestern in der 2. Klasse fuhr: ab Landshut war der Zug kaum geheizt, in der 3. wäre ich sicher erfroren! So saß ich in meinem vornehmen Pelzchen und hatte es wenigstens weich! Die gute Adda war an der Bahn, mit meinen Ski-Stiefeln und Wollsocken, fast eine Stunde hatte der Zug Verspätung, gegen 10 kamen wir oben an, und erst um 12 ins Bett! Adda war fast empört, dass Du nicht gleich mitgekommen warst! Sie brennt darauf, ihre neue „Tante" kennen zu lernen, und fürchtet, dass sie wegen ihrer Einbürgerung bald nach Hannover wird fahren müssen!
Franz und Lina, denen ich es heute morgen feierlich in der Biblio-

thek verkündete, strahlten auf, und ihre Freude war wirklich rührend! Und als ich ihnen Dein Bild zeigte, meinte Franz tief befriedigt, man sähe Dir an, dass Du was „schaffen" könntest und grade die richtige für den Turm wärst! Auch Schinks freuten sich ehrlich und drückten mir ganz begeistert die Hand, – besonders, als ich ihnen erklärte, dass wir nun zu zweit bei ihnen essen würden!

Und in Regen. Am Nachmittag lief ich, – gegen fegenden Schneesturm, hinunter: Gendarmerie, – Gemeinde, – Amtsgericht! Als ich bei der Vormundschafts-Behörde im Amtsgericht anlangte, fragte man mich sofort, ob ich wegen „Wiederverheiratung" komme, – so schnell muß sich die Kunde vom grossen Ereignis im Städtchen verbreitet haben! Bis Montag werde ich alle Papiere beisammen haben. Leider kostet allein die Bescheinigung von der Vormundschafts-Behörde 16 Mark! Und da ich nur 15 hatte, bekomme ich den Schein erst Montag. Drogist, Milch- und Butter, – überall wurde mir stürmisch gratuliert! Heute wird das Ereignis sicher an allen Stammtischen ausführlich besprochen! Morgen mach ich im Dorf die Runde, – bitte sag das Irmgard, damit sie sieht, dass ich doch gelernt habe zu schweigen, – ohne zu platzen!!

Nun eine schlimme Nachricht: es gibt keine Butter mehr ohne Marken, – und nur noch 10 Büchsen Milch, – die letzten, – die ich gleich in den Rucksack stopfte und die Adda morgen verpacken und auch zur Post tragen will. Es gelang mir auch, durch allerlei Schiebungen, an verschiedenen Stellen 3 Pfd. Butter aufzutreiben: 1 für Euch, 1 für Bella und 1 für Bergengruen, – ob und wann ich mehr bekomme, ist sehr fraglich. Man spricht davon, dass sogar die Milch bei den Bauern kontrolliert und beschlagnahmt werden soll, – wahrscheinlich wird man die Euter versiegeln!!

Und bei der Kälte, – guten 23 Grad, – denken die Hühner natürlich nicht ans Eierlegen! Ich werde aber meine Bemühungen nicht aufgeben und schicke morgen mit der Milch und d. Butter ein Honig-Töpfchen mit, – als süßen Trost! Und wenn Milch und Honig nicht geradezu „überfliessen", so tröpfeln sie doch wenigstens, – was bei dieser Hundekälte auch noch ein Wunder ist!

Habe heute lange über der Steuer-Erklärung gebrütet und dem Verlag Schünemann, – der sich naiv nach meinem neuen Roman er-

kundigt, – einen, wie ich glaube, sehr diplomatischen Brief geschrieben: man darf diesen Hunden nur nicht nachlaufen, man muss sich rar machen, ein wenig mit der Peitsche drohen: dann laufen sie einem schweifwedelnd selber nach! Ich habe gedroht, – aber die Brücke noch nicht endgültig abgebrochen. Bin gespannt, was diese Halsabschneider nun sagen werden, wo ihnen mein Hals aus der Schlinge zu entwischen droht! Da diese Dinge jetzt auch Dich berühren, schicke ich Dir den Durchschlag meines Briefes an Schünemann, – den ich gelegentlich wieder haben möchte, für meine dicke Mappe: „Verleger und Halunken"!
Es ist schon 10, – todmüde, es wird kalt, – daher für heute Schluss! Grüss alle! Die Mutter, Irmgard, Muzzi, Moi-Moi u. d. Dicken! Viele zärtliche Küsse!
Dich umarmt *Dein* S.

Jella: Gabriele Ebermayer (*1903 in Würzburg). Vegesack hatte sie in München kennengelernt, sie wurde seine 2. Frau.
Irmgard Ebermayer: ihre Schwester
Adda: Nichte Vegesacks

(74)

Herrn Dr. Werner Wien,   Weissenstein, den 15. 2. 40.
Carl Schünemann Verlag,
Berlin-Charlottenburg 2

Lieber Herr Doktor!
Dass Sie mir den Ljesskow-Band zurückschicken, nehme ich Ihnen gewiss nicht übel, – so „empfindlich" bin ich denn doch nicht, und verstehe vollkommen die Gründe, die Sie bewegen, fürs Erste keine russischen Bände in Ihre Schünemann-Bücherei aufzunehmen. Schlimm finde ich dagegen, dass Ihr Verlag so kurzsichtig war, nur 5 000 Ex. vom „Kritzelbuch" zu drucken, so dass das Buch schon

Anfang Dezember vergriffen war und die grosse Nachfrage zu Weihnachten nicht ausgenutzt werden konnte! Solch eine Kurzsichtigkeit ist bei einem Verlag, der doch einige Erfahrung haben sollte, unverzeihlich! Hoffentlich passiert so etwas nicht ein zweites Mal!

Was Ihre Frage nach einem neuen Werk von mir betrifft, so finde ich sie, – verzeihen Sie den Ausdruck, – ein wenig naiv. Als ob es an mir läge, dass dieses Buch, das ich schon seit bald einem Jahr schreiben will, noch nicht geschrieben wurde! Aber wie soll ich arbeiten, wenn der Verlag mir nur die früher geleistete Arbeit, also den Absatz meiner Bücher bezahlt, und auch diesen nur zu 60%, – im letzten Jahr waren es knapp 2 000 Mk. – also grade so viel, was ich an Zinsen, Abgaben, Steuern und dergleichen aufzubringen habe, – wovon soll ich selbst und meine Familie leben?! So war ich leider gezwungen, das Angebot des Verlages Langen-Müller anzunehmen, und an den Lebenserinnerungen des Fürsten Andronikow zu arbeiten, statt meine eigenen Sachen zu schreiben. Nun bin ich damit fertig. Inzwischen haben sich verschiedene grosse Verlage an mich gewandt, die alle ein Buch von mir haben wollen, und alle muss ich auf den 1. Januar 1941 vertrösten. Denn dann bin ich ja frei. Glauben Sie, das dieses Brachliegen für mich sehr angenehm ist, besonders, wenn man zum Platzen voll ist, der Stoff fertig da liegt, und man mit gebundenen Händen dasitzt, weil ein bürokratischer Verlag sich auf einen toten Paragraphen beruft, statt einem lebenden Dichter die Möglichkeit zum Arbeiten zu geben! In neun, vielleicht schon sechs Monaten könnte ich das druckfertige Manuskript abliefern, – aber so lange der Verlag an seiner seltsamen Methode festhält, wird er ganz sicher keine Zeile von mir zu sehen bekommen. Und das Buch wird zwar später erscheinen, – aber jedenfalls in einem anderen Verlag!

Sie meinen, dass die jüngsten Ereignisse den Plan eines baltischen Schlussbandes hinfällig machten; ich glaube, – und wie ich aus zahlreichen Zuschriften ersehe, ist dies nicht nur meine persönliche Ansicht, – grade das Gegenteil: grade jetzt muss dieses Buch, als endgültiger Abschluss der Baltischen Tragödie geschrieben werden. Allerdings werden es zwei Bücher werden: „Und wenn sie nicht ge-

storben sind..." (die 20 Nachkriegsjahre auf den Restgütern, 1919–
1939) „... dann leben sie noch heute" (Aufbruch und Heimkehr ins
Reich). Ich bin schon im dritten Kapitel, komme aber nur langsam
vorwärts, weil ich daneben viele andere Arbeiten erledigen muss.
Aber es hat ja auch keine Eile, da ich den ersten Band doch nicht vor
einem Jahr veröffentlichen könnte, – bis ich von meinem „Versail-
ler"-Vertrag von Schünemann frei komme!
Mit den besten Grüssen
Ihr

Ljesskov: Vegesack hatte dem Verlag Schünemann die Übernahme der von
ihm übersetzten Novellen Ljesskovs angeboten, was der Lektor Wien ablehnte, da dieser russ. Klassiker schon mehrmals in Deutschland gestartet
worden sei ohne sich durchgesetzt zu haben – außerdem achte man auf ein
ausgewogenes Programm zwischen deutscher und fremdsprachlicher Literatur.

(75)
An Alfred Kubin   Weissenstein, d. 1. März 1940

Mein lieber Freund!
Sie wünschten mir in Ihrem letzten Brief ein „Siegfrieds-Bad", um
unverwundet die Katastrophen dieses Jahres zu überstehen, – und
nun bin ich gerade im Begriff, wieder in ein solches Bad zu steigen:
denn dies ist doch der eigentliche Sinn der Ehe: dass man gegen die
äussere Welt unverwundbar wird! Es kam alles sehr plötzlich und
sogar für die Beteiligte recht überraschend, – so wie man ja auch
nicht zögernd, sondern mit einem Satz, Kopf voran, ins Bad
springt! So ganz allein im Turm, – das ging doch nicht auf die Dauer.
Meine zukünftige Frau, – wir wollen noch in diesem Monat heiraten, – ist Bayerin, war ein paar Jahre verheiratet und ist auch seit
1936 geschieden. Sie heisst Jella (Abkürzung von Gabriele) Wenzel,
geb. Ebermayer, ist ein lieber, warmer, völlig unkomplizierter

Mensch, – gerade das, was ich brauche! Unold und Hoerschel kennen sie auch.

Ist es nicht merkwürdig: gerade vor 25 Jahren schloss ich meine erste Ehe, auch im sechsten Kriegsmonat, – Krieg und Ehe, so wiederholt sich alles, wie eine Schulaufgabe, die man falsch gemacht hat, und die man deshalb wiederholen muss! So wird nun im Turm ein neues Leben beginnen, – ich wollte fort, aber er lässt mich nicht los, und nun werden sogar neue Wurzeln geschlagen! Ich habe das Gefühl, dass ich Ihrem Beispiel folgen, mich immer tiefer hier vergraben und vor der Welt da draussen abschliessen werde. Aber dazu braucht man einen Menschen, der die Einsamkeit teilt, – sonst erfriert man. Und ich glaube, dass ich diesen Menschen gefunden habe!

Es war ein grosses Glück für mich, dass ich noch kurz vor Tores-Schluss so viel von der Welt sehen und mich mit unvergesslichen Eindrücken vollpumpen konnte; Sie tragen Ihre Welt in sich, und brauchen deshalb nur aus Ihrem Innern zu schöpfen; bei mir ist das anders: ich muss mir alles hereinholen, muss die Dinge leibhaftig sehen, damit sie im Innern lebendig werden! Aber nun bin ich für Jahre versorgt!

In diesen Tagen erscheint eine kleine Erzählung aus Argentinien als Buch: „Aufruhr in der Quebrada", – der erste Versuch, meine Eindrücke von drüben zu gestalten. Ich werde Ihnen das Bändchen schicken und hoffe, dass es Ihnen Spass machen wird!

Jetzt habe ich mit Herzklopfen eine grosse Arbeit begonnen, einen Roman in zwei Bänden, der den eigentlichen tragischen Schluss der „Baltischen Tragödie" behandeln soll: im ersten Teil, – *„Und wenn sie nicht gestorben sind …"* will ich die letzten 20 Jahre auf den bescheidenen Restgütern, und im zweiten Teil, – *„ … dann leben sie noch heute"* Auflösung, Aufbruch und Rückkehr ins Reich darstellen. Eine recht schwierige, aber lockende Aufgabe, – besonders wenn man seine eigenen, baltischen Ansichten darüber hat! Ich glaube, dass ich zwei Jahre auf diesen Doppel-Ei brüten werde! Die Zeit ist zum Brüten nicht sehr geeignet! Aber nun werde ich ja bald wieder ein warmes Nest haben, – und das braucht man beim Brüten, besonders, wenn die Welt draussen so kalt und so grausig ist!

Wir werden für absehbare Zeit (vielleicht auch „unabsehbare"!) jedenfalls hier im Turm bleiben, und ich hoffe sehr, dass wir uns im Sommer sehen und dass Sie mit Ihrer Frau uns einmal besuchen werden! Vielleicht überfallen auch wir Sie eines Sommertages, – falls die Welt bis dahin nicht schon längst in Schutt und Asche gelegt ist!

Wer weiss, was die nächsten Tage und Wochen uns bringen: im März beginnt gewöhnlich die „Weltgeschichte" zu rollen!

Alles, alles Gute Ihnen Beiden,

und viele herzliche Grüsse

Ihres bald wieder beweibten S. V.

P. S. Beiliegende „Besprechung" geht gleichzeitig an die „Deutsche Allgemeine Zeitung" ab. Mir fällt es immer schwerer, „über" etwas zu schreiben, – in 30 Zeilen kann man doch nichts sagen, – und mehr bekommt man bei dem Papier-Mangel nicht zugebilligt!

Aufruhr in der Quebrada. Herbig-Verlag, Berlin 1940

Besprechung: vermutlich die Rezension von Kubins Buch „Vom Schreibtisch eines Zeichners", zusammen mit Unolds „Zwischen Atelier und Kegelbahn" (Frankfurt a. M. 1939) unter dem Titel: *Ein Zeichner und ein Maler schreiben Bücher* (Dr. ohne Datum).

(76)

An den Verlag   Weissenstein, den 23. März, 40.
Carl Schünemann
Herrn Dr. Werner Wien,
Berlin-Charlottenburg

Lieber Herr Doktor!

Leider kann ich auf Ihren Vorschlag, mich mit sechs Monatsraten von je 250 Mk. als Vorschuss für mein neues Buch zu begnügen, beim besten Willen nicht eingehen. Zwar glaube ich bestimmt, Ende August das druckfertige Manuskript abliefern zu können, – aber ich muss schliesslich auch nach Ablieferung des Manuskriptes leben und am nächsten Buch arbeiten können, das ja eine Fortsetzung des ersten Teiles ist! Ausserdem kann ich nicht in Ruhe arbeiten, wenn ich nicht weiss, was nach sechs Monaten werden soll. Nach meinen bisherigen Erfahrungen mit Schünemann möchte ich mich nicht auf irgendwelche „gewisse Honorarsummen" verlassen, die ich „bestimmt" erhalten dürfte, – schon einmal hat Herr Ostertag mir solche Honorare in Aussicht gestellt, und mich dann skrupellos sitzen lassen. Wenn der Verlag Schünemann wirklich ernstlich die Absicht hat, mich als Autor zu behalten, dann muss er mir mindestens bis zur Vollendung des vorliegenden Werkes also anderthalb Jahre, die Möglichkeit geben, daran zu arbeiten, – denn beide Bücher gehören zusammen und können nicht getrennt werden.

Sollte eine solche Finanzierung meiner Arbeit für den Verlag nicht möglich sein, so wäre es besser, wenn wir uns schon jetzt trennen würden. Denn ein Zusammenarbeiten hat keinen Sinn, wenn der Verlag so wenig Vertrauen in meine Produktion hat, und ich nach einem halben Jahr wieder auf die Gnade des Verlages angewiesen bin! Da will ich lieber auf jeden Pfennig Vorschuss verzichten und meinen neuen Roman, – wenn auch erst 1941, – wo anders erscheinen lassen! Vielleicht wäre es, auch für Schünemann, in dem Fall am zweckmässigsten, die „Baltische Tragödie", und eventuell auch meine übrigen Bücher, wie seinerzeit Universitas, an den anderen Verlag abzutreten: dann wäre er endlich alle Vorschuss-Schulden los! Sowohl der Verlag Albert Langen-Georg Müller, als auch die Franckh'sche Verlagshandlung in Stuttgart haben deswegen bei mir angefragt, und wären eventuell bereit, meine bisherigen Bücher zu übernehmen. In jedem Fall bitte ich Sie um eine b a l d i g e Entscheidung, denn ich muss endlich wissen, woran ich bin!

Es wird Sie interessieren, dass mein „Aufruhr in der Quebrada" schon bei der Auslieferung fast vergriffen war: 3 000 Ex.! Und dass der Verlag Holle jetzt auch einen Ljeskow-Band von mir bringen will! Bücher scheinen also doch noch ganz gut zu gehen!

Mit den besten Ostergrüssen!

Ostertag: Die Herstellung für den Schünemann-Verlag fand offensichtlich im Bremer Haus des Verlags statt. Briefe Herstellung und Verrechnung betreffend zeichnete Herr Ostertag.

Ljesskov: Lady Macbeth von Mzensk. Holle & Co. Berlin 1942. Trotz dieser Neuauflage war ein deutliches Nachlassen des Interesses an russischer Literatur zu beobachten; nach der euphorischen „hausse" in den Jahren 1919–25, war das rapide Sinken des Interesses zu erwarten.

(77)

Ob. Schütze Werner Wien,　　　　　　Weissenstein, den 31. I. 41.
(Schünemann) Stalag III e,
Kdtr. P. Ue.
Alt-Drewitz/Küstrin.

Lieber Herr Doktor!
Soeben erhalte ich Ihren ausführlichen Brief vom 25. d. M. hierher nachgeschickt. Vor allem möchte ich Ihnen für Ihre offenherzige Kritik danken, – es ist immer besser, sich offen auszusprechen, auch wenn dabei einige drastische Worte fallen, als höflich an den Dingen vorbeizureden. Nur müssen Sie auch mir dieses Recht zugestehen und mir erlauben, Ihnen unverblümt meinen Standpunkt klarzulegen.

Zunächst: ich bin mit meiner Arbeit keineswegs zufrieden. Wie ich Ihnen schon einmal schrieb, hätte ich diesen Roman viel lieber erst nach einigen Jahren geschrieben, wenn ich etwas Abstand gewonnen hätte, aber Sie selbst drängten mich ja und meinten sogar, diesen Roman hätte ich eigentlich „gestern" schreiben sollen, als das Thema noch „aktuell" war! Sie wissen ja selbst, unter welchen schwierigen äusseren Umständen dieses Buch geschrieben werden musste: im Sommer 1939 begonnen, musste ich die Arbeit ganz liegen lassen, weil der Verlag sich weigerte, mir auch nur einen Pfennig Vorschuss dafür zu geben. So war ich gezwungen, für den Verlag Müller-Langen die Andronikow-Arbeit zu übernehmen. Erst im Frühling 1940 erklärte sich der Verlag, – wohl durch Ihre Vermittlung bereit, mir einen Vorschuss von 200 RM. im Monat zu zahlen, aber noch Monate lang schacherte und feilschte der Verlag, bis er endlich im Juli tatsächlich die erste Anzahlung leistete! Und dabei musste ich mich verpflichten, bis zum 1. Januar 1941 das Manuskript abzuliefern! Es blieben mir also praktisch nur knapp 5 Monate für die Arbeit, – eine viel zu kurze Zeit für einen solchen Stoff! Nun zu Ihren Einwänden. Meine „Baltische Tragödie" ist ganz bewusst ein autobiographisches Werk, mit allen Mängeln und Vorzügen, die einem solchen höchst persönlichen Gebilde anhaften. Eine sogenannte „objektive" Darstellung dieser baltischen Tragödie wird vielleicht in 50, vielleicht auch erst in 100 Jahren möglich sein, – jeder Versuch, schon heute den Stoff in dem von Ihnen angedeuteten Sinn zu gestalten, muss misslingen, weil wir noch gar nicht den Abstand zu dem Geschehen haben. Meine Aufgabe sah ich deshalb nicht darin, ein überpersönliches Epos der Baltischen Tragödie zu schreiben, sondern meine und auch meiner nächsten Angehörigen ganz persönlichen Erinnerungen für die Nachwelt festzuhalten: das schien mir wichtiger, als jenes Unterfangen, das kommenden Geschlechtern vorbehalten bleiben muss. Und so durfte auch dieses Nachspiel „Und wenn sie nicht gestorben sind . . ." nicht anders geschrieben werden, wie die „Baltische Tragödie", da es ja deren Fortsetzung und Abschluss ist. Sicher gibt dieses Buch kein vollständiges, vielleicht auch einseitiges Bild vom Aufbruch der Balten, – jedenfalls aber ein Bild, das der Wahrheit näher kommen dürfte, als das, was unsere Zeitungen, auf Befehl des Propagandaministeriums, dem deutschen Leser, wie Sie ganz richtig sagen, „in die Ohren gebrüllt haben", – von einem „geschlossenen Heim-Wollen ins Reich" kann bei uns Balten ebenso wenig die Rede sein, wie bei den Südtirolern!

Mir kam es vor allem darauf an, den rein menschlichen Konflikt darzustellen, den die Balten jetzt durchmachen und erleiden mussten, den Konflikt zwischen Heimatliebe und Treue zum eigenen Volk. Deshalb habe ich ganz bewusst die beiden „Helden", – Madeleine und Aurel, – nach langer Abwesenheit in die baltische Umwelt wieder hineinwachsen lassen, um die grosse Anziehungskraft dieser baltischen Welt (auch in ihrem so reduzierten Zustande) aufzuzeigen und dadurch die ganze Schwere des endgültigen Abschiedes auch einem reichsdeutschen Leser begreiflich zu machen. Ich habe nicht nur an meinen Kindern, die mit 11 und 17 Jahren zum ersten Mal in meine alte Heimat kamen, sondern auch an anderen jungen, im Reich aufgewachsenen Balten erlebt, wie sehr sie sich vom ersten Tage an drüben zu Hause fühlten, und wie ihnen in wenigen Sommerwochen diese baltische Erde zur eigentlichen Heimat wurde. Auch glaube ich, dass auf diese Weise grade einem reichsdeutschen Leser das baltische Milieu näher gebracht wird, wenn er selbst, wie Madeleine, erst allmählich hineinwächst, statt dass alles Baltische von vorn herein als etwas Bekanntes vorausgesetzt wird.

Sie meinen zwar, „der Leser lerne nicht innere Seelenlagen, sondern immer neue Schauplätze und Menschen kennen"; offen gestanden, das verstehe ich nicht, denn grade an den verschiedenen Schauplätzen und Menschen zeige ich ja ihre sehr verschiedenen „Seelenlagen" auf: den „Elch", den „Mojahnschen", die „Kangermoisschen Tanten", die so verwachsen sind mit ihrem Zu-Hause, dass sie einfach nicht fortkönnen oder daran sterben; Reinhard, Gotthard, Heinz, Adda, Aurel, Annalieschen, Madeleine, – die sich nach schweren Seelenkämpfen zum Aufbruch entschliessen; und endlich Boris, Fred und Arist, denen der Abschied relativ leicht fällt, weil sie schon lange fort wollten. Sie meinen, dass ich das alles, namentlich bei Boris, zu wenig unterbaut hätte. Ich weiss nicht, wie ich noch deutlicher hätte werden können, ohne Gefahr zu laufen, mich zu wiederholen. Denn Boris jammert doch immer wieder über die Hoffnungslosigkeit der baltischen Situation: S. 33: „Wenn ich nur mal fort könnte! Was soll hier aus mir werden! . . ." S. 42: „Hat dieses Restgut-Dasein wirklich einen Sinn? Fort will ich . . ." S. 105: „Was fang ich hier an?! . . ." bis er, S. 214, zur Erkenntnis gelangt: „Was deutsch war, muss wieder deutsch werden. Und so lange müssen wir hier durchhalten, dürfen uns nicht unterkriegen und noch weniger hinausekeln lassen: es kommt jetzt auf jeden an!" Sie meinen, Boris hätte zum Entschluss kommen müssen, nach Deutschland zu gehen und dort etwas zu leisten, – „das wäre die Entscheidung eines Mannes"! Wie sehr verkennen Sie die baltische Situation: die Jungen *durften* ja gar nicht nach Deutschland gehen, das galt allgemein als Verrat an der deutschen Sache; ja, mir sind Fäl-

232

le bekannt, wo junge Balten, die im Reich bereits gute Anstellungen hatten, diese aufgeben mussten, weil jeder Balte „im Lande" bleiben sollte: bis zum Herbst 1939 galt jeder als „Verräter", der ins Reich ging! Und einen Monat später war jeder ein „Verräter", der n i c h t ins Reich ging!!! So schnell wechselten die Ansichten und Überzeugungen!

So könnte ich noch viele Ihrer Einwände widerlegen, weil Sie eben von ganz falschen Voraussetzungen ausgehen. Und eine der grundverkehrtesten Voraussetzungen Ihres Urteils ist, dass die Rückwanderung der Balten „als Ausdruck des geschlossenen Heim-Wollens, als Bekenntnis volksdeutschen Reichsstrebens" gedeutet werden müsse, da „dieses Thema der Nation durch die ganze Propaganda als ein erhabenes dargestellt worden sei".

Sie schreiben: „Kein Mensch verlangt von Ihnen, dass Sie lügen. Aber jeder verlangt von Ihnen, dass das Grosse darin, das nun einmal wirklich nicht zu leugnen ist, nach Möglichkeit hervorgehoben wird." Ich muss Ihnen ehrlich gestehen, dass ich beim besten Willen nichts Grosses darin erblicken kann, dass Hundert Tausend Menschen aus ihrer Jahrhundertalten Heimat herausgerissen und in einem wildfremden Lande, das niemals deutsch gewesen ist, angesiedelt werden. Im Gegenteil, diese ganze sogenannte „Heimkehr ins Reich", – die ja in Wirklichkeit gar keine „Heimkehr", sondern Neu-Ansiedlung in einem reichsfremden Gebiet bedeutet, – empfinde ich, genau so wie die Preisgabe Südtirols, als eine aus politischen Gründen vielleicht notwendige, aber doch höchst unerfreuliche und sehr schmerzliche Angelegenheit, die jedenfalls kein Ruhmesblatt der deutschen Geschichte bedeutet. Im Mittelalter wurde Livland, die älteste deutsche Kolonie, vom Reich im Stich gelassen; jetzt hat man unser Land für ein paar Silberlinge an unseren Todfeind, die Russen, verschachert und verraten, – wir waren der Preis für die sogenannte „Russen-Freundschaft"! Und das Groteske dabei ist, dass diese Bolschewiken bis 1939 ja auch die erklärten Feinde des National-Sozialismus waren! Ueber diese beschämenden Dinge sollte man lieber schweigen, als sie, – wie unsere Zeitungen es leider auf Befehl täglich tun müssen, – in etwas „Grosses" und „Erhabenes" zu verfälschen. Sie ahnen nicht, wie schwer mir dieses Schwei-

233

gen und Verschweigen gewesen ist, – aber mir blieb ja nichts anderes übrig. Dass ich aber Weiss Schwarz, und Schwarz Weiss nennen soll, wie Sie es verlangen, ist mir beim besten Willen nicht möglich. Das Einzige, was ich mit gutem Gewissen tun kann und auch getan habe, ist, die Preisgabe meiner Heimat als ein unter den gegebenen Verhältnissen notwendiges Opfer für das Reich anzusehen: wir Balten müssen dieses schmerzliche Opfer im Interesse des Reiches bringen. Das Schicksal von Hundert tausend Balten spielt keine Rolle, wenn es um das Schicksal des ganzen Volkes geht. Aber von dieser Einsicht bis zur Glorifizierung dieser unrühmlichen Preisgabe der ältesten deutschen Kolonie ist doch noch ein weiter Schritt! Und eben diesen Schritt kann ich nicht gehen, weil er nicht nur meiner persönlichen Ueberzeugung, sondern auch den Tatsachen widerspricht. Zeitungen können und müssen wohl auch lügen, – ein Dichter hat sich an die Wahrheit zu halten. Schwer genug ist es, sie nicht auszuprechen; aber ihr widersprechen darf er in keinem Fall. Sie werden es deshalb verstehen, warum ich meinen Roman nicht „politisch überbauen" kann, wie Sie es verlangen: täte ich es, dann müsste ich das sagen, was ich und die meisten Balten darüber denken, und eben dies ist unter den heutigen Verhältnissen nicht möglich. So musste ich alles Politische auf ein Minimum beschränken, und das Rein-Menschliche umso stärker in den Vordergrund rükken. Sicher ist das ein Mangel, aber ein Mangel, den nicht ich verschuldet habe!

Völlig abwegig finde ich dagegen Ihre Ansicht, ich hätte in meinem Buch „das politisch-soziale Problem, Recht und Unrecht des Volkstumskampfes, mit ganz realen Angaben über die prozentualen Anteile der verbleibenden Restgüter, über den Numerus clausus für die Deutschen bezüglich akademischer Berufe, über die Preise der Lebenshaltung und dergleichen" zur Sprache bringen sollen. Wer darüber Bescheid wissen will, mag zu politischen Schriften greifen. Meine Sache ist es nicht, Zahlen und Daten, sondern ein lebendiges Bild, lebendige Menschen zu geben.

In jedem Fall will ich mein Manuskript noch gründlich durcharbeiten, stilistisch glätten und unnütze Längen kürzen, vielleicht auch noch Einiges einfügen und nach Möglichkeit dabei Ihre Wünsche berücksichtigen, – sehr schade, dass wir uns nicht darüber unterhalten können, ich glaube, mündlich würden wir uns über Vieles leichter verständigen, als es brieflich möglich ist! – aber an der Grundhaltung und Einstellung meines Buches kann ich nichts ändern, weil ich meine Ueberzeugung nicht ändern kann!

Sie meinen, dass „jede Kunstbetrachtung, und erst recht jede amtliche Stelle" mir mein Buch „schwer verübeln würde", – das mag sein. Aber ich bin ja so wie so ein reudiges Schaf, – und da will ich es lieber bleiben, als gegen meine Ueberzeugung in den allein seligmachenden Stall aller frommen Schafe heimfinden!

Ich glaube aber, dass Sie in dieser Hinsicht allzu schwarz sehen. Denn sonst hätte die Kölnische Zeitung, – eine der wenigen Blätter mit literarischen Niveau, die wir noch in Deutschland besitzen, – nicht sofort, eine Woche nach Einsendung des Manuskriptes den Roman zum Vorabdruck angenommen (seit dem 1. Januar läuft er dort!) Der Schriftleiter, ein Herr Hering, „beglückwünschte mich zu dem ausgezeichneten Werk", und Herr Sarnecki, der die Roman-Abteilung unter sich hat, schrieb mir: „Nun ich wieder an der Arbeit bin, den Roman täglich in Stücken lese und gliedere, geniesse ich jedes Stück noch einmal mit Behagen; es ist Ihnen gelungen, wiederum nicht nur die Athmosphäre, auch das Leben der Menschen und den Reiz der Landschaft schön, fesselnd und farbig zu gestalten. Ich bin überzeugt, dass wir einen guten Erfolg mit dem Roman haben werden, und den wünsche ich auch der Ausgabe als Buch . . ." Und das schreibt ein Reichsdeutscher! Uebrigens erhalte ich grade in letzter Zeit immer wieder dankbare Zuschriften von mir völlig fremden Balten, – auch von Schülern, – die mir immer wieder versichern, meine „Baltische Tragödie" wäre jetzt, in der Fremde, für sie wie ein Stück alte Heimat! Wenn das Buch jetzt nicht vergriffen wäre, würde es ohne Zweifel im Warthegau gut gekauft werden; ich habe schon mehrfach Anfragen erhalten, ob und wann eine Neuauflage erscheinen wird. Ich bin deshalb überzeugt, dass auch dieser Schlussband, jedenfalls bei meinen baltischen Landsleuten sehr gut gehen wird, – und zwar grade deshalb, weil ich ihn so, und nicht anders geschrieben habe! Hätte ich die Umsiedlung als etwas „Erhabenes" verherrlicht, – dann hätten sie mich sicher gesteinigt! Wissen

Sie, wie es jetzt im Warthegau ausschaut? Es gibt kaum einen Balten, der nicht sofort, wenn nötig, zu Fuss, unter Zurücklassung aller Habseligkeiten, in die alte Heimat zurückwandern würde, wenn das möglich wäre! Auch die, die mit grosser Begeisterung kamen, sind nun gründlich, durch reichsdeutsche Parteibonzen, von ihren Illusionen geheilt worden. So schreibt mir ein junger Balte:
„Es ist merkwürdig, dass jetzt vielfach gerade bei den ‚Bewegten' (so wurden bei uns die balt. Naz. Soz. genannt!), die doch in den letzten Jahren keine Bindung mehr an unser Land zu haben schienen, und die auf diese Lösung doch direkt hingesteuert haben, Verzweiflung und Zusammenbrüche zu beobachten sind und eine allerdings späte Wiederentdeckung des baltischen Herzens . . ."
Bitte teilen Sie mir mit, ob der Verlag meinen Roman in dieser Form bringen wird, und wenn ja, bis wann er das druckfertige Manuskript haben möchte. Da ich nur einen dünnen Durchschlag habe, bitte ich Sie, mir das Manuskript zu schicken, damit es durcharbeiten kann.
Mit den besten Grüssen
Ihr unbelehrbares Sorgenkind

Betrifft: „Und wenn sie nicht gestorben sind . . ." (den „Letzten Akt" der Balt. Trag.)
Dr. Wien hatte am 25. 1. 41 in einem 7seitigen Brief, der nach München adressiert war, seine Unzufriedenheit mit dem Manuskript dargelegt. An vielen Stellen seines o. g. Antwortbriefes geht Vs auf diesen Brief ein. Hier aber noch einige Stellen, die interessant erscheinen:
Dr. Wien: *Rücktransport* . . . „Denn da sind nun einmal Bilder von epischer Grösse dagewesen, etwa die Riesenzüge der Viehherden, die Ströme der in allen Ständen nivellierten volksdeutschen Bevölkerung zu den Schiffen, das erwartungsvolle Beieinander, das ein solches Schiff zu einer Stelle gleichen Erlebens werden liess, auch wenn diesen einen grossen Ton das Gewirr widerstreitender Gefühle und privater Schicksale manchmal zu übertönen droht . . . Was aber erfährt der Leser aus Ihrem Buch? Er erfährt, daß das Grüppchen, das früher auch in Blumbergshof und Altschwanensee usw. im-

mer noch von der Bevölkerung als die ‚Baronsdamen' u. ähnl. angesehen wurde, auch auf diesem Schiff sich eine Privatecke einrichtet, die Vorschrift übertritt und unter 3 000 die Extrawurst für sich verlangt, ein Hündchen mit an Bord bringen zu dürfen . . . (Besagtes Hündchen, das schon in dem ganzen Buch wichtiger genommen wurde als die Reichsidee); das im übrigen einige der wenigen vorhandenen Kabinen mit Beschlag belegt, sonst aber sich nur untereinander unterhält, kein Mal – es sei denn, mit dem Steward – in ein Gespräch mit seinen sogenannten Volksgenossen sich einlässt, im Gedränge ohnmächtig wird und so fort. Was hätte aus diesen Szenen gemacht werden können! Hier hätte man ein Wiederbegegnen der auf den Restgütern verstreuten Familienmitglieder bringen können, das zuerst die Familie wieder sammelt, dann die Bekannten aus den Städten, den Wirt von nebenan und den Lehrer vom Nachbargut und den und jenen Knecht wieder zusammenführte. Hier hätte sich das Volk als Volk erkennen können und sich helfen können. Auf Ihrem Rückwandererschiff hilft keiner dem anderen, im Gegenteil, das einzige, was wir von den Fahrtgenossen erfahren, ist, dass der eine den anderen bestiehlt . . .

Wenn wir schon jede Pfeife und jedes Möbelstück der Vergangenenheit bis ins Kleinste sehen lernen sollen, dann müssen wir ebenso genau die nun wirklich bestimmenden Mächte der damaligen Gegenwart erkennen. Denn das Buch soll ja als Ganzes nicht allein einen Abgesang für eine verklingende Zeit sondern einen Übergang und einen Aufbruch darstellen . . ."

(78)

An Kubin   Weissenstein, den 9. 4. 41.

Lieber Freund!
Herzlichen Dank für Ihr Lebenszeichen! In dieser gottverlassenen Zeit, wo das Leben so wenig gilt, und alles Menschliche sich immer mehr in einem Chaos aufzulösen droht, ist es gut zu wissen, dass drüben, hinter dem Wald, auch noch Einer wohnt, und allen Widerwärtigkeiten zum Trotz weiter schafft! Aber Sie haben diese Zeit der entfesselten Dämone doch vorausgeahnt, – was ist die Gegenwart anderes, als der realisierte Spuk Ihrer „Anderen Seite"?! Nur dass die Wirklichkeit viel trivialer, spiessiger und unmenschlicher ist, – ich

„Kubin aus dem Turm grüssend"

glaube, sogar die Dämonen werden mit dieser Rolle, die sie heute spielen müssen, nicht zufrieden sein! Ja, was wird nun aus uns „Papiermenschen" werden?! Mein Verlag schreibt mir, – „streng vertraulich" – dass in nächster Zeit überhaupt kein Papier mehr für Romane und ähnliche „kriegsunwichtige" Dinge bewilligt werden soll. Alle meine Bücher sind vergriffen, und kein einziges kann vorläufig neuaufgelegt werden! Die kleine „Dunkle Geschichte" ist grade noch durchgeglitzt, – sie sollte eigentlich schon vor Weihnachten erscheinen. Und mein neuer Roman, – der Schlussband zur „Baltischen Tragödie", – der in der Kölnischen Zeitung abgedruckt wurde, wird frühestens im nächsten Frühjahr als Buch herauskommen können, aber auch das ist nicht sicher! Wegen dieses Romanes habe ich mit dem Verlag eine kleine Auseinandersetzung gehabt: man wollte, dass ich die „Heimkehr" der Balten ins Reich im Sinne unserer Propaganda darstelle, – was ich natürlich ablehnte. Meine Antwort, und einen Brief der Kölnischen Zeitung zu der Frage, lege ich bei; die Lektüre wird Ihnen vielleicht Spass machen!

Im Uebrigen zerbreche ich mir nicht den Kopf über die Zukunft. Das alles hat keinen Sinn. Irgendwie wird es schon gehen, wie es immer gegangen ist. Manchmal habe ich das Gefühl, als finge alles wieder von Vorne an: wieder strampelt ein winziges Wesen im Körbchen, wie vor dreiundzwanzig Jahren, als ich hierher zog! Wieder lebt man hier wie auf einer Insel, und draussen ist Krieg! Wie wird die Welt in zwanzig Jahren aussehen, wenn der Kleine gross ist?! Wahrscheinlich wird wieder Krieg sein: Gross-Europa gegen Gross-Asien!

Schrieb ich Ihnen eigentlich schon, dass Isabel zu Weihnachten geheiratet hat? Einen Arzt, Dr. Georg Häussler, der im vorigen Sommer ihr Chef war, als sie sich in Hamburg als Krankenschwester ausbildete. Im Januar war das junge Paar in München, er hat uns allen sehr gut gefallen. So habe ich noch einen grossen Sohn bekommen, – der ebenso alt ist, wie Jella!! Gotthard hat sich als Freiwilliger bei der Luftwaffe gemeldet, ist angenommen, und wird wohl Ende April dran kommen. Zum Glück dauert die Ausbildung ein ganzes Jahr. Aber ich fürchte, der Krieg dauert noch länger!

Wissen Sie, dass der Duce ein Buch schreiben soll? Mit der einen Hand hält er sich an der Achse fest, und mit der anderen schreibt er: „Dein Kampf – mein Sieg!"
Sie haben recht gehabt: der „letzte" Schnee war es nicht: jetzt ist wieder alles weiss!
Mit herzlichen Grüssen, auch an Ihre Frau, von uns Beiden,

Siegfried + Jella v. Vegesacks Sohn Christoph war am 1. Dez. 40 geboren worden.

(79)

An den Verlag   Weissenstein, den 12. 4. 41.
Carl Schünemann, Bremen.

Sehr geehrter Herr Ostertag!
Das sind ja Hiobsnachrichten, die Ihr letzter Brief brachte! Selbstverständlich hat jeder im Kriege Opfer zu tragen, – wenn aber jetzt überhaupt keine Bücher mehr erscheinen sollen, so ist das schon kein „Opfer", sondern einfach Existenz-Vernichtung, jedenfalls für einen Autor, der von seinen Büchern leben muss, wie es bei mir der Fall ist! Ich verstehe dabei nur das Eine nicht: laut Lageraufnahme vom 31. 12. 40 waren noch folgende Bücher von mir in Roh-Exemplaren vorhanden:
„Das fressende Haus": 14 300 Stück; „Das Kritzelbuch": 10 250 Stück; „Meerfeuer": 2 018 Stück; „Unter fremden Sternen": 1 000 Stück.
Die Bücher brauchen also gar nicht gedruckt, sondern nur aufgebunden zu werden, – und dazu braucht man doch keine Papierbewilligung! Sie schreiben mir, dass die Buchbindereien nicht mehr liefern könnten und ihre Betriebe ganz einstellen müssten. Das scheint mir aber vorläufig doch noch nicht der Fall zu sein, denn an-

dere Verleger bringen nicht nur neue Bücher, sondern auch Neuauflagen heraus. So erscheint jetzt im Verlag von F. A. Herbig eine dritte
Auflage meiner Erzählung „Aufruhr in der Quebrada", und der Atlantis-Verlag teilt mir soeben mit, dass er meinen „Spitzpudeldachs"
neu aufbinden lässt. Es müsste also doch möglich sein, wenigstens
einen Teil der Roh-Exemplare aufzubinden, – und das liegt doch
schliesslich im Interesse aller Beteiligten! Sicher wird auch der Verlag und der Sortimenter dadurch betroffen, aber der Verlag hat doch
Reserven, und der Sortimenter alte Lagerbestände, von denen sie eine Zeit lang leben können. Aber der Autor, der von seiner Feder
lebt, hat nichts, und was noch schlimmer ist: er kann auch nicht
schaffen, wenn ihm die Existenz-Grundlage entzogen wird!
Ich bitte Sie, mir „Die gestohlene Seele" zurückschicken, da ich
Aussicht habe, sie wo anders erscheinen zu lassen. Am 20. April
komme ich für etwa zwei Wochen nach Berlin; falls Sie oder Dr.
Wien dann in Berlin sein sollten, wäre es vielleicht ganz gut, sich
einmal auszusprechen und vielleicht gemeinsam die amtlichen
Stellen aufzusuchen!
Für Uebersendung von 10 weiteren Exemplaren meiner „Dunklen
Geschichte" auf meine Rechnung wäre ich Ihnen dankbar.
Mit den besten Ostergrüssen
Ihr ergebener

siehe Brief v. Ostertag vom 31. 3. 41:
„Es steht nämlich, wie ich Ihnen *streng vertraulich* mitteilen möchte, zu erwarten, dass Papier für Unterhaltungsschrifttum usw. in nächster Zeit nicht
mehr hergestellt wird. Die Amtsstelle, die das mitteilt, fügt hinzu, es sei ihr
wohl bewusst, welche Schäden dadurch für die Buchhändler *und Autoren*
entständen. – Ihr kleineres Werk ‚Die gestohlene Seele' im Herbst ds. Js. zu
bringen, ist mir unmöglich ... So viel ich weiss, können die Buchbindereien
nur noch eine sehr kurze Frist überhaupt liefern. Dann sollen sie wegen
Mangel an Arbeitern die Herstellung von Bucheinbänden, gleichgültig ob
Papp- oder Leineneinbände, einstellen ...
Wenn durch Mangel an Vorräten von nicht kriegswichtigem Schrifttum der

Absatz von Büchern völlig zum Stocken kommt, so haben wohl die Autoren, aber auch die Sortimenter und vor allem die Verleger sehr zu leiden..."
Es fällt dies auch unter das Kapitel Opfer, die der Krieg von jedem fordert."

siehe Brief v. Ostertag vom 16. 4. 41
„Ihre Feststellungen bezüglich der am 1. 1. ds. Js. noch vorhandenen Bestände roher Exemplare Ihrer Werke . . . treffen zu . . . Leider hapert es am Binden. Wenn ich in meinem Briefe vom 31. v. Mts. schrieb, die Papierbeschaffung stosse jetzt auf grosse Schwierigkeiten, so schrieb ich das in Bezug auf Ihren neuen Roman . . . Vertraulich möchte ich Ihnen mitteilen, dass jetzt nicht nur die Papierbeschaffung erschwert ist, sondern dass auch – rückwirkend ab 1. 4. ds. Js. – das Drucken und Binden von Büchern (. . .) von der Erteilung von Bewilligungsscheinen, die die Wirtschaftstelle für den deutschen Buchhandel in Berlin . . . in Ausnahmefällen ausstellt, abhängig gemacht ist.
Ich möchte Ihnen empfehlen, über Ihre Fachschaft bei der Wirtschaftsstelle unter Darlegung Ihrer besonderen Verhältnisse vorstellig zu werden . . ."
Eine dunkle Geschichte war 1941 bei Schünemann erschienen, *Die gestohlene Seele* 1942 beim Händle-Verlag, Mühlacker.

(80)
An den Verlag   Weissenstein, den 17. 5. 41.
Carl Schünemann,
Bremen

Sehr geehrter Herr Ostertag,
ich freue mich, dass es Ihnen nun doch gelungen ist, die Herstellung von wenigstens 3 000 Stück der „Baltischen Tragödie" durchzusetzen. Trotzdem wird es vielleicht gut sein, auf alle Fälle noch einen Dringlichkeits-Antrag an die Wirtschaftsstelle für den deutschen Buchhandel zu richten, damit, falls irgendwelche Schwierigkeiten auftauchen sollten, die Herstellung nicht verzögert wird.
Besten Dank für die Ueberweisung der RM 133.88 für die abgesetzten Restbestände meiner Bücher. Nur der Ordnung wegen möchte ich bemerken, dass die von Ihnen hierbei in Abzug gebrachten RM

242

20.30 für eine Buchschuld bereits von den letzten 200 RM abgezogen worden sind, denn die Gewerbebank Deggendorf erhielt im Mai nur RM 179.70.

Die Deutsche Buchgemeinschaft hat mir inzwischen mitgeteilt, dass sie für die Neuauflage der „Baltischen Tragödie" in Höhe von 8 000 Ex. RM 1 600 an Ihren Verlag überwiesen hat. Was meinen Anteil betrifft, so kennen Sie meinen Standpunkt, der juristisch unanfechtbar ist: ich habe mich lediglich für meine neuen, n a c h Uebernahme durch Ihren Verlag erscheinenden Bücher mit einem Anteil von 60:40 einverstanden erklärt, und da die „Baltische Tragödie" sowohl im Buchhandel, als auch in der Buchgemeinschaft bereits 1936 erschienen ist, so kann gar kein Zweifel darüber bestehen, dass in diesem Fall der bisherige Anteil von 80:20 weiter bestehen muss. Aber ich denke, es wird am besten sein, wenn wir die Erörterung dieser Frage auch in Zukunft, – sollten Sie wirklich diesen klaren Sachverhalt anfechten, – unseren Rechtsanwälten überlassen, damit die Beziehungen zwischen dem Verlag und mir nicht wieder getrübt werden!

Da Sie meine „Gestohlene Seele" nicht bringen wollten, habe ich diese Erzählung dem Verlag Händle angeboten, der sie gern bringen will. Nur möchte er, da sie für seine Bücherreihe um etwa 20 Seiten zu kurz ist, noch eine kleine Erzählung dazu haben. Bitte teilen Sie mir mit, ob Sie eventuell damit einverstanden wären, wenn das Kapitel „El Capitan" (18 Seiten) aus meinem Buch „Unter fremden Sternen", natürlich mit Quellenangabe und ausserdem einem Verzeichnis und Hinweis auf alle meine bei Ihnen erschienenen Bücher in dem Bändchen abgedruckt würde? Ich glaube, eine solche Probe würde für den Absatz meines Südamerika-Buches nur günstig sein, denn die „Gestohlene Seele" soll in einer grossen Auflage erscheinen.

Wie ich in Berlin hörte, sollen von der „Dunklen Geschichte" schon über 5 000 Stück abgesetzt sein. Sind Kritiken erschienen?

Mit den besten Grüssen

Ihr ergebener

Dringlichkeitsantrag: Ostertag hatte am 20. 5. geschrieben: „Die Stellung von Dringlichkeitsanträgen ist leider bis zum 1. Juni ds. Js. völlig gesperrt. Dann dürfen nur solche Anträge im geringen Umfange eingebracht werden, die Werke betreffen, die im gegenwärtigen Abwehrkampf der Nation von besonderer Wichtigkeit oder Bedeutung sind." Vegesack war im Mai 41 im Propaganda-Ministerium vorstellig geworden.

Die gestohlene Seele erschien 1942 ohne diesen Anhang.

Siehe S. v. V.: *Wie ich die zwölf Jahre erlebte. S. 26*
„Als der Krieg im Osten ausbrach, meldete ich mich freiwillig als Dolmetscher. Ich wurde dem Wirtschafts-Stab-Ost zugeteilt, dessen Chef, General Schubert, mich mit dem Auftrag in den Osten schickte, einen wahrheitsgetreuen Erlebnis-Bericht meiner Eindrücke zu schreiben."

(81)

An Jella von Vegesack   o. O. [Ostpreussen]
Sonntag, d. 3. August 41

Mein Liebes!
Sitze hier als „Offizier vom Dienst" in einer kleinen Schreibstube, – seit 2 Uhr Mittags, u. muss noch bis 9 Uhr abends „Dienst thun! – d. h. stumpfen! Dann und wann muss ich eine teleph. Meldung entgegennehmen, und über alles genau Protokoll führen, z. B.: „für Major O. einen Wagen 16.10 für Block 3, Zimmer 108!" Es ist stinklangweilig! Gleich am ersten Tag meines Dienstantrittes muss ich diesen Dienst versehen, – aber das, was ich sonst hier zu tun habe, wird noch viel langweiliger sein! Im Grunde ist hier nämlich überhaupt *nichts* zu tun: die Dolmetscher, die hier schon 5 Wochen herumsitzen, haben bisher nur eine halbe Stunde etwas übersetzen müssen! Alle sind ganz verzweifelt. Ein Riesen-Apparat ist hier aufgezogen, mit vielen „Gruppen", „Abteilungen", Generälen, Majoren usw., – die alle im Grunde nichts zu tun haben und Papier mit völlig unnützen Dingen füllen.
Es steht jetzt fest, dass der ganz Stab in etwa 2 Wochen nach Berlin zurückkehren wird. Ich hoffe, dass ich dann, – durch M., – an irgend

eine andere Stelle kommen werde, wo ich wenigstens etwas nützliche Arbeit leisten kann. Aber vielleicht ist es gut, dass ich einmal diesen papierenen Militär-Betrieb kennenlerne, – man macht so allerlei Studien dabei u. lernt die verschiedensten Typen kennen! Einer der Dolmetscher ist mein alter Studien-Freund G., mit dem ich d. Stadtgymnasium in Riga und später Dorpat besuchte, auch er ist ganz unglücklich, – und auch er hat sich, wie fast alle Balten, freiwillig gemeldet! Außerdem ist hier noch ein sehr netter junger Balte Specht, der durch diese öde Arbeit, – die gar keine Arbeit ist, – schon ganz verzweifelt ist. Ich habe noch Glück gehabt, dass ich so spät hergekommen bin; jetzt wird es ja nicht mehr lange dauern, bis wir alle nach Berlin kommen. Hoffentlich werde ich dort eine andere Arbeit (überhaupt eine) bekommen! Aber noch viel lieber wäre es mir, wenn ich ganz wo anders hin käme, – weiter nach dem Osten! Für Dich wird es allerdings lieber sein, wenn ich nicht hinauskomme!

Ich wohne hier in der Kaserne, mit einem Kriegs-Verwaltungs-Rat Donner zusammen, mit dem ich gleichzeitig hier am Freitag abend hier ankam. Es ist eigentlich ein Krankenzimmer, mit 6 Betten, gross und luftig und sauber. Wir haben einen wunderbaren Baderaum mit warmem Wasser, 2 Wannen, Duschen usw. Alles ist hier ganz neu, vor einigen Jahren eingerichtet: riesige Kaserne, die jetzt vom Wehrwirtschafts-Stab eingenommen wurde. Ich esse im Kasino; das Essen ist recht gut; gestern gab es dicke Bohnensuppe mit einigen kleinen Fleischstücken, heute Schweinebraten mit gelben Rüben, Nudeln, Kartoffeln und guter Sauce. Der Kaffee ist natürlich grauenhaft, – aber zum Glück gibt es hier im Kasino guten schwarzen Tee, – die Portion 50 Pfennig! Ich werde deshalb jetzt immer Tee trinken! Gutes, schwarzes Brot, – aber eine undefinierbare braune Marmelade, an die man sich wohl mit der Zeit gewöhnen wird! Frühstück ab 7 Uhr, Mittag um 12 oder 1, und Abendessen um 7. Heute werde ich aber erst nach 9 essen können, da ich ja bis 9 hier meinen Dienst verrichten muss. Jetzt ist es ein Viertel nach 4, – also fast noch 5 Stunden! Bisher habe ich 9 Meldungen empfangen oder weitergegeben, – bin eine Art Telephon-Fräulein!

Gestern wurde ich dem General Schubert vorgestellt, – der mich sehr freundlich begrüsste, und zwar als „Schriftsteller"! – er meinte, mit meinem „guten Stil" würde ich „ausgezeichnete Berichte schreiben"! Deshalb bin ich auch in die Nachrichten-Abteilung gekommen, und nicht zu den Dolmetschern, worüber ich sehr unglücklich bin, denn als Dolmetscher hätte ich doch wenigstens die Aussicht, einmal hinauszukommen! Und von den rein-wirtschaftlichen Nachrichten, die ich bearbeiten soll, begreife ich überhaupt nichts! Na, abwarten; man lernt hier Geduld, – und die Langeweile ertragen! Vor allem will ich mich überhaupt nicht aufregen, alles mit Ruhe und Humor mitmachen. Habe nie gedacht, dass man mit einem solchen Apparat von Hunderten von Leuten so wenig tun kann, – und dabei tut, als wenn man sehr viel täte! 80% von aller „Organisation" ist Leerlauf, – organisierter Leerlauf! Und eine tolle Papierwirtschaft mit Akten, Mappen, Karteien usw.

Draussen geht ein Posten auf und ab, – und der hat es vielleicht noch langweiliger als ich! Die Sonne scheint, herrliches Wetter. Ihr sitzt jetzt wohl auf der Brückenseite beim Tee, – wie gerne wäre ich bei Dir! Falls ich für längere Zeit nach Berlin zurückkommen sollte, musst Du es doch so einrichten, dass Du wenigstens für ein paar Tage zu mir nach Berlin kommst, – könnten nicht Mama und Irmgard so lange den Kleinen in Pöcking behalten?! Wann fahrt Ihr nach Pöcking? Und was wird dann aus E. werden? Am besten wäre es, wenn Ihr sie mitnehmen würdet!

Verschiedene Offiziere haben mich hier schon gefragt, ob ich mit „dem Schriftsteller" verwandt sei, und sind dann sehr überrascht wenn ich dieses bestätige! Es ist sehr schwer, die vielen neuen Gesichter auseinanderzuhalten. Bei den Mahlzeiten sind wir gegen 80–100 Mann (im Ganzen sind hier gegen 160 Offiziere, Majore usw!), an einem grossen Hufeisen-förmigen Tisch, – oben in der Mitte der General. Der Chef meiner Gruppe, – ein Oberstleutnant, ist etwas eingeschnappt, weil ich mich nicht zuerst bei ihm meldete, und zuerst dem General vorgestellt wurde! Er soll sehr empfindlich sein. Ich nehme das nicht tragisch. Das Nichtstun macht hier auf die Dauer alle Menschen etwas nervös und verrückt. Es ist jetzt 5. Mein Hintern ist ganz hart geworden vom langen Sitzen auf dem steinharten Stuhl. Und noch vier Stunden muss ich so sitzen und stumpfen!

Jetzt ist es 7 Uhr 10.

Wichtiges Ferngespräch aufgenommen! Der gute Specht half mir dabei. Wird eben vom Schreiber in die Maschine getippt.

Es war sehr spannend! Alles ist gutgegangen.

Heute abend gibt es im Kasino Wurst und Schmalz! Man wird mir Wurst aufheben, da ich erst um 9 zum Essen gehen kann! Hoffentlich geht alles gut, bis der Dienst erledigt ist! Verzeih dieses Gekritzel, – kann mit d. Blei so schlecht schreiben, und hier gibt es nichts anderes! Ausserdem werde ich immerfort unterbrochen, – Ordonnanzen, Offiziere, Majore, – alles kommt, meldet etwas, oder will einen Wagen, 2 Wagen und 1 Schreiber stehen mir hier zur Verfügung, – aber natürlich der Wagen nur für die anderen! Habe mir ein Kissen von der Pritsche auf den Stuhl gelegt, sitze jetzt ganz bequem! Auf diesem schönen Postpapier nehme ich alle Meldungen auf! Nun Schluss für heute Dich liebt und umarmt

Dein „Offizier vom Dienst"!

P. S. Grüß Mama und für den Kleinen viele Küsse!

9 Uhr

Meinen Dienst glücklich beendet! Es kam noch ein Haufen Fernschreiben, muss noch meine „Meldung" erstatten (ein genaues Protokoll!) und mich beim Hauptmann abmelden. Dann ins Kasino, wo es noch hoffentlich etw. Wurst geben wird! Und Tee! Und vielleicht einen Schluck Bier! Und dann ins Körbchen!!

Dich liebt und umarmt

der todmüde

„Offizier vom Dienst"

P. S. 5. August

Es gab 2 Stückchen Wurst, – aber keinen Tee, – die Küche hatte um 10 geschlossen! Dafür trank ich mit dem Hauptmann eine Flasche Rheinwein, – weil es leider auch kein Bier und keinen Rotwein gab! Habe eben warm gebadet und mich kalt abgeduscht, gehe gleich zum Frühstück und trete dann wieder meinen „Dienst" an. 14 Tage werde ich es noch aushalten! Dann kannst Du mir wieder nach Ber-

lin W 50, Ansbacherstr. 20 schreiben, – Feldpost geht viel langsamer
hier!

(82)
An Jella von Vegesack   Feldpost
                                                    den 6. August 41

Meine liebe Jella!
Ich konnte Dir nicht früher schreiben: ich war zu verzweifelt! Nun
hab ich zum ersten Mal, seitdem ich hier bin, einen kleinen Spaziergang gemacht, und der hat mir gut getan. Auch diese Zeit wird vergehen, – wir werden wieder zusammen sein, und dann wird mir alles
wie ein böser Spuk erscheinen, was ich hier erlebe! Ich habe nie ge-
ahnt, dass es ein so ödes und trostloses Leben geben kann, wie dieses, das ich hier seit Sonntag führe. Es kommt mir schon wie eine
Ewigkeit vor!
Wie ich Dir schon schrieb, bin ich nicht zu den Dolmetschern, sondern in die Nachrichten-Abteilung geraten. Und das ist vielleicht
ein Glück. Denn die Dolmetscher haben hier noch weniger zu tun.
Wir verarbeiten alle Nachrichten und Berichte über wirtschaftliche
Fragen, die vom besetzten Gebiet und der Front einlaufen: ganze
Berge von Papier werden wieder zu Papier verarbeitet! Habe nie ge-
ahnt, dass man so viel Papier mit so unnützen Zeugs füllen kann: alles wird registriert, in Akten-Mappen und Karteien eingetragen und
wieder zu neuen Berichten zusammengestellt! Die einzig angenehme und erfrischende Abwechslung ist, dass ich (heute schon zum
zweiten Mal) ins Führer-Hauptquartier fahre und von dort den „La-
gebericht" abhole, der natürlich sehr viel ausführlicher ist, als unser
armseliger „Wehrmachtsbericht"! Wo das Hauptquartier liegt, darf
ich Dir natürlich nicht sagen, aber so viel kann ich Dir wohl verraten, – wenn Du es niemandem weiter sagst, – wo ich eben bin, –*
wenn Dir das ein Begriff ist! Ich jage wie ein Kurier auf einer herrlichen Autostrasse, fasst eine Stunde hin, schreibe mir dort alles
Wichtige auf, und jage wieder zurück, in einem schönen Wagen. So

erfahre ich alles aus erster Hand, und dann muss ich alles Wichtige auf einer Karte eintragen. Im übrigen arbeite ich mich durch einen Wust von Berichten durch, der jeden Tag immer grösser wird! Von 1–2 ist Mittagessen, und dann hocke ich wieder meist bis 7. Den ,Tutito' muss ich mir abgewöhnen!

Ich habe sehr nette Kameraden, – aber nicht sehr erfreuliche Vorgesetzte. Auch sonst ist der ganze Betrieb wenig erfreulich, und es passieren unglaubliche Dinge, die ich Dir einmal erzählen werde, – ähnlich wie das, was Gotthard in Norwegen erlebte! Alles rafft, – und je höher hinauf, desto mehr! Zum Glück wird es bald nichts mehr zu raffen geben. Die Balten mussten „heim ins Reich", und die Reichsdeutschen wollen „reich ins Heim"!

* Nein, auch das will ich lieber nicht schreiben! Alles ist ein grosses Geheimnis.

Es steht fest, dass der ganze Stab in etwa 10 Tagen nach Berlin übersiedelt, was dann aus mir werden wird, weiss ich nicht. Ich fürchte, dass ich schwer loskommen werde. Aber in Berlin in einem Büro hocken, – das wäre schrecklich! Wie anders habe ich mir meine „militärische Laufbahn" vorgestellt! Es wird dunkel, ich muss schliessen. Wir haben zwar elektr. Licht, können aber die Fenster nicht verdunkeln. Habe noch niemandem geschrieben, nicht einmal Isabel. Will ihr noch eine Postkarte mit meiner Feldpost-Nr. schreiben. Gotthard hockt wohl auch schon in einer Kaserne!

Dich und den Kleinen umarmt ganz fest
mit vielen zärtlichen Küssen
immer Dein S
P. S. Grüss Mama!

7. Aug. Heute morgen bin ich im Schwimmbassin herumgeschwommen, – und es war wunderbar! Eine sehr schöne Anlage. Die Sonne scheint, – und dann sieht alles ganz anders aus! Muss gleich ins Hauptquartier fahren. Dich liebt und umarmt *Dein S*.

An Jella von Vegesack   O. U. d. 8. Aug. 41
                                                      am Morgen

Mein Liebes!
Wieder nichts zu tun. Der Stumpfsinn wird immer grösser. Wenn es
so weiter geht, bin ich bald völlig verblödet! Eine Stunde Bahnfahrt
von hier ist das Gut Colbienen (O. Preuss) bei Dönhofstädt, wo eine
Nichte (Ursel, – eine Tochter von Anna Meyendorff) verheiratet ist.
Eben ist auch Anna da, und eine uralte Tante Warinka, die ich seit etwa 10 Jahren nicht gesehen habe, – die letzte von der alten Generation. Ursel habe ich auch schon eine Ewigkeit, – über 20 Jahre, –
nicht gesehen. Nun will ich Sonntag hinfahren. Aber das ist nicht so
einfach: ich muss ein „Gesuch" einreichen, das muss von meinem
Chef „befürwortet" und vom Adjutanten des Generals „genehmigt"
werden, – erst dann erhalte ich meinen „Urlaubsschein" und darf
mir eine Fahrkarte kaufen!
Bin entsetzlich hungrig! Gehe gleich zum Mittagessen. Es soll
Graupensuppe geben, –
Nachmittag
3 volle Teller dicke Graupensuppe mit wenigen kleinen Fleisch-
stückchen verschlungen, – man füllt sich den Bauch, aber nach zwei
Stunden ist man wieder hungrig! Alles wäre zu ertragen, wenn die
Arbeit hier irgend einen Sinn hätte! Aber irgend ein Sinn ist nicht
da. Jedenfalls sehe ich ihn nicht.
Bin sehr verzweifelt, wenn ich nur fort könnte! Draussen scheint die
Sonne, – und man muss hier vor einem öden Tisch hocken und hat
eigentlich nichts zu tun!!
Gestern und heute morgen um 7 habe ich gebadet und bin im
Schwimmbassin herumgeschwommen. Eine herrliche Anlage, mitten im Wald, Rasenfläche rund herum. Ich laufe im Badehöschen
von der Kaserne bis zum Schwimmbassin, am Posten vorbei, der jedes Mal strammsteht und seine Haken zusammenknallt, – obgleich
ich ja fast splitterblank bin! Aber am Einglas erkennt er den Leut-
nant!! Ich winke dann mit der Hand und laufe weiter. Der nette
Kriegsverwaltungsrat Donner, mit dem ich zusammen hause, badet

auch. Diese Viertelstunde bin ich Mensch und spüle allen Druck und Staub von mir ab! Heute abend will ich wieder einen Spaziergang machen.

Gleich kommt der Chef, – das Auto schnurrt auf dem Kasernenhof, – schreib später weiter!

Nein, er war es nicht, und so kann ich noch etwas mit Dir schwätzen. Wann bekomme ich einen Brief von Dir? Wie lange war mein Feldpost-Brief unterwegs? Schreib doch lieber vorläufig immer die Feldpost-Nr. 40 240, – vielleicht bleiben wir doch noch länger hier. Und falls wir doch schon früher nach Berlin übersiedeln, wird ja der Feldpostbrief dorthin geschickt.

Wir haben hier im Wirtschafts-Stab-Ost 4 Chef-Gruppen:

1. Chef-Gruppe „Fü" – Führung
2. Chef-Gruppe „W" – Wirtschaft
3. Chef-Gruppe „La" – Landwirtschaft
4. Chef-Gruppe „M" – Militärisches

Ich bin in der Gruppe „Fü I d" – Nachrichten! Alle diese Gruppen schreiben Berichte, bekommen Berichte und berichten über Berichte. Und dann werden noch über alle diese Berichte noch einmal Berichte gemacht, – und so häufen sich jeden Tag ganze Berge von Akten und Mappen, aus denen kein Mensch nachher klug wird! Und über alle diese blöden Dinge soll ich ein „Kriegs-Tagebuch" schreiben: wer was und worüber berichtet hat!!! Wir haben hier auch Radio, und so vertreiben wir uns die Zeit mit lustiger Musik. Eigentlich müsste ich Moskau abhören, – aber die schwatzen immer dasselbe Blech, und auf die Dauer ist das auch langweilig. – So jetzt machen wir gleich Schluss. Hoffentlich gibt es nicht wieder Käse im Kasino! Seit 5 Tagen gibt es keine Butter, – alle sind todunglücklich, aber mir ist das egal. Die braune Marmelade schmeckt wie Schmierseife, – aber auch daran gewöhnt man sich. Man gewöhnt sich an alles, – nur an diesen Stumpfsinn kann ich mich nicht gewöhnen. Es ist grauenhaft ... Mein Liebes, – wann werde ich wieder bei Dir sein, den Kleinen sehen?! Ist er sehr gewachsen? Wie viel Zähne hat er jetzt? Wann fahrt Ihr nach Pöcking?

Schreib mir bald!

Grüss Mamma u. Alle!

Dich liebt und umarmt Dein todunglücklicher S., der sich *sehr* nach Dir und dem Kleinen sehnt! Viele, viele zärtliche Küsse! P. S. Noch einen langen, langen Kuß---!

(84)

An Jella von Vegesack   O. U. den 18. Aug. 41

Mein Liebes!
Noch immer kein Brief von Dir! Hoffentlich hast Du meine Briefe erhalten! Die Feldpost scheint noch länger zu gehen, – obgleich ich ja gar nicht „im Felde" bin! Sitze noch immer am alten Ort, und es ist noch unbestimmt, ob und wann wir nach Berlin übersiedeln werden.
Gestern kam ich von einer fünf-tägigen Autofahrt zurück, die ich als Dolmetscher und „Ortskenner" mitmachte, – fast 2 000 km. haben wir zurückgelegt, – gestern allein über 700! Am 13. August fuhren wir über Mitau nach Riga, am 14. über Blumbergshof (!) nach Walk und Fellin, am 15. über Weissenstein (in Estland) nach Dorpat, am 16. und 17. über Werro nach Petschur und Pleskau, und dann über Rositten, Dünaburg und Kowno zurück. Riga ist nur im Zentrum zerstört, – Petrikirche, Rathaus und Schwarzhäupterhaus. Aber es war doch sehr niederdrückend: nirgends ein Bekannter, – eine völlig fremde Stadt! Der Jakobi-Kirchhof ganz unversehrt, die Gräber verwildert, aber nichts zerstört. Vor Mamas Grab stand sogar die alte Bank, – alles unverändert!
Auch das Land abseits der grossen Strassen lässt nichts vom Kriege erkennen, – alles wie im tiefsten Frieden! Aus Smilten, dem kleinen Marktflecken, 18 km von Blumbergshof, sind allerdings über 200 Letten von den Bolschewiken fortgeschleppt worden, darunter auch der frühere Buchhalter von Manfred. So traf ich dort keinen Bekannten. Aus der Umgegend von Blumbergshof sind 12 Letten verschleppt worden.
In diesem Augenblick kommt Dein Brief vom 13. August, – den ersten habe ich nicht erhalten! Verzeih mir, mein Liebes, daß ich Dei-

nen Geburtstag ganz vergessen habe, – bin so durcheinander hier, dass ich an nichts denken kann! Mein Geburtstags-Päckchen wird nun verspätet ankommen: Chokolade und 2 Pfund Kaffee! Morgen soll ich nämlich noch 1 Pfund bekommen, und dann will ich zwei Päckchen eingeschrieben mit der gewöhnlichen Post abschicken, – das geht schneller und ist auch sicherer* (*vielleicht geht auch alles in *einem* Paket, je nachdem, was für einen Karton ich bekomme!). Heute bin ich wieder Offizier vom Dienst, – sitze hier seit 5 Uhr, und muss diesmal die ganze Nacht, bis morgen um 9 hier stumpfen. Aber ich komme hier wenigstens dazu, Dir zu schreiben! Also Grete und Schwager und der Neffe sind bei Dir – kommt Unold auch? Und wirst Du gar nicht nach Pöcking fahren? Cigaretten gibt es hier auch nur sehr wenige, und ganz gemeine. Ich will aber sehen, ob ich einige Schachteln für Dich auftreiben kann. Das Schlimme ist, dass ich nur am Abend aus der Kaserne herauskomme, und dann sind alle Geschäfte geschlossen.

Nun will ich Dir von Blumbergshof weiter berichten. Ich konnte nur eine halbe Stunde mich dort aufhalten, – alles war ganz unverändert, nur dass fremde Leute im alten Verwalterhaus lebten. Ich ging nicht hinein. Der alte Pächter von Manfred und der Sohn von einem früheren Knecht, und auch die Leute, die ich nicht kannte, begrüssten mich *sehr* herzlich, – der eine sogar unter Tränen! Alle fragten, wann Manfred wiederkommen würde, und waren sehr enttäuscht, als ich ihnen sagte, dass er wohl nicht kommen würde. Ich ging in den Garten, – alle Apfelbäume sind im Winter vor einem Jahr erfroren! Es war sehr unheimlich, den Hof und das alles wiederzusehen, unverändert, – und doch so ganz anders ohne die Geschwister! Man gab mir Eier mit, und wollte kein Geld. Alle sind glücklich, dass die Bolschewiken-Zeit vorbei ist. Nur 2 Pferde haben die Bolschewiken in Blumbergshof mitgenommen, – es ging zu schnell, so konnten sie das Vieh nicht mitschleppen!

Mein Liebes! Es ist schon über zwölf, bin todmüde, da ich gestern erst um 2 Uhr nachts von der Autotour nach Hause kam. Aber Dienst ist Dienst, und so muss ich hier sitzen. Meinen Schreiber hab ich fortgeschickt, damit er sich etwas ausschläft. Später werde ich ihn wecken, – und dann lege ich mich hier hin, – auf eine drecki-

Siegfried von Vegesack

ge Matratze eines eisernen Bettes! Hoffentlich werde ich heute nacht nicht zu oft gestört. Bisher ist nicht viel los gewesen.
Du Armes, dass Du Dich mit den Zähnen so plagen musst! Hoffentlich hilft der Kalk! Wenn nicht, würde ich doch an Deiner Stelle nach München fahren, auch wenn Jäger nicht da ist. Es wird doch auch irgend einen anderen tüchtigen Zahnarzt geben! Von Blumbergshof fuhren wir nach Fellin, Weissenstein (!) und Dorpat. Auf dem Lande ist fast nichts vom Kriege zu merken. Auch Fellin, ein hübsches altes Landstädtchen, hat fast nichts abgekommen. Von Dorpat ist ungefähr ein Fünftel zerstört, – aber die Universität, Rathaus und die alte Domruine sind fast ganz unversehrt. Und denke Dir, – das alte Holzhaus von Walters, in dem ich als Student wohnte, ist wie durch ein Wunder erhalten geblieben: die Steinhäuser rundherum sind zerschossen und ausgebrannt, – aber das Holzhaus steht! Seit 1913 war ich nicht in Dorpat gewesen. Das Wiedersehen war unheimlich, – so vieles zerstört, ganze Strassenzüge in Schutt verwandelt, – und nirgends ein bekanntes Gesicht! Und trotzdem ist Dorpat relativ gut durchgekommen, obgleich zwei Wochen um die Stadt gekämpft wurde. Wie viel schlimmer sieht es in Pleskau und Dünaburg aus: kaum ein paar Häuser, die intakt geblieben sind! Ein grauenhafter Anblick, – diese zerstörten Städte! Nur die Schornsteine stehen, – und mitten aus den Trümmern ragt die unversehrte Kathedrale! Mir ist die Lust vergangen, noch weiter nach Russland hineinzufahren! Aber hier sitzen will ich auch nicht! Gut dass ich mir nicht den Kopf zu zerbrechen brauche, was aus mir werden wird: bin nun „erfaßt", und kann nichts ändern, – es kommt, wie es kommt!
Wie schade, dass Ihr wieder so schlechtes Wetter habt! Hier ist ein Tag schöner als der andere. Auch auf der Autofahrt hatten wir fast die ganze Zeit schönes, sonniges Wetter, – nur dann und wann einen kleinen Strichregen.
Christoph hat also doch braune Augen bekommen! Und Du musst ihn schon im Wagen festbinden, – ob ich ihn (und er mich!) überhaupt erkennen wird?!
Ich lebe hier in einer so ganz anderen fremden Welt, als wenn ich auf einen anderen Planeten verschlagen wäre! Nur der Gedanke an

Dich und den Kleinen hält mich noch zusammen. Wann werden wir uns wiedersehen! Hoffentlich klappt es im Oktober mit der Dichter-Tagung in Weimar! Aber lieber wäre es mir natürlich, wenn ich nach Weissenstein fahren könnte!!

Verzeih diesen müden Brief, – die Augen fallen mir zu! Jetzt ist es gleich eins, – noch acht Stunden! Und dann kann ich mich auch nicht hinlegen: der „Dienst" geht weiter!

Gute Nacht, mein Liebes, – vergiß mich nicht, behalt mich lieb! Ich denke viel an Euch Beide, – einmal werden wir wieder beisammen und sehr glücklich sein! Grüss Mama, Grete Unold und ihren Schwager! Und Lina und Ella!

Dich und den Kleinen umarmt ganz fest
mit vielen zärtlichen Küssen *Dein* S.

P. S.

Für Mama habe ich auf der Autofahrt viele schöne litauische, lettische und russische Postmarken aufgetrieben, – eine ganze Serie mit und ohne Aufdruck! Will sie das nächste Mal schicken!

Noch einen ganz, ganz zärtlichen und langen Gute-Nacht-Kuss!!!

Morgens um 7

Die Nacht war ruhig, ich konnte von 4 bis 6 schlafen! Bis halb 9 muss ich noch hier sitzen und meine „Meldung" schreiben. Und dann – unter die Brause!

(85)

An Jella von Vegesack

Berlin W 50
Ansbacherstr. 20
Pension Ansbach
28. 12. 41

Mein Liebes, Gutes!

Also, der Reihe nach: bekam im Schlafwagen ein Abteil ganz für mich; der Zug war überhaupt sehr leer. Erst 10 Minuten vor 11 fuhren wir ab! Kamen mit einer halben Stunde Verspätung gleich nach halb 9 hier an. Im „Sachsenhof" waren alle Zimmer schon besetzt;

so bin ich hier in der Pension Ansbach untergekommen. Manfred ist hier, und Helga ist auch vor ein paar Tagen gekommen, und morgen erwarten sie Anna-Lieschen aus Bordeaux, – so dass wir vier Vegesacks beisammen sein werden! So bin ich nicht allein, und wir haben etwas wie ein „Zu-Hause" – so weit man so etwas in einer Pension haben kann!

Morgen kommen der Oberstleutnant und der Adjutant von ihrem Urlaub zurück; hoffentlich werde ich dann bald Arbeits-Urlaub bekommen. Das Propaganda-Ministerium hat mich schon für die Vorträge angefordert. Aus Posen habe ich noch keine Antwort erhalten, wann die Vorträge dort stattfinden sollen.

Gestern bekam ich einen schönen Käse, Cigaretten, und morgen werde ich noch Bonbons (aus Riga) bekommen – den Käse und einen Teil der Cigaretten und Bonbons schicke ich Dir dann in einem Päckchen, – der Käse wird Euch sicher schmecken, und über die Bonbons wird sich Mama wohl besonders freuen!

Nun habe ich eine grosse Bitte. Könntest Du mir ein halbes Pfund Kaffee schicken, – Helga hat auch eine grosse Schwäche für diese „Medizin", und dann könnten wir am Nachmittag uns ein wenig stärken! Ich fürchte, dass es noch etwas dauern wird, bis ich meinen Urlaub bekomme.

Denk Dir: Rupps hat am 19. Dez. schon geheiratet! Er soll im Januar einberufen werden, und da haben sie sich kriegstrauen lassen. Gestern nachmittag war ich bei Kurt Wolfurt zum Tee, wo ich seinen Schwiegersohn kennen lernte, der einen sehr sympathischen Eindruck machte.

Manfred hatte gestern wieder einen Anfall mit seinen Augen, der Gott sei Dank bald vorüberging. Er sieht furchtbar elend aus. Im Frühling will er seine Büro-Arbeit aufgeben und hofft dann ein Gut im Wartheland zu bekommen. Schwager Ernst geht es wieder sehr schlecht. Seine Praxis wird er wohl nie mehr aufnehmen können. Vielen Dank für Deinen langen Brief aus der Klinik! Es ist sehr traurig, so einen Brief *nachträglich* zu lesen, – wenn man schon wieder getrennt ist! Aber bald sehen wir uns ja wieder, – und dann, im März, für längere Zeit, – vielleicht auch für ganz!! Falls man mich entlässt.

Gabriele Ebermayer (re.), Vegesacks zweite Frau,
und ihre Zwillingsschwester Irmgard

Meine Skier und Ski-Stiefel werde ich natürlich nicht abliefern, weil ich sie ja brauche, wenn ich in W. bin.

Nun leb wohl, mein Liebes, – sei vernünftig, schone Dich w i r k - l i c h , damit Du bald ganz gesund wirst! Auch Helga sagte mir, dass man sich nach der Basedowschen Krankheit *sehr* schonen soll! Helga und Manfred lassen Dich herzlich grüssen. Grüss alle! Für Christoph einen Extra-Kuss!

Dich liebt und umarmt ganz fest
mit vielen zärtlichen Küssen
immer *Dein* S.

Siehe: *Wie ich die zwölf Jahre erlebte.* S. 26f
„Zwischendurch erhielt ich von der Wehrmacht einen Arbeits-Urlaub für Vortragsreisen. Diese wurden zwar vom Propaganda-Ministerium zusam-

mengestellt, aber von den seit Jahren bestehenden Literarischen Gesellschaften und auch Buchhandlungen durchgeführt, so dass ich es nicht, wie in Ostpreussen, auf der von der N. S.-Kulturgemeinde veranstalteten Vortragsreise mit Partei-Funktionären und Ignoranten, sondern überall mit Leuten zu tun hatte, die sich für die Literatur und meine Lesungen wirklich interessierten."

Manfred, Helga und Anna-Lieschen: die Familie seines Bruders
Ernst: der Ehemann V's Schwester Helene
Rupps: Neffe S. v. V's; er heiratete am 19. 12. 41
Kurt von Wolfurt (1880 in Livland – 1957) Langjähriger Freund Vegesacks, Musikwissenschaftler, Komponist und Kapellmeister. Während des 1. Weltkrieges hatte er in Livland eine Papierfabrik geleitet, 1917 war er nach Schweden emigriert, von 1923–45 war er in Berlin Sekretär der Musikabteilung der Preussischen Akademie der Künste und Leiter der Kompositionsklasse am Konservatorium (36–45); ab 49 war er Lehrbeauftragter an südafrikanischen Universitäten, 52 kehrte er als freier Komponist nach München zurück. Beschäftigte sich insbesondere mit der neueren russischen Musik (*Mussorgsky.* Berlin und Leipzig 1927).

(86)

An Jella von Vegesack   d. 12. Jan. 42

Mein Liebes, Gutes!
In furchtbarer Hetze das Wichtigste: habe bis zum 1. April Arbeitsurlaub bekommen, fahre morgen vormittag nach Weissenstein (der Frühzug geht nicht mehr) werde in Regensburg oder Plattling übernachten und wohl Mittwoch in W. ankommen!
Dort will ich vor allem den Vortrag und die Lichtbilder in Ordnung bringen, sehen, dass wir Holz für den nächsten Winter bekommen, und mich gründlich auslüften von der Kasernen-Büro-Luft! Um den 25. Jan. komme ich nach München, so dass wir noch eine Woche zusammen sein werden, bevor meine Vorträge anfangen! Und Ende Februar hole ich Dich und Christoph ab und wir fahren dann zusammen nach Weissenstein, wo ich dann noch den ganzen März

bleiben kann!!! Welch ein Glück, dass es mit dem Arbeitsurlaub klappte!

Leider verlässt uns der General, und unser ganzer Stab scheint sich nach und nach aufzulösen! Aus meinem Auftrag wird deshalb wohl auch nichts werden. Jedenfalls muss ich mich am 1. April wieder hier melden. Was dann sein wird, weiss heute niemand.

Ich habe hier noch eine Menge zu erledigen: Abmeldungen usw. Muss gleich zum General. Und habe noch so vieles zu besorgen. Heute früh habe ich mir schon Wurst gekauft, da es ja keinen Speisewagen gibt! Und ein ganzes Kommissbrot nehme ich mit! Werde also nicht verhungern!

Sonnabend erstand ich mir einen Schlafanzug, – für 45 Punkte!! Und 4 dicke Socken, – für 24 Punkte! und 6 Taschentücher für 6 Punkte! Habe nur noch 5 Punkte nachbehalten! Ich fürchte aber, dass man im Frühling überhaupt nichts mehr bekommen wird!

Habe Lina geschrieben, dass sie gründlich einheizen soll. Wie schade, daß Du jetzt nicht nach W. kommen kannst, – so muss ich mich auf den März vertrösten! Hoffentlich habt Ihr irgend ein Mädchen gefunden!

Aus Weissenstein mehr!

Verzeih das Geschmier, – warte mit Handschuhen und Pistole, dass man mich zum General holt, komme daher nicht zu einem richtigen Brief!

Grüss alle!

Dich und den Kleinen liebt und umarmt ganz fest mit vielen zärtlichen Küssen immer *Dein* Siegfried

In zwei Wochen bin ich bei Dir!

Siehe: *Wie ich die zwölf Jahre erlebte* (S. 26f)

„Ich wurde vom Flugzeug in Poltawa abgesetzt, und bin in den folgenden Jahren kreuz und quer umhergetrampt, durch die Ukraine in die Krim und den Kaukasus, und dann nach Norden, in meine alte Heimat, – nach Riga, Reval und Narwa gekommen.

Mein Grundsatz war, mich möglichst kurz bei den Stäben der Inspektionen und Wirtschafts-Kommandos aufzuhalten, zu unseren Aussenstellen, den Landwirtschafts-Führern zu gelangen, weniges zu sehen, aber das gründlich, und als Dolmetscher alle die Probleme kennen zu lernen, mit denen wir es im Osten zu tun hatten. Der I. Teil meiner Aufzeichnungen ist nach langen Kämpfen mit der Zensur, die den Text vielfach geändert und gekürzt hat, unter dem Titel ‚Soldaten hinterm Pflug' gedruckt worden (Berlin 1944). Aber selbst diese Aufzeichnungen wurden von der Zensur weder für den Buchhandel, noch für die Wehrmacht freigegeben. Der Wirtschafts-Stab Ost durfte die Exemplare lediglich seinen Dienststellen zur Verfügung stellen. Nach diesen bösen Erfahrungen mit der Zensur habe ich dann meine nächsten Berichte ohne jede Rücksicht auf eine Veröffentlichung niedergeschrieben.

. . .

Als Dolmetscher im Osten hatte ich mich anfangs noch einigen Illusionen hingegeben. Doch mit der Zeit wurden meine Eindrücke immer skeptischer. Im Frühjahr 1944 erhielt ich vom damaligen Chef des Wirtschafts-Stabes-Ost, – General Stapf, – den Auftrag, auf Grund meiner Berichte und eines umfangreichen Materials von Dokumenten, die mir zur Verfügung gestellt wurden, eine Denkschrift über die ‚Behandlung der Bevölkerung' in den von uns besetzten Gebieten zu schreiben, und zwar so, wie ich die Dinge sehe, ohne jede Rücksicht auf höhere Dienststellen. Einzelheiten dieser Denkschrift hatte ich mit Graf Peter Yorck von Warthenberg besprochen, der bei uns im Stab tätig war.

Am 17. Juli 1944 lieferte ich meine Denkschrift in Berlin ab. Schon am nächsten Tag empfing mich General Stapf mit den Worten ‚Wissen Sie, was Sie da geschrieben haben? Eine furchtbare Anklage!'

Ich erklärte dem General, dass ich meine Denkschrift so geschrieben hätte, wie es mir befohlen war: ohne jede Rücksicht, so wie ich die Dinge sehe. Den 20. Juli erlebte ich in Berlin. Gleich darauf wurde ich von General Stapf nach Weissenstein beurlaubt.

Erst später habe ich erfahren, dass General Stapf mit Graf Yorck von Warthenberg zu den Verschwörern gehörte, und dass meine Denkschrift gleich nach geglücktem Attentat veröffentlicht werden sollte. Im letzten Augenblick, als General Stapf am 20. Juli sich in die Bendlerstrasse zu Graf Yorck begeben wollte, wurde er gewarnt, so dass er zu Hause blieb, und meine Denkschrift nicht in die Hände der Gestapo gefallen ist. Später bin ich zwar von der Gestapo in Regensburg verhört worden, aber man konnte mir nichts nachweisen. Graf Peter Yorck wurde hingerichtet. Im Oktober 1944 nahm ich meinen Abschied.

Meine Aufzeichnungen aus Russland sind erst nach zwanzig Jahren, 1965, im Verlag von Harro von Hirschheydt in Hannover unter dem Titel: ‚Als Dolmetscher im Osten' erschienen."

Auch Paul Rohrbach würdigt in seinen Lebenserinnerungen „Um des Teufels Handschrift" diese „Geheimschrift". (s. S. 478)

(87)

An Jella von Vegesack   O. U. d. 7. Juni 42

Meine liebe, liebe Jella!

Nun ist es doch wieder ganz anders gekommen, als ich dachte. Seit dem 2. Juni sitze ich hier in K[ursk] fest, – und statt nach P[onyri] fahre ich heute in entgegengesetzter Richtung nordwärts nach O[rjol]. Ich muss mich ja immer nach den Gelegenheiten richten, die sich mir bieten, – die Hauptsache ist, dass ich möglichst viel sehe und herumkomme! So muss ich leider noch länger auf Post von Dir warten. Aber ich komme schon morgen abend wieder hierher zurück, und hoffe dann bald nach P. weiter fahren zu können. Ein sehr netter Forstmeister Spohn (Schwabe), der hier die Wälder von einem Gebiet zu verwalten hat, das dreimal so gross wie Württemberg ist, nimmt mich auf eine Dienstreise nach O. mit, und so komme ich wieder in eine andere Gegend. K. liegt sehr hübsch auf mehreren Bergen, mit wunderbarer Fernsicht über das weite Land. Leider ist die Stadt (rund 100 000 Einwohner früher) recht zerstört und mitgenommen, überall ausgebrannte Häuser. Man fragt sich immer wieder, wie und wo die vielen Menschen leben, – besonders im Winter. Die Menschen sind ganz anders als ich dachte: freundlich und entgegenkommend, und freuen sich immer, wenn man mit ihnen russisch spricht. Vorgestern ging von hier ein grosser Transport von Arbeitern und Arbeiterinnen, – gegen 1 200, – nach Deutschland. Ich war als Dolmetscher dabei und habe mit vielen von ihnen gesprochen. Alle haben sich freiwillig gemeldet, weil sie hier nichts zu essen haben, – die Bolschewiken haben vor ihrem Abzug sämtliche

Getreide-Speicher verbrannt. Vor Abgang des Zuges bekamen alle aus Feldküchen warmes Essen, – eine Frau erklärte mir, dass sie seit vier Wochen nicht so gut gegessen hätte! Einige weinten natürlich auch beim Abschied von ihren Angehörigen, aber im Ganzen war die Stimmung gut. Eine Frau bat mich, dass ihr Sohn erst mit dem nächsten Transport fahren könnte, weil sie sich entschlossen habe, auch zu fahren, und dann könnten sie zusammen bleiben, – und es gelang mir durchzusetzen, dass man ihre Bitte erfüllte. Du kannst Dir vorstellen, wie dankbar sie mir war. Überhaupt für ein paar freundliche Worte sind sie sehr empfänglich. Leider behandelt man sie oft viel zu grob und hochnäsig, als wenn sie minderwertige Menschen wären, und das ist keineswegs der Fall. Man muss zwischen Russen und Bolschewiken unterscheiden, und selbst die Bolschewiken sind nicht alle vertierte Bestien, wie man sich das so vorstellt. Auch unter den Gefangenen sieht man manchmal gute Gesichter. Auffallend viele hübsche Mädchen und Frauen, auch ganz nett gekleidet, laufen hier herum. Einen Abend war ich im Theater „Bunte Bühne", Volkstänze, Volkslieder, sehr hübsch, alles sehr natürlich, fast kindlich. Eine Sängerin sang sogar auf deutsch, aber das war weniger schön. Das Theater ist immer ausverkauft, und die Soldaten toben vor Begeisterung!

Seit gestern ist es wieder kühl geworden, und heute regnet es. Wir werden keinen Staub haben, – für die Fahrt ganz angenehm. Gleich nach dem Mittag wollen wir fahren, sechs Stunden werden wir jedenfalls nach O. brauchen. Wie mag es in W. sein? Kalt und Regen? Hoffentlich kannst Du Dich doch etwas sonnen, beim Fliederbusch! Muss an die Zeit vor einem Jahr denken, als Gotthard bei uns war, – wie idyllisch war es damals!

Ich schicke Dir heute eine Luftpost-Marke, bitte schreib mir diesen Luftfeldpostbrief an die *Feldp. Nr. 40735,* – dann geht er direkt nach P! Alle anderen Briefe aber mit der alten Fp Nr. 40240, – weil die von Berlin mit der Kurierpost befördert werden! Nun bin ich schon fast vier Wochen ganz ohne Post, – umso mehr Briefe werde ich in P. vorfinden! Hoffentlich hast Du alle meine Luftbriefe erhalten, – dies ist der vierte! Was macht der Kleine? Ist er wieder sehr gewachsen? Und wie geht es Dir? Hoffentlich hast Du Dich nicht überanstrengt, als die vielen Gäste da waren! Und hoffentlich kann Anni schon etwas kochen! Vergiss nicht, die Leute an das Holz zu erinnern in Grosseiboldsried, u. S., dass er endlich den Dachboden richtet! Mein Liebes, nun musst Du an alles denken, für alles sorgen, – und ich kann Dir gar nicht helfen! Aber die Zeit vergeht schnell, ein Monat ist schon herum, – noch vier Monate und dann bin ich bei Dir! Und dann wollen wir einmal ganz für uns sein, – wenn es geht, den ganzen Winter!!

Grüss Mama, Irmgard, Mozzi – natürlich auch Lina und Anni. Grüss alle, die bei Dir sind, – ich habe ja keine Ahnung, ob Isabel und Geo nach W. gekommen sind, wo Gotthard eben ist, fürchte, dass er schon nicht mehr in einer Schule sein wird!

Ich denke viel an Dich und den Kleinen, habe Euch Beide *sehr* lieb! Eine ganz, ganz feste Umarmung und viele zärtliche Küsse!

Immer Dein Siegfried

Noch einen Kuß, und noch einen langen, tiefen, vergiss mich nicht! Hoffentlich bekomme ich bald ein paar Bilder vom Kleinen, – wenn sie gut geworden sind!

(88)

An Jella von Vegesack   O. U. den 26. 6. 42

Mein Liebes, Gutes!

Das war eine abenteuerliche Fahrt hierher: in vier verschiedenen LKW's, – musste immer wieder aussteigen und auf der Strasse warten, bis ein neuer LKW kam, der mich weiter mitnehmen konnte! Eine richtige Tramp-Fahrt! Aber das Fahren selbst ist sehr schön und lustig in so einem mit der Plane überzogenen Lastauto, – mit einem Sonderführer und sieben Landsern hockten wir da, in der runden Öffnung, – ich auf meinem Wäschesack, so dass ich es sogar recht weich hatte! Gegen 6 kamen wir am Dnepr an und sollten dann auf einer Fähre über den Fluss, etwas oberhalb des zum Teil zerstörten Staudammes, – des grössten in Europa. Heute nachmittag fahre ich wieder zum Kraftwerk hinaus, um mir den Staudamm und einige Werke genauer anzusehen. Hier in S.[aporošje Ukr.] ist der östlichste Punkt des Dnepr; ich bin ungefähr auf dem Breitengrad von Pöcking, – etwas südlicher als München! Wohne hier in einem grossartigen Hotel „Intourist", das die Bolschewiken für die Ausländer aufgebaut hatten, denen sie den Staudamm zeigen wollten, und das jetzt als Offiziersheim dient. Die Betten sind sogar mit einem Laken bezogen, haben sogar ein Kissen, – und es ist ein sehr merkwürdiges Gefühl nach 6 Wochen wieder einmal auf einem, – wenn auch nur einseitigen, – Laken zu schlafen! Besonders geniesse ich das Badezimmer mit Brause, – nach der staubigen Fahrt! S. ist eine schöne, ländliche Stadt, besonders im östlichen Teil, der sich über 12 km am Dnepr hinzieht, während die grossen Stahlwerke und Fabriken (ein einziges Werk beschäftigt 45 000 Arbeiter!) am Staudamm liegen. Die Strassen sind breit, überall Akazien-Alleen und Parkanlagen. Man merkt hier schon, dass man hier schon im Süden (ist): Mais, Sonnenblumen, – alles ist hier schon ganz gross! Gestern bekamen wir im Kasino wunderbare Erdbeeren, – konnte nur die Hälfte aufessen! Ich esse im Wirtschafts-Kommando, die Verpflegung ist ausgezeichnet und reichlich. Denk Dir, wen ich dort traf: einen alten Schulkameraden mit dem ich zusammen ins Rigasche Stadtgymnasium ging, konfirmiert wurde und später auch in Dorpat zusammen war! Er heisst Georg K., ist hier auch Sonderführer und leitet hier die Energie-Wirtschaft. Mit ihm werde ich heute zum Kraftwerk fahren, und er will mir dort alles zeigen. Morgen werde ich wahrscheinlich mit dem Gebietslandwirt verschiedene landwirtschaftliche Betriebe besichtigen. Denk Dir, hier wird sogar Reis angebaut, – ein Versuchsfeld, das die Bolschewiken am Dnepr angelegt haben, und das im vorigen Jahr eine ausgezeichnete Ernte ergeben hat! Überhaupt, hier sieht alles viel besser aus, als oben im Norden: gegen 90% der Ackerfläche ist bebaut, und die Ernte scheint sehr gut zu werden. Bis gestern hat es viel geregnet, eine warme feuchte Treibhausluft, in der alles unheimlich schnell wächst. Heute scheint die Sonne, und es ist eine Affenhitze. Gott sei Dank, dass ich meinen dünnen Rock habe, – im dicken wäre ich umgekommen! In Kursk gelang es mir sogar, einen weissen Leinenrock machen zu lassen, so dass ich jetzt zwei leichte Röcke habe. Nur die dünne Reithose fehlt mir noch, – hoffentlich bekomme ich sie nach Simferopol nachgeschickt! Bis zum 1. Juli werde ich wohl hier bleiben, und dann mit der Bahn nach dem Süden weiterfahren; in Simferopol werde ich kaum vor Mitte Juli ankommen, da ich mir auf dem Wege dorthin noch verschiedenes ansehen will: die Seidenraupenzucht in Halbstadt, die Obstanlagen in Melitopol und Askania Nowa, die früheren Pfalzwein'schen (Falz-Fein) Besitzungen, die ein Fürstentum für sich waren! – Freue mich schon darauf, in S. Post von Dir vorzufinden! Schreib aber nur den Luftfeldpostbrief an die Fp Nr. 45 881, – sonst immer an die alte Fp Nr. 40 240, – von Berlin wird mir alles über P. nach S. nachgeschickt!

Mit der Kurierpost, die schneller geht als gewöhnliche Feldpost!

So, jetzt muss ich zum Mittagessen, ist es schon 12, und wir essen um halb 1! Auf einer Veranda, mit dem Blick in den Garten. Hier, von meinem Hotelzimmer kann ich den Dnepr sehen, die Insel Chortiz, und dahinter das weite Land!

Vom Krieg merkt man hier überhaupt nichts!

Viele, viele zärtliche Küsse! Dich und den Kleinen umarmt ganz fest *immer Dein* Siegfried

Noch einen langen, langen Kuss, – bald ist die Hälfte der Trennungs-Zeit vorbei!!

Bin dir *ganz* nahe, – mein Liebes! Behalt mich lieb!!!

(89)

An Jella von Vegesack   O. U. den [Sept. 42]

Meine liebe, liebe Jella!

Noch immer keine Nachricht von Dir, und überhaupt keine Post! Ich fürchte, dass ich keine Briefe mehr bekommen werde, da ich in diesen Tagen wieder aufbreche, – hoffentlich finde ich sie später, auf der Heimreise, wenn ich hier durchkomme, vor! Am 25. August kam ich hier in Pjatigorsk an, einem sehr schön gelegenen Badeort, der fast gar nicht zerstört ist. Die Besetzung erfolgte so schnell und überraschend, dass die Bolschewiken kaum Zeit hatten, ihre gewohnten Zerstörungen durchzuführen. Pj. liegt am Fuß der ersten grösseren Erhebungen, die bis in 1 500 Meter aufragen, mit einem sehr schönen Blick über ein weites Tal mit fruchtbaren Obst- und Gemüsegärten. Manchmal, aber meist nur am frühen Morgen, zwischen 5 und 6 taucht im Süden das Hochgebirge auf, die Schneekette des Kaukasus, mit dem Kasbek und Elbrus. Bisher hab ich den Elbrus nur zwei mal gesehen, – der Eindruck ist wirklich überwältigend, weil er so ganz für sich dasteht und alles beherrscht: ein weißer Koloß mit Doppelgipfel. Nach der ewigen Ebene und eintönigen Steppe wirkt das Gebirge besonders stark.

Ich wohne hier beim Armee-Wirtschafts-Führer, einem Oberst Fach, der mich sehr gastlich aufgenommen hat und mir die Gelegenheit gibt, mich an verschiedenen Fahrten zu beteiligen. Neulich hab ich mir ein grosses Gestüt Kabardinischer Gebirgs-Pferde angesehen, und gestern besichtigte ich ein Kraftwerk, das die Bolschewiken zerstört haben und kam dabei, – erschrick nicht! – unmittelbar an die Front! Das Merkwürdige dabei ist, dass man fast nichts sieht, – weder den Feind, noch die eigenen Truppen! Wenn das Schiessen und Krachen nicht wäre, könnte man glauben, irgendwo im tiefsten Frieden zu sein!

Auf der Rückfahrt wurden wir von einem Gewitter überrascht – in 20 Minuten verwandelte sich die Strasse in einen Morast, wir blieben im Schlamm stecken und dachten schon daran, in der Steppe zu übernachten. Aber acht brave Rumänen und drei Pferde zogen uns heraus, und mit vieler Mühe gelangten wir dann auf eine feste Strasse. In den nächsten Tagen soll ich mit einigen Landwirtschafts-Führern hinausfahren. Wohin, das steht noch nicht fest. In jedem Fall komme ich wieder hierher zurück, und werde dann von hier die Heimreise antreten, denn es hat dann keinen Zweck, dass ich hier noch länger sitze. Den genauen Termin kann ich noch nicht sagen, es hängt davon ab, was ich noch zu sehen bekomme, und wann sich mir eine Fahrgelegenheit bietet. Vielleicht kann ich wenigstens ein Stück fliegen oder mich ob Rostow einem Arbeiter-Transport-Zug anschliessen, der verhältnismässig schnell fahren soll: eine Woche bis nach Deutschland! Anfang Oktober hoffe ich in Berlin zu sein, und will dann so schnell wie möglich zu Dir! Habe nun genug vom

Zigeunerleben, – auf die Dauer ist es doch sehr anstrengend! Sehne mich so nach Dir und dem Kleinen, ich feue mich so auf unser Zusammensein, auf den Winter im Turm! Hoffentlich hast Du genügend Holz und Kohle bekommen, dass wir nicht zu frieren brauchen! Mit dem Essen wird es, fürchte ich, sehr knapp werden, aber wir werden schon nicht verhungern! Leider gibt es hier keinen Tabak, und keinen Tee, – das alles wächst südlicher, und ich glaube nicht, dass wir so bald hin kommen!

Schreib mir an die *Fp Nr. 42 291,* – ich hoffe, eine Luftfeldpostmarke aufzutreiben, dann wird der Brief mich noch erreichen!

Mein Liebes, – bald, bald bin ich bei Dir!!!

Küss den Kleinen von mir! Grüss Mama und Irmgard!

Dich liebt und umarmt ganz fest

mit vielen zärtlichen Küssen

immer Dein

P. S.

Eben bekam ich von Geo und Isabel einen Brief, – Geos Elternhaus ist völlig abgebrannt, – 40 000 Obdachlose in Mainz! Wenn doch Isabel mit der Kleinen von Hamburg fort könnte!

Neulich träumte ich von einem kleinen Mädchen, das wir bekamen, – ich sah es ganz deutlich vor mir, noch als ich aufwachte! Es sah sehr lustig aus! Wenn es doch einmal wirklich käme?!

(90)

An Jella von Vegesack   O. U. den 30. Sept. 42

Meine liebe, liebe Jella!

Endlich steht es fest, – soweit beim Militär überhaupt etwas fest steht, – morgen früh fahre ich mit dem Wagen nach *Woroschilowsk,* und übermorgen früh, also den 2. Okt., mit dem Kurier-Flugzeug nach Berlin, wo ich, – wenn alles glattgeht, voraussichtlich am 3. Okt. (Samstag) eintreffen werde! Ich fürchte, diese Zeilen werden nicht so schnell fliegen, – will sie aber auf alle Fälle doch noch heute abschicken! Alles dieses hat sich erst vor einer Stunde entschieden.

Eigentlich sollte ich schon heute fahren, da das Flugzeug morgen fliegen sollte, – aber dann ist der Flug um einen Tag verschoben worden.

Ich bin glücklich, dass ich nicht mit der Bahn zu fahren brauche! Und dass ich schon so bald bei Dir sein werde!! Hoffentlich wird man mich in Berlin bald loslassen. Gleich nach meiner Ankunft in B. will ich bei Dir anrufen, – vielleicht schon Samstag abend! So schön es wäre, wenn Du nach B. kämst, – ich fürchte, es wird für Dich doch zu strapazant sein, die Fahrt nach Berlin und zurück, – und möchte Dich daher nicht überreden, nach B. zu kommen. Nur wenn ich doch länger in B. bleiben müsste, könntest Du vielleicht doch fahren? Sehne mich so nach Dir!!

Habe noch eine sehr schöne Fahrt bis nahe an den Elbrus gemacht, durch das obere *Kuban*-Tal; zu beiden Seiten des Kuban herrliche Laubwälder, man glaubt irgendwo in Tirol zu sein, der Kuban selbst erinnert mit seinem grünlichen Gebirgswasser an die Isar. Und dann taucht plötzlich der Elbrus auf – ein gewaltiger Schneeriese, eingerahmt von den bewaldeten Bergen! Aus meinem Ritt zu den Goldbergwerken wurde leider nichts: wir verfehlten uns, und ich musste umkehren. – Bitte sieh Dir wenigstens eine Rolle von den Farbfilmen an, – ob sie gut geworden sind? Bis so gespannt, ob ich richtig belichtet habe. Nach dem Lichtmesser müsste es stimmen, aber man hat mir gesagt, dass man etwas länger belichten soll, und nun fürchte ich, dass alle Aufnahmen unterbelichtet sind.

Etwas Tee und Tabak habe ich noch aufgetrieben.

Hoffentlich ist auch das zweite Tabak-Paket aus der Krim angekommen! Der Krim-Tabak ist der beste!

Vielleicht bin ich noch früher als dieser Brief bei Dir! Wir werden um die Wette fliegen!!

Dich und den Kleinen umarmt ganz fest – bald wirklich! – mit vielen zärtlichen Küssen

immer Dein Siegfried

P. S.

Jetzt, wo ich weiss, dass ich bald bei Dir sein werde, kann ich es kaum erwarten: jeden Tag, der uns noch trennt, erscheint mir wie ein Monat und jede Stunde wie ein Tag!

Grüss Mama und Irmgard, – hoffentlich sind Beide noch da!!
Noch einen langen, langen Kuss, – und noch einen!
Küss den Kleinen von mir! Ob er mich erkennen wird?

(91)

An Jella von Vegesack   Berlin W 50
                                        Ansbacherstr. 20
                              Pension Ansbach, 12. 2. 43

Mein Liebes, Gutes!
In grosser Hetze ein Lebenszeichen! Also der Reihe nach: ein
Glück, dass ich was zum Essen mit hatte, denn ich musste diesmal
mit dem Front-Urlauberzug fahren, der keinen Speisewagen hat.
Aber in Leipzig gab es dafür für uns „Frontkämpfer" eine dicke heis-
se Suppe, so dass ich mit den Eier-Broten doch ganz satt wurde!
Hatte einen schönen Sitzplatz II. Klasse und kam sogar schon um 6
Uhr in Berlin an, – wir überholten den Münchner D-Zug!
Hier hab ich ein kleines, aber sehr nettes Zimmer bekommen mit
einem Diwan, auf dem Isabel gut schlafen kann. Meldete mich gestern morgen gleich beim Chef, dem Oberst, der mir eine sehr gute
Schreibkraft verschaffte, die beste, die wir im Stab haben, eine ältere
Frau, die fast so schnell in die Maschine schreibt wie man spricht!
Habe gleich gestern mit dem Diktieren angefangen, und heute
schon das 2. Kapitel beendet! Jeden Tag ein Heftchen! In zwei Wochen hoffe ich fertig zu werden.
War gestern bei Dr. Henning im Vortragsamt, der mir hart zusetzte:
überall will man, dass ich hinkomme: die Sudeten-Deutschen, Thü-
ringen, Westfalen, Rheinland, Taunus, Stuttgart, Bayreuth und –
Würzburg! Aber ich brauche nicht so viel hin- und herzufahren, da
an den verschiedenen Orten immer mehrere Vorträge angeschlossen sind. So habe ich doch für rund 30 Vorträge zugesagt, – vorausgesetzt, dass ich den Urlaub bekomme, – und zwar vom 22. März –
22. April. Hinaus komme ich jetzt wahrscheinlich nicht, da im Winter nichts für mich draussen zu sehen ist, wie mir schon Macki Müh-

len schrieb.

Ich hoffe daher, gleich Anfang März, – sobald ich mit dem Diktat fertig bin, – für 2 Monate einen richtigen Arbeits-Urlaub zu bekommen, in dem ich nicht für die Wehrmacht zu arbeiten brauche! Dann könnte ich bis zum 22. März (auch meinen Geburtstag!) bei Dir sein, und später wieder zu Ostern, ab 22. April!! Ich hoffe, der Chef wird darauf eingehen, da ich doch Geld verdienen muss, – es kann noch lange dauern, bis die Bücher herauskommen! So könnte ich einen ganzen Monat bei Dir sein, und in dem einen Vortrags-Monat verdiene ich 2–3 000 Mark! Das reicht dann für einige Zeit! Isabel kommt wahrscheinlich am 19. Februar. Vielleicht könntest Du mir doch Deinen herrlichen Kuchen schicken, damit wir was zum Tee zu knabbern haben?! Nur müsstest Du ihn möglichst bald abschicken!

Die Decke brauche ich jetzt nicht, – wahrscheinlich komme ich doch im März zu Dir!

Jetzt muss ich gleich ins Propaganda-Ministerium, wo mich ein „Ministerial-Rat" sprechen will! Morgen Abend lese ich in einem kleinen Kreise bei uns im Stabe aus d. Manuskript vor! Und Sonntag steigt wieder mal der Südamerika-Vortrag. Habe noch keine Menschen-Seele von Bekannten gesehen und besucht, – keine Zeit! Den ganzen Tag auf meiner Dienststelle!

So, es ist höchste Zeit!

Bald mehr! Grüss Mama, gib dem Kleinen viele zärtliche Küsse! Ihr Beiden fehlt mir sehr! Geh früh schlafen, und am Tag möglichst viel an die frische Luft! Falls Sonne ist! Hier Regen!

Dich umarmt, liebt und küsst

Dein, immer Dein S.

P. S.

Slawiansk, – wo M(arusjas) Mutter wohnt, – ist schon in der Hand der Bolschewiken! Es hat keinen Sinn, dass sie jetzt nach Hause schreibt! Es sieht nicht schön aus, – aber jetzt scheinen die Bolschewiken nicht weiter zu kommen, wir sollen nicht mehr zurück (. . .).

271

Marusja: russ. Dienstmädchen a. d. Ukraine, die „sehr geliebt und geschätzt wurde … Damals bekam man ja Fremdarbeiter zugeteilt … 1945 … stolzierte sie in feinen Kleidern herum, rührte keinen Finger mehr und kam dann auch bald nach Rußland zurück." (Auskunft Adda v. V.)

(92)

An Jella von Vegesack   Berlin, den 3. März 43

Meine liebe Jella!

Nun hat es sich entschieden: ich fahre morgen Abend, spätestens übermorgen (Freitag) über Riga nach Reval und Narwa, komme Mitte März, – am 16. wahrscheinlich zurück, – und erhalte dann für 2 Monate Arbeitsurlaub! Ich werde also jedenfalls vor den Vorträgen noch ein paar Tage bei Dir sein, und nachher umso länger! Das Gute dabei ist, dass sich mein Urlaub auf diese Weise nicht so versplittert, und ich von Ostern (23. April) bis Mitte Mai bei Dir sein kann!

Ich fahre mit sehr geteilten Gefühlen, glaube aber, dass es so am besten ist, wenn ich jetzt gleich nach Reval und Narwa komme und dort alles noch sehe und die Aufnahmen mache, – wer weiss, ob und wann ich später noch hinkommen werde! Und das muss ich doch gesehen haben, vor allem schöne Farbaufnahmen machen!

Habe heute das Manuskript im Prop. Min. abgegeben. Man sagte mir dort, dass im März 5 000, und im Mai die restlichen 5 000 Mark überwiesen werden! Dann war ich im Verlag, der den Gedichtband von mir herausbringen will. Er hat noch gutes Papier und hofft die Druckgenehmigung zu bekommen. Und Schünemann schreibt heute, dass die Wehrmacht je 5 000 Ex. von „Meerfeuer" und vom „Fressenden Haus" bestellt hat, – wir werden also bald im Gelde ersticken!

Versuchte wieder zum Prager Platz vorzudringen, – aber alles ist gesperrt. Alle Häuser sind dort ausgebrannt und geräumt. Von Kurt Wolfurt kann ich nichts erfahren.

Jetzt will ich schnell zum Abendessen, bevor es ganz dunkel wird.

Will heute versuchen, Dich telefonisch zu erreichen, fürchte nur, dass die Fernleitung sehr besetzt sein wird.

Gute Nacht, mein Liebes! In zwei Wochen bin ich wieder bei Dir! Dich umarmt ganz fest mit vielen zärtlichen Küssen *immer Dein* S.

P. S.

Küss den Kleinen von mir! Grüss Mama!

Verlag: vermutlich der Erich-Schmidt-Verlag in Berlin. Er brachte 1943 Vegesacks Gedichtband *„Der Lebensstrom"* heraus.

Prager Platz. Dort wohnte Vegesacks Freund, der Musiker Kurt von Wolfurt. Philipp Schweinfurth schrieb am 15. Dez. 46:

„ . . . Die Luftangriffe auf Berlin begannen Ende August 1940. Die verursachte Wirkung war zunächst ganz lokal, das Leben der Stadt im ganzen nur durch die Alarme unterbrechend . . . Der erste Großangriff, der ,Eindruck' machte, erfolgt am 1. März 1943. Zum ersten Mal waren jetzt anstatt einzelner Häuser ganze Strassen-Karrees zerstört, so am Prager Platz (wo die Wohnung von Wolfurt damals stark beschädigt, aber nicht zerstört wurde . . . Dieser Zustand sollte sich *mit einem Schlage* in der Nacht vom 22. auf den 23. November 1943 ändern . . . alles hatte sich in einen einförmigen grau-gelben Schutt verwandelt . . ."

(93)

An Jella v. V.   Berlin, den 19. 5. 43

Mein Liebes, Gutes!

Bin gestern Abend gut angekommen, – hatte fast immer einen Sitzplatz, nur von Reichenbach bis Leipzig musste ich stehen, dann wurde wieder ein Platz frei. In Bayreuth ging alles programmäßig, machte noch am Nachmittag einen schönen Spaziergang zur „Rollwenzelei", besah mir das Zimmer, wo Jean Paul dichtete, – mit dem Blick auf das Fichtelgebirge, – und von dort zur Eremitage, wo die Schwester von Friedrich d. Grossen residierte. Es war ein herrlicher Tag, überall blühten die Kastanien. Um 8 war der Vortrag. Über 400

Zuhörer, hauptsächlich Mädchen. Nachher bekam ich Blumen *und* Zigaretten, – nachdem ich vorher, ziemlich unverschämt, angedeutet hatte, dass mir Zigaretten lieber wären, als Blumen! Am anderen Morgen um halb zehn ging mein Zug.

Gestern Abend geriet ich gleich in eine recht ausgedehnte „Sitzung" des „Mitternachts-Kasinos", – bis halb drei wurde „getagt": So bin ich heute etwas matt. Aber der Chef, der Oberst war da, setzte sich sogar neben mich, und so konnte ich nicht früher aufbrechen.

Mein Manuskript ist von der Censurstelle bei der OKW (Oberkommando der Wehrmacht) schon geprüft und für den Druck freigegeben worden! Nur ein paar Kleinigkeiten muss ich noch ändern. So darf z. B. das Wort „Partisanen" nicht vorkommen, – nur „Banden" oder „Banditen"!

Samstag soll ich ins Prop. Ministerium gehen, bin gespannt, ob und was die auszusetzen haben! Dann will ich das Manuskript noch einmal durcharbeiten. Bis Ende Mai werde ich wohl jedenfalls hier bleiben.

Heute vormittag wurde ich vom General empfangen, der mit allen meinen Vorschlägen einverstanden war. Ich soll also zunächst nach Mitte, und dann eventuell noch nach Nord. Alles ist mir überlassen, auch die Dauer, so dass ich an keinen Termin gebunden bin. Ich denke, dass zwei Monate genügen werden, also Juni und Juli, und hoffe, im August, spätestens September, wieder bei Dir zu sein! Und dann will ich sehen, dass ich für den ganzen Winter Arbeitsurlaub bekomme!

Freitag Abend ist im Kasino „Kameradschafts-Abend", der Oberst will, dass ich dann ein Kapitel vorlese! Leider trifft es sich so unglücklich, dass gerade Freitag Abend Ernst aus Greifswald kommt, – Gisi rief hier an, – er wird hier in meinem Zimmer wohnen, und muss leider schon Samstag Nachmittag fort. Ich will mich jedenfalls so bald wie möglich vom Kameradschafts-Abend drücken, um Ernst wenigstens etwas zu sehen.

Heute Abend bin ich bei Anna Meyendorff und Sonntag Nachmittag bei Gunja, mit der ich eben telefonierte und die Dich sehr grüssen lässt.

Liljé hat sich sehr über die Eier gefreut! Die beiden harten Eier habe ich noch immer nicht gegessen, – heute morgen hatte ich sie ganz vergessen! Im Wehrmachts-Zug gab es gestern eine sehr gute Erbsensuppe, und ich bekam sogar 5 Zigaretten! So war ich gut versorgt.

Wie geht es Mama, dem Kleinen und Dir selbst? Hoffentlich bekomme ich morgen einen Brief von Dir!

Jetzt will ich noch etwas an die Luft, die Farbfilm-Rollen abholen und eine Feldmütze kaufen, denn die neue Kordel soll man nirgends bekommen! So laufe ich noch immer ganz unvorschriftsmässig! mit der alten Mütze mit den Silberschnürchen! Unterwegs, im Umhang, wurde ich immer sehr stramm gegrüsst, – überall klappten die Hacken zusammen, – wahrscheinlich hält man mich für einen Oberst! Wegen Monokel!!

Nun leb wohl, und schreib bald!

Gib dem Kleinen einen Kuss von mir!

Grüss Mama! Euch beide umarmt ganz fest *immer Dein S.*

Rollwenzelei: ein Landgasthof in der Nähe von Bayreuth, wo Jean Paul ein Arbeitszimmer gemietet hatte.

Jean Paul war immer einer der „Turmheiligen” von Weissenstein gewesen, ein von Vegesack höchst verehrter Dichter, dem er im Kreis seiner „12 Apostel" (siehe Weltbühne und *Kleine Welt*) ein Gedicht gewidmet hatte.

Der Literaturwissenschaftler Eduard Berend (*1883), der in den zwanziger Jahren die vierbändige Briefausgabe Jean Pauls (spätere Akademie-Ausgabe) vorbereitete und auch ein Jean-Paul-Jahrbuch herausbringen wollte, bat Vegesack um einen Beitrag.

Vegesack schickte das Gedicht und schlug Bruno Goetz als weiteren Verehrer Jean Pauls für eine Mitarbeit vor.

Im einzig erschienenen Jahrgang (1925) des Jahrbuches ist wohl der Beitrag von Bruno Goetz, aber keiner von Vegesack erschienen.

Ernst: Vegesacks Bruder. Er war in Greifswald Direktor der Landwirtschaftlichen Versicherungsgesellschaft

Gisi: seine Tochter

Gunja: Margarita von Vegesack, die Frau eines Neffen, Rüdigers von Vegesack: Nach dem Krieg und dem Tod ihres Mannes wanderte sie mit ihrer

Adoptivtochter Tatjana nach Südamerika aus, wo sie Vegesack mehrmals gastlich aufnahm.

An Kubin   Burg Weissenstein, 1. März 1945.

Lieber Kubin!

Beim Aufräumen meiner Schublade finde ich Ihren Sylvesterbrief, – verzeihen Sie, dass ich ihn erst heute beantworte! Neulich haben wir in Waldhäuser Ihrer gedacht, ich war am 20. 2. zu Fuss dorthin gewandert, weil der Zug sich um zwei Stunden verspätet hatte, und ich den Anschluss in Zwiesel nicht bekommen hätte. Und ich wollte doch zur „Silbernen" Feier dort sein! So marschierte ich Mittags um 12 los, und langte Abends um halb acht an, – mit einer halbstündigen Rast in Spiegelau! Es war ein herrlicher Tag zum Wandern, – Sonne und strahlender Frühlingshimmel, – aber aus der Ferne donnerte es immer wieder, – diese grausige Musik wird man nirgends los . . . In Waldhäuser lernte ich auch Fräulein Waldeck aus Winterberg kennen, einen sehr lieben Menschen, und zu Viert haben wir dann mit Gans und Torte gefeiert! Hanna, die kurz vor mir aufbrach, wird Ihnen berichtet haben! Ich fand unseren Freund ganz unverändert in guter Verfassung, bewunderungswert, mit welchem Humor er alles trägt, und fast noch bewunderungswerter, wie Hanna mit allem fertig wird, in dieser Einsamkeit, immer an ihn gefesselt!

Gestern war Hoerschels 60. Geburtstag, – den 50. hatten wir noch in München gefeiert, – was hat sich seitdem alles ereignet! Hoerschel hat ganz Recht, als er mir schrieb: „Unsere Welt ist längst dahin, – es ist nur eine Schlamperei, dass wir noch leben!" Und was steht uns noch bevor?

Grauenhaft, was sich alles im Warthegau zugetragen hat. Meine Schwester musste zu Fuss, in der Nacht, Posen verlassen, bei der eisigen Kälte sind viele Kinder auf dem Transport erfroren, – während die hohen Herrschaften, allen voran der Gauleiter, sich natürlich vorher in Sicherheit gebracht hatten . . . Auch mein Bruder konnte noch hinaus, im Treck, aber Viele wurden zu spät benachrichtigt und sind dann von den bolschewistischen Panzern überholt worden, – was mag sich da alles abgespielt haben! Dieser letzte Teil der „Baltischen Tragödie" übertrifft jedenfalls noch den ersten!

Ein Balte Liljé, mit dem ich im Wirtschaftsstab Ost zusammen war, hat seine Frau und Tochter aus Posen zu uns gebracht, und wird wohl auch bald zu uns kommen. Wir erwarten noch verschiedene Verwandte, die wegen der Reisesperre noch nicht kommen konnten. Platz haben wir ja genug, nur mit der Beheizung und Ernährung wird es immer schwieriger. So lange es irgend geht, wollen wir hier bleiben, nur wenn die Bolschewiken kommen, muss meine Frau mit dem Kleinen fort, in südlicher Richtung, – als Volkssturmmann muss ich ja den Turm verteidigen! Aber ich glaube kaum, dass die Bolschewiken bis zu uns vordringen werden, – der arme Wald hier wird sie kaum locken!

Meine Schwiegermutter ist mit meiner Schwägerin wieder nach Pöcking gezogen, um dort nach ihren aus München geretteten Sachen zu sehn, und auch weil sie im Gehen sehr behindert ist, und Oberbayern ihr doch sicherer erscheint, als hier das Grenzland! Wir leben hier fast zeitlos, ohne Radio, und heute hat die Deutsche Allgemeine ihr Erscheinen eingestellt. So erfahren wir nur aus dem Lokalblättchen, was in der grossen Welt geschieht, und auch das sehr verspätet! – Im Januar wurde ich wieder von einer lyrischen Sturzgeburt heimgesucht, – zu einer grösseren epischen Arbeit fehlt mir jetzt die innere Ruhe!

Mit allen guten Wünschen für Ihr Schaffen
grüsst Sie und Ihre Frau sehr herzlich,
auch von meiner Frau,
hs. Zusatz:
Gestern sind die Stare hier angekommen, und die Birkhähne balzen schon, – also wird es doch Frühling! Und vielleicht – auch Frieden!!

Waldhäuser: Wohnort von Reinhold „Peter" Koeppel und seiner Frau Hanna.

An Isabel   Burg Weissenstein, 15. 6. 45.

Meine liebe Bella!

Ein Flugkapitän, der im Schützenhof wohnt, will Montag in seinem Auto nach Bremen und Hamburg fahren, und so will ich die Gelegenheit benutzen, und ihm diese Zeilen für Dich mitgeben! Hoffentlich hast Du inzwischen meinen Brief, den ich Dr. Opitz zu Pfingsten mitgab, bekommen! Auf alle Fälle wiederhole ich das Wichtigste: dass wir alle die „Kampftage von Regen" (24. April) gut überstanden haben! Onkel Manfred und Tante Helga kamen schon im März her, und Onkel Herbert, der Adda aus Pfarrkirchen abholte, kurz vor den Amerikanern, im April. Von Annalieschen und den Greifswaldern, und von der Oma und Irmgard haben wir noch immer keine Nachricht. So leben wir hier, völlig abgeschnitten von der Welt, da wir ja auch kein Radio haben. Hoffentlich hören wir bald von Euch! Wie mag es Euch ergangen sein?

Marussa hat uns verlassen, sie ist mit den übrigen Ukrainern abgefahren, – sie war mit dem Janik vom Ebenhof „verlobt" oder auch schon „verheiratet", – und da war die Liebe doch stärker! Auch wollte sie nicht so allein zurückbleiben, wo alle Freundinnen abfuhren. So muss jetzt Jella für alle kochen, aber Frau Liljé hilft ihr, und überhaupt alle helfen, wo sie nur können: Adda macht die Zimmer, Tante Helga und Ursel spülen ab, Onkel Manfred arbeitet den ganzen Tag im Garten, – hat den ganzen oberen Teil urbar gemacht und neue Beete angelegt, – der Garten sieht so schön aus, wie noch nie, – Steinstufen und Steinwege führen überall hin, – und wenn es regnet, sägt und hackt Onkel Manfred in der Holzhalle.

Onkel Herbert hat schon eine kleine Praxis unter den Bauern, kennt alle und läuft überall herum. Besonders häufig besucht er Frau P., die ihn sehr verwöhnt und Pfannkuchen für ihn backt! Und wir alle schleppen rastlos die Lebensmittel aus Regen herauf: heute habe ich mit Onkel Herbert einen Zentner Kartoffeln im Wägelchen von B. herauf„geleift"! Vor einer Woche waren wir beim A. in Schöfweg, wegen des Holzes, das er uns für das Windrad geben will, sind an einem Tag gegen 40 Km. gewandert, mit vollbepackten Rucksäkken kamen wir zurück! Man muss eigentlich jeden Tag herumlaufen, – wegen Holz, Kartoffeln, Brot usw. – neulich musste Adda sieben Stunden beim S. anstehen, um für uns neun Personen 100 Gramm schlechtes Rinderfett zu bekommen! Aber verhungert sind wir noch nicht, und so hoffen wir bis zur nächsten Ernte irgendwie durchzukommen. Leider sind die Schwarzbeeren in diesem Jahr fast alle erfroren, – grade als sie blühten, kam der Frost! Aber gestern haben wir die ersten Steinpilze gefunden, und heute die ersten Erdbeeren gegessen!

Von den drei Familien, die bei uns einquartiert waren, ist eine fortgefahren, so dass wir jetzt nur noch neun Personen ausser uns hier wohnen haben, und auch die wollen mit der Zeit fort: die eine Familie nach Hamburg (mit drei kleinen Kindern, und erwarten ein Viertes!), und die andere nach Brünn. Arbinger ist Bürgermeister geworden, und ich bin – zweiter Bürgermeister von Eggenried! So kommt man mit dem Alter zu Ehren und Würden!!

Alle lassen sehr grüssen!

Euch Alle umarmt ganz fest

Dein alter Papa.

(96)

Herrn Dr. Kurt Port,   1. März 1946.
Urach

Sehr geehrter Herr Doktor!

Besten Dank für Ihr Schreiben vom 25. Febr. und die schönen Bücher des Verlages, – die Gedichtbände und die Briefe von Mörike, über die ich mich sehr gefreut habe! Sie gefallen mir auch in der Ausstattung sehr gut!

Sie haben ganz Recht mit Ihrem Urteil: das Rein-ästhetische ist bei mir nie das Primäre gewesen, ich möchte mit meinen Sachen etwas bewirken, auf den Leser einwirken, ihn aufrütteln, oder ihm einen Trost geben, irgendwie helfen, – vor allem der Wahrheit, und erst in zweiter Linie der schönen Form dienen. Und grade deshalb glaube ich doch, – trotz Ihrer gegenteiligen Ansicht, – dass die beiden letz-

ten Gedichte vom „Ewigen Gericht" der einzig richtige Abschluss
sind: die göttliche „Waage", die den ganzen Cyklus beherrscht, darf
doch nicht in der bedrohlichen Schwebe bleiben, Schuld und Leid
müssen sich aufwiegen, – wenn wir zum Bekenntnis unserer Schuld
gelangen, ohne die es keine Vergebung gibt. Ohne diesen Schluss
bleibt alles in der Schwebe, und dem Leser wird nicht der Weg gezeigt, den er gehen muss . . .

Dass ich gleich aus Ihrem ersten Brief keinen „Geschäftsmann",
sondern einen Menschen spürte, hat mich, da ich bei Schünemann
dies immer vermisst habe, ganz besonders angenehm berührt, –
und das ist mir wichtiger, als die Prozente, die 15%, die ich tatsächlich vom Ladenpreis des *gebundenen* Stückes, vom 20.000 an, von
der „Balt. Tragödie" bei Schünemann erhalte! Beim „Fressenden
Haus" ist es mir leider so wie Leip mit seinem „Godekes Knecht" ergangen, wo die sogenannte Volksausgabe viel weniger brachte! Ich
werde an Schünemann schreiben, und hoffe, dass er wenigstens einige meiner Bücher freigibt. Die „Balt. Tragödie" wird wohl vorläufig, – wegen der Russen, – nicht erscheinen können, aber vielleicht
ihr erster Teil „Blumbergshof", die Geschichte meiner Kindheit, die
etwas für sich ganz Abgeschlossenes ist.

Was den Nachruf auf meinen Jungen betrifft, so bin ich Ihnen nur
dankbar für Ihre offenherzige Kritik: Sie können grade diese Gedichte sicher viel objektiver beurteilen. Nur ist mir Ihre Aversion gegen die „Löwenmähne" nicht ganz verständlich, – aber vielleicht
bin ich auch in diesem Punkt befangen, weil mein Junge wegen seiner Mähne oft der „Löwe" genannt wurde, und noch heute sein
Zimmer die „Löwengrube" heisst! Wie Sie aus beiliegendem Blatt
ersehen, bin ich mit allen Ihren Vorschlägen einverstanden, – bis auf
Gedicht I, wo ich die Löwenmähne doch beibehalten möchte, um
doch wenigstens gleich am Anfang dies Bild festzuhalten, und
„Locken" doch viel blasser und trivialer wären! Wäre es aber nicht
möglich, ein Bild des Jungen zu bringen? Ausser dem Soldatenbild
habe ich noch andere ausgezeichnete Aufnahmen aus früheren Jahren.

Mit gleicher Post schicke ich Ihnen die drei Südamerika-Erzählungen: „Aufruhr in der Quebrada", „Eine dunkle Geschichte" und

„Die gestohlene Seele". Der Verlag Händle in Mühlacker, der letztere herausbrachte, liegt still, da der Besitzer interniert ist, so dass ich wohl darüber verfügen kann. Auf alle Fälle will ich beim Verlag anfragen. Wegen der „Dunklen Geschichte" schreibe ich an Schünemann. Der Verlag F. A. Herbig, bei dem der „Aufruhr in der Quebrada" erschienen ist, und bei dem ich schon anfragte, teilt mir eben mit, dass er meiner Absicht, die Erzählung in einem Sammelbande zu veröffentlichen, nicht im Wege stehen will, – nur müsste das Abdruckrecht von ihm erworben werden, es handle sich, wie er schreibt, um eine Art Lizenzverkauf. Er bittet mich, ihm den Verlag, den Umfang des Buches und die Höhe der Auflage mitzuteilen, damit er eine Verhandlungsbasis habe. Falls Sie sich also dazu entschliessen sollten, die Erzählungen zu bringen, so wird es wohl am zweckmässigsten sein, wenn Sie sich direkt mit Herrn Kahnert vom Herbig Verlag in Verbindung setzen würden. Seine Adr. ist: Berlin-Grunewald, Karsbaderstr. 18.
Ich glaube, dass grade diese Südamerika-Erzählungen heute von besonderem Interesse wären, da sicher eine grosse Auswanderung dorthin einsetzen wird, und meine Erzählungen „Eine dunkle Geschichte" und „Der Pfarrer im Urwald" das Schicksal der deutschen Kolonisten behandeln, während die beiden anderen die fremde Umwelt zum Gegenstand haben. Im „Pfarrer", der ja eigentlich, wie Sie ganz richtig bemerkten, keine Erzählung ist, wird die Handlung rückschauend abgerollt, wie er, der das Christentum in den Urwald bringen will, von diesem mit der Zeit umgewandelt und selbst zu einem ganz anderen Glauben bekehrt wird. Als Titel für den ganzen Band schlage ich vor: „Zwischen Staub und Sternen", oder „Unter dem Kreuz des Südens", – vielleicht könnte man auch den ganzen Band nach dem „Pfarrer im Urwald" benennen.
Hoffentlich finden Sie doch noch einen guten Zeichner für „Bo und die Nasenböhrer", – vor Allem muss er Humor haben! Ein Verlag, dem ich auch das Manuskript geschickt hatte, noch bevor ich von Ihnen etwas hörte, schrieb mir kürzlich, dass er es gern bringen würde, – und nun habe ich ihm grade abgesagt, da ich Ihren Brief erhielt! Dadurch, dass die Briefe so lange brauchen, kann so was passieren!

Sobald ich etwas Zeit habe, will ich die „Kleine Welt" zusammenstellen und Ihnen schicken!

Ihr Angebot eines Garantiehonorares habe ich keineswegs so auf-
gefasst, wie Sie befürchten: im Gegenteil, ich fand es sehr freundlich, aber noch bin ich von der letzten Auflage meiner „Balt. Trag."
mit Geld versorgt!

Das Jahr hat gut für mich angefangen: nachdem der Januar mir eine
grössere Erzählung geschenkt hatte, wurde ich im Februar ganz
plötzlich von einem neuen Stoff gepackt: einer legendenartigen Erzählung aus dem frühen Mittelalter, die in Italien spielt, und in der
ich, in historischer Verkleidung, das Schuldproblem zeitlos darzustellen und zu gestalten versuche. Sie heisst: „Das Weltgericht von
Pisa", und wird etwa 130 Seiten stark. In den nächsten Tagen hoffe
ich sie zu beenden. Wenn mir das glückt, was mir vorschwebt, wird
es mein bestes Buch werden! Daneben reift ein Lustspiel, das ich
gleich darauf in Angriff nehmen will, und strömen Verse . . . Ich
wünsche mir manchmal zehn Hände, um alles aufschreiben zu
können, was mir durch den Kopf geht!

Mit herzlichen Grüssen

Ihr

Kurt Port: war Leiter und Vermögensverwalter des Verlages Cotta, dessen
Weiterführung nur beschränkt möglich war. Er erhielt die Erlaubnis, einen
eigenen Verlag zu gründen und führte die Verlagsgeschäfte bei Cotta zunächst weiter.

Das Ewige Gericht: Kurt Port hatte Vegesack aufgefordert, alle zur Veröffentlichung geeigneten Werke vorzulegen; diskutiert wurde über Altes und
Neues. Die Gedichtsammlung, *Das Ewige Gericht* (es behandelt die Schuld-
problematik) war im Kriegswinter 1944/45 entstanden und Port hatte Zweifel, sie von der Zensurbehörde genehmigt zu bekommen, diskutierte Streichungen u. ä. Vegesack schickte daraufhin neues Material, aber Port äußerte
sich lange Zeit nicht. So gab Vegesack das Werk an den Keppler-Verlag, der
es, zum Erstaunen von Kurt Port, problemlos publizierte. Im Gespräch war
auch eine Neuausgabe jenes Teiles der *Baltischen Tragödie*, der keine politi-

schen Probleme zu erregen schien: *Blumbergshof.* Aber auch dieser erschien bei Keppler unter dem Titel *Versunkene Welt* 1949 in Baden Baden.

Nachruf: Mein Junge. Diese Gedichtsammlung im Gedenken an Vegesacks Sohn Gotthard, der am 30. 4. 44 in Polen gefallen war, wurde als erstes Werk für eine Veröffentlichung vorbereitet.

Die Südamerikanischen Erzählungen: blieben aber schließlich das einzige Werk, das im Port-Verlag erschien unter dem Titel *„Zwischen Staub und Sternen",* Urach 1947.

Leip, Hans [*1983]: *Godekes Knecht.* Erstmals 1925 erschienen, wurde ein „Bestseller".

(97)

Herrn Dr. Kurt Port,   17. 4. 46.
Urach

Sehr geehrter Herr Doktor!
Vielen Dank für Ihren freundlichen Brief vom 10. 4. und meinen herzlichen Glückwunsch, dass Sie alle Schwierigkeiten überwunden und beide Lizenzen erhalten haben! Besonders freue ich mich, dass Sie mir so offenherzig schreiben, denn das ist doch die Voraussetzung für jede menschliche Beziehung, als welche ich, – neben und über allem Geschäftlichen, – das Verhältnis zwischen Verleger und Autor auffasse! Und Sie haben sicher Recht: wie bei einer Ehe wäre der Idealzustand, wenn nur e i n Verlag alle Kinder des Autors zur Welt brächte! Immer habe ich gewünscht, einmal einen solchen Verlag zu finden, aber bisher leider vergeblich. Vom Universitas-Verlag wurde ich ohne dass man mich viel fragte an Schünemann verkauft, zu dem ich nie irgend eine menschliche Beziehung hatte. So strebte ich immer, von ihm fortzukommen, aber nur meine kleineren Sachen, für die er damals kein Interesse hatte, gab er frei. Daher die Zersplitterung meiner Arbeiten: wer keine richtige Frau hat, macht eben Seitensprünge!
Am liebsten würde ich nicht nur alle meine neuen Sachen, sondern auch die bisher erschienenen Bücher nur Ihrem Verlag anvertrauen. Dem stehen leider zur Zeit verschiedene Hindernisse im Wege: erstens gibt Schünemann mich nicht frei, – obgleich er keine Lizenz

hat, – zweitens wird die Aufnahmefähigkeit Ihres Verlages, Papierbeschaffung, usw. doch auch beschränkt sein, und drittens fürchte
ich, dass Bücher, die heute in einer Zone erscheinen, in andere Zonen nicht gelangen, weil sie gleich an Ort und Stelle konsumiert
werden, – jedenfalls las ich das neulich in der „Neuen Zeitung". Deshalb meinte ich, dass es vielleicht zur Zeit ratsamer wäre, hier und da
kleinere Sachen auch in anderen Zonen erscheinen zu lassen, und
da grade damals der Keppler Verlag mich dringend um Manuskripte
bat, und ich von Ihnen so lange nichts hörte, schickte ich ihm „Das
Ewige Gericht", und dann auch „Das Weltgericht von Pisa"; da letzteres noch viel gewagter und trotz aller historischen Verkleidung viel
„politischer" ist, als der Gedichtcyklus, glaube ich nicht, dass es in
Ihren Verlag gepasst hätte; ich fürchte, – und auch Keppler teilt meine Befürchtungen, – dass die Zensur uns einen Strich durch die
Rechnung machen wird. In dem Fall werde ich jedenfalls nichts
streichen und auf bessere Zeiten warten. Falls im „Ewigen Gericht"
ausser den zwei Gedichten weitere Streichungen vorgenommen
werden müssten, will ich es vorläufig nicht veröffentlichen.
Selbstverständlich gebe ich alle meine Erzählungen, die ich Ihnen
schon früher angeboten hatte, Ihrem Verlag, also nicht nur den
„Ortskommandanten", sondern auch den „Pfarrer im Urwald", und
die drei anderen, wenn ich die Rechte zurückbekomme. An Händle
habe ich wegen der „Gestohlenen Seele" geschrieben, da er keine Lizenz hat und selbst interniert ist, glaube ich bestimmt, dass der
Treuhänder keine Schwierigkeiten machen wird. Auch an Schünemann habe ich wieder geschrieben, fürchte aber, dass Herr Ostertag
nicht nachgeben wird. Hoffentlich kommen Sie zu einer Verständigung mit Herbig. Wäre es aber nicht vielleicht ratsamer, – wie es ja
auch ursprünglich Ihre Absicht war, – die Erzählungen zunächst
einzeln zu bringen, in Ihrer Reihe „Die Erzählung"? Der Sammelband könnte ja später immer noch folgen! „Südamerikanische Erzählungen" würde ich diesen aber nicht nennen, weil dieser Titel
doch irreführend wäre: es sind ja nicht „südamerikanische" Erzählungen, von südamerikanischen Autoren, sondern Erzählungen,
die in Südamerika spielen; da scheint mir „Zwischen Staub und
Sternen" doch besser. Allerdings müssten es dann doch mindestens

284

drei Erzählungen sein, – nur für zwei Erzählungen kommt mir der Titel doch etwas anmassend vor! Sobald ich vom Verlag Händle eine Antwort erhalte, teile ich sie Ihnen mit.

Nun zu dem Nachruf auf meinen Jungen. Ja, ich muss Ihnen mit dem Bilde Recht geben: es darf nicht erscheinen! Grade bei diesem Buch fällt es mir schwer, das Persönliche vom Allgemeinen zu trennen, und so erschien es mir ganz natürlich, das Bild des Jungen zu bringen! Ihr Einwand hat mich aber vom Gegenteil überzeugt. Beiliegend schicke ich Ihnen ein Verzeichnis meiner bisher erschienenen Bücher mit der Bitte, es am Schluss zu drucken, – oder wäre es vielleicht besser, den Gedichtband damit nicht zu belasten, und das Verzeichnis nur bei den Erzählungen zu bringen?

Sehr dankbar bin ich Ihnen, dass Sie den „Herrn Bo" an den Kinderbuchverleger Gundert weiter gegeben haben, – hoffentlich nimmt er ihn! Denn ein Kinderbuchverlag wäre mir viel lieber, als Keppler, der bisher keine Kinderbücher herausgebracht hat. Auch ich habe etwas Misstrauen, es mit der Dame zu versuchen, und es kommt grade bei diesem Buch alles auf die Zeichnungen an! Hoffentlich weiss der Gundert-Verlag eine bewährte Kraft!

Die Erzählung „Maria und Martha im Wald", die ich im Januar geschrieben habe, muss ich noch gründlich durcharbeiten, ja, zum Teil wahrscheinlich ganz neu schreiben, wozu ich eben nicht fähig bin, da eine abscheuliche Grippe mich sehr geschwächt hat. Vielleicht ist es auch ganz gut, wenn ich etwas mehr Abstand zu der Erzählung gewinne. Dem Verlag Erich Schmidt in Berlin, der meinen „Lebensstrom" herausgebracht hat, und der schon 1944 den Nachruf auf meinen Jungen haben wollte, hatte ich eigentlich diese Erzählung zugedacht, um wenigstens mit einer Sache auch in der russischen Zone vertreten zu sein, – oder werden Ihre Bücher auch nach Berlin gelangen?

Und wie steht es mit der Schweiz? Haben Sie Verbindungen dorthin? Werden deutsche Bücher überhaupt ins Ausland gelangen? Und wenn nicht: wäre es möglich, durch einen Schweizer Verlag eine Lizenz-Ausgabe für die Schweiz drucken zu lassen? Ich denke dabei vor allem an das „Ewige Gericht" und das „Weltgericht von Pisa". Für den Fall, dass letzteres vorläufig nicht erscheinen kann, und die amerikanische Zensur doch milder ist, wie Sie schreiben, will ich Ihnen gern das Manuskript schicken. Eben liegt es bei Herrn Gärtner. Ich werde ihn bitten, dass er es an Sie weiter gibt.

Mit gleicher Post schicke ich Ihnen als bescheidene Gegengabe für die vielen Bücher meinen „Lebensstrom", – eine kleine Auswahl meiner Gedichte!

Mit herzlichen Ostergrüssen

Ihr sehr ergebener

Das Weltgericht von Pisa. Erzählung. Keppler-Verlag Baden-Baden, 1947
Herr Bo fährt um die Welt. Ein Kinderbuch. Es erschien durch Vermittlung von Kurt Port schließlich beim Hermann-Stratz-Verlag, Säckingen 1948.

(98)

Herrn Dr. Kurt Port,   19. 6. 46.
Urach

Sehr geehrter Herr Doktor!

Besten Dank für Ihren Brief vom 13. d. M., den ich heute Morgen mit den Korrekturfahnen erhielt. Ich habe sie gleich durchgesehen und nichts zum Verbessern gefunden. Was die Sperrungen im Text betrifft, so haben Sie vollständig Recht: sie würden nur stören! Leider ist das Gedicht II nicht gedruckt worden, – wohl durch ein Versehen. Beiliegend schicke ich Ihnen die durchgesehenen Korrekturen wieder zurück.

Inzwischen werden Sie meinen letzten Brief vom 16. d. M. erhalten haben, der sich mit Ihrem gekreuzt hat, und den Brief vom Keppler Verlag. Alles, was Sie mir über den geplanten Sammelband schreiben, hat mich darin bestärkt, vorläufig von ihm Abstand zu nehmen, und zunächst den „Pfarrer im Urwald" in einem Einzelbande zu veröffentlichen, wie Herr Keppler es vorschlägt. Denn dann bekäme ich von der einen Erzählung mehr, als von allen vieren zusammen genommen! Der Keppler Verlag zahlt mir nämlich 15% vom

Ladenpreis, – das ergäbe bei einer Auflage von 10 000 Stück und einem Preise von RM 2 rund RM 3 000 Honorar. Wenn für mich die Prozente auch nicht entscheidend sind, – als ich den „Pfarrer im Urwald" Ihnen gab, und ihn von Keppler zurückzog, wusste ich, dass ich von Keppler ein höheres Honorar erhalten hätte, – so wäre jetzt, bei dem Sammelbande, der materielle Nachteil für mich doch so gross, dass Sie sicher dafür Verständnis haben und es mir nicht verübeln werden, wenn ich unter diesen Umständen die Einzel-Ausgabe bei Keppler vorziehe. Umso mehr, als grade diese Erzählung Ihnen weniger gefällt. Mit den anderen Erzählungen will ich vorläufig warten, bis die Rechte an mich zurückfallen, – falls Keppler sie nicht auch als Einzelbände bringen will.

Nun möchte ich aber keineswegs, dass Sie deshalb leer ausgehen, und mache Ihnen daher den Vorschlag, entweder „Das Fressende Haus", oder „Blumbergshof" (den ersten Band meiner Balt. Tragödie) vorläufig als Lizenz-Ausgabe, und später hoffentlich ganz, von Schünemann zu übernehmen. Ich glaube kaum, dass Schünemann in absehbarer Zeit die Bücher wird drucken können, und habe ihm bereits vor Monaten einen Termin zum 31. 12. 46 gestellt. Vielleicht wird er sich unter diesem Druck doch dazu entschliessen, auf eine Lizenz-Ausgabe bei Ihnen einzugehen, – wenn nicht, müssten wir bis zum 1. Januar 47 warten. Soll ich an Herrn Ostertag schreiben, oder wollen Sie sich direkt mit ihm in Verbindung setzen?

Und noch eine Frage: was wird nun mit meinem „Ortskommandanten", wenn Sie, wie Sie schreiben, Erzählungen von kleinerem Umfang nicht bringen wollen? Ich erhalte immer wieder Anfragen von neu lizenzierten Verlagen, und könnte die Erzählung leicht, – vielleicht auch bei Keppler, – unterbringen. Sie brauchen sich also nicht durch Ihre Annahme als gebunden zu betrachten.

Von der „Dunklen Geschichte" habe ich leider nur noch ein einziges Exemplar, – hoffentlich findet es sich doch noch in der Druckerei!

Mit freundlichen Grüssen

Ihr

Korrekturfahnen des *Nachrufs:* Nachdem das Buch bereits fertig gesetzt war und die Umbruchkorrekturen schon gelesen waren, kam von der Zensurbehörde der französischen Zone der Bescheid, man könne nur wenig Interesse an diesem Manuskript finden. „En conséquence l'édition de ce texte est interdite" (Baden-Baden am 28. 9. 46). Port gab das Werk an Vegesack zurück. Es erschien schließlich 1948 beim Mölich-Verlag in Hamburg.

Der geplante Sammelband *„Zwischen Staub und Sternen"* enthielt die Erzählungen „Die gestohlene Seele", „Aufruhr in der Quebrada" und „Eine dunkle Geschichte".

(99)

An Clara Nordström   Weissenstein, den 9. 11. 46.

Mein liebes Troll!
Ich danke Dir für Deinen „offenherzigen" Brief, den ich ebenso offenherzig beantworten will, weil es zwischen uns anders ja gar nicht sein kann! Du fragst mich, ob es „unbedingt notwendig gewesen sei, das eigene Volk so mit Schmutz zu bewerfen"? Wenn Du weitergelesen hättest, würdest Du mir wohl kaum diesen Vorwurf machen: dann hättest Du gesehen, dass ich nichts anderes bezwecke, als das Gewissen der Menschen aufzurütteln und sie zur Erkenntnis der eigenen Schuld zu bringen, ohne die es keine Sühne und Erlösung gibt. Und schuldig ist jeder, der sich dem Bösen nicht widersetzt hat: ich nehme mich keineswegs von dieser Schuld aus, denn auch ich habe geschwiegen. Das „Ewige Gericht" ist also nicht die Predigt eines Selbstgerechten, sondern ein Bekenntnis der eigenen Mitschuld.
Ich könnte Deinen Vorwurf noch verstehen, wenn ich diese Verse jetzt, nachträglich geschrieben hätte, wo die Verbrecher schon erledigt waren, – aber sie sind zu einer Zeit entstanden, als sie noch Alle an der Macht waren, und man mich für jeden dieser Verse sofort beseitigt hätte; es fanden ja oft Haussuchungen bei mir statt, und noch im Oktober 44 wurde ich von der Gestapo in Regensburg einem strengen Verhör unterzogen, – vielleicht im Zusammenhang mit dem 20. Juli; ein Kamerad von mir beim Wirtschaftsstab Ost, Graf

Yorck, ist ja gehängt worden, und ich hatte ein paar Tage vor dem 20. Juli meinem General eine Denkschrift übergeben, die ich in seinem Auftrag über unsere völlig verkehrte Ostpolitik und die niederträchtige Behandlung der Ostbevölkerung geschrieben hatte, – hätte man diese Denkschrift gefunden, wäre ich kaum dem gleichen Schicksal entgangen, wie Graf Yorck. Dies nur, damit Du verstehst, in welcher Verfassung diese Verse entstanden sind: ich musste mir alle Wut und Empörung vom Herzen schreiben, es war eine wirkliche Explosion: in elf Tagen brachen sie aus mir heraus. Sie richteten sich nicht gegen jemand, der schon am Boden lag, sondern gegen den Henker, der noch in voller Tätigkeit war! Und wenn sie erst heute erscheinen konnten, so liegt das nicht an mir. Trotzdem glaube ich, dass diese Verse auch heute noch Vielen etwas sagen und geben werden, – wenn man sie zu Ende liest! Also: tu es, – und dann wollen wir weiter reden!

Du bittest mich, Dir zu sagen, wenn Du irgend etwas „Verkehrtes schreibst oder tust", – und dass Du gern „zulernen" willst, – und da kann ich Dir nur den einen Rat geben, mehr Selbstkritik zu lernen und auch Deiner eigenen Schuld nicht aus dem Wege zu gehen: denn es ist doch wirklich eine Selbsttäuschung, wenn Du Dir jetzt einreden willst, Du hättest erst am 2. Ostertag 45 etwas Schlechtes erfahren, und wärst bis dahin immer „ganz gutgläubig" gewesen! Denn was z. B. mit den Juden geschah, wusste jeder, auch wenn man nicht über den Umfang der Bestialitäten orientiert war! Aber das, was jeder wusste, genügt, um das Gewissen eines jeden zu belasten, von dieser Schuld kannst Du Dich am wenigsten freisprechen, da Du ja all den Rassen-Wahnsinn mitgemacht hast! Dass Du immer das Beste wolltest, bezweifle ich nicht, aber Du hast Dich eben geirrt, Du hast Deinen guten Namen in den Dienst von Verbrechern gestellt, und das musst Du als Deine Schuld erkennen, denn ohne diese Erkenntnis kannst Du Dich nicht von ihr befreien: dies ist der Sinn des „Ewigen Gerichtes"! – So, nun genug davon, und damit Du Dich von d e n Versen etwas erholen kannst, lege ich ein paar andere bei, die Dir vielleicht mehr zusagen werden!

Alle grüssen sehr herzlich! Alles Liebe und Gute!

An Alfred Kubin   Weissenstein, den 31. 3. 1947

Lieber Kubin!

Schon längst wollte ich Ihnen ein Lebenszeichen geben, in der Hoffnung, eins von Ihnen zu bekommen, – aber das Schreiben fällt einem schwer, wenn man nicht weiss, wo man anfangen soll, wenn solche Jahre dazwischen liegen, Grenzen, Zensuren ... Doch nun will ich nicht länger warten, damit meine herzlichen Glückwünsche Sie noch beim Eintritt in das neue Lebensjahrzehnt erreichen! „Glück" ist eigentlich nicht das richtige Wort für das, was man Ihnen wünschen kann, – und wo gibt es das heute? Aber Ihnen und uns Allen wünsche ich von Herzen, dass Sie noch recht lange an Ihrem Werk schaffen können, und dass Sie von all' den Miseren dieser Zeit möglichst verschont bleiben! Hoffentlich brauchten Sie im Winter nicht all' zu sehr zu frieren, – selbst hier im Walde ging uns das Holz aus, und Kohlen gibt es nicht. Aber in den Städten muss es ja noch viel schlimmer gewesen sein.

Hoerschel's Tod wird Ihnen auch sehr nahe gegangen sein. Zuletzt sah ich ihn im August in Feldafing. Es ging ihm die letzten Jahre schlecht, das Herz machte ihm viel zu schaffen. Aber dann raffte er sich immer wieder auf, und seinen Humor hat er bis zuletzt behalten. Noch zwei Tage vor dem Tode, als meine Schwägerin Irmgard Ebermayer bei ihm war, und er auf seinem Diwan lag, meinte er plötzlich lachend: „Du sitzt da wie eine entfernte Verwandte am Sterbebett!" Die letzte Nacht hat er gut geschlafen, am Morgen noch die Post gelesen, – und dann, ganz plötzlich, war es aus, so dass er sich nicht zu quälen brauchte. Die Beerdigung war unter grosser Beteiligung am Samstag, den 15. März, in Feldafing. Dabei passierte das Unglück, dass der Sarg von den Schultern der Träger herunter fiel und sich überschlug, – zum Glück ging er nicht auf. Meine Schwägerin hat nun mit dem Verleger Schmidt den ganzen Nachlass zu ordnen, die Sammlungen bekommen Stadt und Staat, ausserdem sind noch 50 Einzelpersonen im Testament bedacht. – Grade in den letzten schweren Jahren sind wir uns wieder sehr nahe gekommen, da Hoerschel mit Ebermayers befreundet war, und ganz

290

nahe von ihnen wohnte. Er wird mir sehr fehlen, – mit ihm ist viel vom alten Schwabinger München gegangen . . .

Der Turm steht noch immer, und hat auch die bösen Tage im April 45 gut überstanden, als ein verrückter S-S-General durchaus Regen „verteidigen" wollte, – so dass gegen dreissig Häuser in Flammen aufgingen. Mein Bruder, der im Wartheland alles verloren hat, wohnt mit seiner Familie bei mir, ein anderer Bruder hat als Arzt in Eisenstein eine Praxis bekommen, so sind wir Geschwister beisammen!

Ich habe im letzten Jahr gut arbeiten können, – vier neue Bücher sind im Druck, zwei weitere in Vorbereitung. Leider dauert die Herstellung heute sehr lange, dazu die furchtbare Papiernot. Ein Bändchen Gedichte, „Das Ewige Gericht" das vor Weihnachten erschien, haben Sie hoffentlich erhalten. Für den Juni bin ich auf eine Vortragsreise in die Englische Zone eingeladen, – hoffentlich wird es bis dahin wärmer werden! Isabel hat im Januar ein viertes Kind bekommen, – der Winter muss in Hamburg schrecklich gewesen sein; aber sie klagt nie, und schreibt immer sehr tapfer.

Mit vielen sehr herzlichen Ostergrüssen,

auch von meiner Frau,

an Sie Beide, Ihr

(101)

An Otto von Taube   Burg Weissenstein, 11. 7. 47.

Lieber Baron Taube!

Herzlichen Dank für Ihren freundlichen Brief, den ich hier bei meiner Rückkehr von einer Vortragsreise in der Englischen Zone vorfand! Den ganzen Juni war ich unterwegs, – bin noch völlig erschöpft von den furchtbaren Eisenbahnfahrten!

Sie haben ganz recht: das „Ewige Gericht" ist keine eigentliche Dichtung, mehr ein Aufschrei oder eine Anklage, – es fehlte mir der nötige innere und äussere Abstand. Im Herbst erscheint ein anderes „Gericht" von mir, – das „Weltgericht von Pisa", in dem ich den Versuch gemacht habe, das Schuldproblem zeitlos zu gestalten. Ich will Ihnen dann das Buch schicken. Hoffentlich haben Sie inzwischen ein Bändchen Heimatgedichte, – „Das Unverlierbare" – erhalten, – ein Nachruf auf unsere nun endgültig verlorene Heimat!

Die Eindrücke von meiner Reise sind recht positiv, das Publikum, namentlich in den kleineren Städten, war sehr aufnahmewillig. Schade, dass Bergengruen in die Schweiz gegangen ist, – hier hätte er eine viel grössere und schönere Aufgabe zu erfüllen. Aber ich hoffe: er kommt zurück. Jedenfals scheint er sich drüben nicht allzu glücklich zu fühlen! Für einige Wochen, ja Monate, ginge ich gern in die Schweiz, – aber für ganz: Nein! Die völlig entwurzelte Stellung von Thomas Mann ist doch sehr bedauerlich. Gewiss konnte, ja musste er 1933 emigrieren, – aber Emigrant bleiben, das ist nicht notwendig. Die Kontroverse mit Manfred Hausmann ist doch recht unerfreulich ... Aber typisch deutsch: sich gegenseitig anzuschwärzen!

Es grüsst Sie herzlich

Ihr

Das Unverlierbare: Gedichte. Christian Wolff-Verlag. Flensburg 1947.

Manfred Hausmann (1898–1986). Er lebte in Bremen und Worpswede. In den Jahren 24–25 war er Feuilletonredakteur der Weser-Zeitung, seit 1937 arbeitete er als freier Schriftsteller.

1947 war er von der Weser-Zeitung aufgefordert worden, als Vertreter der „Inneren Emigration" auf die Angriffe zu antworten, die Thomas Mann gleich nach dem Krieg gegen Deutschland richtete. An der Auseinandersetzung beteiligten sich außerdem Frank Thiess und Walter von Molo (a. a. O.). Im März 1950 wurde Manfred Hausmann in das Kollegium der Deutschen Akademie für „Sprache und Dichtung" gewählt. Als 1955 Thomas Mann anläßlich seines 80. Geburtstages zum Ehrenmitglied ernannt wurde, erklärte Hausmann seinen Austritt, um sich von Thomas Mann zu distanzieren, der 1945 seinen Vortrag „Deutschland und die Deutschen" gehalten und, wie Hausmann bedauert, dessen Aussagen nie widerrufen hatte.

Th. Mann (1875–1955) war 1936 emigriert und kehrte 1952 wieder nach Europa (i. d. Schweiz) zurück. Seine Vortragsreisen (1949 anläßlich des Goethe Jahres nach Weimar und Frankfurt a. M.) galten „Deutschland als Ganzem".

(102)

Herrn Direktor   Burg Weissenstein, 17. 7. 1947.
Dr. Jakob Job,
Zürich

Sehr geehrter Herr Doktor!

Vorgestern ist endlich das Paket mit dem wunderbaren Inhalt glücklich angelangt, das Sie im Februar mir schicken liessen! Haben Sie vielen herzlichen Dank, – es ist das schönste Paket, das ich bisher aus der Schweiz bekommen habe! So schön auch alles Essbare ist, – es befriedigt doch immer nur rein materielle Bedürfnisse, während Tee und Kaffee schon geistige Genüsse sind, und darüber hinaus auch das Gemüt anregen, Hirn und Herz mit den viel wichtigeren geistigen Kalorieen nähren! Aber das Schönste bleibt dabei dies Gefühl, dass man nicht ganz ausgeschlossen ist von der Welt da draussen, und dass es, – allen Grenzen zum Trotz, – doch etwas wie eine europäische Gemeinschaft gibt, eine europäische Gesinnung, die allein im Stande ist, unseren armen Erdteil vor dem Untergang zu retten! Und eben für diese Gesinnung möchte ich Ihnen ganz besonders danken!

Man wird vielleicht etwas überempfindlich, wenn man, – auch von sehr verehrter Seite, – immer nur Vorwürfe und bittere Anklagen zu hören bekommt, wie kürzlich wieder von Thomas Mann. Ich habe ihn immer tief verehrt, und noch zu seinem 60. Geburtstag, 1935, ihm in die Schweiz telegraphiert: „Den Abwesenden, immer Gegenwärtigen, grüsst in Verehrung..." Leider hat er von dieser ihm in Deutschland allgemein entgegengebrachten Verehrung in letzter Zeit durch gehässige Bemerkungen und schiefe Urteile viel eingebüsst, und grade dadurch viel Gutes verschüttet und üble Instinkte wieder wachgerufen. Ein trauriges, typisch deutsches Kapitel. Gewiss, auch ich bekenne mich schuldig, – weil ich in den entsetzlichen Jahren geschwiegen habe, aber ich weigere mich Thomas Mann das Recht zuzuerkennen, über uns alle, das ganze deutsche Volk den Stab zu brechen. Er, der im Nachwort zu seinem „Friedrich und die grosse Koalition" als Erster mit Begeisterung vom „Dritten Reich" geschrieben hat und in den „Betrachtungen eines Unpolitischen" mit solchem Temperament gegen die Demokratie zu Felde gezogen ist, sollte nicht so selbstgerecht alle Schuld nur bei den Anderen sehen. Aber genug davon.

Ich war jetzt fünf Wochen auf einer Vortragsreise in der Britischen Zone unterwegs, und habe im Allgemeinen doch viel erfreulichere Eindrücke heimgebracht, als ich erwartet hatte. Es gibt, Gottlob, unter der Oberfläche des „offiziellen" Deutschland, das recht unerfreuliche Blüten treibt, noch ein anderes, „heimliches" Deutschland, namentlich in den kleineren Städten, – sehr aufnahmewillige Zuhörer, auch unter den Jungen, – man muss sie nur richtig anfassen. Mit Propaganda und „Umerziehung" ist da wenig getan, – meist wird dadurch nur das Gegenteil erreicht. Demokratie lässt sich nicht mit Gewalt eintrichtern, sie lässt sich nur am lebendigen Beispiel erlernen. Und leider bekommt man grade von diesem Beispiel wenig zu sehen ... Hoffen wir, dass mit der Zeit doch die Vernunft und Einsicht die Oberhand gewinnen, – denn sonst geht mit uns Europa rettungslos seinem Untergang entgegen. Aber es wird Zeit, dass ich schliesse, – und haben Sie nochmals sehr herzlichen Dank für die wunderbaren Gaben!

Es grüsst Sie herzlich

Ihr

Jakob Job: (1891–1973) Er war Direktor der Schweizer Schule in Neapel und Leiter des Auslandsschweizer-Sekretariats in Bern gewesen, bevor er Intendant von Radio Beromünster und Zürich wurde. Darüber hinaus war er Lyriker, Essayist und Reiseschriftsteller. Die Bekanntschaft kam durch Bergengruen zustande; Job war in den folgenden Jahren häufig Gast auf dem Turm.

An Otto von Taube   Burg Weissenstein, 29. 1. 48.

Lieber Baron Taube!

Haben Sie herzlichen Dank für Ihren freundlichen Brief, den ich heute erhielt, – ich freue mich sehr, dass mein „Weltgericht" Ihren Beifall gefunden hat! Auch Ihre Einwände verstehe ich gut. Ich selbst habe da auch Bedenken gehabt, – aber grade die Stelle von der Schändung der Kirche ist wörtlich einer italienischen Chronik entnommen, – ich habe nichts hinzugesetzt, – nur hat sich nicht der Tyrann Uggolino von Pisa, sondern der Tyrann Alberico in Treviso um 1250 so aufgeführt! Die Kreuzigung dagegen ist meine Erfindung. Aber wenn Giovanni dem Herrn folgen wollte, so musste er sich ans Kreuz schlagen lassen, – dies ist ja die eigentliche Kern-Idee, auf der alles andere aufgebaut ist.

Meine Schwester schreibt mir aus Stockholm, dass sie einen ausgezeichneten Vortrag von Ihnen gelesen hätte: „Gottes Wort in der Geschichte", – leider musste sie die Abschrift, die dort kursierte, weiter geben. Nun bittet sie mich, ob ich ihr diesen Vortrag verschaffen könnte, und auch ich würde ihn gern lesen! Vielleicht haben Sie noch ein Exemplar, dann wäre ich Ihnen sehr dankbar, wenn Sie es mir schicken würden!

Anfang Mai komme ich für ein paar Tage nach Pöcking, an den Starnberger See, – wenn es Ihnen dann passt, würde ich Sie gern aufsuchen!

Mit allen guten Wünschen für 1948

grüsst Sie herzlich

Ihr

Gottes Wort und die Geschichte: Vortrag von Otto von Taube, erschienen 1946 im Chr. Kaiser Verlag, München.

An die   Burg Weissenstein,
Staats-Herold Corporation,   den 18. 4. 1948
Sonntagsblatt, Literarische Sektion,
Herrn H. H. Heide,
New York, N. Y.

Sehr geehrter Herr Heide!

Mit bestem Dank bestätige ich den Empfang Ihres freundlichen Schreibens vom 12. April, das ich soeben erhielt, und der beiden Care-Pakete, die am 13. März und 13. April hier anlangten. Auch das von Herrn Dr. Willi Wolfradt in Ihrem Auftrage als Honorar für den Abdruck eines Gedichtes übersandte Paket habe ich erhalten. Schon längst hätte ich Ihnen den Empfang bestätigt, wenn ich nicht auf einen Brief von Ihnen gewartet hätte, den Dr. Wolfradt mir im November angekündigt hatte. Auch war mir damals Ihre Anschrift nicht bekannt.

Ich hoffe, dass Sie mit meinem Verleger, Herrn P. Keppler in Baden-Baden, und dem Inhaber seiner Auslandsrechte, Mr. U. Jacobs in London, zu einer alle Teile befriedigenden Vereinbarung wegen des Abdrucks meines Romans „Das Fressende Haus" gelangen werden. Dass die in Aussicht gestellten Care-Pakete mir sehr willkommen wären, brauche ich wohl nicht zu betonen. Nur widerstrebt es mir, sie als eine Art „Almosen" zu empfangen, – auch das werden Sie mir nachfühlen können!

Beiliegenden Artikel stelle ich Ihnen zur Verfügung. Ich weiss nicht, ob er sich für einen Abdruck bei Ihnen eignet, glaube aber doch, dass es gut wäre, wenn er massgebenden Persönlichkeiten zur Kenntnis übergeben werden könnte. Ich möchte betonen, dass ich 1933 von den Nazis verhaftet wurde und im Gefängnis sass, weil ich immer ihr Gegner gewesen bin und in Wort und Schrift gegen sie angekämpft habe, und dass ich die Amerikaner, die uns von dieser Pest befreiten, als Befreier begrüsste. Leider haben die Besatzungs-mächte viel von dem Vertrauen, das ihnen entgegengebracht wurde, in diesen drei Jahren verwirtschaftet, – wobei ich mich keineswegs der Einsicht verschliesse, dass auch wir Deutschen an dieser un-

glücklichen Entwicklung zum Teil mitschuldig sind. Angesichts der uns und die ganze kultivierte Welt bedrohenden gemeinsamen Gefahr des Bolschewismus, scheint es mir an der Zeit, diese Dinge freimütig zur Sprache zu bringen. Dies ist der Zweck meines Artikels. Für Ihr Sonntagsblatt füge ich ein Gedicht bei, das kürzlich in der „Neuen Zeitung" veröffentlicht wurde. Falls Sie es gelegentlich bringen können, bitte ich Sie um die Freundlichkeit, das Honorar entweder an Herrn Dr. Wolfradt zu überweisen, oder mir direkt ein Care-Paket zu schicken!
Mit vorzüglicher Hochachtung
Ihr ergebener

Die Texte, die Vegesack der Staats-Herold-Corporation zusandte, konnten nicht festgestellt werden.
Auch zu einem Abdruck des Romanes scheint es nicht gekommen zu sein, denn die Rechte waren vom Keppler-Verlag für das Ausland dem Engländer U. Jacobs übertragen worden und hätten honoriert werden müssen.
In einem späteren Brief beklagt Vegesack sich bei der Zeitung, sie habe bereits mehrfach Texte von ihm und anderen ohne Honorierung zum Abdruck gebracht.
Willi Wolfradt: (*1892) Schriftsteller, Lektor. Er war über die Schweiz nach New York emigriert, wo er einen Autographenhandel betrieb und an der „Staats-Herold-Corp." und am legendären „Aufbau" (Emigranten-Zeitschrift) mitarbeitete.
1951 kehrte er nach Deutschland zurück und arbeitete ab 1953 als Lektor bei Rowohlt.
Seine Bekanntschaft mit Vegesack geht auf die zwanziger Jahre zurück, wo er mehrere Wochen auf Weissenstein gewohnt hatte. Aus New York schrieb er: (am 5. 9. 47) „ . . . Ja Weissenstein! Gott sei Dank, dass der Turm also unversehrt steht! War das eine schöne Zeit, damals mit Ihnen, vor 20 Jahren! . . .
Nun taucht alles wieder auf vor mir, – die Ruine, die Strasse nach Regen, der wunderbare Wald; ich sehe ganz bestimmte Wege klar vor mir, eine Lichtung, in der man Wild belauschen konnte, ein Marterl; ich rieche es in gierigem Erinnern, und mir fällt ein, wie wir in Ihrem Saal zu Platten getanzt haben, wie die Schwalben an meinem Turmfenster vorbeihuschten, wie ich

mit einem Ihrer Hunde hinauszog und nach gelben Pilzen suchte ... Ich nehme Ihr Willkommen tief in mich auf. Heute bin ich nicht heimatlos..."

(105)

An den   15. 6. 48.
P. Keppler Verlag,
Baden-Baden

Lieber Herr Keppler!
Besten Dank für Ihren Brief vom 10. Juni, der sich mit meinem letzten gekreuzt hat! Hoffentlich haben Sie inzwischen den Scheck, um den ich Sie bat, noch nicht abgeschickt, denn ich habe vor einigen Tagen ein Honorar erhalten, so dass ich Sie vorläufig nicht beanspruchen möchte. Die Zahlungen, die ich bisher von Ihnen erhalten habe, decken sich ungefähr mit meinen Honoraransprüchen von den bisher erschienenen Büchern.
Da Sie mir schon im März mitteilten, dass die „Versunkene Welt" lizenziert sei, bin ich nun etwas enttäuscht, dass die formelle Lizenz noch immer nicht erteilt ist. So wird das Buch wohl kaum unter den heutigen Verhältnissen noch in diesem Jahre erscheinen können. Und wie steht es mit dem „Fressenden Haus"?
Es lag mir viel daran, die alte Vorschuss-Schuld an Schünemann noch vor der Währungsreform los zu werden, auch Dr. Runge war dafür, und so hat der Christian Wolff Verlag in Flensburg diese Zahlung an Schünemann für mich geleistet. Dafür habe ich ihm „Meerfeuer" gegeben. Falls Schünemann irgend welche Schwierigkeiten machen sollte, – was ich nicht glaube, – müsste natürlich der Christian Wolff Verlag gemeinsam mit Ihnen durch Rechtsanwalt Dr. Runge den Kampf aufnehmen. Die Abschrift eines Briefes an Schünemann lege ich zu Ihrer Kenntnisnahme bei.
Der „Erntekranz" wird unter dem Titel: „Geliebte Erde" auch bei Christian Wolff erscheinen.
Den „Ortskommandanten" habe ich noch nicht vergeben. Aber Sie lehnten ja die dritte Erzählung „Stimmen aus dem Dunkel" ab, –

und allein, oder mit dem „Bahnhof" wird er wohl kaum für ein Bändchen reichen!

Was die „Verdunkelung" betrifft, so scheint mir Ihr Einwand einer „Schwarz-weiss Malerei" nicht stichhaltig: ausser dem Hausmeister „Kabufke", der ja nur als Symbol und an der Peripherie in Erscheinung tritt, ist keine einzige Gestalt schwarz oder weiss: selbst der „Blockleiter Stechbart" und der „Obersturmbannführer" sind keine wütigen Nazis, sondern nur schwache, irregeleitete Menschen, und Helling und seine Freunde sind alles andere als „Helden" irgend einer „Widerstandsbewegung". In keinem Fall will ich Sie zur Uebernahme des Buches überreden. Aber Sie werden es mir ebenso wenig verübeln, wenn ich es, – nach einer gründlichen Bearbeitung, – einem anderen Verlag gebe. Ganz abgesehen davon wird ja die Papiernot mich wohl noch lange zu einer solchen Verlags-Zersplitterung zwingen, die mir an sich äusserst zuwider ist! Für den „Tagesspiegel", dem ich die „Verdunkelung" zum Vorabdruck angeboten hatte, war das Manuskript zu umfangreich. So viel mir bekannt, bringt nur der „Tagesspiegel" Romane im Vorabdruck.

Das „Weltgericht" scheint überhaupt keine Resonanz zu finden, – jedenfalls nicht bei den Herren Kritikern. Uebrigens ist einem anonymen Kritikus im Tagesspiegel neulich ein Malheurchen passiert; er hat behauptet, dass „Zwischen Staub und Sternen" eine Neuauflage von „Unter fremden Sternen" wäre!

Mit herzlichen Grüssen

Paul Keppler: gebürtiger Schwabe, war Druckereibesitzer in Schlesien und zuletzt Herausgeber einer Finanzzeitschrift gewesen, bevor er 1944 einen eigenen belletristischen Verlag gründete.

Bei Keppler sind erschienen: *Das Ewige Gericht* (1946), *Der Pfarrer im Urwald* (1947), *Das Weltgericht von Pisa* (1947), *Versunkene Welt* (Blumbergshof) (1949).

Bei *Christian Wolff* in Flensburg sind erschienen: *Das Unverlierbare,* Gedichte, (1947) wiederaufgelegt zum 60. Geburtstag Vs's 1948. *Kleine Hausapotheke,* 1948, als Übernahme vom Hammerich & Lesser Verlag (1944), *Meerfeuer* brachte Komplikationen mit dem Schünemann-Verlag und erschien nicht. *Die Verdunkelung,* die 1943 in Berlin spielt, gefiel nicht. Christian Wolff schrieb am 8. 9. 48:

„Sämtliche Buchhändler – und es gibt leider keine einzige Ausnahme – teilten uns mit, daß wir von der Zusendung aller Romane, die sich problematisch mit Politik und Wesen der letzten Jahre, mit Krieg, Elend und Bomben auseinandersetzen, absehen möchten, da sie keine Aussicht hätten, Käufer für diese Bücher zu finden. Das Publikum will von Grauen und Schrecken der vergangenen Jahre vorerst nichts hören und noch weniger lesen. Und wie einst eine Flucht in die Sachwerte einsetzte, so gibt es heute eine Flucht in die Ablenkung oder in die Illusion . . ."

(106)

An die   Weissenstein, den 12. 9. 48
Redaktion der Zeit, Hamburg

Sehr geehrter Herr!
In einem Aufsatz „Das Wunder von Friedrichshafen" (Die Zeit vom 5. August 1948) gibt Norbert Jacques ein völlig falsches Bild vom Grafen Zeppelin, das ich hier richtig stellen möchte. So behauptet Norbert Jacques, dass dem Grafen „Begabung und Kenntnisse fehlten, am Weiterbau seiner Schiffe noch tätigen Anteil zu nehmen", – während Graf Zeppelin in Wirklichkeit bis zu seinem im März 1917 erfolgten Tode mit ungebrochener Kraft an seinem Lebenswerk weiterarbeitete.
Ebenso unwahr ist die Behauptung von Norbert Jacques: „Gewiß glaubte der alte, etwas engstirnige General a. D. selber, er habe mit seinen Schiffen seinem Kaiser eine Riesenkriegsmaschine geschaffen." Ich habe in den Jahren 1909 bis 1916 öfters den Grafen Zeppelin besucht und kann auf Grund von zahlreichen Gesprächen bezeugen, dass eine Verwendung seiner Luftschiffe für Kriegszwecke nie seine Absicht gewesen ist. Ich erinnere mich noch sehr genau, wie unglücklich er bei meinem letzten Besuch im Sommer 1916 darüber war, dass seine Luftschiffe in den Dienst des Krieges gestellt wurden. Daran trifft ihn selbst jedenfalls nicht die geringste Schuld.

300

Friedliche, wissenschaftliche Zwecke, vor allem die Erforschung der Arktis, lagen ihm am Herzen. Und er hat ja auch Recht behalten: nicht sein „Traumschiff", sondern das traumlose, brutale Flugzeug ist zur modernen Kriegswaffe geworden.

Ob aber dadurch das „Märchen" des alten Grafen wirklich für immer aus dem Leben der Menschheit verschwinden wird, bleibt abzuwarten. Das wird wohl in erster Linie von den Menschen selbst abhängen, – dem Weg, den die Menschheit jetzt einschlagen wird. Vorläufig sieht die Welt allerdings mehr nach Kriegsmaschinen aus, als nach friedlichen Traumschiffen!

Mit vorzüglicher Hochachtung!

Norbert Jacques antwortete persönlich auf diese Entgegnung, in der „Zeit" erschien sie offensichtlich nicht.

Der „Luftschiffonkel", Ferdinand Graf Zeppelin, war mit der Tochter einer Schwester der Mutter Vegesacks verheiratet und Vegesack, wie er mehrfach erzählt, häufig Gast in seinem Haus in Friedrichshafen.

Zeppelin hatte ihm schon für die Einbürgerung folgenden Brief geschrieben:

Lieber Vetter Vegesack!

Es würde uns sehr freun, wenn Ihr Euch in Deutschland niederlassen würdet. Ich bin überzeugt, dass Du mit Deiner gewandten Feder, bei Deiner genauen Kenntnis der baltischen Verhältnisse und Deiner grunddeutschen Gesinnung sehr nützlich wirken könntest.

Hoffentlich wird es Dir nicht schwer einen Pass nach Deutschland zu erhalten. Erforderlichenfalls magst Du Dich auf mich berufen. Mit besten Grüssen auch an Deine liebe Frau Dein ergebener Vetter Ferdinand Graf Zeppelin.

Friedrichshafen, 15. Sept. 1915

In einer Skizze *Der Luftschiffonkel* (entst. 1967) (ANA 397 der B. St.) schrieb Vegesack:

„In der Verwandtschaft hiess es, die gute Tante Bella hätte zwar einen sehr lieben, aber leider etwas verrückten Onkel geheiratet. Dieser verrückte Onkel hatte eine fixe Idee: ein Luftschiff zu erfinden. Und was das Schlimmste dabei war: der verrückte Onkel steckte das ganze Vermögen seiner Frau in dieses wahnsinnige Unternehmen. Böse Zungen behaupteten, dass grosse Waldbestände der prachtvollen Besitzung Alt-Schwanenburg in Livland dem Luftschiff bereits zum Opfer gefallen wären . . . Im Sommer 1916 besuchte ich den Onkel zum letzten Mal in Stuttgart. Es war ein herrlicher, unvergesslicher Sommertag, den ich damals im schönen Haus am Herdweg verbrachte. Der Oheim war wie immer lebhaft und voll Feuer, aber der Krieg dämpfte doch sein sonst so heiteres Wesen, ein Schatten lag über seinem Gemüt. Dass seine Luftschiffe, die er für friedliche Zwecke, vor allem für Forschungsreisen, erbaut hatte, im Kriege zum Bombenwurf benutzt wurden, bedrückte ihn tief, wenn er auch als alter Soldat sich darüber hinwegzusetzen suchte . . ."

(107)

Herrn Werner Richter,   Weissenstein, den 30. 12. 48.
New York 25, N. Y.

Lieber Bärle!
Wir alle haben uns sehr über Dein Lebenszeichen gefreut, das grade zu Weihnachten ankam! Nun wissen wir endlich Eure Adresse, und da möchte ich Dir gleich, ehe das alte Jahr umgeht, einen herzlichen Gruss von uns schicken, – Irmgard schreibt Dir natürlich auch noch! Seit zwei Wochen ist sie mit der Oma hier, so dass wir alle zusammen Weihnachten feierten. – Ja, es ist lang her, seit wir uns zuletzt sahen, – und was hat sich seitdem alles ereignet! Da weiss man nicht, wo man anfangen soll, – so vieles wäre zu berichten und zu erzählen! Bald bin ich mit Jella schon zehn Jahre verheiratet, und unser kleiner Christoph ist schon acht Jahre alt! Gotthard ist im März 44 im Osten gefallen. – im Lauf eines Monates fielen drei unseres Namens, darunter der einzige Sohn meines Bruders. Von den drei Söhnen meiner Schwester kehrte nur einer kürzlich aus russ. Gefangenschaft zurück, – die beiden anderen sind gefallen. Isabel ist in Hamburg verheiratet, ihr Mann, Georg Häussler, ist Neuro-Chirurg, sie sind sehr glücklich und haben vier reizende Kinder. Ein fünftes, ein kleiner Junge, der im November auf die Welt kam, war

so schwach, dass er sie schon nach vierzehn Tagen wieder verlassen hat. Fünf Kinder in sechs Jahren, – und was für Jahren! – war wohl auch etwas zu viel. Wir hoffen, dass sie jetzt eine kleine Pause machen werden.

Von 41 bis 44 war ich als Dolmetscher im Osten tätig, bin bis in die Krim und den Kaukasus gekommen, hab viel gesehn und erlebt. Zuletzt bekam ich von unserem General den Auftrag, eine Denkschrift über die Behandlung der Bevölkerung in den von uns besetzten Gebieten im Osten zu schreiben. Als ich sie am 17. 7. 44. ablieferte, liess der General mich gleich zu sich kommen: „Wissen Sie, was Sie da geschrieben haben? Eine furchtbare Anklage!" Drei Tage darauf, nach dem Attentat, wurde Graf Peter York, der auf unserer Dienststelle arbeitete, verhaftet und dann gehängt. Ich bekam Arbeitsurlaub, wurde aber noch kurz vor meiner Entlassung von der Gestapo in Regensburg einem Verhör unterzogen. Meine Denkschrift ist zum Glück rechtzeitig auf Befehl des Generals vernichtet worden, – aber einen Durchschlag hab ich aufgehoben! So konnte ich bis zum Zusammenbruch hier bei Jella im Turm bleiben.

Welch' ein Glück, dass uns der Turm geblieben ist: so konnte ich meine Geschwister und noch eine baltische Familie, die ja alles verloren haben, hier aufnehmen. Mein ältester Bruder, der Blumbergshof besass, konnte auf der Flucht aus dem Wartheland nur ein Handköfferchen retten. Jetzt macht er hier die Gartenarbeit und versorgt mit meiner Nichte die Tiere, – vier Ziegen und die Hühner! Ein anderer Bruder von mir, der Arzt ist, hat hier in der Nähe, in Eisenstein, eine Praxis bekommen, und kommt fast jeden Sonntag zu uns. Ein dritter Bruder konnte leider nicht mehr aus der Ostzone heraus, und hat natürlich auch alles verloren. So sind wir drei Brüder beisammen. Jella versteht sich glänzend mit ihnen, wir hausen hier wie eine grosse Familie, und wenn Irmgard und die Oma hier sind, ist das Bayrisch-Baltische Gleichgewicht hergestellt! Zeitweise hatten wir noch 15 sudetendeutsche Flüchtlinge im Turm, da wir aber nur sieben heizbare Räume haben, zogen sie, als es kalt wurde, aus. Hier ist ja alles von Flüchtlingen überfüllt, jeder Winkel im Dorf ist besetzt. Und es kommen immer neue aus Böhmen, – die Zustände sollen drüben furchtbar sein.

Ueber Deine Biographien las ich eine eingehende Besprechung von Hans Poeschel im „Tagesspiegel". Leider sind die Bücher hier nirgends zu haben. Diese geistige Absperrung von der Welt empfinde ich noch viel bedrückender, als alle materielle Not. Man lebt hier tatsächlich wie in einem grossen K-Z-Lager, und doch muss man dankbar sein, dass die Amerikaner hier sind, und kann nur hoffen, dass sie noch lange bleiben: verlassen sie uns, wird der Bolschewismus auch in Westeuropa kaum aufzuhalten sein. Nur ein geeintes Europa, – Deutschland einbegriffen, – wäre im Stande, die drohende Katastrophe abzuwenden. Aber davon sind wir leider noch weit entfernt: jeder denkt nur an seinen Vorteil, man demontiert und treibt die ihrer Arbeit und Existenz beraubten Massen dem Bolschewismus, – oder, was auf dasselbe herauskommt, – einem Neo-Nazismus in die Arme, neben dem alles bisherige nur ein Kinderspiel war . . . Und wie leicht wäre es gewesen, mit etwas Grossherzigkeit und Weitblick, die enttäuschten und verzweifelten Massen für eine wahrhafte Demokratie zu gewinnen. Statt dessen hat man durch die alberne sogenannte „Entnazifizierung" alles getan, die Demokratie völlig zu discreditieren, – und dadurch die Geschäfte von „Väterchen" Stalin besorgt! Das Traurige ist, dass nur die unfähigsten Elemente zu uns kommen, – die Besten bleiben drüben, und wollen von dieser korrupten Misswirtschaft nichts wissen . . . Aber da bin ich in die Politik hineingeraten, was gar nicht meine Absicht war! Es ist ein trauriges Kapitel. Genug davon! . . .

Man hat mich in die Schweiz eingeladen, ich soll in Zürich und Basel lesen. Der Termin steht noch nicht fest. Es wird wohl auch noch dauern, bis ich die Ausreisegenehmigung erhalte. Aber schon die Aussicht, einmal aus diesem Elend hinauszukommen, andere Luft zu atmen, wirkt belebend! Es tut mir leid, dass ich Jella nicht mitnehmen kann.

In den letzten Jahren habe ich gut arbeiten können. Verschiedene neue Bücher sind erschienen, andere sind im Druck oder in Vorbereitung. Leider dauert die Herstellung sehr lange, und das Papier ist sehr knapp. In der franz. Zone, wo mein Haupt-Verleger, P. Keppler, in Baden-Baden ist, gab es bis vor kurzem noch eine Zensur, – fast ein Jahr wurde ein Manuskript von mir geprüft, bis endlich Döblin

Werner Richter

die Druckgenehmigung durchsetzte! Das Meiste von mir ist vergriffen. Aber einiges, was ich noch habe, will ich Dir schicken. Und wenn was Neues erscheint, will ich an Dich denken! Jetzt haben wir ja Deine Adresse, und ich hoffe, dass die Verbindung nicht mehr abreissen wird! So Viele von den alten Freunden sind nicht mehr, – besonders nahe ist mir der Tod des guten Hoerschel gegangen. Die Wenigen, die übrig geblieben sind, sollten umso fester zusammenhalten . . .
Ich weiss nicht, wie Ihr über eine eventuelle Rückkehr nach Deutschland denkt. Zuraten kann ich Euch jetzt nicht, so lange die Verhältnisse noch so ungeklärt sind, und man nicht wissen kann, was das Neue Jahr uns bringen wird. An einen nahen Krieg glaube ich nicht, – aber noch weniger an einen wirklichen Frieden. Solltet Ihr aber doch einmal die Möglichkeit einer Rückkehr erwägen, so sollt Ihr wissen, dass Ihr natürlich jederzeit auf dem Turm herzlich willkommen seid, – für Euch werden wir, besonders im Sommer, immer Platz haben! Einmal müssen wir uns doch wiedersehen!!!
Mit vielen herzlichen Grüssen und guten Wünschen für 1949 an Euch Beide von uns allen
Dein alter Siegfried.
P. S. Wie wir eben hören, ist Hans Poeschel gestorben. Vor kurzem hatte er einen Schlaganfall.

Werner Richter: (1888–1969) Schriftsteller; er hatte Geschichte studiert und war nach seiner Promotion Auslandsredakteur des „Berliner Börsencourier", danach Berliner Korrespondent ausländischer Zeitungen, zwischen 26 und 33 Chefredakteur des Berliner Börsencourier für Bayern. Er emigrierte über Italien und die Schweiz nach Spanien, von dort in die USA und kehrte in den fünfziger Jahren wieder nach Lugano zurück. Richter und Vegesack waren Freunde seit der Berliner Zeit.
Biographien: Richters schriftstellerisches Werk besteht großenteils aus historischen Biographien.
Döblin, Alfred: (1878–1957) Schriftsteller; er hatte Medizin studiert und war

von 1911 bis 33 als Arzt und Schriftsteller in Berlin tätig. Dann emigrierte er erst nach Paris, später über Spanien nach Kalifornien. 1936 war er französischer Staatsbürger geworden. 1945 übte er unter der frz. Militärregierung das Amt des Chefs des literarischen Büros der Direktion für kulturelle Angelegenheit in Baden-Baden aus: „Praktisch war er Zensor, aber die letzte Entscheidung lag nicht bei ihm . . . Wir rechneten es ihm hoch an, daß er sich jede Mühe gab, gerecht und wohlwollend zu sein." (Otto Flake: Es wird Abend, S. 552)

(108)

Herrn Dr. Werner Richter,   Weissenstein, den 13. 4. 49.
New York 25, N. Y.

Mein lieber Bärle!
Endlich komme ich dazu, Deinen ausführlichen Brief vom 22. Februar zu beantworten! Jella und ich haben uns sehr gefreut, Näheres von Euch zu hören! Und wenn jetzt Irmgard und die Oma zu Ostern kommen, werden sie natürlich auch Deinen Brief lesen! Ich hoffe sehr, dass wir jetzt in Kontakt bleiben, – die wenigen Freunde, die diese grauenhaften Jahre überstanden haben, sollten doch zusammenhalten!
Ich finde es wirklich grossartig, wie tapfer Ihr Beide alles angepackt und Euch eine neue Existenz drüben aufgebaut habt! Aber wir hoffen doch, dass Ihr einmal wiederkehren werdet, und dass Deine Arbeiten Dich doch – wenigstens nach Europa, wenn nicht nach Deutschland, – zurückführen werden! Uebereilen würde ich es natürlich nicht, erst abwarten, wie sich die nächste Zukunft gestaltet. Was diese betrifft, bin ich doch skeptischer, als Du: ich fürchte, dass wir doch noch eine böse Auseinandersetzung mit dem Osten erleben werden, – an irgend eine „Verständigung" mit Väterchen Stalin glaube ich nicht! Aber es kann sich natürlich noch einige Jahre hinziehen. Und ob die Westmächte dann im Stande sein werden, die Lawine aufzuhalten, erscheint mir doch sehr fraglich. Sie machen ja alles, um dem Bolschewismus den Boden hier vorzubereiten! Manchmal hat man das unheimliche Gefühl, dass alle europäischen

Politiker, – einschliesslich die deutschen, – Geheimagenten des Kreml sind, weil sie die Geschäfte von Stalin besorgen! Ganz genau so, wie unsere famose „Civilverwaltung" im Osten während des Krieges durch ihre irrsinnigen Massnahmen dem Bolschewismus erst den nationalen Impuls gegeben, den „vaterländischen" Krieg von Stalin entfesselt hat! Genug davon, – man könnte ein dickes Buch über die menschliche Dummheit schreiben, und würde sie doch nie erschöpfen!

Leider habe ich gar keine Verbindungen zu Zeitschriften oder Zeitungen, – schreibe auch nichts mehr für „Journale", mit Ausnahme von gelegentlichen Gedichten. Es ist mir einfach nicht mehr möglich, „Kleinkram" zu schreiben, – ich habe geradezu eine physische Aversion dagegen! Wahrscheinlich hab ich zu lang von Feuilletons gelebt! So kann ich Dich gut verstehen, dass Du vom „Journalismus" nichts mehr wissen willst! Von Deinen Biographien habe ich nur Rühmendes gehört und gelesen. Je älter ich werde, umso mehr interessieren mich Lebensdarstellungen und Memoiren, – wie überhaupt das „Vergangene", was ja in Wirklichkeit nie vergangen, sondern wie alle Vergangenheit fortwirkende Gegenwart ist!

Vor einer Woche war ich einen Tag in Pöcking bei Irmgard und der Oma. Sie hausen dort sehr gemütlich in zwei kleinen Räumen, klagen nie und nehmen alles von der heiteren Seite, – Irmgard ist ja unverwüstlich, wenn sie Kaffee und etwas zum Rauchen hat! Und die böse Zeit hat wieder das Gute, dass man diese kleinen Lebensfreuden ganz anders geniesst! Erstaunlich ist es, wie die Beiden sich Jahre lang nur durch Stricken über Wasser gehalten haben, jetzt bekommen sie vorläufig 160 DM im Monat, was natürlich nicht reicht, mit der Zeit soll ja die Pension wieder ausgezahlt werden. Wirklich bewundert hab ich die gute Oma, als sie hier in Weissenstein die Nachricht bekam, dass ihre ganze Wohnung ausgebombt wurde und verbrannte, – kein Wort der Klage, so beherrscht sie sich! Und dabei hing sie doch so an allen ihren Sachen! Ihr habt ja nicht die reizende Wohnung in der Rheinstrasse gekannt, – sie war wirklich ein Schmuckkästchen! Und alles ist hin. Vom Hoerschel hat Irmgard einige schöne alte Möbel geerbt, so dass die beiden kleinen Zimmer ganz hübsch eingerichtet sind. Von unserer schwarzen

Dackelhündin Hexe haben sie eine Tochter „Sherry", die von Beiden sehr verwöhnt wird. Die hat jetzt die Staupe bekommen, aber wir hoffen doch, dass sie sie zu Ostern mitbringen werden.

Linka will auch für die Ostertage zu uns kommen, so dass der Turm dann recht bevölkert sein wird!

Unsere Ziegen haben acht Kitzen bekommen, und die vierte Ziege, Steffi, erwartet morgen Familienzuwachs! Mein Bruder und meine Nichte Adda versorgen die Tiere.

Vor einer Woche hat es noch geschneit, alles war wieder weiss, dann kam warmer Regen, und jetzt wird alles grün. Die Veilchen und Anemonen blühen, der Apfelbaum im Garten und die Kastanien haben schon grosse Knospen.

Christoph liegt wieder mit Fieber und Husten, – eine abscheuliche Grippe, die immer wieder ausbricht. Sie herrscht in diesem Jahr überall. Vielleicht eine Folge der Unterernährung. Jetzt ist ja alles wieder zu haben, nur sehr teuer, – aber der Körper braucht wohl längere Zeit, um das Fehlende richtig wieder aufzunehmen! Ich lege ein Bild von Christoph bei, das ich im Sommer machte. Auf Eurem Bildchen habt Ihr Euch eigentlich wenig verändert, – grau werden wir ja alle mit der Zeit!

Gern hätte ich Dir mein „Weltgericht von Pisa" geschickt, – leider ist es vergriffen. Und es ist fraglich, wann eine Neuauflage gedruckt wird. Hoffentlich hast Du inzwischen meine südamerikanischen Erzählungen und den Nachruf auf Gotthard erhalten. Der Keppler Verlag wird Dir in diesen Tagen „Blumbergshof" schicken, das jetzt unter dem Titel „Versunkene Welt" neu herausgekommen ist. Auch mein Südamerika-Buch „Unter fremden Sternen" wird jetzt neu gedruckt, – ich lasse Dir dann gleich ein Exemplar schicken, denn Du wirst es wohl nicht kennen.

Von Clara hatte ich neulich einen längeren Brief. Sie lebt in Blankenese, scheint sich dort wohl zu fühlen und arbeitet wieder eifrig, – ein neues Buch soll bald erscheinen. Aber ich fürchte, es wird sehr „katholisch" sein, – schrieb ich Dir eigentlich schon, dass sie zum Katholizismus übergetreten ist? Leider versteht sie sich mit Isabel gar nicht, und das tut mir sehr leid. So hat sie eigentlich niemanden mehr . . .

Dass ich Jella habe, und den kleinen Christoph, ist wohl ein Glück, für das ich gar nicht dankbar genug sein kann! Es ist fast so, als wäre mir ein zweites Leben geschenkt worden!
Nun Schluss für heute!
Lass wieder mal von Euch hören!
Mit vielen sehr herzlichen Ostergrüssen,
auch von Jella,
an Euch Beide

Werner Richter hatte am 22. Februar 49 aus New York geschrieben: „... wie sehr unsre Schicksale im Lauf der Zeit doch einander ähnlich geworden sind. Nur dass Du eben eine viel längere Erfahrung in Verbannung hast als ich. Bei Dir begann sie schon, als ich noch keine Ahnung hatte, dass sie einmal auch mein Los werden sollte und nachträglich will es mir nun auch scheinen, als hätte ich Dich damals manchmal nicht recht verstanden und wäre vielleicht auch, in aller Unschuld, nicht ganz gerecht gegen Dich gewesen. Nun aber ist ja mein heimatliches Schlesien hinter dem gleichen eisernen Vorhang verschwunden, hinter dem Dein Livland liegt . . .
Es ist so hart für mich, daß ich immer nur für Momente daran denke. Und so wird es Dir wohl auch gegangen sein. Sogar Deinen nervösen Magen von damals verstehe ich nun aufs beste, indem ich ihn mir seit langem auch erworben habe und Dein Ausdruck ‚Er ist heute wieder sehr düster' hat sich mir oft aufgedrängt . . ." (MAR)
Linka Claus: eine Freundin von Irmgard Ebermayer
Das Südamerikabuch „Unter fremden Sternen" (Schünemann 38) wurde von Keppler nicht wieder aufgelegt, mit der Begründung, es sei veraltet. (Br. vom 28. 4. 48)

(109)

An Otto v. Taube   Burg Weissenstein, 2. 7. 49.

Lieber Baron Taube!
Wie ich von unserem Nachbar Joachim Guenther höre, der Sie

kürzlich gesprochen hat, und in der „Neuen Zeitung" lese, sind Sie siebzig geworden, und da möchte ich, wenn auch etwas verspätet, Ihnen alles Gute zum Eintritt in das neue Lebensjahrzehnt wünschen! Mögen Ihnen noch recht viele fruchtbare Jahre beschieden sein!

Es tat mir sehr leid, dass Sie verreist waren, als ich Sie vor einem Jahre besuchen wollte. Ende August werde ich wahrscheinlich wieder nach Pöcking kommen, – auf der Durchreise in die Schweiz, – vielleicht sind Sie dann zu Hause? Man hat mich in die Schweiz zu Vorträgen eingeladen, und so werde ich mich auch da draussen ein wenig auslüften können, und hoffe auch Bergengruen wieder zu sehen. Nur wird es nicht ganz leicht sein, fremde Gastfreundschaft in Anspruch zu nehmen, so als Bettler herumzureisen, – aber was bleibt einem anders übrig? Man muss dankbar sein, wenn man überhaupt hinauskann!

Alles hier ist so niederdrückend: der dümmste Nationalismus treibt wieder neue Blüten, und leider tun die Anderen alles, ihn wieder grosszuziehen, – Dummheit und Borniertheit auf allen Seiten! Die Internationale der Unvernunft ist mächtiger, als die der Vernunft, – wo gibt es da einen Ausweg? Europa wird sich erst auf dem Totenbett einigen ... Zum Glück gibt es auch näher liegende Sorgen, über die man die grösseren fast vergisst: ob die Verleger überhaupt noch was zahlen werden, und ob das Heu trocken hereinkommen wird? Gottlob, das Heu ist drin, – drei grosse Fuhren, – unsere vier Ziegen sind also versorgt, und wir werden im Winter Milch haben! Weiter soll man nicht denken!

Es grüsst Sie herzlich

Ihr

Joachim Günther (geb. 1905 in Kassel) Schriftsteller und später Herausgeber der „Neuen Deutschen Hefte". Er war nach dem Krieg vorübergehend in Bayrisch Eisenstein untergekommen, ging später nach Berlin.

An Philipp Schweinfurth   (Weissenstein) 19. 7. 49

Mein lieber Philipp!

Verzeih, dass ich erst heute Deinen Brief vom 20. 2. beantworte: ich wollte Dir erst schreiben, wenn ich Dir Bestimmtes über meine Schweizer Reisepläne sagen könnte. Und das hat sich so lange hingezogen. Endlich ist es nun so weit: wenn nichts dazwischen kommt, fahre ich Anfang September zunächst nach Basel, dann sollen Zürich und Bern folgen. Das Schweizerisch-Baltische Hilfskommitee hat mich aufgefordert, Vorträge zu halten und mich für zwei Monate eingeladen. Ob ich in den Tessin werde kommen können, weiss ich noch nicht: als „Gast", ohne einen Pfennig in der Tasche, werde ich mir keine grossen Sprünge leisten können! Es wird nicht ganz leicht sein, die Gastfreundschaft fremder Menschen in Anspruch zu nehmen!

Trotzdem freue ich mich natürlich sehr, endlich mal hinauszukommen und andere Luft zu atmen! Ich freue mich, dass auch Dir der Tessin so zusagt, – ich habe dort sehr glückliche Jahre verbracht, – 1929–1932! Schreib mir auf alle Fälle Deine Adresse! Und wie es Dir und Hertha inzwischen ergangen ist! Hoffentlich hast Du irgend eine befriedigende Tätigkeit gefunden! Warst Du bei Fritz Strich?

Was Du mir über mein „Weltgericht von Pisa" schreibst, ist mir völlig unbegreiflich! Und noch unbegreiflicher, dass ich so sehr Deinen „Unmut" erregen konnte, dass Du deshalb so lange geschwiegen hast! Es wird Dich vielleicht interessieren, was mir Werner Bergengruen über das „Weltgericht" geschrieben hat:

„Ich bin gewiss, dass Ihr prachtvolles Pisaner Weltgericht einen grossen Widerhall finden wird, nicht nur wegen seiner brennenden Aktualität und aller Nachdenklichkeit und Diskussion, die es unter den Lesern hervorrufen wird, sondern auch wegen der Prägnanz der Figuren, der Eindringlichkeit der Vorgänge und der Gegenständlichkeit der landschaftlichen und lokalen Hintergründe . . ."

Und selbst Thomas Mann nennt mein Weltgericht „eine schön erzählte, beziehungsvolle Geschichte!"

Na, genug davon! Ich hoffe, Dein „Unmut" und Zorn wird inzwischen ein wenig verraucht sein, so dass wir uns nicht in die Haare geraten werden! Eine Freundschaft, die nun bald ein halbes Jahrhundert überdauert hat, sollte durch solche Meinungsverschiedenheiten nicht ernstlich gefährdet werden!!
Also: hoffentlich auf ein baldiges und gutes Wiedersehen!
Mit herzlichen Grüssen,
auch an Hertha,

Fritz Strich: (1882–1963) Literaturhistoriker, Professor für Literaturgeschichte seit 1929 in Bern. Er war ein Bekannter von Schweinfurths Schwägerin, Gertrud Bertels.
Hertha: Philipp Schweinfurths Ehefrau
Weltgericht: Vegesack hatte Schweinfurth zuvor um kunsthistorische Hilfestellung, die Fresken im Camposanto in Pisa betreffend, gebeten, die dieser ihm mit Brief vom 2. 4. 48 gab. Am 20. Februar 49 schrieb Schweinfurth, er lehne das „Weltgericht von Pisa" ab, „dessen Inhalt, was die Situation der Gegenwart und das vorher Erlebte betrifft, sich mit dem Inhalt Deines Briefes deckt. Diese Deine Veröffentlichung muss ich, soweit sie auf diese Dinge Beziehung nimmt, ablehnen und ich finde, dass es nicht gut ist, dass sie, so wie sie ist, erschienen ist." Der Grund der Auseinandersetzung ist aus Philipp Schweinfurths Briefen alleine nicht deutlich zu ermitteln, führte aber zu einem nicht mehr zu behebenden Bruch in der Freundschaft der beiden.
Bergengruens Brief: vom 14. 1. 48 (Bayr. Staatsbib.)
Thomas Manns Brief: Eine Fotokarte aus Pacific Palisades vom 8. 8. 48 mit folgendem Text: „Vielmals danke ich Ihnen für die schön erzählte, beziehungsvolle Geschichte, besonders aber für die freundliche persönliche Widmung. Für Ihre Arbeit und Wohlfahrt aufrichtige Wünsche Thomas Mann." (FH)
In der literarischen Diskussion fand das *Weltgericht von Pisa* trotz seiner Aktualität (sein Thema ist Äußere und Innere Emigration und wie totalitäre Macht entsteht und im Volk empfunden wird) keinen Widerhall.
In der literarischen Landschaft hatte eine Ablösung stattgefunden: Betroffenheit wurde ein Stilprinzip. Vor dem Krieg hatte Vegesack durchaus zur „Szene" gehört; auf das Erscheinen seiner Werke reagierten die größten Zei-

tungen. Das ist nach dem Krieg nicht mehr der Fall. Eine Auseinandersetzung Vegesacks und seiner Zeitgenossen und Freunde mit der Literatur der jüngeren Generation zeigt sich in Briefen nach 1956, wenn Tagungen der Deutschen Akademie für Sprache und Dichtung zum Thema werden.

Als Vegesack 1949 in der Schweiz aus seinen Texten las, leitete er seine Vorträge mit Erinnerungen ein:

„Genau vor vierzig Jahren, im Sommer 1909, habe ich als Student die Schweiz bereist und kreuz und quer durchwandert, bin von Montreux nach Caux hinaufgestiegen, über blühende Narzissen-Wiesen, in mondheller Sommernacht, im Berner Oberland, am Fuss der Jungfrau einige Tage herumgeklettert und zu Fuss über den Gotthard gewandert. Ich bedauere es nicht, dass es damals noch keine Autos gab, dass ich Tage lang wandern musste, was man heute bequem in wenigen Stunden erledigen kann. Denn grade die Eindrücke von meinen Fusswanderungen sind mir besonders lebendig in der Erinnerung haften geblieben. Ich kam aus dem Flachland, hatte noch nie Berge, geschweige denn das Gebirge gesehen, und so war ich völlig betäubt und berauscht von alle dem, was ich hier zu sehen bekam. Und der Wunsch, wieder in die Schweiz zu gelangen, hat mich seitdem nicht verlassen. Aber erst zwanzig Jahre später, – im Herbst 1929, – war mir vergönnt, mich für längere Zeit in der Schweiz, und zwar im Tessin, in der Nähe von Lugano, niederzulassen. Hier, in dieser beglückenden Tessiner Landschaft habe ich bis zum Sommer 32 unvergessliche Zeiten erlebt, hier ist mein eigentliches Schaffen zum Durchbruch gelangt und mein erster Roman – „Das Fressende Haus" entstanden.

Dann kamen die Jahre des Grauens, – das Tessiner Idyll versank wie ein schöner Traum in den Gift-Schwaden, die unser Land heimsuchten. Aber je fürchterlicher die Zeit war, umso leuchtender tauchte immer wieder die Erinnerung an jene unvergesslichen Tessiner Jahre in mir auf, – und schon das Bewusstsein, dass es drüben, hinter dem Gebirge, eine andere, reinere und bessere Welt gab, hat mich immer wieder aufgerichtet und mir die Kraft gegeben, das Grauen zu überstehen.

Denn für uns in Nationen auseinandergerissene Europäer ist die Schweiz das lebendige Vorbild einer alle nationalen Gegensätze überbrückenden europäischen Gemeinsamkeit: hier, in diesem kleinen Lande, mitten in unserem unglückseligen Erdteile, sind die ewigen Werte der Menschheit, – die Freiheit, das Recht, die Humanität, – nicht bloss schöne Ideale geblieben, sondern reale Wirklichkeit geworden. Und so gibt uns grade die Schweiz den Mut und die Hoffnung, allen nationalen Widerständen zum Trotz, an ein geeintes, freies und friedliches Europa, – an eine europäische Zukunft zu glauben!

Ich beginne mit einem Gedicht „Europa", das nach dem ersten Weltkrieg entstanden ist, und das ich dem Vorkämpfer der paneuropäischen Bewegung, dem Grafen Richard Coudenhove-Kalergi, gewidmet habe . . ."
(ANA 397 der Bayr. Staatsbibl.)

(111)

An Hermann Hesse   Basel, den 31. Okt. 1949

Hochverehrter Herr Hesse!

Es drängt mich, bevor ich heute die Schweiz verlasse, Ihnen einen Gruss zu schicken! Ich war im Tessin, – da ich aber weiss, dass Sie keinen Besuch empfangen, habe ich auch diesmal, wie vor 17 Jahren, nicht an Ihrer Tür angeklopft.

Vor allem möchte ich Ihnen für Ihr „Glasperlenspiel" danken, dessen ich endlich habhaft werden konnte. Mein alter Freund Rolf Hoerschelmann erklärte mir noch kurz vor seinem Tode, es sei das wesentlichste Buch, das er seit Jahren gelesen. Auch mich hat seit langem keine Dichtung so ergriffen . . .

Wie vieles hätte ich Ihnen zu sagen, – für wie vieles zu danken! Von jenen Dorpater Studentenjahren an, als ich zum ersten Mal Ihre Verse las, – „seltsam im Nebel zu wandern . . ." – bis heute hat Ihr Werk, Ihre unverwechselbare Stimme, mein Leben begleitet. Immer hoffte ich, Ihnen einmal die Hand drücken zu dürfen – aber es sollte nicht sein . . .

Es grüsst Sie in dankbarer Verehrung Ihr

Hermann Hesse: *Das Glasperlenspiel.* Roman. 1943

Herrn Fritz Bondy,   Weissenstein, 13. 11. 49.
Zürich

Lieber Herr Bondy!

Besten Dank für Ihre Karte, die mich in Basel erreichte, und das
hübsche Büchlein, das ich hier vorfand und auf dessen Lektüre ich
mich schon freue! Leider fand ich hier auch einen mächtigen Brief-
Berg vor, der sich in meiner Abwesenheit aufgetürmt hat. Aber bevor ich anihn herangehe, drängt es mich, Ihnen zu schreiben und zu
sagen, wie sehr ich mich gefreut habe, Sie und Ihre Gattin wiederzusehen, – es tut mir nur leid, dass es diesmal nur bei der einen Begegnung blieb, und die war doch viel zu kurz für all' das, was man sich
nach diesen Jahren zu sagen hatte! Aber ich habe doch den Eindruck, dass Sie meine Beweggründe gelten liessen, die mich veran-
lassten, nach Deutschland zurückzukehren. Auch heute bereue ich
es nicht, dass ich es tat, weil ich die Kinder ja nicht mitnehmen
konnte, und namentlich der Junge mich brauchte. Er hat sich grade
in den letzten Jahren mir immer stärker angeschlossen, – nie hätte
ich es mir verzeihen können, wenn ich ihn im Stich gelassen hätte.
Mir scheint, die Tatsache allein, ob jemand in Deutschland blieb
oder emigrierte, besagt noch nichts, – Lumpen und Anständige hat
es hüben und drüben gegeben. Entscheidend allein ist die Gesinnung, der Charakter. Generelle Urteile sind immer schief: bei jedem
lagen die Verhältnisse anders. Der Eine war gebunden, der Andere
konnte frei über sich verfügen; der Eine hat die Möglichkeit, fortzu-
gehen, – beim Anderen bestand diese Möglichkeit nicht.
Damit will ich mich nun keineswegs der ungeheueren Schuld entziehen, die wir Deutsche auf uns geladen haben: ich bin Deutscher,
und bin durch mein Schweigen, auch wenn ich keine Möglichkeit
hatte, gegen die Unmenschlichkeiten aufzutreten, mitschuldig geworden, – jedenfalls vor Gott und meinem Gewissen. Nicht aber
vor einem selbstgerechten Richter, der alle Schuld nur auf der einen
Seite sieht. Wenn „Kollektiv-Schuld", dann muss auch die Schuld
der Anderen einkalkuliert werden, die durch ihr Paktieren mit Hitler
diesem erst die Bahn zu seinem Amoklauf öffneten. Und wenn von

den deutschen Greueln geredet wird, dann dürfen die Unmenschlichkeiten der Bolschewiken, Polen, Tschechen usw. nicht ver-
schwiegen werden, die Massen-Verschleppungen der Esten, Letten
und Ukrainer, die schon lange vor dem Kriege begannen, – von der
Vernichtung der zwei Millionen deutschen Bauern in Russland
schon ganz zu schweigen. Diese Untaten sollen keineswegs unser
Verbrechen nachträglich irgendwie rechtfertigen oder verringern, –
Schuld lässt sich nicht durch Schuld tilgen, – aber auch das Recht
kann nicht einseitig wiederhergestellt werden, nur für die Einen
Gültigkeit haben.

Ich schicke Ihnen ein Büchlein, das ich im letzten Kriegswinter
schrieb, – nachdem ich nur durch einen Zufall dem Zugriff der Gestapo entronnen war! Uebrigens hab ich Bergengruen nochmals gefragt: falls der V. B. etwas von ihm gedruckt hat, so jedenfalls ohne
sein Wissen und seinen Willen. Vielleicht haben Sie Werner B. mit
Siegfried Bergengruen verwechselt, der allerlei Erzählungen in Zeitungen veröffentlicht hat? Werner Bergengruen, der treu zu seiner
jüdischen Frau gehalten hat und von den Nazis deswegen immer
wieder angefeindet wurde, verdient in keinem Fall den Vorwurf eines Opportunisten! Aber genug davon, – Sie dürfen es mir nicht
übel nehmen, dass ich meinen langjährigen guten Freund gegen diesen Vorwurf in Schutz nehme!

Und nun hoffe ich von Herzen, dass unsere freundschaftlichen Beziehungen nach der klärenden Aussprache sich erneuern werden,
und unsere letzte Begegnung nicht die letzte gewesen sein wird! In
diesem Sinne seien Sie und Ihre Gattin
sehr herzlich gegrüsst
von Ihrem

Fritz Bondy: (1888–1980) Schriftsteller, der hauptsächlich unter dem Pseu-
donym N. O. Scarpi mehr als 130 Übersetzungen gemacht hatte. Er war in
Prag geboren, hatte dort als Dramaturg gearbeitet und war später i. d.
Schweiz übergesiedelt.

An Werner Richter   Weissenstein, 29. 12. 49.

Mein lieber Bärle!

Bevor das alte Jahr zu Ende geht, will ich Dir, – auch in Jellas Namen, – für Deinen „Washington" danken, der kurz vor dem Fest hier
ankam und auf unserem Tisch unter dem brennenden Baum lag!
Wir Beide freuen uns schon sehr darauf, ihn zu lesen! Ausstattung,
Druck, Papier, – alles macht einen ausgezeichneten Eindruck! Einen
Auszug daraus las ich schon vor einiger Zeit in der „Neuen Zeitung".

In Basel war ich nur ein paar Tage, rief bei Dr. Streicher in Arlesheim
an, aber er war verreist, eine Frau, – seine Frau oder Sekretärin war
am Telefon, der ich alles ausrichtete. Hoffentlich hat er inzwischen
von sich hören lassen!

Die vier Wochen in der Schweiz waren sehr schön, – nur sind sie leider viel zu schnell verflogen! Es war gut, endlich mal wieder hinauszukommen, Städte ohne Ruinen zu sehen, und Menschen, die
noch ein normales Leben führen können! Erst jenseits der Grenze
wird einem bewusst, was bei uns alles kaputt gegangen ist in diesen
unseligen Jahren! Ich war auch in der französischen Schweiz, und
acht Tage in meinem geliebten Tessin. Von irgend einer Deutschfeindlichkeit habe ich nirgends was gemerkt. Ueberall wurde ich, –
auch von ganz fremden Menschen – gastlich aufgenommen. Auch
in Lugano war ich, aber nur zwei Stunden, – alle meine guten Freunde von damals sind nicht mehr dort, – und so war das Wiedersehen
bedrückend . . .

In Zürich war ich mehrfach mit Bergengruen zusammen, der ja dort
lebt, sah Radecki, – und nach zwanzig Jahren Coudenhove-Kalergi!
Obgleich jetzt alles von den Vereinigten Staaten von Europa
spricht, bin ich skeptischer geworden, als ich 1926 auf dem ersten
Paneuropa-Kongress in Wien war! Ich fürchte, ohne Zwang wird es
nicht gehen, – die alten Ideen von „Souveränität" usw. sind noch zu
stark, es fehlen die Staatsmänner von Format, Churchill, der einzige, ist wohl zu alt, – und so dreht sich alles im Kreise und kommt
nicht vom Fleck!

318

Heimgekehrt, fand ich hier lauter Hiobsbotschaften vor: die Verleger machen Konkurs, krepieren oder spielen krepiert – was ja auf dasselbe herauskommt, – können nichts drucken, noch weniger was zahlen. Vier neue Bücher sollten jetzt von mir erscheinen, und fünf Neuauflagen, – und nun muss alles vorläufig zurückgestellt werden, und ich fürchte, dieses „vorläufig" wird noch recht lange dauern! Rütten & Loening, der mir seit fast einem Jahr noch 760 DM schuldet, telegraphierte ich, – da alle Anfragen und Mahnungen unbeantwortet blieben, – vor einem Monat: „In den letzten Zügen. Erbitte dringend längst fälliges Resthonorar für Beerdigung!", – und habe bis heute keine Antwort erhalten!!

Auch die Zeitungen zahlen schlecht und spät, die gute Irmgard muss immer wieder mahnen. Aber es tröpfelt doch wenigstens dann und wann auf den „weissen Stein", – und so wurschteln wir weiter! Die unbezahlten Rechnungen häufen sich! Wie es so weiter gehen soll, ist mir ein Rätsel. Aber Weihnachten haben wir trotzdem sehr vergnügt gefeiert, die Oma und Irmgard kamen am 20., so sind wir alle beisammen! Ein verrückter Winter: kein Schnee, es ist warm und sonnig, wie im Frühling! Wir geniessen sehr das elektrische Licht, das wir seit dem Herbst endlich wieder haben!

Was wird das Kommende Jahr uns bringen?! Ich glaube an keinen Krieg, – aber auch nicht an einen wirklichen Frieden. Man wird sich wohl mit diesem Zwitterzustand abfinden müssen: Niemöllers Ansicht, ein geeintes Deutschland unter russischer Knute wäre diesem Zustand vorzuziehen, kann ich beim besten Willen nicht zustimmen! Die „Einigkeit" wäre damit doch zu teuer erkauft! Pastore sollen lieber nicht politisieren!

Alle lassen sehr herzlich grüssen!

Irmgard will Dir einen Luftpostbrief schreiben, der diesen wohl überholen wird, – unsere Kasse erlaubt uns keine solche „Luftsprünge"!

Ein gutes Neues Jahr wünscht Euch Beiden
mit vielen herzlichen Grüssen

Werner Richter: *Washington*. Vater einer Neuen Nation. Erlenbach – Zürich 1946 *Dr. Siegfried Streicher:* Herausgeber der Schweizer Rundschau in Arlesheim bei Basel. Richter schrieb in seinem Brief vom 2. 10. 49, er bitte Vegesack eventuell, bei seiner Reise in die Schweiz Erkundigungen einzuziehen, weshalb die zuvor so fruchtbare Zusammenarbeit nun einem Schweigen gewichen sei und was dies zu bedeuten habe.

Rütten & Loening, Potsdam, hatten 1950 die Gogol-Übersetzung *Der Newskij-Prospekt* wieder herausgebracht.

Niemöller, Martin: im Dritten Reich ein führendes Mitglied der „Bekennenden Kirche". Nach dem Krieg riefen seine Äußerungen zu politischen Fragen heftige Kritik hervor: er wandte sich gegen die Entstehung und die West-Orientierung der Bundesrepublik und suchte Kontakte zu den Staaten des Ostblocks.

(114)

Herrn Dr. Frank Thiess,   Weissenstein, 14. 2. 50.
Bremen-Oberneuland

Lieber Herr Thiess!

Herzlichen Dank für Ihren freundlichen Brief, Ihre Hinweise und kameradschaftliche Bereitwilligkeit, gegebenenfalls bei einem Verlag oder Vertrieb sich für mich einzuschalten! Vorläufig will ich versuchen, ohne Vertrieb an ein Theater heranzukommen, – ich denke dabei an die Kammerspiele in München und Hamburg, – mit D. will ich ungern was zu tun haben, da ich von Bergengruen und auch Flake recht unerfreuliche Dinge von ihm hörte! Auch in München hat er keinen guten Ruf. Er mag tüchtig sein, aber er ist nicht zuverlässig: bei Bergengruen hat er eine ganze Auflage von „Dies Irae" unterschlagen!

Sie schreiben: Christian Wolff – „ein wackerer Mann, anständig"! Ich habe leider recht traurige Erfahrungen mit ihm gemacht: für die „Kleine Hausapotheke" erhielt ich drei Tage vor der Währungsreform das ganze Honorar in R-Mark, – die mir dann restlos abgenommen wurden, – während er das Buch gleich nach der Währungsreform für D-Mark verkaufte! Ich will mich nicht weiter ver-

Frank Thiess

zetteln, suche einen Verlag, der mit der Zeit meine Gesamt-Produktion übernimmt, – aber wo und wann werde ich den finden?! Jetzt habe ich acht Verleger, die zum Teil Konkurs gemacht haben, wie der Alster Verlag Curt Brauns in Wedel, oder davor stehen, wie Robert Mölich in Hamburg, – jedenfalls nichts drucken wollen oder nichts drucken können, wie Keppler in Baden-Baden!

Es liegt mir besonders viel an einer Neuauflage meiner Legende „Das Weltgericht von Pisa", die 1947 bei Keppler erschien, längst vergriffen ist und vorläufig nicht neuaufgelegt werden kann. Da ich nur noch ein Exemplar davon besitze, werde ich Keppler bitten, Ihnen eins zu schicken, – falls er noch eins hat. Lassen Sie sich bitte von der schlechten Aufmachung nicht abschrecken: mir liegt viel daran, dass grade Sie es lesen, – Sie werden da Ihre Auseinandersetzung mit Thomas Mann, – nur ins Mittelalter projeziert! – wiederfinden! In dieser Legende habe ich versucht, das ganze Schuldproblem zeitlos, in historischer Verkleidung zu gestalten!

Nun habe ich dieses „Weltgericht" dramatisiert, fürchte aber, dass ein Theater heute kaum den Mut aufbringen wird, das Stück aufzuführen. Wenn Sie das Büchlein gelesen haben werden, dann werden Sie meine Bedenken verstehen! Für ein offenherziges Urteil wäre ich Ihnen sehr dankbar!

In der Zeitung las ich, dass Sie demnächst 60 werden, und dass man an diesem Festtage Ihr Schauspiel: „Der Krieg ist aus" in Bremen aufführen wird. Ich wünsche Ihnen alles Gute für das neue Jahrzehnt, die Aufführung und Ihr weiteres Schaffen! Und wünsche uns allen, dass ein neuer Krieg nicht beginnen möge, bevor der alte wirklich aus ist!
Es grüsst Sie herzlich
Ihr

Verlage: Tiess hatte in einem Brief vom 30. 1. 1950 Vegesack Hinweise auf Bühnenvertriebsverlage gegeben.
Ihre Auseinandersetzung mit Thomas Mann: Im *Weltgericht von Pisa* wird das Thema der Inneren und Äußeren Emigration behandelt.
Thomas Mann, der 1933 zur Emigration gezwungen worden war, hatte mit seinen Äußerungen über *Deutschland und die Deutschen* während des Krieges und gleich danach unter den „inneren Emigranten" eine heftige Diskussion ausgelöst; jene warfen ihm vor, er habe sich der Verantwortung entzogen und sie von sicherer Warte aus verurteilt.
1946 kam es zu einem Streiggespräch (offene Briefe und öffentliche Erklärungen) zwischen Walter von Molo und Frank Thiess auf Seiten der „inneren Emigranten" und Thomas Mann andererseits.
Walter von Molo eröffnete die Diskussion mit einem offenen Brief an Thomas Mann, in dem er diesen auffordert, nach Deutschland zurückzukehren. Frank Thiess schliesst sich an mit einer Erklärung, wie und wodurch „innere Emigration" zustandekam.
Thomas Mann antwortete in einem „Offenen Brief an Deutschland", an Walter von Molo gerichtet, über Notwendigkeit und Rechtfertigung der „äußeren" Emigration (ohne diesen Terminus zu gebrauchen) und über seinen Standpunkt dem Kriegs- und Nachkriegsdeutschland gegenüber:
„Daß alles kam, wie es gekommen ist, ist nicht meine Veranstaltung. Wie ganz und gar nicht ist es das! Es ist ein Ergebnis des Charakters und Schicksals des deutschen Volkes – eines Volkes, merkwürdig genug, tragisch-interessant genug, daß man manches von ihm hinnimmt, sich manches von ihm gefallen läßt. Aber dann soll man die Resultate auch anerkennen und nicht das Ganze in ein banales ,Kehre zurück, alles ist vergeben!' ausgehen lassen wollen."

(Dieser Brief ist unter dem Titel *Warum ich nicht nach Deutschland zurückgehe* nun wieder erschienen in: Thomas Mann: *An die gesittete Welt*. Frankfurt/ Main 1986, S. 728 ff)
Es ist gefährlich, aus diesem Brief auszugsweise zu zitieren. Auch Frank Thiess, der nicht den vollen Wortlaut des Briefes kannte, antwortete daraufhin mit einem „Abschied an Thomas Mann", was er bedauerte, als er den Brief in Gänze kannte. Ein fruchtbringender Dialog kam nicht zustande. (Thomas Mann. Frank Thiess. Walter von Molo – *Ein Streitgespräch über die äußere und innere Emigration*. Oelde 1946. Im Besitz von Frank Thiess' Erben.)

(115)

An Werner Illing   23. 5. 50.

Mein lieber Werner!
Du hast Recht: wir wollen uns keine „Honigbrötchen in den Mund schieben", allerdings: auf solche niederschmetternde Keulenschläge, wie Du sie mir erteilst, war ich doch nicht gefasst! Bin noch ganz benommen! Zum Glück kam mit der gleichen Post ein Brief vom Theatervertrieb des Suhrkamp-Verlages (S. Fischer), der ganz anders, und zwar sehr positiv urteilt: meine Komödie wäre „ein respektables Gebrauchsstück für mittlere und kleine Bühnen", – „vom Erfolg sei man überzeugt!" Das schreibt mir ein Mann vom Fach, der doch einige Kenntnisse haben muss! Wer hat nun Recht: Du oder Suhrkamp?!
Nun hab ich Deinen Brief noch einmal in aller Ruhe durchgelesen, jeden Einwand einzeln gewissenhaft geprüft, – und stelle fest, dass alle Deine Keulenschläge völlig daneben hauen! Mir scheint, dass Du von einer ganz verkehrten Voraussetzung ausgehst. Meine Komödie will weder „Dichtung", noch „höhere Literatur" sein: nachdem ich in diesem Winter zwei ernsthafte Schauspiele geschrieben hatte, wollte ich mal, – ohne jeden literarischen Ehrgeiz, – etwas Spasshaftes schreiben, – eine handfeste Komödie, ohne Probleme! Natürlich muss sie bühnenwirksam sein, – mehr will ich nicht! Ob sie das ist, wird die Aufführung entscheiden.

Es würde zu weit führen, Deine Einwände einzeln zu zerpflücken. Nur so viel in Kürze: Du meinst, „Schwarzhändler" gäbe es nicht mehr. Selbst wenn dies der Fall wäre, ist dies kein stichhaltiger Einwand, denn es hat ihn in den Nachkriegsjahren reichlich gegeben, – ebenso die Wohnungsnot, – unter „Gegenwart" verstehe ich nicht „heute", sondern die Nachkriegszeit! Aber in Wirklichkeit lebt der Schwarzhandel auch heute noch, und ist keineswegs ein Monopol der DP's – davon kannst Du Dich in Regen zur Genüge überzeugen, und ich glaube nicht, dass Regen etwa eine „Ausnahme" ist! Auch „Marliese" ist keineswegs von „vorgestern", – sie ist noch höchst lebendig, und wenn Ihr im Herbst kommt, kann ich sie Dir in vielen Exemplaren vorführen! Deine Grosstadt-Perspektive ist nicht massgebend! Marliese weiss durchaus, was ein „Büstenhalter" ist, – nur trägt sie selber keinen, – und dass die Regener Marliesen keinen tragen, – auch davon kannst Du Dich hier leicht überzeugen! Völlig unbegreiflich ist mir, dass Du „Mucki" ordinär und nichtig" findest! Da tust Du ihr bitter unrecht! Auch Deine Behauptung, dass die „muffige Athmosphäre nicht bereinigt wird", haut völlig daneben: in Wirklichkeit wird die Situation gelöst: es geht n i c h t so weiter, – Butterweck kehrt zu Marliese zurück, und Mucki beginnt ein neues Leben mit Wastl!

Nein, lieber Werner, Deine Einwände haben mich nicht überzeugt, und Deine Behauptung, dass der Konflikt zum Austrag kommen, Mucki und Marliese auf einander prallen müssten, – halte ich für völlig abwegig: das gäbe eine höchst banale Situation, und keine Komödie! – Natürlich würde ich brennend gern einige neue Stücke sehn, – war seit 20 Jahren nicht im Theater! – wenn es aber nicht einmal zur Fahrt nach München reicht, – dann erst recht nicht zu einer Theaterkarte!! Na, – wollen wir nun sehen, wer Recht hat: Du oder Suhrkamp!

Mit herzlichen Turmgrüssen

Werner Illing, ein Freund aus Berliner Zeit, hatte sich nach dem Krieg in der Nähe von Stuttgart niedergelassen und arbeitete beim Süddeutschen Rundfunk.

Illing und Vegesack besuchten sich häufig; auch in ihren Briefen findet eine Diskussion über ihre Werke und schriftstellerische Arbeit statt; so schrieb Illing an Vegesack am 24. November 1949:
„Dennoch liegt die Krise des Buches bei uns und nicht beim Publikum. Daß die Bücher nicht gekauft werden, beweist nur, daß wir den neuralgischen Punkt des Leseinteresses nicht finden. Die Leute würden auch Bücher kaufen, wenn sie darin etwas für sie wesentliches fänden. Theoretisch bin ich mir der Gestrigkeit unserer Bemühungen durchaus bewußt."
Komödie: Werner Illings Einwände richteten sich gegen das Stück *Wand an Wand.* Für eine Aufführung gibt es keinen Nachweis.

(116)

An das Landratsamt Regen.   20. 9. 1950.

Ich bitte das Landratsamt, mir zu gestatten, auf meinem Grund und Boden, wie das in meiner alten Heimat üblich war, eine Begräbnisstätte zu errichten, und zwar oberhalb des Dorfes, am Waldrande auf dem Pfahl, wo früher mein Wind-Kraftwerk stand.
Der Grund, – von ein paar Wacholderbüschen und Heidekraut bewachsen, – ist für jede Art von Nutzung ungeeignet. Auch die Landschaft würde durch eine einfache Begräbnisstätte in keiner Weise beeinträchtigt werden.
Es ist mein Wunsch, einmal in dieser Erde zu ruhen, die mir zur zweiten Heimat wurde. Und ich hoffe, dass man meinen Wunsch erfüllen wird!

(117)

An Alfred Kubin   Weissenstein, den 25. 12. 50.

Lieber Kubin!
Bevor das alte Jahr zu Ende geht, möchte ich Ihnen nach so langer Zeit wieder ein Lebenszeichen geben, denn in Gedanken war ich jetzt viel bei Ihnen! Nun ist unser lieber Freund in Waldhäuser von

uns gegangen, – Sie haben einen Ihrer Treuesten verloren! Mit welcher Liebe und Bewunderung hing er an Ihnen! Wenn nur Ihr Name fiel, – wie lebte er dann auf! Wie schön, dass Sie in diesem Herbst noch bei ihm waren, – wie hat er dies Zusammensein genossen! Es war für ihn zuletzt wohl eine Erlösung. Als auch die inneren Organe versagten, muss der Zustand sehr qualvoll gewesen sein. Aber geklagt hat er auch zuletzt nicht, und bis zu letzt war er bei vollem Bewusstsein. Hanne fand ich sehr gefasst. Ueber zwanzig Jahre hat sie ihn gepflegt, – welch' ein Leben für sie! Auch für sie eine Erlösung. Und doch wird er ihr fehlen, wenn sie jetzt so allein dort hausen wird.

Bei herrlichem Winterwetter, – Schnee und Sonne, – brachten wir ihn nach Grafenau. Ganz Waldhäuser, – alle Holzhauer, – waren zur Beerdigung gekommen. Auf der Heimfahrt, im Autobus, sagte der junge Schrank vom Gasthof zu seinem Schwager, dem Bildhauer Teuerjahr: „Du bist mein Schwager, Dir kann ich's sagen: fünfzehn Maass hab ich getrunken! Der Köppel hat immer gesagt: auf meiner Leich sollt ihr trinken! Er hat es verdient!"

Grade, als wir ihn aus dem Haus hinaustrugen, kam der einarmige Postbote und brachte Ihr Weihnachtspaket: die 82 Blätter von 1911! Am Abend nach der Beerdigung haben wir die Sammlung Blatt für Blatt angesehn, – und so waren Sie mitten unter uns, – nur er hat die Bilder nicht mehr sehen können!

Wie gern wär' ich im Herbst nach Waldhäuser gekommen und hätte Sie wiedergesehn, – aber ich rühre mich kaum aus meiner Höhle, nur dann und wann, wenn ich zu Vorträgen eingeladen werde, komme ich noch hinaus, – in diesem Herbst nach München und Stuttgart, im vorigen Jahr für einen Monat in die Schweiz. Das Leben wird immer schwieriger: einige meiner Verleger haben Konkurs gemacht, andere stehen davor, – meine Bücher können vorläufig nicht erscheinen, – und so muss ich wieder Kleinkram für Zeitungen schreiben, – keine angenehme Beschäftigung! Ich habe ja jetzt für drei Familien zu sorgen, da meine Geschwister seit 45 auch bei mir wohnen. Aber das Zusammenleben mit ihnen ist sehr schön und harmonisch, mein ältester Bruder, der früher das väterliche Gut hatte, versorgt die Tiere, – sechs Ziegen und zehn Hühner, – den Garten, der ein Schmuckkästchen geworden ist, und meine Nichte hilft ihm dabei. Jella kocht für uns alle, seit dem Herbst haben wir kein Mädchen mehr, – und diese Bayerisch-Baltische Symbiose bewährt sich ausgezeichnet! Der kleine Chrisoph ist nun schon 10 geworden, ein grosser Junge, und geht nach Regen zur Schule. Im Sommer war Isabel mit ihren vier Kindern hier, die sich mit ihrem „Onkel" Christoph gut vertrugen!

Was mag das Neue Jahr uns bringen? Vielleicht ist es gut, dass wir es nicht wissen! Die Welt ist ein Narrenhaus! Die „andere Seite" kommt immer mehr zum Vorschein!

Mit allen guten Wünschen für 1951
drückt Ihnen in alter Freundschaft
die Hand

P. S. Hanne erzählte mir von Ihrem „Böhmerwald", – wann und wo erscheint die Mappe?

Reinhold Koeppel ist am 15. Dezember 1950 gestorben. Vegesack hielt die Grabrede.

(118)
An Werner Richter   Weissenstein, den 7. 1. 1951.

Mein lieber Bärle!

Vielen Dank für Deinen Weihnachtsgruss! Die Oma hat sich sehr über die Beigabe und dein treues Gedenken gefreut! Irmgard wird Dir nächstens ausführlich schreiben. Seit Mitte Dezember sind beide hier und helfen Jella bei der Hausarbeit. Denn seit dem 1. November haben wir kein Mädchen, Jella kocht für uns alle. Wir können uns vorläufig kein Mädchen leisten, – seit über einem Jahr habe ich von meinen Verlegern keinen Pfennig gesehn, so dass ich wieder für Zeitungen schreiben muss, um uns über Wasser zu halten. Zwei grosse Verlage wären bereit, meine Gesamt-Produktion zu übernehmen, wenn ich ihnen einen neuen Roman anbieten könnte. Zu einer grösseren Arbeit komme ich aber nicht, weil ich den Kleinkram fabrizieren muss, – so beisst sich die Katze in den Schwanz! Aber davon wollte ich Dir eigentlich nicht schreiben. Viel schlimmer als diese materielle Bedrängnis ist die allgemeine Ungewissheit über die nächste Zukunft. Wer weiss, was dieses Jahr uns bringen wird, man lebt auf einem Pulverfass, das jeden Augenblick in die Luft fliegen kann. Ich glaube zwar nicht, dass Väterchen Stalin so bald losmarschieren wird, – er ist doch schlauer, als Hitler es war, und wird sich nicht übereilen. Aber wissen kann man nichts, und wenn auf beiden Seiten so viel Pulver angehäuft wird, genügt ein Funke, um die Katastrophe auszulösen. Gar nicht auszudenken, was uns dann bevorsteht. Fliehen können wir nicht, – wohin sollten wir uns auch retten? Es wird weder an der Elbe, noch am Rhein, noch an der Donau einen Halt geben, selbst die Schweiz wird diesmal wohl kaum verschont bleiben. Genug davon. Es hat keinen Sinn, sich den Kopf darüber zu zerbrechen, und erst recht nicht, ihn hängen zu lassen, bevor man nicht selber hängt! So haben wir uns keinen trüben Gedanken hingegeben und Weihnachten in alter Weise sehr gemütlich gefeiert! Das Bäumchen brannte, Christoph war selig, Jella und Irmgard hatten unzählige Plätzchen nach altbewährten Rezepten gebacken, – sogar Pfefferkuchen nach einem baltischen Rezept, – und so feierten wir ein baltisch-bayerisches Weihnachten!

Im Herbst war ich auf Vorträgen in München und Stuttgart. Bei der Gelegenheit besuchte ich Clara, die ganz nach Stuttgart gezogen ist, – und bereue es nicht, obgleich das Wiedersehen nach so viel Jahren doch schmerzlich war. Sie lebt ganz allein, arbeitet fleissig, ist viel auf Vorträgen unterwegs. Und lebt nun ganz in ihrer katholischen Welt. Immerhin besser, als die frühere antroposophische, und erst recht die Nazi-Atmosphäre! Erstaunlich ist ihre Wandlungsfähigkeit, die wirklich echt ist. Merkwürdig, dass sie einen solchen Halt an einer Gemeinschaft, solche „seelischen Korsettstangen" braucht, obgleich sie doch selbst keineswegs eine schwache Natur ist! Aber wir haben uns doch sehr auseinandergelebt. Eigentlich hält uns nur noch der Junge zusammen, den wir beide verloren haben. Das Verhältnis zu Isabel, der sie immer fremd war, hat sich zum Glück sehr gebessert, seitdem sie in Stuttgart wohnt. So aus der Entfernung vertragen sie sich sehr gut.

Dass Isabel im Sommer mit allen vier Kindern bei uns war, schrieb ich Dir wohl schon. Auch in diesem Sommer will sie kommen. Mit Jella versteht sich ja Isabel ausgezeichnet. Was ich an Jella habe, kann ich Dir gar nicht sagen. Ohne sie und den kleinen Christoph hätte ich diese Zeit wohl kaum überstanden. So hat mein Leben wieder einen Sinn, meine einzige Sorge ist: was wird aus den beiden, wenn es wirklich zum Kriege kommt? Du siehst, – ob man will oder nicht, – die Gedanken kreisen immer wieder um diese eine Frage, auf die es keine Antwort gibt . . .

hs. Zusatz:

Wann wird man sich wiedersehn?! Es wäre an der Zeit! Alle grüssen sehr herzlich! Mit allen guten Wünschen für dieses Jahr, – vor allem Gesundheit, – grüsst Euch beide herzlich in alter Freundschaft Dein alter S.

(119)

An Clara Nordström   Burg Weissenstein, 30. April 1952.

Mein liebes Troll!

Verzeih, dass ich Deinen Brief vom 18. 3. noch nicht beantwortet habe, – und nun kommt Dein Brief vom 25. 4.! Hab Dank für beide! Mit Deinem Rat, katholisch zu werden, meinst Du es sicher gut mit mir, – aber Du irrst Dich, wenn Du glaubst, dass ich es nur aus „Tradition" nicht tu! Und da Du dies Thema angeschnitten hast, muss ich schon näher darauf eingehen. Sicher spielt die Tradition, in der ich aufgewachsen bin, auch eine Rolle. Wenn ich aber wirklich davon überzeugt wäre, dass die katholische Religion die „allein selig machende" ist, – dann glaube ich würde die Tradition mich nicht hindern, den Schritt zu tun. Und eben davon bin ich keineswegs überzeugt. Ich meine zwar auch nicht, dass die Lutherische die einzig Richtige wäre, – ich glaube, keine einzige Konfession ist *die* Richtige, – denn Gott steht über allen Konfessionen, die ja nur Menschenwerk sind. Gott ist wahrscheinlich so gross, dass der Mensch ihn nur durch eine Art Schutzbrille zu sehen vermag, – und das sind die Konfessionen, – ja, ich gehe noch weiter, – überhaupt alle Religionen. Denn ich kann mir nicht denken, dass die Mehrheit der Menschen, – wir Christen sind ja die Minderheit, – einen völlig falschen Gottesbegriff haben. Gott hat sich in allen Religionen offenbart, wie sich das Licht in allen Farben offenbart, – ohne dass eine Farbe deshalb „richtiger" wäre als die andere! Jeder meint natürlich, dass seine Brille die richtige sei, – für ihn ist sie auch die richtige, – aber sie ist nicht die „allein richtige"!

Nun ist es leider so, je stärker jemand von einem Glauben beseelt ist, desto stärker wird in ihm auch der Drang sein, andere zu seinem Glauben zu bekehren. Duldsamkeit und Toleranz sind oft im Grunde nur Gleichgültigkeit und Indifferenz. Dies vorausgeschickt bin ich doch mehr für Duldsamkeit und Toleranz auch in Dingen des Glaubens, denn jede Intoleranz führt unweigerlich zur Selbstüberheblichkeit und zu dem Wahn, dass nur der eigene Glaube der absolut richtige sei. Schon aus diesem Grunde könnte ich nie Katholik werden, – weil ich diesen Glauben nicht aufbringen kann.

Gut, ich gebe zu, die protestantische „Brille" ist höchst mangelhaft, – aber warum soll ich sie gegen eine andere „Brille" umtauschen, – warum soll ich aus einem Käfig in einen anderen kriechen?! Ist es nicht besser, alle Brillen abzulegen, sich aus dem Käfig aller Konfessionen zu befreien?! Die meisten Menschen brauchen wahrscheinlich einen Käfig, ein festes Gehäuse für ihren Glauben, eine Kirche. Ich will diese Notwendigkeit gar nicht bestreiten. Aber für mich lehne ich sie ab. Ich halte es mit dem Urgrossvater meines Grossvaters, dem Generalleutnant Balthasar Campenhausen, dem Trabanten Karls des Zwölften, der in den Dienst Peters des Grossen trat, weil er nicht katholisch werden wollte und darüber schrieb: „Mein Sinn ist nicht, die Catholische Religion zu verdammen, noch den Nahmen Lutheraner blindlings zu erheben. Wäre ich ein Catholik gebohren, ich würde gewiss kein Lutheraner werden. Der leicht Sinn aber, den man hierbey bezeiget, ist in Gottes Augen ein Gräuel, und da pflegt Fluch und Unglück drauf zu folgen!"

Ich hoffe, liebes Troll, Du wirst mich richtig verstehen! So wie ich

Dich verstehe: Du brauchst „seelische Korsettstangen", – so wie Du früher die Antroposophie und dann die Rassenlehre hattest, – womit ich diese keineswegs mit der katholischen Religion vergleichen will, die auch für mich turmhoch darüber steht! „Wäre ich ein Katholik geboren, ich würde gewiss kein Lutheraner werden!" Und so muss ich leider ein „Ketzer" bleiben!!!

(120)
Herrn Dr. Joachim Schondorff,   24. 5. 1952.
Albert Langen-Georg Müller Verlag,
München 19

Sehr geehrter Herr Doktor!
Besten Dank für Ihren freundlichen Brief vom 21. 5.! Mit meinen Verlegern habe ich Pech gehabt: die meisten haben Konkurs gemacht oder stehen davor, und mit anderen habe ich noch bösere Erfahrungen gemacht. So mit Christian Wolff in Flensburg, der meine „Kleine Hausapotheke" gleich nach der Währungsreform neu herausbrachte, und mich eine Woche vorher mit R-Mark honorierte! Ich nehme an, dass die Auflage, die auf schlechtem Papier gedruckt war, vergriffen ist. Sollten Sie für meine „Kleine Hausapotheke" Interesse haben, würde ich die Rechtslage klären. Ich glaube bestimmt, dass ich wieder über das Buch verfügen kann. Jedenfalls wird der Christian Wolff Verlag nie wieder etwas von mir bekommen!
Auch „Herr Bo" hat z. Zt. keinen Verlag, – und auch mit dem Stratz Verlag habe ich trübe Erfahrungen gemacht.
Aber ich möchte Ihnen einen ganz anderen Vorschlag machen. Von 1941–44 war ich als Dolmetscher im Osten tätig. Vom Chef des Wirtschafts-Stabes Ost, General Schubert, und später General Stapf, erhielt ich den Auftrag, einen wahrheitsgetreuen Erlebnis-Bericht über meine Eindrücke im Osten zu schreiben, – keine „Propaganda", sondern ein ungeschminktes Bild der Wirklichkeit. In Poltawa wurde ich vom Flugzeug abgesetzt, und habe mich dann über-

all umhergetrieben: im Norden, in der Mitte, in der Ukraine, Krim und Kaukasus. Der erste Teil meines Buches ist unter dem Titel „Soldaten hinterm Pflug" nach erbittertem Kampf mit der Zensur für unsere Dienststelle gedruckt worden, – natürlich musste ich manches kürzen und ändern. Eine öffentliche Ausgabe, – auch nur für die Wehrmacht, wurde untersagt. Den zweiten Teil habe ich dann 1943 ohne jede Rücksicht auf eine Veröffentlichung geschrieben: er liegt noch heute in meinem „Schubfach"! Darauf erhielt ich im Frühjahr 1943 von meinem General den Auftrag, meine Eindrücke in einer Denkschrift kurz zusammenzufassen, für die ich wichtige Unterlagen erhielt. Diese Denkschrift lieferte ich am 17. Juli 44 in Berlin ab, General Stapf liess mich gleich am nächsten Tag zu sich kommen und empfing mich mit den Worten: „Wissen Sie, was Sie da geschrieben haben? Eine furchtbare Anklage!" Erst vor zwei Jahren habe ich von General Stapf erfahren, dass meine Denkschrift nach geglücktem Attentat veröffentlicht werden sollte! Nur durch einen glücklichen Zufall bin ich dem Schicksal meines Kameraden Peter Yorck, mit dem ich alles besprochen hatte, entgangen: General Stapf, der in die Bendlerstrasse kommen sollte, wurde rechtzeitig gewarnt, sonst wäre meine Denkschrift in die Hände der Gestapo gefallen.

Ich glaube, dass es grade heute an der Zeit wäre, mein Russland-Buch mit der Denkschrift als Abschluss zu veröffentlichen. Weder als „Anklage", noch als Rechtfertigung", sondern als ein wahrheitsgetreues Dokument jener Zeit und all' der Probleme, mit denen wir es im Osten zu tun hatten. Denn diese Probleme bestehen ja noch heute. Auf eine kurze Formel gebracht, besteht die ganze Tragik darin, dass wir selbst durch unsere verkehrte Politik die nationalen russischen Kräfte dem Bolschewismus in die Arme trieben, – Stalin hätte sich keinen besseren Agenten wünschen können, als Hitler es war!

Da ich mich als Dolmetscher überall in die praktische Tätigkeit einschaltete, – einige Wochen habe ich sogar eine Kolchose in der Ukraine verwaltet! – gibt mein Buch keinen trockenen Bericht, sondern, wie ich glaube, ein anschauliches Bild von der Landschaft und den Leuten, – den Grossrussen, Ukrainern, Krim-Tataren, den Kabardinern im Kaukasus. Da ich mit meiner Contax viele Aufnahmen machte, habe ich auch ein reiches Bildmaterial.

Ich weiss nicht, ob Sie mein Südamerika-Buch „Unter fremden Sternen" kennen; das Russland-Buch habe ich in derselben Art geschrieben; lose aneinander gereihte Bilder und Begebenheiten, die sich aber in jedem Kapitel zu einem bestimmten Thema abrunden. Das Manuskript ist etwa 400 Seiten lang. Als Titel dachte ich mir: „Zwischen Ostsee und Kaukasus", – ein Erlebnisbericht aus dem Jahren 1942/43.

Auch sonst könnte ich Ihnen verschiedene Vorschläge machen: „Aus einer altlivländischen Brieflade", – aus Briefen und Tagebuch-Aufzeichnungen meines Ur-ur-Grossvaters mütterlicherseits Balthasar Freiherrn von Campenhausen, der als Trabant unter Karl dem Zwölften kämpfte, und dann in den Dienst Peters des Grossen trat. Er war mit dem Grafen Zinzendorf befreundet, und hat die Herrenhuter nach Livland gebracht. Kulturhistorisch interessante Dokumente. Allerdings wohl kaum etwas für das grosse Publikum! Dann habe ich noch einen kleinen Band heiterer Verse: „Im Lande der Pygmäen", – einige Proben daraus brachte die Neue Zeitung vor einem Jahr, – aber für Gedichte werden Sie wohl kaum Interesse haben!

Und dann natürlich noch die Neuauflagen meiner Bücher, vor allem der „Baltischen Tragödie", und meines Südamerika Buches „Unter fremden Sternen", die seit zehn Jahren vergriffen sind! Besonders viel liegt mir an der „Baltischen Tragödie". Keppler in Baden-Baden wollte sie bringen, hat aber bisher nur den ersten Teil „Blumbergshof" unter dem Titel „Versunkene Welt" gebracht, da er damals, – auf die franz. Zensur und die Bolschewiken Rücksicht nehmen musste, – und jetzt ist ihm wohl das Geld ausgegangen. So sitzt er auf dem ersten Teil fest, und der wird nur mässig abgesetzt, weil alle die ganze Balt. Tragödie haben wollen! Immer wieder bekomme ich Anfragen, wann sie erscheinen wird, – falls Sie für die „Baltische Tragödie" Interesse haben sollten, würde sich wohl ein Weg finden lassen, mit Keppler ein Uebereinkommen zu treffen wegen der Restauflage von „Blumbergshof".

Es würde mich aufrichtig freuen, wenn es wieder zu einer Zusammenarbeit mit Ihrem Verlage käme! Sollte Ihnen einer meiner Vor-schläge zusagen, bin ich auch gern bereit, nach München zu kom-men. Namentlich mein Russland-Buch würde doch eine nähere Aussprache erfordern.

Mit den besten Empfehlungen
Ihr

Mit diesem Brief beginnt eine langjährige, erfolgreiche Zusammenarbeit zwischen Vegesack und dem nun vereinigten Albert-Langen/Georg-Mül-ler-Verlag.

Das Rußlandbuch: Unter dem Titel *Als Dolmetscher im Osten* erschien es erst 1965 beim Verlag Harro von Hirscheydt in Hannover.

(121)

An den Bund Naturschutz   Burg Weissenstein, 13. 7. 1952.
in Bayern,
Herrn Luitpold Ruess,
München 8

Sehr geehrter Herr Ruess!

Darf ich mich wegen des „Pfahls" heute wieder an Sie wenden? Das Naturschutzgebiet am Pfahl ist nämlich wieder in Gefahr: die Orts-gemeinde Weissenstein hat gestern ihren Grund am Pfahl für 20 Jah-re zur Ausbeutung an eine Privat-Firma verpachtet. Diesmal soll der Quarz nicht für Strassen-Schotter, sondern für industrielle Zwecke verwertet werden. Es handelt sich um die früheren Hermann Gö-ring Werke in Pocking (Niederbayern), die den Quarz zur Gewin-nung eines Stoffes benötigen, der für die Stahl-Erzeugung wichtig sein soll.

Ich machte die Herren darauf aufmerksam, dass der Pfahl unter Na-turschutz steht, aber das schien sie wenig zu bekümmern, – sie meinten, sie würden das alles mit der Regierung schon regeln und in

Ordnung bringen! Jedenfalls wird es diesmal Ernst, da grosse maschinelle Anlagen, – Compressor und dergleichen investiert werden, man will mit allen Mitteln der modernen Technik dem Pfahl auf den Leib rücken, – mit zahlreicher Belegschaft, – sogar eine Kantine soll eingerichtet werden! In zwanzig Jahren intensiver Ausbeutung dürfte kaum etwas vom Pfahl nachbleiben! Die Arbeiten sollen schon in der nächsten Woche beginnen!

Deshalb wäre es gut, wenn der Bund Naturschutz sofort geeignete Gegenmassnahmen ergreifen und die erforderlichen Schritte – vielleicht beim Innenministerium – unternehmen würde, um dies zu verhindern und die Regierung in Regensburg zu veranlassen, nötigenfalls einzugreifen! Unser Landrat hier hat leider nicht das geringste Interesse für den Pfahl, – für ihn sind nur wirtschaftliche Gesichtspunkte – Arbeitsbeschaffung und dergleichen – massgebend! Nur muss ich Sie bitten, mich dabei ganz aus dem Spiel zu lassen, da die Bauern hier schon sowieso wegen des Pfahls nicht gut auf mich zu sprechen sind, und ich mir eine solche Feindschaft einfach nicht leisten kann.

Für Ihre Blätter stelle ich Ihnen beiliegendes Gedicht: „Der Quarzkristall" zur Verfügung!

Mit freundlichen Grüssen!

Ihr

(122)

Herrn   Burg Weissenstein, 15. 11. 52.
Direktor Dr. Jakob Job,
Radio Zürich

Lieber Herr Doktor!

Endlich heimgekehrt, finde ich hier Ihren freundlichen Brief vom 2. Nov. vor, für den ich Ihnen herzlich danke! Auch mir tat es leid, dass wir uns diesmal so wenig sahen, – aber die Zeit war ja kurz, – viel zu schnell sind die schönen Wochen verflogen! Sie machten mich mit Herrn Matheson aus Olten bekannt, bei dem ich dann noch einen Abend war, – er will meine neuen Gedichte „Geliebte Erde" im nächsten Jahr herausbringen! So hat mein Vortrag durch Ihre freundliche Vermittlung noch ein besonders schönes Ergebnis für mich gehabt!

Am letzten Nachmittag war ich anderthalb Stunden bei Thomas Mann im Waldhaus Dolder, – und das war wohl das schönste Erlebnis meines Züricher Aufenthaltes! Nur seine Frau war noch anwesend, – so konnten wir uns ausgiebig über alles aussprechen, was in den zwanzig Jahren sich ereignet hat, seitdem ich ihn zuletzt in München besucht hatte! Ich habe ja eine alte Verehrung für ihn, die ich mir nicht nehmen lasse!

Auch meine Vorträge in Heidelberg, Esslingen und Tübingen waren gut besucht. In Tübingen las ich aus meinen „Pygmäen", – die dem Rainer Wunderlich Verlag so gut gefielen, dass er sie im nächsten Herbst als Büchlein herausbringen will! Im Stuttgarter Rundfunk wurde ein Gespräch mit mir auf „Band" aufgenommen, – und der Bayerische Rundfunk hat mein Ljesskow-Hörspiel „Der Mensch im Schilderhaus" angenommen, – so hat meine Schweizer Reise auch sonst erfreuliche Ergebnisse gezeigt!

In München wohnte ich bei meinem Vetter Kurt von Wolfurt, mit dem ich seit Jahrzehnten befreundet bin. Er war früher am Konservatorium und der Akademie in Berlin tätig, dann zwei Jahre in Südafrika als Dirigent und Gastprofessor, hat sich jetzt in München niedergelassen. Er hat eine Biographie über Mussorgski und soeben im Atlantis-Verlag ein Buch über Tschaikowski veröffentlicht. Vielleicht könnte er gelegentlich im Radio Zürich einen Abschnitt daraus vorlesen? Hürlimann wird Ihnen in diesen Tagen ein Exemplar schicken. Barbara Peyer, eine Tochter von Prof. Peyer, bei dem ich in Zürich wohnte, bildet sich z. Zt. in München als Sängerin aus. Sie hat, – nach dem Urteil meines Vetters, der sehr kritisch ist, eine ungewöhnlich gute Stimme. Vielleicht könnte sie gelegentlich bei Ihnen vorsprechen und Ihrem Musik-Leiter einige Lieder zur Probe vorsingen? Beide, – meinen Vetter und Barbara Peyer, – kann ich Ihnen mit gutem Gewissen empfehlen!

Hier herrscht tiefer Winter: Schnee und acht Grad Frost! Ich bin heute Morgen auf Skiern durch den verschneiten Wald gelaufen!

Wir alle freuen uns sehr, dass Sie im Frühjahr den Turm besuchen wollen! Zwar kann die Landschaft hier sich weder mit Portugal, noch mit Sizilien vergleichen, – aber auch die Wälder Adalbert Stifters haben ihren Reiz!
Mit herzlichen Grüssen
Ihr

Olten: Geliebte Erde. 12 Gedichte. Erschienen als Privatdruck der Oltener Bücherfreunde, Olten 1956

(123)

Herrn Dr. Roesch,	Burg Weissenstein, 19. 11. 52.

Rainer Wunderlich Verlag
Hermann Leins, Tübingen

Sehr geehrter Herr Doktor!
Hier schicke ich Ihnen ein vollständiges Exemplar der „Pygmäen", – aber vielleicht wäre die kleinere Auswahl besser! Sie werden das besser beurteilen können! Das „Kaufhaus der Träume" und die „Beamten" habe ich in der kleineren Auswahl etwas gekürzt!
Beiliegend die zehn Vignetten von Jochen Bartsch, Gauting bei Starnberg, Zugspitzstr. 22, die in der „Neuen Zeitung" erschienen. Mir gefallen sie sehr gut. Falls Sie meine Ansicht teilen, müsste er wohl auch für die anderen Pygmäen-Gedichte Zeichnungen machen.
Ich füge meine Erzählung „Tanja" bei. Den „Entehrten" möchte ich noch ein mal durcharbeiten: Sie haben Recht, manches wiederholt sich, – eine Kürzung wird nicht schaden!
Die „Serenade" gefällt mir sehr gut! Könnte ich vielleicht noch ein Exemplar bekommen?
Beiliegend die gewünschte Spesen-Rechnung für meinen Vortrag!
Heidelberg und Esslingen zahlten mir je 50 M. Aber die Hotel-Un-

kosten, die Sie ja bezahlten, müssten natürlich abgezogen werden!
Mit freundlichen Grüssen,
auch an Herrn Leins,
Ihr

Serenade: Ein kleines „Damenbüchlein" des Wunderlich-Verlages, zu dem
Vegesack den Beitrag „Über das Reisen" geliefert hatte.
Jochen Bartsch (*1906) Grafiker und Maler. Er illustrierte den *Schnüllermann*
und die Neuauflage der *Pygmäen* 1965, nicht aber diese erste Ausgabe.

(124)
An Alfred Kubin   Weissenstein, d. 26. Jan. 53

Lieber Kubin!
Heute Nacht träumte ich so lebhaft von Ihnen, dass ich Ihnen
schreiben muss! Mir träumte, Sie zeigten mir ein neues Blatt, – eine
wunderbare Zeichnung, – ein dunkler Wald, seltsame Gestalten,
aber alles nur angedeutet, wie hinter einem Schleier, – eine richtige
Traum-Landschaft. Ich sagte Ihnen: „Das sieht so aus, als wenn der
Himmel Asche regnet!" Sie nickten mit dem Kopf: „Ja, der Himmel
regnet Asche!" Dann wachte ich auf, hörte noch Ihre Stimme und
schlief gleich wieder ein. Und wieder träumte ich von Ihnen: Sie
gingen in Ihrem Loden-Mantel, ich hakte bei Ihnen ein, und so
wanderten wir Arm in Arm, ich sagte Ihnen: „Bis Passau will ich Sie
begleiten!" Und dann erzählte ich Ihnen, dass ich kürzlich mit Jella
in Passau war, und an Sie gedacht habe!
Ja, vor zwei Wochen waren wir in Passau, zu einer Hochzeit: der
Sohn meines Vetters und guten Freundes Kurt Wolfurt (des Komponisten) heiratete die Tochter von einer Baronin Behr, geb. (Me-
dem) jetzt Stackelberg, die in Neustift bei Passau lebt.
Wie gern hätten wir Sie auf ein Stündchen besucht, aber die Zeit

reiche nicht, auch habe ich eine Scheu, Sie unangemeldet zu überfallen: wer weiss, ob es Ihnen gepasst hätte!

Aber meine Gedanken wandern oft zu Ihnen hinüber!

Wie mag es Ihnen gehen? Hoffentlich haben Sie unter dem strengen Winter nicht zu sehr zu leiden!

Im Oktober war ich einige Wochen in der Schweiz, gute Freunde
hatten mich eingeladen, teils zu Vorträgen, teils zur Erholung. Es
war sehr schön, sich mal ein wenig auszulüften! Einen Nachmittag
war ich bei Thomas Mann, der in die Schweiz zurückgekehrt ist
und, wie er mir sagte: „seine alten Tage auf alter Erde beschliessen
will". Er erkundigte sich lebhaft nach Ihnen, und da hab ich ihm das
Photo geschickt, das ich in Waldhäuser von Ihnen aufgenommen
habe!

Thomas Mann schreibt mir über Ihr Bild: „Ein schöner Greisen-
kopf, voll schelmischer Erfahrenheit. Ich musste bei seinem Anblick an einen Kubin und mir gemeinsamen Freund, Kurt Martens,
denken, der sich nach der Zerstörung seines Dresden-Blasewitzer-
Hauses durch eine amerikanische Bombe das Leben nahm."

In der nächsten Woche erwarten wir meinen Bruder aus der Ostzone, der endlich die Ausreise-Genehmigung erhalten hat, und mit
seiner Frau ganz zu uns übersiedeln will, – dann werden wir hier vier
Brüder beisammen sein!

Was mag das Neue Jahr uns alles bringen?!

Wird der Himmel wirklich „Asche regnen", wie ich es von Ihrer
Zeichnung geträumt habe?!

Mit vielen sehr herzlichen Grüssen auch von Jella, in alter Freundschaft Ihr

Brief v. Thomas Mann vom 2. 12. 52/FH

An Thomas Mann   15. April 1953.

Hochverehrter, lieber Herr Mann!
Ihre freundlichen Zeilen vom 2. Dezember haben mich tief beschämt: Sie danken mir, – während ich doch nur Ihnen zu danken
habe! Schon lange drängt es mich, Ihnen zu sagen, was Sie und Ihr
Werk seit bald einem halben Jahrhundert für mich bedeuten, –
Scheu und Befangenheit hielten mich davor zurück. Aber jetzt
muss ich endlich meinem übervollen Herzen ein wenig Luft schaffen.
Ich erinnere mich nicht, dass ich jemals ein Buch mit solchem
Heisshunger „verschlungen" hätte, wie Ihre „Buddenbrooks". Als
ich 1909 zum ersten Mal nach Deutschland kam, – für ein Heidel-
berger Sommer-Semester, – machte ich auf der Heimreise den Umweg über Lübeck, nur um die Mengstrasse 4 aufzusuchen! Und in
Dorpat, wo die literarischen Interessen unter uns Studenten nicht
allzu gross waren, kam ich jede Woche mit einigen guten Freunden
zusammen, um gemeinsam Hofmannsthal, Ihre Novellen und die
Ihres Bruders Heinrich zu lesen, – welch' ein Erlebnis Ihr „Tonio
Kröger" für uns Studenten war, lässt sich in wenigen Worten nicht
sagen!
Als ich im Kriege 1915 nach Stockholm kam, verschlang ich mit der
gleichen Leidenschaft Ihren „Friedrich und die grosse Koalition",
für den ich, – Ihren eigenen Einwänden zum Trotz, – noch heute
meine alte Liebe bewahre! Wie gut, dass Sie ihn in „Altes und Neues" aufgenommen haben!
Dann hörte ich Sie zum ersten Mal, – es wird 1928 oder 1929 gewesen sein, – im Auditorium Maximum in München.
Sie lasen das Vorspiel Ihres Joseph-Romanes, – die Szene am Brunnen. Wie tief mich auch Ihr Vortrag beeindruckte, – ich war damals
wohl noch nicht reif genug, in diesen tiefen Brunnen der Vergangenheit hinabzusteigen. Und auch als ich später den ersten Band las,
blieb mir Vieles verschlossen.
Jetzt aber, nach unserer Begegnung in Zürich, hatte ich das Gefühl:
es ist höchste Zeit, diese grosse Lücke nachzufüllen. Endlich, im

März, konnte ich mir die schöne zweibändige Ausgabe beschaffen, und lese nun, mit 65 Jahren, mit gleicher Leidenschaft den „Joseph", wie ich mit 20 die „Buddenbrooks" las, – nur wohl bewusster, und mit noch tieferem Genuss. Schon die Musik der Sprache nimmt mich ganz gefangen, manches muss ich gleich noch ein Mal lesen, – wie man die gleiche Musik immer wieder hören möchte! Doch am tiefsten berührt mich dieser schwer zu bestimmende Ton, auf den alles abgestimmt ist, – dieser heiter-gelassene Ton, der zwischen Ernst und Ironie eine so glückliche Mitte hält!

Glauben Sie mir, – und wenn ich auch nur ein „Knirps" bin (aber kein „Gimpel", – um mit Benjamin zu sprechen) – sollte wirklich die Barbarei über uns hereinbrechen: Ihr „Joseph" wird die Barbaren überdauern, seine Zeit kommt noch und wenn irgend etwas einst von unserem unglückseligen Erdteil Kunde geben wird, dann wird es Ihre unverwechselbare Stimme sein, die das Ewig-Menschliche so ergreifend und beglückend zum Ausdruck bringt!

Und lassen Sie mich bei dieser Gelegenheit auch noch für Ihre Rede „Deutschland und die Deutschen" danken, – jeder Satz ist mir aus der Seele gesprochen! Und wie entstellt hat man damals in unseren Zeitungen Ihre Rede wiedergegeben, – ein trübes Kapitel! Auch ich fürchtete, dass Sie in der Fremde uns vielleicht entfremdet wären. Aber mit welcher Noblesse bekennen Sie sich, trotz all' der bitteren Jahre, – zu Ihrem Volk!

Und Dank für Ihren Aufsatz: „Dieser Friede", auf den Sie mich in Zürich hinwiesen! Wie blind waren wir in Deutschland, als wir nach München erlöst aufatmeten, – und diesem Frieden vertrauten!

Bei einer der vielen Haussuchungen hat die Gestapo unter anderen auch sämtliche Bücher Ihres Bruders Heinrich aus meiner Bibliothek entführt. Ich ging damals bis zum Staatsanwalt, um sie zurückzubekommen, – aber alle meine Bemühungen blieben erfolglos. Besonders liebte ich die „Kleine Stadt", und die italienischen Novellen: „Mnais", „Ginevra", „Rückkehr vom Hades", „Pippo Spano". Besteht Aussicht, dass sie wieder erscheinen? Der S. Fischer Verlag konnte mir leider keine Auskunft geben.

Verzeihen Sie mir, dass ich Ihre Zeit ungebührlich in Anspruch genommen habe, – aber einmal musste ich Ihnen, wenn auch mit höchst unzureichenden Worten, für all' das danken, was Sie mir gegeben haben!

Von ganzem Herzen wünsche ich, dass Sie diesen harten Winter (hier lag der Schnee fast fünf Monate!) gut überstanden haben und auf europäischem Boden wieder heimisch geworden sind!

Mit der Bitte, mich Ihrer Gattin zu empfehlen,
grüsst Sie in herzlicher Verehrung
Ihr getreuer

(126)

An Dr. Roesch/   Meride sopra Mendrisio
Wunderlich-Verlag   Casa Peyer, d. 17. Mai 1953

Lieber Herr Doktor!

Ich bin hier so faul geworden, – im Lande der Pygmäen! – dass ich mich erst heute zu einem Brief aufraffe, – Sie werden mir deshalb nicht böse sein! Natürlich erhalten Sie als „alter Pygmäen-Kämpfer" eine ganz niedrige Mitglieds-Nummer, – ist Ihnen Nr. 3 recht?! Sobald wir einen Illustrator gefunden haben, müssten wir Mitglieds-karten mit der besten Pygmäen-Zeichnung drucken lassen, – vielleicht als Beigabe zu den Bändchen, so dass jeder Käufer Mitglied des Pygmäen-Vereins werden kann!

Natürlich haben Sie mit den Liebes-Lauben recht: „so daß jedes Liebespaar ein Plätzchen hat! – ist viel besser! Sie haben sich wirklich mit so viel Verständnis und Liebe in die Pygmäen-Verse hineingelebt, – einen besseren Verleger hätte ich mir gar nicht wünschen können! Und ich bin davon überzeugt, dass wir uns auch über den Honorar-Anteil im Pygmäen-Geist verständigen und einigen werden!

Die größte Sorge macht mir die Frage der Illustration. Werner Bergengruens Sohn Alexander, der in München studiert und auch die Zeichnungen von Peynet kennt, sagte mir in Zürich, dass die Zeichnerin *Belle Bachem* in München die Einzige wäre, die in der Weise von Peynet zeichnet, mit ähnlichem Humor. Kennen Sie sie? Ich

habe nichts von ihr gesehen. Vielleicht käme sie in Frage?
Was nun die Lang-Zeilen betrifft, könnte man sicher einige kürzen.
Ob aber alle, – das scheint mir fraglich. Wir wollen es versuchen!
Für *jede* Kritik bin ich nur dankbar, – besonders wenn sie aus solcher
Einfühlung kommt, wie Ihre!
Hoffentlich kann ich bald die Fahnen bekommen, – hier könnte ich
in aller Ruhe die Korrekturen durchnehmen! Mit jedem Tag werde
ich hier immer fauler, – ein kleines Pygmäen-Gedicht: „Der Liebes-
garten" füge ich bei, – das einzige, was ich hier zustande gebracht
habe! Aber es müsste wohl noch ein wenig gefeilt werden!
Vielen Dank für die Peynet-Bücher, – dass ich sie behalten darf! Sie
werden in meiner Bibliothek in Weissenstein einen Ehren-Platz bekommen! Sollten wir nicht Peynet zum Ehrenmitglied der Pygmäen machen?!
Mit herzlichen Grüssen
auch an Herrn Leins, dem es hoffentlich wieder besser geht
Ihr

In dem Lande der Pygmäen; Gedichte, erschienen 1953 mit den Illustrationen
von Rudolf Güthinger („Peynet-Art ohne Peynet-Plagiat").
Peynet, Raymond (*Paris 1908) populärer frz. Zeichner und Illustrator. In sei-
ner Manier wollte Roesch das Buch illustriert sehen.
Trotz guter Freundschaft und stetem Bemühen wurde kein weiteres Buch
Vegesacks vom Wunderlich-Verlag übernommen.

(127)

An Hermann Hesse
                                        Meride sopra Mendrisio,
                                        d. 3. Juni 1953

Hochverehrter Herr Hesse!
Seit einigen Wochen hause ich hier, oberhalb von Serpiano, und
wenn ich über den See nach Morcote und Carona hinüber schaue,

wandern meine Gedanken oft zu Ihnen, nach Montagnola!
Gern hätte ich Sie begrüsst und Ihnen die Hand gedrückt, – aber ich
weiss, dass Sie ungestört sein wollen, und so möchte ich Ihnen wenigstens einen Gruss über den See hinüberschicken, mit vielen guten Wünschen! Es ist schon schön, Sie hier in der Nähe zu wissen!
In alter Verehrung und Dankbarkeit grüsst Sie herzlich
Ihr

(128)

Herrn Joachim Günther,   Burg Weissenstein, 19. 10. 1953.
Berlin-Lankwitz

Lieber Freund!
Leider war ich von meiner Vortragsreise so erschöpft, – eine Erkältung kam noch hinzu, – dass ich von Hamburg, wo ich zehn Tage
bei meiner Tochter war, direkt heimgekehrt bin! Und nun habe ich
mich wieder in meiner Höhle vergraben, und gedenke sie nicht so
bald zu verlassen!
Wenn Sie nach Bayern kommen, müssen Sie unbedingt zu uns, –
das sind doch nur vier Stunden mit der Bahn! Und vielleicht haben
Sie ein Auto, und dann schaffen Sie es in drei Stunden! Wir alle würden uns sehr freuen, Sie und Barbara wiederzusehen! Denn Ihre
Frau wird doch hoffentlich mitkommen? Jetzt ist ja der Turm auch
recht leer, und es ist noch nicht kalt, so dass auch die nicht heizbaren
Räume gut benutzt werden können! Seit Jahren haben wir nicht einen so schönen Herbst gehabt, – seit Wochen, ja, Monaten, ununterbrochen strahlender Sonnenschein, wir wissen überhaupt nicht
mehr, was Regen ist!!
Nun zu dem „Geschäftlichen". Natürlich würde ich gern an Ihrer
Zeitschrift mitarbeiten, – wenn da nicht ein Aber wäre, das meine
Mitarbeiter-Freudigkeit beträchtlich dämpft! Und dieses Aber ist
der gute Paul Fechter, den ich leider allzu gut kenne! Er ist sicher sehr
tüchtig in seinem Fach, – ein geschickter und vielseitiger Mann, –
vielleicht zu geschickt und zu vielseitig! Ich weiss nicht, ob es Ihnen

bekannt ist, dass seine Literatur-Geschichte drei Fassungen hat, –
aus der Vor-Nazi-, Nazi- und Nach-Nazi-Zeit, – ich habe sie zwar
selbst nicht gelesen, weiss aber von authentischer Seite, dass er sie immer wieder „bearbeitet" und der entsprechenden Zeit angepasst hat!
Ein Mann, der sein Mäntelchen so oft nach dem Winde gedreht
hat, dürfte kaum geeignet sein, eine Zeitschrift von Niveau herauszugeben. Dies bitte ganz unter uns! Ich wünsche ihm, und vor allem Ihnen alles Gute, fürchte aber, dass Sie an einer Zusammen-Ar-
beit mit Paul Fechter nicht viel Freude haben werden, und dass Viele
meine Bedenken teilen und für den Start Ihrer Zeitschrift eine weniger vielseitige, aber charaktervollere Persönlichkeit gewünscht hätten! Könnten Sie es denn nicht allein machen?!
Sonst ist von uns nicht viel zu berichten. Die Ziegen müssen nächstens zum Bock, alle vier Hündchen sind frisch und munter, die
Jung-Hühner fangen schon an, Eier zu legen, – die diesjährigen haben alle klassische Namen, – nach den Musen und griechischen
Göttinnen: „Circe", „Melpomene", „Kalliope" usw.! „Faruk", un-
ser alter Gockel, tut seine Pflicht!
In Eisenstein, und überall an der Grenze werden auf der tschechischen Seite alle Häuser gesprengt! Man hört es bis hierher! Und die
Schienen drüben sind herausgerissen!
Also: wir erwarten Sie! Und wenigstens ein paar Tage müssen Sie
hier bleiben!
In diesen Tagen sind zwei kleine Versbände von mir erschienen, – im
Rainer Wunderlich Verlag „Die Pygmäen", und bei Braun & Schneider: „Schnüllermann"! Sie erhalten natürlich beide!
Mit vielen sehr herzlichen Grüssen
an Sie Beide
vom ganzen Turm
freut sich auf ein baldiges Wiedersehen

Ihre Zeitschrift: Joachim Günther gründete zusammen mit Paul Fechter die
Zeitschrift „Neue Deutsche Hefte" und forderte SvV zur Mitarbeit auf. Das
erste Heft erschien im Frühjahr 1954. Zu einer fruchtbaren Zusammenarbeit kam es aber aus unterschiedlichen Gründen nie.

An den   Burg Weissenstein, 6. 11. 53.
Süddeutschen Rundfunk,
Abt.: Unterhaltung,
Herrn Albrecht Baehr

Sehr geehrter Herr Baehr!
Gern will ich den gewünschten Beitrag für Ihre Sendung schreiben,
wäre Ihnen aber dankbar, wenn Sie Ihre Wünsche etwas näher defi-
nieren würden: was verstehen Sie unter „soziologischen Beobachtungen"? Soll ich von einzelnen Fällen aus meiner Umgebung berichten? Oder wünschen Sie *allgemeine Betrachtungen zu dem Thema*?
Meinen baltischen Landsleuten gegenüber vertrete ich als „Alt-
Flüchtling" aus dem Ersten Weltkrieg immer die Ansicht, dass man
seine Herkunft und alte Traditionen nicht allzu sehr betonen und
alles tun sollte, dass unsere Jugend ohne Vorbehalt in ihre neue Heimat hineinwächst! Grade die Vertriebenen, die ja aus den verschiedensten Ostgebieten kommen, haben meiner Ansicht nach eine
grosse Aufgabe zu erfüllen, – im europäischen Sinn: das gleiche
Schicksal einer verlorenen Heimat sollte nicht nur die Deutschen,
sondern alle Völker des Ostens, – Letten, Esten, Litauer, Polen,
Tschechen, Ungarn, Rumänen usw. – einander näher bringen und
den Boden für ein neues, geeintes Europa vorbereiten! Oder sind
solche Gedankengänge schon zu „politisch"?!
Vielleicht geben Sie mir noch ein paar Stichworte für meinen Beitrag! Wäre nicht eine Diskussion über die Probleme lebendiger und
wirkungsvoller, als eine solche Zusammenstellung verschiedener
Ansichten?
Mit freundlichen Grüssen!
Ihr

Herrn   Burg Weissenstein, 1. April 1954.
Joachim Günther,
Berlin-Lankwitz

Lieber Freund!

Verzeihen Sie mir mein langes Schweigen, und dass ich Ihnen erst so verspätet für Ihr hübsches Rätselbuch danke, – nein, entschuldigen lässt sich das nicht, und so will ich auch gar keine „Entschuldigungs-Gründe" anführen, wie die Kälte, den langen Winter, die Arbeit, usw. – aber nun wird es endlich Frühling, Krokus, Schneeglöckchen und Veilchen blühen, der letzte Schnee geht fort, zwei Ziegen haben schon gelammt, und da ist es an der Zeit, auch die im Winter eingefrorenen Korrespondenzen aufzutauen und aufzuräumen!

Den Anstoss dazu gibt der plötzliche Tod eines sehr lieben Freundes, – Bruno Goetz. Ich weiss nicht, ob Sie was von ihm kennen, – er lebte noch abseitiger als ich, wenn auch in den letzten Jahren in Zürich. Aber er hatte doch seine Gemeinde, – besonders unter den jungen, und auch Bergengruen war mit ihm befreundet. Ich habe einen kurzen Nachruf auf ihn geschrieben, den ich beifüge, – vielleicht können Sie ihn gelegentlich in den „Neuen Deutschen Heften" bringen. Damit Sie sehen, dass auch andere seine Dichtungen schätzen, lege ich einen Prospekt seiner „Götterlieder" bei, mit einigen Urteilen. Falls Sie aber den Nachruf nicht verwenden können, wäre ich Ihnen für eine baldige Rücksendung dankbar!

Vielleicht könnten Sie mir eine Probenummer der „Neuen Deutschen Hefte" schicken, damit ich mir ein Bild machen kann, was für Sie in Frage käme? Kleinere Sachen schreibe ich jetzt nur noch ganz selten! Seit dem Herbst habe ich mich ganz in eine Riesen-Arbeit vergraben, – halb Chronik, halb Roman, – „Zwei Jahrhunderte im Spiegel einer altlivländischen Brieflade", – die bis zum Nordischen Krieg hinabreicht und die Zeit von 1689–1914 umfasst, – fünf Generationen! Jetzt bin ich bei meinem Urgrossvater angelangt, am Anfang des 19.Jahrhunderts! Ich werde wohl noch einige Jahre brauchen, – wer weiss, ob ich es noch schaffe!

Mit Ihrem Rätselbuch haben Sie eine schreckliche Rätsel-Seuche

347

ausgelöst: die Pöckinger, die Oma und Irmgard besonders, aber auch mein Bruder Ernst, der seit vorigem Jahr bei uns wohnt, und Jella, raten den ganzen Tag Rätsel!!! Jetzt sind die Pöckinger, die seit Weihnachten hier waren, wieder nach Pöcking gefahren. Lulu wächst unheimlich. Aber in der Schule kommt er nicht gut vorwärts, – wir fürchten, dass er diesmal sitzen bleiben wird!

In diesem Sommer werden Sie doch mit Barbara im Redaktions-Wagen nach Bayern kommen?! Wenn Sie dann nicht den Abstecher nach Weissenstein machen, werden wir es ernstlich „übel nehmen"!!! Also: kommen Sie!!!

Es grüsst Sie Beide vom ganzen Turm

sehr herzlich

Ihr

Rätselbuch: Joachim Günther: *Die zahme Sphinx.* 1954
Lulu: V's Sohn Christoph

(131)
Burg Weissenstein, 9. Mai 1954.

Mein lieber Rohrbach!

Verzeih, dass ich Dir erst heute für Deine Lebenserinnerungen danke, – ich wollte sie in Ruhe lesen, und dazu bin ich erst jetzt gekommen! Jeden Abend las ich ein Kapitel, und nun bin ich beim letzten angelangt, und möchte Dir gleich sagen, wie tief mich grade dieses Buch von Dir berührt, ja ergriffen hat! Was hast Du alles gesehen, was alles erlebt, der Untertitel sagt nicht zu viel: zwei Menschenalter erlebter Weltgeschichte, – eine Tragödie ohne gleichen, die man bei der Lektüre Deines Buches noch ein mal erlebt und die einem durch Deine klare, objektive und doch leidenschaftliche Darstellung wieder ins Bewusstsein gerufen wird! Ich glaube kaum, dass es einen Deutschen gibt, der die Weltkugel so gründlich bereist und kennen gelernt hat, wie Du, – und der ein so anschauliches und umfassendes Bild von ihr vermittelt! Das gibt Deinem Buch, über alles persönliche Leben hinaus, die Weite des Horizontes, – beim Lesen weitet sich einem selbst der Horizont, nicht nur räumlich, sondern auch zeitlich, – Du bringst einem auch das Vergangene nahe!

In unserer Zeit der Spezialisten auf allen Gebieten bist Du geradezu ein Unikum: Geograph, Politiker, Historiker und nicht zuletzt Theologe, – ein Baum mit unzähligen Wurzeln, – und so gibt Dein Buch sehr viel mehr, als bloss „Erinnerungen eines Politikers"! Ausgezeichnet finde ich auch die Anordnung des Stoffes, die Auflockerung der sachlichen Berichte durch die eingestreuten Briefe, – grade diese Briefe machen alles so anschaulich und geben dem Ganzen eine persönliche Note, – vieles, besonders aus der ersten Zeit, war mir ganz neu! Aber auch manche Einzelheiten der späteren Jahre waren mir entfallen. Jeder Deutsche sollte dieses Buch lesen, – und nicht nur die Deutschen!

Da höre ich Dich schon brummen: und was hat das alles genützt? Alles war umsonst, – quantilla sapientia! . . .

Aber da muss ich Dir doch widersprechen: kommt es denn auf den Erfolg des Tages an, dass Einer sich und seine Meinung durchsetzt? Mir scheint, dass die wirklichen bleibenden Werte ganz wo anders liegen: in der fortwirkenden Kraft einer aufrechten Persönlichkeit, die das Unheil zwar nicht wenden konnte, aber bis zuletzt sich dagegen gestemmt hat und seiner Ueberzeugung treu geblieben ist. Trotz aller bitteren und schmerzlichen Enttäuschungen hast Du doch allen Grund, auf ein ungewöhnlich reiches und fruchtbares Leben zurückzublicken: Dein Leben war wirklich bis an den Rand gefüllt, – es hätte für zehn normale Menschenleben gereicht! Und glaub mir, – so trübe heute auch alles ausschauen mag: Dein Lebenswerk war nicht umsonst! Es wird auch kommenden Geschlechtern Mut und Kraft geben, sich der Vermassung zu widersetzen und für eine sittliche Weltordnung einzutreten, wie Du es in allen Deinen Büchern getan hast!

Ich hätte Dir noch sehr viel mehr zu sagen, und hoffe es doch einmal mündlich zu tun, wenn ich in Eure Gegend komme! Tief gerührt hat es mich, dass Du in Deinen Erinnerungen auch meiner gedacht hast! Hoffentlich habt Ihr den kalten Winter gut überstanden! Wir müssen noch immer heizen, – endlich ist es heute wärmer geworden! Mir scheint, dass die Bolschewiken die Kälte nach Europa bringen, – oder die Wasserstoffbomben!!

Hier ist alles beim Alten. Im Sommer erwarten wir Isabel mit ihren Kindern, – dann verwandelt sich unser „Altersheim" in ein „Kinderheim"!

Mit sehr herzlichen Grüssen an Euch Beide vom ganzen Turm in alter Treue

Dein

Lebenserinnerungen: Paul Rohrbach. *Um des Teufels Handschrift.* Hamburg 1953
Meiner gedacht . . . : In diesem Buch wird, wie schon zitiert, Vegesacks Tätigkeit in der Pressestelle erwähnt und sein Bericht über die Ansiedlung im Osten (42/43) gewürdigt. (S. 196ff, 404 und 477)

(132)

Herrn Dr. Roesch   Burg Weissenstein, 10. Juni 1954.
Rainer Wunderlich Verlag,
Tübingen

Lieber Herr Doktor!

Hier erhalten Sie den ersten Teil meiner Familien-Chronik „Vorfahren und Nachkommen" (dieser Titel scheint mir ganz gut zu passen, – mit dem Untertitel: „Zwei Jahrhunderte im Spiegel einer altlivländischen Brieflade"), der das 18. Jahrhundert umfasst. Ich habe diesen ersten Teil schon fast um die Hälfte gekürzt, und man könnte natürlich auch noch weitere Kürzungen vornehmen, – z. B. im Kapitel „Der Abschied" die Tagebuch-Aufzeichnungen des Generalleutnants, und im Kapitel „Wiederverheiratung" die Korrespondenz mit der zweiten Frau! Mir kommt es vor allem darauf an, zu er-

fahren, was Sie zum Ganzen meinen: ob diese altlivländische Brieflade überhaupt von allgemeinem Interesse ist? Ich kann das so
schwer beurteilen, weil ich als Balte und „Nachkomme" natürlich
befangen bin! Wie ich Ihnen schon sagte, sind es meine Vorfahren
mütterlicherseits Campenhausen, – da diese Familie noch lebt, habe ich Ihnen den Namen einer ausgestorbenen baltischen Familie
„Hastfer" gegeben! Auch die Güter habe ich umgetauft, – damit keiner meiner Verwandten sich irgendwie getroffen fühlt! Denn im
zweiten Teil werden einige Familien-Geheimnisse gelüftet, die grade
in meiner Verwandtschaft Anstoss erregen könnten!!
Ich habe ein kurzes Exposé über diesen zweiten Teil, – den eigentlichen Roman, – dem Manuskript beigefügt. Ursprünglich wollte ich
nur diesen Roman, der in der Mitte des vorigen Jahrhunderts spielt,
schreiben, und die „Vorfahren" des 18. Jahrhunderts nur gelegentlich rückblendend einschalten. Aber das ging nicht: das hätte die
Handlung zu sehr gehemmt, – und die „Vorfahren" wären dabei zu
kurz gekommen! Der zweite Teil wird umfangreicher werden, ich
schätze ihn auf mindestens 300 Seiten, wenn nicht mehr. Das Ganze wird also einen Umfang von etwa 500–600 Seiten haben. Dieser
erste Teil, das 18. Jahrhundert, ist nur das Fundament, auf dem sich
die eigentliche Handlung im 19. Jahrh. abspielt, – aber dieses Fundament ist notwendig, weil die Charaktere der Nachkommen sich
aus den Vorfahren entwickeln: in der starken und vielseitigen Persönlichkeit des „Generalleutnants" wurzelt das ganze Geschlecht,
dessen spätere Generationen sich in verschiedene Typen spalten:
Soldat, frommer Herrenhuter, praktischer Landwirt, weltfremder
Träumer . . .
Die Bilder habe ich nur für Sie beigefügt, – sie kommen natürlich
nicht in das Buch!
Hoffentlich können Sie recht bald das Manuskript lesen, – bin gespannt auf Ihr Urteil!
Mit herzlichen Grüssen!
Ihr

Vorfahren und Nachkommen: wurden von Dr. Roesch abgelehnt mit der Begründung „Ein Roman wird dieses Buch nicht". (Brief vom 30. 7. 54) Es erschien 1960 beim Salzer-Verlag, Heilbronn.

(133)

An Paul von Behr   ca. Sommer 54

Sehr geehrter Herr von Behr!
Gern will ich Ihre Frage beantworten, – so weit mir dies möglich ist. Ich muss dabei an jenen armen Tausendfüssler denken, der auf die Frage, in welcher Reihenfolge er seine tausend Füsse setze, ratlos stehen blieb und keine Antwort geben konnte! Was weiss man über das eigene Schaffen? Ueber die Einflüsse, denen man unterworfen ist, und die Widerstände, gegen die man anzukämpfen hat? Wurzeln und Quellen haben die Eigentümlichkeit, dass sie uns verborgen sind. Und über sich selbst weiss man am wenigsten Bescheid.
Doch mit einiger Sicherheit glaube ich feststellen zu können, dass mein Schaffen von zwei einander widerstrebenden und sich gegenseitig ergänzenden Polen bestimmt wird: einem stark entwickelten Heimatgefühl, und einem nicht weniger starken Drang, mich von diesen Bindungen loszureissen, das Fremde, die Ferne, – kurz, die Welt draussen kennen zu lernen.
Und dabei habe ich die Erfahrung gemacht, dass dieser Drang hinaus, dieses Fernweh, nirgends so stark in mir war, wie in der engumgrenzten alten Heimat, – und dass umgekehrt, erst in der Fremde, es mir bewusst wurde, wie stark ich bis in die letzten Fasern meines Wesens und Schaffens in der alten Heimat verwurzelt bin. Weder räumliche, noch zeitliche Entfernung haben an dieser Grundtatsache irgend etwas ändern können.
Seit einem Menschenalter, – fast vierzig Jahre – lebe ich nun schon ausserhalb der alten Heimat, die ich in dieser Zeit nur gelegentlich, und nur für kurze Wochen wiedergesehen habe. Doch ich glaube, dass die Kräfte der Abstammung, – das Erbe, – grade durch diese Trennung mich und mein Schaffen stärker beeinflusst haben, als es

sonst wohl der Fall gewesen wäre.

Denn eigentlich müsste ja mit der Zeit, mit dem Alter, diese Bindung immer schwächer werden. Doch das Gegenteil ist der Fall: je älter ich werde, umso lebendiger und gegenwärtiger wird mir das Vergangene, und umso tiefer und stärker fühle ich mich mit jener unwiderbringlich verlorenen Welt verbunden, der ich entstamme. Nichts liegt mir ferner, als dieser Vergangenheit aus sentimentaler Pietät nachzutrauern oder sie zu verherrlichen. Auch bin ich durchaus nicht der Ansicht, dass wir Balten etwas Besseres wären, als die „Reichsdeutschen"! Aber ich glaube, dass die uns verlorene Welt nicht nur materielle, sondern vor allem auch ideelle Werte besass, an denen wir heute erst recht festhalten sollten. Es hängt von uns selbst ab, ob auch diese Werte der Gesinnung, der Haltung, des Charakters, – kurz, das geistige Erbe unserer Väter, – uns für immer verloren gehen werden. Erst dann hätten wir nichts mehr zu verlieren. Manchmal kommen mir allerdings Zweifel: hat das alles heute noch einen Sinn? Aber beim Schaffen fragt man ja nicht nach einem Sinn oder Zweck. Man schafft, was man auf dem Herzen hat. Und eben dies liegt mir am Herzen: wenigstens etwas von dem festzuhalten, was in alle Ewigkeit nie wiederkehren wird.

Paul von Behr – ein Schulkamerad von Manfred v. V.

(134)

Herrn Joachim Günther,   Burg Weissenstein, 11. 6. 1954.
Berlin-Lankwitz

Lieber Freund!
Gestern habe ich den ersten Teil meiner Arbeit, – das 18. Jahrhundert! – zum Abschluss gebracht, und komme endlich dazu, den Berg Briefschulden abzutragen! Als Redakteur haben Sie jedenfalls eine ganz ungewöhnliche Eigenschaft, die ich besonders rühmen

muss: dass Sie prompt antworten! Ihre Bedenken wegen des Rohr-
bach-Artikels kann ich jetzt, – nachdem ich mir Ihre Deutschen
Hefte genauer angesehen habe, – gut verstehen: er passt da nicht
hinein! Und jede Zeitschrift muss ihr Gesicht haben! Politische Beiträge, – und bei Rohrbach handelt es sich ja vor allem um unsere
verfehlte Politik vor 1914 und nach 1933! – würden den Rahmen
Ihrer Zeitschrift sprengen. Eine andere Frage ist es, ob eine rein literarische Zeitschrift ohne alle Politik heute überhaupt möglich ist, –
heute, wo unser ganzes Leben von Politik durchsetzt ist! Aber vielleicht hat grade deswegen eine Zeitschrift o h n e Politik heute ihre
besondere Berechtigung!
Sie fragen mich nach meinem Urteil. Ich bin nun gar kein Kritiker,
kann nur meine sehr persönliche Ansicht äussern, die vielleicht
grundverkehrt ist! Es ist ja auch gar nicht der Sinn und Zweck einer
Zeitschrift, dass der Leser mit allen Beiträgen einverstanden sein
soll, – manchmal können Aerger und Widerspruch sogar fruchtbarer sein, als Zustimmung! Eine Zeitschrift soll mutig, lebendig, ag-
gressiv sein, mit Leidenschaft für und gegen Stellung nehmen, –
besser, gelegentlich daneben hauen, als immer korrekt Recht behalten! Ich denke dabei an Siegfried Jacobsohns „Weltbühne". Ihre
„Deutschen Hefte" sind, – wahrscheinlich ganz mit Recht, – auf einen anderen, ruhigen, mehr akademischen Ton abgestimmt. Von
den kritischen Beiträgen haben mir im letzten Heft besonders „Vor
Memoiren wird gewarnt!" und „Kritik oder Empörung" gefallen.
Gottfried Benn's „Nihilistisch oder positiv?" dagegen hat mich sehr
enttäuscht. Der dreht sich wie ein getretener Wurm und hat doch
nichts zu sagen! Und so gescheut auch der Beitrag von Josef Pieper
über Platon ist, – da lese ich lieber Platon selbst, als solche Analysen!
Auch mit Hohoffs „Flötentönen hinter dem Nichts" kann ich
nichts anfangen: aufschlussreicher wäre es, ein paar Proben der
Jüngsten zu bringen, als willkürlich herausgegriffene Verse, die ei-
nem nichts sagen!
Ausgezeichnet dagegen finde ich die Erzählung von Paul Gurk:
„Der Wanderer Gottes". Gehören „Aphorismen" unbedingt in eine
Zeitschrift?! Mir sind sie immer ein Greuel, – ganz gleich, ob sie von
Borchardt oder Scholz sind! Höchstens auf einem Abreiss-Kalen-

der lasse ich sie mir gefallen!

So, das wären meine ganz und gar unmassgeblichen Ansichten, – ich lebe ja hier in meinem Turm ganz abseits von allem „literarischen Betriebe", und da kann es leicht sein, dass ich diese Dinge völlig verkehrt sehe und beurteile! So bin ich vielleicht Gottfried Benn gegenüber im Unrecht, – aber ich kann mir nicht helfen: mit ihm und seinen vielgerühmten Gedichten kann ich nichts anfangen! Eine einzige Zeile von Bergengruen, Hagelstange oder Carossa geben und sagen mir mehr, als dieser ganze Benn! Wahrscheinlich gehöre ich doch einer anderen Zeit an, – begreife auch nichts von atonaler Musik oder gegenstandsloser Malerei! Wenn Benn wenigstens ein ehrlicher und überzeugter Nihilist wäre, – aber er ist nicht einmal das! Eine schillernde Seifenblase, die sich nicht einmal zum Nichts bekennt, und ihre innere Leere mit bunten Farben zu verdecken sucht!

Genug davon! Ich wünsche von Herzen, dass Ihre Deutschen Hefte etwas Leben in unserer stagnierendes literarisches Treiben bringen! Und dass sie Anklang finden und Erfolg! Bringen Sie frischen Wind hinein, und lassen Sie auch junge Dachse zu Wort kommen, wenn sie was zu sagen haben! Nur keine Zeitschrift der „Arrivierten" und „Saturierten", die vielleicht ein gutes Aushängeschild sind, – aber meist nur Belangloses beisteuern! Es gäbe so Vieles, wogegen man bei uns ankämpfen und schonungslos hineinleuchten müsste, – die Trostlosigkeit unserer Buchkritik, unserer „Dichter-Akademie", unseres ganzen Literatur-Betriebes, – diese gegenseitige Beweihräucherung, usw.! Bergengruen erzählte mir davon in Zürich, im vorigen Jahr. Gottlob, dass ich mit all' dem nichts zu schaffen habe!!!

Ja, der erste Teil meiner „Vorfahren und Nachkommen" ist nun fertig: „Die Vorfahren", – 1689–1800. Mit dem zweiten Teil, – „Die Nachkommen" – 1800–1914, – hoffe ich in etwa einem Jahr fertig zu werden, – falls ich nicht zwischendurch was anderes schreiben muss, – für den Funk und dergleichen! Das fällt mir immer schwerer, – für Geld zu arbeiten!

Endlich scheint es doch Sommer zu werden: die Kastanien vor dem Hause blühen, und auch der Flieder! Bald wird sich der Turm mit vielen Enkelkindern füllen!

Hoffentlich können Sie doch mit Ihrer Frau im Sommer kommen,
– oder spätestens im Herbst!
Mit herzlichen Grüssen, auch an Ihre Frau,
vom ganzen Turm
Ihr getreuer
P. S. Ich lege ein paar noch unveröffentlichte Gedichte bei,– zur
Auswahl: vielleicht können Sie gelegentlich eins bringen! Wenn
nicht, ist es auch kein Unglück!

Vegesack hatte einen Artikel zu Rohrbachs 85. Geburtstag und eine Rezension seiner Lebenserinnerungen vorgelegt.

(135)
Herrn Joachim Günther,   Burg Weissenstein, 26. 7. 1954.
Berlin-Lankwitz

Lieber Freund!
Es rührt mich tief, dass Sie alle Gedichte, die ich Ihnen zur Auswahl
schickte, gelegentlich bringen wollen! Es hat damit gar keine Eile, –
machen Sie es, wie es Ihnen bequem ist!
Sie wünschen noch eine humoristische Beigabe. Leider habe ich nur
beiliegenden „Elefant im Porzellanladen", der noch nicht veröffentlicht ist, – ob er aber in den „Porzellanladen" Ihrer Hefte hineinpasst, werden Sie besser beurteilen, als ich!
Ueber die famose Dichter-Akademie kann ich nichts schreiben, da
mir alle diese Dinge so fern liegen, dass ich mich nicht einmal über
sie ärgern kann! Aber wenn mir sonst was Passendes einfällt, will ich
an Sie denken!
Den Artikel über die „Weizsäckers" finde ich ausgezeichnet, – wie
überhaupt den Plan, dass Sie solche Familien-Artikel bringen wollen! Ich stecke ja mit meinen „Vorfahren und Nachkommen" mitten

drin in diesen Problemen, wie sich Charakter-Eigenheiten im Lauf
der Generationen vererben und wandeln, – die einzelne Persönlichkeit sich zum Gesicht eines ganzen Geschlechtes weitet! Uebrigens
habe ich den ersten Teil meiner Familien-Chronik an Herrn Wolfgang Strauss vom Bertelsmann Verlag geschickt, – kennen Sie ihn
vielleicht? Er hatte seinerzeit die Aufnahme meines „Weltgerichtes"
in der Bertelsmann-Reihe veranlasst. Ich fürchte nur, dass ich für
meine baltische Familien-Chronik schwer einen Verleger finden
werde, – der Stoff liegt doch sehr abseits!
Die Sintflut haben wir hier auf unserem „Ararat" gut überstanden, –
aber der ewige Regen und das nass-kalte Wetter, – wir mussten sogar
im Juli heizen! – hat mich recht mitgenommen! Meine Frau und
Christoph sind in der vorigen Woche nach Pöcking an den Starnberger See gefahren, wie jedes Jahr. Vielleicht fahre ich Mitte August
auch für ein paar Tage hin, um mich ein wenig auszulüften!
Und wann kommen Sie?! Bald verlassen uns die vielen Kinder, dann
wird es hier wieder still werden. Für Sie Beide ist hier immer Platz!
Es gibt täglich Heidelbeeren und Schwammerl in rauhen Mengen!!!
Es grüsst Sie Beide sehr herzlich
vom ganzen Turm

(136)

Herrn Dr. Roesch,   Burg Weissenstein, 4. 8. 1954.
Rainer Wunderlich Verlag,
Tübingen

Lieber Herr Doktor Roesch!
Trotz Ihres ablehnenden Bescheides möchte ich Ihnen doch für Ihren freundlichen Brief danken und versichern, dass ich Ihren Einwand gut verstehe und Ihre Ablehnung Ihnen in keiner Weise verübeln kann! Ja, ich hatte sie erwartet, – auch wenn ich natürlich ge-
hofft hatte, dass Ihr Verlag vielleicht doch die Herausgabe meiner
„Vorfahren und Nachkommen" wagen würde!
Sie haben natürlich Recht: mein Buch ist kein „Roman" im übli-

chen Sinn dieses Wortes, sondern eher eine Familien-Chronik, – wenn auch diese Bezeichnung nicht ganz stimmt, da der zweite Teil von einer romanhaften Handlung getragen wird. Ursprünglich wollte ich ja nur diesen Familien-Roman schreiben, aber der Stoff war zu gross, – die Vergangenheit liess sich nicht rückblendend einschalten, und so blieb mir nichts anderes übrig, als diesen ersten Teil, das achtzehnte Jahrhundert, gesondert zu behandeln. Erst wenn die ganze Niederschrift vorliegt, und ich einigen Abstand gewonnen haben werde, wird es mir möglich sein, zu entscheiden, ob diese Einteilung richtig ist, oder ob ich den Stoff doch mehr als einen Roman behandeln sollte.

Prinzipiell lässt sich das schwer entscheiden. Ein spannender Roman hat gewiss seine Vorzüge und wird wohl auch leichter abgesetzt werden, als eine Familien-Chronik. Doch auch diese könnte einen Erfolg haben, – denken Sie doch nur an die „Jugenderinnerungen eines alten Mannes" von Kügelgen, die ich eben wieder mit grosser Begeisterung gelesen habe! Je älter ich werde, umso mehr fesseln mich Memoiren, Biographieen, Briefe und Chroniken, und ich glaube nicht, dass in meinem Fall ein „Familien-Roman" einer „Familien-Chronik" vorzuziehen wäre! Jedenfalls widersteht es mir, meinen Stoff zu einem Roman zu verarbeiten! Aber vielleicht habe ich Unrecht, – vielleicht bin ich zu sehr von meinen Vorfahren beherrscht und befangen! Ich hoffe, dass Sie auch meinen Standpunkt verstehen werden!

Von Bertelsmann und Wolfgang Krüger habe ich noch keine Antwort. Aber ich fürchte, auch sie werden nicht anbeissen. Deshalb wäre ich Ihnen sehr dankbar, wenn Sie mir einen Hinweis geben könnten, welcher Verlag für meine „Vorfahren und Nachkommen" in Frage käme? Ich lebe hier so abseits von aller Welt, dass ich nicht weiss, wohin ich mich wenden soll! Vielleicht können Sie mir einen Tip geben!

Es grüsst Sie herzlich

Ihr

Wilhelm von Kügelgen (1802–1867) Balte, Schriftsteller: *Jugenderinnerungen eines alten Mannes* (1870)

Herrn   Burg Weissenstein, 24. 10. 1954.
Dr. Erich Müller-Kamp,
Bonn

Sehr geehrter Herr Doktor!

Von meinem Freunde Fred Ottow in München erhielt ich Ihr Gutachten über den Roman von Narokow „Scheinbare Grössen", dem ich vollständig zustimme. Fred Ottow teilt mir mit, dass Sie so freundlich sein wollen, das Manuskript zwei westdeutschen Verlegern anzubieten. Da ich eben nur ein Exemplar der von mir übersetzten Proben bei der Hand habe, schicke ich es Ihnen vorläufig, und füge einige Kritiken, eine kurze Inhaltsangabe und Ihr Gutachten bei. Die anderen Exemplare liegen bei einem Berliner und einem Salzburger Verlag.

Da der Titel „Scheinbare Grössen" mir im Deutschen irreführend erscheint, habe ich als Titel für die deutsche Ausgabe „Wenn das Salz dumm wird" vorgeschlagen. Aber vielleicht fällt mir noch ein besserer Titel ein! Narokow ist ganz damit einverstanden, aber ich selbst bin mir noch nicht im Klaren darüber, – was meinen Sie dazu?

Wichtig erscheint mir vor allen Dingen, dass der Roman nicht als „antibolschewistische Propaganda-Literatur" erscheint, – der Verlag muss also in jedem Fall literarisches Niveau haben!

Auch ich glaube, – ganz wie Sie es in Ihrem Gutachten andeuten, – dass der Roman im Deutschen etwas gekürzt und einige allzu krasse und kolportagehafte Stellen gestrichen werden müssten!

Mit bestem Dank im Voraus für Ihre
Bemühungen und freundlichen
Empfehlungen
Ihr sehr ergebener

Erich Müller-Kamp (1897–1980) Lektor, Übersetzer a. d. Russischen, Schriftsteller
Narokov, Nikolaj (1887–1969) russ. Schriftsteller im kalifornischen Exil.

Der Roman „Mnimyje Welitschiny" (Imaginäre Größen) war 1952 im Tschechov-Verlag in New York erschienen.

Vegesacks Übersetzung des Romanes erschien 1956 beim Styria-Verlag in Graz.

Der russische Maler, Grafiker, Illustrator und Schriftsteller *Wassili Masjutin* (*1884 in Riga) hatte Vegesack auf den Autor und das Buch aufmerksam gemacht.

Masjutin hatte in Riga die Bekanntschaft Philipp Schweinfurths gemacht, kam dann nach Berlin, wo er auch ein Lehramt ausübte, und war häufig Vegesacks Gast auf dem Turm.

(138)

Herrn   Burg Weissenstein, 3. 11. 1954.
Dr. Erich Müller-Kamp,
Bonn

Sehr geehrter Herr Doktor!

Das ist ein Pech: beim Verpacken der Manuskripte sind wohl die beiden Briefe, die für Sie und den Otto Müller Verlag bestimmt waren, vertauscht worden! Denn gleichzeitig gingen die Narokow-Proben auch an Sie ab, mit der Bitte, sie dem Bonner Verlag vorzulegen! Der für Sie bestimmte Brief wird Ihnen wohl vom Otto Müller Verlag übersandt werden, – wie ich Sie bitte, den an Otto Müller adressierten Brief ihm zuzusenden! Das Manuskript können Sie natürlich behalten, das es ja genau das gleiche ist, wie das, das für Sie bestimmt war und nun in Salzburg liegt!

Ich freue mich sehr, dass auch Sie von den „Imaginären Grössen" so beeindruckt sind und mir behilflich sein wollen, den Roman bei einem anständigen Verlag unterzubringen! Der Otto Müller Verlag hatte sich an Narokow gewandt, der mich bat, mich direkt mit dem Verlag in Verbindung zu setzen. Auch ich glaube kaum, dass er dort hineinpasst. Da er aber dafür Interesse zeigte, hab' ich ihm ein Exemplar des Manuskriptes geschickt. Ein drittes liegt noch beim Amsel-Verlag in Berlin, der mir von einem russischen Freunde empfohlen wurde.

Auch ich habe nur das eine Interesse an dem Roman: dass er in einer guten Uebersetzung und einem guten Verlag erscheint! Ursprünglich dachte ich daran, ihn selbst zu übersetzen, aber nun stecke ich bis über die Ohren in einer eigenen Arbeit, die mich ganz in Anspruch nimmt, so dass ich meinen Freund Fred Ottow in München bat, die Uebersetzung zu übernehmen. Fred Ottow hat schon viel und ausgezeichnet aus dem Russischen übersetzt, – allerdings, die NKWD-Sprache beherrscht er nicht, aber vielleicht könnte er bei besonders schwierigen Ausdrücken Sie um Rat fragen?

Narokow, den ich leider persönlich nicht kenne, mit dem ich aber in Briefwechsel stehe, hat mich autorisiert, seinen Roman zu übersetzen und auch die Verhandlungen wegen einer deutschen Ausgabe zu führen. Ich lege seinen letzten Brief zu Ihrer Orientierung bei, mit der Bitte, ihn mir gelegentlich zurückzugeben.

Mit bestem Dank für Ihre Bemühungen
und freundlichen Grüssen
Ihr

Imaginäre Größen:
(Auszugsweise aus dem Gutachten von Erich Müller-Kamp zitiert:)
Ausgehend von dem arithmetischen Phänomen, dass eine vermeintliche Grösse als Wurzel von minus 1 etwas völlig Unfassbares ist, hingegen in der Potenz zu einem wirklichen, wenn auch negativen Wert wird, macht der Verfasser das Phänomen Bolschewismus – an sich so abstrakt wie Gott – begreiflich . . . Indem der Verfasser die Abstraktion des absoluten Nichts fassbar macht, gelingt es ihm, der sozialen, politischen und polizeilich terroristischen Manifestation des Bolschewismus auf den Grund zu gehen . . .
Es ist das Jahr 1937. Die Maschine der Verhaftungen und Liquidierungen läuft in der grossen Provinzstadt, in welcher der Roman spielt, auf hysterischen Touren . . ."
Im Mittelpunkt stehen eine junge Frau, die Demut und Herzensstärke verkörpert, und der Chef des NKWD (politische Polizei) als ihr Verehrer und Gegenspieler.

An den Schatzmeister   Burg Weissenstein 16. 12. 1954.
des Schutzverbandes
Deutscher Schriftsteller,
Freiherrn Alfons von Czibulka,
München 22

Sehr geehrter Herr von Czibulka!
Besten Dank für Ihren freundlichen Brief vom 12. 12., auf den ich
Ihnen Folgendes zu erwidern habe:
Als ich seinerzeit vor fünf Jahren aus dem Schutzverband austrat,
geschah dies keineswegs „brüsk" oder gar in „beleidigender Form".
Die Vorgeschichte ist folgende: Seit dem Ersten Weltkrieg gehöre ich
dem Schutzverband an, die ersten Jahre dem in Berlin, dann dem in
München. Als ich ihn 1949 zum ersten Mal in Anspruch nahm, erklärte mir der damalige Syndikus, Herr Rechtsanwalt Dr. Leer, dass
meine Forderungen dem Hermann Stratz Verlag gegenüber auf
Grund meines Vertrages einwandfrei berechtigt wären, dass aber der
Schutzverband trotzdem nicht in der Lage sei, den Prozess für mich
zu führen. Ich schrieb damals, am 19. 11. 49., an Herrn Rechtsanwalt Dr. Leer:
„Selbstverständlich erwarte ich nicht, dass der SDS, – wie Sie schreiben, – 'schlechthin jeden Prozess seiner Mitglieder finanziert', –
sondern lediglich die Prozesse, für die der Syndikus nach eingehen-
der Prüfung sich einzusetzen bereit erklärt, – wie Sie es in meinem
Fall taten. Nun sehe ich aber, dass der SDS überhaupt keine Prozesse für seine Mitglieder führen will oder kann, dass also der Schriftsteller in j e d e m Fall seine Prozesse selbst führen soll, – und da sehe
ich nicht ein, warum ich länger einem Verband angehören soll, der
im Ernstfall keinerlei Schutz übernimmt? Der SDS mag heute nicht
in der Lage sein, Prozesse seiner Mitglieder zu führen und die Kosten, – die er ja später zurückerhält, – vorzustrecken. Ich mache ihm
daraus keinen Vorwurf. Aber er muss es auch mir nicht verdenken,
wenn ich unter diesen Umständen auf eine Mitgliedschaft verzichte, von der ich im Grunde nichts habe!"
Ich trat damals dem SDS in Hamburg bei, der sich sofort bereit er-

klärte, den Prozess für mich zu führen, und den er auch in vollem Umfang gewonnen hat!

Auch wenn ich mit dem Herzen mehr nach München, als nach Hamburg gehöre, so werden Sie es doch verstehen, dass ich jetzt nicht gut Hamburg untreu werden kann! Aber schliesslich ist es ja gleichgültig, welchem SDS man angehört, – und zwischen Nord und Süd gibt es, Gottlob, keine „Zonengrenzen"!

Was nun die 100 DM. betrifft, so bin ich keineswegs so stolz, diese Zuwendung rund abzulehnen; aber ich möchte auch nicht, dass ein Münchner Kollege, der vielleicht bedürftiger ist, deshalb zu kurz kommt! Diese Entscheidung überlasse ich dem Vorstand. In jedem Fall hoffe ich, dass damit die leidige Sache mit dem „Zerwürfnis" endgültig begraben wird, und bitte Sie und die Herren vom Vorstand meinen Dank für die freundliche Absicht mit kameradschaftlichen Weihnachtsgrüssen entgegennehmen zu wollen.

Mit vorzüglicher Hochachtung!

Alfons von Czibulka (1888–1969) Schriftsteller. Er erbat vor der Spendenausschüttung Vegesacks Stellungnahme zu seiner Mitgliedschaft im Schriftstellerverband.
Spender war eine „Süddeutsche Hilfsgemeinschaft" des Verbandes (Brief v. 20. 8. 54), vermittelt wurde die Spende durch Werner Illing, der am 21. 12. schrieb: „Ich bin froh, daß die Sache mit den 100 Mark doch noch gelungen ist . . ."

(140)

Herrn Dr. Hans Roesch,   Burg Weissenstein 18. 12. 1954.
Rainer Wunderlich Verlag,
Tübingen

Lieber Herr Roesch!
Eben erhalte ich Ihren Brief, den ich gleich beantworten und auf die Post bringen will, damit Sie meine Antwort schon Montag haben!

Erst war ich recht erschrocken, – und wenn nicht Sie es wären, der mir den Vorschlag einer Kürzung macht, würde ich sicher glatt „Nein!" sagen! Aber Sie sind eben eine Ausnahme, – eine ganz einmalige Ausnahme unter allen Verlags-Menschen, die ich kenne! – und wenn Sie meinen, dass die „Quebrada" dadurch sogar noch gewinnen würde, kann ich Ihren Vorschlag jedenfalls nicht rundweg ablehnen! Ich will also Ihre Vorschläge mit grösster Gewissenhaftigkeit prüfen, und wenn Sie mich überzeugen, werde ich mich mit einer Kürzung einverstanden erklären! Aber: Sie müssen mich überzeugen! Es fällt mir nur schwer zu glauben, dass man wirklich 20–24 Seiten so ohne Weiteres herausschneiden kann, ohne das Gefüge des Ganzen zu gefährden oder gar zu zerstören!

Andrerseits ist man ja als Autor allzu leicht geneigt, jede Zeile für unbedingt notwendig zu halten, – die Kunst des Erzählens besteht aber doch vor allem im Kürzen, Streichen, – und Fortlassen! Nur darf man dabei auch nicht in's Gegenteil verfallen und zu sehr raffen, – grade bei der „Quebrada" darf das „Gefäll" nicht zu stark sein: die Retardierung ist notwendig, um die Spannung zu steigern! Beim Fahren und beim Erzählen bin ich kein Freund von „Tempo" und „Peitsche", – ich bin mehr für die Bremse! Aber Sie können durchaus Recht haben, – ich gehöre nicht zu den päpstlichen Autoren, die an ihre Unfehlbarkeit glauben!

Werden aber 1 bis 1½ Bogen für den Preis wirklich so viel ausmachen? Und könnte man nicht das Buch auch durch eine etwas höhere Auflage verbilligen? Mit den billigen Büchern der Buchgemeinschaften werden wir doch in keinem Fall konkurrieren können!

Ich erwarte also Ihre Vorschläge!

Mit herzlichen Weihnachtsgrüssen

vom ganzen Turm!

Quebrada: Roesch schlug erst Kürzungen vor, um billiger kalkulieren zu können, wollte die Produktion schließlich ganz verschieben. Sein überraschender Tod beendete Vegesacks Verbindung mit dem Wunderlich-Verlag.

An Gustav Specht   Burg Weissenstein, 31. 12. 1954.

Mein lieber Specht!
Du bist mir zuvorgekommen! Auch ich wollte Dir in diesen Tagen
schreiben, und habe in letzter Zeit oft an Dich gedacht! Wir Beide
haben in diesem Jahr zwei alte Freunde verloren, – Bruno Goetz
und den guten Schweinfurth, – und da sollten wir „Nachgebliebe-
nen" uns doch nicht ganz aus den Augen verlieren!
Schlimm, dass der Bodensee so weit entfernt ist, – es wäre wirklich
an der Zeit, sich wiederzusehen! Könntest Du nicht im Frühling
oder Sommer mal für längere Zeit herkommen? Hoffen wir, dass
„Der Teufel im Winterpalais" das nötige Reisegeld bringen wird!
Sehr schön, dass Ahn & Simrock die Oper angenommen hat!
Wir sind jetzt noch drei Brüder beisammen, – mein ältester Manfred, den Du ja auch von Berlin her kennst, – und Ernst, der mit seiner Frau vor zwei Jahren aus der Ostzone kam. Herbert, der Arzt, ist
vor einem Jahr hier gestorben.
Mein Bruder Manfred versorgt mit seiner Tochter Adda unsere Zie-
gen-Herde, – sechs Stück! – und die Hühner und den Garten. Es hat
sich hier mit den Jahren ein sehr harmonisches baltisch-bayerisches
Zusammenleben ergeben, da auch meine Schwiegermutter und
Schwägerin, – die Zwillings-Schwester von Jella, – den grössten Teil
des Jahres hier verbringen. Im Winter sind wir ein „Altersheim", –
das sich im Sommer, wenn die vielen Kinder und Grosskinder (jeder
von uns hat jetzt vier Enkelkinder!) kommen, in ein „Kinderheim"
verwandelt! Isabel ist natürlich jeden Sommer mit ihren Kindern
hier, die sich sehr nett entwickelt haben. Unser Junge Christoph
wurde am 1. Dez. 14,– und schon 1,71 cm. gross, – im nächsten Jahr
wächst er mir über den Kopf!
Seit über einem Jahr brüte ich über einer grossen Arbeit, – einer Art
Familien-Chronik „Vorfahren und Nachkommen", die zwei Jahrhunderte im Spiegel einer altlivländischen Brieflade darstellen soll,
– vom Nordischen Krieg bis zum Ersten Weltkrieg. 500 Seiten sind
im Rohbau geschafft, – aber noch sehe ich kein Ende, bin oft recht
verzweifelt, – wer weiss, ob ich es noch schaffe! Das Alter macht sich

doch bemerkbar! Es geht nicht mehr so wie früher, – und man wird
auch kritischer! . . .
Wie schön wäre es, wenn Du mal kommen könntest!!!
Mit allen guten Wünschen für 1955
grüsst Dich herzlich
in alter Freundschaft
Dein

Bruno Goetz war am 20. 3. 54 gestorben, Philipp Schweinfurth am 26. Juni
54.
Der Teufel im Winterpalais (1954): Oper von Armin Schibler, Libretto von
Gustav Specht nach Vorlage eines Textes von Bergengruen.
Werner Bergengruen hatte am 5. 6. 50 aus Zürich geschrieben: „Mir steht ja
die Bühne fern. Freiwillig gehe ich nie ins Theater, das heißt, ich brauche
immer einen Anstoß von außen, nachher habe ich dann manchmal doch
viel Spaß daran. Jetzt bin ich auf einen merkwürdigen Umweg geraten, der
auf die Bühne oder wenigstens in die Proszeniumsloge führt. Das gilt aber
nur für die Oper. Nicht daß ich Librettist geworden wäre – aber Rohstofflie-
ferant für Libretti. Es fing mit dem *Spanischen Rosenstock* an, aus dem jemand eine Oper gemacht hat. Die Premiere war Ostern in Bern. Das Publikum war begeisterter als ich. Die Hauptfreude war, daß ich Specht an dem
Abend wiedersah, nach langen Jahren. Der selbe Komponist will eine Ope-
ra buffa aus meinem *Teufel im Winterpalais* machen und um eine Wiederholung der Rosenstockerfahrungen zu verhüten, habe ich Specht als Librettisten eingeschaltet. Er macht seine Sache glänzend, – soweit ich es bisher
kenne . . ."

(142)

Herrn   Burg Weissenstein, 17. Mai 1955.
Dr. Gustav E. Kafka,
Verlag Styria,
Graz

Sehr geehrter Herr Dr. Kafka!
Mit bestem Dank bestätige ich den Empfang Ihres Schreibens vom

11. Mai und der Prospekte Ihres Verlages. Ich freue mich sehr, dass auch Sie vom Roman Narokows so eingenommen sind, – was Sie in „Wort und Wahrheit" darüber schreiben, deckt sich vollständig mit meinem Urteil! Auch glaube ich, dass Narokows Roman in Ihrem Verlag sehr gut untergebracht wäre.

Nun zur Honorar-Frage. Bei einer Uebersetzung besteht das Problem ja immer darin: wenn der Autor auf seinen üblichen 10% vom Ladenpreis besteht, kann der Verlag den Uebersetzer nur mit einem dürftigen Pauschal-Honorar abfinden. Daher die vielen schlechten Uebersetzungen sogar bei guten und grossen Verlegern! Ich habe deshalb mit Herrn Narokow vereinbart, dass wir uns im Honorar teilen, jeder erhält 5% vom Ladenpreis des verkauften Buches. Auf diese Weise braucht der Verlag kein besonderes Honorar für die Uebersetzung zu zahlen. Gesetzt, der Ladenpreis würde 12 DM betragen, so würde das bei einer Auflage von 5 000 Ex. 6 000 DM ergeben, – 3 000 DM für den Autor, und 3 000 DM für den Uebersetzer. Allerdings könnte ich die Uebersetzung nur dann übernehmen, wenn ich meinen Honorar-Anteil von der ersten Auflage bis zur Ablieferung des druckfertigen Manuskriptes bekommen würde, da ich gezwungen wäre, in dieser Zeit meine eigenen Arbeiten zurückzustellen. Monats-Raten von 500 DM für 6 Monate, oder 300 DM für 10 Monate, würde ich vorschlagen, je nach dem, bis wann Sie das Manuskript haben wollen. Mir wäre es lieber, wenn mir für diese sehr schwere Arbeit 10 Monate zur Verfügung stehen würden: sagen wir vom 1. Juni 55 bis 1. April 56. In dieser Zeit würde der Verlag jeden Ersten des Monats 300 DM überweisen, und ich würde mich verpflichten, das druckfertige Manuskript bis spätestens am 1. April 1956 abzuliefern, – wahrscheinlich auch schon früher, doch könnte ich mich nicht dazu verpflichten.

Vielleicht wäre es dem Verlag möglich, bei Vertrags-Abschluss oder bei Erscheinen der deutschen Ausgabe an Narokow eine Anzahlung zu leisten, und den Rest je nach dem Absatz halbjährlich abzurechnen.

Ehrlich gestanden: es wäre mir lieber, wenn der Verlag einen wirklich guten Uebersetzer hätte, an den ich meine Rechte abtreten könnte. Denn ich stecke bis über die Ohren in einer eigenen grossen Arbeit, die ich nun zurückstellen müsste. Andrerseits lockt mich die Aufgabe, grade diesen Roman von Narokow zu übersetzen, weil es sich bei ihm um eine wirkliche Dichtung handelt.

Für die deutsche Ausgabe müsste ein anderer Titel gefunden werden, – „Imaginäre Grössen", – das geht nicht. Mit meinem Vorschlag „Wenn das Salz dumm wird" ist Narokow einverstanden, – aber vielleicht fällt uns auch noch etwas Besseres ein!

Auch glaube ich, dass einige all' zu breite Stellen, besonders im ersten Teil, gekürzt werden müssten. Narokow hat mich autorisiert, bei der Uebersetzung ganz so zu verfahren, wie ich es für richtig halte.

Obgleich Narokow mich autorisiert hat, den Vertrag über die deutsche Ausgabe abzuschliessen, möchte ich doch, dass der Vertrag auch von ihm unterzeichnet wird. Falls Sie also mit meinen Vorschlägen einverstanden sind, würde ich den Vertrag auch Narokow zur Unterzeichnung schicken.

Mit gleicher Post übersende ich Ihnen das Manuskript mit den Proben meiner Uebersetzung (aus dem ersten Teil, der Mitte und dem Schluss), einer kurzen Inhalts-Angabe und einigen Kritiken.

Mit den besten Empfehlungen

Ihr sehr ergebener

(143)

Thomas Mann
Küssnacht bei Zürich

Den aufrechten Deutschen, den unbeirrbaren Europäer und Weltbürger grüsst in Verehrung.

4. 6. 55

Telegramm: zu Thomas Manns 80. Geburtstag am 6. 6. 1955.

368

An Thomas Mann   Burg Weissenstein, 13. Juni 1955

Hochverehrter Thomas Mann!
Darf ich meinem telegraphischen Gruss noch ein paar Worte nach-
senden?
Gestern Abend hörte ich Sie „Tonio Kröger" lesen, – der Ultrakurz-
wellen-Sender München brachte die Aufnahme des Nordwestdeutschen Rundfunks. Diese Erzählung war vor einem halben Jahrhundert für uns damalige Studenten etwa das, was Gogols „Mantel" seinerzeit für die jungen Russen bedeutete: eine Offenbarung. Und
wie man einer Geliebten nach so langer Zeit nur mit einigem Ban-
gen wieder begegnet aus Furcht vor einer Enttäuschung, – so lausch-
te ich mit Herzklopfen Ihrer Stimme. Und dann geschah das Wunder: vom ersten Wort an war ich wieder gefangen, – und ich erlebte
„Tonio Kröger" fasciniert, genau wie vor fünfzig Jahren, – ja, vielleicht noch stärker und intensiver, als damals, durch Ihre Stimme!
Sonst bin ich kein grosser Freund des Radio. Dass wir aber hier im
abgelegenen Bayerischen Wald Ihre Stimme so hören konnten, als
sässen Sie neben uns, – sogar das Umschlagen der Blätter war deutlich vernehmbar – versöhnt doch mit vielen Mängeln, die dem
Rundfunk noch anhaften!
Auch Ihrer Schiller-Rede in Stuttgart und Ihrer Ansprache in Lübeck habe ich mit inniger Anteilnahme, ja Begeisterung, aus der Ferne beigewohnt, – nur konnte ich mich leider nicht am tosenden Beifall beteiligen! Doch Sie sollen wenigstens wissen, dass Hunderttausende, wenn nicht Millionen Zuhörer in ganz Deutschland Ihren
Worten lauschten, und Ihnen nicht nur für jene Worte, sondern
auch für all' das, was Sie uns an unvergänglichen Werken geschenkt
haben, aus übervollem Herzen danken!
Sie, hochverehrter, lieber Thomas Mann, verkörpern heute wie kein
anderer lebender Deutscher jenes unsichtbare, noch im Werden be-
griffene, unteilbare Deutschland und Europa, von dem wir alle träumen, – und wenn unser Traum sich einmal verwirklichen sollte,
dann werden Sie und Ihr Werk mehr dazu beigetragen haben, als alle
Politiker zusammen genommen!

Mögen Sie uns noch lange erhalten bleiben!
Das wünscht von ganzem Herzen –
mit der Bitte, mich Ihrer Gattin zu empfehlen
in aufrichtiger Verehrung
Ihr getreuer

Anm. Vs's: Auf diesen Brief antwortet mir Thomas Mann mit einem gedruckten Rundschreiben, dem er folgende Worte mit der Hand hinzufügt: „Von Herzen Dank, lieber Herr von Vegesack, für Ihr Telegramm, Ihren ergreifenden Brief! Weniges hat mich so gefreut, wie Ihre warmen, ehrenden Worte!"
Ihr T. M.

Thomas Mann: Schillerrede. Gehalten in Stuttgart, Lübeck, Weimar zu Schillers 150. Todestag.

(145)

An die   o. O. 18. 6. 55
Redaktion der ZEIT, Hamburg

Sehr geehrte Redaktion!
Erst heute kommt mir Ihre Nr. 20 vom 19. Mai zu Gesicht mit der seltsamen Glosse über Thomas Mann, die ich grade in Ihrem Blatt niemals erwartet hätte und die ohne Zweifel in weiten Kreisen Ihrer Leserschaft Widerspruch finden dürfte.
Sie citieren da einen ebenso oberflächlichen, wie törichten Satz von Arthur Köstler, der behauptet, Thomas Mann habe „den preussischen Imperialismus im Ersten Weltkrieg unterstützt und mit den Nazis nur zögernd gebrochen", und die Unverfrorenheit hat, Thomas Mann „Unsensibilität der moralischen Wahrnehmung und einen Mangel an ethischer Feinhörigkeit" vorzuwerfen. Wer dies zu behaupten wagt, zeigt nur, dass ihm selbst jede „ethische Feinhörigkeit" mangelt.

Grade wir Deutsche im Westen sollten es Thomas Mann hoch an-
rechnen, dass er den Mut gehabt hat, in Weimar auch zu den Deutschen im Osten zu sprechen: kein heute lebender Deutscher verkörpert in seiner Persönlichkeit und seinem Werk so sehr wie Thomas
Mann jenes unteilbare Deutschland, von dem wir alle träumen, und
grade dafür sollten wir Deutsche in West und Ost im dankbar sein,
statt ihn, – wie es leider in Ihrem Blatt geschehen ist, – hämisch in
unverantwortlicher Weise anzuschwärzen!
Ich darf wohl die Erwartung aussprechen, dass Sie meine Entgegnung ungekürzt veröffentlichen.
Mit vorzüglicher Hochachtung!

Die Entgegnung erschien nicht, da sie nach Auskunft der Redaktion zu spät
eingegangen war und gleichgesinnte Leser bereits zu Wort gekommen waren.

(146)

An Clara Nordström   Burg Weissenstein, 16. 11. 1955.

Mein liebes Troll!
Endlich komme ich dazu, Deinen letzten Brief zu beantworten. Er-
innerst Du Dich, wie wir uns 1913 in München einmal über Kunst
und Dichtung stritten? Ich erklärte Dir damals, dass der Sinn aller
Dichtung sei, die Menschen zu bessern, während Du, ganz unter
dem Einfluss von Stefan George, nur die Form gelten liesst! Jeder
von uns stand auf dem entgegengesetzten Ufer, – und dann sind wir
auf einander zugeschwommen, sind uns begegnet, an einander vor-
beigeschwommen, – und nun steht jeder von uns wieder auf dem
entgegengesetzten Ufer – des Andern.
Du willst in erster Linie die Menschen bessern, ihnen helfen, – die
Kunst selbst ist Dir Nebensache geworden. Und bei mir ist es umgekehrt: mir scheint, die Dichtung ist, wie jede Kunst, ein schöpferi-

scher Akt, dem an sich keine Tendenz, keine Absicht zu Grunde liegt. Doch grade deshalb ist ihre Wirkung viel tiefer, stärker, reiner und nachhaltiger, als die jener „Tendenz-Literatur", die den falschen Ehrgeiz hat, den Menschen zu bessern, zu belehren und zu bekehren.

Nehmen wir ein Beispiel: Tolstoi. Als er seine Romane geschrieben hatte und die grosse, religiöse Umkehr sich in ihm vollzog, verdammte er jede, auch die eigene Dichtung, und schrieb nur noch religiöse Traktätchen. Aber seine unsterblichen Romane werden leben, so lange es Menschen geben wird, – während seine religiösen Traktätchen schon heute vergessen sind!

Du bittest mich, Dir ganz offen meine Ansicht über Deinen „Kristof" zu sagen. Das fällt mir nicht leicht, aber Du hast Recht: wir wollen uns nichts vormachen! Und ich erhebe ja durchaus nicht den Anspruch, dass mein Urteil das richtige ist! Aber, – ich stehe nun mal auf der „anderen Seite" des Ufers! Also: Dein „Kristof" ist ein als Roman verkleidetes religiöses Erbauungsbuch, das sicher vielen anspruchslosen Menschen etwas geben wird. Doch eine Dichtung, eine lebendige Schöpfung ist er nicht. Alle Gestalten darin sind nicht Menschen aus Fleisch und Blut, sondern leblose Schemen, blasse Konstruktionen. Sogar Kristof selbst bleibt bis zuletzt ein blutleeres Gebilde, dem jede Realität fehlt. Und dieser schwächliche Kristof, der dem Leben immer ängstlich aus dem Wege geht und, – noch bevor er überhaupt gelebt hat, – ins Kloster flüchtet, soll uns etwas zu sagen haben?

Nein, liebes Troll, da komme ich nicht mit: ich lehne sogar die Tendenz, die „Lehre" ab. Denn mir scheint, so leicht und so bequem kann man sich doch nicht von den Aufgaben drücken, die uns nun einmal das Leben stellt!

Genug davon! Es scheint unser Schicksal zu sein, dass jeder auf der anderen Seite des Ufers steht, – vielleicht schwimmen wir im nächsten Leben noch einmal hinüber! In diesem wohl kaum! Aber vielleicht ist es für uns Beide gut, zu wissen, dass es auch noch ein „anderes" Ufer gibt, und dass wir nie am Ziel, sondern immer nur auf der Wanderung sind zu jenem Ufer, das wir noch nicht kennen!

Es denkt an Dich in Liebe

Kristof: Roman von Clara Nordström. 1955

An Gustav Specht.   Burg Weissenstein, 23. 12. 1955.

Mein lieber Specht!

Es ist eigentlich schlimm, dass wir uns nur noch zur Jahreswende Lebenssignale geben, – es wäre an der Zeit, sich mal gründlich auszusprechen, über dieses und jenes, – bevor es zu spät ist! Von uns „jungen Balten" von anno dazumal sind eigentlich nur wir Beide nachgeblieben! Bruno Goetz, Schweinfurth, Hellmuth Krüger, – alle sind gegangen! Und jetzt auch der gute Masjutin, – ganz plötzlich, am Herzschlag, wie mir seine Tochter Marina schreibt. Grade in letzter Zeit standen wir im Briefwechsel. Er hatte mich auf einen ausgezeichneten russischen Roman von Narokow „Mnimyje welitschiny" aufmerksam gemacht, der in der Tschechow-Edition in New York erschienen ist, und den ich jetzt ins Deutsche übersetzt habe. Der Styria Verlag in Graz will ihn im nächsten Jahr herausbringen. Der Roman spielt im gegenwärtigen Russland, – das Beste, was ich bisher über den Bolschewismus gelesen habe! Narokow lebt in Californien.

Hoffentlich klappt es mit Deinen Libretto-Plänen. Was ist eigentlich aus der Oper geworden, für die Du das Libretto schriebst? Ist eine Aufführung zustande gekommen? Auch wüsste ich sonst gern etwas mehr von Dir! Und was Du so treibst! Hast Du nette Menschen, Freunde, in Deiner Nähe? Oder lebst Du auch jetzt als Einsiedler in Deiner Höhle, – wie damals in Berlin?!

Gestern Abend kam Kurt Wolfurt aus München, wo er ja ständig lebt, und bleibt wohl noch ins Neue Jahr hier. Er arbeitet eben an einem neuen Ochesterwerk „Perpetuum mobile", – erstaunlich, was er noch leistet, – er selbst ist ein Perpetuum mobile! Aber sein Herz macht ihm zu schaffen. Vor zwei Jahren, als er auch zu Weihnachten hier war, hatte er einen bösen Anfall, – kurz vorher starb mein Bruder Herbert – auch am Herzschlag, ganz unerwartet. Jetzt sind wir

nur noch drei Brüder beisammen, – wer wird der Nächste sein? ...
Eben arbeite ich für Radio Bremen an einem „Hörbild" über die
Balten, – Geschichte, Landschaft usw. Es ist nicht ganz einfach, das
Wesentliche auf 20 Seiten zusammenzuraffen! Dann hoffe ich endlich wieder meine eigentlichen Arbeiten aufnehmen zu können, –
drei Romane wollen noch geschrieben sein, – man müsste vier Hän-
de und vor allem – ein zweites Leben haben!!! ...
Isabel ist jeden Sommer mit ihren vier Kindern hier. Auch sonst bevölkert sich dann der Turm mit den Grosskindern meiner Brüder.
Du solltest auch einmal für längere Zeit kommen, – für Dich ist hier
immer Platz! Und die Reise doch kein Problem! Ueberleg es Dir
ernstlich!!! Vielleicht zu Ostern? Oder im Frühsommer, oder
Herbst, wenn die Kinder-Invasion vorüber ist?
Die neue „Gestohlene Seele" geht als Drucksache mit gleicher Post
an Dich ab!
Mit vielen herzlichen Grüssen, – auch von Kurt Wolfurt, – und gute Wünsche für 1956! Dein alter

Hellmuth Krüger (1890–1955), Schauspieler, Kabarettist
Die gestohlene Seele ist 1955 bei Langen-Müller wieder erschienen.

(148)

Herrn   Burg Weissenstein, 22. 2. 1956.
Dr. Erich Müller-Kamp,
Bonn

Sehr geehrter Herr Doktor Müller-Kamp!
Vielen Dank für Ihren freundlichen Brief und Ihr liebenswürdiges
Anerbieten, die Druckfahnen noch einmal durchzusehen, was ich
sehr begrüssen würde, – nicht nur wegen des GPU Jargons, – sondern weil vier Augen doch besser sehen, als zwei! Und weil Sie vielleicht doch hier und dort etwas zum Verbessern finden werden! Die

Uebersetzung war nicht leicht, und ich bilde mir keineswegs ein, ‚unfehlbar' zu sein! Besonders schwierig war es, für ‚golubenkaja' (wie Jewlalija von der Alten genannt wird) ein notdürftig passendes Wort zu finden, – ich habe schließlich ‚Engelchen' gewählt, weil mit nichts Besseres einfiel!

Was nun den Titel betrifft, so kann ich Ihre Ansicht nicht teilen: ‚Imaginäre Grössen' klingt nicht nur abscheulich, sondern gibt auch den Sinn von „Mnimyje welitschiny" völlig falsch wieder: weil 'Grösse' im Deutschen nicht nur die mathematische Grösse, sondern überhaupt Grösse bedeutet: der deutsche Leser würde meinen, dass sich die 'imaginären Grössen' auf Stalin usw. beziehen! Da wäre „Wenn das Salz dumm wird" schon besser. Aber warum nicht „Der Kommissar"?! Er ist doch die Hauptperson, um ihn dreht sich alles! Ein Titel soll doch klar und eindeutig sein! 'Imaginäre Grössen' ist erstens kein gutes Deutsch, und zweitens so verschwommen, dass man sich nichts, oder grade das dabei denkt, was Narokow in keinem Fall mit ‚mnimyje welitschiny' sagen wollte!

Bin gespannt, welchen Titel das „Weltbild" wählen wird!

Ich werde den Styria-Verlag bitten, Ihnen die Fahnen zu schicken, und bitte Sie, diese mit Ihren Korrekturen mir zu übersenden, damit ich diese in meinem Exemplar einfügen kann!

Mit den besten Grüssen

Ihr

(149)

An M. M. v. Campenhausen   11. Juni 1956

Liebe Marie Madeleine!

Hab Dank für Deinen lieben Brief, aus dem ich sehe, dass sich auch die jüngere Generation unserer Verwandtschaft für die baltische Vergangenheit interessiert! Ich kann mich sehr gut an Dich erinnern, – vor Jahren sah ich Dich bei Deiner Mutter in Berlin, – meiner „Nichte" Elisabeth! Also eigentlich bin ich Dein „Grossonkel", – mütterlicherseits, und nur väterlicherseits Dein Onkel! Denn Dein

Vater Hubert war ja mein leiblicher Vetter! Du heisst Madeleine nach Deiner Grossmutter, – meiner Cousine, die ich „Tante Leni" nannte, und nach Deiner Urgrossmutter Marie, – meiner Tante Marie (Aahof), – beide hab ich gut gekannt und sehr geliebt, – bin ja als Junge sehr oft in Aahof und Odensee gewesen!

Nun zu Deinem Brief. Du meinst, ich sollte eine „kleine Familien-Chronik" schreiben, – aber für wen? Die wenigen Verwandten, die sich dafür interessieren würden, werden bald ausgestorben sein. In etwa dreissig Jahren wird es überhaupt kaum noch „Balten" geben, – hätte es einen Sinn, für diese Wenigen und für diese kurze Zeit etwas niederzuschreiben, was später doch niemand mehr lesen wird?!

Deshalb habe ich mir eine andere Aufgabe gestellt: keine wirklichkeitstreue Familien-Chronik, sondern ein umfassenderes, wahrheitsgetreues Bild unserer alten Heimat, – der unwiederbringlich vesunkenen Vergangenheit zu geben. Dies kann ich aber nur, wenn ich das Wesentliche, Charakteristische zusammenfasse, – wenn ich nicht bestimmte einzelne Personen, sondern die Atmosphäre, das Besondere unserer baltischen Welt darstelle, – also aus dem reichen Material meiner Erinnerungen und der Briefe und Tagebücher, die mir zur Verfügung stehen, das Wesentliche herausziehe und gestalte. Ich habe einmal in einer schlaflosen Nacht nachgerechnet, wie viel Güter ich gut gekannt habe, – und kam dabei auf über siebzig! Und etwa ebenso viel Tanten und Onkel werde ich gehabt haben! Wenn ich nun jeden einzelnen naturgetreu beschreiben wollte, müsste ich mindestens noch siebzig Jahre leben, – und siebzig Bände schreiben, die niemand lesen würde!!! So bleibt mir nichts anderes übrig, als die vielen Güter, Tanten und Onkel zu einzelnen Bildern und Gestalten zusammenzuziehen, – wie ich es ja auch in meiner „Balt. Tragödie" gemacht habe: das Einzelne darf nicht stimmen, damit das Ganze stimmt! Auch widersteht es mir, einen Schlüssel-Roman zu schreiben, – dazu stehen mir alle die Menschen doch viel zu nahe! Und im Grunde ist es ja auch völlig einerlei, welcher Grossenkel auf der Reise nach Spanien in Bordeaux starb (in Wirklichkeit war es Grossonkel Ernst-Orellen!), und wo die Kanone „Anna Margaretha" stand, – es war in Aahof. Es kommt mir nicht auf die äussere Wirklichkeit, – sondern nur auf die innere

Wahrheit an, – und nur, wenn es mir gelingt, diese lebendig darzustellen, werden meine Aufzeichnungen unserer baltischen Welt ein
kleines Denkmal setzen, und sie der Vergessenheit entreissen, –
auch wenn es keine Balten mehr geben wird!
Ich weiss nicht, ob ich mich deutlich genug ausgedrückt habe, und
hoffe, dass Du mich und meinen Standpunkt wenn auch nicht billigen, so doch wenigstens richtig verstehen wirst!
Eben arbeite ich am Schlussband der „Baltischen Tragödie", der die
Zeit zwischen den beiden Weltkriegen bis zur Umsiedlung behandelt. Dann will ich mich wieder an die „Vorfahren und Nachkommen" machen, – wer weiss, ob ich das alles noch schaffe! Man sollte
zwei Leben haben, – und wenigstens vier Hände!!!
Wenn Du Deiner Mutter schreibst, dann grüss sie und den guten X
sehr herzlich von mir! Schrecklich, dass man so weit von einander
lebt, – und dass das Reisen so teuer ist! Auch Deinen Mann musst
Du von mir grüssen, – wir sahen uns ja, wenn auch nur flüchtig, im
Sommer 1943 bei Borissow!
Es grüsst Dich sehr herzlich
Dein alter Onkel und „Grossonkel"

(150)
Herrn   Burg Weissenstein, 9. 12. 1956.
Hermann Pörzgen,
Frankfurter Allgem.
Bonn

Lieber Pörzgen!
Es tut mir leid, dass Dir der Roman von Narokow missfallen hat,
und ich wüsste gern Näheres, was Du an ihm „falsch" findest! Jedenfalls stimmt Deine Vermutung nicht, dass Narokow gar nicht dort
gewesen sei: bis 45 war er in Russland, war selbst in bolschewisti-
scher Gefangenschaft und hat alles das, was er schildert, selbst erlebt! Allerdings nicht in Moskau, sondern in Kijew. Aber selbst
wenn Einzelheiten seiner Darstellung nicht stimmen sollten, – was

ich nicht glaube, – so besagt das wenig, weil es sich bei ihm ja nicht um einen Tatsachenbericht, eine Reportage, sondern um eine Dichtung handelt, die sich nicht so sehr mit der äusseren Realität, sondern mit der inneren Wahrheit befasst. Dein Einwand, Narokow gebe die Atmosphäre der 20-Jahre, aber nicht die der 30-Jahre wieder, geht an dem Kern der Sache vorbei. Ebenso gut könnte man von Dostojewskij's „Dämonen" behaupten, sie wären „falsch", da sie ja lange vor dem Bolschewismus geschrieben sind, – und doch gibt es kaum ein Werk in der russischen Literatur, das den Bolschewismus so treffend charakterisiert, als eben diese „Dämonen"! Es ist ja auch völlig belanglos, ob es sich um die Atmosphäre der 20- oder 30-Jahre handelt, – im Wesentlichen bleibt sich der Bolschewismus gleich, – das haben leider die Ereignisse in Ungarn heute aufs Neue bestätigt! Und nur darauf, auf das Wesen des Bolschewismus, kommt es bei Narokow an! Dies geschieht nicht in der üblichen Schwarz-Weiss-Malerei, sondern Opfer und Henker werden mit gleicher Wahrheit dargestellt und uns nahe gebracht, – Werner Bergengruen trifft den Kern, wenn er schreibt: „Gerade dass es nicht nur ins Innere der unter dem System Leidenden blicken lässt, sondern auch in die Problematik der in ihm Handelnden, die dann ebenfalls als Leidende verstanden werden dürfen, unterscheidet es von so vielen anderen Versuchen, dem westlichen Menschen die Augen aufzutun." Nun, vielleicht können wir uns einmal in Ruhe darüber unterhalten! Gern würde ich hören, was Du von drüben als „Kenner des sowjetischen Lebens" zu berichten weisst!
Herzlich

Als der Roman von Narokow unter dem Titel *Wenn der Salz schal wird* erschienen war, beabsichtigte Vegesack, eine Vortragsreise durch Österreich anzutreten, der Verlag riet ihm aber davon ab:
„ . . ., denn die Situation ist in Österreich momentan so, daß unsere Behörden unbedingt alles vermeiden müssen, was nicht offiziell pro oder contra über Rußland gesagt wird, weil es eine Gefährdung unserer ohnehin bedrohten Neutralität darstellen könnte . . . Außerdem ist die hiesige Bevöl-

kerung . . . über *alles* Russische so aufgebracht, daß ein Vortrag selbst bei höchster Objektivität von ihr als . . . mindestens unpassend empfunden würde, da täglich Hunderte Flüchtlinge zu uns hereinkommen, in erbarmungswürdigem Zustand und sehr traurige Dinge erzählend . . ."

(151)

Herrn   Burg Weissenstein, 16. 12. 56.
Dr. h. c. Adolf Grimme,
Degerndorf am Inn.

Sehr verehrter Herr Grimme!
Verzeihen Sie, dass ich erst heute Ihnen und Ihrer verehrten Gattin für Ihre freundlichen Briefe und Ihre „Sendung der Sendungen" danke! Aber ich wollte zuvor Ihr Buch lesen, – doch in dieser vorweihnachtlichen Zeit fand ich nicht die rechte Musse, freue mich aber darauf, in den Feiertagen mich darin zu vertiefen! Ihren so klar formulierten Ausführungen über „Arbeit und Musse" stimme ich mit vollem Herzen zu, – das scheint mir eines der wichtigsten Probleme unserer Zeit zu sein! Der Mensch ist zum Kuli geworden und lebt am eigentlichen Sinn des Lebens vorbei, und da er nichts mit sich anzufangen weiss, organisiert er sogar die Musse der „Freizeitgestaltung", – welch' ein schauerliches Wort!!!
Es freut mich sehr, dass mein „Pastoratshase" Ihren Beifall gefunden hat! Gleich nachdem das Manuskript abgegangen war, hatte ich ein schlechtes Gewissen, dass ich Ihnen gleich das Manuskript schickte, statt auf das Büchlein zu warten, das demnächst erscheinen soll! Das wird dann natürlich mit einigen Baltischen Tantengeschichten folgen!
Die Ereignisse in Ungarn lassen mich nicht schlafen. Mir scheint, dass von seiten unserer Akademie doch etwas geschehen müsste, und habe Herrn Kasack beiliegenden Vorschlag gemacht. Falls Sie mit ihm einverstanden sein sollten, oder einen anderen Vorschlag wissen, wäre ich Ihnen sehr dankbar, wenn auch Sie Herrn Kasack ein paar Worte in dem Sinn schreiben würden, – aber ohne mich zu

*Adolf
Grimme*

nennen: das wird wirksamer sein! Auch Hagelstange will ihm
schreiben, und ich hoffe, dass auch Bergengruen und Hollander es
tun werden, und Bernus, denen ich mit gleicher Post meinen Vorschlag schicke. Wenn wir alle uns regen, wird Kasak eher zu einer
Aktion zu bewegen sein!
Für Ihre Gattin füge ich noch das Gedicht bei, das sie erwähnt,– es
hat mich tief gerührt, dass sie die ersten Zeilen so gut behalten hat!
Mit herzlichen Weihnachtsgrüssen,
auch an Ihre verehrte Gattin,
Ihr

Siegfried von Vegesack war im Jahr 1956 durch Vermittlung von Jakob Job in die Deutsche Akademie für Sprache und Dichtung aufgenommen worden. Bei ihren Frühjahrs- und Herbsttagungen lernte er viele seiner Altersfreunde kennen, so auch Adolf Grimme.

Adolf Grimme (1889–1963) Politiker und Pädagoge. Er war von 1930–32 Preussischer Minister für Wissenschaft, Kunst und Volksbildung im Kabinett Braun-Severing gewesen, bis Papen dieses Kabinett amtsenthoben hat. Nach dem Krieg war Grimme von 46–48 Kultusminister des Landes Hannover und Niedersachsen, bis er Generaldirektor des Nordwestdeutschen Rundfunks wurde. 1956 war er bereits in Ruhestand.

Die Sendung der Sendungen des Rundfunks: Ansprachen und Reden von Adolf Grimme 48–54. Herausgegeben von Guntram Prüfer, FfM 1955.

Arbeit und Musse Rede A. Grimmes zur Eröffnung der Ruhrfestspiele 1953.

Der Pastoratshase: Altlivländische Idyllen von Siegfried von Vegesack. Erschienen 1957 beim Salzer-Verlag.

Hermann Kasack (1896–1966) Schriftsteller. Er war von 1953–1963 Präsident der Deutschen Akademie für Sprache und Dichtung.

Rudolf Hagelstange (1912–1984)

Walther von Hollander (1892–1973)

Alexander von Bernus (1880–1965) und

Werner von Bergengruen (1892–1964): Schriftstellerkollegen Vegesacks.

(152)

Herrn   16. 12. 56.
Professor Hermann Kasack,
Stuttgart W.

Sehr verehrter Herr Kasack!
Darf ich mich mit folgender Anregung an Sie wenden? Die Ereignisse in Ungarn geben mir keine Ruhe. Da kam mir der Gedanke, ob es nicht angebracht wäre, uns in irgend einer Weise mit unseren ungarischen Kameraden, die so tapfer für ihre Freiheit kämpfen, solidarisch zu erklären, – ich meine nicht durch Proteste und dergleichen, sondern durch tatkräftige Hilfe, indem wir ungarische Schriftsteller bei uns aufnehmen? Wer nicht selbst dazu in der Lage

ist, könnte vielleicht doch in seinem Bekanntenkreise eine Unterkunft beschaffen.

Unter den Hunderttausend ungarischen Flüchtlingen wird es sicher auch Schriftsteller geben, die ganz besonders auf eine freundliche Behausung angewiesen sind, um in Ruhe schaffen zu können. Es fragt sich nur, wie und wo sie zu ermitteln sind, und wer von uns bereit wäre, sie aufzunehmen? Könnte unsere Akademie da nicht vermitteln und eine solche Aktion in die Wege leiten?

Gewiss, wir sind nur eine Akademie für Sprache und Dichtung, – aber gehört es nicht zu unseren schönsten Aufgaben, auch zu den anderen Völkern Brücken zu schlagen und eine Solidarität des europäischen Geistes zu bekunden? Und wäre nicht grade dies die rechte Stunde, mit unseren ungarischen Kameraden einen lebendigen Kontakt zu gewinnen, – von Mensch zu Mensch?

Es gibt wohl auch noch andere Möglichkeiten, uns mit den tapferen Ungarn solidarisch zu erklären. Dies ist ja nur ein Vorschlag. Aber irgend etwas, meine ich, müsste geschehen!

Jedenfalls bin ich bereit, einen ungarischen Schriftsteller aufzunehmen und zu verpflegen, allerdings ohne Familie, da schon baltische Flüchtlinge bei mir wohnen, und für den Ungar nur ein heizbares Zimmer zur Verfügung steht.

In der Hoffnung, dass Sie, lieber Herr Kasack, einen Weg finden werden, wie mein Vorschlag verwirklicht werden könnte,
grüsst Sie herzlich
Ihr

(153)

An den Reclam-Verlag,   10. Juni 1957.
Herrn Dr. Nussbächer,
Stuttgart-N.

Sehr geehrter Herr Dr. Nussbächer!
Von meiner Vortragsreise heimgekehrt, komme ich erst heute dazu, Ihren freundlichen Brief vom 23. Mai zu beantworten. Vor allem

möchte ich Ihnen für die eingehende und offenherzige Kritik an meinem „Weltgericht von Pisa" herzlich danken, auch wenn ich Ihre Einwände nach reiflicher Ueberlegung nicht gelten lassen kann. Absichtlich habe ich in meiner Legende die Frage, ob der Tyrann durch den Opfertod Giovannis bekehrt wird, so dass er seine Missetaten bereut, offen gelassen: Giovanni fragt nicht danach, wie ja auch Christus nicht danach gefragt hat, ob sein Opfer tatsächlich einen Sinneswandel der Menschen, Reue und Busse zur Folge haben wird. Beide opfern sich aus Liebe, weil sie gar nicht anders können, – und hätten sich auch geopfert, wenn ihr Opfer umsonst gewesen wäre! Doch die Möglichkeit eines Sinneswandels des Tyrannen besteht: mag es ihm anfangs auch nur darauf angekommen sein, wieder die Freiheit zu erlangen, und mag er sich im Inneren über den „Narren" Giovanni zunächst nur lustig gemacht haben, – so ist es doch durchaus möglich, dass mit der Zeit dieses Bewusstsein, dass er sein Leben nur dem freiwilligen Opfer eines anderen verdankt, sein Gewissen nicht mehr zur Ruhe kommen lässt und ihn schliesslich doch zur Umkehr und Reue bringen wird! Aber meiner Ueberzeugung nach wäre es falsch und würde das ganze Problem allzu billig verflachen, wenn diese Umkehr und Reue des Tyrannen schon in meiner Legende als vollzogene Tatsache dargestellt worden wäre, – diese Frage muss offen bleiben, und eben dadurch geht für mich die Gleichung mit der Kreuzigung Christi in der letzten Konsequenz auf: es hängt von jedem Menschen ab, ob Christus auch für ihn gestorben ist, – wie beim Tyrannen kommt es auf diesen Sinneswandel in uns selbst an!

Ich weiss nicht, ob ich mich deutlich genug ausgedrückt habe, – vielleicht ergibt sich einmal die Gelegenheit, dass wir uns näher darüber unterhalten! Denn auch mir ist mein Besuch in Ihrem Verlag in schöner Erinnerung geblieben!

Sie fragen nach einer Erzählung. Die einzige, über die ich z. Z. frei verfügen kann, ist „Der Pfarrer im Urwald", der 1947 im P. Keppler Verlag erschien. Ich weiss allerdings nicht, ob sich diese Erzählung für Ihren Verlag eignen wird, – auf alle Fälle schicke ich Ihnen das Büchlein!

Mit freundlichen Grüssen,
auch an Herrn Dr. Reclam,
Ihr sehr ergebener

Herrn   Burg Weissenstein, 30. Juni 1957.
Joachim Günther,
Berlin-Lankwitz

Lieber Freund!
Wie oft hab ich Ihnen schon in Gedanken geschrieben, und mir im-
mer wieder fest vorgenommen: heute schreib ich an die Beiden im
Häuschen Kindelbergweg 7, – und immer kam was dazwischen!
Aber nun will ich es nicht länger aufschieben und Ihnen Beiden vor
allem sagen, dass mir von meinem ganzen Berliner Aufenthalt der
Abend bei Ihnen das Schönste war, – deswegen allein hat sich meine
Reise gelohnt! Alles, was ich sonst sah und erlebte, – hatte etwas seltsam Unwirkliches, Traumhaft-Spukhaftes, – es war Berlin, und
doch nicht Berlin, – Erinnerungen an früher und neue Eindrücke, –
alles mischte sich zu einem merkwürdigen Durcheinander, in dem
ich mich nicht zurecht fand. W i r k l i c h war nur Ihr Häuschen,
waren Sie Beide, – und wenn ich jetzt an Berlin denke, dann denke
ich an Sie, und es ist mir ein grosser Trost zu wissen, dass Sie da sind,
– dass ich doch noch zwei gute Freunde in Berlin wohnen habe, – lebendige Menschen, und nicht nur Erinnerungen an Tote . . .
Nur war unser Zusammensein viel zu kurz, und der letzte Abend
wäre in einem kleineren Kreise mir lieber gewesen! Aber das ging leider nicht anders!
Ueber Vieles hätte ich gern ausführlicher mit Ihnen gesprochen!
Nun hoffe ich, dass der Weg Sie doch noch mal zu uns in den Wald
führt, – und nicht nur für ein paar Tage! Sie sollten mal gründlich
ausspannen, – hier hätten Sie Ruhe! Und Platz haben wir immer!
Ganz begeistert sind wir hier alle von Ihrem wirklich reizenden Papageienbüchlein, – Text, Bilder, Ausstattung, – alles ist sehr gelun-

gen! Hoffentlich haben Sie mit dem Büchlein mehr Glück, als ich mit meinem „Weltgericht"! Bin froh, dass ich mich von dieser Bücherfabrik Bertelsmann gelöst habe, – bei Salzer fühle ich mich viel wohler! Im Herbst bringt er zwei Bücher von mir, – die „Baltische Tragödie" scheint ganz gut zu gehen.

Meine Vortragsreise verlief ganz programmässig, – aber sie war doch recht anstrengend: den ganzen Mai war ich unterwegs! Und drei herrliche Tage an der Ostsee, – es war dort so schön, dass ich im August mit Jella und dem Jungen für zwei Wochen wieder hin fahre! Das letzte Stückchen Ostsee, das uns noch geblieben ist!

Eben wird unsere Wiese gemäht, – hoffentlich hält das Wetter! Die Mauersegler schwirren um den Turm, – heute hörte ich sogar eine Schnarrwachtel, die man hier selten hört.

hs. Zusatz

Muss auf die Wiese, – daher Schluss!

Es grüsst Sie beide sehr herzlich

vom ganzen Turm Ihr

Papageienbüchlein: Joachim Gunther: *Wiener Papageienbüchlein.* 1957.

(155)

Herrn   31. 10. 1957.
Prof. Alfred Kubin,
Schloss Zwickledt,
bei Wernstein

Mein lieber Freund!

Immer wieder wandern meine Gedanken zu Ihnen, seit meinem letzten Besuch vor einem Monat, der micht tief ergriffen hat. Denn ich fühlte, dass Sie dieser Welt schon halb entrückt sind, dass es ein Abschied für immer war.

Wie Vieles blieb ungesagt, was ich auf dem Herzen hatte, – ich scheue die grossen Worte, – aber dies Eine muss ich Ihnen doch sagen: je älter ich werde, – im nächsten Jahr werde ich auch schon siebzig, – umso tiefer und reicher erscheint mir Ihr Lebenswerk, und umso dankbarer bin ich dem Schicksal, das mir Ihre Freundschaft schenkte!

Nun habe ich den Plan, hier in unserem Turm ein kleines, aber erlesenes Kubin-Museum zu schaffen, – ich besitze ja schon einige schöne Blätter, – so die herrliche Rauhnacht-Mappe. Aber vieles fehlt mir noch, – vor allem der „Böhmerwald", und das kürzlich im Rowohlt Verlag erschienene Werk von Kurt Otte, das ich bei Hanna Koeppel sah. Und da habe ich eine Bitte: wäre es Ihnen möglich, die Verleger zu veranlassen, mir *per Nachnahme* die Werke zu schicken? Durch den Buchhandel sind sie für mich leider unerschwinglich! Ich will die Blätter einrahmen und in allen Stockwerken aufhängen, – Raum haben wir ja genug! Mir scheint, unser alter Raubritterturm wäre grade der richtige Ort für Ihre Visionen: der Zauberer von Zwickledt gehört nicht in die Stadt, sondern in ein altes Gemäuer mit Spuk und Gespenstern, – in die Landschaft des Böhmer-Waldes!

Den abschliessenden Band meiner „Baltischen Tragödie" – den „Letzten Akt", – werden Sie inzwischen erhalten haben. Ein Bändchen altlivländischer Idyllen, das soeben unter dem Titel „Der Pastoratshase" erschienen ist, folgt in den nächsten Tagen. Ich hoffe, dass der Pastoratshase Ihnen Spass machen wird!

Mit sehr herzlichen Grüssen
vom ganzen Turm
in alter Verbundenheit

Jakob Job beschrieb diesen Besuch bei Kubin: „Als ich ihn, zusammen mit dem Schriftsteller Siegfried von Vegesack im Herbst 1957 besuchte, lag die ganze Schwere eines überträchtigen Lebens auf ihm. Lange ruhte beim Abschied seine Hand in der meines Freundes. Wortlos schauten sie einander an. Der kleine zarte Mann im dunkeln Schlafrock, ein gestricktes Käppchen auf dem kahl geschorenen Kopf, seit dem Tode seiner Frau sehr vereinsamt, hatte etwas gnomenhaftes erhalten . . ."

Und Vegesack hatte an Grimme am 22. 10. 58 geschrieben: „Gestern besuchte ich den alten Kubin, der mir einen frischeren Eindruck machte, als vor einem Jahr, – aber er ist doch sehr alt geworden, und das Gesicht durch den Vollbart sehr verändert, den er sich jetzt stehen lässt! Die Hand zittert, – er kann nur mit Mühe die Feder halten – so sitzt er einsam da, vor seinem Zeichentisch, – nur die Augen sind noch lebendig, – wir küssten uns zum Abschied, und dann fragte er mich: ,Zum letzten Mal?' – und ich fürchte, ich werde ihn nicht wiedersehen . . ."

Kubin starb am 22. August 1959

Der letzte Akt war 1957 beim Salzer-Verlag erschienen.

(156)

An Clara Nordström   12. 11. 1957.

Mein liebes Troll!

Gestern Abend hab' ich Dein „Leben" beendet, und beim Lesen war mir oft, als zöge mein eigenes Leben, – unser gemeinsames Leben hier im Turm, – vorüber! Und da drängt es mich, mit Dir darüber zu plaudern, – keine „Kritik" zu üben, – dazu berührt mich das, was Du schreibst, doch zu nahe und zu tief, – sondern Dir nur zu sagen, was ich, ergänzend zu Deinen Aufzeichnungen, hinzufügen möchte. Dies allerdings in aller Offenheit, in der Hoffnung, dass Du mich richtig verstehen wirst, auch wenn wir Beide dieses unser gemeinsames Leben heute von zwei verschiedenen Seiten und mit verschiedenen Augen betrachten!

Ganz besonders geglückt finde ich die Darstellung Deiner Kindheit. Hier ist alles lebendig und anschaulich, und man hat nur den Wunsch, noch mehr von der guten Mormor und Deinem lieben Vater zu erfahren, den ich ja leider nicht gekannt habe, der mir aber von jeher nach allem, was Du mir von ihm erzählt hast, immer besonders nahe stand, so dass ich jetzt, beim Lesen Deiner Erinnerungen, fast das Gefühl habe, als hätte ich ihn wirklich gekannt! Auch die ganze Atmosphäre der kleinen Stadt mit dem See und den Wäldern wird mir in Deinem Buch wieder so lebendig, als wäre ich selbst gestern dort auf den Kullersteinen gegangen!

Deine ersten Jahre in Deutschland, – München, Zell am See, Blumbergshof, Stockholm, Trosa, Berlin, der Turm, – alle diese Stationen unseres gemeinsamen Lebens bin ich nun wieder in Gedanken mit Dir gewandert, und Dir dafür dankbar, dass Du die Kraft gehabt hast, ohne Bitterkeit und voll Liebe meiner zu gedenken, auch wenn ich es gar nicht verdient habe! Ich bin kein Heiliger gewesen (und werde es wohl auch nie werden!) – und trage ohne Zweifel einen grossen Teil der Schuld, dass unsere Ehe zerbrach.

Doch wir wollen heute nicht von „Schuld" sprechen, wir wollen versuchen, unser gemeinsames Leben ohne gegenseitige Abrechnungen zu betrachten, – wie Du keine Vorwürfe gegen mich erhebst, so möchte auch ich das, was ich Dir zu schreiben habe, als Dein „lille Vän", der ich noch eben bin, in aller Freundschaft, ohne Bitterkeit und Vorwürfe sagen.

Du hast ganz recht: die Entfremdung zwischen uns begann, als Du Dich, unter Theklas Einfluss, der Antroposophie zuwandtest. Aber selbst in den Jahren 1930–1932, als wir uns getrennt hatten und ich bei L. in Lugano lebte, kam mir nie der Gedanke, dass wir uns jemals scheiden könnten. Auch ich hoffte damals noch, dass wir einmal wieder zu einander finden würden.

Erst nach 1933, als Du Dich von der Antroposophie dem Nationalsozialismus zuwandtest und Dich mit gleicher Leidenschaft für Hitler und seine Rassenlehre begeistertest, wurde der Riss, der uns trennte, unüberbrückbar, so dass es zur Scheidung kommen musste: wir lebten in verschiedenen Welten. Ich will das nicht näher schildern, Dich nur an einige Episoden erinnern, die sich mir unauslöschlich eingeprägt haben: als ich im März 1933 aus dem Gefängnis kam, voll Freude zu dir in den ersten Stock hinauflief, um Dich mit meiner glücklichen Heimkehr zu überraschen, – begrüsstest Du mich, – ich hatte die Tür zur „Löwengrube" aufgestossen, – verwundert mit den Worten: „Wie, – du bist schon wieder da? Man hat dich freigelassen?!" Und es lag eher Enttäuschung, als Freude in dieser Begrüssung. Mir war, als hätte ich einen Schlag ins Gesicht bekommen.

Noch eine Episode. Es war in Berlin, im Frühling 1933, bevor wir nach Schweden fuhren. Wir gingen mit Buberl über den Wittenbergplatz, als eine Kolonne von Braunhemden an uns vorbeimarschierte, – ich sehe noch, mit welcher Begeisterung Du sie grüsstest, und auch Buberl sein Händchen hob, – während sich mir vor Ekel das Herz umdrehte. Und dann, im Sommer 1935, in Ahrenshoop, – als Du Stundenlang auf Göring wartetest, der vorbei reiten sollte, und als es Dir dann endlich geglückt war, ihm im Darss zu begegnen und ihn begeistert zu grüssen, – wie verklärt sprachst Du von diesem Erlebnis! Hast Du das alles vergessen?

Nein, dass Du damals eine begeisterte Nationalsozialistin wurdest, mache ich Dir nicht zum Vorwurf. Ich weiss, dass Du es ehrlich meintest, wie viele Andere, dass Du das Beste wolltest und fest davon überzeugt warst, dass auch Hitler und die Nazis das Beste wollten. Irren ist menschlich. Aber ich verstehe nicht, dass Du das alles jetzt nicht wahr haben willst, dass Du mit ein paar entschuldigenden Worten, – Du hättest von Politik nichts verstanden und nie Zeitungen gelesen, – über diesen grossen Irrtum Deines Lebens hinwegzugehen suchst. Wäre es nicht ehrlicher gewesen, Deinen Irrtum ohne beschönigende Worte offen einzugestehen?

Irrwege bleiben keinem erspart, und grade Du bist mit beneidenswerter Begeisterungsfähigkeit, – weil Du immer und überall nur das Gute sahst, – in die Irre gegangen: von der Antroposophie zum Nationalsozialismus, – bis Du in der katholischen Kirche das gefunden hast, was Du Dein Leben lang vergeblich suchtest: den Seelenfrieden, den Du brauchst. Aber grade als gläubige Katholikin hättest Du, wie mir scheint, den Mut und die Selbstkritik haben sollen, offen Deinen Irrweg von damals einzugestehen, der uns endgültig auseinander führte!

Nun, jetzt hast Du den für Dich einzig richtigen Weg gefunden, und ich kann Dir gar nicht sagen, wie glücklich ich bin, Dich in diesem Glauben, der mir leider versagt ist, geborgen zu wissen!

Und so hoffe ich zuversichtlich, dass Du mich richtig verstehen und mir meine Worte nicht verübeln wirst, die ich Dir schreiben musste. Ich denke, all' die Dinge liegen nun weit genug zurück, dass wir uns in Ruhe darüber aussprechen können!

In jedem Fall sollst Du wissen, dass ich die schöne Zeit unseres Zusammenlebens nie vergessen werde, und in Dankbarkeit und alter Freundschaft an Dich denke, und bis an mein Lebensende bleiben werde . . .

Clara Nordströms Autobiographie „Mein Leben" ist 1957 in Heidelberg erschienen.

(157)

An Werner Illing   Burg Weissenstein, 15. 12. 57.

Mein lieber Werner!

Den Schlips hatte ich wirklich ganz vergessen, – nun kommt er grade zur rechten Zeit, um mich in den Festtagen zu schmücken! Christoph dankt Euch sehr für die süsse Gabe! Am 1. Januar tritt er nun als Volontär in die Buchdruckerei Passavia in Passau ein, die zu den besten der Bundesrepublik gehören soll. Jetzt nimmt er Zeichenunterricht und beschäftigt sich hauptsächlich mit der Schrift, der Grundlage für seine graphische Laufbahn. Die Sache macht ihm Spass, nach all' dem quälenden Schulkram, der ihn völlig verwirrte, ist er jetzt förmlich aufgeblüht, gewinnt Selbstvertrauen, und betätigt sich auch sonst überall im Hause mit grossem Eifer, – als Maurer, Maler, Tischler und so weiter. Er ist sehr geschickt mit den Händen, – das hat er jedenfalls nicht von mir!

Nun zu Deinem Brief. Mit Deinen Einwänden hast Du sicher recht: der „Letzte Akt" ist kein Roman im üblichen Sinn mit handfester Handlung und handfesten Gestalten, – eher eine Ballade von der

Siegfrid von Vegesack und Werner Illing im Süddeutschen Rundfunk.

verlorenen Heimat, in der die Landschaft im Mittelpunkt steht, und die Menschen nur am Rande, in angedeuteten Konturen sichtbar werden. Ist dies aber unbedingt ein Fehler? Meinem Gefühl nach, – und dieses ist natürlich auch nur subjektiv, – musste und konnte ich dieses Buch nur so schreiben, unter Verzicht auf jede romanhafte Handlung, auf jedes allzu starke Hervortreten der einzelnen Gestalten, vor allem Aurels und Madeleines, in denen sich nur das Hauptthema zu versinnbildlichen hat: die Unwiederbringlichkeit und Unwiederholbarkeit dessen, was einmal war und nie wiederkehren wird! Fast gleichzeitig mit Deinem Brief schrieb mir eine mir unbekannte Frau in Berlin, die nur eine blasse Erinnerung an die baltische Heimat hat: „Je weiter ich las, umso intensiver wurde mir der Eindruck, als wären gar nicht die Menschen mit ihren Schicksalen, als wäre vielmehr dieses so geliebte stille und weite und für alle Zeiten verlorene Land die ,Hauptperson' des Buches..." Also das Gleiche wie Du, – aber sie empfindet es nicht als einen Mangel, – allerdings: sie ist wenn auch nicht Baltin, so doch baltischer Herkunft, und daher in ihrem Urteil befangen!

Salzer schreibt mir, dass die Bücher recht gut gehen, – vom „Pastoratshasen" wird schon das 20.000 gedruckt, – in zwei Monaten! Mit meinen „Vorfahren und Nachkommen", über denen ich nun schon seit fünf Jahren brüte, bin ich nun endlich, wie mir scheint, auf den richtigen Weg gelangt. Ursprünglich dachte ich daran, den sehr reichen Stoff, der mir aus alten Briefen, Memoiren usw. zur Verfügung steht, als Unterlagen für einen historischen Roman zu verwenden, doch während der Arbeit wurden die guten Vorfahren so lebendig, dass sie die von mir erdachten Roman-Figuren völlig an die Wand drückten: die Vorfahren erwiesen sich als viel mächtiger, als der respektlose Nachkomme, der sie nur für seine Zwecke ausschlachten wollte! Nun wird das Ganze eher eine Familien-Chronik, wobei ich mir allerdings allerlei Freiheiten gestatte, – hier und dort was einfüge, oder auch fortlasse, – aber im Wesentlichen mich doch an die Vorfahren selbst halte, wie sie mir während der Arbeit fast unheimlich gegenwärtig geworden sind! Gestern bin ich mit meinem guten Urgrossvater Christoph fertig geworden, der nie in den Viehstall ging, Jean Paul liebte, den Sonnenaufgang beobachtete, auf der Flöte blies, – und dem in Petersburg 40 000 Rubel aus der Rocktasche fielen, ohne dass er es merkte! Zufällig ging ein Bekannter hinter ihm, hob das Geld auf und gab es dem alten Herrn, der mit Geld eben nicht umzugehen verstand! Dieser etwas wunderliche Urgrossvater ist mir deshalb besonders symapthisch! Nun kommt die Generation der Grosseltern daran, – und mit ihr werde ich wohl schliessen, – weil ja mit meinen eigenen Erinnerungen dann die „Baltische Tragödie" beginnt! Trotzdem wird das Ganze viel umfangreicher, als ich ursprünglich dachte: über 300 Seiten habe ich schon, und ich schätze, dass mir mindestens noch so viel Seiten bleiben! Aber es eilt ja nicht, – ich habe jetzt das Gefühl, dass ich es doch noch schaffen werde, auch wenn ich schon auf der Schwelle der Siebzig stehe!!!

Hoffentlich findet Ihr in Esslingen etwas Passendes! S. ist ein anständiger, hilfsbereiter Mann, – ob aber ganz zuverlässig, dafür will ich mich nicht verbürgen. Er gehört zu diesem merkwürdigen Manager-Typus, – Menschen, die beständig in Tätigkeit sind, überall umherschwirren, über alles Bescheid wissen, überall ihre Finger drin haben, – und im Grunde doch nur auf der Stelle treten, ohne wirklich was zu schaffen . . . Aber vielleicht sind solche Menschen heute auch notwendig und nützlich, – vielleicht gehören sie zum Mechanismus unseres heutigen Lebens, das ja zur Hälfte aus „Organisation" besteht!

Und hoffentlich kannst Du Dich mit Irmgard im Engadin ein wenig ausspannen, und bekommst wieder Lust, was Eigenes, – den Roman zu schreiben, den ich immer noch von Dir erwarte! Auch der Funk ist für Dich, – wie der Film früher, – nur ein Durchgangs-Stadium, – davon bin ich fest überzeugt!

Fred Ottow, dem ich Dein „Spiel der Könige" gab, hat einen schweren Herzanfall gehabt, von dem er sich nun langsam erholt. Sobald ich nach München komme, – vielleicht im Januar, – will ich sehen, was sich machen lässt!

Wir erwarten Euch also Anfang März, – hoffentlich kommt bis dahin Schnee, und auch Sonne! Den Schnaps werden wir rechtzeitig kalt stellen!

Bis dahin – alles Gute für 1958!!!

Mit herzlichen Weihnachtsgrüssen

an Euch Beide

vom ganzen Turm

Irmgard: Werner Illings zweite Frau („Täubchen")
W. Illing: *Das Spiel der Könige.* Kurzgeschichten. 1949

Herrn   Burg Weissenstein, 3. 2. 1958.
Jochen Bartsch,
Gauting bei München

Lieber Herr Bartsch!
Diesmal komme ich mit einer Bitte, – d. h. eigentlich ist es Schnüllermann, der mich zu diesem Brief veranlasst. Schnüllermann wird
nämlich am 20. März – siebzig, – und da möchte er sich auf diesen
Tag, dem er mit sehr gemischten Gefühlen entgegensieht, vorbereiten! Zu diesem Zweck hat er mich gebeten, beiliegende Verse zu
schreiben, die er dann nach der überstandenen Feier seinen Freunden verschicken will! Und da hätte er gern eine kleine Zeichnung
oder Vignette zur Ausschmückung des Blattes, – und die, – so meint
er, (und ich stimme darin völlig mit ihm überein!) könnte nur Ihre
Hand und Ihr Zeichenstift in seinem, d. h. Schnüllermanns Geiste
schaffen! Natürlich nur gegen ein angemessenes Honorar!
Und da Schnüllermann gar nicht weiss, wie und wo so ein Blatt geschmackvoll angefertigt werden könnte, – und auch ich von diesen
Dingen nichts verstehe, – wäre er Ihnen sehr dankbar, wenn Sie so
freundlich wären, dies zu veranlassen! Wäre es Ihnen möglich?
Am liebsten wäre es Schnüllermann, wenn die Verse nicht in Druck-
schrift, sondern in der Handschrift aufs Papier kämen, – falls die Kosten dafür nicht zu hoch sind. Auch wüsste er gern, wie hoch die Kosten sich ungefähr belaufen würden, – ich denke, 2–300 Exemplare
werden genügen!
Hoffentlich fällt Ihnen etwas Lustiges ein, und hoffentlich komme
ich Ihnen nicht zu ungelegen mit dieser Bitte! Bis zum 20. März hat
es ja Zeit!
Es wird Sie interessieren, dass unser Christoph heute seine Tätigkeit
in der Druckerei Passavia in Passau angetreten oder richtiger begonnen hat, – vorläufig als Volontär, ab September beginnt dann seine
Lehrlingszeit! So kann er zum Wochenende immer nach Hause
kommen, – München wäre für ihn noch zu früh gewesen. Die Passavia hat ja als Buchdruckerei einen sehr guten Ruf.
Hier ist alles tief verschneit, und es schneit wieder! Täglich lauf ich

394

auf den Skiern! Sie sollten mal im Winter herkommen!!!
Mit herzlichen Grüssen,
auch an Ihre Frau und den
kleinen Schnüllermann,
Ihr

Jochen Bartsch hatte die Gedichte *Schnüllermann sieht das Leben heiter an*
(Braun & Schneider, München 1953) illustriert und gestaltete nun die
Dankschreiben auf Glückwünsche zu V's 70. Geburtstag mit Vegesacks Versen:

Kommt man in die Jahre, dann ergibt sich –
auch wenn man es selbst kaum glauben kann –
daß man eines Tages wirklich siebzig –
siebzig ist: ein alter Mann!

Dieser Tag ist keineswegs erfreulich.
Und selbst Schnüllermann fühlt sich verwirrt:
„Denn", – so meint er: „Ist es nicht abscheulich,
daß man alt und nicht bloß älter wird?"

Doch dann lacht er plötzlich heiter
und macht seinen Freudensprung:
„Unsinn, Kinder: man lebt weiter!
Selbst mein altes Herz bleibt jung!

Nein, ich denk nicht dran, zu klagen:
Auch mit Siebzig wird gelacht:
Liebe Freunde, laßt Euch sagen
Dank, daß meiner Ihr gedacht!"

Siegfried v. Vegesack.
Weissenstein, den 20. März 1958

An Werner Illing   Burg Weissenstein, 24. April 1958.

Mein lieber Werner!

Das „fressende Haus" ist heute an Baehr abgegangen, – leider gibt es jetzt nur die hässliche Hera-Ausgabe mit einem abscheulichen Umschlag, – aber besser, als nichts!

Nach München werde ich wahrscheinlich erst im Juni kommen, will mich aber auf der Tagung in Lübeck umhören, und auch in Hamburg, wo ich etwa eine Woche, – vom 7.–14. Mai, bei Isabel sein werde! Ich habe ja noch mein Exemplar vom „Spiel der Könige", das ich auf alle Fälle mitnehmen will!

Nein, Afrika und Asien locken mich nicht, – auch dort ist alles in Unruhe und Gärung, – schön sieht die Welt nirgends aus, seitdem die Schwarzen und Gelben sich die abgelegten Kleider der Weissen umgehängt haben und die Mode des Nationalismus von uns übernommen haben! Kürzlich besuchte uns ein Ehepaar, das sich ein Jahr lang in der Sahara umhergetrieben hat und uns schöne Farbfilme von dort zeigte, – aber die verschleierten Weiblichkeiten gefielen mir weit besser, als die entschleierten: da kann man doch wenigstens sich der Täuschung hingeben, dass sie schön sind! Denn in Wirklichkeit sind die meisten von abschreckender Hässlichkeit! Aber eine kleine, von Fremden noch nicht überlaufene griechische Insel würde mich schon eher locken! Feldweg, der nach Damaskus rollt, wollte mich nach Griechenland mitnehmen, – aber ohne Mammon geht das leider nicht! Sitze wieder auf dem Trockenen, muss Schulden machen, – und was noch schlimmer ist: bin wie gelähmt, kann keine Zeile schreiben! Der Geburtstag hat mich ganz aus der Arbeit herausgerissen! Ein Glück, dass man nicht jedes Jahr 70 wird!!!

Sonst geht hier alles seinen gewohnten Gang. Gracia Patricia, die Waise, die uns die gute Babette hinterlassen hat, gedeiht, – von Cella mütterlich aufgezogen, und nun hat auch Vera drei Böckchen bekommen, die wir natürlich nicht aufziehen können!

Jetzt scheint es doch endlich Frühling zu werden, – die Kälte geht auf die Dauer doch sehr auf die Nerven! Im Wald liegt noch immer Schnee, – aber die Felder und Wiesen begrünen sich schon!

Man forderte mich auf, den Aufruf gegen die Atom-Rüstung zu unterzeichnen, – und ich habe es getan! Auch wenn diese ganze Kampagne aus parteipolitischen Gründen organisiert wird, und mit dem „Atom" – „Adenauer" gemeint ist, muss man doch gegen den Wahnsinn Stellung nehmen, – auch wenn es nicht die geringste Wirkung haben wird! – Wie gern käme ich zu Euch, – Lübeck lockt mich nicht besonders! Alle grüssen!

Euch Beide umarmt

An Jakob Job
(160)
Burg Weissenstein, 27. Mai 1958.

Mein lieber Giacomo!

Endlich wieder daheim, – kam erst am Freitag Abend von meiner „Weltreise" zurück, – fand ich hier Deine Karte vom 15. Mai vor, – und leider auch sehr viel andere Post! Daher nur kurz:

In Eutin war es ganz reizend, der gute Jenssen holte mich von der Bahn ab, und ich blieb die Nacht bei ihm. Der Abend war gut besucht, – auch viele Balten, – und am nächsten Vormittag wanderten wir im Ort umher, besahen alle Sehenswürdigkeiten, das Schloss allerdings nur von aussen, den herrlichen Park mit dem See und der Freilicht-Bühne, Weber's Geburtshaus, das Haus vom alten Voss, – es war ein wunderbarer Tag, Sonne und blauer Himmel, und alles im hellgrünen Buchenlaub!

Auch in Lübeck war es sehr schön, schon sommerlich warm, der Kuckuck rief, und am Abend war mir, als schlüge in den Büschen schon irgendwo eine Nachtigall! Der Saal war bis auf den letzten Platz gefüllt, man verlangte sogar Zugaben, wie bei einer Sängerin, und so las und sprach ich fast zwei Stunden! Am nächsten Tag, – Himmelfahrt, – fuhr ich nach Hamburg zurück, und am Freitag Morgen nach Hessen, zu meiner „angeheirateten" Nichte Campenhausen, deren Mann (mein Neffe) im Kriege gefallen ist, aber 6 Kinder hinterlassen hat, auf ihr schönes Waldgut Wehrda, das zwischen Bebra und Fulda liegt. Hier befindet sich nämlich die Campenhausensche „Brieflade", die Gottlob im Kriege hierher gerettet wurde, mit all' den wertvollen Briefen und Dokumenten, in denen ich noch herumstöbern wollte, – für meine „Vorfahren und Nachkommen": zwei grosse Truhen voll! Und nun stell Dir vor: hier machte ich einen Fund, wie man ihn wohl nur selten erlebt: ich fand 59 Original-Briefe des Feldmarschalls Barclay de Tolly, der 1812/15 Oberbefehlshaber der russischen Armee gegen Napoleon war, an seine Frau, – ein Brief sogar auf dem Schlachtfeld von Leipzig geschrieben! Sein einziger Sohn heiratete meine Grosstante, die Schwester meines Grossvaters, und so kamen die Briefe in die „Orellensche Brieflade": wo sie über Hundert Jahre unbeachtet gelegen haben! Es sind ganz ausserordentlich interessante Briefe, von grossem historischen Wert, die noch nie veröffentlicht worden sind, – eine Fundgrube für meine „Vorfahren und Nachkommen"! So blieb ich länger in Wehrda, um sie wenigstens auszugsweise abzuschreiben. Du kannst Dir denken, wie froh ich darüber bin!

Bevor ich nach Eutin fuhr war ich am Sonntag mit Isabel im „Faust II." – eine grossartige Aufführung! Am Montag waren Quadflieg und seine Frau Benita bei uns, und darauf musizierten die jungen Leute das Barock-Konzert, – die Generalprobe, und so konnte ich wenigstens diese hören, – am Dienstag musste ich ja nach Eutin! Isabels Adresse ist: Isabel Häussler, Hamburg 20, Haynstr. 9. – Wie sind Deine Sommerpläne? Wann können wir Dich erwarten? Dein Zimmer oder das „Malerstübchen" ist immer für Dich bereit! Da Isabel mit Mann und Kindern im Sommer nach Schweden fährt und erst im Herbst kommen will, wird es hier recht leer sein! Lulu wird wahrscheinlich im Juli drei Wochen Urlaub haben. Nimm doch was zum Arbeiten mit und richte Dich so ein, dass Du länger bleibst! Hoffentlich wird der Sommer schön! Seit meiner Heimkehr haben wir das herrlichste Wetter, die Kastanien und der Flieder blühen! Gestern haben wir in der Ohe gebadet! Nach dem Abend sassen wir auf der Brückenseite auf der „Schloss-Terrasse" im Mondschein, tranken weissen Bordeaux (von meinem Geburtstag sind noch immer einige Flaschen da!) und hörten eine neue Bachplatte, die ich aus Hamburg gebracht hatte!!!

Alle grüssen!

Herrn   Burg Weissenstein, 1. Juni 1958.
Karl Friedrich Borée,
Darmstadt

Lieber Herr Borée!
Erst kürzlich heimgekehrt, finde ich hier Ihren Artikel „Der Aufstand der Elite" vor, den Sie so freundlich waren, mir zu schicken. Ich danke Ihnen aufrichtig dafür: es ist immer gut, auch die Ansichten und Argumente der Gegenseite zu hören, und ganz besonders, wenn diese so sachlich, klar und nobel vorgetragen werden, wie Sie es tun, und wie es heute bei uns Deutschen leider nur selten geschieht, wo jeder jeden, der anders denkt, mit Vorliebe gehässig zu diffamieren sucht!
Ich habe Ihren ausgezeichneten Aufsatz mehrmals, und sehr aufmerksam gelesen. Sie mögen mit Ihren Argumenten sogar recht haben, – wenn man die Alternative – Atomrüstung oder nicht – nur als eine politische betrachtet. Aber für mich, – und wohl auch für die anderen „Moralisten", – handelt es sich eben, wie Sie ganz richtig sagen, ausschliesslich um eine „Gewissensfrage". Und wenn Sie meinen, dass es sich im Grunde um ein „strategisches Problem" handele, über das kein Gefühl, – also auch nicht das Gewissen zu entscheiden habe, so kann sich mein Gewissen mit dieser Ausrede, – auch wenn sie richtig sein sollte, – nicht zufrieden geben. Wir haben es ja schon zwei mal erlebt, wohin die Dinge führen, wenn die Entscheidung den Politikern oder gar den „Strategen" überlassen wird. Geben wir auch jetzt unser Schicksal willenlos in die Hände der politischen Machthaber, so wird der Wahnsinn des atomaren Wettrüstens, – selbst gegen ihren eigenen Willen, – unweigerlich zur Katastrophe führen. Zwar bin ich weit davon entfernt, zu glauben, dass unsere Nicht-Beteiligung uns vor der Katastrophe retten wird, – dazu ist unsere Rolle zwischen den beiden Machtblöcken doch viel zu bescheiden und belanglos, – aber grade in unserer Ohnmacht könnten wir vielleicht doch durch eine strikte Ablehnung des Wahnwitzes wenigstens einen Anstoss zur Besinnung, Vernunft und Entspannung geben. Und selbst wenn diese Möglichkeit auch nur 1 zu

Siegfried von Vegesack und Werner Bergengruen bei einer Tagung der Deutschen Akademie für Sprache und Dichtung in Düsseldorf 1957.

100 stünde, – wäre es nicht der Mühe wert, wenigstens diesen Versuch zu machen, statt uns fatalistisch dem Wahnwitz auszuliefern und die Dinge laufen zu lassen, wie sie eben laufen?

Ich kann mir nicht helfen: mein Gewissen sagt „Nein", – auch wenn es mit einem Risiko verbunden ist. Aber dieses Risiko scheint mir immer noch besser, als mit gefalteten Händen zu allem „Ja und Amen" zu sagen, was die Herren Politiker für richtig befinden. Diese sogenannte „Realpolitik" hat schon so viel Unheil angerichtet, dass ich jeden Glauben an sie verloren habe. Sollten wir es nicht einmal mit der „irrealen" Politik versuchen, – mit jener, die ausschliesslich der Stimme des Gewissens folgt, ohne nach West oder Ost zu schielen, wie sie uns das Beispiel Schweitzers vor Augen führt? Schade, dass diese Fragen in Lübeck nur flüchtig zur Sprache kamen! Wie viel fruchtbarer wäre es gewesen, diese Dinge zu erörtern, statt uns stundenlang mit dem unerfreulichen Ziesel zu befassen! In der Hoffnung, dass wir uns in Darmstadt bei einem Glase Wein noch darüber werden unterhalten können, grüsst Sie herzlich

Karl Friedrich Borée (1888–1974) Schriftsteller
Aufstand der Elite: Ein Aufsatz von K. F. Borée im Darmstädter Echo vom 6. Mai 58, in dem er sich gegen den Protest des „geistigen Deutschland gegen die atomare Bewaffnung der Bundeswehr" wendet. Diesem Protest hatte sich auch Vegesack angeschlossen.
Ziesel, Kurt (*1911) Schriftsteller. Er hatte 1958 ein Buch veröffentlicht mit dem Titel *„Das verlorene Gewissen* – Hinter den Kulissen der Presse; Literatur und ihre Machtträger von heute" durch das einige seiner Kollegen sich angegriffen fühlten. Siehe Brief von Adolf Grimme an Rudolf Pechel vom 14. Mai 58 (in A. G. Briefe, hrsg. von Dieter Sauberzweig, Darmstadt 1967).

(162)
An Adolf und Josephine Grimme   Burg Weissenstein,
                                              28. Nov. 1958.

Meine Lieben!
Ich möchte etwas faul sein und mit Euch schwätzen! Die Darmstädter Tagung liegt mir noch schwer im Magen, und ich frage mich immer wieder, ob es nicht eine Möglichkeit gäbe, aus diesem Dschungel der öden und unerfreulichen Diskussionen herauszukommen und die Tagungen fruchtbarer und erfreulicher zu gestalten? Müssen wirklich ein halbes Hundert doch erwachsene und einigermassen vernünftige Köpfe aus allen Gegenden Deutschlands, der

Schweiz und England nur deswegen zusammen kommen, um Tage lang über langweilige Statuten, Paragraphen ein „Aber" und dergleichen ernsthaft und erbittert zu diskutieren?! Wäre es nicht möglich, diese Dinge dem Präsidium, – das nötigenfalls auch durch ein paar Juristen und Sachverständige erweitert werden könnte, – zur Erörterung zu überlassen, das einen Tag v o r der offiziellen Tagung zusammen treten müsste und die wichtigsten Fragen dann in klar formulierten Vorschlägen dem Plenum zur Entscheidung vorzulegen hätte, die mit einem „Ja" oder „Nein" – ohne weitere Diskussionen – erfolgen müsste? In etwa einer Stunde könnte dann sicher alles erledigt werden, und wir hätten dann Zeit, wichtigere und brennendere Fragen zu erörtern und beispielsweise interessante Referate aus dem Ausland, England, Frankreich oder auch aus dem Osten uns anzuhören und anschliessend uns darüber die Köpfe zu zerbrechen! Es war doch wirklich beschämend, dass ein Mann wie Eugen Gürster, der sehr interessante Dinge aus England zu berichten hatte, überhaupt nicht zu Wort kam!

Aber wie soll man den verfahrenen Karren auf die rechte Bahn bringen? Ich fürchte, der gute, aber hilflose und schwache Kasack ist nicht der Mann dazu, – und der Einzige, der es ohne Zweifel könnte, weigert sich leider standhaft, diese undankbare Aufgabe zu übernehmen! Ich brauche Euch nicht zu sagen, wen ich meine! Aber wenn Du, liebe Josefine, ihm gut zuredest, – vielleicht tut er es doch! Er sollte doch auf seinen alten Oheim hören!!!

Ich war am letzten Abend, in der Traube, ganz verstört – vom Vormittag und dann von der abscheulichen Kakophonie, die uns am Nachmittag, bei der Preisverleihung, vorgesetzt wurde! Ich war einfach nicht mehr fähig mich an irgend einem Gespräch zu beteiligen. Und überlege mir, ob es überhaupt noch einen Sinn hat, sich an diesen Tagungen zu beteiligen! Dann trifft man sich besser wo anders, in einem kleineren Kreise, – vierzig Dichter auf einem Haufen sind schwer zu ertragen, besonders, wenn sie Stunden lang sich über alberne Belanglosigkeiten erhitzen!

Genug davon! Meine Vortragsreise verlief ganz programmässig, in Nürnberg war der Andrang sogar so gross, dass viele gar keinen Platz fanden und umkehren mussten! Fast eine Stunde musste ich Bücher signieren, der tüchtige Buchhändler machte jedenfalls das bessere Geschäft: das Dreifache von dem, was ich in etwa einem halben Jahr zu erwarten habe, – und gleich in bar!!! Aber auch dafür muss unsereiner dankbar sein.

Hier geht alles seinen gewohnten Gang. Wir sind sehr zusammengeschmolzen, nur vier Personen bei Tisch: Jella, mein Bruder, meine Nichte und ich. Aber heute kommt Christoph, wie immer, zum Wochenende, aus Passau. Er hat sich dort in der Druckerei Passavia gut eingearbeitet, hatte schon mehrfach Nachtschicht, von sechs bis drei in der Früh. Die Arbeit macht ihm Spass, – wir glauben bestimmt, dass dies das Richtige für ihn war!

Zu Morgen hat sich wieder der Bayerische Rundfunk angesagt, – diesmal soll etwas Weihnachtliches auf Band aufgenommen werden! Heute habe ich die Korrekturen der Barclay-Briefe gelesen, die im Januar in den „Baltischen Heften" erscheinen. Meine drei Russland-Erzählungen, die Salzer im Frühjahr herausbringt, werden schon gedruckt. Leider muss ich immer wieder Kleinkram erledigen, – der Mensch lebt zwar nicht vom Brot allein, aber leider auch nicht allein von Luft! Aber in der nächsten Woche hoffe ich endlich wieder die Arbeit an den „Vorfahren" aufzunehmen!

Lese eben den „Homo Faber" von Max Frisch, – sehr interessant, aber begeistern kann ich mich nicht dafür! Ein ehrliches Buch, ohne Frage, diese Selbstdarstellung eines „technischen" Menschen, – vielleicht ist dies wirklich der Mensch der Zukunft, – oder schon der Gegenwart?! Und auf der anderen Seite – Dr. Schiwago! Den ich noch nicht gelesen habe, – ich warte auf die russische Ausgabe! Zwischen diesen beiden Typen, – die vielleicht im Grunde sich kaum von einander unterscheiden, – scheint der „Homo Europäus", der Mensch des Abendlandes, der christlichen Glaubens-Substanz, endgültig zu versinken ... Aber dann schon lieber versinken, als in einer Welt weiterleben, in der nur noch Technik und Materie existieren!

Nun hab ich wohl schon viel zu ausgiebig geschwätzt, – daher Schluss! Wenn es jetzt nicht so grau und trübe draussen wäre, – nur letzten Sonntag hatten wir hier strahlende Sonne und Rauhreif, – würden wir Euch vorschlagen, doch wenigstens für ein paar Tage

herüberzukommen, – aber ich fürchte, jetzt hättet Ihr nichts davon!
Und die Fahrt im Nebel wird auch nicht verlockend sein! Bleibt Ihr
den Winter über zu Hause? Oder flieht Ihr in den Süden?
Es grüsst Euch Beide sehr herzlich, –
auch von Jella, –

P. S. Am Freitag, den 12. 12., von 16.40–17.00, erzähle ich im Bayer.
Rundfunk von unserer „Familienkolchose", – vielleicht habt Ihr
Zeit und Lust, es Euch anzuhören?!

Eugen Gürster: (1895–1980) Essayist und Kulturhistoriker. Er war von 1953–
62 Kulturattaché in London und Wien.
Preisverleihung: Der Büchner-Preis ging in jenem Jahr an Max Frisch.
Die Briefe sind in den Baltischen Heften, Jg. 5, 1958/59 erschienen. Gelegentlich dieser Veröffentlichung schrieb H. v. Hirschheydt, die Briefe seien
schon 1878 in der Baltischen Monatsschrift von O. Harnack veröffentlicht
worden und überdies sei der Onkel kein General sondern Brigadier gewesen (Brief von H. v. H. vom 13. 4. 59 – Bayr. StaBi)
drei Rußlanderzählungen: Tanja (Der Entehrte, Tanja, Die Männer im Feuerofen) erschienen 1959 bei Salzer in Heilbronn.

(163)
An Werner Illing   Burg Weissenstein, 31. Mai 1959.

Mein lieber Werner!
„Bin wohl, – aber missmutig im höchsten Grade!!!" Sonst hätte ich
Dir schon längst geschrieben!
Aus Südamerika wird leider nichts: Isabel und Geo haben sich nach
der Ueberfahrt erkundigt, und nun stellt es sich heraus, dass die Passage sehr viel mehr kostet, als ich gerechnet hatte! Man hatte mir
früher gesagt, dass sie etwas über 1 000 DM kosten würde, – mit ei-

nem Frachtschiff, – und nun kostet allein die Hin-Fahrt, mit den Nebenausgaben, mindestens das Dreifache, – hin und zurück also rund 6 000 DM! Und vom Auswärtigen Amt würde ich höchstens einen Zuschuss von 1 000 DM erhalten, – aber selbst der ist nicht sicher! Für kulturelle Zwecke sind eben keine, oder nur sehr begrenzte Mittel vorhanden! Für die Wirtschaft, – das wäre natürlich was anderes, – aber leider bin ich kein Wirtschafts-Experte, nur ein Tinten-Kuli, – und für solche überflüssige Geschöpfe gibt es eben nichts!!! Das war ein harter Schlag für mich, denn ich hatte schon ganz fest damit gerechnet, die Erdkugel noch einmal von der anderen Seite zu betrachten! Nun muss ich diese Hoffnung endgültig und für immer aufgeben. Jetzt hätte ich die Zeit dazu gehabt, – später werde ich auch die nicht mehr haben . . . Ich suche mich nun damit abzufinden, so gut ich kann, – immerhin, es bleibt der Trost, dass man für die allerletzte Reise keine Passage zu zahlen braucht, – allerdings gibt es von der auch keine Rückkehr!!! . . .

Willi Wolfradt schrieb mir endlich. Dein „Spiel der Könige" hat ihm sehr gut gefallen, und er hat sich alle Mühe gegeben, Deine Erzählungen bei den Ro-Ro-Ro-Büchern unterzubringen, – aber leider ohne Erfolg. Auch „Blumbergshof", das ich ihm angeboten hatte, hat Rowohlt abgelehnt. Nun, auch damit muss man sich abfinden . . .

Dass Ihr Beide zum 80. Geburtstag von Manfred kommen wollt, hat im ganzen Turm grosse Begeisterung ausgelöst! Viele Flaschen Rhein- und Mosel-Wein sind schon aus dem Westen eingetroffen, ein Liter Spiritus ist für den Schnaps schon aufgestellt! Es wird ein rauschendes Fest werden! Dann wollen wir gemeinsam allen „Missmut" ertränken!

Den Ziegen und Hündchen geht es gut!

Mit vielen sehr herzlichen Grüssen

an Euch Beide

vom ganzen Turm

Siegfried von Vegesack konnte diese zweite Reise nach Südamerika mit Hilfe von Zuschüssen und privater Unterstützung 1959–60 doch noch unternehmen.

Herrn   30. Juli 1959.
Hartmut Salzer,
Heilbronn a. N.

Lieber Herr Salzer!

Vielen Dank für Ihren Brief vom 25. 7. Ich freue mich sehr, dass Sie
mit Fräulein Kauffmann in der ersten Augusthälfte zu uns kommen
wollen, – dann wollen wir in Ruhe uns alles überlegen und beraten,
wie wir unsere verschiedenen Gesichtspunkte und Wünsche auf einen gemeinsamen Nenner bringen! Brieflich lässt sich das schwer
machen, nur so viel möchte ich hier noch dazu sagen:

Sie wissen, dass ich nicht zu jenen Autoren gehöre, die nicht mit
sich reden lassen und eigensinnig auf ihrem Standpunkt beharren, –
ich lasse mich im Gegenteil gern beraten, und ganz besonders, wenn
dies mit so viel Verständnis, Takt und Einfühlung geschieht, wie es
bei Fräulein Kauffmann der Fall ist. Sie ist in ihrer Art wirklich ein
Phänomen, das weibliche Einfühlung und männlichen Verstand auf
das Glücklichste vereinigt. Ich lasse mich gern von einer anderen
Ansicht überzeugen, – aber ich muss auch wirklich überzeugt werden! Gegen meine Ueberzeugung habe ich noch nie eine Zeile geschrieben, und gegen meine Ueberzeugung könnte ich auch nichts
am Manuskript ändern. Weitere Kürzungen liessen sich ohne Zweifel leicht vornehmen, – namentlich bei den Briefen und Tagebuch-
Aufzeichnungen im 1. Teil. Aber den ganzen 1. Teil „umarbeiten",
die Briefe ins heutige Deutsch übersetzen oder gar „indirekt" wiedergeben, wie Sie vorschlagen, – das erscheint mir völlig abwegig
und ganz unmöglich. Denn dies würde einen grundlegenden Stil-
bruch des ganzen Buches bedeuten, in dem die Vorfahren selbst
nach Möglichkeit zu Wort kommen, während ich mich nur auf ver-
bindende und erläuternde Bemerkungen beschränke. Die Art der
Darstellung ist in allen drei Teilen die gleiche, – nur der Stoff, und
die Sprache sind natürlich verschieden, aber das lässt sich beim besten Willen nicht ändern, da man im 18. Jahr anders sprach, als im
19.!

Was nun den „Test" betrifft, so mag es ganz nützlich sein, sich das

Urteil verschiedener Leser anzuhören, aber mich diesem Urteil gegen meine Ueberzeugung beugen, – das vermag ich nicht! Auch den Diktator „Test", dem heute alle Welt huldigt, lehne ich ab, und werde nie nach seiner Meinung schielen!

Nun, wir werden auf unserer „Gipfel-Konferenz" hoffentlich doch zu einer Einigung gelangen. Da der Turm sich im August sehr bevölkern wird, – am 22. August feiern wir den 80. Geburtstag meines Bruders – werden wir Sie vielleicht in Regen, im Gasthof zur . . .

[Fragment]

Die Zusammenarbeit Vegesacks mit dem Salzer-Verlag begann 1956. In einem Brief vom 17. 5. 56 weist der Verlag darauf hin, daß durch jahrelange Pflege baltischer Literatur und baltischer Autoren sich eine treue baltische Leserschaft um den Verlag gesammelt habe.

Salzer wünschte, zusammen mit dem neu fertiggestellten „Letzten Akt", die „Baltische Tragödie" wieder auf den Markt zu bringen. Dem stand nichts entgegen, da Keppler seinen belletristischen Verlag abgegeben hatte und die Restauflage „verramscht" werden sollte. Im Frühjahr 1957 erschien also die Baltische Tragödie beim Verlag Salzer in Heilbronn und im Herbst des gleichen Jahres Der letzte Akt (früher: „Und wenn sie nicht gestorben sind . . .") Dieser Brief vom 30. 7. 59 ist in der Kopie leider nicht vollständig. Zur Diskussion steht Vorfahren und Nachkommen. Salzer hatte geschrieben, daß die (authentischen) Briefe ein rasches Fortschreiten der Lektüre im 1. Teil behinderten, da einem „heutigen Menschen" die Sprache von damals so fern sei, und er schlug vor, die Briefe zitatweise oder in kurzen Auszügen aufzunehmen, es müsse indirekter erzählt werden.

Fräulein Kauffmann: die langjährige Lektorin des Salzer-Verlages.

Test: Salzer hatte geschrieben, er habe bereits drei „gebildete Leser" befragt, sie seien zum gleichen Ergebnis gelangt, er wolle die Befragung fortsetzen.

Vorfahren und Nachkommen erschien 1960 im Salzer-Verlag.

An Jakob Job Burg Weissenstein, 8. August 1959.

Mein lieber Giacomo!

Sehr herzlich danke ich Dir für Deinen Brief vom 6. August und Dein Anerbieten! Es rührt mich wirklich tief, dass Du mir die Süd-amerika-Reise ermöglichen willst, – und von Dir hätte ich es auch ohne Weiteres angenommen, wenn es notwendig gewesen wäre! Aber dies ist nicht der Fall: meine Reise ist nun gesichert! Und wie das so geht, – ganz ohne mein Zutun hat es sich ganz von selbst ge-macht!

Vor einigen Tagen erhielt ich die Mitteilung, dass das Auswärtige Amt mir einen Reisezuschuss von DM 1 200 bewilligt hat. Kurz vorher hatten mir Freunde in Argentinien angeboten, die Ueber-fahrt für mich zu bezahlen, – und eben schreibt mir eine Cousine aus Sao Paulo, dass sie mir DM 3 500 schicken will, – und so ist auch meine Rückreise gesichert! Und dabei hab ich ihr mit keinem Wort von meinen Schwierigkeiten geschrieben, nur mitgeteilt, dass ich im nächsten Jahr von Argentinien aus auch nach Brasilien kommen würde! Sie ist die Witwe eines Vetters Rüdiger V., der mir sehr nahe stand, – er war Direktor des Eden-Hotels in Berlin, wurde gleichzei-tig mit mir 1941 einberufen, auch als Dolmetscher, wir waren viel im Osten und Berlin zusammen. 45 geriet er in russische Gefangen-schaft, und ist in Sibirien elend zugrunde gegangen, und seine Woh-nung in Berlin wurde verbombt. Seine Frau, – eine Deutsche aus Moskau, die früher Mode-Zeichnerin bei Gerson in Berlin war, – ist 1946 nach Brasilien gegangen, und lebt jetzt in Sao Paulo. Sie schreibt mir, dass es ihr finanziell ausgezeichnet ginge, so dass sie meine Reise ohne weiteres finanzieren könne! Nun warte ich nur noch darauf, dass auch meine Freunde in Chile mir die Reise bezah-len wollen!!!

So brauche ich weder das Anerbieten aus Argentinien, noch Deines anzunehmen, – aber es ist doch sehr schön, solche Beweise von Freundschaft und Hilfsbereitschaft zu erleben, – und dafür danke ich Dir sehr herzlich!

Wie ich höre, sollen die schwedischen Schiffe sehr gut und billiger sein, als die deutschen. Ich habe deshalb meinem Neffen Thomas (ein Bruder von Bitti V., die Du einmal hier kennen lerntest!) nach Göteborg geschrieben und ihn gebeten, sich dort in einem Reisebüro zu erkundigen. Wenn möglich, will ich im Oktober, spätestens im November mich einschiffen, so dass ich kaum nach Darmstadt kommen werde!

Lulu ist für dieses Wochenende nach Pöcking gefahren, wo morgen der Geburtstag der Zwillinge gefeiert wird! Da Jella nächsten Freitag heimkehrt, – Lulu kommt dann aus Passau, sie treffen sich in Plattling – bleibe ich diesmal zu ihrem Geburtstag hier! Und am 22. August wird hier Manfreds 80. Geburtstag gefeiert!

Jetzt haben wir hier wieder herrliches Wetter, und baden täglich! hs. Zusatz:

Leider konnten wir Dich am Donnerstag nicht hören, – vielen Dank für den Ausschnitt in der Radio-Zeitung. Gern würde ich die ganze Sendung lesen! Mit vielen herzlichen Grüssen von allen Turmbewohnern und auch von Tedy, der in seinem Strohstuhl neben mir sitzt, – Dein S.

Witwe Rüdiger von V's: Margarita von Vegesack, gen. Gunja.

(166)
An Adolf Grimme   Burg Weissenstein, 11. August 1959.

Mein lieber Adolfus!

Mit Bonn hat es nun doch geklappt: man hat mir einen Reisezuschuss von DM 1 200 bewilligt! Nicht üppig, – aber doch besser, als in die Hand gespuckt!

Ich will mich nun Ende Oktober auf einem Frachtdampfer der Hapag nach Valparaiso einschiffen, – nur 10 Passagiere an Bord, muss mich allerdings mit einem Schlafgenossen in einer Kabine teilen, – aber es braucht ja nicht unbedingt ein Scheusal zu sein!

Nun muss ich mich aber leider doch noch mit einer Bitte an Dich wenden. Man schreibt mir aus Hamburg, dass die Hapag den Preis für die Ueberfahrt für mich ermässigen würde, falls Bonn meine Reise befürworten würde. Nun weiss ich leider nicht mehr die genaue Anschrift des Herrn, an den Du damals schriebst, – ich glaube, er hiess Dr. Sattler? – und wäre Dir deshalb sehr dankbar, wenn Du ihn veranlassen könntest, einige befürwortende Zeilen an die Direktion der Hapag in Hamburg, – Direktor Dr. Gerhard Katzenstein, Hamburg, Ballindamm, – zu schreiben! Da die Botschaften in Santiago, Buenos Aires und Rio mich angefordert haben, und ich drüben Vorträge halten soll, wird eine solche Befürwortung wohl ohne Weiters möglich sein, – oder wäre das vielleicht doch schon eine „Beamtenbestechung"?! Verzeih, dass ich Dich damit behellige, aber ein Wort von Dir wird sicher schneller und besser wirken, als wenn ich darum bitten würde! Und mit einer Ermässigung der teuren Ueberfahrt-Kosten wäre mir sehr geholfen!

Es tut mir nur leid, dass wir uns diesmal in Darmstadt nicht sehen werden, – dann werde ich mich wohl grade in Hamburg einschiffen oder schon auf dem grossen Wasser schaukeln!

Freitag erwarte ich Jella und Lulu, und dann wird der Turm sich zum 80. Geburtstag meines Bruders wieder füllen!

Es grüsst Euch Beide sehr herzlich

(167)

An Jakob Job   Burg Weissenstein, 13. Sept. 1959.

Mein lieber Giacomo!

Herzlichen Dank für Deinen Brief! Nun bist Du auch schon auf dem Sprung nach dem Süden, – heute in einer Woche wirst Du mit Rölfchen in Neapel zu Abend speisen, – wie er uns eben schreibt! Er wird Dir von der grossen Geburtstagsfeier hier ausführlich berichten!

Es ist wirklich reizend von Dir, dass Du mir nochmals Deine Hilfe anbietest! Aber alles ist in bester Ordnung, – der Betrag für die Pas-

Siegfried von Vegesack und Jakob in Weißenstein

sage bereits überwiesen, und da ich im Bayer. Rundfunk noch sieben Bandaufnahmen hatte, – auf Vorrat für den Winter, – werden auch für Jella und Lulu die nötigen „Tropfen auf den Weissen Stein" fallen! Ich hoffe, dass es auch mit den Büchern einigermassen gehen wird, – drüben brauche ich ja nichts, – so weit ich konnte, habe ich vorgesorgt! Auch der Süddeutsche Rundfunk (Schwedhelm!) will vier Sendungen aus Südamerika von mir bringen, und auch für den Bayerischen Rundfunk soll ich was schicken!

Eben ist die Lektorin des Salzer Verlages hier, Fräulein Kauffmann, mit der ich die „Vorfahren" für den Druck fertig stelle, – wir haben, wie Du auch rietest, den ersten Teil stark gekürzt. Und da habe ich eine ganz grosse Bitte an Dich: Wäre es Dir möglich, das für den Druck fertiggestellte Manuskript, – etwa 150 Seiten (nur den ersten Teil!) im Lauf des Winters, nach Deiner Rückkehr, durchzusehen und unverblümt dann zu sagen, ob wir genügend gekürzt haben, oder ob Du weitere Kürzungen nötig hältst? Im November soll das Manuskript noch einmal abgetippt werden, im Februar in Druck gehen, – es hat also keine Eile! Du würdest mir damit einen sehr grossen Dienst erweisen, denn ganz abgesehen davon, dass es schwierig wäre, mir das Manuskript nach Südamerika nachzuschicken, sind mir die guten Vorfahren so aus dem Hals gewachsen, dass es mir beim besten Willen nicht möglich wäre, mich drüben mit ihnen abzugeben! Ich muss sie endlich los werden! Und da wäre es mir eine ganz grosse Beruhigung, zu wissen, dass Du vor der Drucklegung noch einmal kritisch hineinschaust, – grade weil Du kein Balte bist, stehst Du ja dem Stoff viel unbefangener gegenüber! Fräulein Kauffmann, der ich von Deinem Urteil erzählte, – das sich ganz mit ihrem deckt, – brachte mich auf den Gedanken, ob es nicht möglich wäre, Dir diesen ersten von uns jetzt gekürzten Teil zur Ueberprüfung zu geben! Es ist eine grosse Zumutung, Dich noch einmal mit meinen Vorfahren zu belästigen, – aber ich weiss niemand, auf dessen Urteil ich mich so verlassen kann, wie Deines! Wenn Du damit einverstanden bist, wird Frl. Kauffmann Dir das Manuskript – wahrscheinlich im Dezember – schicken!

Nun will ich Dir noch einen kurzen Fahrplan meiner Reise mit meinen Adressen drüben geben:

28. Oktober: Abfahrt von Hamburg, M. S. „Wiesbaden", von der Hamburg-Amerika Linie.

30. Oktober: Abfahrt von Bremerhafen.

3. November: Abfahrt von Antwerpen.

4. Dezember: Ankunft in Valparaiso

Dezember – Januar: Chile!
    Adr.: Osorno, Casilla 248,
    p. Adr. Victor Schilling.
Februar – März: Argentinien!
    Adr.: Los Cocos, Sierra de Cordoba,
    p. Adr. L. H. de Loeb.
April: Buenos Aires, Calle Garay 431,
    p. Adr.: L. H. de Loeb.
Mai: Brasilien!
    Sao Paulo Caixa 7295.
    p. Adr.: Margaretha von Vegesack.

Juni: Brasilien! Rio de Janeiro,
    Santa Tereza, Rua St. Cristina 132,
    p. Adr. Frau Tony Michahelles.
Juli: Heimreise!!!

Im August 1960 hoffe ich wieder zu Hause zu sein! Bitte richte Dich so ein, dass Du im August oder September für einige Wochen herkommst! Wir werden uns dann viel zu erzählen haben!!! Aber ich hoffe, dass wir in dieser Zeit doch von einander hören und Lebenszeichen tauschen werden!
Bitte grüss alle lieben Freunde in Darmstadt sehr herzlich von mir, – besonders Bergengruen, Grimme's, Hollander, Rombach, Bernus! Grade wenn Ihr Euch im Aachener Hof und auf der Mathildenhöhe versammelt, werde ich mich in Hamburg einschiffen!!!
Hier haben wir wieder herrlichen Sommer, – seit Wochen Sonne! Heute habe ich sogar in unserer Badestelle gebadet! Jella, Lulu, Manfred, Adda, – alle grüssen Dich herzlich! Lulu kam mit Fieber aus Passau, erkältet, bleibt vorläufig hier.
Alles Gute für Sizilien!!!
Herzlich grüsst Dich

Rölfchen: Rolf Kastein, ein Enkel von Manfred v. Vegesack

(168)

An Jella v. V.   Montag, den 16. Nov. 59,
                                                  an Bord der „Wiesbaden",
                                                  im Karaibischen Meer.

Mein Liebes!
Morgen kommen wir nach Curacao, und von dort soll dieser Brief zu Dir fliegen! Eben ist es halb fünf, habe Kaffee getrunken und Kuchen verspeist, – bei Euch ist es halb zehn, Du liegst wohl schon im

Bett! Jeden Tag denke ich an Dich, Lulu und Euch alle, – mir ist, als wenn ich jetzt, so weit von Dir entfernt, mit meinen Gedanken Dir viel näher wäre, als sonst! Hoffe sehr, von Dir ein Briefchen morgen in Curacao vorzufinden! Fühle mich in der ungewohnten heissen und feuchten Luft etwas schlapp, aber sonst sehr wohl und munter, nur beim Rasieren blute ich ein wenig, sonst nicht! Alles Nähere erfährst Du aus folgenden Notizen, – ich führe ein richtiges Tagebuch! Einen Durchschlag schicke ich an Isabel. Euch alle grüsst und Dich umarmt ganz fest immer Dein

Notizen aus meinem „Reise-Journal":

Samstag, 7. Nov. 59.

Gegen vier in der Nacht weckt mich ein Tuten, – aber ich schlafe weiter. Als ich um halb acht auf Deck gehe, haben wir schon die Schleusen passiert und befinden uns auf der Schelde. Wir kommen an Vlissingen vorbei, das Land rückt immer weiter zurück, – flaches, trostloses, ödes Land. Kleine Licht-Bojen zeigen den Weg, es geht nordwärts, dann nach Westen. Eben, um 5 Uhr nachmittags, kommen wir an Dover vorbei, aber man kann im Dunst kaum etwas von der englischen Küste erkennen. Abends zieht im Dunkel eine lange schmale Lichterkette vorüber, hier und dort blinkt ein Leuchtturm, – dann versinkt Europa in der Nacht ... Die Uhren werden um eine Stunde zurückgestellt, – wir gewinnen also eine ganze Stunde! ...

Sonntag, 8. Nov.

Es wird merklich wärmer. Gestern war es noch eiskalt, trotz Pulli, dickem Anzug und Mantel fror ich auf Deck wie ein Schneider, musste immerzu laufen. Heute Vormittag konnte ich schon im Windschutz in der Sonne auf einem Stühlchen sitzen ... Das Schiff ist so vollgeladen mit Fässern, Kisten und eisernen Rohren, dass man weder zum Heck, noch zum Bug laufen kann und sich mit dem Promenade-Deck begnügen muss. Wenn man mit grösstmöglichem Bogen von einem Ende bis zum andern geht, sind es grade 70 Schritt. Ich werde heute etwa 5 Km zurückgelegt haben.

Wir sind 12 Passagiere, – 4 Damen und 8 Herren. Zwei ältere, umfangreiche Damen, und zwei jüngere. Vier ältere Herren, zu denen

414

ich mich wohl auch zählen muss, – und vier jüngere. Die umfangreichen älteren Damen wollen abnehmen, – aber es ist ein aussichts-
loses Bemühen. Auf dem Schiff kann man nicht abnehmen: man
isst viel und gut, und macht sich zu wenig Bewegung. Die einzige
Chance ist, dass man seekrank wird. Aber vorläufig besteht da wenig
Aussicht. Der Wind hat zwar aufgefrischt, das Schiff hebt und senkt
sich in einer leichten Dünung, – hier und dort zeigen sich sogar
weisse Schaumkämme auf der tintenschwarzen Wasserfläche, die
wie eine zähe Gallertmasse aussieht. Von ordentlichem Wellengang
keine Spur. Es kann aber immer noch kommen . . .
Heute Mittag assen der Kapitän und Schiffs-Ingenieur zum ersten
Mal an unserem Tisch. Und zum ersten Mal zeigt auf der Karte im
Gang ein Fähnchen, wo wir uns befinden: im Atlantik, südlich von
Irland. 397 Seemeilen haben wir gestern zurückgelegt, 17 Knoten in
der Stunde, in 24 Stunden haben wir etwa 700 Km geschafft, – über
10 000 liegen noch vor uns!

Montag, 9. Nov.

Man hat die Uhr wieder um eine Stunde zurückgestellt. Wir werden
jetzt auf der Höhe von Südfrankreich sein, es ist wieder um 2–3
Grad wärmer geworden. Aber der Wind hat aufgefrischt, man
spricht von Windstärke 5–6. Die weissen Schaumkämme haben
sich vermehrt. Die eine der umfangreichen älteren Damen ist blass
und wortkarg geworden. Sonst versichert sie bei jeder Mahlzeit, wie
schön es in Cochebamba, – in Bolivien, – wäre, und dass dort immer die Sonne scheine, – nichts geht über Cochebamba! Aber jetzt
ist sie merkwürdig still geworden. Von Cochebamba wird nicht
mehr geredet. Auch die junge Frau Meier aus Stuttgart, die vor wenigen Monaten geheiratet hat und jetzt ihrem Mann, der ihr voraus-
geflogen ist, nach Peru folgt, ist heute nicht zum Frühstück erschienen. Die beiden anderen Damen dagegen sind noch ganz munter.
Die ältere hat ihren Haushalt in Dresden aufgelöst und zieht zu ihrer in Temuco (Chile) verheirateten Tochter, und die jüngere, ein
Fräulein Zeitel, reist nach Peru, zu einem Dr. Binder, einem Schüler
und Verehrer von Albert Schweitzer, der nach dessen Beispiel in den
Urwäldern an einem der Zuströme des Amazonas ein Krankenhaus

415

für Lepra-kranke Indianer errichten will. Es wird den Namen Albert Schweitzers tragen und soll im Januar mit 24 Betten eröffnet werden. So wird das Werk Schweitzers sich auch in Südamerika auswirken! Hoffentlich wird Frl. Zeitel den Strapazen und dem Klima gewachsen sein, – sie macht zwar einen sehr energischen, zähen und willensstarken, aber körperlich doch zarten und zerbrechlichen Eindruck.

Mit der Zeit bekommen die Mitpassagiere Gesichter, wenn ich auch ihre Namen noch nicht behalten kann. Neben mir sitzt am Tisch ein beleibter Herr, der mit sichtlichem Genuss speist und dicke Zigarren raucht. Er soll Vertreter oder gar Aufsichtsrat eines grossen Margarine-Konzerns sein, – und so sieht er auch aus. Mir gegenüber sitzt ein sehr sympathischer älterer Herr, dessen Namen ich doch behalten habe, weil er sehr merkwürdig ist: Er heisst „Putfarken", was auf Plattdeutsch „kleines Ferkel" bedeuten soll, – eine sehr angesehene Hamburger Familie. Seit 30 Jahren ist er in Columbien als Kaufmann tätig, und kehrt jetzt von einem Europa-Urlaub wieder dorthin zurück. Dann ist da noch ein älterer Herr, der nach Mexico reist, wo er vor 10 Jahren tätig war.

Von den jüngeren Herren stammt einer, mein Kabinen-Gefährte (der übrigens kein Pfarrer, sondern Ingenieur ist!) Franz Flossbach, aus Bolivien, einer aus Peru, einer geht nach Columbien, und einer, – ein junger, netter Schwabe, der sich schon in der ganzen Welt umhergetrieben hat, will in Valparaiso eine Wurstfabrik übernehmen. So ist fast jedes Land drüben hier auf dem Schiff vertreten . . .

Wir befinden uns jetzt auf der Höhe von Spanien. Die letzten Möwen haben uns verlassen. Den ganzen Tag hab ich kein einziges Schiff gesehen. Der Himmel hat sich mit einem gleichmässigen grauen Dunst überzogen, – keine Wolkengebilde, nur formlose Schleier, die hier und dort bis zum Meeresspiegel herabreichen und als Niesel-Regen niedergehen. Gegen Mittag kam die Sonne ein wenig zum Vorschein: eine blasse, mondhafte Kugel, die ein fahles Licht auf die bleierne Wasserfläche warf. Es ist so warm, dass man schon im Liegestuhl auf dem Deck liegen kann. Ich lese Robert Musil: „Der Mann ohne Eigenschaften", den mir Werner Illing sehr ans Herz gelegt hat. Ein merkwürdiges Buch, das mich von der ersten

Seite an gefangen nimmt und nicht mehr loslässt, – die richtige Lektüre auf einer Seereise . . .

10. Nov.

Wieder hat man die Zeit, – also die Uhren, – zurückgestellt, aber diesmal nur um eine halbe Stunde. Der Wind hat nachgelassen. Die weissen Schaumkämme sind verschwunden. Das Meer sieht wie flüssiges Blei aus, oder wie eine alte, runzliche Elefantenhaut.

Die Damen liegen in den Liegestühlen, und wir älteren Herren, – der Herr aus Kolumbien und der Margarine-Mann, und ich, – laufen ernsthaft und verbissen, von einem Ende des Decks zum anderen. Der Herr aus Kolumbien hält die Hände auf dem Rücken verschränkt, der Margarine-Mann rudert im Gehen mit beiden Armen in der Luft, ich stecke dabei die Hände in die Hosentaschen, – so hat jeder von uns seine persönliche Note. Manchmal bleibt man stehen, starrt auf das Meer, sucht den Horizont nach einem Schiff ab, – und wandert dann weiter. Seit gestern sind wir keinem Schiff begegnet. Das Meer ist wie ausgestorben. Wir sind auf der Höhe von Lissabon und nähern uns den Azoren, die wir heute Nacht erreichen sollen.

Die Matrosen und Schiffsjungen sind beständig in Tätigkeit. Ueber die Fässer und Kisten werden Planen ausgebreitet und mit Stricken befestigt, die eisernen Luken-Deckel werden mit seltsamen elektrischen Schrubbern, die einen infernalischen Lärm machen, der an das Bohren beim Zahnarzt erinnert, 'entrostet' und dann mit roter Oelfarbe angestrichen. Auch sonst wird überall geputzt, geschruppt und gepinselt, das Promenaden-Deck mit Schläuchen unter Wasser gesetzt und gescheuert. Denn zuweilen kommen doch, wer weiss, woher, schwarze Russflocken angeflogen.

Auch wir Passagiere sind immer in Tätigkeit: man isst, man promeniert, man liest, Abends wird Schach oder auch Karten gespielt. Kaum ist man von einer Mahlzeit aufgestanden, wird schon zur nächsten gedeckt. Die Zeit vergeht im Flug, auch wenn die Stunden immer wieder zurückgestellt werden. Auch heute Nacht wird man den Zeiger um 30 Minuten zurückstellen, – wo bleiben die Stunden, die man auf diese Weise gewinnt? Auf der Heimreise wird man jede Minute zurückgeben müssen . . .

Mittwoch, 11. Nov.

Wir haben in der Nacht die Azoren passiert, sind an der Insel San Miguel vorbeigefahren. Ich wachte um drei auf, konnte sie aber nicht entdecken. Und bin dann wieder eingeschlafen. Wir befinden uns jetzt auf der Höhe von Gibraltar, haben etwa ein Drittel des Atlantik überquert.

Seit heute Morgen hat sich alles mit einem Schlage gewandelt. Das Meer, noch gestern aufgewühlt, hat sich völlig geglättet, liegt blank und glatt da, nur von einer schwachen Dünung bewegt, und von einem Gekräusel, wie von einem feinmaschigen Netz überzogen. Ich bin auf einem schmalen Brettersteg über die eisernen Rohre und Fässer bis ans Heck gewandert. Fast bis an den Horizont kann man unsere Spur wie eine breite Strasse verfolgen. Was gestern flüssiges Blei und schwere Gallertmasse war, hat sich in zarte, hauchdünne Seide verwandelt. Auch der Himmel, der sich darüber spannt, und die weissen durchsichtigen Schleier, die über ihn hinwegziehen, plötzlich auftauchen und ebenso plötzlich wieder verschwinden, – alles ist aus Seide. Und sogar die Luft, – eine warme, weiche, feuchte Luft, – fühlt sich seidig an. Ich liege auf dem Liegestuhl in der Sonne und gleite wie im Traum in einer unwirklichen Welt, in der sich alle Materie aufgelöst hat, und es weder Zeit, noch Raum gibt.

Ein einziges Schiff wurde am Horizont gesichtet, – ich konnte nur einen winzigen Punkt erkennen. Aber ein Düsen-Flugzeug zog einen schnurgeraden weissen Strich quer über den Himmel, scharf und schmal, wie mit einem Diamant in die gläserne Bläue geritzt. Die einzige menschliche Spur, die sich aber schnell im Aether wieder auflöst . . .

12. Nov.

Das Meer hat sich entzaubert und ist in seinen Urzustand zurückgesunken, – in eine wüste, gestaltlose Masse, die sich zwar bewegt, sich aber zu keinen richtigen Wellen aufzuraffen vermag. Alles wogt träge durcheinander. Und das Meer ist unsauber geworden: gelbe und braune Tang-Gewächse, algenartige Gebilde, vielleicht auch Quallen tauchen an der Oberfläche auf und ziehen an uns vorüber. Wir befinden uns jetzt ziemlich in der Mitte des atlantischen Ozeans, im Saragossa-Meer, von dem die jungen Aale ihre weite Wanderung nach Europa antreten, um nach Jahren wieder hierher zurückzukehren, zu laichen und hier zu sterben ... Auch der Himmel hat sich entzaubert, die Seiden-Schleier haben sich in dicke Wattebäusche verwandelt. Auch die Luft ist dick, warm und feucht, wie aus Watte.

Ich habe die Kabinen-Fenster weit geöffnet, aber draussen ist es fast noch heisser, als drinnen. Doch der Luftzug tut gut. Auch heute ist das Meer wie ausgestorben. Eine kleine graue Seeschwalbe begleitet uns ein Stück. Sie hat sich wohl von den Azoren zu uns verirrt und ist dann wieder umgekehrt. Jemand will die Flossen eines Haifisches gesichtet haben.

Kurz vor ihrem Untergang zeigte sich die Sonne ein wenig. Aber auch sie hat sich in ein gelbes, quallenartiges Gebilde verwandelt, das verschwommen und aufgedunsen über dem Horizont schwamm und dann hinter einem Watte-Ballen in der Tiefe versank ...

Freitag, 13. Nov.

Zum ersten Mal hab ich wenig und schlecht geschlafen. Es ist drückend schwül. Auch in der Nacht keine Abkühlung, trotzdem die Kabinen-Fenster weit geöffnet sind. Auf Deck ist es besser. Eine frische, angenehme Brise weht aus Südwesten, der Himmel ist klar. Das Meer bewegt sich wieder in langen, ruhigen Dünungen.

Am Vormittag wurde ein Bordspiel gespielt: runde Holzplättchen werden über das Deck geschliddert, auf Quadrate, die mit weissen Zahlen bemalt sind. Ich habe den Sinn des Spieles noch nicht ergründet, aber es scheint für die Teilnehmer doch recht unterhaltsam zu sein.

Gestern wurde uns ein kleiner Film vorgeführt, den einer der jungen Offiziere auf früheren Fahrten der „Wiesbaden" gedreht hat: die Ausfahrt aus Bremen, Curacao, die Fahrt durch den Panama-Kanal, – alles, was wir teils schon erlebt haben und was uns noch bevorsteht, konnten wir auf der Leinwand betrachten. Nun brauchen wir eigentlich das alles gar nicht mehr wirklich zu sehen!

Ich trage nur noch Hemd und Hose, wasche fast jeden zweiten Tag ein Hemd aus. Auf dem Schiff wird leider nichts gewaschen. Dusche mich jeden Morgen und jeden Nachmittag. Aber das Wasser wird jeden Tag wärmer, kühlt kaum noch ab. Sass heute Vormittag ein wenig beim Kapitän, trank zwei Whisky, pur, – kann mich aber mit diesem Getränk noch immer nicht befreunden. Trinke jeden Abend Löwenbräu-Export, eine Flasche, eiskalt. Hier kostet sie 70 Pf. also nur 20 Pf. teurer, als zu Hause!

Gestern sprach ich mit dem jungen Peruaner. Er ist Zoologe, studierte jetzt zwei Semester in Kiel und hat eine Doktor-Arbeit über einen sehr seltenen Frosch geschrieben, den es nur im Titikaka-See gibt, und der in einer Tiefe von 9 Metern unter dem Wasser lebt. Und zwar nur über die Atmungsorgane, die Haut, dieses sonderbaren Frosches. Jetzt kehrt er nach Peru zurück, um auf den Hochseen der Anden die Lebensweise eines 'Blashuhnes', – so viel ich verstanden habe, – zu erforschen. Ein ungewöhnlich intelligenter Bursche, der neben seinem Studium in acht Monaten die deutsche Sprache so erlernt hat, dass er sie fliessend spricht.

Abends auf Deck gelegen. Beinahe voller Mond, der schon fast im Zenit senkrecht über uns steht. Weisse Wolken-Schleier, die im Mondlicht schnell vorüberziehen. Vom grossen Bär ist nur noch der Polarstern zu sehen, schon tief am Himmel. Orion sehr hoch, vom Kreuz des Südens kann ich noch nichts entdecken. Vielleicht ist auch das Mondlicht zu stark. Aber der Sirius leuchtet auch im Mondschein . . .

Samstag, 14. Nov.

Zwei Wale wurden heute Vormittag gesichtet, als ich in der Kabine tippte und dann mein Hemd wusch. Aber dafür sah ich heute einen Schwarm fliegender Fische, die silbern blitzend über das dunkle Wasser flitzten und ebenso schnell, wie sie aufgetaucht waren, wieder in der Tiefe verschwanden. Ein warmer Sprühregen ging nieder, unbegreiflich, woher, denn der Himmel war klar und blau. Nur rundherum, um den ganzen Horizont, lagerte ein Kranz weissen

Gewölkes, – keine fertigen Wolken, nur gestaltlose Ballen, die erst im Begriff waren, sich zu formen. Am Nachmittag war es ihnen endlich geglückt: dicke Knollen und pilzartige Gebilde schoben sich über den Horizont, aber dazwischen öffneten sich immer wieder weite Durchblicke auf ferne blassgrüne und dunkelblaue Tupfen, unter denen, dicht über dem Horizont, märchenhafte, schneeweisse besonnte Gebirgslandschaften lagerten. Hier und dort zogen senkrechte, dunkle Vorhänge über das Meer, die bis an den Wasserspiegel reichten: die ersten Versuche der eben aus dem Wasser gestiegenen Wolken sich wieder in Regen aufzulösen. Unter dieser kochenden Sonne verdampfen und zerstäuben die Wolken schnell und stürzen, – ohne sich die Zeit zu nehmen, ordentliche und richtige Regentropfen zu bilden, als kompakte Wasserfälle nieder. Und ebenso schnell klärt sich der Himmel wieder auf. Die Regengüsse sind heftig, aber kurz.

Heute hab ich meine neue Badehose eingeweiht, die ich mir mit Isabel in Hamburg erstanden habe, – leider nicht im Wasser, – wir sind bis an den Rand mit Waren vollgeladen, so dass man kein Schwimmbecken aufstellen kann. Aber ich schmorte im Liegestuhl auf Deck und habe mich nachher abgeduscht, – ein Ersatz für das fehlende Bad!

Sonntag, 15. Nov.

Gestern Abend wurde uns Musik geboten: das 3. Brandenburgische Konzert und Beethovens Pathetik, – Bandaufnahmen von Platten. Nicht sehr rein, aber erträglich. Sehr merkwürdig war es, hier mitten im Atlantischen Ozean Bach zu hören, – begleitet vom Rauschen des Meeres. Beethoven war kein Genuss. Und zum Schluss gab es noch den schmalzigen Gesang irgend eines Tenors, und ein grässliches Potpurri sentimentaler Volksweisen und Studentenlieder. Ich flüchtete aufs Promenade-Deck, wo der Vollmond schon fast im Zenit stand, während weisse Wolkenschleier schnell unter ihm hinzogen.

Heute Morgen kletterte ich über die eisernen Rohre und Fässer bis zur Bugspitze, schaute nach fliegenden Fischen aus, und konnte schliesslich einen entdecken, der blitzschnell über dem Wasser dahinschoss.

Am Vormittag, um 11, waren wir drei Herren vom ersten Tisch zum Kapitän in seinen Salon eingeladen. Wir tranken Whisky mit Soda, – kann mich noch immer nicht an dieses Gesöff gewöhnen! – nur der Kapitän, der eine Magenschleimhaut-Entzündung hat, darf weder rauchen, noch trinken. Das Gespräch kam auf die Bestattung auf hoher See: in einem Sack wird die Leiche über Bord geworfen. Man kann auch als Asche ins Meer ausgestreut werden. Ich äusserte diesen Wunsch, den der Kapitän gern erfüllen will, – nur müsste ich spätestens in sieben Jahren sterben, da der Kapitän dann in Pension geht . . . Am Nachmittag in der Badehose am Heck gelegen. Weisse winzige Wölkchen zwischen den Mastspitzen. Durch die Bewegung des Schiffes sah es so aus, als wenn die Wölkchen hin und her schaukelten, – bald nach rechts, bald nach links, – bis sie sich, eine nach der anderen, im blauen Aether auflösten . . .

16. Nov.

Es war so heiss, – 28 Grad, – dass ich bis Mitternacht auf Deck blieb. Trotz Vollmond beherrschte der Orion den Himmel. Dann auch der Sirius. Vom Kreuz des Südens noch immer keine Spur. Trinke wieder, wie in alten Zeiten, Vermuth mit Citrone, Eisstückchen u. Soda, – das ist besser, als dieser Whisky! Diese Nacht liess ich den Ventilator über meinem Bett laufen, Fenster u. Tür weit offen. Habe gut geschlafen . . . Eben, es ist 10, tauchen die ersten kleinen Antillen am Horizont auf, – Morgen sind wir in Curacao!!! Dort werden wir tanken, – und hoffentlich Post vorfinden!!! . . .

An Jella v. V.

An Bord d. M. S. „Wiesbaden",
im Hafen von Bonaventura,
Sonntag, den 22. Nov. 59.

Mein Liebes!

Gestern Abend, als wir hier anlangten, erhielt ich Deinen und
Aduschchens Brief, – es ist immer wunderbar so einen Gruss nach
langer Fahrt zu bekommen! In etwa einer Stunde geht es wieder weiter, und so bleibt mir nur etwas Zeit für ein kurzes Lebenszeichen, –
ein ausführlicher Bericht soll später folgen! Habe kaum noch Zeit
für die Notizen in meinem „Reise-Journal", – so vieles gibt es zu sehen, und die Zeit ist immer viel zu kurz, alles aufzunehmen und im
Innern zu verarbeiten! Also diesmal nur einen kurzen Vorbericht –
Die Fahrt durch den Panama-Kanal war bisher das schönste und
eindruckvollste Erlebnis. Es hiess, in Panama regne es immer, – aber
wir hatten Glück – kein Regentropfen, den ganzen Tag strahlende
Sonne! Der Kapitän sagte, noch nie habe er beim Durchfahren des
Kanals so wunderbares Wetter erlebt! Durch drei Schleusen geht es
hinauf, und dann wieder durch drei Schleusen hinunter, – und dazwischen geht die Fahrt durch zwei herrliche Seen mit Inseln und
Ufern, die von tropischem Dschungel überwuchert sind, – eine zau-
berhafte Landschaft! Man hört seltsames, schrilles Vogelgezwit-
scher, und merkwürdige schwarze Vögel mit langen Schwänzen, die
an Elstern erinnern, flattern in der Luft und setzen sich sogar auf
unsere Ladebäume und Taue! Und wenn man die Schleusen passiert, durch die man auf jeder Seite von vier kleinen spielzeugartigen
elektrischen Lokomotiven an acht Stricken geleitet wird, trippeln
buntbehemdete Neger neben dem Schiff her, – einige sogar mit
bunten Regenschirmen! Und überall sieht man nur Schwarze, –
auch reizende Negerkinder, knallrot, gelb, grün und blau bekleidet,
– die mit grossen blanken Kulleraugen staunend uns Weisse betrachten! Und alles geht lustig und heiter zu, – wie ein grosses Kinderspiel, – und die kleinen Lokomotiven fahren sogar auf Zahnrä-
dern – wie eine Achterbahn – bergauf und bergab!
Zwischendurch geht es auch wie auf einem Fluss zwischen grünen

undurchdringlichen Uferwänden, so dass man kaum etwas vom Wasser sieht, und der Dschungel dicht an beiden Seiten vorübergleitet. Auf einem der Seen mussten wir auf den Lotsen warten, der sich wohl etwas verschlafen hatte, – und da sprangen wir alle – Passagiere und Mannschaft ins Wasser und nahmen ein köstliches Bad! Denn leider kann auf der „Wiesbaden" kein Schwimmbecken aufgestellt werden, da wir bis an den Rand beladen sind. Vom Morgen früh bis zum Abend dauerte die Durchfahrt, – seitdem schwimmen wir im Stillen Ozean, der tatsächlich bisher ganz still war!

Gestern Abend langten wir hier in Bonaventura, in Columbien an, morgen werden wir den Äquator passieren! In der Nacht gab es einen Wolkenbruch, hier soll es jeden Tag regnen, – aber zwischendurch brennt immer wieder die Sonne! Die Luft ist heiss und feucht wie in einer Waschküche. Eben hab ich mir die Stadt, das mehr ein Negerdorf ist, angesehen – alles ist grellbunt bekleidet und mit bunten Regenschirmen bewaffnet, – auch die Hafenarbeiter! Und darüber ein bunter Regenbogen, der hier natürlich besonders bunt ist! Musste mich gleich wieder abduschen! Nun Schluss, – wir fahren gleich, und die Post wird gleich abgeholt! Zu einen Brief an Aduschchen und Isabel reicht es nicht mehr.

hs. Zusatz:

An Lulu habe ich vom Parana geschrieben! Bald mehr! Alles ist hier bestens, fühle mich trotz der Hitze sauwohl und so braungebrannt, daß man mich kaum von den Eingeborenen unterscheiden kann! Der Kaffee kostet hier d. Pfund 1.50 bis 4.50, in Mark umgerechnet! Schade, dass ich Dir nicht einen Sack schicken kann! Euch umarmt, – auch Tedy, – immer Dein

(170)

An Jella v. V.   Lima, San Isidro,
                                          Donnerstag, den 10. Dez. 59.

Mein Liebes!

Eben bin ich von einem kleinen Ausflug in die Berge zurückgekommen, den ich mit dem jungen Dr. Macedo, dem peruanischen Zoo-

logen gemacht habe, mit dem ich auf der „Wiesbaden" herkam. Wir fuhren nach Chosica, einem kleinen Ort, etwa 40 Km. und machten dann eine kleine Wanderung bis in ein Tal Santa Eulalia, wo wir uns ein schönes Aquarium ansahen, und wo Forellen aufgezogen werden, die dann in den Gebirgsseen ausgesetzt werden. Seit 1935 hat man auch im Titikakasee Forellen ausgesetzt, die dort sehr gut gedeihen und über einen Meter gross werden! Dort müsste Hänschen einmal angeln! Wir waren ja nur am Eingang ins richtige Gebirge, etwa 1 000 M. hoch, – aber die Fahrt war doch sehr eindrucksvoll, – von allen Seiten nacktes Gebirge, ganz ohne Vegetation, nur im Tal des Rimak-Flusses, der bei Lima mündet, etwas Grün, – alles muss künstlich bewässert werden, und sonst nichts als Baumwollfelder und Mais! Bin recht erschöpft heimgekehrt, ging gleich unter die Dusche, legte mich etwas hin, habe ein Hemd ausgewaschen, – obgleich die schwarzen Mädchen mit grossem Eifer alle meine Wäsche waschen und bügeln, – aber ich wollte mich doch auch etwas betätigen! Mit Frau von Oldersheusen hab ich dann Tee getrunken, – sie gehen heute in ein amerikanisches Theater, das mich nicht interessiert, und so bleibe ich zu Hause und will früh zu Bett gehen. Eigentlich wollte ich ja nichts schreiben, – aber nun habe ich doch schon fünf Hefte vollgeschrieben und acht Berichte an Langen/ Müller für den Zeitungsdienst geschickt, – die beiden oder drei letzten füge ich hier bei, – und fürchte nun, dass ich mit meinen Papier-Vorräten nicht reichen werde! Deshalb bitte ich Dich, mir nach Los Cocos in Argentinien, mit der gewöhnlichen Schiffspost, als Drucksache oder Paket, folgendes zu schicken:
1) 500–600 Blatt Durchschlagpapier „Pionier", A 4, dasselbe, auf dem ich dies schreibe! 5 Packungen zu je 100, oder 3 Packungen zu je 200 Blatt!
2) Ein Karton Kohlepapier „Geha Duplex", 100 Blatt.
3) 30 unlinierte Schulhefte – „H-M-Heft", Holzfrei.
Bei Hesse wirst Du alles bekommen, – die gute Maria weiss, was ich brauche! Grüss sie und die Grosse Katharina von mir, und sag ihnen, dass ich auch in Südamerika nur auf ihrem Papier schreiben kann!!! Dann lass Dir bitte von Lehmkuhl oder der Bücherjolle ein Bändchen „Peru" kommen, das von einem Anton verfasst und in der klei-

nen Piper-Reihe erschienen ist, – mit sehr schönen Abbildungen alter Peruanischer Keramik, das Bändchen kostet 3,50. Für Lulu als kleine Zugabe auf den Weihnachtstisch! Damit Ihr auch etwas von Peru kennen lernt! Ich war neulich hier im Anthropologischen Museum, wo man die herrlichsten Tongefässe und auch Webereien aus der vorkolumbischen Zeit sehen kann, – eine der eindrucksvollsten Sammlungen, die ich je gesehen habe! Und alle diese Schätze sind erst kürzlich entdeckt worden, und werden immer noch hier im Sande gefunden! Darüber wird auch im Buch „Zauberland Peru" berichtet, das Du wohl gelesen hast.

Was ist eigentlich aus meinem Farbfilm von Lulu geworden, von dem ich eine schwarz-weisse Vergrösserung haben wollte? Ich glaube, die Aufnahme war ganz gut, – oder hat sie Dir nicht gefallen? Ich hätte doch gern ein neueres Bild von Lulu, – das von Jobchen ist doch recht überholt!

Mein Schiff, die „Wien", soll Samstag kommen, aber man weiss noch nicht, ob es Sonntag oder Montag nach Valparaiso weiter fahren wird. Ich gehe natürlich erst an Bord, wenn es abfährt.

hs. Zusatz:

Bitte schick das Papier möglichst bald, da die gewöhnliche Post etwa 6 Wochen braucht, – meine Vorräte reichen nur bis zum Februar! …

Den nächsten Brief schreibe ich Dir aus Chile, – so wirst Du jetzt etwa 10 Tage keine Nachricht von mir bekommen. Zu Weihnachten bin ich jedenfalls in Osorno bei Vito Schilling und hoffe sehr, dort ein Briefchen von Dir zu finden! Grüss alle im Turm! …

(171)

An die Familie   Osorno, Casilla 248,
                                                  c/o Victor Schilling,
                                              Sonntag, den 27. Dez. 1959.

Meine Lieben, – im Turm, in Hamburg, und überall!
Verzeiht, aber diesmal muss es wieder ein Sammelbrief werden, weil ich sonst überhaupt nicht aus meinen Briefschulden herauskäme!

426

Als ich am Weihnachtsabend hier ankam, fand ich elf Briefe vor, – es war eine richtige Weihnachtsfreude, sie alle zu lesen, nachdem ich seit Lima nichts von Euch gehört hatte, – wenn ich aber jetzt jedem einzeln berichten müsste, würde ich Tage lang an der Maschine sitzen müssen, – kurz und gut: es geht wirklich nicht anders! Also, der Reihe nach. Der Stille Ozean wollte zum Schluss doch zeigen, dass er nicht immer still ist, – am letzten Tag vor Valparaiso bekam er tüchtige Schaumkämme, und die brave „Wien" musste ganz ordentlich rollen, und als wir am Sonntag Mittag, heute vor einer Woche vor Valparaiso anlangten, konnten wir nicht in den Hafen hineinfahren, weil es dazu zu stürmisch war. Vielleicht hatte sich der Lotse auch am Sonntag verschlafen, – hier ist alles möglich! Kurz: wir lagen von Mittag bis zum Abend draussen, ich hatte meine Koffer gepackt und spielte mit dem Kapitän zwei Partien Schach, – die eine gewann er, die andere ich, – und als der erste Offizier meldete, dass der Lotse käme, spielten wir ruhig die Partie zu Ende! Dann meinte der Kapitän seufzend, er hätte eigentlich auch noch eine andere Beschäftigung und müsse nach dem Schiff sehen! Erst nach dem Abendessen konnten wir in den Hafen einfahren und am Kai anlegen. Ein junger Mann winkte mir schon von weitem heftig zu, – und trotzdem ich ihn damals, vor 20 Jahren, als kleinen Jungen gesehen hatte, erkannte ich ihn doch: es war Alfred Fonck, der Sohn von Frau Fonck, der aus Santiago gekommen war, um mich hier zu empfangen. Auch Vivi, seine Schwester, sein kleiner Sohn, und Martha Weber, – die Schwester von Vito Schilling, die uns im August in W. besucht hatte, – waren aus Santiago gekommen, um mich zu begrüssen, hatten aber nicht so lange warten können, da Vivi am Abend ein Konzert in Santiago hatte, und für den Kleinen wäre es auch zu spät geworden. So war nur der gute Alfred geblieben, ohne dessen Hilfe ich wohl verloren gewesen wäre! Wie wilde Raubvögel stürzten die Träger auf meine Sachen, – ausserdem hatte ich ja noch den Koffer von Vito Schilling und die 17 Bücherpakete im Gepäckraum, – es dauerte über zwei Stunden, bis wir alles beisammen hatten und zum Zoll konnten. Hier ging alles glatt. Nur die vielen Bücher erregten das Misstrauen der hohen Behörde: man fürchtete kommunistische Literatur, öffnete ein Paket, – zog ein Büchlein hervor: das „Unverlierbare"!!! Der Beamte vertiefte sich in die Lektüre, – Alfred erklärte ihm, dass ich alles andere, nur kein Kommunist wäre, – und so verzichtete er darauf, auch die anderen Pakete zu öffnen! Nun konnte alles zum Auto von Alfred geschafft werden, einem Lieferwagen,wo wir alles gut unterbringen konnten. Aber nun kam das dicke Ende: für das Schleppen vom Schiff zum Schuppen, dann zum Zoll, und zuletzt zum Auto verlangten die acht Träger – 30 Dollar!!! Also 120 DM!!! Und wenn nicht Alfred da gewesen wäre, hätte ich wohl noch viel mehr zahlen müssen! Diese Gepäckträger sind hier in Südamerika allmächtig, sie reissen einem die Koffer aus den Händen und diktieren ihre Preise! Erst nach 11 konnten wir abfahren, – bis Santiago sind es 160 Km. – um zwei Uhr Nachts kamen wir bei Frau Fonck an, die uns schon den ganzen Tag erwartet hatte. Vivi schlief natürlich schon, aber „Seppl", ein sandfarbener rauhhaariger kleiner Dackel, 5 Monate alt, begrüsste mich gleich stürmisch! Todmüde legte ich mich sofort hin.

In Santiago blieb ich nur zwei Tage. Frau Fonck bewohnt ein reizendes Häuschen, in einem Villenviertel, wo vor zwanzig Jahren noch kein Haus stand, – unglaublich, wie diese Stadt sich ausgedehnt hat, damals hatte sie kaum eine halbe Million, jetzt fast zwei Millionen Einwohner! Vivi, ein frisches, sehr natürliches Geschöpf, ist mit Musik und Heilgymnastik beschäftigt, spielt fast jeden Abend mit ihrer Bratsche in einem Orchester und ist immer mit ihrem Roller unterwegs, – sie war selig über die Reifen, die ich ihr brachte! Und über den Rucksack, den Du, Isabel, für sie besorgt hast! Zum Mittag waren wir, – Frau Fonck, Vivi und ich, – zu Martha Weber, Vitos Schwester eingeladen, die mit ihrem Mann und den drei jüngeren Kindern ein wunderbares Haus mit herrlichem Garten bewohnt, – zwei Töchter studieren in München, – Keramik und Heilgymnastik, – ein Sohn ist in Fulda in einem Internat (den sie damals mithatte, als sie uns besuchte!) Am Nachmittag war ich in der Deutschen Botschaft, bei Dr. Gerold, dem Kultur- und Presse-Attaché, einem Berliner, – sie hatten ein Haus Unter den Linden, an der Kranzler-Ecke, wo ich als Student für Onkel Martin Zigarren gekauft habe, – dann war er in München am Rundfunk tätig, war zum 75. Geburtstag von Kubin einen Tag bei ihm in Zwickledt, so hatten

wir gleich Berührungspunkte und verstanden uns ausgezeichnet. Dann war ich beim neuernannten Botschafter Strack, der mich sehr herzlich empfing, – derselbe, der so mannhaft den Prozess gegen die Bonner Intriganten durchgestanden hat! Er brachte mich im Auto zu Frau Fonck, im Januar, wenn ich wieder nach Santiago komme, soll ich ihn und Dr. Gerold besuchen. Am Abend waren wir bei Alfred Fonck, der eine reizende Frau und drei sehr nette Kinder hat, von 2–6 Jahren. Auch der alte Fernando Fonck, sein Vater, war da, bei dem ich damals wohnte, – aber ich hätte ihn kaum wiedererkannt: so aufgeschwemmt und „fettig" ist er geworden! Er war damals der Vorsitzende des Deutsch-Chilenischen Bundes, und es ist vor allem sein Verdienst gewesen, dass die Nazis keinen Einfluss auf diesen Bund gewinnen konnten, und dass die Deutschen Schulen hier in Chile nicht, – wie in Brasilien und Argentinien,– enteignet wurden! Zur Hochzeit von Gaby, – seiner Tochter, – war er zum ersten Mal nach Deutschland gekommen und tief beeindruckt von dieser Reise,– schon sein Grossvater war nach Chile ausgewandert. Alfred Fonck will im nächsten Jahr nach Deutschland kommen, – auch zum ersten Mal, – und wird uns dann besuchen!
Nach Osorno sind es von Santiago noch rund 1 000 Km. Ich hatte zwei Möglichkeiten, hinzureisen: im „Rapido", dem Express, für den mir der Landwirtschafts-Minister Selzer, ein Neffe von Frau Fonck, einen Schlafwagen zur Verfügung stellte, oder im Auto mit Eduardo, dem älteren Sohn von Vito Schilling, der studiert und zu den Ferien nach Hause fuhr. Ich zog das Auto vor, weil der Zug durch die Nacht geht, und ich dann nichts gesehen hätte. Wir fuhren am Mittwoch, den 23. Dez. Nachmitags um vier los, und kamen Abends um 11 zum „Salto del Llacha", einem schönen Wasserfall, wo wir in einem wunderbaren, soeben eröffneten Hotel die Nacht blieben. Zunächst ging es auf der grossen Panamerikanischen Autobahn, die von Alaska bis Feuerland führen wird, und an der überall noch gebaut wird. Am nächsten Tag mussten wir immer mehr schlechte Wege benutzen, – aber die Fahrt war doch herrlich, ein fruchtbares Land, wo alles zu wachsen scheint: Wein, Mais, Weizen, sogar Reis, – Obst, Erdbeeren, – Wiesen, auf denen Rinder grasen, – auf einer lagen die Hederchen ganz wie bei uns! – und einmal gerie-

ten wir in eine Schafsherde, wie ich sie nur im Kaukasus gesehen habe, – nicht Hunderte, sondern Tausende von Schafen! Und überall Reiter in flatternden bunten Ponchos, und Karren mit Ochsen. Am 24. mussten wir in Temuco halten: irgend etwas musste am Wagen gerichtet werden, und so sassen wir dort von 12 bis 4 fest, – grade in der Zeit, als Ihr Weihnachten feiertet! Nach Eurer Zeit von 5–9! Immer wieder, – in der brütenden Sommerhitze, – dachte ich an Euch, – und hatte doch Heimweh nach Winter und Schnee!!! Und Euch!!!

Endlich konnten wir weiter fahren. Und jetzt tauchten die Vulkane auf, – einer nach dem andern: der Llaima, der Villarica, der Osorno,und viele andere, – ein unbeschreiblicher Anblick, wenn diese weissen Zuckerhüte über dem Dunst hoch am Himmel auftauchen! Und als wir von Valdivia in vielen Serpentinen über die Küsten-Cordillere fuhren und sich dann der Blick über die Ebene nach Osten öffnete, – lag die ganze Cordillere vor uns ausgebreitet, so ungefähr, wie man bei uns bei Föhn die Alpen sieht, – eine weisse Gebirgskette, über dem Dunst, wie über einem See hingelagert! Aber der schönste Vulkan ist doch der Osorno. Er steht ganz für sich da. Von hier sind es immer noch gegen 80 Km. bis zu ihm! Von Concepcion und Valdivia an bewaldet sich die Landschaft hier immer mehr. In keinem Land der Welt ist in den letzten 20 Jahren so viel Wald aufgeforstet worden, wie hier im Süden Chiles! Sehr viel Nadelwald, „Pinos", – eine Kiefernart, die schnell wächst. Aber auch Laubwald. Die einheimischen Bäume wachsen langsam, die „Pinos" sehr schnell, das Holz wird hauptsächlich für Papier verwertet, mehrere grosse Papierfabriken sind hier entstanden. Vor 20 Jahren musste Chile noch Papier importieren, – jetzt exportiert es sogar Papier! Kurz, bevor wir hier anlangten, im Städtchen Osorno, gab es noch einen Zwischenfall, der Gottlob noch gut ablief: plötzlich kam aus einem Seitentor ein Junge, der hinter einem Ball herlief, auf die Strasse gestürzt und rannte uns direkt vor den Wagen! Im letzten Augenblick konnte Eduardo bremsen, – aber so plötzlich, dass ich mit dem Kopf gegen die Scheibe flog, – die Scheibe zersplitterte, – aber mein Kopf blieb heil! Zum Glück hatte ich mein altes Schirmmützchen auf, das den Schlag auffing! Punkt acht Uhr langten wir hier auf der alten „Mission" an, dem Stammsitz der Schillings, einer alten Jesuiten-Niederlassung, die der Urgrossvater Buschmann, der 1848 auswanderte, erwarb, dessen Tochter den Grossvater Schilling heiratete. Dieser Buschmann und auch der Grossvater Schilling müssen sehr tüchtig gewesen sein, – über zwanzig „Fundos", – Güter, – erwarben sie im Lauf der Zeit, aber die „Mission" blieb immer der Stammsitz! Damals, vor zwanzig Jahren, war ich hier bei Vito's Eltern, – ein einfaches Landhaus mit Veranda, wie bei uns zu Hause. Vito hat dieses alte Landhaus zum grossen Teil stehen gelassen, auch die einfachen Ziegelmauern, – aber durch sehr geschickte Anbauten erweitert und im Innern mit Geschmack so modernisiert, dass es allen heutigen Ansprüchen entspricht, und doch in dem einen Teil etwas vom alten Hause bewahrt hat. Ich habe hier eine kleine Wohnung ganz für mich: ein grosses Schlafzimmer mit Doppelbett und zwei Fenstern nach Osten und Süden, ein Schreibzimmer mit zwei Fenstern nach Süden und Westen, und eigenem Badezimmer! Da hier Weihnachten erst spät, – gegen 10 Uhr, – gefeiert wurde, konnte ich vorher alle Briefe lesen, die ich hier vorfand, – und das war für mich das Schönste an diesem Weihnachtsabend! Es gab natürlich ein wunderbares Schmatzi, Wein und Sekt, einen richtigen Weihnachtsbaum, – der hier aber nicht geschlagen, sondern lebend in einem Riesentopf, in den Saal gestellt wird, und gleich nach Weihnachten wieder ins Freie kommt! Dieses Jahr war er etwas klein, da der vorjährige zu gross geworden ist! „Stille Nacht" und andere Weihnachtslieder auf Plattenspieler, – bis eins sassen wir beisammen! Der gute Vito hat mir einen wunderbaren Poncho geschenkt, den Ramòn's Frau (der uns damals auf der Expedition zum Stillen Ozean begleitete!) gewebt hat, – und eine herrliche – Bombacha! Du musst Dich also, liebe Jella, darauf vorbereiten, dass ich mit einer Bombacha heimkehre!!! Am nächsten Morgen habe ich gleich in einem grossen Schwimmbassin gebadet, – nur ein paar Schritt vom Haus, – alle meinten, das Wasser wäre noch sehr kalt, – „nur 18 Grad", – also viel wärmer als bei uns! Und dann schmorte ich im Liegestuhl in der Sonne! Ich fühle mich hier schon ganz zu Hause! Aber vom Hause hier erzähle ich das nächste Mal, sonst wird der Brief doch zu schwer! Also: bald mehr!

An Jella v. V.
Auf der Mission,
Osorno, Casilla 248,
c/o Victor Schilling,
Donnerstag, den 21. Jan. 1960.

Mein Liebes!

Heute regnet es wieder, – der zweite Regentag, den ich hier erlebe! – und so komme ich endlich wieder dazu, Dir zu schreiben! Denn bei schönem Wetter wird hier immer was unternommen, und ich will natürlich möglichst viel sehen und die Zeit hier gut ausnützen! In einer Woche werde ich nach Argentinien aufbrechen: die Flugkarten sind schon besorgt!

Nächsten Mittwoch, den 27. Jan., fliege ich nach Santiago, – das geht doch viel schneller und bequemer, als mit der Bahn und kostet nicht viel mehr (mir überhaupt nichts, – Vito behauptet, er hätte so gute Beziehungen zur Fluggesellschaft, dass er nichts zu zahlen braucht, – aber ich glaube, er hat die Flugkarte aus eigener Tasche bezahlt!): man fliegt in vier Stunden nach Santiago, – und im „Rapido", dem Express, ist man mindestens 16 Stunden unterwegs und kommt erst spät in der Nacht an.

In Santiago bleibe ich nur einen Tag, werde dort für den deutschen Sender auf Band sprechen, will auch unseren Botschafter Dr. Strack besuchen, der mich damals einlud, und am nächsten Tag, Freitag, den 29. Januar, fliege ich nach Mendoza, – über die Cordillere, – nur 20 Minuten soll der Flug dauern, – vor 22 Jahren brauchte ich einen ganzen Tag für die Fahrt von Mendoza nach Santiago, in der Transanden-Bahn! Von Mendoza will ich gleich nach Còrdoba, und von dort nach Los Cocos weiter fahren, weiss aber noch nicht, ob mit der Bahn, Autobus oder Flugzeug! Von Nena hab ich schon lange nichts gehört, – in Argentinien soll ein Poststrike herrschen, es droht auch ein Strike der Eisenbahner, – der letzte Brief von Nena war 11 Tage unterwegs gewesen! Jedenfalls ist sie mit ihrer Schwester Margaritha Mönckeberg in Los Cocos, und irgendwie werde ich schon hinkommen! Schreib mir also von jetzt an nach *Los Cocos, Sierra de Còrdoba!* Natürlich will ich auch Eichhorn's in der Sierra besuchen, die nicht weit von Los Cocos in La Falda leben. Los Cocos kenne ich ja noch gar nicht, – vor 22 Jahren war ich nicht dort, nur bei Eichhorn's in La Falda, und in der „Quebrada"!

Aus dem geplanten Flug nach Villarica wurde nichts, dafür sind wir gestern nach Ensenada gefahren, an das Ostende des Llanquihue-Sees, am Fuss des Osorno-Vulkanes. Am Morgen früh fuhren wir los, und kamen erst am Abend heim, – es war ein herrlicher Tag, wolkenloser Himmel, nur am Gipfel des Osorno klebten, wie vor 22 Jahren, einige weisse Wölkchen. Ich machte ein paar Aufnahmen, hoffentlich sind sie geraten! Leider kann man die Farbfilme hier in Südamerika nicht entwickeln, die ersten zwei Rollen schickte ich nach USA, die dritte nach Stuttgart, – es soll Monate dauern, bis man sie bekommt! So kann ich leider keine Erfahrungen mit den Codak-Filmen sammeln, mit denen ich noch nie photographiert habe, – aber Geo meinte, sie eigneten sich hier besser, als die Agfa-Filme, weil sie nicht so lichtempfindlich sind.

Auf unserer Fahrt gestern besuchten wir einen alten Östreicher, Peter Paul von Bauer, der dort am Fuss des Osorno die alten Lawafelder aufforstet, in Baumschulen alle möglichen Bäume aus der Saat aufzieht und dann verpflanzt, – über eine Million Bäume hat er in zehn Jahren schon angepflanzt, jedes Jahr rund 50 Hektar! Bäume aus allen Erdteilen: Indien, Japan, Australien, Kalifornien, Neuseeland, Europa usw. Es gibt allein 80 verschiedene Arten von Kiefern! Am besten gedeiht hier eine Kiefer aus Kalifornien, – „Pino" hier genannt, – die sehr schnell wächst und gutes Holz liefert. Die deutsche Kiefer verträgt scheinbar den Boden oder das Klima hier nicht: in etwa fünf Jahren wird sie von weissen Läusen befallen und geht ein. Sogar Haselnussbäume aus der Türkei werden angepflanzt, – in der Türkei sind es keine Sträucher, sondern richtige Bäume! Seit 50 Jahren lebt Herr von Bauer in Südamerika, war früher in Brasilien, dann in Columbien tätig, wo er die Flug-Gesellschaft gründete und 20 Jahre leitete, dann wurde er im Krieg enteignet, später aber wieder entschädigt, so dass er sich am Osorno ankaufen konnte. Da er aus Kärnten stammt, hat er diesen Besitz „Nova-Carintia" genannt. Den Ersten Weltkrieg hat er selbst mitgemacht, im Zweiten seinen einzigen Sohn in Afrika verloren. Die Bäume pflanzt er für die Kinder seiner Tochter, die in Santiago verheiratet ist, – denn er selbst wird von seinen Anpflanzungen ja nie eine Einnahme haben, die ihm jedes Jahr ein Vermögen kosten! Ein sehr gescheiter, ungemein tätiger Mann, der mir ausgezeichnet gefallen hat, – auf Grund einer grossen wissenschaftlichen Arbeit über seine Versuche hat man ihn in Bonn zum Ehrendoktor gemacht! Ursprünglich hat er Geographie studiert, in Berlin und München, – vom Pfahl wusste er genau Bescheid, auch von Weissenstein und von mir! Da er alle zwei Jahre nach Europa kommt, – in Kärnten hat er noch eine „Klitsche", wie er sagte, – wird er uns vielleicht mal besuchen! Der interessanteste Mann, dem ich bisher in Chile begegnet bin!

Dann habe ich hier noch etwas kennen gelernt: das Polo-Spiel! Auf dem Flugplatz von Helmut, der auch als Polo-Platz benutzt wird, wurden an zwei Nachmittagen Polo-Spiele ausgetragen, – vier Reiter auf jeder Seite, die auf ihren Pferden mit langen Schlägern hinter einem kleinen weissen Holzball herjagen, – eine Art Fussball zu Pferde, – aber wie viel schöner, – ein ritterliches Spiel und farbenprächtiges Bild! Eduardo und Jorge reiten ausgezeichnet. Da nach jedem Spiel die Pferde gewechselt werden, braucht man im Ganzen rund 48 Pferde für die 8 Reiter! Vorgestern stürzte einer, das Pferd überschlug sich, zum Glück brach er sich nichts, aber Gehirnerschütterung, er musste ins Krankenhaus. Raquel kann sich das nie ansehen, – sie regt sich zu sehr auf, wenn die Jungen wild mit der Kavalkade über das Feld rasen, auch wenn man nicht stürzt, kann man mit den Schlägern leicht was abbekommen, auch wenn die Köpfe durch Helme und die Knie durch Bandagen geschützt sind! Jorge hat an allen seinen Fingern Pflaster!

Heute Nachmittag werde ich von Balten abgeholt, die hier in Osorno recht zahlreich sein sollen und natürlich auch „klunkern"! Ein Ungern-Sternberg mit Frau, Neumann, Konow (wahrscheinlich Russe oder Lette?!) – im nächsten Brief berichte ich Aduschchen und Manfred Näheres darüber! Schillings sind von diesen „Osorno-Balten" nicht sehr begeistert, aber einer von ihnen soll ganz nett sein. Wollen mal sehen! Aduschchens „Knister-Brief" hab ich mit grossem Behagen gelesen, und danke ihr sehr!

Langen/Müller schweigt sich aus, – weiss nicht, ob er überhaupt

meine Berichte erhalten hat! Alle meine Briefe werden nicht beantwortet. Hat er die vereinbarten 400 DM. an die Deggendorfer Bank
überwiesen? Bitte schreib mir auch, wie die Abrechnung von Salzer
war, und was er nach Deggendorf gezahlt hat! Bitte schreib an *Frau
Dr. Erika Zeise, Langen-Müller Verlag, München 19, Hubertusstr. 4.,* eine Karte und frag, wie es mit meinen Berichten steht, da ich seit dem
Oktober nichts mehr von ihr gehört habe! Hat der Bayerische
Rundfunk etwas gesendet? Frau Adam wollte doch jeden Monat etwas bringen! Und wie steht es mit den Rundfunk-Honoraren?! Fällt
dann und wann ein Tropfen auf den „weissen Stein"?!
Euch alle um den runden Tisch grüsst ganz kräftig
und Dich umarmt noch kräftiger
immer Dein

(173)

An Jella v. V.

Los Cocos,
Sierra de Còrdoba,
Dienstag, den 2. Febr. 1960.

Mein Liebes!
Gestern kam Dein Brief vom 27. Januar, der also nur fünf Tage unterwegs war, – der Poststreik ist beendet, – und so hoffe ich, dass auch
dieser Brief bald bei Dir sein wird! Meinen Brief vom Flughafen in
Mendoza wirst Du inzwischen erhalten haben. Dort musste ich
fünf Stunden auf das Flugzeug nach Cordoba warten, musste wegen der Pass- und Zoll-Formalitäten lange herumstehen, konnte
mich nach dem Mittagessen nicht hinlegen, in der prallen Sonne
auf das Flugzeug warten, das sich verspätet hatte, – es war sehr
schwül, – so dass mir plötzlich ganz elend wurde, – wie damals bei
meinem Vortrag in Mersburg. Ich war nahe daran, in Ohnmacht zu
fallen, konnte mich noch in die Halle schleppen und mich in einem
Winkel auf einen Stuhl setzen. Wahrscheinlich war mir auch das
Mittagessen nicht bekommen, – roher fetter Schinken mit Oliven,
zähes Fleisch, – kurz, auch in meinem Innern fing es an zu rumoren,

und mir wurde immer schlechter. Aber ich konnte mich ja nirgends ausstrecken. Endlich kam das Flugzeug, ich schleppte mich mit letzter Kraft hin und sank in den Sessel. Wir flogen unter, über und durch Wolken, es gab heftige Windstösse, und es wurde mir so übel, wie ich es noch nie erlebt habe! Alle Innereien stiegen hoch, – ich musste an Dich denken, als Dir auf der Autofahrt nach Passau so schlecht wurde, und erst jetzt konnte ich es Dir richtig nachfühlen, wie es Dir damals zu Mute war! Und dann geschah es, – zum ersten Mal in meinem Leben: ich musste nach der Düte greifen, – und machte Kotzi-Kotzi!!! Nun, ich will nicht übertreiben, es war nicht viel, nicht ganz ein Mund voll, aber immerhin, – ich kotzte! Dann wurde es mir besser, ich liess mir von der Stuardess (eine 'tzückende Argentinerin, für die ich aber keinen Blick übrig hatte!) Tee mit Citrone geben, und sank in einen leichten Dämmerzustand. Gleich nach 6 landeten wir in Cordoba, ich eilte zu einer Taxe, liess meine Koffer holen und fuhr in die Stadt, die 10 Km. vom Flughafen entfernt liegt. Nena hatte mir nach Santiago telegraphiert, dass sie mich Sonnabend Mittag im Plaza-Hotel in Cordoba abholen würde, so fuhr ich ins Hotel, legte mich gleich hin, nahm zwei Tabletten Pyramidon und ein Schlafmittel, das Geo mir mitgegeben hatte, und habe dann wunderbar geschlafen. Am anderen Morgen setzte ich mich auf der Plaza auf eine Bank, legte mich aber dann doch wieder im Hotel hin, und bin wieder eingeschlafen. Da weckte mich das Telefon, der Portier meldete, dass man mich unten erwarte, – ich fuhr im Lift hinunter, – und dann stand Nena da! Wir mussten Beide sehr lachen: zwei alte weisshaarige Menschen, – nach 22 Jahren! Aber dann fanden wir doch gleich einen guten Kontakt, – wenn auch alles ganz anders war, als früher . . .
Gleich nach dem Mittagessen fuhren wir mit einem Autobus nach Los Cocos, – es sind dorthin etwa 80 Km. Da der Bus überfüllt war, mussten wir fast die ganze Zeit hinten im Gepäckraum auf den Koffern sitzen, bis schliesslich zwei Plätze frei wurden. Um fünf kamen wir in Los Cocos an, bei herrlichem Wetter. Los Cocos liegt in der „kleinen" Sierra, 1 300 M. hoch, also ungefähr so hoch, wie der Lusen. Die Berge sind hier fast 2 000 M. hoch, in der „grossen" Sierra, wo wir damals waren, sogar 3 000 M. Hier ist alles lieblicher, von

Bäumen und Büschen bewachsen, keine Felsen, alles ist Grün. Die Villa, die jetzt Nena und Margaritha (Mönckeberg) gehört, liegt etwas abseits, am Hang, mit einem grossen Grundstück herum, etwa einem Hektar, – von den anderen Villen und dem kleinen Ort, der tiefer liegt, ist hier oben überhaupt nichts zu sehen. Der Blick geht nach allen Seiten ins Grüne, auf bewaldete Berge. Das Haus ist einstöckig, – wie Du es liebst, – hat aber auf der einen Seite ein Türmchen mit einem „Turmzimmer", – und in diesem Turmzimmer hause ich! So wohne ich auch hier in einem Turm! Mein Zimmer hat zwei Fenster nach Westen und Norden (was ja hier die Sonnenseite ist), und daneben habe ich ganz für mich ein Badezimmer, und wenn ich Lust habe, kann ich aufs Dach hinaufsteigen und dort oben ein Sonnenbad nehmen! Der Garten ist recht verwildert, da Nena und Margaritha ja nur im Sommer hier sind, auch hat hier eine furchtbare Dürre geherrscht, so dass immer wieder gegossen werden musste. Und das Wasser ist knapp. Aber seit einigen Tagen hat es ganz ordentlich geregnet, in dieser Nacht gab es sogar ein Gewitter mit starkem Guss. Pfirsiche, Pflaumen und Birnen sind schon reif, – die Äpfel und Feigen werden bald auch reif sein. Man kann sich alles von den Bäumen pflücken! Sogar süsse Muskateller Weintrauben gibt es hier! Als ich gestern einen herrlichen Pfirsich ass, musste ich an Dich denken, – denn Du liebst sie doch besonders!
Aber auch sonst denke ich viel an Dich, – Dein Bild steht, wie in Weissenstein, auf meinem Tisch, – und Bella und Lulu wechseln sich ab, da neben Dir nur für ein Bild im Rahmen Platz ist! Und davor steckt das kleine Photo von Goga, als Junge, – so habe ich die ganze Familie hier beisammen! Aber von Lulu finde ich das alte Bild, das Jobchen machte, doch besser, als das von mir! – Ausser Nena und Margaritha ist noch Carlos, ihr Sohn hier, der jetzt 21 ist, in B.A. Jura studiert, – ein sehr netter, aufgeweckter Junge, der ganz seinem Vater (Jürgen Mönckeberg) ähnelt. Nebenan in einer Villa wohnen jetzt im Sommer Hillekamps, – Nelly (die dritte Schwester), mit ihrem Mann Carl-Heinz Hillekamps, der schon vor 33 nach Argentinien ging, hier verschiedene deutsche Zeitungen vertritt und für die deutsche Presse-Agentur arbeitet. Mit Hillekamps stehen sich Nena und Margaritha jetzt sehr gut, Margaritha ist als

Secretärin bei ihm tätig. Margaritha reist im April nach Europa und will dort die Geschwister von Jürgen besuchen, – die Schwestern, – Roland, der einzige Bruder, ist gefallen. Der einzige männliche Mönckeberg ist jetzt Carlos.

Nach Santiago soll ich Mitte April kommen, und dort und in Valparaiso zwischen dem 20. und 28. je einen Vortrag halten. Die Reisekosten werden mir ersetzt. So bleibe ich bis Mitte April hier, und werde von Santiago Ende April direkt nach B. A. fliegen. Auch in B. A. werde ich wohl einen Vortrag halten müssen, im Deutschen Klub, – will aber dann gleich nach S. Paulo, zu Gunja. Denn in B. A. könnte ich nicht arbeiten. Das kann ich nur hier. Ich muss noch meine Berichte über Peru abtippen, und meine Eindrücke über Chile ausarbeiten. Ausserdem will ich mit Nena die „Vorfahren" vor dem Druck noch einmal durchsehen, vor allem den ersten Teil, den Frl. Kauffmann in der gekürzten Fassung abgetippt hat. Ich erwarte täglich das Manuskript, das Frl. Kauffmann vor Weihnachten abgeschickt hat. Auch das Papier-Paket wird wohl bald kommen! Eine entwickelte Filmrolle habe ich hier vorgefunden, – ich hatte sie nach Stuttgart geschickt, wo das Entwickeln viel schneller geht, als in USA! Und alle Aufnahmen sind gelungen!!! So werde ich Euch viele Bilder zeigen können! Bisher habe ich 5 Rollen verknipst! Und 7 habe ich noch!

Am 4. Februar werde ich besonders stark an Dich denken!!

hs. Zusatz:

Hoffentlich hat Manfred sich von Dr. Stein untersuchen lassen. Und hoffentlich geht es ihm wieder besser! Ich habe mich inzwischen wieder ganz erholt, – liege aber vorläufig nur faul in der Sonne oder mache kleine Spaziergänge. Hier werde ich gut arbeiten können, – nach der grossen Hitze in Chile tut die frische Höhenluft gut! Dich umarmt *immer Dein* S.

Gestern bekam ich auch von Werner Illing einen Brief, – sein Urteil über die „Vorfahren", das mich sehr beruhigt hat und hoffentlich Salzer ermutigen wird, das Buch zu drucken! Ich lege eine Abschrift von dem, was er meint, bei!

An Jella v. V.

Los Cocos,
den 4. Februar 1960

Mein Liebes!

Heute vor zwanzig Jahren haben wir uns verlobt, und da sind meine Gedanken heute ganz besonders stark bei Dir, – Du wirst es fühlen! Ich sitze hier in meinem Turmzimmer, mit einem herrlichen Blick auf die bewaldeten Berge, und im Vordergrund auf ein paar alte Laubbäume mit knorrigen Stämmen, in der Nacht hat es geregnet, aber jetzt ist ein strahlender blauer Sommerhimmel mit weissen Wölkchen.

Jetzt will ich Dir berichten, wie hier der Tag verläuft. Sobald ich aufwache gehe ich im Bademantel hinunter in die Küche und trinke meinen Mate, – Margaritha (Mönckeberg) ist dann meist schon da, mit ihrem Sohn Carlitos, der jetzt Carlos genannt wird, Nena kommt gewöhnlich etwas später. So gibt es auch hier ein „Nudisten-Frühstück"! Und auch hier gibt es ein Maral, das aber „Julia" heisst („Chulia!"), ein Mädchen aus dem Dorf, das am Morgen kommt und nach dem Mittag geht. Dann rasier und wasch ich mich, in meinem Badezimmer mit Kachel-Wanne, brause mich warm und kalt ab, ziehe mich an und frühstücke richtig. Da der Tee hier nicht gut ist, – das Wasser ist hart, – trinke ich am Morgen Kaffee, und rauche mein Pfeifchen. Dann wird bis Mittag gearbeitet. So lange die Sonne nicht zu stark ist, sitze ich draussen. Auf dem Schiff hab ich es mir angewöhnt, auch im Liegestuhl zu schreiben. Aber natürlich nur mit der Hand. Da ich aber alles zuerst mit der Hand schreibe, kommt die Maschine erst später dran, wie eben, wenn es draussen zu heiss wird. Um eins ist Mittag, – ganz so, wie bei uns, nur mit einem Teller Suppe vorher, und Obst – eine Melone, oder Birnen aus dem Garten. Und eine kleine Tasse Nesscafee zum Abschluss! Dann Tutito. Um halb fünf gibt es Tee. Ich wache schon früher auf, und steige dann auf einer Treppe, die von meinem Turmzimmer auf eine Altane führt, hinauf und nehme dort oben ein Sonnenbad, dusche mich dann kalt ab und komme erfrischt zum Tee hinunter. Denn die Quebrada ist jetzt ausgetrocknet, so dass man hier in der Nähe nicht baden kann. Nach dem Tee machen wir meist einen kleinen Spaziergang mit Frieda, einem uralten, ergrauten kurzhaarigen braunen Hündchen, das entfernt an einen Dackel erinnert! Dann ist noch Zeit zum Briefeschreiben, denn zu Abend wird erst gegen neun gegessen, – das scheint hier in Südamerika Sitte zu sein: bei Schillings assen wir meist erst gegen halb zehn, oft auch noch später! Nach dem Abendessen wird ein Gläschen Rotwein getrunken, – der hier in Argentinien sehr viel schlechter ist, als der chilenische!, – ein Pfeifchen geraucht und dann ins Körbchen!

Der Postbote kommt gegen vier, immer auf einem Pferde angeritten. So kann man sich den ganzen Tag auf die Post freuen! Aber er bringt sie nur, nimmt aber nichts mit. Die Briefe muss man selbst zur Post bringen, ins „Pueblo", die Ortschaft, etwa 20 Minuten. Wir wohnen hier ganz auf dem Lande. Heute umschwirrte mich ein grüner Kolibri, vor dem Hause wächst ein Citronenbäumchen, wenn man eine Citrone braucht, pflückt man sie einfach vom Baume! Auch Mandarinen- und Orangen-Bäumchen sind da, aber erst im April werden sie reif. Jetzt gibt es Birnen, Pflaumen und Pfirsiche, – und Unmengen von Brombeeren, die überall wuchern! Es ist wirklich ein Paradies, und die Höhenluft angenehm frisch, nie drückend. Hier werde ich gut arbeiten können, möchte, bevor ich etwas Neues sehe, die vielen Eindrücke von Peru und Chile hier in Ruhe verarbeiten! Von Langen/Müller noch immer keine Nachricht!

hs. Zusatz:

Eben kam dieser Brief von Gunja, – werde ihr gleich schreiben, dass ich auf einen grossen Empfang keinen besonderen Wert lege, und auch keinen schwarzen Anzug mit habe! Da ich Ende April in Santiago und Valparaiso und Anfang Mai in Buenos Aires sprechen soll, werde ich wohl erst Mitte Mai nach S. Paolo kommen, – wenn es mit den Schiffen klappt, will ich lieber mit dem Schiff nach Santos fahren, – um mich auszuruhen! Vorträge und die vielen Menschen greifen mich doch recht an! Am liebsten würde ich überhaupt keine Vorträge halten, aber für den Absatz der Bücher wird es gut sein! Nena lässt Dich herzlich grüssen! Dich umarmt ganz fest *immer Dein S.*

175

An Werner Illing

Los Cocos,
Sierras de Còrdoba,
c/o L. H. de Loeb,
Mittwoch, den 10. 2. 60.

Mein lieber Werner!

Der erste Brief, den der Postbote mir hier brachte, – hoch zu Ross, wie die Post hier immer ausgetragen wird! – war Deiner vom 27. Januar! Ich bin Dir sehr dankbar, dass Du trotz der abscheulichen Grippe Dir die Mühe gemacht hast, Dich in meine „Vorfahren" zu vertiefen, und auch noch die „Urgrosseltern" und „Grosseltern" in Dir aufnehmen, und freue mich sehr, dass Dein Urteil so positiv ausgefallen ist! Denn mir kamen oft Zweifel, ob alle diese privaten und doch sehr persönlichen Aufzeichnungen aus der Familien-Brieflade für die Öffentlichkeit wirklich von Interesse wären. Ganz bewusst habe ich meinen begleitenden und verbindenden Kommentar auf ein Minimum beschränkt, und nach Möglichkeit die alten Herrschaften selbst sprechen lassen, – ohne mit dem Zeigefinger sie und ihre Zeit näher zu erklären. Sicher wären einige Hinweise und Erläuterungen, – so über den Pietismus und die „frommen Brüder" von Halle, – gut gewesen. Andrerseits hätten sie aber das schon allzu umfangreiche Opus noch weiter aufgebläht und den Charakter der Darstellung beeinträchtigt: nicht ich, sondern die Vorfahren selbst sollen sich und ihre Zeit durch ihre eigenen Worte und Zeugnisse dem Leser näher bringen! Allerdings habe ich mir dabei erlaubt, ihnen hier und dort meine eigenen Worte in den Mund zu legen! So ist zum Beispiel der Brief von Lisette aus Ösel über den Besuch von Kaiser Alexander 1804 von mir frei erfunden, – auf Grund genauer Kenntnisse aller näheren Umstände jenes Zarenbesuches! Der gute Jakob, dem Frl. Kauffmann auch die Vorfahren zur Begutachtung schickte, meint, der Titel „Vorfahren und Nachkommen" wäre zu farblos und zu nüchtern. Er schlägt vor als Titel: „Campenhausen, – Geschichte eines livländischen Geschlechtes". Aber es soll ja grade nicht bloss eine Familien-Geschichte sein, sondern ein Bild der Zeit geben, wie sich diese im Ablauf der Generationen, –

aus der Perspektive eines livländischen Gutshofes, – wiederspiegelt: Pietismus, Aufklärung, französische Revolution, Napoleon, Befreiungskriege, Biedermeier-Zeit usw. Und dafür finde ich keinen besseren Titel, als „Vorfahren und Nachkommen", mit dem Untertitel: „Zwei Jahrhunderte im Spiegel einer altlivländischen Brieflade". Nun bin ich dabei, den ersten Teil noch einmal durchzusehen, – Mitte März geht er in Druck. Die beiden anderen Teile werden schon gedruckt. Das Buch soll im August erscheinen.

Seit zehn Tagen bin ich hier bei Lea gelandet, – das war ein Wiedersehen: nach 22 Jahren!!! Auch Lea ist weiss geworden, – aber ihr Gesicht hat sich kaum verändert, und im Wesen ist sie genau so, wie sie war, vielleicht etwas ruhiger, aber noch immer von einer ungeheuren Vitalität, Wärme und Anmut. Kein Augenblick der Entfremdung, – es war, als wären wir überhaupt nicht getrennt gewesen! Sie holte mich in Cordoba ab, wohin ich von Santiago über Mendoza geflogen war, – in 55 Minuten über die Cordillere, am Aconcagua vorbei! Schon drei mal habe ich die Cordillere überflogen, – am Schönsten war es in einer kleinen Privat-Maschine von Helmut Schilling, mit dem ich nach Bariloche flog, über die Vulkane und Seen im Süden von Chile. Das war das Schönste und Grossartigste, was ich bisher hier erlebt habe! Wir umkreisten die Vulkane so dicht, dass ich das Gefühl hatte, wir würden sie gleich mit dem Flügel streifen! Als ich Helmut sagte, der Flügel störe mich beim Photographieren, stellte er gleich die Maschine schräg auf die Seite, so dass ich den Gipfel des Osorno ganz frei dicht vor mir hatte und ihn aus nächster Nähe knipsen konnte! Und so umkreisten wir den Calbuco, den Tronador, – und unten leuchteten im zerklüfteten Cordilleren-Massiv die verschiedenen Seen auf, und darüber, am Horizont, – tauchten die Schneegipfel der nördlichen Vulkane auf, – der Laima, Villarica, Lanin, der Puntiagudo, – das chilenische Matterhorn! Auch der Flug von Santiago nach Mendoza war wunderbar, – aber so ein viermotoriger fliegender Omnibus macht natürlich keine Extra-Kurven und fliegt schnurgerade am Aconcagua vorbei!

Los Cocos liegt 100 Km. von Cordoba entfernt, rund 1 300 M. hoch in der Sierra, – also fast so hoch, wie der Lusen! Das Haus, das Lea's Vater erbaut hat, und das jetzt ihr und ihrer Schwester Margarita (Mönckeberg) gehört, liegt oberhalb der Ortschaft, ganz für sich, inmitten eines grossen parkartigen Geländes mit alten Bäumen und einem Obstgarten. Das Haus ist einstöckig, sehr geräumig, und hat einen Turm, und das einzige Turm-Zimmer bewohne ich, mit eigenem Badezimmer, Balkon usw.! So hause ich auch hier in einem Turm! Und durch eine kleine Tür und Treppe kann ich zu einer Art Altane auf das Dach des Turmes emporklettern, und dort ungeniert unter freiem Himmel Sonnenbäder nehmen! Denn rundherum sind nur bewaldete Berge, – eine grüne Wildnis, – auch von der Ortschaft ist von hier oben nichts zu sehen! Los Cocos kannte ich ja noch gar nicht, da ich damals mit Lea in der Sierra Grande war, – dem Schauplatz der „Quebrada"! Die Landschaft hier würde auch Dir zusagen, – alles ist noch unberührt. Da Lea und Margarita nur im Sommer hier sind, ist der Garten recht verwildert. Aber auch das hat seinen Reiz. Jetzt sind die Birnen, Pflaumen und Pfirsiche reif, bald wird es auch Feigen, Mandarinen, Orangen, Quitten und Weintrauben geben. Wenn man eine Citrone braucht, pflückt man sie sich von einem Bäumchen, das vor dem Hause wächst!

Ausser Margarita ist noch ihr Sohn hier, Carlitos, der jetzt Carlos genannt wird, ein prächtiger Junge von 21, der in Buenos Aires Jura studiert, – der letzte Mönckeberg! Jürgen, der Vater, starb ganz plötzlich an einer Kopfgrippe. Bis Mitte April bleibe ich hier, dann fliege ich wieder nach Santiago,um dort in Valparaiso Vorträge zu halten, und Ende April nach Buenos Aires, wo ich Anfang Mai in der „Association Cultural Argentino-Alemana" sprechen werde. Dann geht es Mitte Mai nach Sao Paulo, wo ich im Deutschen Club einen Vortrag halte, und von dort über Rio im Juli heimwärts. Im August werde ich jedenfalls wieder auf dem Turm sein!

Sehr schön wäre es, wenn Ihr auch im August – und zwar für längere Zeit, – auf den Turm kommen könntet!!! Da Isabel mit ihren Kindern in diesem Sommer Finnland bereisen will, und wir auch sonst keinen Besuch erwarten, wird es bei uns recht still sein, so dass Du deine Ruhe hättest! Überleg es Dir! Ich glaube, auch das Täubchen würde sich im Turm erholen können, – und vielleicht sogar gurren!!!

Lea lässt sehr herzlich grüssen!

Euch Beide umarmt
mit einem 'fuerte abrazo'

Herrn   Siegfried von Vegesack,
Dr. J. Schondorff,   bis Mitte April
Langen/Müller Verlag   Argentinien, Los Cocos,
München   Sierra de Còrdoba,
                          c/o L. H. de Loeb/ Mönckeberg,
                              Dienstag, den 23. 2. 1960.

Lieber Herr Dr. Schondorff!
Auf Anraten des Deutsch-Chilenischen Bundes in Santiago habe
ich alle Bücher, die ich mitbrachte, der deutschen Buchhandlung
Albers in Santiago übergeben, die auch die Buchhandlungen in den
anderen Städten beliefern und mit den Verlegern abrechnen wird.
Da ich erst am 20. Dezember in Santiago eintraf, war es für den
Weihnachtsverkauf zu spät. Und auch für Vorträge war die Zeit un-
günstig, da ja Sommerferien waren. So werde ich erst nach Ostern, –
zwischen dem 20. und 28. April in Santiago und Valparaiso die Vorträge halten, die vom Deutsch-Chilenischen Bund veranstaltet werden. Inzwischen habe ich in Santiago, im Deutschen Rundfunk,
verschiedenes auf Band gesprochen, was jetzt gesendet wird, auch
durch die deutsche Zeitung „Condor" soll die Öffentlichkeit auf
meine Lesungen im April vorbereitet werden. Herr Albers rechnet
mit einem guten Absatz der Bücher.
Anfang Mai werde ich in Buenos Aires, in der Association Cultural
Argentino-Alemana sprechen und lesen, auch vor der deutschen Jugend, und in der zweiten Mai-Hälfte in Sao Paulo, im Deutschen
Club. Für diese Vorträge haben die Buchhandlungen *Libreria Beu-
telspacher, Buenos Aires, Sarmiente 815*, und die *Livraria Elite, Sao
Paulo, Caixa Postal 4287*, den Verkauf meiner Bücher übernommen.
Letztere bittet, ihr nur Pakete von 3 kg zu schicken, da sie sonst mit
dem Zoll Schwierigkeiten hat. Es wird wohl am besten sein, wenn

444

der Verlag sich direkt mit diesen beiden Buchhandlungen in Verbindung setzen und sie mit Büchern beliefern würde. Für Rio de Janeiro steht noch kein Termin fest. Auch weiss ich noch nicht, welche Buchhandlung dort in Frage käme. Von Rio aus will ich im Juli mit dem Schiff heimreisen, und werde im August jedenfalls wieder zu Hause sein!

Bisher habe ich 9 Reiseberichte an Frau Dr. Zeise geschickt, aber leider noch keine Antwort von ihr erhalten. Da hier die Post streikte, und viele Briefe verloren gegangen sein sollen, bin ich recht besorgt, ob meine Berichte überhaupt angekommen sind? Vielleicht sind auch Briefe von Frau Dr. Zeise an mich verloren gegangen! Deshalb wäre ich für eine kurze Nachricht dankbar!

Meine Reise hat mir bisher sehr viel neue Eindrücke eingetragen, – viel mehr, als ich erwartet hatte! Jetzt bin ich dabei, diese Eindrücke aus Peru und Chile hier in Ruhe zu verarbeiten und eine Neuauflage meines Südamerika-Buches „Unter fremden Sternen" vorzubereiten. Es wäre sehr schön, wenn diese erweiterte und durch die neuen Eindrücke ergänzte Auflage in Ihrem Verlag erscheinen könnte! Darüber können wir uns nach meiner Rückkehr eingehend unterhalten!

Meine „Vorfahren und Nachkommen" sind bereits im Druck und sollen im August erscheinen.

Hier ist richtiger Sommer: Hitze bis 38 Grad! Pfirsiche, Feigen, Citronen und Weintrauben pflückt man sich im Garten, vor einigen Tagen machte ich einen weiten Ritt, morgen wird eine Tagestour in die Berge unternommen! Fühle mich um 20 Jahre verjüngt, – so ein Wiedersehen nach 22 Jahren ist noch viel schöner, als der erste Eindruck!

Mit herzlichen Grüssen auch an den ganzen Verlag,

An Manfred v. V.　　　⁽¹⁷⁷⁾　Los Cocos, den 26. März 60.

Mein lieber Manfred!
Deine Einwände gegen den Titel „Vorfahren und Nachkommen"
verstehe ich sehr gut, und vom genealogischen Standpunkt hast Du
sicher Recht. Aber mein Buch soll ja weder eine Geschichte unserer
Vorfahren, noch die der Campenhausen geben, sondern im Ablauf
der Generationen den Wechsel der Zeiten darstellen, – Pietismus,
Aufklärung, Biedermeierzeit, Nationalismus usw. „Vorfahren und
Nachkommen" sollen also nur ganz allgemein, – wie bei Turgenjews
„Väter und Söhne", – sagen, dass die Generationen einander ablö-
sen, – bei Turgenjew sind es zwei Generationen, hier fünf. Der Untertitel „Zwei Jahrhunderte im Spiegel einer altlivländischen Brieflade" gibt dann den eigentlichen Inhalt: es soll keineswegs eine Geschichte der zwei Jahrhunderte gegeben werden, – sondern nur, wie
diese sich im Ablauf der Generationen, aus dem Blickfeld eines livländischen Gutshofes, wiederspiegelt! „Die Brieflade von Orellen"
gefällt auch mir als Titel sehr gut, – aber ich fürchte, dass er nur den
Eingeweihten etwas sagen würde, – wer weiss hier, was eine „Brieflade" ist! Ich will nun sehen, was der Verlag, vor allem die gute Kauffmann, zu Deinem Vorschlag sagen wird! – Auch ich werde nicht nur
den Ziegen, sondern auch dem schönen Quark nachtrauern! Aber
ich bin doch sehr froh, dass Du Dich mit Aduschchen nicht mehr
so zu plagen brauchst! Auch mit dem Garten würde ich mich an
Deiner Stelle nur auf eine Oberaufsicht, das Notwendigste beschränken, und Denkchen oder sonst jemand im Dorf für die Arbeiten heranziehen! Hier wird es nun Herbst, aber die Bäume bleiben
ja auch im Winter grün, und bald breche ich ja nach Brasilien, in
Richtung zum Äquator auf, und reise dann der Sonne nach, – in
den dritten Sommer!
Mein liebes Aduschchen! Vielen Dank für Deine beiden Briefe, –
der vom 15. März kam sogar vor dem vom 12. März an! Sehr schön,
dass Du zur Beerdigung von Frau Feigl gegangen bist, – sicher warst
Du dann auch nach alter Tradition bei Steitz eingekehrt. Hoffentlich kommt Achatz doch noch zu seinem Gelde! Er sollte zum

446

Rechtsanwalt Einwaag gehen, der sehr tüchtig ist! Erni's Schüttel-reim hat uns hier sehr erfreut! Hier meine beiden neuesten:

„Er vergewaltigte sie im Luft-Schacht.
Sie heulte, – und der Schuft lacht!"

„Es schmecken in dem süssen Kuchen Nüsse
wie bittere – Eunuchen-Küsse!"

Mit Dorf-Geschichten kann ich leider nicht aufwarten, aber auch hier gibt es sonderbare Menschen: der Gärtner heisst Castro, – und wird natürlich nur „Fidel" genannt! Dann gibt es hier einen alten Mann Rafael, der das Holz hackt und immer schwatzt, und einen Don Ernesto, der jeden Mittag kommt, um sich einen Teller Suppe zu holen, – das ist Tradition aus der Zeit von Nenas Vater! Aber der merkwürdigste Mann ist Don Luis, – ein uralter zerlumpter Bettler, der Kräuter und Eier bringt, und dafür 10 Pesos bekommt, – er heisst in Wirklichkeit Ludwig von Mannsfeld, war Gardeoffizier, und ist seit dem Ersten Weltkrieg hier hängen geblieben! Da er alles versäuft, bezahlen Nena und ihre Verwandten im Kramladen – auch nach alter Tradition, – die Lebensmittel, die er braucht, – aber nicht den Schnaps! Morgen besuchen wir Rennenkampff's in La Falda. In drei Wochen fliege ich nach Santiago, – und dann geht es bald heim-wärts . . .
Euch Beide, – und natürlich auch Jakobus, –
embrassiert Dein wohlaffektionierter
Oncle

(178)
An Adda von Vegesack   Los Cocos, den 8. 4. 60

Mein liebes Aduschchen!
Heute muss ich Dir einen Traum erzählen, den ich diese Nacht hat-te, – ich träumte vom alten Blumbergshof, und will diesen Traum

auch Annalischen schicken:

Heute Nacht hatte ich einen merkwürdigen Traum, – eigentlich drei Träume, die alle im alten Blumbergshof spielten. Ich stand im Vorhaus, auf der Kommode brannte eine Petroleumlampe, und auch im Jagdzimmer nebenan, dem früheren Spielzimmer, brannte eine Lampe, die Tür war offen, im Hause stockdunkel. Und von draussen, von der Veranda, kamen Stimmen und Fusstritte, an der Haustür wurde geklopft und gepoltert, – und ich wusste, dass es Bolschewiken waren, die gleich ins Haus einbrechen würden. Ich war ganz allein, löschte die Lampe, die im Vorhaus brannte, und schlich mich ins Jagdzimmer, um auch die Lampe auszulöschen, und hatte eine schreckliche Angst, dass man durchs Fenster schiessen würde, wenn ich hinging, aber zugleich wusste ich, dass ich die Lampe löschen musste, bevor sie ins Haus einbrachen, denn ich konnte mich ja nur im Dunkeln verstecken, und das Gepolter an der Haustür wurde immer lauter . . . Da wachte ich auf. Und dann träumte ich weiter: Ich kam nach Blumbergshof, war aber noch draussen, alles war finster. Ich fragte jemand, ob das Haus noch steht. Ja, sagte man mir, es steht, aber alle Türen und Fenster wären zerstört, so dass man es nicht mehr heizen könne, und bei der grossen Kälte müsse man drinnen erfrieren. Und man erzählte mir, dass Mama ganz allein im Saal in einem Lehnstuhl sitze und in einem Buch lese, und es so nahe vor ihren Augen halte, dass sie nichts anderes sehe. Und wer sorgt denn für sie? fragte ich. Tante Lina und Adda, sagte man mir, die Beiden sind bei ihr, – aber auch sie können das Haus nicht heizen und warm bekommen, weil alle Türen und Fenster kaputt sind. Und dann ging ich ins Haus, und sah Mama im Lehnstuhl im Saal sitzen, ganz allein, ein Buch dicht vor ihren Augen, sie las, blickte nicht auf, und sah mich nicht, und es war eiskalt, – und so sass sie ganz allein im Saal, – und ich konnte nichts tun und wusste, dass sie erfrieren würde . . . Dieser Traum war noch schrecklicher als der erste. Ich wachte auf, ganz entsetzt, und träumte dann weiter:

Ich stand im Saal, an der Tür zur Gartenveranda, und sah in den Garten, auf die alten Apfelbäume. Die Sonne schien, es war Sommer, – alles, wie früher. Da kamen von links viele kleine Kinder in einem langen Zuge, alle ganz weiss, mit Blumenkörben, die so gross

waren, dass sie sie kaum schleppen konnten, auch mit Tragbahren, auf denen Berge von Blumen lagen. Und alle Kinder, – viele Hundert, – zogen hinunter durch den Garten zum Kirchhof, und ich wusste, dass sie die Blumen zum Kirchhof trugen, – und der Zug nahm kein Ende, und immer neue Kinder kamen mit Blumen, einige auch durch das Haus, an mir vorbei, die Stufen der Gartenveranda hinunter, eine Blumenbahre war so gross, dass sie über die Geländer der Veranda bis in den Garten reichte, – ich wollte den Kindern helfen, aber sie gingen so schnell, dass ich nicht mitkam . . . Und dann wachte ich auf . . . Dabei habe ich diese ganze Zeit hier nie an Blumbergshof gedacht, war ganz mit Südamerika beschäftigt! Und zwischen den drei Träumen war ich ganz wach . . .
So, das war der Traum. Für Anderes ist nun kein Platz! In der nächsten Woche fliege ich nach Chile, und im Mai geht es nach Brasilien, und dann heimwärts! Hoffentlich seid Ihr nun alle wieder gesund! Ohne Ziegen kann ich mir den Turm nur schwer vorstellen! Den Schüttelreim hab ich jetzt noch besser formuliert:

Es schmecken in dem Kuchen Nüsse
meist besser als Eunuchen-Küsse!

Ein 'abrazo fuerte'
Dein wohlaffectionierter Onkel S.

(179)

An Werner Illing

Sao Paulo,
Caixa Postal 7295,
den 6. Juni 1960.

Mein lieber Werner!
Ihr werdet jetzt wohl aus Spanien heimgekehrt sein, und da möchte ich Euch endlich wieder ein Lebenszeichen schicken! Bin nun in Brasilien angelangt, meiner letzten Südamerika-Station, und Mitte Juli geht es wieder heimwärts, wahrscheinlich mit der „Santa Teresa"

der Hamburg-Süd, hoffe Anfang August wieder auf dem Turm zu sein! Könnt Ihr nicht dann auch, zu Manfreds Geburtstag, kommen? Habe so vieles zu berichten, dass auch zehn Briefe nicht ausreichen würden, – hier nur knapp das Wichtigste: seit zwei Wochen bin ich hier bei Gunja und Tatjana gelandet, – Gunja ist die Witwe meines Neffen Rüdiger (Bruder von Roderich), der in russ. Gefangenschaft gestorben ist, und Tatjana ihre Adoptivtochter. Mit einem Handkarren sind die Beiden 45 zu Fuss 40 Km. vor den Bolschewiken geflohen, mit Nichts vor neun Jahren nach Brasilien ausgewandert, – und jetzt leitet und besitzt Tatjana eine der führenden Baufirmen in Sao Paulo, „Construmag", für Tiefbau, baut für Krupp und das Volkswagen-Werk, das hier schon täglich 120 Wagen herstellt, wo noch vor 4 Jahren Urwald war! Sie haben ein fürstliches Apartemento in Sao Paulo, ein Landhaus im Gebirge, und ein Apartemento bei Santos, am Atlantik, in einer märchenhaften Bucht mit Sandstrand, das sie mir zur Verfügung stellen, und wohin ich mich in diesen Tagen zurückziehen will, um nach den vielen Vorträgen, Empfängen und Einladungen meine Eindrücke in Ruhe auszuarbeiten! War schon einen Tag in Brasilia, der neuen Hauptstadt, – im Flugzeug ist ja alles in wenigen Stunden zu erreichen! Bin doch sehr beeindruckt von dieser erstaunlichen Schöpfung, die in drei Jahren aus dem Nichts, – öder Wildnis, – geschaffen wurde! Es ist überhaupt unglaublich, was alles hier in den letzten 20 Jahren entstanden ist, – die Einwohnerzahl von Sao Paulo hat sich vervierfacht: von einer Million ist sie auf vier angewachsen, – alle fünf Minuten wächst hier ein Hochhaus aus dem Boden! – Gunja und Tatjana haben Nena eingeladen, – (aber dies bleibt ganz unter uns!), die heute Abend aus B. A. angeflogen kommt, – so werden wir die letzten Wochen in Guarujà, am Atlantik, noch zusammen sein! Einen schöneren Abschluss meiner Südamerika-Reise hätte ich mir gar nicht erträumen können! Beide, – Gunja und Tatjana, – sind von einer Gastfreundschaft, wie sie grosszügiger und herzlicher gar nicht gedacht werden kann, – es ist hier wirklich wie im Lande der Pygmäen: jeder Wunsch wird erfüllt, noch bevor er ausgesprochen ist! Auch meine ganze Rückpassage wollen sie bezahlen: Geld spiele für sie überhaupt keine Rolle und hätte nur den einen Sinn und Wert, anderen

Siegfried von Vegesack und „Nena" in Los Cocos, Februar 1966.

eine Freude zu machen!

Mein Peru-Bericht wurde bereits vom Nordd. Rundfunk gesendet, der Chile-Bericht folgt am 13. Juni. Es ist doch wirklich merkwürdig: als ich 1938 Chile verliess, kam im Jahr darauf das grosse Erdbeben von Concepcion, – jetzt dauerte es nicht einmal einen Monat! Ende April flog ich von Santiago nach Buenos Aires, und Ende Mai folgte das furchtbare Erdbeben! Von meinen Freunden drüben habe ich noch immer keine Nachricht. Auch die grosse Katherina Mostar lässt nichts von sich hören, – fürchte, dass meine Manuskripte oder ihre Briefe verloren gegangen sind! Auch Schwedhelm, dem ich meine Berichte schickte, schweigt sich aus. Hier soll viel Post verloren gehen. Bis Mitte Juli erreicht mich die Post an die Adr.: *„Caixa Postal 7295."*

Ich muss zum Flughafen, Nena abholen! Daher Schluss!

Euch Beide umarmt mit einem fuerte abrazo

Euer glücklicher

hs. Zusatz:

In Weissenstein ist der Gasthof vom Arbinger völlig abgebrannt, – wahrscheinlich haben Kinder mit Streichhölzern gespielt! In einer Stunde war alles Schutt und Asche, – nur weniges konnte gerettet werden!

Katharina Bach-Mostar leitete die „Korrespondenz", einen Vertrieb von Zeitungsartikeln und Zeitschriften –

Karl Schwedhelm: Literaturredakteur des Süddeutschen Rundfunks in Stuttgart.

An Werner Illing

Guarujà bei Santos,
den 2. August 1960.

Mein lieber Werner!

Die „Santa Ines", die ursprünglich schon am 22. Juli von Santos abgehen sollte, hat sich verspätet, und soll jetzt irgendwo draussen vor
Anker liegen, da der Hafen von Santos so überfüllt ist, dass kein
Platz für sie frei ist! Und da sie viel zu löschen und zu laden hat, und
es seit heute Morgen regnet, – bei Regenwetter kann natürlich weder
gelöscht, noch geladen werden! – so wird es wohl noch einige Tage
dauern, bis wir abdampfen können! Wir Beide, – Nena und ich, –
sind darüber natürlich sehr glücklich: jeder Tag, den wir noch zusammen sein können, ist für uns ein Geschenk, – wer weiss, wann
wir uns wiedersehen werden! So werde ich wohl erst Ende August in
Hamburg eintreffen und kaum vor Anfang September wieder auf
dem Turm sein! Das wollte ich Dir gleich schreiben, – vielleicht
kannst Du es noch so einrichten, dass Ihr Anfang September
kommt, – statt im August? Wir wollen dann Manfreds und Jellas
Geburtstag gründlich nachfeiern! Wenn es Euch aber im August
besser passt, dann fahrt nur los, – der Turm wird sich natürlich sehr
freuen, wenn Ihr am 22. zu Manfreds Geburtstag kommt! Am
Schönsten wäre es, wenn Ihr dann bis zu meiner Heimkehr bleiben
könntet, – aber ich fürchte, der Moloch Rundfunk wird Dir nicht so
viel Zeit gönnen!

Der erste Hafen in Europa, den die „Santa Inès" anläuft, ist Antwerpen. Vielleicht könntest Du mir dorthin – zwischen dem 20. und
25. August, – Nachricht geben, und zwar an folgende Adresse: *Antwerpen, Eiffe & Co, Agentur der Hamburg-Süd, Lange Nieuwstraat 43.
S. v. V., Passagier der „Santa Inès".*

An die „Welt am Sonntag" habe ich geschrieben, dass ich gegen 500
Aufnahmen (Farbdias!) mitbringe, – und mit gleicher Post geht an
die Katharina Mostar ein Bericht über Brasilia ab! Hoffentlich wird
es mit der „Welt am Sonntag" klappen! Schwedhelm schrieb mir,
dass er meine Südamerika-Berichte im Lauf des Oktober und November senden will! Vor oder nach der Akademie-Tagung in Darm-

stadt will ich dann nach Stuttgart kommen und sie auf Band sprechen, – sehr schön wäre es, wenn ich dann bei Euch hausen könnte!
Es wird viel zu erzählen geben! Habe in Sao Paulo eine „Macumba"
mitgemacht, – eine religiöse Feier der Schwarzen, – mit Gesang und
Tanz, – die Zukunft sieht doch sehr schwarz (oder gelb!) aus, – in
keinem Fall weiss!!! . . .
Gestern schwammen wir noch im Atlantik, und schmorten in der
Sonne! Bin braungebrannt wie ein Brasilianer! Heute regnet es. Wir
hoffen, dass es noch lange regnen wird, – und die Santa Inès noch
lange hier wird liegen müssen! Jetzt sind wir Beide hier die einzigen
Badegäste, – der ganze Strand gehört uns allein!
Euch Beide umarmt und freut sich auf
ein baldiges Wiedersehen
Dein alter

(181)

An Nena
                          An Bord der „Santa Inez"
                          Dienstag, den 16. August 19(60)

Meine liebe, liebe Nena!
Morgen sind es zwei Wochen her, dass Ihr mich aufs Schiff brachtet,
und ich Dein letztes Winken sah! Nun liegt schon der Äquator zwischen uns, und bald wird die halbe Erdkugel wieder zwischen uns
liegen! Eine schreckliche Traurigkeit hat mich überfallen, – wer
weiß, ob wir uns jemals noch wiedersehen werden! Die Zeit, die wir
zusammen waren, war zu schön, zu erfüllt, – kann sich so etwas zum
zweiten Mal wiederholen? Vom Kreuz des Südens sah ich heute nur
noch einen Stern, und auch der ist nun verschwunden. Dafür konnten wir heute vom Schiff den neuen amerikanischen Satelliten
„Echo" beobachten, der wie ein heller Stern, mit merkwürdigen
Zick-Zack-Bewegungen in nordöstlicher Richtung über den Himmel rannte! Man spielt heute Abend ein Pfänderspiel auf Deck, –
ich habe keine Lust, mich daran zu beteiligen, habe eine Flasche
Bier ganz allein im Salon getrunken, wo wir damals sassen, meine

Pfeife geraucht, und will gleich ins Bett kriechen. Aber vorher noch ein wenig mit Dir schwatzen!

In Bahia war ich auf dem Negermarkt, in Recife in einer Neger-Siedlung, habe einige Aufnahmen gemacht, und die letzte Filmrolle in den Apparat getan. Sonntag sollen wir in Las Palmas anlangen, und um den 27. August in Antwerpen sein. Aber dort und in Rotterdam werden wir uns länger aufhalten und wahrscheinlich erst Mitte September in Hamburg ankommen. So habe ich noch viel Zeit vor mir, um mich nach und nach auf Europa umzustellen! Natürlich freue ich mich darauf, nach Hause zu kommen, Jella und den Jungen, und Isabel wiederzusehen, aber es wird nicht leicht sein, in den Alltag, das alte Leben zurückzukehren... Mit dem Herzen bin ich bei dir hängen geblieben, – und stärker und tiefer, als damals, vor 22 Jahren!...

Du fehlst mir sehr, – ohne Dich ist alles so leer! Sonntag Vormittag wurde unsere Bach-Platte gespielt, – hier an Bord haben sie nur abscheuliche Platten,– und so gab ich sie, um sie mitten auf dem Ozean, am Äquator, zu hören! Du warst mir ganz nahe, in Gedanken hielt ich Deine Hand ganz fest in meiner, – wie auf dem Diwan in Guaruja! Immer wieder laufen meine Gedanken zurück, – nach Guaruja, Buenos Aires und Los Cocos! Ich kämpfe gegen die schreckliche Trübsal an, – aber sie kommt immer wieder, und ist so grenzenlos wie das Meer, wie diese ungeheure Wasserwüste, die kein Ende nimmt... Wenn ich in diese Wasserwüste hinunter starre, überkommt mich plötzlich ein Verlangen, unterzutauchen und zu versinken... Alles, was wir erlebten, war wie ein Traum, – und da fällt es schwer, aufzuwachen und weiter zu leben...

Genug davon, Du sollst nur wissen, wie es wirklich in mir ausschaut, – ich werde mich schon wieder aufrappeln! Du bist der einzige Mensch, dem ich alles sagen kann, – ich weiß, Du wirst mich verstehn! Hab Dank für alles, alles!!! Jetzt krieche ich ins Körbchen, – vielleicht kann ich wenigstens von Dir träumen... Dich liebt und umarmt ganz fest

Dein recht verzweifelter,
todunglücklicher
Chérie

An Otto v. Taube   Burg Weissenstein, 27. 10. 1960.

Lieber Baron Taube!

Von der Darmstädter Tagung heimgekehrt, finde ich hier Ihren freundlichen Brief vom 17. 10. vor, für den ich Ihnen herzlich danke! Es freut mich sehr, dass meine „Vorfahren" Ihre Anteilnahme und Zustimmung gefunden haben: denn Ihr Urteil ist für mich ganz besonders wertvoll! Sie lassen sich nicht an der Nase herumführen, und so haben Sie sofort bemerkt, wie respektlos ich mit meiner Urgrossmutter Clementine umgesprungen bin, indem ich sie zu einer Fallois machte und sie mit ihrer eigenen Mutter vertauschte! Dann sie selbst war eine Wolff, und nur ihre Mutter, – die „Grandmama", – war eine Fallois! Aber das tat ich nicht leichtfertig, sondern wohlüberlegt, nach Überwindung heftiger Widerstände, die sich in mir nicht nur als Nachkommen, sondern auch als Historiker regten, – denn ich habe nicht umsonst sieben Jahre Geschichte studiert! Ich hoffe, dass Sie meine Beweggründe für einen solchen eigenmächtigen Eingriff in die Historie und Familien-Geschichte wenn nicht billigen, so doch verstehen werden. Und diese sind: Es kam mir vor allem darauf an, den Leser nicht mit all'zu komplizierten verwandtschaftlichen Erklärungen zu verwirren, – und so übertrug ich die Geschichte mit den roten Atlasschuhen vom Ururgrossvater Gottlieb Wolff auf den Urgrossvater Christoph Campenhausen. Der sich tatsächlich am Tage der Schlacht von Austerlitz mit seiner Clementine verlobte! So konnte ich auch die Weltgeschichte einblenden, – wie ja auch die Fallois keineswegs Refugiés, sondern schon vor der Franz. Revolution in Dresden ansässig waren! Ich will ja keine exakte Familiengeschichte, sondern ein möglichst lebendiges und wahrheitsgetreues Bild der Zeit geben, – und da kommt es nicht so sehr darauf an, ob es der Ur-Urgrossvater, oder der Urgrossvater war, der sich in die roten Atlasschuhe verliebte! Dies ist allerdings auch die einzige grössere Freiheit, die ich mir mit den „Vorfahren" erlaubt habe! Aber ich muss Ihnen auch eine kleinere beichten: die Reise nach Karlsbad, von der Grosstante Ernestine so anschaulich berichtet, fand in Wirklichkeit nicht 1823, sondern 1822 statt, – da aber Goethe im August 23 in Karlsbad war, und an seinem Geburtstage mit Ulrike den Ausflug nach Elbogen machte, und es mir viel darauf ankam, ihn wenigstens einmal auftauchen zu lassen, musste ich die Reise um ein Jahr verschieben. In Wirklichkeit haben weder der Urgrossvater noch Grosstante Ernestine jemals Goethe gesehen!!! Ein wenig schwindeln, – man nennt das „Phantasie", – ist ja unser Metier!! Ursprünglich wollte ich ja die Vorfahren zu einem Roman verarbeiten, von dem ich bereits über 700 Seiten geschrieben hatte, – aber je tiefer ich in den Stoff eindrang, umso kläglicher erschien mir mein Unterfangen, – die Vorfahren lachten den „Nachkommen" einfach aus, bis ich das ganze Manuskript verbrannte . . .

hs. Zusatz:

Mit gleicher Post schicke ich Ihnen die Familiengeschichte der Campenhausen, Vegesack's, und meinen Stammbaum, den mein Bruder Manfred zusammengestellt hat, – damit Sie auch ein einwandfreies Material von meinen Vorfahren erhalten, – und nicht auf meine „unzuverlässige" Darstellung angewiesen sind!

(183)

An Otto v. Taube   Burg Weissenstein, 29. 10. 1960.

Lieber Baron Taube!

Unsere Briefe haben sich gekreuzt! Sehr herzlich danke ich Ihnen für Ihre schöne Besprechung meiner „Vorfahren", – die erste, die ich erhalten habe! Es sollen schon einige erschienen sein, aber gelesen hab ich sie noch nicht. An die 2 000 Exemplare sind bereits abgesetzt, – die Käufer können doch unmöglich alles Balten sein, und so hoffe ich, dass das Buch auch von recht vielen „Reichsdeutschen" gelesen wird!

Ja, durch meine Grossmutter Isabelle, die ihren leiblichen Vetter Theophiel heiratete, sind wir mit den Stomerseeschen Wolff's besonders nahe verwandt. An meinen Onkel „Bari" und seine Frau, die Alice Barbi, kann ich mich gut erinnern. 1913/14, als ich in

457

München studierte, habe ich sie öfters in der Leopoldstrasse besucht, und führte damals die beiden Cousinen zu den Vorlesungen von Wölflin! Aber seitdem bin ich ihnen nie mehr begegnet. Eben habe ich mit der Lektüre des „Leoparden" begonnen, – habe auch Ihre Besprechung im „Eckart" gelesen, die uns Petersen brachte. Sollten Sie mit meinen Cousinen in Verbindung stehen, dann grüssen Sie sie bitte herzlich von mir, – sie werden sich vielleicht meiner erinnern!

Noch ein Geständnis: die Aufzeichnungen von Bursy über seine Besuche bei Jean Paul und Beethoven sind im Ersten Weltkrieg in einem längst verschollenen Büchlein „Aus kurländischen Reisetagebüchern" im Verlag Würtz in Berlin-Steglitz erschienen, – in der Quellenangabe führe ich es an. Auch das „Kuriositäten-Kabinett" habe ich in die Orellen'sche Brieflade hineingeschmuggelt! Aber die Briefe Barclay's habe ich wirklich in der Brieflade entdeckt!

Ich füge noch eine Übersetzung von Lermontow's „Molitwa" bei, – das ich seit meiner Gymnasiasten-Zeit in mir herumgetragen habe, – aber erst jetzt, in der argentinischen Sierra, kam dieser Versuch einer Übertragung zu stande, – für die mittleren Strophen brauchte ich fünf Wochen!

Mit herzlichen Grüssen,
auch an Ihre Tochter,
Ihr getreuer

Onkel Bari: Vegesacks Großmutter, Isabelle Freiin von Wolff, hatte einen Bruder, Eduard, dessen Sohn Boris die Sängerin Alice Barbi geheiratet hatte. Dieser Ehe entsprossen zwei Töchter: Olga (*1896) und Alexandra (*1894), die spätere Ehefrau des sizilianischen Grafen und Schriftstellers Giuseppe Tomasi di Lampedusa, der posthum mit seinem Roman *Der Leopard* größten Erfolg hatte.

Wölfflin, Heinrich: legendärer Professor für Kunstgeschichte, unter anderem hatte er auch in München gewirkt.

Molitwa: (die Übersetzung dieses Gedichtes von Lermontov war dem Brief an Jella vom 5. April 60 aus Los Cocos beigelegen)

Das Gebet
Wird mir das Leben all' zu schwer,
wenn Gram mein Herz verzehrt, –
dann sag' ich ein Gebet mir her,
das man mich einst gelehrt.

In eine unversehrbare
Welt das Gebet mich hebt:
welch' Zauber, unerklärbare
Macht in den Worten lebt!

Und alles, was mich quält, zerrinnt,
und jeder Zweifel weicht.
Und schluchzend, gläubig wie als Kind,
wird's mir so leicht, so leicht . . .

(184)

An Adolf Grimme   Burg Weissenstein, 31. 10. 1960.

Mein lieber Adolfus!
Die angehäufte Post ist aufgeräumt, so konnte ich mich endlich in
aller Ruhe an die Lektüre des schönen Buches von den Begegnungen mit Dir machen, – und bin Dir dabei selbst auf allen Stationen
Deines so fruchtbaren Lebensweges begegnet! Job hat Recht: dies
Buch ist viel mehr, als ein ehrendes Denkmal, – es gibt in vielen verschiedenen Spiegelungen ein ausgezeichnetes, lebendiges Bild Deiner Persönlichkeit, das ganz meinen Eindrücken von Deinem Wesen entspricht! Es ist schön, einen Freund zu gewinnen, – und besonders schön, wenn einem dieses seltene Glück noch im Alter zu
Teil wird! Und dabei habe ich das Gefühl, als wenn wir uns schon
immer gekannt hätten! Nun hat sich dieses Bild von Dir noch wesentlich vertieft und abgerundet, – und auch ich danke Dir, wie Jella,
herzlich für dieses schöne Buch der Freundschaft, die auch uns mit
Dir und Josefine, – wie wir Beide hoffen, – noch lange, bis an unser
Ende, verbinden wird!

Ich denke noch oft an unser Beisammensein, an die schöne Autofahrt, – aber in Darmstadt selbst war ich von den vielen Menschen
ein wenig verstört, – das Geräusch der vielen Stimmen umher ver-
trage ich immer weniger! Die Akademie-Sitzungen waren qualvoll,
und auch die Festsitzung mit der Preisverleihung, die Rede Celans,
– von der ich kaum einen Satz verstehen, geschweige denn begreifen konnte, – war eine Tortur. Mir fiel dabei ein höchst unpassender
Schüttelreim ein:

„Man soll nicht jede Scheisse preisen, –
jedoch auf alle Preise – sch . . ."

Welch' ein Glück, dass wir am Vorabend die „Schule schwänzten"!!!
Ausgezeichnet, was Süsskind in der Süddeutschen über die Tagung
berichtet hat, – so war es ja auch in der Schule: wer die Stunden
schwänzte, schrieb nachher die besten Aufsätze!
In Stuttgart war ich am Montag Abend mit Job, Rombach, Schwedhelm und meinem Verleger Salzer zusammen, – im neuen Ratskel-
ler. Und Dienstag bin ich dann heimgefahren. Aber in Gedanken
habe ich immer wieder unser Gespräch fortgesetzt, – Deine Frage:
„glaubst du denn nicht an den Menschen"? hat mich nicht in Ruhe
gelassen! Natürlich glaube ich an den Menschen, – und eben deshalb, meine ich, muss man, – wenn nötig, mit der Waffe, – dem Un-
menschen Widerstand leisten! Das war doch grade unser Verhäng-
nis, dass die meisten Hitler nicht ernst nahmen und meinten, die
Nazis würden sich mit der Zeit mausern, – und jetzt sollen wir uns
vertrauensselig von den rot-braunen Brüdern drüben einfach nie-
derwalzen lassen? Denn dies Geschäft werden die Bolschewiken
wohlweislich den strammen Deutschen überlassen, die es mit deutscher Gründlichkeit besorgen werden, – viel gründlicher, als die Bolschewiken! Nein, da kann ich nicht mit, auch wenn ich, ganz wie
Du, jede Gewalt verabscheue, – dann lieber tot, als noch einmal solche Zeiten erleben, wie wir sie erleben mussten! Wahrscheinlich rumort in mir doch noch etwas vom „Trabanten", oder vom „Freibeu-
ter", – ich hoffe, Du wirst mit Deiner Toleranz und Güte mir diese
militaristischen Rudimente nicht weiter verübeln! Im Grunde wol-

len wir das Gleiche: ein friedlich vereintes Europa, nur glaube ich, dass dies nur in einer freiheitlichen, und nicht in einer versklavten Welt, verwirklicht werden kann! Genug davon! Euch Beide grüsst sehr herzlich auch von Jella,
Euer guter

P. S. Ich lege das Gedicht von Lermontov bei, – als Erinnerung an den Abend, als wir die „Schule schwänzten"!

Begegnungen: Wirkendes, sorgendes Dasein. Begegnungen mit Adolf Grimme, herausgegeben von W. G. Oschilewski. Berlin 1959
Otto Rombach (1904–1984) Schriftsteller; auch er lebte im süddeutschen Raum und war ein Kollege und Freund von Werner Illing.

(185)

Freiherrn   21. Dez. 1960.
Alfons von Czibulka,
München

Lieber Herr von Czibulka!
Das war eine wirklich grosse, – und äusserst angenehme Überraschung! Noch nie ist so völlig unerwartet ein solcher „Tropfen auf den weissen Stein" gefallen! Denn noch nie habe ich bisher irgend einen „Preis" erhalten!
Und so möchte ich Ihnen, und dem Vorsitzenden des Kuratoriums, Herrn Prof. Dr. Alois Wenzl, sehr herzlich sowohl für die Ehrung, als auch den Mammon danken!
Selbstverständlich werde ich gern Ende Januar oder Anfang Februar nach München kommen, um die Auszeichnung im Rahmen einer kleinen Feierstunde entgegenzunehmen, und bitte Sie, den Termin zu bestimmen!
Da ich in diesen Dingen keinerlei Erfahrung besitze, bitte ich Sie

auch um die Freundlichkeit, mir mitzuteilen, wie so etwas vor sich geht, und was ich dabei zu tun habe?

Zu meiner Schande muss ich gestehen, dass ich hier im Wald so abseits von der Welt und vor allem der literarischen Welt lebe, dass mir noch nie etwas von der „Stiftung zur Förderung des Schrifttums" zu Ohren gekommen ist! Sehr dankbar wäre ich Ihnen, wenn Sie mir gelegentlich mitteilen würden, wer die bisherigen Preisträger waren? Grade machte ich mir Gedanken, wie ich über diesen Winter hinwegkommen würde, – mein neues Buch ist zwar erschienen, aber selbst im besten Fall wird mein Honorar kaum den vom Verlag bereits erhaltenen Vorschuss decken, – von meinen sonstigen Schulden ganz zu schweigen! So fiel der „Tropfen" grade zur rechten Zeit auf den „weissen Stein"!

Als kleine Weihnachtsgabe lasse ich Ihnen vom Verlag mein letztes Buch „Vorfahren und Nachkommen" schicken, – vielleicht finden Sie in den Feiertagen die Zeit, mal hineinzuschaun!

Mit herzlichen Weihnachts-Grüssen
und guten Wünschen für 1961
Ihr

In einem Brief vom 12. 12. 60 teilte die „Stiftung zur Förderung des Schrifttums", München (gez. Freiherr von Czibulka und Dr. Alois Wenzl) dem in Aussicht genommenen Preisträger Vegesack mit, man wolle ihm anläßlich des 10–jährigen Bestehens der Stiftung den „Romanpreis des Jubiläumsjahres" zuerkennen und damit sollte sein „bisheriges Schaffen Anerkennung finden und Ihre weitere Arbeit gefördert werden".

Wie aus dem Brief S. v. V's. an Job vom 28. 12. 60 hervorgeht, war der Preis mit DM 4000 dotiert. Der Festakt fand am 8. Februar 1961 statt.

An Otto Flake   4. Januar, 1961.

Lieber, verehrter Herr Flake!
Es sind fast 13 Jahre her, dass wir Briefe wechselten, und jetzt möchte ich, – wenn auch sehr verspätet, – zum neuen Lebensjahrzehnt alles Gute wünschen! Zu Weihnachten habe ich mir nämlich Ihre Selbstbiographie „Es wird Abend" geschenkt, – und vertiefe mich nun in Ihr Leben, – bin vorläufig noch in Ihrer Kindheit! Und freue mich auf die weiteren Stationen Ihres bewegten und so erfüllten Lebens!
Merkwürdig, wie grade im Alter die Erinnerungen wieder lebendig werden! So erinnere ich mich lebhaft an unsere Spaziergänge im Berliner Tiergarten. Als wir in der Gegend des Zoo an ein Hindernis kamen, – irgendwelche Pfosten versperrten den Weg, – da nahmen Sie einen Anlauf und setzten, wie ein Schuljunge, mit einem Sprung darüber hinweg! Und so, – scheint mir, – haben Sie es auch sonst in Ihrem Leben getan: Hindernisse gab es für Sie nicht, Umwege und Nebenwege haben Sie verschmäht, – Sie sprangen einfach hinüber!
Nun habe ich eine Bitte: gern hätte ich ein Photo von Ihnen, – aus der damaligen Zeit, oder, fast noch lieber, von jetzt, – in irgend einem Prospekt sah ich ein ausgezeichnetes Photo von Ihnen, kann es aber nicht mehr auffinden. In Ihrem Buch vermisse ich Ihr Bild!
Auch ich habe mich in den letzten Jahren in die Vergangenheit vertieft, – aber nicht in mein Leben, sondern in das Leben meiner Vorfahren mütterlicherseits, der Campenhausen, deren „Brieflade" Aufzeichnungen von fünf Generationen, aus zwei Jahrhunderten wie durch ein Wunder vor dem Untergang bewahrt hat! Das Buch ist kürzlich bei Salzer unter dem Titel „Vorfahren und Nachkommen" erschienen, ich füge einen Prospekt mit den näheren Angaben bei. Ich weiss nicht, ob ich Ihnen die Lektüre meiner „Vorfahren" zumuten kann, – sollte Sie aber mein Buch interessieren, will ich den Verlag veranlassen, Ihnen ein Exemplar zu schicken!
Mit guten Wünschen für das Neue Jahr
grüsst Sie herzlich
Ihr getreuer

Otto Flake: (1880–1963) Schriftsteller

Im Sommer 1923 wandte sich Flake an Vegesack, weil er in der Voss gelesen hatte, Vegesack lebe nun im Bayrischen Wald und er selbst erwog, aufs Land und möglicherweise in den Bayr. Wald zu ziehen, wenn die Lebenshaltung dort billiger wäre. Da Flake sich in den folgenden Wochen in Berlin etablieren konnte, suchte er vor allem einen Aufenthaltsort für seine Frau und seine Tochter.

Im Jahr 48 dankt Flake noch einmal für einen offensichtlich ausführlichen Brief Vegesacks über den Roman *Fortunat* (bei Keppler 48); leider ist dieser Brief ebensowenig wie die anderen erhalten.

Es wird Abend. Bericht aus einem langen Leben. Gütersloh 1960. Flake erwähnt darin, Vegesack in der Berliner Pension Schmolke getroffen zu haben.

(187)

Herrn   4. Januar, 1961.
Hartmut Salzer,
Heilbronn a. N.

Lieber Herr Salzer!

Besten Dank für Ihren Brief vom 3. 1. und Ihre Neujahrswünsche, die ich herzlich erwidere! Sie werden inzwischen meinen letzten Brief erhalten haben, mit der Nachricht, dass mir zum ersten Mal in meinem Leben ein Preis zugesprochen wurde! So hat das Alte Jahr für mich ein gutes Ende gefunden, und ich hoffe, dass es auch im Neuen so weiter gehen wird!

Vom Südwestfunk erhielt ich DM 500 für den „Entehrten", und da ich das Manuskript schon vor Erscheinen des Buches eingereicht hatte, habe ich das Honorar für mich behalten.

Nun zu Ihrem Vorschlag, eine Neuauflage der „Baltischen Tragödie" im SIEBENSTERN herauszubringen. Ich finde, Sie als Verleger werden das besser beurteilen, ob dies ratsam wäre, und so möchte ich die Entscheidung darüber ganz Ihrem Ermessen überlassen. Wenn der Absatz dadurch belebt werden könnte, wäre das für uns Beide natürlich günstiger! Bei dieser Gelegenheit möchte ich erwähnen, dass ich für das erste Halbjahr 1960 zwar das Honorar, nicht aber eine Abrechnung erhalten habe, so dass ich nicht weiss, wie viel Exemplare der „Baltischen Tragödie" zuletzt abgesetzt wurden. Bis zum 1. Januar 1960 waren es 5 160 Ex.

Was nun aber den Titel betrifft, so habe ich doch, noch reiflichem Überlegen, Bedenken, diesen zu ändern. Selbst wenn die Sortimenter Recht hätten, mit der Annahme, dass dadurch neue Leser und Käufer gewonnen werden könnten, – was ich nicht für so sicher halte, – so glaube ich, dass dadurch eine grosse Verwirrung entstehen und andere Käufer, die jetzt durch die „Vorfahren und Nachkommen" auf die „Baltische Tragödie" hingeführt werden, verloren gehen würden! Solche Namens-Änderungen sind eine zweischneidige Sache, wie ich es schon einmal erlebt habe, als der Keppler Verlag seinerzeit „Blumbergshof" in „Versunkene Welt" umtaufte, – ein Erfolg blieb aus! Auch wüsste ich nicht einen anderen, wirklich guten Titel für die „Tragödie"! Ich möchte deshalb doch lieber beim alten Titel bleiben!

Nun bin ich gespannt, was Fräulein Kauffmann zu meinem Südamerika-Buch sagen wird! Mir wäre es am liebsten, wenn es bei Ihnen erscheinen könnte, – zu meinem festen Leserkreis würde es, davon bin ich fest überzeugt, zahlreiche neue gewinnen, wozu die bereits erfolgten und noch bevorstehenden Rundfunk-Sendungen beitragen würden!

Mit herzlichen Grüssen,
auch an Ihre Frau und Ihre
Frau Mutter, der ich gute Besserung wünsche,
Ihr

Siebenstern: Eine Gemeinschaftsproduktion mehrerer evangelischer Verlage; höhere Auflage, günstigerer Preis
Namensänderung: Salzer hatte Vegesack gebeten, eine Änderung des Titels zu erwägen, „um das Wort Tragödie" zu vermeiden, da viele Leser keine Tragödie lesen wollten, in einer Zeit täglicher Tragödien . . .
Das Südamerika-Buch (Südamerika im Vergleich beider Reisen) erschien 1962 im Langen-Müller-Verlag unter dem Titel *Südamerikanisches Mosaik.*

Herrn   Burg Weissenstein, 16. März 1961.
Dr. J. Schondorff,
Langen-Müller-Verlag,
München

Lieber Herr Schondorff!
Hier erhalten Sie die ersten zwei Drittel meines Südamerika-Manuskriptes, – Brasilien und Argentinien, – das letzte Drittel, (Paraguay, Chile, Peru), hoffe ich Ihnen in etwa zehn Tagen schicken zu
können! Im Ganzen werden es rund 300 Seiten werden.
Ich habe das Manuskript sehr gründlich bearbeitet und wesentlich
gekürzt: gegen Hundert Seiten gestrichen. So liegt nun tatsächlich
keine Neuauflage, sondern ein neues Buch vor!
Die Aufzeichnungen von meiner letzten Reise gab ich Ihrer Gattin,
als ich in München war. Ich bitte Sie, diese Kapitel im Manuskript
einzufügen: auf Seite 79 die über Brasilien, und auf Seite 183 die
über Argentinien.
Eine kleine Auswahl von 40 Photos, die nach meinen Farbdias angefertigt wurden, füge ich bei.
Ich hoffe, dass Sie in den Feiertagen Zeit finden werden, in mein
Manuskript hineinzuschaun, – für eine baldige Entscheidung wäre
ich Ihnen dankbar!
Mit herzlichen Grüssen,
auch an Ihre Gattin,
Ihr

An H. L. de Loeb   Weissenstein, den 28. Mai 1961.

Meine liebe, liebe Nena!
Wieder haben sich unsere Briefe gekreuzt: Dein Doppelbrief vom
12.–16. Mai, und meiner vom 13. Mai! Und so hoffe ich, dass auch
dieser irgendwo über dem Atlantik einem Brief von Dir begegnen

wird! Jetzt, wo ich den 9. Stock der Garay kenne, kann ich mir Dich viel besser in B. A. vorstellen, als früher! Bitte bestell der guten Ercilia einen Extra-Gruss von mir, – sie sorgt doch rührend für Dich (und Mulinsky!), – es ist sehr schön, dass sie Dich das nächste Mal nach Los Cocos begleiten will! Sehr beruhigend auch, dass Mulinsky in der Grosstadt sich so schnell über den Verlust des Kindes getröstet hat! Und Du gibst Dich also dem „gesellschaftlichen" Leben hin, – Bridge-Partien, Einladungen, Theater usw! Das wird Dir gut tun, – nach Los Cocos! Du bist noch in dem Alter, – oder richtiger, in der „Jugend", – wo man beides abwechselnd braucht: Land und Grosstadt! Bei mir ist das ganz was anderes, – bin Dir ja auch um fast ein ganzes Jahrzehnt voraus! Und so habe ich Dir, – leider, – auch nichts zu beichten, – nicht das Geringste! Führe das abgeklärte Dasein eines alten Eremiten, – fühle mich dabei sehr wohl!!!

Morgen schicke ich Dir mit gewöhnlicher Post einen Durchschlag meines Südamerika-Manuskriptes, – die gekürzten und etwas umgearbeiteten Kapitel aus den „Unter fremden Sternen", die in das neue Buch hineinkommen. Rund 100 Seiten habe ich gestrichen, und rund 100 neue Seiten kommen dazu, so dass der Umfang des neuen Buches ungefähr der gleiche bleiben wird. Der Verlag will für das neue Buch einen neuen Titel, und auch ich glaube, dass es besser sein wird, für diese Neubearbeitung einen anderen Titel zu wählen. Von allen, die in Fragen kämen, scheint mir „Südamerikanisches Mosaik" doch der beste zu sein: weil mein Buch keine zusammenfassende Darstellung, sondern ein buntes mosaikartiges Gebilde gibt, das aus lauter kleinen Beobachtungen, Bildern und Erlebnissen zusammengefügt ist! Ende Juni wirst Du wohl das Manuskript bekommen. Dann hast Du den ganzen Juli und August Zeit, es gründlich durchzusehen. Du brauchst es mir gar nicht zurückzuschicken, – ein Zettel genügt für das, was Du geändert haben möchtest! Viel wird es kaum sein! Ich schicke Dir ja nur die alten Kapitel, – die neuen hast Du ja schon durchgesehen! Bis zum Oktober möchte ich das druckfertige Manuskript abliefern, – Du hast also bis zum September Zeit!

Den Almanach habe ich inzwischen bekommen. Du hast ganz recht: der Text ist recht bescheiden, aber er enthält einige sehr gute

Beiträge, – und auch das Geleitwort, – von Otto Rombach, den ich sehr schätze, der auch in unserer Akademie ist und mich kürzlich besuchte, – der neue Almanach soll mir gewidmet sein, mit meiner Ansprache an die Jugend, die ich in B.A. hielt, als Geleitwort. Auch ein Kapitel aus den „Vorfahren" will Felix Walter bringen. Der Almanach erscheint in einer Auflage von über 10 000 Ex. – in ganz Südamerika. Jedenfalls ist es kein verkapptes Nazi-Unternehmen, wie mir Rombach versicherte! Natürlich würde ich das neue Südamerika-Buch am liebsten Dir ganz allein widmen, – aber was werden dann die anderen sagen, – Vito Schilling, Gunja, Tatjana? Alle Namen nennen möchte ich nicht. Mir scheint die beste Lösung, – wie die Widmung „Unter fremden Sternen", – „allen lieben Freunden in Südamerika in herzlicher Dankbarkeit gewidmet"! Oder soll ich alle aufzählen, – und Dich „als treue Mitarbeiterin" besonders hervorheben?!
Von Em-Emchen kam beiligende Karte vom Origlio-See!
Ich glaube, grade an diesem Zipfel badeten wir damals, – am Vortage vor Varenne . . .

Deutsch-Südamerikanischer Almanach; hrsg. von Felix Walter in Buenos Aires. Er wurde jedes Jahr von „einer Dichterpersönlichkeit der alten Heimat" eingeleitet; im Jahr 1961 war dies *Otto Rombach*.

(190)

An Clara Nordström   15. August 1961.

Mein liebes Troll!
Vielen Dank für Deinen Glückwunsch zu meinen „Preisen"! Mir scheint aber, dass Du die Preise doch sehr überschätzt, wenn Du schreibst:
„Gott hat jedem von uns genau das gegeben, was ihm das Liebste ist und was er am nötigsten hat: Dir die Preise, – und mir die katholi-

sche Religion! Und jeder von uns meint, dass er das Bessere bekommen hat!"

Natürlich freuen mich die Preise, – sowohl die Anerkennung, als auch die materielle Hilfe, die sie für mich bedeuten. Aber dass sie mir „das Liebste" wären, – das ist wohl ein wenig übertrieben!

Mir scheint, man sollte Beides, – Preise und Religion, – nicht mit einander vergleichen! Oder willst Du damit sagen, dass ich als „Ketzer" keine Religion habe, und nur am Materiellen hänge?! Du solltest mich doch eigentlich besser kennen und wissen, dass die materiellen Dinge für mich keine all'zu grosse Rolle spielen!

Du hast zwar drei mal Deinen Glauben gewechselt, – von der Antroposophie über die Nazi's zur katholischen Kirche, – die ohne Zweifel von allen dreien das Beste ist! – aber Deine alte Unduldsamkeit gegen jeden Andersgläubigen scheint mir die gleiche geblieben zu sein!

Ich will hoffen, dass Du Dir Deine Worte nicht recht überlegt und vielleicht nicht so gemeint hast, wie ich sie leider auffassen musste!

Zunächst wollte ich Dir nichts erwidern, – aber dann schien es mir doch richtiger, in alter Freundschaft Dir dies offen zu schreiben!

Es beruhigt mich sehr, Dich jetzt in guter Obhut und Pflege zu wissen!

Mit herzlichen Grüssen
von uns allen

(191)

Herrn Hermann Hesse,   Burg Weissenstein, 20. 10. 1961.
Montagnola, bei Lugano.

Hochverehrter Herr Hesse!

Herzlich danke ich Ihnen für Ihren Gruss, – und die Verse auf Louis Soutter, die mich tief berührt haben! Bisher sah ich nur eine Zeichnung von ihm, aber nun ist mir, als hätte ich noch viele andere gesehen, – heraufbeschworen durch Ihr Gedicht!

Seitdem Sie mich im Sommer 1953 einluden, Sie im Herbst zu besuchen, bin ich nicht mehr in die Schweiz gekommen. So war es mir leider nicht vergönnt, Ihre Hand zu drücken! Um so mehr habe ich mich über Ihren freundlichen Gruss gefreut, und dass Sie zur Zeit meine „Vorfahren und Nachkommen" lesen, das Ihnen hoffentlich eine kleine Vorstellung von jenem Lande geben wird, dem auch Ihr Vater entstammte!

Es grüsst Sie herzlich

in dankbarer Verehrung

Ihr

Louis Soutter: im Nachlaß Vs's findet sich das Typoskript des Gedichtes *„Louis Soutter"* von Hermann Hesse, unterzeichnet „H. H. (geschrieben im September 1961)" mit folgendem, v. gl. Maschine geschriebenen, in Klammer gesetzten Zusatz: (Louis Soutter, Maler und Musiker, lebte von 1871 bis 1942, als Maler und Violinist akademisch ausgebildet, Lieblingsschüler von Ysai, übte beide Berufe aus. Nach einer Typhuserkrankung kam er nie wieder zu voller Gesundheit, die beiden letzten Jahrzehnte lebte er in einer psychiatrischen Anstalt. Dort zeichnete er die wilden genialen Blätter, die der Lausanner Verlag Mermod in wundervollen Wiedergaben herausgab) und dem

hs. Zusatz: mit einem Gruss von H. Hesse, der zur Zeit Ihr Buch „Vorfahren" liest.

	(192)
An A. und J. Grimme	Burg Weissenstein, 20. 10. 1961.

Meine Lieben, – Josefine und Adolfus!

Grade wollte ich Euch schreiben, – da kommt Eure Karte, – Pechel wollte noch am Samstag von Darmstadt aus bei Euch anrufen, ob Ihr gut angekommen seid, – aber im Trubel ist er wohl nicht mehr dazu gekommen!

Ohne Euch fühlte ich mich ganz verwaist, – ja, unser Zusammensein war doch viel zu kurz, und im Gedränge der vielen Leute kommt man kaum dazu, w i r k l i c h zusammen zu sein! Mit den Jahren werde ich immer menschenscheuer, – im Stimmengewirr geht man sich selbst verloren!

Als wir uns am Freitag Nachmittag getrennt hatten, machte ich mich mit Frau Bergengruen auf den Weg zur Lesung von Nossack. Wir irrten lange umher, da wir Beide nicht wussten, wo diese stattfand, – und als wir endlich den Saal (im Schloss) gefunden hatten, hatte die Lesung bereits begonnen, so dass wir ganz hinten an der Wand stehen mussten! So konnten wir nicht all zu viel verstehen! Umso eindrucksvoller war am nächsten Tag, bei der Verleihung des Büchner-Preises, die Rede von Nossack, – die beste, die ich bisher in Darmstadt gehört habe! Auch die „Kaninchen-Majestät" machte die Laudatio recht gut, – und zum Glück wurde die Feier durch keine Misstöne kratzender Geiger „eingerahmt"!

Am letzten Abend „klunkerten" natürlich noch die Balten, – Bergengruen, Hollander und ich! Auf die Gefahr hin, dass Ihr diesen Witz schon kennt, will ich ihn doch hier niederschreiben: wisst Ihr, dass Brentano ein Wunderkind war? Und warum? Weil er schon mit sechs Jahren so viel von der Aussenpolitik wusste, – wie heute!!!

In einer Woche muss ich nach Bad Boll, zur Tagung der Evangelischen Akademie, wo ich zur Jugend, – Pfarrerkindern von 18–25 Jahren, – sprechen soll! Vielleicht kann ich auf der Heimreise, – Anfang November – auf einen Sprung zu Euch, vielleicht auch mit Jella, die dann wahrscheinlich in Pöcking sein wird, – aber alles ist noch recht ungewiss! Bitte gib mir auf alle Fälle Eure Telefon-Nummer! Wie gern wir kämen, brauche ich Euch nicht zu sagen!

Ich hatte keine Ahnung davon, dass die DR eingeht, – ja, das ist wohl eine Affenschande, auch ein Zeichen, dass wir in einem „Wunderlande" leben, in dem um Minister-Sessel gefeilscht wird, während wir unaufhaltsam der Katastrophe entgegentreiben! . . .

Also, – hoffentlich auf bald!

Mit sehr herzlichen Grüssen

an Euch Beide vom ganzen Turm

Euer

Rudolf Pechel (1882–1961) Publizist und Herausgeber der
Deutschen Rundschau (hier: DR) Stuttgart, die er von 1919 bis zu Ihrem Verbot, 1942, und wieder ab 1949 geleitet hat
Hans Erich Nossack (1901–1977) hatte 1961 den Büchner-Preis erhalten

(193)

An Jakob Job   Burg Weissenstein, 14. Dezember 1961.

Mein lieber Giacomo!
Du sollst wissen, dass auch hier Dein 70. Geburtstag festlich begangen werden wird: wir werden mit dem von „Baron Manfred" bereiteten Schnaps und einem guten Tropfen Wein auf Deine Gesundheit, auf Dein neues Lebensjahrzehnt anstossen!
Statt dass wir Dich beschenken, hast Du uns mit Deinem reizenden Bändchen „BURG WEISSENSTEIN" überreichlich beschenkt: gestern rief das Zollamt Zwiesel an und meldete die Ankunft der zweiten Sendung, – und es gelang mir, die gestrengen Zollbeamten davon zu überzeugen, dass es sich um ein Geschenk, und keine für den Verkauf bestimmte Ware handelt! Lulu ist dann gleich am Nachmittag nach Zwiesel gefahren, brauchte nur die üblichen Zollgebühren zu zahlen, – die nicht der Rede wert sind, – und man händigte ihm sogar auch noch das erste Paket aus, das noch nicht zurückgeschickt war! So brachte er dann beide Pakete, – 200 Exemplare – von „Burg Weissenstein" – nach Burg Weissenstein!
Es war wirklich eine reizende Idee von Dir, Deine verschiedenen Bayerwald-Artikel zu diesem hübschen Bändchen zusammenzustellen und zu ergänzen, – und uns zu widmen! Damit hast Du nicht nur uns, sondern auch allen unseren Freunden und Verwandten ein schönes Weihnachtsgeschenk gemacht: wir werden gleich gegen 30 Exemplare verschicken, und Aduschchen hat sich auch gleich 10 Exemplare zum Verschenken gerafft! Alice Campenhausen, Ascheradens, Breitensteins, meine Schwester, und natürlich auch Isabel, die Hannoveraner, – alle werden Dich auf dem Weihnachtstisch haben! Du hast wieder einmal sehr gründliche Kennt-

nisse mit sehr persönlichen Eindrücken und anschaulichen Bildern so zusammengefügt, dass sich eine höchst reizvolle und lebendige Darstellung nicht nur der alten Burg, sondern des ganzen Waldes mit allen seinen charakteristischen Sitten und Bräuchen, – und Menschen – ergibt! Ich glaube, die 200 Ex. werden in kurzer Zeit vergriffen sein, – das Papierhaus Hesse, das ja, besonders im Sommer, wenn die vielen Fremden kommen, mit Erfolg meine Bücher absetzt, würde sicher gern Exemplare zum Verkauf übernehmen, – wenn das möglich wäre!

Die „Balt. Tragödie" in der neuen Ausgabe ist liegen geblieben, soll aber morgen an Dich abgehen!

Eben schneit es, – so wird es hoffentlich bis Weihnachten doch noch Winter werden! Lulu bereitet seine Weltreise vor, und wird uns wohl Anfang der nächsten Woche verlassen.

Mit vielen herzlichen Geburtstags-, Advents- und Weihnachtsgrüssen vom ganzen Turm

Dein getreuer

Jakob Job: *Burg Weissenstein*. Amriswiler Bücherei 1961
Da es Probleme bei der Auslieferung des Paketes v. Job beim Zoll in Zwiesel gegeben hatte, schickte Job ein weiteres Paket, in der Annahme, das erste sei wieder zurückgegangen.

(194)

Herrn   Burg Weissenstein, 18. Januar 1962.
Herbert Bahlinger,
Südwestfunk,
Abt. Kult. Wort,
Baden-Baden.

Sehr geehrter Herr Bahlinger!
Am 14. Mai jährt sich der 50. Todestag von Strindberg. Vielleicht

können Sie beiliegendes Manuskript für eine Sendung verwenden, die etwa 15–20 Minuten beanspruchen würde?

Ich habe ausschliesslich schwedische Quellen benutzt, die, so viel ich weiss, in Deutschland nicht veröffentlicht worden sind.

Alle Zitate, – und natürlich auch die Gedichte, – sind von mir aus dem Schwedischen übertragen worden.

Seinerzeit habe ich die von Schering miserabel übersetzten Romane von *Strindberg* für den Georg Müller Verlag überarbeitet, und mich auch sonst viel mit Strindberg beschäftigt.

Für eine baldige Prüfung wäre ich Ihnen dankbar!

Darf ich bei dieser Gelegenheit anfragen, wie es mit der „Brieflade meines Urgrossvaters" steht, und dem Brasilianischen Mosaik? Das eine Manuskript schickte ich Ihnen am 30. Januar 1961, das letztere am 2. November 1961.

Mit freundlichen Grüssen

Ihr sehr ergebener

Der 14. Mai 1962 war Strindbergs 50. Todestag. Vegesack hatte zu diesem Tag mehreren Rundfunkanstalten verschiedene Texte angeboten, die auch teilweise gesendet wurden, so vom Rias Berlin, vom Südwestfunk u. a.: „Aus Strindbergs Briefen", „Strindbergs letzte Liebe" und ähnliche Gedenksendungen.

	(195)
An Oda Schaefer	Burg Weissenstein, 8. Juni 1962.

Liebe Frau Oda Schaefer!

Sie haben damals in Darmstadt ein wunderbares Wort geprägt, als Sie einen von den jüngeren Mitgliedern unserer Akademie, – ich brauche den Namen nicht zu nennen, – einen „Kartoffelkäfer der deutschen Literatur" nannten! Auch Grimme's und Bergengruen sind von diesem Wort begeistert, – das mich sogar zu einem Gedicht

474

inspiriert hat! Ich schicke es Ihnen als Pfingstgruss und hoffe, dass es Ihnen Spass machen wird, – füge ergänzend noch ein paar andere hinzu!

Ende Juni komme ich wahrscheinlich zu einer Bandaufnahme nach München, wenn es mit der Zeit irgend klappt, will ich dann bei Ihnen anrufen! Sind Sie aber überhaupt dann in München?

Mit herzlichen Grüssen,

auch an Ihren Mann,

Ihr

Schaefer, Oda (*1900) Schriftstellerin baltischer Abstammung, der sie in ihren „Erinnerungen" großes Gewicht beimißt. In erster Ehe war sie mit dem Maler Albert Schäfer-Ast verheiratet (der den *Spitzpudeldachs* illustriert hatte – ohne daß es damals zu einer Begegnung gekommen wäre) – in zweiter Ehe war sie mit dem Schriftsteller *Horst Lange* verheiratet und lebte nach dem Krieg in Oberbayern und München.

Auch die Bekanntschaft mit Oda Schaefer hatte bei einer der Tagungen der Akademie in Darmstadt ihren Anfang genommen.

(196)

An Werner Illing   Burg Weissenstein 23. August 1962.

Mein lieber Werner!

Dass Du trotz aller Deiner Funktermine die Zeit gefunden hast, uns allen zu schreiben, hat uns tief gerührt! Es war so schön, Euch Beide endlich wieder im Turm zu haben, – leider nur für wenige Tage, – wir hoffen, dass Ihr das nächste Mal doch etwas mehr Zeit für uns haben werdet! Hier geht es noch immer recht lebhaft zu, – gestern feierten wir Manfreds 83. Geburtstag, – mit viel Schnäpsen und Wein! Und der gute Job fährt uns fast täglich umher, – Montag und Dienstag machte er mit Jella und Lulu eine grosse Tour über Amberg und Bayreuth nach Bamberg und zu den vierzehn Heiligen, – heute brachte er alle Ascheradens und Lulu nach Katzenbach zu Bredow's, – so dass nur wir alten sechs Vegesäcker, – Manfred, Ernst, Irene, Jella, Adda und ich zum Tee zu Hause blieben, – die grosse Stille war nach dem Trubel auch ganz angenehm!

Was nun „Jaschka und Janne" betrifft, so magst Du mit Deinen Einwänden durchaus Recht haben, – aber es ist mir beim besten Willen ganz unmöglich, noch einmal das Ganze zu bebrüten und umzuarbeiten! Kürzungen und kleine Verbesserungen werden natürlich nötig sein, – und dabei wird mir die Kaufmännin sicher behilflich sein. Aber alles noch einmal umarbeiten, – das geht über meine Kraft! Ich glaube auch nicht, dass die Geschichte dadurch an Tiefgang gewinnen würde. Sicher hätte ich aus dem Stoff auch einen richtigen Roman machen können, – ich habe mich aber mit voller Absicht darauf beschränkt, die Geschichte so einfach wie möglich, aus meiner Perspektive, – wie ich sie erlebt habe, – zu erzählen, – weder Jaschka, noch Janne näher darzustellen, sondern aus dem, was Beide tun, dem Leser nahe zu bringen: wie der reiche Majoratsherr, – trotz aller Widerstände, – die kleine estnische Näherin heiratet, – wie diese dann, als ihm alles genommen wird, – treu zu ihm hält, wie er ihretwegen in Dorpat bleibt, und schliesslich sie ihm ins Dunkel der Verschleppung folgt. Bisher haben alle, denen ich das Manuskript zu lesen gab, – auch Nicht-Balten, wie Job, – sich positiv dazu geäussert. Job beanstandete nur die Wiederholungen am Anfang, – aber sonst war er durchaus angetan vom Ganzen. Nun gebe ich allerdings auf Dein Urteil mehr, – und bin Dir für Deine Einwände dankbar, auch wenn ich ausser stande bin, sie zu befolgen: Du glaubst nicht, was mir diese kleine Erzählung an Mühe gekostet hat, – jetzt ist der Schlusspunkt gesetzt, – noch einmal alles durchackern, – nein, das schaffe ich nicht! Wenn Du die Kaufmännin sprichst, musst Du ihr natürlich Deine Meinung sagen. Aber dann sag ihr auch, dass ausser den Kürzungen und kleinen Verbesserungen ein Umarbeiten für mich nicht in Frage kommt. Entweder nimmt der Verlag die Geschichte so, wie sie ist, – oder sie wird wo anders erscheinen. Was mir natürlich leid täte, denn sie gehört eigentlich zu meinen anderen baltischen Sachen, als Ergänzung, die das Schicksal der Esten in der Gestalt der kleinen Janne in das der

Deutsch-Balten mit einbezieht! Die ganz waschechten alten Balten werden mir das wahrscheinlich verübeln, – wie die ganze Geschichte mit der „Sappe", – die allen deutsch-baltischen Vorstellungen ins Gesicht schlägt!

Aber grade die Sappe scheint mir in diesem Zusammenhang wichtig, weil sie mit der irrigen und törichten Vorstellung aufräumt, dass wir Balten reinblütige Germanen gewesen wären!

Aber ein anderer Gedanke ist mir gekommen: „Jaschka und Janne" für den Funk zu bearbeiten, – eine Erzählung von etwa 30 Seiten daraus zu machen! Alle Dorpater „Zutaten", – Studentenleben usw. auf ein Minimum zu beschränken, und die Handlung ganz auf die Beiden, – Jaschka und Janne, – zu beschränken. Das wird mir, glaub ich, nicht besonders schwer fallen. Was meinst Du dazu?

In den nächsten Tagen schicke ich Dir meine Gedichte, – bitte erschrick nicht, lass sie ruhig liegen, – es hat damit gar keine Eile! Ich lege ein besonderes Verzeichnis bei, so dass Du nur die Gedichte anzustreichen brauchst, die Dir missfallen: ein Strich, – das genügt! Es sind im Ganzen 99 Gedichte, die ich in dieser Auswahl aufgenommen habe. Dabei habe ich schon recht gründlich gesiebt, so aus dem „Unverlierbaren" nur drei, aus „Mein Junge" nur zwei aufgenommen. Aber man kann bei Gedichten gar nicht streng genug sein, – besser 50 oder 60 wirklich gute, als 100 zum Teil mittelmässige! Streich also nach Herzenslust! Ich mache mich auch darauf gefasst, dass Du die ganze Auswahl als „altmodisch" ablehnen wirst, – denn das sind sie wohl: sie passen so gar nicht in die heutige Lyrik! Jedenfalls ist kein einziges darunter, dass „synthetisch" hergestellt wurde! Aber es sind eben doch Kinder, die mir alle am Herzen liegen, – und grade deshalb misstraue ich meinem Urteil! Vielleicht kann auch das Täubchen wenn sie mal grade Zeit und Lust hat, einen Blick hineinwerfen und Dir beim An- und Aus-Streichen helfen, – ich traue ihrem Urteil allerlei zu!

Ich weiss, es ist wirklich eine arge Zumutung, Dir diese Menge Lyrik auf den Hals zu schicken, – aber ich habe wirklich niemanden, dem ich dies zumuten könnte, – und niemanden, auf dessen Urteil ich mich so verlassen kann, wie Deins! Aber noch einmal: es hat keine Eile! Nur wenn Du mal grade nicht schlafen kannst, dann nimm Dir

ein paar Gedichte vor, – wie eine Schlaf-Tablette, – und vielleicht
wirst Du dann überhaupt keine Tabletten schlucken müssen und
wunderbar schlafen!!!
Alle Türmer grüssen Euch Beide von Herzen!
Lasst Euch Beide umarmen
von Eurem

(197)

Herrn Hartmut Salzer,   3. November 1962.
Eugen Salzer-Verlag,
Heilbronn a. N.

Lieber Herr Salzer!
Erst heute komme ich dazu, Ihren Brief vom 8. 10. zu beantworten.
Ich war krank und musste ins Bett, aber das hatte wenigstens das Gute, dass ich mir alles in Ruhe gründlich überlegen konnte. Und da
bin ich zu folgendem Ergebnis gekommen.
Auf Fräulein Kauffmanns Vorschlag, „Jaschka und Janne" durch
Kürzungen zu straffen und die Handlung stärker herauszuarbeiten,
wäre ich bereitwillig eingegangen. Denn ich weiss, mit welcher Einfühlung, Einsicht und Verständnis sie mich beraten hätte, und bin
überzeugt davon, dass durch eine solche Zusammenarbeit etwas
Gutes zustande gekommen wäre. Doch Ihren Vorschlag, „Jaschka
und Janne" völlig umzuarbeiten und aus Rücksicht auf Ihre 90%
weiblichen Leser daraus einen harmlosen Liebesroman für höhere
Töchter und prüde alte Damen zu machen, muss ich strikt ablehnen. Sie übersehen dabei ganz, dass es sich bei „Jaschka und Janne"
gar nicht um einen Liebes-Roman, sondern darum handelt, in dieser Erzählung von der kleinen Estin und dem reichen Majorats-
herrn das gemeinsame Schicksal der Esten und Deutsch-Balten darzustellen, wobei jeder sich für den anderen entscheidet: Jaschka, indem er allen Widerständen und Vorurteilen zum Trotz die kleine
Estin heiratet und auch nach der Umsiedlung der Deutsch-Balten
bei ihr bleibt, und Janne, indem sie auch nach der Enteignung, als

Jaschka alles verliert, ihm die Treue bewahrt und auch dann nicht verlässt, als er von den Bolschewiken verschleppt wird. Das ist kein sentimentaler Liebesroman, sondern eine wahrheitsgetreue, derbe, handfeste Geschichte aus dem alten Dorpat, und so ist die „männlich-studentische Sprache" ihr allein angemessen.

Dies alles wäre nicht so schlimm, wenn es sich hierbei nur um „Jaschka und Janne" handeln würde. Aber nun kommt noch etwas anderes hinzu, was mich vor eine schwerwiegende Entscheidung stellt. Betonen möchte ich, dass ich mich in Ihrem Verlag so gut aufgehoben fühlte, dass ich Ihnen mit der Zeit auch meine früheren Arbeiten, – wie das „Fressende Haus", „Meerfeuer", das „Kritzelbuch", die „Kleine Hausapotheke" u. anderes, – die seit Jahren vergriffen sind, für Neuausgaben überlassen wollte. Selbstverständlich wären für diese Neuausgaben stilistische Verbesserungen, vielleicht auch Kürzungen, notwendig gewesen, und niemand hätte mich dabei besser beraten als Fräulein Kauffmann, wie sie es ja auch beim „Weltgericht" getan hat. Aber jetzt, nachdem Sie mir geschrieben haben, kommen mir Zweifel und Bedenken. Ich fürchte, dass meine Bücher bei einer Neuausgabe für Ihre 90%-weiblichen Leser in harmlose Unterhaltungs-Romane umfrisiert und verfälscht werden würden, und werde in dieser Befürchtung durch die Lektüre von „Duschenka" der Hubatius bestärkt, die ich während meiner Krankheit gelesen habe. Ich schätze die Hubatius und hatte grade von diesem historischen Roman viel erwartet, – wurde aber bitter enttäuscht! Welch' ein grossartiger Stoff, – und was für ein kitschiger Backfisch-Roman ist daraus geworden: statt eines lebenswahren Zeitgemäldes – ein falscher, billiger Öldruck!

Ich verstehe, lieber Herr Salzer, dass Sie an den Absatz der von Ihnen verlegten Bücher denken und auf Ihre 90%-Leserinnen Rücksicht nehmen müssen, – hoffe aber, dass Sie für meinen Standpunkt das gleiche Verständnis aufbringen und mir mein offenes Wort nicht weiter verübeln werden! Ohne Zweifel werden Sie genügend Autoren finden, die den Wünschen und dem Geschmack Ihrer 90%-Leserinnen entsprechen und Ihnen ähnliche harmlose Unterhaltungs-Romane liefern werden, – aber ich kann das nicht: kritisieren lasse ich mich, aber kastrieren, – nein!

So werden wir uns wohl trennen müssen, – was ich tief und aufrichtig bedaure. Aber nach dem, was Sie mir in Ihrem Brief vom 8. Oktober geschrieben haben, bleibt mir leider nichts anderes übrig. Das wird aber meine warmen und dankbaren Gefühle für Sie, lieber Herr Salzer, in nichts ändern, und ich hoffe, dass wir auch weiterhin in einem freundschaftlichen Verhältnis zu einander bleiben werden, auch wenn sich unsere Wege jetzt leider trennen!

Bei uns haben sich leider in den beiden letzten Wochen sehr traurige Dinge ereignet: zwei Todesfälle in der nächsten Verwandtschaft, – eine Cousine und eine Schwägerin, die uns sehr nahe standen, – und vor einer Woche hat meine Schwiegermutter einen Schlaganfall erlitten und liegt halb gelähmt, in einem hoffnungslosen Zustande, im Krankenhaus. Man kann nur wünschen, dass sie bald erlöst wird. Meine Frau ist natürlich gleich hingefahren, und so sind wir jetzt hier sehr zusammengeschmolzen: mein Bruder, meine Nichte, und ich . . .

Was nun die Schallplatten-Aufnahme betrifft, so könnte ich ab Ende November nach München kommen. Nur bitte ich Sie, mir zeitig den Termin zu nennen!

Mit herzlichen Grüssen,
auch an Ihre Gattin,
Ihr

P. S. Einen Durchschlag dieses Briefes schicke ich auch an Fräulein Kauffmann zur Kenntnisnahme!

Salzer hatte zu bedenken gegeben, daß „wir sicher zu neunzig Prozent weibliche Leser haben, die alles, was mit Liebe zusammenhängt, nur in einer gemäßigt realen Darstellung und in einer weniger männlich-studentischen Sprache akzeptieren". Darüberhinaus äußerte er auch Zweifel an der Wirksamkeit der eingenommenen Erzählhaltung – er stellte es Vs. frei, das Buch einem anderen Verlag anzubieten. Es erschien dann tatsächlich 1965 bei Langen-Müller mit den Titel *Jaschka und Janne* (enth. *Jaschka und Janne, Die Hochzeit auf Zarnikau und Das Kind im Altersheim*)

Duschenka. Leibeigene und Zarin. Roman von Ingeborg Hubatius, 1961.
In diesen Jahren erschienen drei Schallplatten: *„Siegfried von Vegesack liest"*
(Salzer); und Schnüllermann, Krug und Quelle, Mein Bekenntnis bei da camera,
Neckargemünd, 1963

(198)

An Werner Richter   Burg Weissenstein, 10. Februar 1963.

Mein lieber Bärle!
Ich bin zwar noch recht vergrippt, lag ein paar Tage im Bett, muss
Dir aber doch gleich heute, unter dem frischen Eindruck Deines
„Bismarck" schreiben, den ich eben leider zu Ende gelesen habe, –
wie gerne hätte ich noch Tage lang darin weiter gelesen! Aber ich will
damit anfangen, was ich an Deinem „Bismarck" auszusetzen habe,
– und das ist der Umfang! Ich komme nur im Bett zum Lesen, – und
das ist nicht ganz einfach! Besonders, wenn eine junge Dame neben
einem liegt, und es gar nicht mag, dass man sich im Bett in ein Buch
vertieft, statt sich mit ihr zu beschäftigen! Immer wieder suchte sie
mich von Bismarck abzubringen, – stiess mit ihrem süssen Mäul-
chen mal in meinen Nacken, dann wieder in die Wange, – und es ist
ja auch recht ungehörig, in einem Buch zu lesen, wenn ein entzük-
kendes weibliches Wesen dicht neben einem im Bett liegt! Diese
junge Dame heisst „Ipsi", und ist eine langhaarige blonde Dackeli-
ne! So konnte ich jeden Abend nur einige Seiten lesen, – bis dann
die Grippe kam und mich ganz ins Bett steckte! Und da hab ich in
einem Zug Deinen Bismarck zu Ende gelesen, – nach langer Zeit
endlich ein Buch, das mich wirklich tief ergriffen hat! Ich liebe und
schätze alle Deine Bücher, – aber dies scheint mir doch Dein Meisterwerk zu sein!
Wohl von keinem Deutschen macht sich der Laie so falsche Vorstellungen, – im Negativen wie auch im Positiven, – wie von Bismarck,
und ich muss gestehen, dass auch mein Bismarck-Bild falsch und
höchst unvollkommen war: aufgewachsen in einer Welt der Bis-
marck-Begeisterung, sah ich in späteren Jahren in ihm doch allzu

stark die negativen und problematischen Seiten, erst Deine Darstellung hat mir den Menschen nahe gebracht! Du hast mit unglaublicher Einfühlung, mit Liebe, und doch mit unbeirrbarer Kritik sein Bild von all' den verfälschenden Übermalungen seiner Verehrer und Feinde befreit, – und so kommt ein ganz anderer Bismarck zum Vorschein, – ein Mensch, der mit allen seinen Widersprüchen und dunklen Seiten mich jedenfalls viel tiefer berührt, als das Bild, das ich mir bisher von ihm machte! Immer wieder musste ich Deine gerechte, behutsam abwägende, und doch immer klare und eindeutige Darstellung bewundern, – ganz besonders auch die Schluss-Kapitel, die ohne jede Sentimentalität die ganze Tragik dieses Menschen und darüber hinaus auch alles dessen enthüllen, was dann folgte und folgen musste! Dein „Bismarck" sollte in allen Schulen gelesen werden, – vielleicht kann der Fischer Verlag einmal eine billige Volksausgabe herausbringen!

Noch Vieles wäre zu sagen, – aber ich muss ins Bett! Dies musste ich Dir aber gleich sagen: zu Deinem „Bismarck" kann ich Dir nur von ganzem Herzen gratulieren!

Mit sehr herzlichen Grüssen
vom ganzen Turm
umarmt Euch Beide
Dein alter

Werner Richter: *Bismarck.* FfM 1962

(199)

An A. und J. Grimme.   Burg Weissenstein, 14. Februar 1963.

Meine Lieben!

Gottlob, Ihr lebt, Ihr seid noch nicht erfroren! Ihr seid gesund, und Du, Adolfus, brütest fleissig über Deinem Buch, trotz Frost und Schnee! Ich machte mir schon Sorgen, weil wir so lange nichts von

Euch gehört haben!

Bei uns schauen aber schon die ersten gelben Krokus-Spitzen heraus, – allerdings vorläufig nur in den Blumentöpfen am Fenster, sonst sind wir rundherum im Schnee versunken, der seit dem November den Turm umschlossen hält! Aber – ich liebe ja den Winter, er ist mir fast die liebste Jahreszeit, – ich finde diese Zäsur doch sehr wohltuend, dieses Weiss, diese Ruhe, die all' das grelle, bunte und laute Durcheinander der Erde für einige Zeit zudeckt! Dieses aufdringliche Grün der Blätter und Gräser, diesen doch recht übertriebenen Farbfilm des Sommers, der die wunderbaren Linien der Bäume und Äste mit dem formlosen Laubwerk verhüllt, so dass man nur verschwommenes Grün erkennen kann! Und wie herrlich sehen jetzt die nackten, schwarzen Zweige gegen den Winterhimmel aus, hier und dort weissgepolstert, und manchmal auch von den weissen Kristallen des Rauhreifs überzogen, – besonders, wenn die Sonne alles glitzernd überstrahlt! Nein, ich lasse nichts auf den Winter kommen, besonders auf einen richtigen Winter mit Frost und viel Schnee, wie wir ihn in diesem Jahr haben, – kein trübes Matschwetter! Und ich hoffe, dass der viele Schnee uns noch recht lange erhalten bleibt! Allerdings steh ich mit dieser Ansicht ganz allein da, – Jella und Adda stöhnen täglich über den Schnee! Ich dagegen finde, dass das Schneeschaufeln eine ganz herrliche Beschäftigung ist! Und das Skilaufen. Täglich laufen wir auf den Brettern, – und die Hündchen trotten in unserer Spur hinterdrein! Erst als es vor einigen Tagen wärmer wurde, – heute haben wir nur 4–5 Grad Frost, – stellte sich eine Grippe ein, ich musste ins Bett, und Jella und Adda kämpfen mit einem Schnupfen. Hoffentlich wird es bald wieder kälter: der Frost ist sehr gesund, – wenn man tüchtig heizt, – mit Holz und Kohlen im Ofen, und mit Schnaps die Seele!!! Das musste ich euch nur schnell sagen, und rate Euch dringend, auch Eure Innereien mit Spirituosen zu erwärmen! Dann sieht die Welt gleich ganz anders aus! Ich brüte über einem Russland-Buch, nach meinen Aufzeichnungen, die ich mir 42/43 als Dolmetscher im Osten machte, daneben allerlei für den Funk.

hs. Zusatz:

Am 12. März habe ich in München verschiedene Band-Aufnah-

S. v. Vegesack und Kurt von Wolfurth, ca. 1955.

men, – fürchte, dass die Zeit nicht reichen wird, Euch auf einen Sprung zu besuchen. Der Salzer-Verlag hat eben eine Schallplatte von mir herausgebracht, – ich lege den Prospekt bei. Die Platte hab ich noch nicht bekommen. Jella grüsst Euch herzlich! Christoph schwimmt seit dem Januar im Karibischen Meer umher, Ende April kehrt er zurück, wahrscheinlich fahren wir dann nach Hamburg, um ihn zwei Tage zu sehen, denn Anfang Mai geht er weder auf grosse Fahrt! Wir sehen uns doch jedenfalls am 2. Mai in Ulm?! Euch beide umarmt Euer alter S.

Rußland-Buch: Als Dolmetscher im Osten. Aufzeichnungen aus Rußland. 1965 bei Hirschheydt in Hannover erschienen.

(200)

Herrn   Burg Weissenstein, 25. Febr. 1963.
Dr. Franz Baumer,
Bayer. Rundfunk,
Abt.: 2. FS Kultur u. Wissen,
München 2.

Sehr geehrter Herr Dr. Baumer!
Besten Dank für Ihren freundlichen Brief vom 22. Februar! Gern stehe ich Ihnen für die geplante Aufnahme zur Verfügung, möchte aber gleich, – um Sie nicht zu enttäuschen, – betonen, dass ich keineswegs in einem „Schloss", sondern in einem alten Gemäuer, – mehr Ruine, als Haus, – seit bald einem halben Jahrhundert hause, – mit Mühe und Not können wir zwar das Wohnzimmer und meinen Arbeitsraum einigermassen warm bekommen, aber sonst pfeift es durch alle Ritzen, und man kann froh sein, wenn man auf dem Clo, – das wohl noch aus den Zeiten der Raubritter stammt, – nicht anfriert! Noch fliesst zwar das Wasser, – aber wie lange noch? Bei starkem Frost oder grosser Dürre musste ich es früher oft Wochen lang

in Eimern von der Quelle herschleppen, was besonders im Winter, wenn man das Eis aufhacken musste, kein reines Vergnügen war! Und grade deshalb scheint mir, dass es wichtig wäre, wenn Sie mal herkämen, um sich hier alles anzuschaun, – denn diese höchst primitive Behausung, die so gar nicht ins deutsche „Wunderland" passt, ist doch ein Stück von mir, der ich ja auch einem anderen Jahrhundert angehöre!

Mitte März komme ich für ein paar Tage nach München, wo ich am 12. März im Bayer. Rundfunk eine Bandaufnahme habe, und Ende April muss ich für etwa zwei Wochen verreisen. Sonst bin ich die ganze Zeit hier in meiner Höhle! Sonst könnten wir uns natürlich auch in München treffen, aber ich glaube, wir hätten hier mehr Zeit und Ruhe, das Nähere zu besprechen!

Die Grüsse des Herren Intendanten Wallenreiter erwidere ich herzlich!

Mit freundlichen Grüssen
auch an Ihre Gattin und
Frau Dr. Erika Zeise,
Ihr

P. S. Ein Büchlein meines alten Freundes Jakob Job über Weissenstein füge ich bei, – es wird Ihnen vielleicht Spass machen!

Baumer, Franz Dr. (*1925) Schriftsteller, Autor v. Fernsehfilmen, u. a. über Vegesack, erster Biograph Vs's

Herrn   10. April 1963.
Dr. Hans Bleibrunner,
Bezirksheimatpfleger,
Landshut, Regierungsgebäude.

Sehr geehrter Herr Dr. Bleibrunner!
Darf ich mich wieder mal an Sie wenden? Es handelt sich um Folgendes. Die Pfarrkirche in Regen soll erweitert werden, und zwar an der Nordfront, wo sich das hübsche, so charakteristische alte Türmchen befindet. Dieses Türmchen soll dem erweiterten Bau zum Opfer fallen.

Diese geplante Erweiterung wird damit begründet, dass die Kirche für die wachsende Bevölkerung zu klein geworden sei. Wie man mir aber versichert, ist dies keineswegs der Fall: an den gewöhnlichen Sonntagen ist die Kirche nur halb gefüllt. Nur an den hohen Fest- und Feiertagen, wie Weihnachten und Ostern, ist die Kirche überfüllt, – wie überall, so dass es in Regen nicht anders ist, wie an anderen Orten.

Von durchaus glaubwürdiger Seite erfahre ich, dass für diese geplante Erweiterung der Kirche ganz andere Hintergründe massgebend sind: da die Kirche an der Nordfront erweitert werden soll, wo jetzt der alte Pfarrhof steht, müsste an dessen Stelle ein neuer Pfarrhof errichtet werden, – und darauf hat man es abgesehen! Ob dies wirklich der Fall ist, – dafür kann ich keine Gewähr übernehmen, da ich alle dem fernstehe. Doch dies wird mir von durchaus zuverlässiger Seite bestätigt.

Viel notwendiger als dieser Erweiterungsbau wäre es, – so höre ich von verschiedenen Seiten, – die Kirche im Inneren auszubessern und die schadhaften Stellen an der Decke zu beseitigen, von der sich immer wieder Mauerwerk löst.

Es wäre wirklich ein Jammer, wenn das für Regen so charakteristische altehrwürdige Türmchen dem Neubau zum Opfer fiele, – und so hoffe ich, dass Sie dieser Barbarei mit allem Nachdruck entgegen treten werden! Am Besten, Sie kämen her, um alles persönlich in

487

Augenschein zu nehmen, – aber Eile tut not!
Mit freundlichen Ostergrüssen
Ihr

(202)
An Werner Illing   Burg Weissenstein, 22. Juli 1963.

Mein lieber Werner!
Unsere Briefe haben sich gekreuzt! Nein, nicht das Mainzer, sondern das Bayerische Fernsehen hat hier die Aufnahmen für sein drittes Programm gemacht, – die Sendung wird erst im nächsten Jahr erfolgen! Der Mann, der sie macht, heisst Dr. Franz Baumer, – ein sehr
sympathischer, gescheiter, behutsamer Mann, der schon im März
einige Tage hier war, um sich alles genau anzuschaun, denn er möchte wirklich etwas Gutes zustande bringen. Er hat seine Doktor-Arbeit über Hermann Hesse geschrieben, bei dem er öfters, noch kurz
vor dessen Tode war, – und das spricht doch sehr für ihn, da Hesse ja
selten jemanden in seine Nähe liess! Er hat übrigens ein ausgezeichnetes kleines Buch über Kafka geschrieben. Bei meiner Sendung
tritt er selbst überhaupt nicht in Erscheinung, – nur einen kurzen,
verbindenden Kommentar hat er geschrieben, mir werden also keine Fragen gestellt, ich schwatze ganz einfach in die Kamera hinein,
was mir grade durch den Kopf geht! Da sitze ich am runden Tisch,
greife einige Photos aus der Schatulle, – „Blumbergshof" usw. – in
die baltische Vergangenheit, – erzähle dies und das, – gehe dann auf
die Bayerische „Wahlheimat" über, ziehe die alte Spieldose auf, zeige
die holzgeschnitzte böhmische Madonna, ein bayerisches
Schmalzler-Glas, einen Quarzkristall, – dann einiges aus Kubins
Mappe „Phantasien aus dem Böhmerwald", – gehe dann auf den
Osten, Russland über, erzähle von meinem Erlebnis in Pjatigorsk,
spreche das Lermontow-Gedicht, in meiner Übertragung, dann im
russischen Original, – und mache dabei einige böse Bemerkungen
über die „Heimatvertriebenen", die nur in die Vergangenheit
schaun und sich der Illusion hingeben, dass das alles einmal wiederkehren wird! Ich meine dagegen, dass grade wir, die wir in Berüh-

488

rung mit einer anderen Welt standen, – wir Balten mit Russland, – die Aufgabe haben, nicht zu einer Mauer zu erstarren, sondern Brücken zu schlagen, – in die Zukunft, in ein geeintes Europa, auch zu den Völkern im Osten, die ja auch zu Europa gehören, – gehe dann auf Südamerika über, – der runde Tisch weitet sich zur Welt, mit dem von innen erleuchteten Globus in der Mitte, – zeige, was sich auf ihm alles abgelagert hat, – einen Amethyst und Achat aus Brasilien, eine kupferne Schale aus Chile, einen silbernen Becher aus Argentinien, einen afghanistanischen Dolch, den mir mein alter polnischer Lehrer geschenkt hat, – und spreche dann zum Schluss drei Gedichte, – „Krug und Quelle", „Das Unverlierbare", und „Wolken, Wind und Wälder weit, – Heimat ohne Grenzen . . ." – und während ich die letzten Verse spreche, schwenkt die Kamera über mich hinaus, zum Fenster, – auf die Berge und Wälder am Horizont, – wobei die Spieldose verklingt . . . Zwischendurch wird allerlei eingeblendet: ein Besuch bei Theuerjahr, dem Bildhauer, in Klingenbrunn, der Gasthof „Ludwigstein", wo Nietzsche 1876 „Menschliches, Allzumenschliches" schrieb, der Selige Hermann in Bischofsmais mit den drei kleinen Kapellen, – Landschaften, Berge, Wälder usw. – ein Blick auf die Glasbläser, einen Steinbruch, auf einen Baum, der grade gefällt wird, – sogar auf einen Stammtisch in Regen, wo sich ein paar alte „Waldler", – darunter auch der alte Arbinger, sich ganz ungezwungen über den „spinneten Baron" unterhalten! Das Ganze wird natürlich noch gründlich gekürzt und zusammengeschnitten werden, – aus 2 000 Meter Band werden etwa nur 500 übrig bleiben! Die Sendung soll 45 Minuten dauern. Die Fernsehleute meinten, ich wäre sehr „telegen" und hätte meine Sache sehr gut gemacht, – ich selbst war mit mir keineswegs zufrieden, hätte vieles besser gesagt und gemacht, wenn nicht die abscheulichen grellen Scheinwerfer, in die ich völlig geblendet hineinsprechen musste, so gestört hätten, – für mich war es wohl eine Tortur! Aber alle vier Leute waren sehr nett, gaben sich redliche Mühe, und hatten grosse Geduld mit mir!
Jetzt sind wir wieder ganz zusammengeschrumpft: Jella, Adda, Manfred und ich! Aber bald, Anfang August, wird der Turm sich wieder beleben! Lulu schwimmt eben nach Oslo, dann nach Ko-

penhagen, Helsinki und Stockholm, – am 1. August kommt er wieder nach Hamburg, und am 3. für etwa drei Wochen her, – am 10. August werden wir Jellas und Irmgards 60. Geburtstag, und am 22. August Manfreds 84. gross feiern! Könntet Ihr nicht vor Ischia einen kleinen Abstecher zu uns machen? Wie gern würde ich dann mit Euch gen Süden rollen, – aber Ihr werdet schon „überlastet" sein, und es wird jetzt wohl auch kaum möglich sein, irgend ein Bett da unten noch aufzutreiben! Und so allein ins Blaue hineinzufahren, – davor graut mir! Da bleib ich doch lieber in meiner Höhle! Ausserdem wollen wir hier vom 13.–16. September einen „Familientag" abhalten, – zur 700jährigen Feier der ältesten Urkunde unseres Namens, – vom 1. August 1263! Das ganze „Grandhotel" Arbinger wird mit Vegesäckern belegt!!! Eine Flucht in den Süden wäre mir lieber, – aber man ist doch auch etwas seiner Familie schuldig! Mitte Oktober will ich nach Darmstadt, zur Tagung der Akademie, und hoffe dann auf dem Heimweg auf einen Sprung zu Euch zu kommen!

Hier ist es richtig Sommer geworden, – die sieben Hündchen schmoren in der Sonne! Ich war eben an unserer Badestelle, und habe mich etwas abgekühlt!

Alle grüssen!

Euch Beide umarmt

Dein alter

Erlebnis in Pjatigorsk: Als Dolmetscher war Vegesack 1942 auch nach Pjatigorsk gekommen. Dort hatte vom Mai bis Juli 1841 der russ. Dichter Michail Lermontov (1814–1841) gelebt. Vegesack erinnerte sich an eines der Gedichte Lermontovs – er hatte russische Gedichte am Stadtgymnasium von Riga kennengelernt – zunächst fragmentarisch – auf einem Spazierweg entlang des Maschuk kam es ihm vollständig ins Gedächtnis zurück.

Als er die Gedenkstätte Lermontovs besuchte, erfuhr er, daß Lermontov dieses Gedicht auf jenem Weg geschrieben haben mußte und dort auch im Duell gefallen ist.

Vegesack übersetzte später dieses Gedicht – die deutsche Fassung, sagte er,

verhalte sich zum russ. Text wie „ein Gipsabdruck zum Original", was zu einem interessanten Übersetzungsvergleich mit Rilke führte, der von Lermontov nur dieses eine Gedicht übersetzt hatte (im Januar 1919)
Der erste Vers im Vergleich:
RILKE:
Einsam tret ich auf den Weg, den leeren
der durch Nebel leise schimmernd bricht;
seh die Leere still mit Gott verkehren
und wie jeder Stern mit Sternen spricht . . .

VEGESACK:
Einsam bin ich auf dem Weg gegangen.
Still die Nacht. Die Erde lauscht dem Herrn.
Sterne schimmern, noch vom Dunst umfangen.
Und der Stern spricht leise mit dem Stern.
(*Mein Erlebnis in Pjatigorsk* in der Braunschweiger Zeitung vom 9. August 1949. Siehe auch Briefwechsel Rilke mit Lou Andreas-Salomé, hersg. von Ernst Pfeiffer FfM 1975 – S. 389 und 595 f)

(203)

An Adolf Grimme   Burg Weissenstein, 28. Juli 1963.

Mein lieber Adolfus!
Was machst Du für Geschichten? In unseren Jahren wird man doch nicht krank, – Krankheit ist doch nur etwas, was die Ärzte uns, den Gesunden, andichten, weil sie von diesem Schwindel leben! Alle diese Medikamente, die uns die Ärzte verordnen, einspritzen oder schlucken lassen, helfen nichts, wenn wir nicht in uns selbst das einzige Mittel aufbringen, das uns wieder auf die Beine helfen kann: Geduld, Geduld, – und nochmals Geduld! Auch mir ist es in dieser Zeit, – nach Ulm, – recht schlecht ergangen, mit rätselhaften Darmblutungen, die mich noch immer plagen, – aber jetzt kümmere ich mich nicht mehr darum, – lasse den Darm bluten, wenn er durchaus bluten will, – wenn die Nase zuweilen blutet, warum soll der Darm nicht auch diesen Spass haben, – „das ist so dumm, – muss man gar

491

nicht bemerken"! Ich hoffe von ganzem Herzen, dass Du Dich wieder aufrappelst, dass Ihr Beide im Oktober nach Darmstadt kommt, – ohne Euch, – was wäre die Tagung, die ganze Akademie ohne Euch?!

Nun eine Bitte. Eugen Gürster und ich haben den Antrag gestellt, unseren gemeinsamen Freund Werner Richter in die Akademie aufzunehmen. Ich weiss nicht, ob Du etwas von ihm gelesen hast? Er hat einige ausgezeichnete Biographien geschrieben, über Ludwig den II., Kaiser Friedrich, und zuletzt über Bismarck, bei S. Fischer. Seit über 40 Jahren bin ich mit Werner Richter befreundet, in der Nazi-Zeit ging er, – ohne dass er dazu gezwungen wäre, – nach USA, und lebt seit einigen Jahren in Lugano. Jedenfalls ist er kein „Kartoffelkäfer"! Es wäre schön, wenn Du unseren Antrag durch Deine Stimme unterstützen könntest!

Hier ging es recht lebhaft zu: Fernsehleute vom Bayer. Rundfunk stellten den Turm auf den Kopf, – zwölf Tage lang stolperten wir hier über Drähte, Kabel, Scheinwerfer und rätselhafte Apparate, – die Leute selbst waren sehr nett, aber für mich war es eine Tortur, in das grelle Licht der Scheinwerfer hinein zu schwatzen! Die Sendung wird 45 Minuten dauern, – für das dritte Programm, im nächsten Frühjahr! – Isabel rollt eben mit ihren Kindern, mit Zelt und Auto, in England umher, und Christoph schwimmt diesmal auf der „Hanseatic" in der Ostsee, – von Kopenhagen nach Helsingsfors und Stockholm, – Anfang August will er für drei Wochen herkommen! Zu Jellas 60., und Manfreds 84. Geburtstag! Dann wird der Turm sich wieder füllen!

Mit vielen guten Wünschen
von uns allen grüsst Euch Beide
sehr herzlich
immer Dein getreuer

Adolf Grimme ist am 27. 10. 1963 gestorben.

An den   Burg Weissenstein, 18. August 1963.
Westdeutschen Rundfunk,
Herrn Wilhelm Matzel,
Köln

Sehr geehrter Herr Matzel!
Beiliegend meine Antwort auf Ihre Frage, – es war nicht ganz leicht,
sie so kurz zu beantworten!
Mit freundlichen Grüssen!

Siegfried von Vegesack:
Auch ich hänge noch heute mit ganzem Herzen an meiner baltischen Heimat, aber ich gebe mich nicht der Illusion hin, dass das,
was einmal war, je wiederkehren wird. Mein Junge ist in Bayern geboren, in Bayern aufgewachsen. Selbst wenn die Möglichkeit be-
stünde, würde er kaum in meine Heimat zurückkehren. Und wie er,
dürfte heute ganz allgemein unsere junge Generation denken und
fühlen. Heimat lässt sich nicht vererben, – jeder erlebt und schafft
sich seine eigene Heimat. Auch für uns Alte gibt es kein Zurück.
Statt der unwiederbringlich verlorenen Vergangenheit nachzutrauern, sollten wir Heimatvertriebenen den Blick vorwärts, in die
Zukunft richten, dieser nicht hindernd im Wege stehen, sondern
tatkräftig am Aufbau eines geeinten Europa mitarbeiten.
Grade wir Heimatvertriebenen, – oder sagen wir besser wir Menschen der Grenze, – die wir in enger Berührung mit unseren Nach-
barvölkern aufgewachsen sind und das Opfer des nationalen Wahnwitzes hüben und drüben wurden, sollten aus dem überlebten Begriff einer engbegrenzten Heimat hinauswachsen in eine grössere
Heimat, die keine Grenzen kennt, – in ein Europa, die Heimat aller
Europäer. Wir sollten deshalb in unseren Herzen keine Mauern errichten, – die schlimmer sind, als alle Mauern aus Stein, – sondern
Brücken schlagen, von Mensch zu Mensch, von Volk zu Volk. Für
uns Heimatvertriebene gibt es heute nur e i n e Heimat: ein geeintes
Europa!

Antwort auf die von der Redaktion gestellte Frage:
„Was ist und bedeutet Ihnen der Begriff Heimat unter dem Aspekt des grösseren Vaterlandes und eines geeinten Europas?"
Verbunden mit der Bitte, das Ausmaß von 10 bis 15 Schreibmaschinenzeilen nicht zu überschreiten. (Brief des WDR vom 14. 8. 63)

(205)

Herrn   Burg Weissenstein, 1. Februar 1964.

Kristof Wachinger,
Verlag Langewiesche-Brandt,
Ebenhausen bei München.

Lieber Herr Wachinger!
Besten Dank für Ihre freundlichen Zeilen und die Rezensionen!
Hoffentlich wird der „Spitzpudeldachs" sich doch mit der Zeit durchsetzen!
Dabei kam mir ein Gedanke. Von mir sind einige Sprechplatten hergestellt worden, die gut gehen und sich auch auf den Absatz der Bücher auswirken. Wäre es nicht ganz zweckmässig, eine Auswahl aus dem „Spitzpudeldachs" auf eine Platte aufzunehmen? Der Eugen Salzer Verlag hat eine Langspielplatte mit Proben aus meinen baltischen Büchern herausgebracht, und die Schallplatten-Edition „da camera" in Neckargemünd bei Heidelberg zwei kleine Platten mit den „Pygmäen" und „Schnüllermann". Natürlich müsste ich auch den Spitzpudeldachs selbst lesen!
Eben arbeite ich an einem Buch, das im nächsten Jahr bei Langen-Müller erscheinen soll, der auch eine Neuausgabe der „Pygmäen", mit Zeichnungen von Jochen Bartsch, – vorbereitet. Langen-Müller hat auch einen neuen Gedichtband von mir herausgebracht, – „Krug und Quelle", der über Erwarten gut geht. Und Salzer bringt im nächsten Jahr meinen Roman „Meerfeuer" neu heraus, und die Deutsche Buchgemeinschaft mein Südamerika-Buch. Und allerlei habe ich noch im Kopf, – hoffe noch einiges zu schaffen! Nur wird

494

die Zeit leider immer knapper, je älter man wird, – und viel Zeit habe ich nicht mehr!
Das Neue Jahr hat böse bei uns angefangen: die Wasserleitung ist zugefroren! Kein Wasser! Wir müssen Wasser schleppen, – bei der Kälte und dem eisigen Böhmerwind kein reines Vergnügen! Aber sonst geht alles seinen gewohnten Gang, – sechs Dackel beleben jetzt unser Gemäuer! Unser Christoph schwimmt noch immer als Schriftsetzer auf der „Hanseatic" umher, – eben im Karibischen Meer. Im April will er nach München, auf die Graphische Akademie.
Mit herzlichen Grüssen,
auch an Ihre Frau u. Krischan,
Ihr

Spitzpudeldachs Tiergeschichten aus dem Bayerischen Wald. Erstmals 1936 beim Atlantis-Verlag in Berlin erschienen, war 1956 beim Verlag Langewiesche-Brandt in Ebenhausen bei München wieder aufgelegt worden.
Der Verlagsleiter Wachinger hatte bei SvV im Jan. 56 angefragt, ob er Teile daraus in eine Anthologie aufnehmen und das Buch neu auflegen könne. Da es ihm darüberhinaus möglich war, die Illustrationen, die Schäfer-Ast für die erste Ausgabe gemacht hatte, vom Atlantis-Verlag zu erwerben, ging das Buch in der gewünschten Form in Druck und erschien im Herbst 1956. Der gute Kontakt zwischen Kristof Wachinger und SvV blieb über die vielen Verkaufsjahre des Spitzpudeldachs bestehen.

(206)
Frau   Burg Weissenstein, 11. Februar 1964.
Karin Goedecke,
Langen-Müller Verlag,
München

Liebe Frau Goedecke!
Vielen Dank für Ihren Brief vom 8. Februar! Ich freue mich sehr,

dass die „Hochzeit auf Zarnikau" Ihre Zustimmung gefunden hat, – dass Sie alles so richtig verstanden und empfunden haben, was ich mit dieser Erzählung sagen wollte!

Sie fragen nach der dritten Erzählung, die ich eben schreibe. Da muss ich Sie leider enttäuschen: es ist eigentlich keine richtige Erzählung, – eher ein Hörspiel, – lauter Stimmen und Gespräche aus einem baltischen Altersheim, ohne richtige Handlung! Oder: die Handlung besteht darin, dass in diesem Altersheim plötzlich, ganz unerwartet, ein Kind geboren wird, das teils sittliche Entrüstung, teils aber auch mütterliche Gefühle unter den alten Menschen auslöst, kurz, das geruhsame Leben durcheinander bringt und dadurch die verschiedenen Charaktere blitzartig beleuchtet! Zwischendurch wird in die Vergangenheit zurückgeblendet, – die Welt von einst mit der dürftigen Gegenwart im Altersheim confrontiert! Ich hatte ursprünglich an eine Erzählung gedacht, – aber beim Schreiben merkte ich, dass dieser Stoff eine ganz andere Form verlangt, – keine Erzählung, eher ein Hörspiel! Und warum soll der Band nicht mit einem heiter-nachdenklichen Hörspiel enden, in dem sogar Gestalten meiner „Baltischen Tragödie" auftauchen und sich als alte Menschen im Altersheim treffen?! Der Titel heisst: „DAS KIND IM ALTERSHEIM".

Im März hoffe ich Ihnen das Manuskript schicken zu können, – bin sehr gespannt, was Sie dazu sagen werden! Es ist der Schlusspunkt meiner baltischen Sachen, – nach dem 'Altersheim' kann beim besten Willen nichts mehr kommen!

Mit herzlichen Grüssen

Ihr

(207)

An Ingeborg Britting   Burg Weissenstein, d. 2. Mai 1964

Sehr geehrte, liebe Frau Britting,

Nein, ich möchte Ihnen nicht einen der üblichen Kondolenzbriefe schreiben, die Sie nun von allen Seiten erhalten werden – ich möchte Ihnen nur sagen, daß auch mich der Tod Ihres Gatten tief getroffen hat, daß ich nun wieder an ihn denken muß. Wir sind uns ja nur selten begegnet – zwei Mal, als er hier bei mir war, und dann einige Male in München. Aber vom ersten Augenblick an fühlte ich mich zu ihm hingezogen, – zu diesem Menschen, der so ganz in sich selbst ruhte, der wie ein Grantikblock in unsere verfahrene und zerrissene Welt hineinragte und mir durch sein Vorbild nun wieder Kraft und Trost gegeben hat. Und wie er selbst, seine Persönlichkeit, so waren auch seine Worte, sein Werk: ganz in sich selbst ruhend, aus *einem* Guss, keiner Mode unterworfen, wie es uns heute nur noch selten geschenkt wird.

Als ich das letzte Mal bei ihm anrief, sagte er mir, daß es ihm nicht gut ginge – ich ahnte nicht, daß es das letzte Mal war . . .

In herzlicher Teilnahme und tiefem Schmerz
grüsst Sie
Ihr

Georg Britting (1891–1964)
Dichter. Er lebte seit 1920 als freier Schriftsteller in München.

(208)

An den   Burg Weissenstein, 14. Mai 1964.
Süddeutschen Verlag,
Herrn Dr. Noether,
München

Sehr geehrter Herr Dr. Noether!
Für Ihren freundlichen und so eingehenden Brief danke ich Ihnen aufrichtig. Ihre Ablehnung meiner Erzählungen verstehe ich, vor allem den ersten Grund, dass der Abdruck in kleinen Abschnitten die Atmosphäre meiner Erzählungen zerreissen würde. Doch zu Ihrem zweiten Einwand möchte ich einiges bemerken.

Sie schreiben: „Als zweiter kommt hinzu, dass das Leben jener bevorzugten Schicht, die Sie schildern, durch die Umwälzungen, die inzwischen stattgefunden haben, so unendlich weit weggerückt ist, dass eine Verbindung für die jüngere und junge Generation kaum zu finden ist. Und von den bleibenden inneren Werten der Tradition hat man ja heute leider nur sehr wenig Ahnung."

Mir scheint, Sie unterschätzen die Leser von heute. Die Erzählung „JASCHKA UND JANNE" ist inzwischen vom Südwestfunk und vom Bayerischen Rundfunk gesendet worden, – und hat, zu meiner eigenen Überraschung einen starken Widerhall gefunden, und zwar nicht bloss bei meinen Landsleuten, sondern vor allem auch bei den 'Reichsdeutschen', den Bayern, und nicht bloss bei den Alten, sondern grade bei der jungen Generation. Diese Anteilnahme hat mit mir und meiner Person nichts zu tun. Ich glaube vielmehr, dass sie grade darauf zurückzuführen ist, dass die Hörer von einer Welt berührt wurden, die uns heute zwar unendlich weit weggerückt ist, deren 'bleibende innere Werte' aber durchaus lebendig geblieben sind.

Die grosse Masse der Leser sucht im Zeitungs-Roman natürlich nur spannende Unterhaltung, – aber grade die Jugend will mehr. Das habe ich jedenfalls festgestellt, wenn mich in den Ferien Schüler, – oft ganze Klassen aus allen Teilen Deutschlands besuchen und mit mir diskutieren.

Ich glaube nicht, dass für die jüngere und junge Generation eine Verbindung mit der Welt, wie sie einmal war, kaum zu finden ist. Meine Erfahrungen und Erlebnisse mit jungen Menschen beweisen das Gegenteil. Und mir scheint, die Aufgabe von uns Alten wäre es, – ohne jede sentimentale Schönfärberei, – der Jugend etwas von jenen bleibenden inneren Werten der Tradition nahe zu bringen, von denen man heute, – wie Sie ganz richtig bemerken, – leider nur sehr wenig Ahnung hat!

Dies nur in Kürze. Vielleicht haben wir einmal Gelegenheit, uns ausgiebig darüber zu unterhalten!

Mit freundlichen Grüssen

Ihr sehr ergebener

Auch der RIAS Berlin war nicht geneigt, die Erzählung *Jaschka und Janne* zu bringen und schrieb an Vegesack am 14. 4. 64:

„... da unsere Sendungen besonders aufmerksam verfolgt werden und jede Möglichkeit der Verdächtigung genutzt wird, ist es einfach nicht opportun, die östlichen Herrschaften herauszufordern. Sie würden aber mit Sicherheit eine Lesung Ihrer Erzählung – so unberechtigt das auch wäre – als Beweis unserer Hetze und unserer „revanchistischen Absichten" auslegen. Es gibt leider gewisse Verhaltensregeln, die aus lauter Nützlichkeitserwägungen eingehalten werden müssen."

(209)

An das   Burg Weissenstein, 18. Mai 1964.
Landratsamt Regen,
Nr. II/7 – 554.

Gegen die Entschliessung der Regierung von Niederbayern vom 22. April 1964 erhebe ich hiermit Einspruch.

Die dargelegten Ablehnungsgründe widersprechen den Tatsachen:

1) Die geplante Begräbnisstätte soll keineswegs a u f dem Pfahl, sondern n e b e n dem Pfahl auf meinem Grund und Boden errichtet werden.

2) Für die vorschriftsmässige Tiefe ist keineswegs irgend eine Sprengung erforderlich, da das Erdreich hier genügend tief ist und bereits bis zu 1.50 Meter ausgehoben wurde und ohne jede Schwierigkeit auch noch tiefer ausgehoben werden kann.

3) Durch Gutachten von Prof. Dr. Georg Priehäusser, der auf dem Gebiet des Naturschutzes als Geologe eine Autorität ist und im Auftrage des Landratsamtes Regen die geplante Grabstätte eingehend besichtigt und geprüft hat, bestehen weder aus Gründen des Naturschutzes, noch aus denen der Wasserversorgung irgend welche Bedenken gegen die Errichtung der Grabstätte. Alle diesbezüglichen Einwände der Regierung sind deshalb hinfällig.

4) Meine Begräbnisstätte würde in keiner Weise einen „Eingriff in die freie, schöne und schutzwürdige Landschaft" bedeuten, da die-

ses Landschaftsbild durch einen bescheidenen Grabhügel nicht im Geringsten verändert werden würde. Weder ein Gedenkstein, noch irgend ein Denkmal, sondern nur ein einfaches Totenbrett an einer Kiefer, – wie es hier üblich ist, – wird die Begräbnisstätte bezeichnen.

Es ist geradezu grotesk, wenn die Regierung bei ihrer Entschliessung sich auf den Naturschutz beruft: denn die Regierung von Niederbayern hat Jahre und Jahrzehnte untätig zugesehen, wie der Quarz des Pfahles als Strassen-Schotter ausgebeutet wurde! Wenn ich den Bund für Naturschutz in Bayern nicht alarmiert und mich für den Schutz des Pfahles eingesetzt und durch mein persönliches Eingreifen eine weitere Ausbeutung verhindert hätte, wäre auch der letzte Rest des Quarzfelsens oberhalb des Dorfes Weissenstein spurlos verschwunden.

Auf meine Verdienste als Schriftsteller bilde ich mir nicht allzu viel ein: sie sind vergänglich. Doch mein bleibender Verdienst, dass ich den Quarzfelsen vor dem gänzlichen Untergang bewahrt habe, kann mir niemand abstreiten. Und so glaube ich doch ein gewisses Anrecht auf ein bescheidenes Grab am Fusse des Pfahls zu besitzen, dessen letzter Quarzfelsen oberhalb des Dorfes ohne mein Einschreiten längst vom Erdboden verschwunden wäre.

Da bisher kein einziger Vertreter der Regierung von Niederbayern sich ein Bild von der tatsächlichen Lage der geplanten Grabstätte gemacht hat, schlage ich vor, dass ein Sachverständiger der Regierung auf meine Kosten herkommt und sich unvoreingenommen durch persönlichen Augenschein davon überzeugt, dass der hier dargestellte Tatbestand der vollen Wahrheit entspricht.

Sollte die Regierung von Niederbayern trotzdem auf ihrer Entschliessung bestehen und mir die Grabstätte verweigern, werde ich gegen diese Entschliessung Berufung einlegen und den Rechtsweg beschreiten. Da ich mich bereits dem 80. Lebensjahr nähere, werde ich die endgültige Entscheidung der höchsten Instanz kaum noch selbst erleben. Deshalb bestimme ich schon heute als meinen letzten, unumstösslichen Willen:

dass mein Leichnam eingeäschert, und meine Asche auf

meinem Grund und Boden, an der bezeichneten Stelle am Pfahl beigesetzt wird.

Als gläubiger Christ bin ich kein Freund der Feuerbestattung, – eine christliche Beisetzung in der Erde würde meinen Anschauungen als Christ besser entsprechen, 'von Erde bist du, und zur Erde sollst du werden!' – da aber hier in Weissenstein kein Dorffriedhof besteht, und ich auch auf dem überfüllten Friedhof von Regen nicht neben meinen Brüdern liegen könnte, bleibt mir als einziger Ausweg die Feuerbestattung.

Ich habe auf dem Lande gelebt, und möchte deshalb auch auf dem Lande begraben sein, – und zwar in dieser Erde, die mir im Lauf eines halben Jahrhunderts zur zweiten Heimat wurde.

Die Urkunde meines letzten Willens werde ich im Notariat Regen hinterlegen. Eine Abschrift füge ich zur Kenntnisnahme bei.

Weissenstein, Pfingstmontag,
den 18. Mai 1964.

(zu 209)

MEIN LETZTER WILLE

Für den Fall, dass die Regierung von Niederbayern auch nach meinem Tode mir ein Begräbnis auf meinem Grund und Boden am Pfahl verweigern sollte, bestimme ich hiermit als meinen letzten Willen, dass mein Leichnam eingeäschert und meine Asche auf der von mir bezeichneten Stelle am Pfahl beigesetzt wird.

Ferner bestimme ich, dass weder ein Gedenkstein, noch ein Denkmal, sondern nur ein einfaches Totenbrett, wie das hier im Wald der Brauch ist, die Stätte bezeichnen soll. Der Grabhügel soll so unauffällig wie möglich sein, und sich in keiner Weise von der von Heidekraut bewachsenen Umgebung unterscheiden.

Als gläubiger Christ bin ich zwar kein Freund der Feuerbestattung, – eine christliche Beisetzung in der Erde würde meinen Anschauungen besser entsprechen. Da aber hier in Weissenstein kein Dorffried-

501

hof besteht, und ich auch auf dem überfüllten Friedhof von Regen
nicht neben meinen Brüdern liegen könnte, bleibt mir als einziger
Ausweg die Feuerbestattung.

Weissenstein, am Pfingstmontag,
den 18.Mai 1964.

Mit „Regierungsentschließung vom 19. August 1964" wurde Vegesack die
Genehmigung zur „Errichtung einer privaten Begräbnisstätte" erteilt.

(210)
An Charlotte Bergengruen   Weissenstein,
                                                    den 8. Sept. 1964

Meine liebe Lotte!
Ich kann Dir nicht sagen, mit welcher Teilnahme ich an Dich denke,
– nein, nicht nur Teilnahme an Deinem Schmerz: Dein Verlust hat
auch mich im Innersten getroffen! Noch immer kann ich es nicht
fassen, dass er uns für immer verlassen hat!
Im April, in Köln, waren wir noch zusammen, – wir hatten uns von
den anderen absentiert, assen zu Zweit Mittag, keinen Augenblick
kam mir der Gedanke, dass wir uns nie wieder sehen würden. Ich
wußte nichts von seiner Krankheit, und so kam mir die schreckliche
Nachricht völlig überraschend. Von Herzen wünsche ich, daß ihm
Qualen erspart blieben!
Gerade wollte ich ihm schreiben, ihn fragen, ob er nach Darmstadt
kommen würde, – und ihm zwei Gedichte schicken, die ich nun Dir
schicke. Merkwürdig, daß der Gedanke an den Tod mich gerade in
diesen Tagen so stark beschäftigt hat. Wie hilflos sind alle Worte, –
aber Du sollst wissen, dass Du in Deinem Schmerz nicht allein bist.
Wir alle hier sind in Gedanken bei Dir. In tiefer Teilnahme grüsst
Dich, liebe Lotte, auch von Jella, sehr herzlich Dein S.

P. S. Die Baltischen Briefe baten mich um einen Nachruf, ich füge ihn hier bei.

Werner Bergengruen war am 4. September 64 gestorben.
Charlotte Bergengruen stellte diesen Kondolenzbrief als einzig verbliebenen Brief Vegesacks zur Verfügung.
Nachruf. In der Nr. 222 (Jg. 1964) der *Baltischen Briefe: Dank an Bergengruen*
Vegesack erzählt in diesem Nachruf die Geschichte der Freundschaft und dankt Bergengruen u. a. für seinen tiefgründigen Humor. „...Und was hast Du mir sonst nicht alles in überreichem Maße geschenkt: frei von unserer Berufskrankheit – von Neid und Mißgunst, – hat Dein gutes Wort in schlimmen Stunden, die keinem von uns erspart bleiben, mich immer wieder aufgerichtet. Aus Deiner „Heilen Welt", – dem schönsten, reichsten und tiefsten Gedichtsband, den ich kenne, – hab ich immer wieder Mut und Kraft geschöpft, wenn ich am Verzweifeln war. Auch dafür, – und dafür vor allem, – dank ich Dir, mein Lieberchen!"
Dem Brief lagen bei die Gedichte: „Ein Atemzug" und „Ein Stückchen Erde ..."

(211)

Herrn   28. September 64
Dr. Schwitzke,
Norddeutscher Rundfunk,
Abteilung: Hörspiel.
Hamburg

Sehr geehrter Herr Dr. Schwitzke!
Besten Dank für Ihren freundlichen Brief vom 21. September. Selbstverständlich liegt die Rollenbesetzung ganz allein in Ihren Händen. Auch wenn es wohl kaum noch einen Zweck hat, so möchte ich doch meine Wünsche und Einwände kurz begründen.
Mein Hörspiel spielt in einem baltischen Altersheim, unter lauter

Balten. Mir scheint, dass diese baltische Atmosphäre zwar nicht übermässig betont, aber durch ein paar unverkennbar baltische Stimmen doch wenigstens angedeutet werden müsste, um den Hörer unmittelbar anzusprechen. Nun lese ich in Ihrer Besetzungsliste nur einen baltischen Namen: Elsa Wagner. Sonst sind alle Schauspieler 'Reichsdeutsche', – sie mögen noch so 'prominent' sein, – ob sie sich aber grade für mein Hörspiel eignen, erscheint mir fraglich. Dazu kommen noch ganz prinzipielle Bedenken. Ein Hörspiel ist kein Schauspiel, ein Schauspieler, der auf der Bühne noch so gut spielt, braucht deshalb noch lange kein guter Hörspieler zu sein. Auf der Bühne agiert er, – neben dem Wort stehen im Geste und Mimik zur Verfügung. Im Hörspiel ist er nur auf das Wort, auf seine Stimme angewiesen: er muss sich von den sichtbaren Ausdrucks-Mitteln auf das nur Hörbare, – seine Stimme umstellen. Auch ein guter Schauspieler kann vor dem Mikrophon völlig versagen. Natürlich gibt es Ausnahmen, wie die Lina Carstens und die unvergessliche Gisela von Collande, – aber die sind selten.

Das Hörspiel ist ganz auf das Wort angewiesen und das Wort auf die Stimme. Und diese Stimme wird nur dann den Hörer berühren, wenn sie so echt und so natürlich wie irgend möglich ist. Ja, mir scheint, ein Hörspieler muss auf jede schauspielerische oder, – wie Sie schreiben, – 'diffizile darstellerische Leistung' verzichten, – er muss sich auf das beschränken, was ihm allein zu Gebote steht das Wort, – seine Stimme.

Verzeihen Sie mir diese vielleicht all' zu einseitige Ansichten eines, der von diesen Dingen nicht all' zu viel versteht, – auch wenn er sich gelegentlich ein Hörspiel anhört, – und sogar eins schreibt!

Herr Dr. Dollinger vom Bayer. Rundfunk, mit dem ich in München sprach, interessiert sich für mein Hörspiel und will sich gern das Band anhören. Auch ich würde es gern vor der Sendung hören, da wir hier den Norddeutschen Rundfunk leider nicht hören können.

Mit herzlichen Grüssen

Ihr sehr ergebener

Neben zahlreichen Sendungen, die der NDR mit Vegesack als Autor und Sprecher (1957–65) produziert hatte, wurde auch das Hörspiel „*Das Kind im Altersheim*" („eine Art Nekrolog auf meine baltischen Sachen" SvV an W. Illing) aufgenommen, der Titel aber, um die Pointe nicht vorwegzunehmen, geändert in „*Die Liebeserklärung*". Die Sendung erfolgte am 2. Dezember 64.

Vegesack hatte vorgeschlagen, selbst zu sprechen, was aber vom Funk mit der Begründung abgelehnt wurde, daß die Sprecher zu „diffiziler schauspielerischer Leistung" in der Lage sein müßten.

(212)

An Wilhelm Lehmann:　　　　　Burg Weissenstein, 6. 11. 1964.

Sehr verehrter, lieber Herr Lehmann!

Es tat mir leid, dass ich im Trubel von Darmstadt mich nicht von Ihnen verabschieden konnte, und dass wir nicht zu einem richtigen Gespräch kamen, – wenn so Viele an einem Tisch sitzen, und so viel Stimmen durcheinander schwirren, bleibt so Vieles ungesagt, was ich Ihnen gern gesagt hätte! Mich hatte auch das, was die Bachmann vortrug, völlig verwirrt. Ich muss zu meiner Schande gestehen, dass ich nichts, – oder fast nichts, – von alle dem begreifen konnte, – in meinen Ohren war es eine erschreckende Anhäufung unverdauter Wort-Gebilde, – alles erklügelt und erdacht, nichts von den Sinnen, und vor allem dem Auge Wahrgenommenes! Sie haben ganz Recht: dieser jungen Generation fehlt jede Beziehung zur Natur, – sie dichten abstrakt, wie sie ja heute auch abstrakt malen und musizieren. Mir scheint, noch nie war die Zäsur der Generationen so scharf und krass ausgeprägt, wie heute, – man spricht völlig verschiedene Sprachen! Genug davon! Ich möchte Ihnen nur sagen, wie sehr ich mich jedes Mal freue, wenn ich Ihren Kopf sehe, – einer der wenigen, die noch unter uns sind, nachdem Pechel, Grimme, und jetzt auch Bergengruen uns verlassen haben . . .

Ihren Gedichtband habe ich von Reclam bestellt, und freue mich darauf, mich in Ihre Gedichte zu vertiefen! Seit einiger Zeit sammele ich handgeschriebene Gedichte, – sehr dankbar wäre ich Ihnen, wenn Sie meine Sammlung von Carossa, Taube, Bergengruen u. A. ergänzen und mir eines Ihrer Gedichte in Ihrer Hand gelegentlich schicken würden!

Beiliegend ein paar Verse, die Ihnen vielleicht Spass machen werden, – zur Erheiterung! Wenn Sie es mir erlauben, will ich Ihnen meinen Gedichtband „KRUG UND QUELLE" übersenden, der kürzlich bei Langen-Müller erschienen ist.

Es grüsst Sie, lieber Herr Lehmann,
in aufrichtiger Verehrung
Ihr

Wilhelm Lehmann: (1882–1968) Dichter
Lehmanns großes Thema war die Natur und der Mensch mit und in ihr.
Ingeborg Bachmann: (1926–73) Dichterin
Sie erhielt 1964 den Büchner-Preis
Vegesack hatte am 4. Nov. 64 an Oda Schaefer geschrieben: „Was Du über die scharfe Zäsur der Generationen schreibst, wie wir sie heute erleben, deckt sich ganz mit dem, was ich darüber denke! Man kann sie verstehen, – nach allem, was wir erlebt haben, aber sie ist doch bedauerlich. Ein Trost für uns, die wir zum „alten Eisen" gehören, wie Du schreibst: einmal werden auch die jungen, die nichts von uns wissen wollen, zum alten Eisen gehören, – und manches alte Eisen wird mit der Zeit wieder jung werden!!! Wir wollen das nicht zu tragisch nehmen, – nicht, wie so manche unter uns, ängstlich der Mode nachlaufen, – sondern unbekümmert bleiben was wir sind, und schreiben, wie uns der Schnabel gewachsen ist!"
An Lehmann (und andere Akademie-Freunde) schickte Vs. die beiden Gedichte:
Die Avantgardisten und
Synthetische Dichtung:
Auch Worte
werden heute wie Schaumgummi, Plastik und Eternit
in der Retorte
synthetisch fabriziert,
von der Dichter-Industrie
filtriert, destilliert,

und mit Nitrit
für den Konsum von Poesie
präpariert:
in Dosen abgewogen,
auf Flaschen gezogen,
mit Etiketten bedruckt,
und wie Drogen
und bittere Pillen –
mit heimlichem Widerwillen –
und doch gläubig, mit Andacht von den Konsumenten geschluckt
Synthetische Verse und Worte –
Poesie?
Chemie
aus der Retorte.

(213)

Herrn   Burg Weissenstein, 17. 11. 1964.
Dr. Friedhelm Kemp,
Bayer. Rundfunk,
Abt.: Literatur,
München

Lieber Herr Kemp!
Besten Dank für Ihren Brief vom 5. 11. Mit Ihrem Einwand haben
Sie ganz recht: es wird dem Hörer schwer sein, in der vorliegenden
Fassung sich in den familiären Verhältnissen zurecht zu finden!
Deshalb müssen diese ganz fortfallen, – die Erzählung muss sich
ausschliesslich auf die Hochzeit selbst, und das tragische Ende kon-
zentrieren. Ich habe deshalb das Manuskript gekürzt und in zwei
Teile aufgeteilt, – jeder nimmt genau 30 Minuten in Anspruch.
Falls Sie meinen, dass die Erzählung in dieser gekürzten Fassung
sich für eine Sendung von je 30 Minuten eignet, und auch Herr Dieterich sich dafür ausspricht, könnte ich sie gelegentlich lesen. Im
Frühjahr werde ich wohl wieder nach München kommen. Es eilt
mir weder mit der Aufnahme, noch mit der Sendung! Ich wüsste

nur gern, ob eine Sendung der Erzählung für Sie überhaupt in Frage kommt!

Der Tod von Bergengruen ist mir sehr nahe gegangen, – und hat mir doch einen Schreck eingejagt: denn ich bin fünf Jahre älter, als er! So muss ich mich allmählich auf die letzte Reise vorbereiten, – habe noch allerlei vor, aber wer weiss, ob ich es noch schaffe! Viel Zeit ist mir nicht geblieben! Jedenfals möchte ich meine Sachen ordnen und guten Händen anvertrauen!

Mit herzlichen Grüssen,
auch an Herrn Dieterich

Für den Bayerischen Rundfunk hat V zahlreiche Sendungen ausgearbeitet und gesprochen (1957–)
Hier ist die Rede von der *Hochzeit auf Zarnikau*, die am 14. 10. 65 aufgenommen und am 1. 11. 65 gesendet wurde.

(214)

An Werner Illing   Burg Weissenstein, 29. Januar 1965.

Mein lieber Werner!
So lange haben wir nichts von Euch gehört. Lulu sagte uns, dass Du Mitte Januar nach München kommen wolltest, aber leider an einem Wochenende, wenn sie nicht in München sind. Das letzte Mal waren sie bei Gunja und Tatjana in Tirol, – den „Brasilianern", – und heute Abend erwarten wir Lulu und Dagmar hier.
Vielleicht habt Ihr mich am 16. Januar auf dem Bildschirm gesehen, – in einer Sendung „Rendezvous der Erinnerungen", die ganz nett gemacht war, – im Ersten Programm. Drei weitere Aufnahmen, – für das Dritte Programm, – liegen noch auf Lager. Von den Büchern allein könnten wir nicht leben, – so werde auch ich allmählich vom Funk aufgefressen, – aber er gibt mir auch die nötigen Brötchen! Zu Weihnachten war ich an einer Sendung des Bayer. Rundfunks

beteiligt, – unter dem Titel: „Am Bayerischen Stammtisch". An diesem Stammtisch kam ich auf das Flüchtlings-Problem zu sprechen, – und sagte dabei ganz ungeniert und unverblümt, was ich von den üblichen Phrasen halte. Ich war darauf gefasst, bei den Flüchtlingen einen Sturm der Entrüstung zu entfesseln. Aber das Gegenteil war der Fall: in den vielen Briefen, die ich nach der Sendung erhielt, stimmten mir alle, – ohne Ausnahme, – und grade die Flüchtlinge zu! Der Eine schrieb, ich hätte ihm aus „dem Herzen gesprochen", der Andere „aus der Seele", – „noch nie habe ich jemanden gefunden, der eine so klare Stellungnahme einnimmt". Man wollte eine Abschrift davon haben, – ich hatte aber ganz frei gesprochen, meine Worte nicht fixiert. Und so kam ich auf den Gedanken, dies nachträglich zu tun, – und so kam beiliegendes „Zwiegespräch zwischen Vater und Sohn" zustande. In diesem Zwiegespräch habe ich versucht, beiden Seiten gerecht zu werden, – dem Vater, der noch von einer Rückkehr träumt, und dem Sohn, der in der neuen Heimat aufgewachsen ist. Mir scheint, dass dieses „heisse Eisen", dem alle Politiker und Parteien aus Angst vor den Wahlen aus dem Wege gehen, endlich angepackt und zur Diskussion gestellt werden sollte. Vielleicht hast Du gelegentlich Zeit, in mein Manuskript hineinzuschaun und mir zu sagen, was Du dazu meinst, – ob das etwas für den Rundfunk wäre? Und wenn ja, wäre ich Dir sehr dankbar, wenn Du es der „zuständigen" Stelle geben würdest!

Von der guten Schimmel habe ich noch immer nichts gehört, – mein Hörspiel liegt noch immer bei ihr auf Eis! Vielleicht kannst Du sie bei Gelegenheit dazu bringen, dass sie sich das Band vom NDR kommen lässt, und es sich anhört!

Mit herzlichen Grüssen, auch an das Täubchen, –
vom ganzen Turm
Dein

An Oda Schaefer   Burg Weissenstein, 4. Februar 1965.

Meine Liebe, – „Lieberchen" geht nicht, und „Liebchen" erst recht
nicht, – also: meine Liebe!
Dass Du meine „Baltische Tragödie" wirklich zu Ende gelesen hast,
finde ich erstaunlich, – das habe ich kaum erwartet! Im Grunde ist es
ja nur der Versuch, das niederzuschreiben, was ich erlebt habe, – also
weit davon entfernt, die Ereignisse objektiv darzustellen. Wie ich ja
überhaupt wenig Phantasie besitze, und nur das erzählen kann, was
ich erlebt habe! Wichtiger und aufschlussreicher scheint mir mein
anderes Buch: „Vorfahren und Nachkommen", weil ich dort auf
Grund eines sehr umfangreichen Materials von Briefen, Aufzeichnungen und Tagebüchern versucht habe, das Leben der Vorfahren, –
von fünf Generationen, – darzustellen. Wenn ich Dir die Lektüre
dieser Familien-Chronik zumuten darf, will ich sie Dir gern schikken, – für wen schreibt man denn eigentlich? Doch nur für seines-
gleichen, – für gute Freunde, die das nötige Verständnis dafür haben! Und ich glaube, – Du gehörst zu ihnen! Die anderen, – das
„Publikum", soll die Bücher kaufen, – den Freunden soll man sie
schenken!
Deine Erinnerungen hatte ich schon in der Süddeutschen gelesen, –
die brachten auch ein ganz bezauberndes Bild von Dir, als junges
Mädchen! Erstaunlich, wie richtig Du alles als 13-Jährige gesehen
hast, ich glaube bestimmt, dass die *Kuppel der russischen Kathedrale* in
Riga nicht silbern, sondern *grünlich* war, – meine Erinnerung deckt
sich ganz mit Deiner! Merkwürdig: fast gleichzeitig mit Dir kam ich
Ende Juni 14 nach Riga, – aus Schweden, mit meiner Verlobten Clara Nordström. Ich hatte eben mein Studium beendet und sollte an
der „Rigaschen Rundschau" eine Anstellung bekommen, – aber das
fiel dann, als der Krieg ausbrach, ins Wasser, Clara Nordström,
durch ihre erste Ehe „Reichsdeutsche", musste nach Schweden zurück, – aber ich durfte sie bis *Raumö* in *Finland* begleiten, – im Oktober, – in ganz so einem Transport, wie Du es auch erlebt hast, –
dichtzusammengedrängt, dritter Klasse, die Fenster weiss ver-
schmiert, – *Leibes-Visitation in Bjelo-Ostrowo, der finnischen Grenze!*

510

Erst Anfang Februar 15 konnte ich nach Schweden folgen, – über Karungi-Haparanda, – mit 50 Rubeln kam ich in Stockholm an, kaufte mir gleich zwei Trauringe, und am nächsten Tag, den 16. Februar, liessen wir uns in der Tyska Kyrkan in Stockholm trauen! Das war also vor genau 50 Jahren. Bin ich nicht ein sehr ordentlicher Mensch: in diesem Frühjahr feiern wir, Jella und ich, unsere Silberne Hochzeit!!!

Du hast mich also auch im Fernsehen gesehen, – den guten Heinrich Fischer kenne ich nicht, er meinte, wir hätten uns vor 42 Jahren bei Siegfried Jakobsohn getroffen. Auch ich fand die Prinzessin Pilar von Bayern sehr sympathisch, wie sie von ihrer Kindheit erzählte! Im Übrigen war die Aufnahme für mich doch recht strapazant, mit den abscheulichen Scheinwerfern, – aber, was soll man tun? Von Büchern allein können wir armen Tintenkulis heute nicht leben, – ohne den Funk müsste ich glatt verhungern! Und dabei kann ich nicht klagen: meine Bücher gehen erstaunlicherweise immer noch einigermassen – im letzten Halbjahr wurden rund 4 000 Ex. abgesetzt, – aber der Honorar-Anteil ist gering, vom Funk bekomme ich das Doppelte! Der Funk gibt zum „Fressen", – aber leider wird man dabei auch selbst aufgefressen, – zu meinen eigentlichen Arbeiten bin ich in diesem Winter kaum gekommen!

Wie schön, dass der Funk auch bei Euch gefunkt hat, – hoffentlich wirst Du dabei nicht selbst aufgefressen! Ja, als „freier Schriftsteller" hat man es heute nicht leicht, – und doch: für kein Geld würde ich mit den armen Bürohengsten tauschen, die in den Funkhäusern, Verlagen und Redaktionen in ihren Käfigen hocken, jeden Ersten ihr Gehalt bekommen, keine Sorgen haben, – aber nicht mehr schreiben können, was sie auf dem Herzen haben! Die „Freiheit" muss teuer bezahlt werden, – aber sie ist es auch wert!

Du schreibst, Dir wird elend, wenn Du zu lange auf dem Lande lebst, – und mir wird elend, wenn ich auch nur kurz in der Stadt sein muss! In der Stadt könnte ich nie leben, und noch weniger auch nur eine Zeile schreiben, – schon das Bewusstsein, dass rundherum um mich Menschen wie Ameisen wimmeln, macht mich krank. Ich muss jeden Tag mindestens zwei Stunden im Freien umherlaufen, – jetzt auf den Skiern, muss täglich immer wieder frische Luft schnappen, sonst ersticke ich wie ein Fisch auf dem Trockenen!

Was Du von Lotte Bergengruen schreibst, bedrückt mich sehr. Aber ich kann sie verstehen: die Kinder fort, ganz allein im grossen Haus, ohne ihn, mit dem sie so verbunden war, – das muss schrecklich sein . . .

Nein, Deinen Onkel Theo hab ich nicht gekannt, aber an die Redaktion der „*Baltischen Post*", – nahe der *Petri-Kirche*, erinnere ich mich gut: als Gymnasiast, 1905 oder 1906, brachte ich mit klopfendem Herzen meine ersten Versuche dorthin, *Sawitzki* und *Guido H. Eckhardt* sassen damals dort, – und sie wurden dann wirklich gedruckt! Von 1907–12 studierte ich in Dorpat, und kam nicht mehr hin, so habe ich Deinen Vater auch nicht gesehen.

Es grüsst Dich und Horst herzlich

Dein

Oda Schaefer hatte in ihrem Brief vom 1. 2. 65 geschrieben: „Du hast den Untergang des Baltikums sehr gut geschildert, und auch die Schuld gestreift, die die Balten unbewusst hatten. Sie waren allzu „topsig" geworden, auf P. in Estland, dem Gut der v. K.'s, wurden die Pferde nicht mehr bewegt, ein Onkel . . ., der auf I. sass, schlief bei Tisch ein und schnarchte, es war alles verschlafen und nur von Picknicks, Saftkochen und Naturliebe erfüllt sich ein Dasein eben nicht. Ich, als „Kassandra vom Dienst", spürte den Untergang deutlich . . ."

Erinnerungen: Oda Schaefer: *Auch wenn du träumst, gehen die Uhren.* München 1970

(216)

Herrn   Burg Weissenstein, 24. Mai 1965.
Dr. Joachim Schondorff,
Langen-Müller Verlag,
München

Lieber Herr Schondorff!
Besten Dank für Ihren Brief vom 20. Mai, den ich, aus Stuttgart
heimgekehrt, hier vorfinde. Beiliegend der unterzeichnete Vertrag.
Ich habe mir erlaubt, dem § 2 den Zusatz unseres Vertrages vom 22.
Juli 1955 des „Kleinen Handgepäcks" einzufügen: „Einnahmen aus
Rundfunklesungen oder rundfunkmässiger Bearbeitung durch den
Verfasser fallen diesem in voller Höhe zu". Ich hoffe, dass Sie damit
einverstanden sind, denn ich bin auf diese Einnahmen vom Rund-
funk angewiesen, – ohne diese wäre ich längst verhungert! Es bestehen Aussichten, dass mein Hörspiel „Die Liebeserklärung" („Das
Kind im Altersheim"), das der Norddeutsche Rundfunk brachte,
und das der Bayerische Rundfunk morgen senden wird, auch von
anderen Sendern übernommen wird, – und auf diese „Tropfen auf
den weissen Stein" kann ich beim besten Willen nicht verzichten!
Bitte teilen Sie mir mit, wann und wohin ich den vereinbarten
Druck-Zuschuss für die „Pygmäen" überweisen soll, – oder er könnte auch bei der nächsten Abrechnung von meinem Honorar abgezogen werden!
Könnte ich vielleicht doch einen Abzug von „Jaschka und Janne"
nach dem Umbruch erhalten, – einige Fahnen mussten ja umge-
setzt werden, und da könnte vielleicht doch ein Druckfehler sich
einschleichen! Auch für einen Abzug vom Umschlag wäre ich
dankbar, – ich glaube, dass er sehr gut sein wird, – möchte ihn aber
doch gern sehen, bevor das Kind auf die Welt kommt!
Mit gleicher Post schicke ich Ihnen je 2 Exemplare vom „Fressenden
Haus" und „Meerfeuer", – es sind meine letzten, und meine Frau
hätte gern ihre Exemplare später wieder! Ich hoffe sehr, dass Ihre Bemühungen einen Erfolg haben und wir dann einen Vertrag abschliessen können!
Beiliegend der Brief von Georg Müller vom 21. Oktober 1915, mit

dem er mich beauftragt, die Chronik des Grafen Birger Mörner
„Aurora Königsmarck" zu übersetzen, – in diesem Jahr könnten wir
also „Goldene Hochzeit" feiern!!!
Mit herzlichen Grüssen,
auch an Ihre Gattin,
Herrn Gebühr und Herrn Wallenstein
Ihr

Kleines Handgepäck ist erstmals 1956 bei Langen-Müller mit den Illustratio-
nen von Ernst Weil erschienen.
Druckzuschuß: Für die Neuauflage der *Pygmäen* hatte der Langen-Müller-
Verlag von Vegesack einen Druckkosten-Zuschuß in Höhe von 700,– DM
erbeten.
Am 10. Dezember 1962 schrieb Vegesack an Langen-Müller: „Soeben teilt
mir meine Nichte in Sao Paolo mit, dass sie gern den Zuschuss für den
Druck meines Gedichtbandes zahlen will, und gleichzeitig erhielt ich den
Scheck! Bitte teilen Sie mir mit, wohin ich den Betrag überweisen soll!"

	(217)
An Oda Schaefer	Burg Weissenstein, 8. August 1965.

Liebe Oda!
Auch ich kann mich nicht für den guten Grass begeistern, – quäle
mich eben durch seine Erzählung „Katz und Maus", die allgemein
sehr gerühmt wird, – aber ich weiss nichts damit anzufangen. Ich
bin wahrhaftig nicht prüde, – aber was er da von sich gibt, ist mehr
als unappetitlich, ist Pornographie im übelsten Sinn des Wortes!
Ich weiss nicht, wer unseren Büchner-Preis verteilt, – aber das regt
mich nicht weiter auf, ich nehme das nicht tragisch! Mag er den
Preis bekommen, – das berührt mich nicht. Ich finde es jedenfalls
besser, dass auch solche seltsame Literatur-Blüten, wie Grass, den
Preis bekommen, als wenn wir uns auf normale, weniger fragwürdi-
ge Grössen beschränken würden, – und wenn die Preisträger den
Preis schlucken, und dann nie wiederkommen, finde ich dies nicht

für uns beschämend! Wir wollen ihnen nicht nachlaufen, – wenn sie von uns nichts wissen wollen! Wir sollten das nicht tragisch nehmen, – lachen, und nicht protestieren!

Ihr wollt „als Protest" von der Tagung fortbleiben, – glaubst Du wirklich, dass Grass irgend eine Notiz davon nehmen wird? Für mich sind diese Tagungen die einzige Verbindung mit der „literarischen Welt", – der Akademie habe ich es zu verdanken, dass ich wertvolle Menschen kennen gelernt habe, – wie Grimme's, Pechel, Bernus, Rombach, Schirmer's, – und nicht zuletzt Euch! Wenn Ihr also nicht nach Darmstadt kommt, würdet ihr nicht Grass, – sondern Eure Freunde strafen, die Euch Beide gern wiedersehen würden! Überlegt es Euch also, bitte, – und kommt doch! Grass zum Trotz! Wir wollen uns ihn aus der Nähe ansehen, – und bei einem guten Tropfen gehörig lästern!!!

Die Welt, – und natürlich auch unsere Akademie, – ist doch, wenn man genauer hinschaut, – eine Menagerie seltsamer Geschöpfe, – und das Lachen, oder auch nur Schmunzeln, das Beste, was uns geschenkt wurde! Ich hoffe sehr, Euch Beide in Darmstadt wiederzusehen!

Hier ein Kalendervers, der mir gestern einfiel:
„Wie seltsam ist das:
Alt wird alles, was neu!
Aus Gras wird Heu, –
aber niemals aus Heu Gras!!"
Mit herzlichen Grüssen,
auch an Horst,
Dein

Günther Grass, Schriftsteller (*1927)
Büchnerpreisträger 1965

(218)

An Nena (H. L. de Loeb)

Weissenstein,
den 6. Oktober 19(65)

Meine liebe, liebe Nena!

Dein Brief vom 26. Sept. kam gleichzeitig mit dem von Margarita, – und wenige Stunden, nachdem uns Carlos verlassen hatte! Es war sehr schön, ihn hier zu haben, – leider konnte er nur zwei Tage bleiben! Und ich freute mich ganz besonders, dass er auch unseren Christoph kennen gelernt hat, der ihn aus München herbrachte und mit ihm wieder zurückfuhr, und unsere Dagmar, die den Oktober über hier bleibt und Jella im Hause und mit der kleinen Barbara hilft, da Aduschchen sich erholen soll und in einem Sanatorium „Urlaub" hat, – sie quält sich mit ihren Bronchien, hat immerfort Fieber, und kommt hier vor allem an Schlaf zu kurz, da Manfred schon um fünf aufsteht und sie heraustreibt! Wir haben jetzt hier einen herrlichen Herbst, – Sonne und Wärme, – aber leider bin ich erkältet, fühle mich sehr „kodrig", und muß morgen nach Darmstadt, zur Tagung der Akademie, und von dort nach Stuttgart und München, um meine letzten Bandaufnahmen für den Rundfunk zu machen, – „auf Vortrag" fürs nächste Jahr lesen. Dann habe ich mein Pensum erledigt und kann mit gutem Gewissen bis zum April bei Dir verschnaufen!

Bin gespannt auf „mein" Turmzimmer, – fürchte nur, dass es für mich viel zu elegant geworden sein wird, – ein Tisch, ein Stuhl, ein Bett – das würde mir völlig genügen! Ich bin, – was Kritik betrifft, – wie Du weisst, nicht empfindlich, aber was Du mir über „Jaschka und Janne" und die „Hochzeit" schreibst, enttäuscht mich doch und scheint mir auch am Wesentlichen vorbei zu gehen. Du schreibst, diese Erzählungen wären „zu sehr und nur Baltikum, und eine Wiederholung", – natürlich sind es baltische Erinnerungen, da ich ja dort aufgewachsen bin, aber beide Erzählungen erweitern und vertiefen das „Baltische" meiner Balt. Tragödie ins Allgemein-Menschliche, sind also keineswegs „Wiederholungen"! Die „Balt. Tragödie" mußte ich doch so schreiben, wie ich sie erlebt habe: die Letten und Esten blieben im Hintergrund, und die Russen waren

516

unsere „Feinde", da ich ja mitten in der Russifizierung aufgewachsen bin. In „Jaschka und Janne" versuche ich unser gemeinsames Schicksal mit den Letten und Esten darzustellen, – die es ja viel schlimmer haben, als wir Deutsch-Balten, da sie mit der Heimat auch ihren Sprachraum verlieren. Jaschka entscheidet sich zwei mal für die kleine Estin Janne, – er heiratet sie, allen Vorurteilen und Widerständen zum Trotz, und bleibt bei ihr, auch nach der Umsiedlung. Und auch Janne entscheidet sich zwei mal für ihn: als er alle Güter verliert, bleibt sie bei ihm und sorgt für ihn, und als die Bolschewiken ihn verschleppen, teilt sie freiwillig sein Schicksal. Und in der „Hochzeit" wird das gute deutsch-russische Verhältnis dargestellt, das ja vor der Russifizierung bestand: die „russische" Zeit war ja vor der Russifizierung die glücklichste und friedlichste, die wir Balten gehabt haben! Und darüber hinaus geht mit der Hochzeitskutsche nicht bloss die baltische, sondern die ganze Vorkriegswelt unter: das Eis bricht, – Symbol und Handlung decken sich vollständig! Ich glaube, dass Du diese Hintergründe übersehen hast und den tieferen Sinn der Erzählungen verstehen wirst, deren Stoff zwar baltisch ist, die aber doch aus dem Baltischen sich ins Allgemein-Menschliche erweitern! Und wenn nicht, – wir werden uns deswegen nicht in die Haare geraten! Du kannst mir ruhig widersprechen, – wenn ich nur Deine Stimme höre, Deine Nähe fühle, – mehr will ich nicht! . . .

hs. P. S.:

Gestern teilt mir der Langen-Müller Verlag mit, dass die erste Auflage „Jaschka und Janne" schon fast vergriffen ist, und dass er schon eine zweite druckt, und heute schreibt mir der Norddeutsche Rundfunk . . . Muss packen, – fahre morgen nach Darmstadt, bin am 15. Okt. wieder hier und bleibe bis Ende November, am 1. Dezember (. . . Hamburg . . .) Bald bin ich bei Dir!!! Immer Dein Ch.

An Otto v. Taube   Burg Weissenstein, 21. Oktober 1965.

Lieber Baron Taube!

Ich freue mich sehr, dass meine Erzählungen Ihren Beifall gefunden haben, – ich mache mich auf heftige Widersprüche alteingefleischter Balten gefasst! Als „Jaschka und Janne" vom Südwestfunk gesendet wurde, schrieb mir irgend eine alte Baronin Engelhardt aus irgend einem Altersheim einen ganz empörten Brief: ein Majoratsherr und eine einfache Estin, – unglaublich! Und doch ist alles auch in Wirklichkeit so gewesen! Ich habe ja wenig Phantasie, schreibe eigentlich nur das, was ich selbst erlebt habe.

In meiner „Baltischen Tragödie" musste ich natürlich alles so darstellen, wie ich es damals erlebt habe, – die Letten und Esten waren nur der dunkle Hintergrund, auf dem sich unser Leben, – der „Oberschicht", – abspielte. Aus der Sicht von heute sehe ich natürlich das anders, besonders seitdem ich 1943 endlich auch in Reval war und die Esten kennen lernte. In „Jaschka und Janne" habe ich versucht, das gemeinsame deutsch-lettisch-estnische Schicksal darzustellen. Ich bin ja in der Zeit der Russifizierung aufgewachsen, die natürlich bei uns heftigen Widerstand – diesen schrecklichen Nationalismus auslöste. Erst viel später ist mir aufgegangen, dass die „russische" Zeit, – bis zur Russifizierung, – die glücklichste Zeit unserer baltischen Geschichte war. In der „Hochzeit auf Zarnikau" habe ich versucht, – ergänzend zur „Balt. Tragödie" – rückblickend in die 60er Jahre, als ihr Grossvater Kurator in Dorpat war und die Dorpater Universität in voller Blüte stand, – diese deutsch-russische Gemeinschaft, wenn nicht Freundschaft darzustellen, – die dann, – wie die Hochzeitskutsche, – in der Tiefe versank ... Ich glaube aber nicht, dass die deutschen Korporationen in Dorpat von den reichsdeutschen Korps beeinflusst worden sind, – über die wir uns, zu meiner Zeit, nur lustig machten: es gab bei uns keine Standes-Unterschiede, keinen Trink- und keinen Duell-Zwang, und so verrückt unser Leben damals auch war, – der Charakter des Einzelnen konnte sich bei uns stärker und freier entwickeln, als im reichsdeutschen Korps! Ich habe später in Heidelberg, Berlin und München studiert,

Otto von Taube

und konnte mich mit den zerkratzten Gesichtern der Korps-Studenten nicht befreunden!

Mein Bruder Manfred, der jetzt 86 ist, und sich viel mit genealogischen Studien beschäftigt, wäre Ihnen sehr dankbar, wenn sie ihm eine Abschrift Ihres Stammbaums schicken könnten, wenn möglich, fünf Generationen hinauf! Er hat auch einen Stammbaum von Bergengruen zusammengestellt!

Es grüsst Sie, lieber Baron Taube,
sehr herzlich
Ihr

hs. Zusatz:
Meine Aufzeichnungen aus Russland erscheinen demnächst auch bei Harro von Hirschheydt unter dem Titel „Als Dolmetscher im Osten" [42/43], – der Verlag wird Ihnen das Buch schicken, – da ich wieder auf „grosse Fahrt" gehe, auf die andere Seite der Erdkugel! Es wird wohl meine letzte Reise sein, – vor der allerletzten!

(220)
An Oda Schaefer   Burg Weissenstein, 24. Oktober 1965.

Liebe Oda!
Dein Gruss, den ich hier vorfand, tat mir wohl! Auch wenn wir uns nur selten und meist flüchtig sehen, – mir scheint, wir haben die gleiche Welle, – nicht nur, weil wir ja beide aus dem Osten kommen! Horst's Brief wurde vom alten Eppelsheimer verlesen, – nein, keiner lachte, – wir sahen uns nur alle betroffen an, – ich hörte später nur ein allgemeines Bedauern!

Ein glücklicher Zufall fügte es, dass Grass, der Freitag Mittag mit seiner Frau in die Traube hereinplatzte, wo wir schon an den Tischen sassen, sich gleich zu Job, Hollander und mir setzte, wo noch zwei Plätze frei waren, – er sass neben mir, und seine Frau mir gegenüber. Später gesellte sich auch die Witwe von Max Rychner zu uns. So waren wir Balten und Schwyzer ganz allein mit Grass beisammen, –

kein „Reichsdeutscher"! Und wir konnten uns ausgiebig mit dem Schnauzbart unterhalten! Er ist ganz anders, als ich erwartet hatte: kein wilder, aufgeblasener Erfolgsautor, sondern ein fast scheuer, unbefangener, gescheiter Mann mit gütigen Augen, viel Humor, Selbstironie, – alles an ihm ist echt, nichts gemacht, – ein urwüchsiger Kerl, ein Barock-Mensch von grosser Lebensfülle, – und grossem Charme! Ich kann seine Sachen nicht lesen, – finde ihn aber grossartig! Jedenfalls kein „Kartoffelkäfer", kein Gehirn-Akrobat, – ein Kerl mit Blut, und nicht mit Sägespänen im Leibe! Natürlich hat er auch viel Widerspruch und Proteste erregt, – aber das ist ja nur gut, – er hat viel Staub aufgewirbelt und etwas Leben in unsere geruhsame Akademie gebracht! Und das kann uns nicht schaden!
Ganz überraschend für mich war auch Josefine Grimme gekommen, wegen der Briefe ihres Mannes, die von der Akademie herausgegeben werden. Allgemein sprach man davon, dass der alte Eppelsheimer im Frühjahr zurücktreten wird, – und Storz an seine Stelle kommt! Wir haben keinen besseren. Sehr gut war auch der Vortrag von Portmann. Kurz, es war eine wider alles Erwarten geglückte Tagung, – sehr schade, dass Du nicht da warst!
Ja, das Fernsehen ist eine teuflische Erfindung, die Scheinwerfer sind grässlich, – aber was tut man nicht alles des lieben Mammons willen! Auch wenn dieser meist nicht in unseren Taschen bleibt! Am 1. Dez. schiffe ich mich in Hamburg ein, – schwimme dann direkt aus dem Winter in den Sommer hinein, – keine Post, kein Telefon, – drei Wochen nichts als Meer und Sonne! Ich freue mich wie ein Kind darauf, fühle mich wie eine ausgequetschte Citrone, – muss mal gründlich ausspannen, – richtig faul sein! . . . Werde wohl erst heimkehren, wenn es hier wieder Sommer ist.
Es grüsst Euch Beide herzlich
Dein getreuer

Horst Lange (1904–1971) Dichter. Der 2. Ehemann von Oda Schaefer. Er hatte am 7. August 1965 einen Brief an das Präsidium der Deutschen Akademie für Sprache und Dichtung gerichtet, in dem er sich gegen die Verlei-

hung des Büchner-Preises an Günter Grass aussprach und seinen Austritt
aus der Akademie erklärte. In diesem Brief verwahrte er sich gegen das poli-
tische Engagement Grass' und bezweifelte die literarische Qualifikation des
Preisträgers; er vermutete, die Akademie habe sich der Gruppe 47 gebeugt.
Eppelsheimer, Hanns Wilhelm (1890–1972); er war seit 63 Präsident der Akademie. Sein Nachfolger an dieser Stelle war *Gerhard Storz* (1898–1983)
Portmann Adolf (*1897) Ornithologe
Max Rychner (1897–1965) Journalist und seit 1939 Feuilletonchef der Züricher Zeitung „Die Tat".
Adolf Grimme: Briefe. Herausgegeben von Dieter Sauberzweig. Eine Veröf-
fentlichung der Deutschen Akademie für Sprache und Dichtung. Heidelberg 1967

(221)

An Jakob Job

Argentinien,
Los Cocos,
Sierras de Còrdoba,
c/o L. H. de Loeb,
den 14. Februar 1966.

Mein lieber Giacomo!
Schon längst wollte ich Dir schreiben, aber auf dieser Seite der Erdkugel wird man faul, schmort in der Sonne und kann sich zu keinem
Brief aufraffen! Aber nun kommt Deine liebevolle Besprechung
von „Jaschka und Janna" in der Neuen Zürcher Zeitung, – und da
möchte ich Dir doch herzlich dafür danken!
Dass Irmgard so plötzlich gestorben ist, wirst Du wohl schon wissen. Für sie und uns alle war dies wohl die beste Lösung, – aber
schmerzlich ist es doch, wenn ein naher Mensch uns für immer verlässt!
Meine Überfahrt war herrlich, – nur musste ich bis zu den Kanari-
schen Inseln in meinem dünnen Mäntelchen ordentlich frieren, –
aber dann wurde es immer wärmer, ich schmorte in der Sonne und
tummelte mich im Schwimmbassin! Am 23. Dezember kam ich in
Santos an, war den Weihnachtsabend und noch drei Wochen bei

meinen Verwandten Gunja und Tatjana, die in Campos, 200 km nördlich von Sao Paulo, ein schönes Landhaus haben. Am 15. Januar flog ich von Sao Paulo über Montevideo und Buenos Aires nach Còrdoba, – ein wunderbarer Flug über den Wolken, mit Durchblicken auf das Meer, die Inseln und die Küste. Und hier in der Sierra, 700 km nordwestlich von Buenos Aires, lebe ich in einem Paradies, ganz auf dem Lande! Eben herrscht hier grosse Dürre, die Quebrada und die Pileta haben kein Wasser, aber ein Tag ist schöner als der andere. Fast immer blauer Himmel und Sonne, nur Nachts regnet es manchmal ein wenig. Ich arbeite eben an einem neuen Hörspiel, das der Norddeutsche Rundfunk haben will, und bin voll Zuversicht, dass ich noch was anderes schaffen werde! Als ich ausfuhr, war ich völlig am Ende meiner Kräfte, glaubte nicht, dass ich noch lange leben und überhaupt was schaffen würde, – höchste Zeit war es, dass ich mich gründlich auslüftete!

Wir haben ganz grosse Pläne mit dem Turm: eine Ölheizung! Das Heizen der vielen Öfen und Schleppen der Kohleneimer geht über unsere Kraft. Es wird alles davon abhängen, ob wir von der Bank den nötigen Kredit bekommen. Alle alten Schulden habe ich ja getilgt, so dass der Turm unbelastet ist. So hoffe ich doch, für die Ölheizung eine I. Hypothek zu bekommen. Wenn alles klappt, will ich noch in diesem Sommer die Ölheizung einrichten, so dass wir im nächsten Winter nicht mehr frieren werden!

Von „Jaschka und Janne" ist auch die zweite Auflage bald vergriffen, so dass schon eine dritte gedruckt wird. Auch mein Russland-Buch soll gut gehen. Langen-Müller zahlt mir ab Juni bis 1968 jeden Monat a-contó der Honorare 500,– DM zum ersten Mal in meinem Leben habe ich dann etwas festen Grund unter den Füssen! Am 15. Mai geht mein Schiff von Santos ab, – im Juni bin ich jedenfalls wieder zu Hause! Und wie sind Deine Pläne? Wann kommst Du auf den Turm?

Mit herzlichen Grüssen
in alter Freundschaft
Dein

hs. P. S. Hoffentlich wählt Ihr in Köln Storz zum Präsidenten!

Hörspiel für den NDR: *Tanja* (Umarbeitung der Erzählung in ein Hörspiel).
Der NDR hatte um eine Überarbeitung des vor Abreise abgelieferten MS.
gebeten: zum einen um weitergehende Dramatisierung und zum anderen
um Verlegung des inhaltlichen Schwerpunktes auf den „Zeithintergrund"
(Brief vom 18. 3. 66)

(222)

Herrn	Los Cocos, den 21. 4. 1966.
Prof. Hiesel,	ab 1.–15. Mai:
Norddeutscher Rundfunk,	Brasilien,
Abt.: Hörspiel,	Sao Paulo,
Hamburg	Caixa postal 7295.

Lieber Herr Hiesel!
Ihren Brief vom 18. März habe ich erst gestern, – also nach einem
Monat – erhalten! So konnte ich Ihnen nicht früher schreiben. Vor
allem möchte ich Ihnen herzlich danken, dass Sie sich so eingehend
mit meinem Manuskript abgegeben haben! Natürlich hat mich Ihr
Brief enttäuscht, – aber das nehme ich nicht tragisch!
Nun zur Sache. Als wir uns in Hamburg sprachen, sagten Sie mir,
dass die Scenen zwischen Martin und Tanja ergänzt werden müssten, durch Dialoge im Tempelchen, beim Gärtner, usw. Auch in Ihren Korrekturvorschlägen, die Sie mir gaben, ist nur von solchen Er-
gänzungen die Rede. Von alle dem, was Sie mir jetzt schreiben, erwähnten Sie damals nichts. Ich habe es mir gründlich überlegt und
muss Ihnen mitteilen, dass mir eine weitere Umarbeitung des Hör-
spiels in dem von Ihnen gewünschten Sinn unmöglich ist. Und
zwar aus folgenden Gründen:
Sie schreiben: „Gerade dieser Zeithintergrund und die gespannte Situation, das Eigenleben des Wirtschafts-Stabes, hätte herausgestellt
werden müssen ..." Dieser „Zeithintergrund" war aber in Wirklichkeit ganz anders, als Sie ihn sehen. Unser Wirtschafts-Stab gehörte
ja zur kämpfenden Truppe, nicht zur Civilverwaltung, die – so viel
ich weiss – überhaupt nicht in den Kaukasus gekommen ist. Wir
führten zwar damals in Pjatigorsk ein scheinbar sorgloses Leben, –

doch von einer „Oase des Friedens und Wohllebens", dass wir „alles hatten und über alles verfügten", – davon kann gar keine Rede sein. Noch falscher ist das Bild, das Sie sich von der russischen Bevölkerung machen. Das Wort „Kollaboration" passt in die östlichen Verhältnisse überhaupt nicht hinein. Die Russen begrüssten uns tatsächlich als Befreier. Erst später wurden sie durch unsere irrsinnige Politik, die sie als „Untermenschen" behandelte, dem Bolschewismus in die Arme getrieben. Als wir 1942 in den Kaukasus kamen, war die Verbrüderung mit den Russen echt. Und mit den kaukasischen Völkern, den Kabardinern und Karatschajern erst recht. Ich habe Wochen lang mit ihnen und unter ihnen gelebt, sie waren von einer Gastfreundschaft, von der man sich bei uns gar keine Vorstellung machen kann. Dass eine „verhungerte Bevölkerung" aus Opportunismus sich uns angeschlossen hätte und sich von uns „bestechen liess", – wie Sie meinen, – ist eine völlige Verkennung der Tatsachen.

Der Zeithintergrund von damals muss im Hörspiel natürlich fühlbar sein, aber er darf den eigentlichen Inhalt nicht verdrängen und überschatten. Dieser Inhalt ist und bleibt die Liebesgeschichte von zwei Menschen, die der Krieg zusammengeführt hat, und die der Krieg wieder auseinander reisst. Sie meinen, diese Liebesgeschichte wäre für ein Hörspiel zu „dünn", und sollte durch Herausarbeitung des „Zeithintergrundes" und der Spionage-Tätigkeit von Tanja spannender gestaltet werden. Ich glaube, das würde im besten Fall eine spannende Spionage-Geschichte ergeben, aber die Liebesgeschichte selbst würde dadurch nicht gewinnen, – wahrscheinlich alles verlieren! Und in meinem Hörspiel kommt es im Grunde doch nur auf diese beiden Menschen an, – alles andere ist Hintergrund, und soll Hintergrund bleiben!

Ich hatte Gelegenheit, mein Hörspiel hier in einem Kreise literarisch interessierter Leute vorzulesen. Es war für mich besonders interessant zu sehen, wie diese Liebesgeschichte auf Zuhörer wirken würde, die von den östlichen Verhältnissen, dem „Zeithintergrund", keine blasse Ahnung haben. Sie hätten dabei sein sollen! Die Wirkung war viel stärker, als ich erwartet hatte!

Da kommt mir eben der Gedanke: vielleicht liesse sich in Hamburg eine solche „Probe-Lesung" vor einem Kreise von „Sachverständigen" ermöglichen? Ich bin fest davon überzeugt, dass auch Sie, lieber Herr Hiesel, dann zu einem anderen Urteil kommen würden! Ja, – was machen wir nun? Sie versicherten mir zwar damals in Hamburg, dass Sie „Tanja" in jedem Fall senden würden. Mit Kürzungen und kleinen Änderungen im Text bin ich einverstanden, – Sie werden das besser machen, als ich! Aber das ganze Manuskript noch einmal umarbeiten, – davon verspreche ich mir nichts. Das ist mir wirklich nicht möglich!

Am 16. Mai schiffe ich mich in Santos ein, und werde wohl Anfang Juni in Hamburg ankommen. Ich will dann gleich bei Ihnen anrufen. Dann können wir uns noch eingehend darüber unterhalten! Mit herzlichen Grüssen
auch an Dr. Schwitzke,
Ihr
P. S. Meine Erlebnis-Berichte von 1942/3 sind jetzt unter dem Titel „Als Dolmetscher im Osten" als Buch erschienen. Ich lasse Ihnen ein Exemplar vom Verlag schicken. Vielleicht haben Sie doch etwas Zeit, mal hinein zu schaun? Sie werden dann ein wahrheitsgetreues Bild von meiner „Soldaten-Zeit" bekommen!

(223)

An Joachim Schondorff   z. Z.: Los Cocos,
Langen-Müller-Verlag   den 22. April 1966
                                          vom 1.–15. Mai:
                                              Sao Paulo,
                                       Caixa postal 7295.

Lieber Herr Schondorff!
Hier gab es die ganze Zeit immer fort Poststreik, so dass ich Ihnen erst heute für Ihren Brief vom 2. Februar danken kann! Zum Poststreik kommt natürlich auch noch meine Faulheit dazu, – hier wird überhaupt alles auf den nächsten Tag, – „manjana" verschoben! Jetzt ist es auch hier Herbst geworden, – höchste Zeit, wieder in den

Sommer hineinzuspringen! In einer Woche fliege ich nach Sao Paulo, und am 16. Mai schiffe ich mich in Santos ein, werde also wohl Anfang Juni wieder zu Hause sein!

Hoffe die Korrekturen vom „Kleinen Hauskalender" vorzufinden! Bin gespannt auf die Zeichnungen! Die Sendungen des Bayer. Rundfunks aus dem Hauskalender, – jeden zweiten Mittwoch im Monat, – haben gut eingeschlagen, wie man mir schreibt: es kommen immer wieder Anfragen, wann und wo das Buch erscheinen wird! Mein Sohn erledigt diese Korrespondenz, – bin froh, dass ich ihr entflohen bin! Hoffentlich geht auch „Jaschka und Janne" gut weiter! Sehr schön, dass die Deutsche Buchgemeinschaft eine Lizenzausgabe herausbringen will, – nur müsste sie mit dem Honorar nicht so knausern!

Ich wollte hier eigentlich nur faul sein, – aber auf die Dauer geht das doch nicht! Die Ameisen kribbeln im Kopf, und die Hände wollen was aufs Papier kritzeln! Habe ein neues Hörspiel beendet, und meine Erlebnisse von 1933–1945 niedergeschrieben – die vielleicht für spätere Biographen von Interesse sein werden! Und dazwischen kommen immer wieder Gedichte. Ich müsste vier Hände haben, um alles niederzuschreiben! Die Zeit hier ist nicht umsonst gewesen!

Also – auf ein baldiges Wiedersehen! Ich hoffe sehr, dass Sie in diesem Sommer doch mal auf den Turm kommen werden!

Mit herzlichen Grüssen,
auch an Herrn Gebühr
und den ganzen Verlag
Ihr

Kleiner Hauskalender. Verse und Kurzgeschichten. Langen-Müller-Verlag 1966. Illustration: H. H. Hagedorn.
Erlebnisse von 1933–45: *Wie ich die zwölf Jahre erlebte. Eine Rechenschaft* (bereits zitiert)

An Nena   Cap san Nicolas
                                                     d. 2. Juni 1966

Meine liebe, liebe Nena!
Deine Zeilen vom 3. Mai, die mir bei der Abfahrt in Santos gegeben
wurden, lese ich immer wieder, – sie sind mir ein grosser Trost, ich
fühle Dich so nahe, als sässe ich neben Dir, – und dabei trägt mich
das Schiff immer weiter fort von Dir – jeden Tag etwa 800 km! Ein
Monat ist es schon her, dass wir uns an der Sperre trennten, – u. wie
viele Monate werden es sein, – oder Jahre, – bis wir uns wieder sehen
und haben, – aber jetzt bin ich viel zuversichtlicher: wir werden uns
bestimmt wieder sehen, – es war kein Abschied für immer!
Aus Rio schrieb ich Dir, – aber wer weiss, wann Du den Brief bekommen wirst! In Gedanken schreibe ich Dir die ganze Zeit, – es ist
gut, dass ich mit dem Schiff fahre, dass ich allein bin, – so bin ich
noch immer bei Dir! Du ahnst nicht, wie wohl ich mich bei Dir in
Los Cocos fühlte, – jetzt bin ich auch dort zu Hause, – die grüne
Bank, der Liegestuhl, mein Eckplatz auf dem Ledersofa am Tisch, –
alles ist mir so vertraut und gegenwärtig, – ich brauche nur die Augen zu schließen, dann sehe ich alles leibhaftig vor mir, – sehe und
höre Dich! Hier . . .
Fragment

225

Herrn   Burg Weissenstein, 7. Juli 1966.
Dr. J. Schondorff,
Langen-Müller Verlag,
München

Lieber Herr Schondorff!
Besten Dank für Ihre Zeilen vom 4. Juli. Es freut mich ganz besonders, dass Sie das „Fressende Haus" lesen, und dass es Ihnen Freude
macht. Das erste Kind steht einem ja gewöhnlich nahe am Herzen,
und dies Buch ist ja mein erstes Kind, – es war eine Sturzgeburt, – in

53 Tagen habe ich es niedergeschrieben, – jeden Tag ein Kapitel! Es mag Vieles darin unfertig, ungehobelt und einfach drauflos geschrieben sein, was ich auf dem Herzen hatte, – nie habe ich später etwas so frisch und unbekümmert zu Papier gebracht, wie dieses Buch, – und keins hat in wenigen Jahren einen solchen Erfolg gehabt: im Universitas-Verlag und Schünemann – 60 000, und selbst die missglückte Ausgabe im Hera-Verlag, mit dem scheusslichen Umschlag und schlechtem Papier brachte es in ein paar Jahren auf 20 000! Und es ist das einzige Buch von mir, von dem auch eine englische Ausgabe erschienen ist!

Eben, vor wenigen Minuten, auf einem Spaziergang, trat ein wildfremdes Ehepaar auf mich zu und fragte mich, wo das „Fressende Haus" zu haben wäre, – und gestern drang eine Frau in den Turm, und fragte dasselbe! Immer wieder erhalte ich Anfragen, wann das Buch wieder erscheinen wird. Ich bin deshalb fest davon überzeugt, dass eine Neu-Auflage wieder gut gehen würde! Sollten Sie sich dazu entschliessen, wäre zu überlegen, ob es vielleicht ratsam wäre, den Titel zu ändern? Auf diesen Gedanken hat mich meine brasilianische Nichte Tatjana gebracht. Sie liebt das Buch ganz besonders, erklärte mir aber in Sao Paulo, dass sie mit dem Titel nicht einverstanden sei, – der sei sachlich vielleicht richtig, aber die Liebesgeschichte zwischen Kai und Pytt käme dabei zur kurz. Vielleicht hat meine Nichte Recht. Vielleicht käme für eine Neu-Auflage der Titel „KAI UND PYTT" in Frage? Was meinen Sie dazu?

Hier werden jetzt 39 Heizkörper im Turm montiert, Leitungen werden gelegt, – das Haus frisst weiter! Wird aber im Winter hoffentlich warm werden!

Besten Dank für die 10 Ex. von „Jaschka und Janne", die heute kamen!

Mit herzlichen Grüssen

Ihr

Das fressende Haus wurde 1968 von Langen-Müller wieder aufgelegt.

Herrn   Burg Weissenstein, 23. Oktober 1966.
Dr. Hans Bleibrunner,
Bezirksheimatpfleger,
Landshut,
Regierungsgebäude.

Sehr geehrter Herr Dr. Bleibrunner!
Leider muss ich Sie schon wieder mit dem Dach unseres alten Turmes belästigen! Es regnete in diesem schrecklichen Sommer so heftig herein, dass die ganze Südseite neu gedeckt werden musste, – mit
den Zedernschindeln aus Reichenhall, die Sie mir empfohlen hatten. Auch die anderen Seiten des Daches mussten ausgebessert, und
alle Schindeln mit Carbolineum gestrichen werden. Auch die
Mauer auf der Wetterseite, im Westen, die ich vor 48 Jahren in Stand
setzen liess, musste wieder gerichtet werden. Das Alles wär nicht so
schlimm, wenn nicht etwas ganz anderes dazu gekommen wäre: die
Ölheizung!
Das Schleppen der Kohlen- und Wasser-Eimer, der Schwingen mit
Brennholz die vier Stockwerke hinauf, das Zersägen, Hacken und
Stapeln der 20 Ster Brennholz, das Heizen der 7 Öfen, das Fort-
schleppen der Asche, – das alles ging doch über unsere Kraft, – bald
werde ich ja 80! So entschloss ich mich, wenn auch schweren Herzens, zur Ölheizung. Nachdem ich in fast vierzig Jahren nach und
nach alle Schulden, – über 30 000 Mark! abgetragen hatte, so dass
der Turm völlig schuldenfrei war, – musste ich, zur Finanzierung der
Ölheizung, – bei der Volksbank Deggendorf eine I. Hypothek von
40 000 DM aufnehmen, – es blieb mir nichts anderes übrig. So kann
ich von der Bank keinen weiteren Kredit bekommen, um auch noch
die Dach-Reparaturen zu bezahlen. Gestern erhielt ich von der Firma Ruderer die Rechnung, die 17 562 DM beträgt. Ohne Hilfe des
Vater Staates wird es mir kaum möglich sein, diese Rechnung zu bezahlen.
Sie wissen, dass ich nicht gern den Vater Staat in Anspruch nehme.
Zwei mal habe ich in diesem halben Jahrhundert das Dach aus eigener Tasche gedeckt. Als ich den Niederbayerischen Preis von 2 000

DM erhielt, habe ich auch diesen Betrag für dringende Reparaturen verwendet, – wobei mich die Regierung, durch Ihre freundliche Vermittlung, tatkräftig unterstützt hat. Vielleicht wird es Ihnen möglich sein, mir auch diesmal beizustehen, – ich kann es beim besten Willen nicht allein schaffen!

Das Bayerische Kultus-Ministerium teilte mir in diesen Tagen mit, dass mir ein „Ehrensold" von 185 DM im Monat bewilligt wurde! So schön es auch ist, etwas festen Grund unter den Füssen zu haben, so kann ich damit leider nicht die Dach- und Mauer-Reparaturen bezahlen! Sehr schön wäre es, wenn Sie noch in diesem Jahr kommen könnten, damit Sie sich alles ansehen, und wir uns über alle diese finanziellen Fragen, – und auch, wie in Zukunft das Dach gedeckt werden soll, – aussprechen könnten! Viel Zeit ist mir nicht mehr geblieben . . .

Mit herzlichen Grüssen
Ihr

(227)

Bayerischer Rundfunk,   Burg Weissenstein, 27. Okt. 1966.
Abt.: Literatur.

Lieber Herr Dieterich! Lieber Herr Kemp!

Am 3. November komme ich nach München, wo ich auf einer Veranstaltung des Bayer. Rundfunks, zum „Hubertustag", – vor lauter Jägern sprechen soll. Wenn es mit der Zeit klappt, will ich am Vormittag des 3. Nov. auf einen Sprung bei Ihnen hereinschaun und mich erkundigen, ob Sie gelegentlich meine Erzählung „Flucht in die Wälder" verwenden können, die ich Ihnen das letzte Mal gab. Es hat gar keine Eile, Anfang Dezember komme ich wieder, – aber dann, für den Winter, will ich mich in meine Höhle vergraben und wie ein Bär an den Pfoten saugen – wer weiss, ob dabei noch was herauskommt!

Mit herzlichen Grüssen
Ihr

Herrn   Burg Weissenstein, 6. Nov. 1966.
Hartmut Salzer,
Heilbronn

Lieber Herr Salzer!

In Darmstadt sprach ich mit Herrn Müller-Alfeld von der Buchgemeinschaft,und habe ihm das „Weltgericht von Pisa" ans Herz gelegt, – dies Buch ist vielleicht das Beste, was ich geschafft habe, und
es ist mir daher unbegreiflich, dass es so schlecht geht! Es wäre deshalb gut, wenn die Buchgemeinschaft es bringen würde und es in
weitere Kreise käme!

„Geschichten aus dem Wald" kommt mir doch etwa blass vor. Mir
scheint „Der Waldprophet", mit dem Untertitel: „und andere Geschichten aus dem Wald" besser. Ich glaube, es war sehr gut, dass
Fräulein Kauffmann den Waldprophet als erste Geschichte gesetzt
hat. Überhaupt hat sie mit grosser Einfühlung und Gewissenhaftigkeit die Änderungen und Kürzungen vorgenommen, – bis auf wenige Ausnahmen bin ich mit allem einverstanden!

Weissenstein würde ich nicht als Umschlagsbild verwenden, da es ja
in keiner der Geschichten erwähnt wird. Und der Waldprophet wird
sich schwer in einer Zeichnung wiedergeben lassen. Wie wäre es
aber mit der ausgezeichneten Zeichnung meines alten, verstorbenen Freundes Rolf von Hoerschelmann, den der Münchener Lese-
bogen seinerzeit für das „Dorf am Pfahl" verwendet hat? Ich schickte Ihnen das Exemplar. Ich glaube, diese Zeichnung würde sich als
Umschlagbild sehr gut für das Bändchen eignen!

Nein, Schnee ist hier noch nicht gefallen! Seit Wochen haben wir
das herrlichste Herbstwetter, – ein Tag schöner als der andere! Die
Ölheizung funktioniert wunderbar, – in allen Stockwerken fliessen-
des warmes Wasser, – und W. C.'s! Und Marmor-Fliesen im Gang!
Sie sollten mal herkommen und sich diese Pracht anschaun!!! Es
mag noch so kalt werden, – wir werden in diesem Winter jedenfalls
nicht frieren!

Vor einigen Tagen sprach ich zur Hubertus-Feier in München, die
heute vom Bayr. Rundfunk gesendet wurde, – Anfang Dezember

spreche ich in München vor Studenten, und zwei Abende in Zwiesel und Regen stehen noch bevor, so dass ich wohl erst nach Weihnachten zu meinen eigentlichen Arbeiten kommen werde. Für mich gibt es ja keinen „Ruhestand", – noch auf dem Totenbett werde ich was schaffen müssen und noch etwas aus dem Schädel herauspressen, – wenn noch was drin ist! . . .
Mit herzlichen Grüssen,
auch an Ihre Frau
und Frau Mutter, –
Ihr

S. v. V.: *Der Waldprophet*. Geschichten aus dem Bayerischen Wald (enth. Der Waldprophet. Das Dorf am Pfahl. Flucht in die Wälder) Salzer Verlag, Heilbronn 1967

(229)

Herrn   Burg Weissenstein, 1. Dezember 1966.
Hartmut Salzer,
Eugen Salzer Verlag,
Heilbronn a. N.

Lieber Herr Salzer!
Es ist mir leider nicht möglich, Ihnen eine Original-Zeichnung der Schutzhülle des Münchener Lesebogens zu schicken, da mein alter Freund Rolf von Hoerschelmann vor bald 20 Jahren gestorben ist. Er hatte mir alle Zeichnungen und Aquarelle, die er hier vom Bayerischen Wald gemacht hatte, vermacht, – das einzige Mal, das ich etwas geerbt habe, – aber der Koffer mit allen diesen Zeichnungen ist auf der Bahn gestohlen worden!
Ich hoffe aber, dass es doch möglich sein wird, auf Grund der Schutzhülle des Münchner Lesebogens, eine brauchbare Unterlage für den Umschlag des „Waldpropheten" herzustellen! Diese Zeich-

nung scheint mir dafür besonders geeignet!
Mit herzlichen Grüssen
von Haus zu Haus, –
aus dem jetzt warmen Turm!
Ihr

(230)
Herrn   Burg Weissenstein, 10. März 1967.
Hartmut Salzer,
Eugen Salzer Verlag,
Heilbronn a. N.

Lieber Herr Salzer!
Gestern erhielt ich den „Waldprophet", – aber ich muss Ihnen leider
sagen, dass ich von der äusseren Aufmachung recht enttäuscht bin!
Sie schrieben mir doch am 30. November vorigen Jahres, dass Sie
die Skizze von Hoerschelmann, die er für den Münchener Lesebo-
gen gemacht hatte, für den Schutzumschlag des Bändchens benutzen würden, – und nun sehe ich zu meiner Bestürzung, dass auch
nicht ein Strich an die grossartige Zeichnung von Hoerschelmann
erinnert, alles ist süsslich und kitschig: rote Blumen, weisse Blüten
im Bayerischen Wald, – auch nicht ein Hauch vom wirklichen Wald
ist auf diesem abscheulichen Umschlag zu entdecken! Und dazu,
wie zum Hohn, mein Name in einer langweiligen dünnen Schrift, –
wenn schon handgeschrieben, dann hätte es doch meine Schrift
sein müssen! Wie gross ist die Auflage? Ich hoffe sehr, dass Sie sich
doch dazu entschliessen werden, die Zeichnung von Hoerschelmann als Unterlage für die nächste zu benutzen! In keinem Fall darf
jemals diese unfähige Frau Sch., die ja auch das Weltgericht von Pisa
verunstaltet hat, irgend ein Buch von mir unter ihre Finger bekommen!
Mit herzlichen Grüssen,
auch an Ihre Frau,
Ihr

534

An Werner Illing   Burg Weissenstein, 1. Mai 1967.

Mein lieber Werner!

Grade, als ich gestern beim Abtippen war, kam Dein Anruf! Ich bin sehr froh, dass Du mit meiner Ergänzung einverstanden bist! Hier der Entwurf. Man kann diese Seite leicht einfügen, – zwischen Seite 144 und Seite 145.

Du hast ganz Recht: das Problem ist die Frau, von der alles handelt, und die doch selbst unsichtbar bleibt. Kai kann und darf kein Wort über sie verlieren, – der einzige Ausweg sind seine Aufzeichnungen. Die äussere Erscheinung ist mir nicht so wichtig, – da kann noch einiges eingeführt werden. So habe ich am Schluss, – noch bevor Dein Brief kam,– den Satz eingefügt:

Auf der letzten Seite 153, nach: „. . . der eine zierliche ältere Dame zum Auto geleitete . . ." – „Ihr Haar war weiss, aber ihr Gang fest, straff und jugendlich . . ."

Die Episode in der Pampilla erscheint mir wichtig, weil sie das Wesen, den Charakter von Nena zeigt: sie sagte ja, ich müsse zurück, – sie verzichtete meinetwegen . . . Aber das alles muss so knapp wie möglich gesagt werden, – ich habe schreckliche Angst vor dem Gefühl und Sentimentalitäten!

Ich verstehe Deine Einwände zu dem, was Kai äussert, – über die Deutschen, die Balten, den Humor, Ehe, Eros, Gott und die Welt, – aber ich lasse sie doch nicht ganz gelten. Kai darf nicht philosophieren, keine besonders originellen Ansichten äussern, – was er sagt, muss möglichst unbekümmert und ungezwungen, etwas derb aus ihm herauskommen, so wie ihm der Schnabel gewachsen ist! Mit diesem Kai ist es mir sehr merkwürdig gegangen: zunächst war er auch für mich der „Unbekannte", – erst beim Schreiben wurde nach und nach der Kai daraus! Ich habe mich in ihm versteckt, – bin Kai, aber auch der andere, der alles aufzeichnet und – am Leben bleibt! Sobald ich vom Langen-Müller Verlag eine Nachricht bekomme, will ich wieder das Manuskript vornehmen. Ich bin Dir auch für alle Deine anderen Bemerkungen sehr dankbar! Du hast ganz Recht: die Blätter brauchen gar nicht zerrissen und ins Meer geworfen zu

Siegfried von Vegesack bei einer Lesung.

werden, – die Stelle lasse ich einfach fort!

Eben bin ich furchtbar erschöpft, – liege faul in der Sonne und tue gar nichts! Bin gespannt, was Täubchen zum Ganzen sagen wird: wir Tinten-Kulis sind doch zu belastet! Es kommt doch im Grunde nur darauf an, ob es echt ist. Ich habe ja wenig Phantasie, schreibe nur das, was ich erlebt habe ...

Bald mehr! Euch Beide umarmt

Dein

Vegesack hatte an Werner Illing das Manuskript des Romanes *Die Überfahrt* geschickt mit der Bitte, es durchzusehen und ihm seine Ansicht mitzuteilen. Der Roman erschien 1967 bei Langen-Müller in München.

Immer wieder besteht Vegesack darauf, er könne nichts erfinden, könne nur schreiben, was er erlebt habe.

Als er Anfang der fünfziger Jahre doch manchmal zu erfundenen Figuren griff, schrieb Illing (am 26. 6. 50): „Dir gelingen am besten Figuren, die lebendige Erinnerung in Dir sind."

(232)

An Franz Baumer   Burg Weissenstein, 17.Mai 1967.

Lieber Herr Baumer!

Ich lese eben sehr eifrig in Ihrem Buch, (F. Baumer, Paradiese der Zeitschrift, Langen-Müller-Verlag, München, 1967), und habe Ihnen in Gedanken schon viele Briefe geschrieben, – aber zum Briefe-Schreiben komme ich eben nicht, das Haus ist voller Handwerker, – es wird geklopft und gehämmert, – so hoffe ich, dass wir uns bald, – vielleicht im Sommer, – sehen und sprechen werden! Ich möchte Ihnen nur gleich sagen, dass Ihre „Utopien" mich tief berühren, und dass Ihre Auseinandersetzung mit dem Bolschewismus ganz meinen Ansichten entspricht. Die eigentlichen Wurzeln liegen ja sehr viel tiefer, als der importierte Marxismus! Auch tiefer als der Panslawismus! Marx wurde ja nur aufgepfropft auf die gläubige Substanz, die der kommunistischen Lehre die ungeheure Stosskraft gegeben hat. Die Russen sind gläubige Atheisten, – und wir nicht mehr gläubige Christen, – etwas derb formuliert!

Grade mit diesen Fragen habe ich mich in letzter Zeit auch beschäftigt, und so ist die Lektüre Ihres Buches für mich von ganz besonderem Interesse! Eben habe ich das Manuskript beendet, – es heisst *„Die Überfahrt"*, ein kleiner Roman von etwa 200 Seiten, – und handelt von meinem Leben in den letzten 30 Jahren ... Langen-Müller will es im Herbst herausgeben, Sie erhalten dann gleich ein Exemplar!

Ja, hier hat sich allerlei verändert. Seit dem Herbst haben wir eine Ölheizung, die den ganzen Turm erwärmt und alle Stockwerke mit heissem Wasser versorgt, – die aber leider sehr viel mehr gekostet hat, als veranschlagt war! So sind wir leider gezwungen, den dritten und vierten Stock an wildfremde Menschen zu vermieten, – es blieb uns nichts anderes übrig! Aber ausserhalb der Saison werden wir ja immer Platz für liebe Gäste haben! Unser Sohn nimmt mir alle diese Dinge ab, so dass ich für meine Arbeit genügend Zeit hatte. Bin nur eben – nach der Geburt – sehr erschöpft, – schlafe am hellichten Tage ein ... Verzeihen Sie daher diese mageren Zeilen, – ich werde wohl nicht sobald nach München kommen, aber vielleicht führt der Weg Sie mal in den Wald?

Mit herzlichen Pfingstgrüssen,
auch an Ihre Frau,
vom ganzen Turm
Ihr

Franz Baumer: *Paradiese der Zukunft.* Die Menschheitsträume vom besseren Leben. München 1967.
Der Autor ging darin u. a. den geistesgeschichtlichen Wurzeln der russischen Revolution und der kommunistischen Utopie nach. Hierauf bezieht sich SvV.

An Nena   Weissenstein, den 4. September 1967.

Meine liebe, liebe Nena!

Deinen Brief vom 8. August habe ich vor einiger Zeit bekommen, – aber ich konnte mich nicht aufraffen, Dir zu schreiben, weil ich in einer schlechten Verfassung war, – und die hält noch immer an! Ein schlimmer Zustand, und ich fürchte, er wird noch lange anhalten. Aber nun will ich Dir doch schreiben, denn Du sollst ja wissen, wie es in mir ausschaut!

Meinen Brief vom 31. Juli, den ich Dir nach Los Cocos schrieb, wirst Du dort vorgefunden haben, und auch ein Verzeichnis meiner Bücher, die ich zusammenstellte, weil ich dabei bin, alles zu ordnen und so zu hinterlassen, dass sich später keiner darum zu kümmern braucht.

Ich bin sehr froh, dass Du wieder in Los Cocos bist, – dort bist Du mir doch sehr viel näher, als in Buenos Aires! Und dass Margarita bei Dir ist! Dort bin ich auch bei Dir, – Deine Umgebung ist mir vertraut, ich sehe Dich ganz deutlich vor mir, – mit dem Gartenschlauch, und auch am Tisch, – und Abends neben mir, wenn ich auf dem Ledersofa sitze und meine Pfeie rauche, – bei einem Gläschen Wein!

Es ist merkwürdig mit mir. Alles, was ich schreibe, ist doch im Grunde nur das, was ich erlebt habe, – von „Phantasie" habe ich nicht viel. Und die Wirklichkeit ist doch viel phantastischer, als alles, was man sich ausdenken kann! Aber jetzt, nachdem ich die „Überfahrt" geschrieben habe, ist etwas Merkwürdiges geschehen: das Geschriebene hat auf mich übergegriffen, – dort habe ich mich umgebracht, – und nun ist mir, als hätte ich mich w i r k l i c h umgebracht, als liege ich selbst auf dem Grunde des Oceans, als wäre von mir nichts mehr am Leben ... Bin so leer und ausgehöhlt, so verbraucht, so am Ende, – als hätte ich mein eigenes Leben abgeschlossen! Und vielleicht hab ich es auch ohne dass ich es eigentlich wollte ... Genug davon, – vielleicht rappele ich mich doch wieder allmählich auf! Die Korrekturen und den Umbruch habe ich gelesen, jetzt wird das Buch gedruckt und gebunden, in wenigen Wochen wird es wohl erscheinen. Ich schicke Dir dann gleich ein Exemplar, bin sehr gespannt, was Du dazu sagen wirst. Ich habe es ja nur für uns Beide geschrieben, – und ich hoffe so sehr, dass Du es so verstehen wirst, wie ich es geschrieben habe! Ich konnte es nicht anders, – ich habe mir auch nichts dabei überlegt, – alles kam wie von selbst, – ganz wie das „fressende Haus" damals, – das war der Anfang, und dies ist das Ende . . .

[Fragment]

(234)

An Nena   ca. 17. Okt. 67

Von mir ist nicht viel zu berichten. Fühle mich noch immer recht elend, – vielleicht ist auch der Föhn daran schuld. Nach herrlichen Herbsttagen hat es seit einigen Tagen etwas geregnet, und heute bläst ein stürmischer Föhn aus dem Süden. Das Laub fällt von den Bäumen, wir haben die Äpfel abgenommen, die in diesem Jahr besonders schön geworden sind. Die Tage werden immer kürzer, – und bei Dir immer länger! Wenn es hier dunkel wird, steht die Sonne bei Dir hoch am Himmel! Wie gern läge ich in „meinem" Liegestuhl bei Dir, – wer weiss, ob und wann das wieder sein wird! Die Ölheizung hat doch sehr viel mehr gekostet, als veranschlagt war, – die unbezahlten Rechnungen häufen sich. Und doch bereue ich es keinen Augenblick, dass wir es gemacht haben, – das Heizen der Öfen, das Schleppen von Kohle, Holz und Wasser alle Stockwerke hinauf, – das ging doch über unsere Kraft! Es wird nur immer schwieriger, aus dem armen leeren Schädel was herauszupressen! Noch geht es, – aber wie lange noch? . . .
In diesen Tagen wirst Du wohl die „Überfahrt" bekommen haben. Ich schickte Dir ein Exemplar per Luftpost. Bin gespannt, was Du dazu sagen wirst. Für Jella war es natürlich sehr schmerzlich, das alles zu lesen, – aber ich konnte doch nicht aus Rücksicht mein Leben verfälschen . . . Ich glaube nicht, dass ich noch etwas Grösseres schreiben werde, – ich habe alles gesagt, was ich noch auf dem Her-

zen hatte. Und Du wirst wohl der einzige Mensch sein, der es richtig
verstehen wird, – ich habe es ja eigentlich nur für Dich geschrieben . . .
Übermorgen fahre ich nach Darmstadt, zur Tagung der Deutschen
Akademie. Diesmal sollen auch drei Russen hinkommen. Von dort
nach Stuttgart und München, wo ich verschiedene Funk-Aufnah-
men habe, – auch mit 80 muss man ja weiter leben! Anfang November bin ich wieder hier, in meiner Höhle, in der ich zu überwintern
hoffe! Verzeih diese trüben Zeilen, – aber ich wollte Dir doch ein Lebenszeichen geben, auch wenn ich kaum noch lebe, – liege viel auf
dem Diwan, auf dem Poncho, der Globus steht neben mir auf dem
runden Tisch, Südamerika mit der Sierra mir zugewandt, – so bist
Du mir ganz nahe . . .
Dich umarmt ganz fest und dankt Dir für Alles was Du mir warst
und bist, und immer sein wirst . . .
Dein alter Chérie
[Fragment]

(235)
An Nena   Weissenstein, den 7. November 1967.

Meine liebe, liebe Nena!
Recht erschöpft bin ich von meiner „Weltreise" aus Darmstadt,
Stuttgart und München heimgekehrt, und finde hier Deinen Brief
vom 20. Oktober vor. Ich verstehe Deine Einwände, aber mir
scheint, dass Du die „Überfahrt" doch nicht so verstanden hast, wie
ich die geschrieben und gemeint habe. Die „Überfahrt", – und das
sagt doch schon der Titel, – ist kein Liebes-Roman, sondern eine
Abrechnung mit mir selbst, – eine Überfahrt aus meiner baltischen
Vergangenheit in eine andere Welt, die ich nur Dir verdanke. Der
Bogen ist, – so scheint mir, – doch tiefer und höher, jedenfalls weiter
gespannt, als es Dir erscheint.
Natürlich ist das, was wir Beide erlebt haben, der Kern. Aber dieser
Kern soll möglichst verborgen bleiben. Er ist eingebettet in die

Überfahrt aus einer Welt in eine andere, – aus den Bindungen der Vergangenheit, der alten baltischen Heimat, in eine Welt, die sich jenseits des Ozeans mir geöffnet hat, – die Du mir, nicht durch Worte, sondern durch Dein Wesen, mir geöffnet hast. Wenn Kai aus Angst vor einem Wiedersehen seinem Leben ein Ende macht, so hab' ich ja selbst diese Angst erlebt. Aber ich habe diese Angst dem guten Kai aufgebürdet, – und mich dadurch von ihr befreit. Kai ist ja nur ein Teil von mir: auch im „Fressenden Haus" konnte er keine Wurzeln fassen, er ging als „Fremder" wieder fort, während ich im Bayerischen Wald doch eine zweite Heimat gefunden habe. Kai löst sich von der baltischen Vergangenheit, indem er den „Tschemodan" mit allen Erinnerungen und zuletzt sich selbst über Bord wirft, – ich löse mich, indem diese Vergangenheit darstelle. Er löscht sich aus, – und ich bleibe am Leben! Aber auch ich habe mit allem, was einmal war, und mit mir selbst abgerechnet. Und so ist auch mir, – nur durch Dich, – etwas Neues aufgegangen, ein Gefühl, das die ganze Welt umspannt, – nicht nur Südamerika. Auch mein Leben ist eine Überfahrt, – dorthin, von wo es keine Rückkehr gibt. Das ist der eigentliche Sinn meines Buches.

Das, was wir Beide erlebt haben, ist in diese Überfahrt eingewoben, – mit Scheu und Zurückhaltung, mit kleinen Bruchstücken der Erinnerung. Aus dieser Scheu wäre es mir ganz unmöglich gewesen, daraus einen Liebes-Roman zu machen, – Dich literarisch zu verarbeiten! Du musstest unsichtbar bleiben, – trotzdem sich alles um Dich dreht und Du ganz allein den Ablauf der Handlung und das Ende bestimmst! Eben dadurch, dass Du selbst nicht in Erscheinung trittst, stehst Du viel stärker mitten drin, – wie ja auch der liebe Gott nur deshalb „allgegenwärtig" ist, weil er unsichtbar bleibt! Es ist nicht leicht, alles dies in wenigen Worten auseinander zu setzen, aber ich hoffe doch, dass Du verstehen wirst, was ich meine!

Für keins meiner Bücher habe ich ein so gutes und treffendes Motto gefunden, wie die Worte Hölderlins, – für uns Beide, und für mein Leben! Jeder Vers von mir hätte den Sinn der „Überfahrt" verflacht, das Buch in einen simplen Liebes-Roman verfälscht, dem ich bewusst aus dem Wege gegangen bin.

Die Peruanerin, – die ich keineswegs erfunden, sondern erlebt habe,

– war unbedingt notwendig, als retardierendes Element in der Handlung: sie gibt dem guten Kai den Glauben an einen neuen Aufschwung. Und trotzdem geht er, weil die „Unsichtbare", das, was er einmal erlebt hat, stärker ist, als alles andere. Weil er weiss, dass sich das nicht wiederholen lässt. Und so tritt grade durch die Peruanerin die „Unsichtbare" viel stärker in die Erscheinung, als in einer leibhaftigen Gegenwart! Man darf nicht alles aussprechen, – man muss auch schweigen!

Was nun die Orthographie der Worte betrifft, die Du so beanstandest, so konnte ich Dir das Manuskript unmöglich schicken, weil es gleich in die Druckerei ging. Mir kommt das Alles nicht so wichtig vor, – die „Überfahrt" ist ja kein Südamerika-Buch, wie das „Südamerika-Mosaik", – da kommt es auf die paar Buchstaben wirklich nicht an! Ich halte es mit dem alten Goethe, der sagte, dass der Glaube und die Orthographie Sache jedes Einzelnen wäre!

Ich hoffe, dass Du einmal, wenn Du den genügenden Abstand gewonnen hast, die „Überfahrt" so verstehen wirst, wie ich es gemeint habe! Ich verstehe Deine Einwände, kann sie aber beim besten Willen nicht teilen. Das, was wir Beide erlebt haben, geht keinen andern Menschen was an. Das bleibt nicht auf dem Papier, das bleibt in unseren Herzen, und wird in meinem letzten Atemzug bleiben! Genug davon! Wenn ich neben Dir sitzen und mit Dir sprechen würde, dann würdest Du mich verstehen, – und fühlen, dass Du immer gegenwärtig warst, als ich die „Überfahrt" schrieb, – auch wenn Du selbst unsichtbar geblieben bist!

Nach Darmstadt, zur Akademie-Tagung, kamen leider nicht die Russen, – sie haben ihre Reise auf das Frühjahr verschoben. In Stuttgart, im Süddeutschen Rundfunk, habe ich einen ganzen Tag „auf Band" gesprochen, – für Sendungen im nächsten Jahr. Mit dem guten Werner Illing habe ich sogar ein ganzes „Interview" gemacht, – für meinen 80. Geburtstag, – aber die Honorare werde ich erst im nächsten Jahr bekommen! In München war ich auf einem grossen Empfang, den der Langen-Müller Verlag gab. Dabei lernte ich den neuen Besitzer des Verlages kennen, Dr. F. Er hat mir schon sehr nett geschrieben, wird uns auch nächstens besuchen, – ich bin ja der älteste Autor des Verlages, – und war sehr herzlich zu mir. Aber viel sprechen konnten wir uns leider nicht in dem Getümmel. Der Leiter des Verlages, – Dr. G., – ein Neffe vom „Fridericus", mit dem ich mich sehr gut verstand, nahm mich bei Seite und sagte mir, dass er den Verlag verlasse. Das war für mich ein harter Schlag, – wer weiss, wie es weiter gehen wird. Die Verlage verlieren immer mehr ihr Gesicht, grosse Konzerne kaufen die Verlage auf, – Dr. F. hat schon den Herbig-Verlag, den Langen-Müller, den Amalthea Verlag in Wien geschluckt, – und wir armen Tinten-Kulis können nichts daran ändern, – wir werden mit gefressen!

Zu Weihnachten wird es hier sehr lebhaft zugehen. Werner Illing mit Frau, und Annalieschen werden kommen, wie im vorigen Jahr. Und alle Grosskinder, – Christel, Dore, Hella und Friedel, – und Isabel! Die Reise nach Schweden für die paar Tage ist für die Kinder doch zu weit, und so kommen alle zu uns! Wir haben ja jetzt genügend Platz, und alle Zimmer, auch im obersten Stockwerk, sind warm, und überall fliesst heisses Wasser! Aber die Ölheizung hat doch viel mehr gekostet, als veranschlagt war. Trotzdem bereue ich keinen Augenblick, dass wir es jetzt gemacht haben, – die Arbeit mit dem Heizen der Öfen, dem Schleppen von Holz, Kohle und Wasser ging doch über unsere Kraft. Nur wird es dauern, bis sich die Anlage bezahlt machen wird, und es wird für mich nicht leicht sein, die Bankzinsen und das Nötige für unser Leben zu beschaffen. So kann ich vorläufig nicht an eine „Überfahrt" zu Dir denken! Mein Schädel brummt, wenn ich daran denke, was ich noch alles aus ihm heraus pressen muss, – obgleich nicht mehr viel darin ist! Aber es wird und muss gehen, – ich habe ja noch viel schlimmere Zeiten erlebt!

(236)

An den   Burg Weissenstein, 5. Februar 1968.
Norddeutschen Rundfunk,
Hörspielleitung,
Herrn Dr. Schwitzke,
Hamburg.

Lieber Herr Dr. Schwitzke!
Besten Dank für Ihren Brief vom 30. Januar! Sie können selbstverständlich nicht Ihre Zusagen einhalten, wenn Ihnen die Zahl der
Hörspiele um die Hälfte gekürzt wird! Bitte bemühen Sie sich nicht
um eine Wiederholung der „Liebeserklärung", – damit hat es keine
Eile! Es wird auch so gehen, – mit 80 macht man sich keine all' zu
grosse Sorgen mehr! Gottlob, dieser fatale Tag ist ja auch nur ein Tag,
den man überstehen muss, – ich habe schon schlimmere Zeiten erlebt!
Sie sollen wissen, dass auch ich Ihnen alles Gute wünsche, – der
Abend bei Ihnen ist mir in guter Erinnerung! Sollten Sie gelegentlich in unsere Gegend kommen, sind Sie und Ihre Gattin, und Tochter, jederzeit herzlich willkommen, – im warmen, ölgeheizten Turm,
den ich wohl kaum noch verlassen werde!
Mit herzlichen Grüssen,
auch an Ihre Frau
und Herrn Prof. Hiesel,
Ihr

(237)

An Nena   Weissenstein, den 11. Februar 1968.

Meine liebe, liebe Nena!
Verzeih mein langes Schweigen. Böse Wochen liegen hinter mir, ich
musste wieder nach München, zum Rundfunk, um „Geld zu machen", hatte Band-Aufnahmen für den Bayerischen, Süddeutschen,
Westdeutschen, Norddeutschen Rundfunk, und Radio Bremen. Es

545

war sehr anstrengend für mich. Ausserdem geriet ich in München um ein Haar unter ein Auto, – es handelte sich wirklich nur um eine Sekunde, einen Milimeter, – und ich wäre alle Kümmernisse und Sorgen für immer los geworden! Aber, wie in der „Überfahrt", blieb ich am Leben. Völlig erschöpft kehrte ich heim, musste mich gleich ins Bett legen, bekam Fieber und eine böse Grippe, und rappele mich nun langsam wieder auf. Bin aber noch sehr schwach auf den Beinen, liege meist in einem merkwürdigen Zustand, zwischen Wachsein und Schlaf, dämmere so dahin, und kann mich zu nichts aufraffen . . .

Aber ich muss Dir doch endlich ein Lebenszeichen geben, wenn man das noch „Leben" nennen kann, – mir ist, als wäre ich eigentlich schon gestorben . . . Hier schicke ich Dir die beiden Zettelchen für Carlos und Veronica, zum Einkleben. Und das „Gebet" von Lermontow in meiner Übertragung, die ich damals in Los Cocos machte. Aber die anderen Bitten kann ich Dir leider nicht erfüllen. Die Peruanerin ist ja kein Beiwerk, keine Zutat zur „Überfahrt", sondern gehört in die Handlung hinein, – der gute Kai darf ja kein Trottel, kein lebensmüder Greis sein, – dann wäre ja sein Tod nichts Besonderes. Mir scheint, Du hast den eigentlichen Sinn der „Überfahrt" nicht richtig verstanden. Und der ist doch, dass er endgültig aus seiner Vergangenheit herausgerissen wird, die er über Bord wirft, – und dass sich ihm durch die „Unsichtbare" eine ganz neue Welt aufgeht, ein neues Lebensgefühl, – ein Ende, das doch ein neuer Anfang ist. Aber ein Anfang, der auch für ihn ein Geheimnis bleibt. Das „Fressende Haus" war der Anfang von Kai, – die „Überfahrt" ist sein Ende, – und dazwischen liegt alles, was ich erlebt habe und zu gestalten versuchte . . . Also kein „Liebesroman", – was Du für mich warst und bist, ist ja sehr viel mehr, – ich hänge mit allen Herzfasern an dem, was einmal war, – Clara hat das Fenster aufgestossen, und Du hast mir die Welt geöffnet, mir sehr viel mehr als das geschenkt, was nur uns Beide, und sonst niemanden was angeht, und was ich nur in wenigen Worten angedeutet habe, die nur Du verstehen wirst . . .

Und was hast Du gegen das gute Wort „kichern"?! Ich glaube, Du verstehst darunter etwas ganz anderes, als das, was ich meine. „Kichern" ist für mich das heimliche, nach innen gekehrte Lachen, dem auch etwas Selbstironie beigemischt ist. Ich kann es deshalb ganz unmöglich durch „Lachen" oder „Lächeln" ersetzen, die etwas ganz anderes bedeuten. Versuch mich zu verstehen. Ich lasse mir gern was sagen, aber ich muss auch davon überzeugt sein, aber in diesem Fall bin ich es nicht. „Kichern" bedeutet für mich sehr viel mehr, als bloss „Lachen", lachen kann jeder, aber richtig kichern können nur wenige, – so nach innen lachen, und dabei sich selbst nicht ganz ernst nehmen . . .

Das „Fressende Haus" ist im Druck, erscheint im März. Ebenso eine neue Sprechplatte von Da Camera, auf der ich einige Gedichte aus „Krug und Quelle" lese, und „Das Bekenntnis". Du bekommst natürlich alles. Auch eine „Festschrift" wird der Langen-Müller Verlag herausgeben. Die „Gelben Tulpen", die ich kürzlich geschrieben habe, und die der Süddeutsche und Westdeutsche Rundfunk senden werden, lege ich bei. In der nächsten Woche kommen Funkleute von Deutschen und Bayerischen Fernsehen, der schreckliche Tag kommt immer näher! – – –

Festschrift des Langen-Müller-Verlages und Salzer-Verlages zum 80. Geburtstag SvV's, 1968
Mein Bekenntnis: Ansprache anläßlich der Verleihung des Ostdeutschen Literaturpreises, 1963 (Salzer-Verlag 1963)
Gelbe Tulpen: enth. in der Festschrift

(238)

Richard Graf   16. Juli 1968.
Coudenhove-Kalergi,
Basel

Lieber, verehrter Graf Coudenhove-Kalergi!
Ich habe nur ein Auge, und das ist schwach, so lese ich wenig, und sehr langsam. Aber es drängt mich, Ihnen zu sagen, dass ich Ihr „Leben für Europa" mit tiefer Teilnahme gelesen habe, und von Herzen

wünsche, dass es von möglichst vielen Deutschen gelesen wird! Auch mir war vieles neu, und man gewinnt doch von Churchill und de Gaulle ein anderes Bild, – sie sind und waren, auch als Engländer und Franzosen, doch grosse Europäer! Adenauer bleibt das Verdienst, dass er die deutsch-französische Aussöhnung und Verständigung angebahnt hat, ohne die ein Paneuropa unmöglich wäre, – aber vom Osten hat er keine Ahnung gehabt, – weder von den Tschechen, noch von den Polen und Russen. Und so sind wir in eine Sackgasse hineingeraten.

Eine verhängnisvolle Rolle spielen dabei auch unsere Flüchtlings-Organisationen. Die Funktionäre oben leben von der Phrase, – „Recht auf Heimat", – aber die junge Generation hat sich in eine neue Heimat hineingelebt, und denkt gar nicht an eine Rückkehr. Ich sehe es an meinem Sohn, der jetzt 27 wird, – selbst wenn er könnte, würde er nicht daran denken, in meine alte livländische Heimat zurückzukehren! Wir Balten, die wir russisch können, die Schlesier, die polnisch, die Sudeten-Deutschen, die tschechisch verstehen, wir sollten Brücken schlagen zu den östlichen Nachbarn, uns nicht hinter nationalen Vorurteilen von Gestern und Vorgestern verschanzen! Ich sprach einmal im Bayerischen Rundfunk über diese Dinge, bekam Stösse von Briefen, und nicht Einer von den jungen „Flüchtlingen" hat mir widersprochen, – alle erklärten mir: „Endlich Einer, der die Wahrheit spricht.

Genug davon. Ich würde mich gerne mit Ihnen, lieber Graf, unterhalten, fürchte aber, dass es Ihnen bei uns doch all' zu primitiv sein wird, – trotz der Ölheizung, und der Raubritter-Clos, die sich in moderne W. C.'s verwandelt haben! Aber Sie sollen wissen, dass Sie hier, im alten Gemäuer, nahe Ihrer alten Heimat, immer herzlich willkommen sind! Es kommt viel Jugend zu uns, eine Enkel-Tochter studiert in München, eine in Berlin, eine lebt in Hamburg, meine Tochter ist in Schweden verheiratet, die Grosskinder kommen nach Frankreich, England, ja, sogar nach Warschau, Verwandte kommen aus Kanada, Brasilien, Afrika. Die allgemeine Unruhe unter den Studenten finde ich wunderbar, – sie ist doch ein Zeichen dafür, dass die junge Generation in ein neues Europa, – ohne nationale und ideologische Grenzen, hineinwächst! Paneuropa hat viele Kinder, –

aber nur einen Vater: und der sind Sie!
In Erinnerung an Ihre unvergessliche
Frau Ida Roland

Coudenhove-Kalergi: *Leben für Europa*. Köln und Berlin 1966
Ida Roland war die Ehefrau von Richard Graf Coudenhove-Kalergi

(239)

An Werner Illing   Burg Weissenstein, 3. Oktober 1968.

Mein lieber Werner!

Das passt ja sehr schön, dass Ihr Ende Oktober zu Hause seid! Den Tag, wann ich bei Euch auftauchen kann, weiss ich noch nicht, – das hängt davon ab, ob ich im Rundfunk etwas auf Vorrat werde lesen können. An Schwedhelm schickte ich einen Abschnitt aus dem Nepomuk, und an Baehr dieses Bändchen Gedichte, – das „Unverlierbare", – das Salzer jetzt neu herausgebracht hat. Vielleicht kann Baehr etwas daraus für eine Sendung zusammenstellen.

Vom 24.–27. Oktober bin ich in Darmstadt, – Hotel zur Traube. Am 28. oder 29. Oktober will ich nach Stuttgart kommen, und am 31. nach München weiter. Sobald ich von Stuttgart was höre, gebe ich Dir Nachricht!

Wir stehen hier noch ganz unter dem Eindruck der Ereignisse, die sich hinter dem Eisernen Vorhang abspielen. Ich beurteile unsere Lage viel ernster, als unsere Herren Politiker es wahr haben wollen. Das Gefährliche ist, dass der ganze Ostblock in Bewegung geraten ist, – auch in Polen und sogar in Moskau. Was die Tschechen tun oder zu tun versuchen, das gärt auch in den anderen Staaten. Und in einer solchen Lage kann es zu plötzlichen Eruptionen kommen. Und da ist ein Krieg immer eine schöne Ablenkung, – wenigstens für eine Zeit! Als Hitler in Prag einmarschierte, war es ja auch der Anfang vom Ende! Was auch kommen mag, – ich werde jedenfalls nicht davonlaufen, – dazu bin ich doch zu alt! Ich werde jedenfalls

549

bleiben, Jella kann ja zu ihrer Schwester in die Schweiz. Und Lulu und Dagmar mit den Kindern nötigenfalls auch. Aber noch ist es ja nicht so weit, – und vielleicht sehe ich auch alles zu schwarz! Ich glaube kaum, dass der Westen etwas machen wird, – den USA sind ja durch Vietnam die Hände gebunden, und von einem einigen Europa sind wir leider weit entfernt! Und die Bundeswehr? Ich habe kein grosses Vertrauen zu ihr. Man könnte uns wohl auch schneller schlucken, als wir es uns vorstellen können . . .

Genug davon! Sehr schön, dass Ihr zu Weihnachten oder etwas später, zu Sylvester kommen wollt, – ganz wie es Euch am besten passt! Nur müsst Ihr etwas länger hier bleiben! Jella hat sich in Grafing bei den Kindern gut erholt, – es ging alles viel besser, als ich gedacht hatte! Sonnabend kommen Lulu und Dagmar, und die Kinder her, – so wird der Turm sich wieder beleben! Ich nage an meinem Knochen, – aber das schlechte Wetter macht mich schwach und müde, – wer weiss, ob ich es noch schaffen werde . . .

Also – auf bald!

Täubchen bitte ich, die guten Hühner zu animieren, dass sie mir einige Federn schenken

Herzlich

Nepomuk auf der Brücke: Romanentwurf. Nicht erschienen.
[ANA 397 der BSt]

(240)

An die Redaktion   Burg Weissenstein, 5. Dezember 1968.
der „ZEIT",
Hamburg

Sehr geehrte Redaktion!

Als Golo Mann auf der Tagung der Deutschen Akademie in Darmstadt sprach, flatterten aus der Höhe hektographierte Flugblätter, von denen eines in meine Hände gelangte. Auf diesem Blatt wurden schreckliche Dinge von Golo Mann behauptet und auf einen Artikel gewiesen, der in der „Zeit" vom 7. September 1962 veröffentlicht sei. Ich habe nun festgestellt, dass auf diesem Flugblatt die Ansichten von Golo Mann aus dem Zusammenhang herausgerissen und ins Gegenteil von dem verdreht wurden, was er in jenem Artikel geschrieben hat.

Ich stelle ausdrücklich fest, dass die Redaktion der „Zeit" nicht der geringste Vorwurf trifft, – wohl aber diejenigen, die den Artikel missbraucht und verfälscht haben. Diese Fälschung stammt, – wie ich höre, – aus einem Pamphlet, das in einem unlängst erschienenen Buch „Deutsche Hochschullehrer" zu finden ist, in dem ein gewisser Beutin die Fälschung wiederholt, die wiederum von anderen ernsthaft zitiert wird. Mir scheint, dass wir solche Methoden heute nicht zu dulden brauchen.

Dass die Jugend rebelliert und mit den gegenwärtigen Zuständen nicht zufrieden ist, – ist ihr gutes Recht. Ich persönlich finde es erfreulich und habe nichts dagegen einzuwenden. Aber diese Jugend muss doch wissen, wofür und wogegen sie protestiert, – mit solchen Fälschungen schadet sie nur sich selbst und dem, was sie anstrebt. Lange Haare, sich nicht waschen und stinken ist kein Beweis dafür, dass man selbst sauber ist.

Man kann von Golo Mann denken, was man will. Aber es geht nicht an, dass man seine Ansichten verdreht und verfälscht, wie es leider geschehen ist. Ich bin überzeugt davon, dass auch Sie meiner Meinung sind, und diesem Unfug in geeigneter Form entgegen treten werden.

Mit freundlichen Grüssen
Ihr

Golo Mann (*1909) Historiker, hatte 1968 den Büchner-Preis erhalten. Während der Preisverleihung wurde ein Flugblatt von der Galerie in die Halle abgeworfen: dieses Exemplar der Darmstädter Studentenzeitung enthielt Angriffe gegen die Akademie, die Art der Preisverleihung und auch gegen den Preisträger, den Publizisten und Historiker Golo Mann, der in einem Streitgespräch mit dem Unionspolitiker Freiherr von Guttenberg, das daraufhin von der ZEIT abgedruckt worden war (Golo Mann: Hat Deutschland eine Zukunft? vom 7. September 62), Sätze geäußert hatte, die nun „aus dem Zusammenhang zitiert und dadurch in ihr Gegenteil verkehrt" wurden.

Golo Mann schrieb an d. Hrsg.: „Herr von Vegesack war empört darüber. Darüber korrespondierten wir, er zeigte sich ritterlich und auch hilfsbereit. Ob er dann etwas darüber publizierte, weiss ich nicht, glaube aber, dass nicht."

Golo Mann hatte an Vegesack geschrieben (am 30. Nov. 68/BSt): „Besonders dankbar bin ich Ihnen für die Mühe, die Sie sich mit jenem lausigen „Flugblatt" gegeben haben. Es hats kein anderer getan; Journalisten gaben die Sache ruhig weiter, nahmen sie für bare Münze und sorgten so für Verbreitung. Man muss wohl heutzutage 80 Jahre sein, um dergleichen noch ernst zu nehmen, ihm nachzugeben und dann Zorn darüber zu empfinden."

(241)

Herrn   Burg Weissenstein, 1. Juli 1969.
Hans Keim,
Deggendorf

Lieber Herr Keim!

Vor allem möchte ich Ihnen danken, dass Sie in Ihrer Lage, im Krankenhaus und nach der schweren Operation noch an mich gedacht haben! Und mir helfen wollen! Und dabei möchte ich Sie bitten, diese Hilfe nur dann in Anspruch zu nehmen, wenn ich da keine Ausnahme bin, und diese Hilfe allen notleidenden Schriftstellern zu Gute kommt! Über unsere Lage erfahren Sie am besten alles aus einem ausgezeichneten Artikel von Böll, der im „Spiegel" vom 6. Juni 1969 unter dem Titel „Tun wir den Lorbeer in die Suppe" erschienen ist!

Nun zu meiner Lage. in den letzten Jahren habe ich vor allem von den Einnahmen vom Rundfunk gelebt, die im Durchschnitt etwa $\frac{2}{3}$

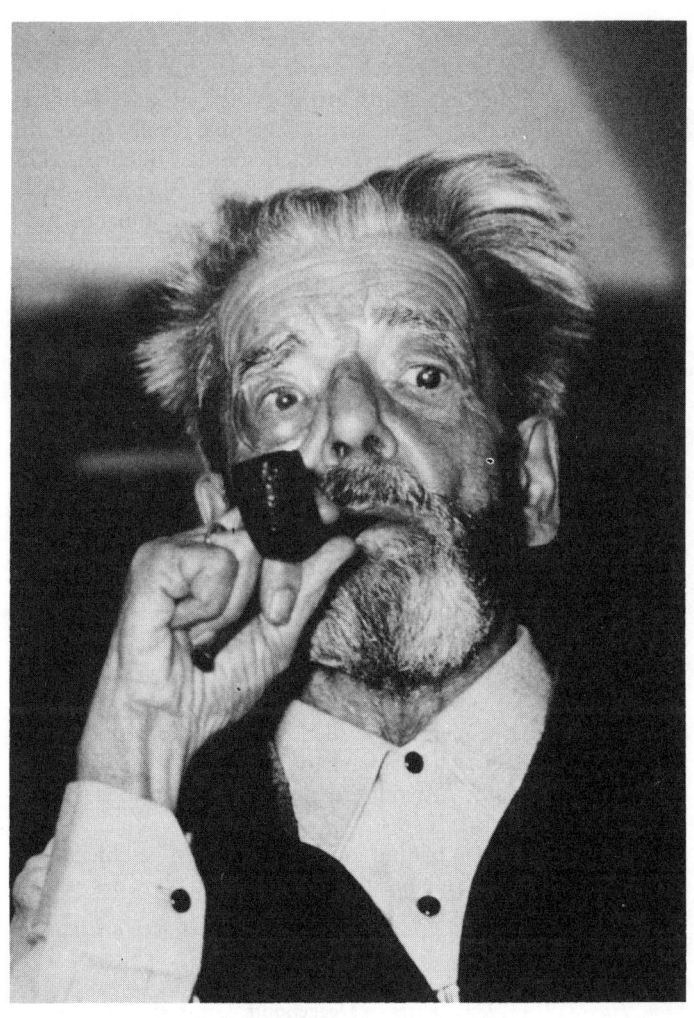

Siegfried von Vegesack, ca. 1972

meiner Einnahmen betrugen. Die Auflage-Höhe der Bücher gibt da kein richtiges Bild. So erhielt ich von der Deutschen Buchgemeinschaft für rund 70 000 der „Baltischen Tragödie", die je drei Romane umfasst, – 22 Pfennige, das sind etwa 7 Pfennig für das Buch! Im letzten Jahr, als ich 80 wurde, erhielt ich von den Büchern 2 175 DM., und vom Rundfunk sogar rund 12 000 DM. Aber man wird ja nicht in jedem Jahr achtzig! In diesem Jahr – vom 1. Januar bis heute, – betrugen meine Einnahmen von den Büchern etwa 2 500 DM. und vom Rundfunk: 800 DM. Als Dr. Fleissner im vorigen Jahr den Langen-Müller Verlag übernahm, hatte ich dort ein Guthaben von rund 6 000 DM. Ich erhielt monatlich 500 DM. Im Herbst werden diese Zahlungen wohl zu Ende gehen.

Vom Bayerischen Kultus-Ministerium bekomme ich einen „Ehrensold" von 220 DM monatlich, vom Bundespräsidialamt – rund 2 000 DM im Jahr. Das reicht grade für die Bankzinsen, – das, was ich zum Leben brauche, muss ich mir selbst schaffen!

Vor einigen Jahren hatte ich alle Schulden, die auf dem Turm lagen, abgedeckt. Aber ich musste 1966 bei der Volksbank in Deggendorf eine Hypothek aufnehmen, um die Ölheizung zu finanzieren. Das musste ich tun, weil ich nicht mehr in der Lage war, das Holz und die Kohlen zu schleppen, zu verkleinern, das Wasser in alle Stockwerke zu tragen. Diese Ölheizung war wirklich notwendig, – und ich habe sie auch nie bereut, – nur hat sie viel Geld gekostet! Trotzdem glaube ich, mit allen finanziellen Schwierigkeiten doch fertig zu werden, aber wenn ich nicht mehr da bin, (was wohl bald der Fall sein wird!), – was dann? Wovon wird meine Frau dann leben? Das ist meine einzige Sorge.

Dr. Hans Vogt in Erlau hat mir kürzlich 2 000 DM geschickt, – so bin ich bis zum Oktober einigermassen gesichert. Nun, das wäre so meine Lage!

Keim, Hans (1914–1979) Lehrer in Deggendorf, Organisator zahlreicher Volksmusikveranstaltungen, in deren Rahmen Vegesack gelesen hat. Keim hat Vegesack in den letzten Jahren durch mehrere Spendenaktionen finanziell unterstützt.

Heinrich Böll: Tun wir den Lorbeer in die Suppe (Spiegel vom 6. Juni 69). Rede bei der Gründungsversammlung eines gesamtdeutschen Schriftsteller-Verbandes, in der Böll die finanziell prekäre Lage der deutschen Schriftsteller beklagt, die zu verbessern dieser neugegründete Verband (VS) sich zum Vorsatz gemacht hatte.

Dr. Hans Vogt: (1890–1979) Elektrotechniker. Auch er hat Vegesack mit einer Spende unterstützt.

Vegesack schrieb am 24. Nov. 69 an Hans Keim: (FH)

„. . . Wenn nun aber Menschen, die ihr Brot sauer verdienen, mir etwas schicken sollen, so ist das was anderes. Es ist für mich sehr bedrückend dieses Geld anzunehmen, denn es handelt sich hier um Beträge, die die Geber besser brauchen könnten, als ich selbst. Der Gedanke, dass ich diesen Leuten auf der Tasche sitzen würde, ist mir ganz unerträglich. Da will ich lieber mit meinen Sorgen weiter leben, – irgendwie wird es schon gehen!"

(242)
An Werner Illing   Burg Weissenstein, 20. Januar 1970.

Mein lieber Werner!

Also bei Euch war auch die Grippe, – und bei uns lag zuerst Jella, und dann Adda. Nur ich blieb verschont. Weil ich keine Pillen und Tabletten geschluckt hatte! Bei mir ist es nur der Knöchel, der mir Beschwerden macht. Ich laufe zwar täglich auf den Skiern, – von René! – aber „laufen" kann man das kaum noch nennen, – ich humpel so herum. Aber die Bewegung ist gut für mich, – man kann doch nicht immerzu liegen!

Ich mache nichts. Papier und Tinte widerstehen mir. Alles, was ich zu sagen hatte, hab ich gesagt, – Schluss damit! Ich drehe den Daumen und befinde mich im „Ruhestand"! Und denke dies und das, und manchmal auch gar nichts.

Thomas Mann hat im „Hochstapler Krull" etwas Wunderbares über die Vergänglichkeit geschrieben. Und da kam mir der Gedanke: vielleicht ist das Alles nur etwas aus der menschlichen Perspektive gesehen. Vielleicht gibt es überhaupt keine Zeit, – und auch keinen Raum, – vielleicht sind das alles Begriffe, die nur wir Menschen haben, – das Nacheinander und Nebeneinander der Dinge sehen nur wir, – vielleicht gibt es drei oder vier noch ganz andere Dimensionen, die wir nicht kennen! Vielleicht hat die Schöpfung überhaupt keinen Anfang, kein Ende, – Ewigkeit und Unendlichkeit sind für uns nur Worte, die wir nicht begreifen können, aber vielleicht, – wer kann das wissen, – ist auch die Schöpfung ewig und unendlich! So stolz wir auch heute auf dem Mond herumspazieren, – im Vergleich zur Schöpfung ist das doch nur ein kleiner Sprung! Vielleicht ist das Eintags-Leben einer Fliege genau so lang wie unser Leben. Wir wissen nicht, woher wir kommen, – und wohin wir kommen, – aber wir bleiben in der Schöpfung, im Geheimnis, das uns umgibt, und das wir nie ergründen werden!

Und noch ein Gedanke kam mir. Ich habe nur e i n e Heimat, – und das war Blumbergshof. Heimat gibt es nicht im Plural. Aber hier hab ich ein Zu-Hause. Und mit den Kindern wächst man doch in ein neues Zu-Hause hinein! Was mir hier auffällt ist, dass der Adel bei uns eine ganz andere Rolle spielte. Im „Privilegium Sigismundi Augusti" sind alle unsere Rechte enthalten, – deutsche Sprache, Glaube usw. Zuerst brachen die Polen dieses Privilegium, dann die Schweden, und schliesslich die Russen. Bis zum Ersten Weltkrieg hatten wir einen eigenen Landtag, eigene Landräte und Kreisdeputierten. Die grösste Einnahme des russischen Staates war das Monopol des Schnapses, und als das Monopol auch bei uns eingeführt wurde, rollten als Entschädigung viele Millionen Rubel ins Land. Ich erinnere mich noch sehr genau an den Landtag, den ich als Student besuchen konnte, als unser letzter Landmarschall Meyendorff, – der Grossvater von Lonachen M., die Du ja kennst, – erklärte: „Meine Herren, – Sie sind n i c h t nur Guts- und Krugs-Besitzer, sondern livländische Edelleute. Ich schlage vor, dass wir dieses Geld nicht in die eigene Tasche stecken, sondern für etwas ausgeben, das dem ganzen Lande zu Gute kommt!" Und so wurde beschlossen, eine Schule und eine moderne Irrenanstalt zu bauen!

hs. Zusatz:

Keiner unserer Landräte oder Kreisdeputierten (mein Vater war einer!) bekam dafür auch nur eine Kopeke, – man diente dem Lande, – und nicht der eigenen Tasche! Verzeih diesen Diskurs, – aber im

Alter wird man geschwätzig! Dich und Täubchen umarmt . . .
Im Frühjahr hoffe ich bestimmt nach Stuttgart zu kommen, – also
auch zu Euch!

Privilegium Sigismundi Augusti: Das Baltikum war in seiner geografisch her-
vorragenden Position immer den Ansprüchen seiner Nachbarstaaten ausgesetzt gewesen. Nach langen und aufreibenden Machtkämpfen begab es
sich unter die Herrschaft Polens. Bei den Unterwerfungsverhandlungen ge-
stand Sigismund II. August dem Ordensadel (das aber für den ganzen Adel
Livlands bestimmte) Privilegium Sigismundi Augusti zu (28. Nov. 1561).
Obwohl die Originalschrift verloren ist, galt dieses Privilegium auch noch
bei der Unterwerfung unter russische Herrschaft 1710 als Voraussetzung.
Es bestimmte die Gewährleistung des Gottesdienstes nach der Augsburgi-
schen Konfession, die Zusicherung deutscher Obrigkeit und deutschen
Rechts, die Zusage, Würden und Ämter nur mit besitzlichen Einheimischen zu besetzen und eine einheimische Appellationsinstanz einzurichten. Vor allem die Freiheit von jeder religiösen Bedrückung haben die Livländer sich ausbedungen.

(243)

An Paul Elbogen   Burg Weissenstein, 20. Februar 1970.

Lieber Herr Elbogen!
Heute kam Ihr Brief vom 16. Februar, den ich gleich beantworten
möchte. Alles, was Sie sagen, ist mir aus dem Herzen gesprochen, –
die Welt, in der wir leben, ist verrückt, – auch ich verstehe nicht viel
von ihr! Nur, was die Musik betrifft, bin ich anderer Ansicht, – auch
wenn ich Ihre Ansichten teile. Die elektronische Musik ist auch mir
gänzlich unbegreiflich. Aber es gibt doch noch eine andere Musik,
– es gibt Händel, Bach. Einige Sätze von Bach trösten mich, bewegen mich im Tiefsten, – und diese wird bleiben, – so lange die Welt
steht! Wir haben in Deutschland einen Komponisten, den ich über
alles schätze, – Orff! Er fusst im Barock, – und lebt und musiziert

doch heute. Wenn Sie irgend wie Zeit haben, dann hören Sie seine „Carmina burana", oder den „Mond"!

Ja, die Phrasenmacher sind die gleichen, – ob sie nun in Washington oder in Moskau leben, – sie wollen das gleiche: eine perfekte Welt! Die es nie geben wird! Und das ist mein grosser Trost: ich möchte lieber in einer verrückten Welt, als in einer perfekten leben! Eine perfekte Welt wäre totlangweilig – man könnte über nichts lachen! Und das Lachen ist doch das Grossartigste, Schönste, was auf Erden gibt! Und vor allem, – das Lachen über sich selbst! Darin sind die Juden Meister, – und wir Balten versuchen es auch!

Wir stehen wieder mal in einer „Wende", – früher dachte man, dass die Welt sich um die kleine Erde dreht, dann kam man dahinter, dass die Welt sich – unsere Erde, – sich um die Sonne dreht. Und heute wissen wir, dass auch die Sonne ein ziemlich unbedeutender Stern im All ist, – dass hinter unserer Milchstrasse sich noch Milliarden von Milchstrassen befinden. Wir glauben, dass wir alles erforschen werden, – spazieren auf dem Mond herum, und sind sehr stolz darauf! Aber je mehr wir erforschen, – umso grösser wird das Rätsel, in dem wir leben, – das Geheimnis bleibt! Wir wissen nicht, woher wir kommen, – und wohin wir gehen. Zeit und Raum, – das Nach- und Neben-Einander der Dinge, – sind vielleicht nur menschliche Vorstellungen, – vielleicht gibt es noch eine dritte, vierte oder gar fünfte Dimension.

Ich bin kein guter Christ. Ich glaube nicht, dass nur wir Christen die alleinige Wahrheit besitzen. Wir können nicht in das Licht der Sonne blicken, – es bricht sich in den verschiedenen Farben, die an sich gar nicht existieren. Und so ist es vielleicht auch mit dem grossen Unbekannten, den wir „Gott" nennen. Mir ist das Wort „Gott" immer noch näher und lieber, als die abscheuliche „Ideologie"! Genug davon, – verzeihen Sie mir mein Geschwätz! Im Alter wird man leider geschwätzig!

Von Yorks habe auch ich schon lange nichts gehört. Wenn Sie nach Europa kommen, dann kommen Sie doch auch zu uns in den Wald, – ein schwerer Entschluss, das begreife ich, – aber auch hier leben Menschen!

Mit herzlichen Grüssen

Paul Elbogen (*Wien 1894) Schriftsteller, Drehbuchautor. In Berlin war er Redakteur und Lektor gewesen, mußte 1933 emigrieren und kam 1941 nach den USA, wo er als Filmautor und Berater verschiedener Studios arbeitete.

(244)

An Jakob Job   Burg Weissenstein, 5. Oktober 1970

Mein lieber Giacomo!
Du wirst wohl in diesen Tagen nach Sizilien fliegen! Du hast jeden-
falls das bessere Teil erwählt, – die Akademie lockt mich wenig: alle
alten Freunde sind tot, – und Du bist fort! Ich fahre nicht nach
Darmstadt, bleibe in meiner Höhle!
Wenn Du die Lampedusa siehst, so grüss sie herzlich von mir! Ihr
Vater war mein Onkel Bari (Wolff) und seine Frau die damals sehr
berühmte Sängerin Barbi, eine Italienerin, die später nach dem Tode
meines Onkels, den italienischen Botschafter in London heiratete.
Die Lampedusa hat nur eine Schwester, die auch einen Italiener ge-
heiratet hat. Mit beiden Cousinen besuchte ich damals, – vor dem
Ersten Weltkrieg, die Vorlesungen von Wölflin in München. Seit-
dem hab ich sie nicht mehr gesehen.
Wir hatten hier einen herrlichen September, aber jetzt ist es kalt,
und es regnet. Grüss den Süden von mir, – bis Paestum bin ich vor
dem Ersten Weltkrieg gekommen!
Adda pimpelt mal wieder, sie liegt schon seit einer Woche im Bett.
Sie und Jella grüssen Dich herzlich!
Alles Gute für Sizilien!
Dein alter

(245)

An Claus von Aderkas   Burg Weissenstein, 2. Februar 1971.

Mein lieber Claus!
Dank für Deine Grüsse! Ich bin noch nicht gestorben, – aber ich le-

be auch nicht, – glaube aber nicht, dass ich dieses Jahr noch überleben werde. Mache Dich also bereit! An meinem Grab soll nicht gesprochen werden, – nur Du hast das Wort! Du wirst es schon richtig machen! Sobald es so weit ist, wird mein Sohn Dir schreiben!

Falls Dein Sohn Claus Arnd Lust und Zeit hat, ist er hier immer herzlich willkommen! Ich fürchte nur, dass er sich hier schrecklich langweilen wird! Kürbis ist ja für mich auch eine Art zu Hause, – eines der gemütlichsten Häuser, die ich kenne! Deine Grossmutter, Gerd's Mutter, – war kein einfacher Mensch, aber ich liebte sie doch heiss, und auch Gerd's Vater. Auch seine beiden Brüder hab ich gekannt, – Adalbert und Eugen, – die in Sesswegen ermordet wurden. Und auch den Bruder Erhard, in Petersburg. Und auch Gerd's Schwester Bärbel, die 1933 starb. Ich kenne keinen wie Deinen Vater, der so an der Heimat hing, – er hätte sich nie in Deutschland eingelebt!

Mit herzlichen Grüssen
an Dich und die Deinen
Dein alter „Onkel"

Claus von Aderkas: Pastor. Er war ausersehen, die Grabrede für Vegesack zu halten.

Er war der Sohn von Gerd von Aderkas, einem Jugendfreund Vegesacks, der in der *Baltischen Tragödie* als „Elch" ein liebevolles und bleibendes Denkmal erhalten hat.

(246)
An Werner Illing   Burg Weissenstein, 8. Februar 1971.

Mein lieber Werner!
Beeile Dich nicht mit dem Funk-Ragout, – die „Tanten" sind bereits in zweiter Auflage erschienen, und der Verleger schickte mir das Ho-

norar, – so kann ich die nächsten Monate in Ruhe weiter leben! Und länger werde ich es wohl kaum schaffen!

Ich bin noch nicht gestorben, – lebe aber auch nicht mehr. Befinde mich in einem merkwürdigen Zwischen-Stadium, – schlafe und träume viel, und erlebe nichts. Der Schlaf ist wohl das Schönste, was uns Menschen geschenkt wurde! Da spazieren die Menschen auf dem Monde herum, – bald wird es wohl auch Gesellschafts-Reisen zum Monde geben! Sammeln Steine, und glauben so, das Geheimnis zu ergründen, das immer ein Geheimnis bleiben wird! Wir Idioten! Was in der Welt geschieht, interessiert mich nicht mehr. Ich lebe nicht mehr auf dieser Welt, – bereite mich auf den Schlaf der Ewigkeit, – woher und wohin – wir wissen es nicht! Hier ist der Putz-Fimmel ausgebrochen, – der Fussboden, die Fenster, – schrecklich! Draussen liegt etwas Schnee, – aber zu wenig, um Ski zu laufen. Ich mache jeden Tag einen kleinen Gang, – mehr wollen die Beine nicht. Mein Bart wächst, – er fängt schon an, etwas zu rauschen! Das Schöne dabei ist, – ich brauche mich nicht mehr zu rasieren!

Es grüsst Euch Beide herzlich

Dein alter

Vegesack, der in diesen letzten Briefen schon mit dem Tod kokettierte, verlor gänzlich jeden Lebensgenuß, als am 4. Mai 1972 seine zweite Frau Jella starb.

Es ist kein Brief zu finden, der später als 1971 datiert wäre.

Am 26. Januar 1974 starb Vegesack.

Bibliographie

Von Siegfried von Vegesack sind erschienen:

Politische und geschichtliche Beiträge 1915–1918
im „Roten Tag", in der „Hilfe", in der „Deutschen Politik" und im Sammelband „Westrussland", Verlag Teubner, 1917

Literarische Beiträge
in den Zeitschriften: „Weltbühne", „Deutsche Politik", „Tage-Buch",
„Neuer Merkur", „Orchideengarten", „Jugend", „Musarion-Almanach",
„Simplizissimus" u. a.
in den Zeitungen: „Berliner Börsen-Courir", „Berliner Tagblatt",
„Deutsche Allgemeine Zeitung", „Königsberger Hartungsche Zeitung",
„Frankfurter Generalanzeiger", „Thüringer Allgemeine Zeitung", „Greifs-
walder Zeitung", „Bremer Nachrichten", „Prager Presse", „Prager Tagblatt",
„Vossische Zeitung", u. v. a.

als Herausgeber:
Baltenbuch (Gelber Verlag, Dachau), die Sammlung *Ostsee und Ostland* (mit
sechs baltischen Bänden, Verlag Lehmann, Berlin) die Broschürenreihe *Die
Russische Gefahr* (Verlag Engelhorn, Stuttgart, Broschürenreihe *Die Russische
Revolution* (Übersicht über die russ. Presse)

als Übersetzer:
Aus den Geheimprotokollen des Zaren, Heft 3 der Sammlung „Die russische
Gefahr" (Engelhorn, Stuttgart), 1916
Armenische Gedichte aus dem Russischen, im Sammelwerk „Armenien", (En-
gelhorn, Stuttgart), 1919
Gedichte von August Strindberg im „Neuen Merkur", 1920, und in der „Welt-
bühne", 1920
Maria Aurora Königsmark. Eine Chronik des Grafen Birger Mörner. Aus
dem Schwedischen (mit Clara Nordström), Georg Müller Verlag München
1922
Gogol: Die Nase und andere Geschichten. Aus dem Russischen. Verlag Rösl &
Cie. München 1921
Ljeskow: Der Mensch im Schilderhaus und andere Geschichten. Rösl & Cie.
München 1922. Alster Verlag, Wedel, 1949. Dr. Riederer-Verlag, Stuttgart,
1963

Ljeskow: Lady Macbeth von Mzensk. Südbayerische Verlagsanstalt, München 1921. Verlag Holle & Co. Berlin 1942

Turgenjew: Erste Liebe und andere Geschichten. Albert Langen Verlag München, 1925

Elvestad: Frau Teresa und Doktor Wrangel. Georg Müller-Verlag, München 1928

Turgenjew: Erste Liebe. Dr. Riederer-Verlag, Stuttgart, 1962

Gogol: Der Newskij-Prospekt. Rütten-Loening Verlag, Potsdam 1950

Nabokow: König, Dame, Bube. Ullstein-Verlag, Berlin, 1930 und Rowohlt-Verlag, Hamburg 1959

Narokow: Wenn das Salz schal wird. Styria-Verlag, Graz 1956

Veröffentlichung eigener Texte:

Die kleine Welt vom Turm gesehen. Gedichte. Alfred Richard Meyer Verlag. Berlin. 1925

Der Mensch im Käfig. Eine Komödie. Alfred Richard Meyer Verlag. Berlin 1926

Der Herr ohne Hose. Geschichten aus dem alten Russland. (Veröffentlicht unter dem Ps. Fjedor Isjagin). Iris-Verlag. Frankfurt/M. 1926

Liebe am laufenden Band. Roman. Universitas-Verlag. Berlin 1929

Film mit Hindernissen. Verlag der Zeit-Romane. Berlin. 1931

Das Fressende Haus. Roman. Universitas-Verlag, Berlin 1932. Lizenzausgabe der Büchergilde Gutenberg. Carl Schünemann-Verlag, Bremen 1938. Hera Verlag, Wilhelmshaven, 1953. Langen-Müller-Verlag, München, 1968. Morsak-Verlag, Grafenau 1978

The House Devouring. Englische Ausgabe des Fressenden Hauses. Verlag Hurst & Blecket, London 1936

Blumbergshof. Geschichte einer Kindheit. Universitas-Verlag, Berlin 1933

Herren ohne Heer. Roman. Universitas-Verlag, Berlin 1934

Totentanz in Livland. Roman. Universitas-Verlag, Berlin 1935

Die Baltische Tragödie. Einbändige Ausgabe der drei Fortsetzungsromane Blumbergshof, Herren ohne Heer, Totentanz in Livland. Universitas-Verlag, Berlin 1936. Lizenz-Ausgabe der Deutschen Buchgemeinschaft, 1936. Carl Schünemann Verlag, Bremen, 1938. Eugen Salzer Verlag, Heilbronn, 1957

Meerfeuer. Roman. Universitas-Verlag, Berlin 1936. Carl Schünemann Verlag, Bremen, 1938. Hera-Verlag, Wilhelmshaven, 1953; Langen Müller, München 1970

564

Spitzpudeldachs Tiergeschichten aus dem Bayerischen Wald. Atlantis-Verlag, Berlin und Zürich, 1936. Verlag Langewiesche-Brandt, Ebenhausen bei München, 1956 und 1972

Unter fremden Sternen. Reisebericht aus Südamerika. Schünemann-Verlag, Bremen 1938

Das Kritzelbuch. Geschichten und Gedichte. Carl Schünemann-Verlag, Bremen 1939

Aufruhr in der Quebrada. Eine Erzählung aus Argentinien. F. A. Herbig-Verlag, Berlin 1940. Langen-Müller Verlag, München 1958. Lizenz-Ausgabe bei Buchners Verlag, Bamberg 1961

Eine dunkle Geschichte. Eine Erzählung aus Paraquay. Schünemann-Verlag, Bremen 1941

Die gestohlene Seele. Eine Erzählung aus Chile. Händle-Verlag, Mühlacker 1942. Langen-Müller-Verlag, München 1955

Das Dorf am Pfahl. Eine Erzählung aus dem Bayerischen Wald. Münchner Buchverlag, 1942. Bayerische Verlagsanstalt, Bamberg 1953

Der Lebensstrom. Gedichte. Erich Schmidt Verlag, Berlin 1943

Soldaten hinterm Pflug. Ein Erlebnisbericht aus dem Osten. Verlag Otto Elsner, Berlin 1944

Kleine Hausapotheke. Geschichten und Gedichte. Hammerich u. Lesser Verlag, Hamburg 1944. Christian Wolff Verlag, Flensburg 1948

Das Ewige Gericht. Eine Dichtung. Keppler-Verlag, Baden-Baden 1946

Der Pfarrer im Urwald. Eine Erzählung aus Brasilien. Keppler-Verlag, Baden-Baden 1947

Das Weltgericht von Pisa. Erzählung. Keppler-Verlag, Baden-Baden 1947. Bertelsmann-Verlag, Gütersloh 1952, Eugen-Salzer-Verlag, Heilbronn 1962

Das Unverlierbare. Gedichte. Christian Wolff-Verlag, Flensburg 1947. Salzer Verlag, Heilbronn 1968

Um ein Stück Brot. Erzählung. Enth. in der Anthologie „Ende und Beginn", Wedding Verlag, Berlin 1947

Zwischen Staub und Sternen. Erzählungen aus Südamerika (enth: Die gestohlene Seele, Aufruhr in der Quebrada, Eine dunkle Geschichte), Port-Verlag, Urach 1947

Mein Junge. Ein Nachruf. Robert Mölich Verlag, Hamburg 1948

Herr Bo fährt um die Welt. Ein Kinderbuch. Hermann Stratz Verlag Säckingen 1948

Versunkene Welt. Neuausgabe von Blumbergshof. Keppler-Verlag, Baden-Baden 1949

Der Waldprophet. Eine Erzählung aus dem Bayerischen Wald. In der „Deutschen Rundschau", Juni 1949

In dem Lande der Pygmäen. Gedichte. Wunderlich-Verlag, Tübingen 1953. Langen-Müller Verlag, München 1965

Schnüllermann sieht das Leben heiter an. Gedichte. Braun und Schneider Verlag, München 1953, Langen Müller, München 1969

Geliebte Erde. Gedichte. Privat-Druck der Oltener Bücherfreunde, Olten 1956

Kleines Handgepäck. Geschichten und Gedichte. Langen-Müller Verlag, München 1956

Der letzte Akt. Roman. Salzer-Verlag, Heilbronn 1957

Der Pastoratshase. Altlivländische Idyllen. Salzer-Verlag, Heilbronn 1957

Tanja. Drei Erzählungen aus Rußland (enth. Der Entehrte, Tanja, Die Männer im Feuerofen). Salzer-Verlag, Heilbronn 1959

Vorfahren und Nachkommen. Aufzeichnungen aus einer altlivländischen Brieflade 1669-1887. Salzer-Verlag, Heilbronn 1960

Bayerischer Wald. Vorwort zu einem Bildband. Süddeutscher Verlag, München 1962

Südamerikanisches Mosaik. Reisenotizen aus Brasilien, Argentinien, Paraquay, Chile und Peru. Langen-Müller-Verlag, München 1962

Krug und Quelle. Gedichte. Langen-Müller-Verlag, München 1963

Mein Bekenntnis. Ansprache. Salzer-Verlag, Heilbronn 1963

Regen am Regen. Sonderdruck aus „Unbekanntes Bayern". Süddeutscher Verlag. München 1964

Jaschka und Janne. Erzählungen (enth. Jaschka und Janne, Die Hochzeit auf Zarnikau, Das Kind im Altersheim). Langen-Müller-Verlag, München 1965. Wiederaufgelegt mit dem Titel *Baltische Erzählungen.* München 1979

Als Dolmetscher im Osten. Aufzeichnungen aus Rußland. Verlag Harro von Hirschheydt, Hannover 1965

Kleiner Hauskalender. Verse und Kurzgeschichten. Langen-Müller-Verlag, München 1966

Der Waldprophet. Geschichten aus dem Bayerischen Wald (enth. Der Waldprophet, Das Dorf am Pfahl, Flucht in die Wälder). Salzer-Verlag, Heilbronn 1967. Morsak-Verlag, Grafenau 1982

Die Überfahrt. Roman. Langen-Müller-Verlag, München 1967

Die Welt war voller Tanten. Salzer-Verlag, Heilbronn 1970

Die roten Atlasschuhe. Auszug aus *Vorfahren und Nachkommen.* Salzer-Verlag, Heilbronn 1973

Die Männer im Feuerofen (als Einzelerzählung). Salzer-Verlag, Heilbronn 1981

Tanja (als Einzelerzählung). Salzer-Verlag, Heilbronn 1982

Schallplatten:
Siegfried von Vegesack liest: Aus „Vorfahren und Nachkommen", „Die Baltische Tragödie", „Der Pastoratshase". Sprechplatte. 30 cm, Salzer-Verlag, Heilbronn.

Im Lande der Pygmäen. Gedichte. Sprechplatte, 17 cm. Da Camera, Neckargemünd.

Schnüllermann. Gedichte. Sprechplatte, 17 cm. Da Camera, Neckargemünd.

Krug und Quelle und *Mein Bekenntnis.* Sprechplatte. 30 cm. Da Camera, Neckargemünd.

Daneben erschienen zahlreiche Erzählungen, Prosaskizzen und Gedichte in Zeitungen und Zeitschriften und eine Vielzahl von Sendungen und Hörspielen (u. a. *Glocke und Traktor, Das Weltgericht von Pisa, Der Mensch im Schilderhaus, Die Liebeserklärung)* für den Rundfunk.

Das Theaterstück *Die tote Stadt* wurde zwar nicht gedruckt, im Februar 1923 aber aufgeführt.

Dankadresse

Zu danken habe ich Frau Adda von Vegesack und Frau Isabel Lunden, die Briefe, Fotos, Zeitungsausschnitte und ihre Erinnerung zur Verfügung gestellt haben, und ohne deren Hilfe dieses Buch nicht hätte entstehen können.

Frau Irmgard Illing und Herrn Dr. Ruf für Briefe, Manuskripte und Fotos aus dem Nachlaß von Werner Illing; Frau Sigrid Mielke für Briefe, Fotos und Mitteilungen aus dem Nachlaß von Frank Thiess; Frau Marianne Schoenwald für Briefe und Papiere aus dem Nachlaß von Paul Rohrbach; Frau Renate Ronnefeld für Briefe und ein Foto aus dem Nachlaß von Reinhold und Hanne Koeppel; Frau Maria von Taube für Überlassung von Briefen an ihren Vater und Fotos; Frau Franziska Keim für Briefe Vegesacks an ihren Mann und Fotos; Herrn Willi Wolfradt und Herrn Jochen Bartsch für Briefe und Erinnerungen; Herrn Franz Baumer für Überlassung von Briefen Vegesacks an ihn und Kopien solcher an „Nena"; Frau Oda Schaefer für die Überlassung von Briefen und Herrn Heiner Hesse für die Erlaubnis, aus Briefen seines Vaters zitieren zu dürfen; Frau Charlotte Bergengruen und Frau Ingeborg Britting für Überlassung von Briefen und Auskünfte; Frau Else Cless für Mitteilungen aus dem Nachlaß von Otto Rombach; Herrn E. W. Guenther für Mitteilungen über seinen Vater; Herrn G. A. Reiche für das Foto seiner Mutter Clara Nordström; Herrn Werner Volke im Deutschen Literaturarchiv in Marbach und Frau Anne Büchler in der Bayerischen Staatsbibliothek in München, die mir mit großer Geduld ihre Kenntnisse und ihre Zeit zur Verfügung gestellt haben sowie auch Herrn Fritz Fenzl in der Handschriftenabteilung der Münchner Stadtbibliothek; für Überlassung von Briefen dem Geheimen Staatsarchiv in Berlin, der Schweizer Landesbibliothek, der Eidgenössischen Technischen Hochschule in Zürich, der Universitätsbibliothek Freiburg im Breisgau, und dem Kubin-Archiv im Lenbachhaus München; dem Verlag Kupferberg in Mainz und Prof. Paul Speck, die mir umfassend Informationen über Philipp Schweinfurth besorgt haben; den Verlagen Port, Salzer, Langen-Müller, Langewiesche-Brandt und der Holtzbrinck-Gruppe sowie dem Bayerischen Rundfunk, dem Süddeutschen Rundfunk, dem Südwestfunk, dem Norddeutschen und dem Westdeutschen Rundfunk, die mir Briefe Vegesacks aus ihren Archiven zur Verfügung gestellt haben; nicht zuletzt meiner Mutter für die Idee, diese Briefe zu sammeln und auszuwerten.

M. Hagengruber

Bildnachweis

Die Szenenfotos der Aufführung „Der Mensch im Käfig" sind im Nachlaß Siegfried von Vegesacks in der Bayerischen Staatsbibliothek enthalten.

Das Foto von Adolf Grimme stammt von Rosemarie Clausen und ist dem Buch „Wirkendes, sorgendes Dasein", 1959, hg. von W. G. Oschilewski, entnommen.

Das Foto von Hermann Hesse hat Martin Hesse gemacht und Heiner Hesse hat es freundlicherweise zum Abdruck zur Verfügung gestellt.

Das Foto von Werner Illing und Siegfried von Vegesack hat Dr. Joachim Ruf zur Verfügung gestellt, Frau Sigrid Mielke das Foto von Frank Thiess.

Renate Bein-Alpha besitzt das Copyright an dem abgedruckten Foto von Otto von Taube, das Frau Maria von Taube zur Verfügung gestellt hat.

Frau Marianne Schönwald hat erlaubt, das Foto ihres Vaters, Paul Rohrbach, abzudrucken.

Die Zeichnung von Gustav Specht ist im Besitz des Literaturarchives im Fressenden Haus, der Zeichner ist unbekannt.

Die Zeichnungen von Alfred Kubin sind im Gästebuch des Burghauses Weissenstein enthalten, das Isabel Lundèn freundlicherweise zur Verfügung gestellt hat; aus ihrer Sammlung und aus der Adda von Vegesacks stammen auch die nicht gesondert erwähnten Fotos.

Das Foto von Werner Richter hat das Deutsche Literaturarchiv, Marbach, zur Verfügung gestellt.

Personenverzeichnis

BAEHR, Albrecht (*1917 in Breslau). Er war jahrelang Leiter der ost- und mitteldeutschen Heimatsendungen im Süddeutschen Rundfunk, Stuttgart.

BARTSCH, Jochen (*1906) Zeichner, Grafiker. Er illustrierte *Schnüllermann* und eine zweite Auflage der *Pygmäen*.

BAUMER, Franz (*1925) Schriftsteller, Filmautor beim Bayerischen Fernsehen; er drehte einen Film über Vegesack und war sein erster Biograph.

BEAUFILS, Marcel: Musikwissenschaftler, Germanist am Pariser Lycée Pasteur; er setzte sich für die Unterbringung der Werke Vegesacks auf dem französischen Buchmarkt ein.

BEHREND, Eduard (*1883) Jean-Paul-Forscher und -Herausgeber.

BERGENRUEN, Werner (Riga 1892 – Baden-Baden 1964) Schriftsteller. Die Freundschaft Vegesacks mit Bergengruen entstand in den zwanziger Jahren und hielt, nahezu ungetrübt, bis zu B's Tod.

BONDY, Fritz (Prag 1888 – Zürich 1980); Schriftsteller, Übersetzer.

BORRÉE, Karl Friedrich (1886–1974) Publizist, Schriftsteller: Eine Gruppe von Schriftstellern hatte sich gegen die atomare Bewaffnung der Bundeswehr eingesetzt, darunter auch Vegesack. Borrée polemisierte in einem Artikel dagegen und forderte V's Widerspruch heraus.

COUDENHOVE-KALERGI, Richard Graf von (1894–1972) Schriftsteller und Politiker: Er begründete in den Nachwehen des 1. Weltkrieges die Paneuropäische Union, der Vegesack nahestand.

CZIBULKA, Alfons von (1888–1969) Schriftsteller, Vorsitzender des Kuratoriums „Stiftung zur Förderung des Schrifttums", das Vegesack einen Preis zugestand.

FLAKE, Otto (Metz 1880 – Baden-Baden 1963) Schriftsteller. Die Freundschaft Vegesacks mit Flake datiert aus der Berliner Zeit.

GOETZ, Bruno (Riga 1885 – Zürich 1954) Schriftsteller, Übersetzer. Schon 1916 hatte Bruno Goetz die Gedichtanthologie „Die jungen Balten" herausgegeben, in der Texte von Vegesack enthalten waren; die Freundschaft hielt, weitgehend ungetrübt, bis zu Goetz's Tod.

GRIMME, Adolf (1889–1963) Politiker, Pädagoge, Rundfunkdirektor. Vegesack hatte ihn bei einer Tagung der Deutschen Akademie für Sprache und Dichtung kennengelernt; Josephine Grimme war baltischer Abstammung.

GÜNTHER, Joachim (*1905) Schriftsteller, Redakteur. Er wohnte nach dem 2. Weltkrieg für kurze Zeit in Bayerisch-Eisenstein, und war somit Vegesacks „Nachbar"; er begründete in Berlin eine literarische Zeitschrift und forderte Vegesack mehrmals zur Mitarbeit auf.

GÜNTHER, Konrad (Riga 1874 – Freiburg i. Br. 1955) Zoologe, Neffe von Georg Schweinfurth. Er unternahm, zusammen mit Vegesack, ausgedehnte Wanderungen durch den Bayerischen und Böhmerwald

HAGELSTANGE, Rudolf (1912–1984) Schriftsteller.

HARINGER, Jakob (1898–1948) In den zwanziger Jahren hochgelobter Vagantendichter; Clara Nordström hatte auf einen seiner Bettelbriefe mit einer Einladung nach Weißenstein geantwortet; Haringer kam und ging unrühmlich ab.

HESSE, Hermann (1877–1962) Schriftsteller, von Vegesack hochverehrt. Der erste (erhaltene) Brief an Hesse stammt von Clara Nordström und Rolf von Hoerschelmann. – Sie haben vermutlich die Bekanntschaft begründet.

HOERSCHELMANN, Rolf von (1885–1947) Maler, Illustrator. Ein Freund Vegesacks aus den Münchner Jahren, häufiger Gast auf Weißenstein.

ILLING, Werner (1895–1979) Schriftsteller, Film- und Hörspielautor, Redakteur im Süddeutschen Rundfunk; die Freundschaft bestand schon in den zwanziger Jahren und hielt, wohl unbeschadet, bis zum Tod Vegesacks!

JACOBS, Monty (1875–1945) Langjähriger Feuilletonredakteur der Vossischen Zeitung, an der Vegesack lange mitgearbeitet hatte.

JAKOBSOHN, Siegfried (1881–1926) Publizist, Theaterkritiker, Begründer zuerst der *Schaubühne,* später der *Weltbühne,* in der die Texte Vegesacks erschienen sind.

JOB, Jakob (1891–1973) Schriftsteller, Rundfunkdirektor in Zürich; die Bekanntschaft war nach dem 2. Weltkrieg durch Bergengruen zustande gekommen und entwickelte sich zu einer treuen Freundschaft, die bis zum Tod Vegesacks hielt.

KOEPPEL, Reinhold (1887–1950) Maler. Er lebte in Waldhäuser, wo Vegesack häufig zu Gast war.

KRÜGER, Hellmuth (1890–1955) Kabarettist, „Junger Balte".

KUBIN, Alfred (1877–1959) Zeichner, Maler, Schriftsteller. Seit 1906 lebte er in Zwickledt, nahe Passau, wo Vegesack ihn häufig besuchte.

LUNDBERG, Eugen: Berliner Vertreter der Moskauer und Petersburger Sowjetbühnen und des Sowjetverlages.

MANN, Heinrich (1871–1950) Schriftsteller. Vegesack brachte dem Werk Heinrich Manns große Sympathie entgegen, mußte ihm aber unter dem Druck der faschistischen Meinung abschwören.

MANN, Thomas (1875–1955) Schriftsteller; Vegesack verehrte ihn zu allen Zeiten.

MASJUTIN, Wassili (*Riga 1884) Maler, Buchillustrator; die Bekanntschaft kam vermutlich in den Berliner Jahren zustande.

MEYER, Alfred Richard (1882–1956) Schriftsteller, Verleger. Er verlegte *Die kleine Welt vom Turm gesehen* und *Der Mensch im Käfig*.

MÜHSAM, Erich (1878–1934) Politischer Schriftsteller, Journalist. Die Bekanntschaft kam schon in München, vermutlich durch Clara Nordström, zustande; in den dreißiger Jahren war Mühsam Gast auf dem Turm.

MÜLLER-KAMP, Erich (1897–1980) Verlagslektor, Übersetzer aus dem Russischen.

NAROKOW, Nikolaj (1887–1969) Russischer Schriftsteller im kalifornischen Exil; Vegesack übersetzte seinen Roman „Wenn das Salz schal wird".

NENA (H. L. de Loeb) Vegesack hatte sie in Lugano kennengelernt und besuchte sie mehrmals in Argentinien, wohin sie ausgewandert ist.

NORDSTRÖM, Clara (1886–1962) Schriftstellerin, 1. Ehefrau Vegesacks.

RICHTER, Werner (1888–1969) Schriftsteller; in Berlin war er in den zwanziger Jahren Redakteur des Börsen-Courier; die Freundschaft datiert schon früher und kam vermutlich durch Clara Nordström zustande.

ROESCH: Lektor des Wunderlich-Verlages.

ROHRBACH, Paul (1869–1956) Politischer Schriftsteller. Er leitete während des 1. Weltkrieges in Berlin die „Zentralstelle für Auslandsdienst", in der Vegesack beschäftigt war.

ROMBACH, Otto (1904–1983) Schriftsteller; ein Freund von Jakob Job und Werner Illing.

SCHAEFER, Oda (*1900) Schriftstellerin baltischer Abstammung. Vegesack lernte sie bei einer Tagung der Deutschen Akademie kennen.

SCHWEINFURTH, Georg (Riga 1836 – Berlin 1925) Berühmter Afrikaforscher.

SCHWEINFURTH, Philipp (Riga 1887 – Istanbul 1954) Kunsthistoriker. Er war ein Jugendfreund Vegesacks; die Freundschaft, die intensiv und ungetrübt zu sein schien, bekam einen irreparablen Riß durch unterschiedliche Anschauungen über die politisch-ästhetische Beurteilung des 3. Reiches.

SPECHT, Gustav (Riga 1885 – Konstanz 1956) Schriftsteller, „Junger Balte"; der intensive und lebhafte Austausch zwischen Vegesack und Specht bricht nach dem 2. Weltkrieg ab.

STANISLAWSKIJ, Konstantin S. (1863–1938) Russ. Theaterleiter

TAUBE, Otto von (Reval 1879 – Gauting 1973) Schriftsteller.

THIESS, Frank (1890–1977) Schriftsteller. Die Bekanntschaft war in den dreißiger Jahren vermutlich in der berühmten Berliner Pension Schmolcke zustandegekommen.

UNOLD, Max (1885–1964) Maler, Grafiker; die Freundschaft datierte bereits aus den Münchener Jahren; Unold war häufig zu Gast bei Vegesack.

WIEN, Werner: Lektor des Schünemann-Verlages.

WOLFRADT, Willi (*1892) Schriftsteller, Verlagslektor; die Freundschaft hat bereits in den zwanziger Jahren bestanden; von New York aus, wo Wolfradt im Exil war, wurde sie mit Care-Paketen wiederbelebt.

WOLFURTH, Kurt (1880–1957) Musikwissenschaftler, Komponist und langjähriger Freund Vegesacks.

Verzeichnis der Briefe

34	Der Waldler	ca. Jan. 1931	IL
35	Der Waldler	Jan. 1931	IL
36	Clara Nordström	27. Juli 1932	IL
37	Frank Thiess	8. Okt. 1932	SM
38	Hermann Hesse	10. Okt. 1932	SL
39	Clara Nordström	16. Okt. 1932	IL
40	Hermann Hesse	15. Nov. 1932	SL
41	Tröger/Bayerwaldbote	17. März 1933	IL
42	Otto von Taube	8. April 1934	StM
43	d. Tochter Isabel	2. Mai 1934	IL
44	Konrad Guenther	1. Jan. 1935	FrB
45	Universitas Verlag	18. Febr. 1935	FH
46	Universitas Verlag	9. März 1935	FH
47	Alfred Kubin	13. Mai 1935	Len
48	Thomas Mann	6. Juni 1935	ETH
49	d. Tochter Isabel	18. Juni 1935	IL
50	Marcel Beaufils	3. Juli 1935	FH
51	d. Tochter Isabel	30. Nov. 1935	IL
52	Universitas-Verlag	1. Apr. 1936	FH
53	Hermann Hesse	17. Apr. 1936	SL
54	d. Tochter Isabel	29. Sept. 1936	IL
55	d. Tochter Isabel	26. Nov. 1936	IL
56	d. Tochter Isabel	7. Jan. 1937	IL
57	d. Tochter Isabel	29. Jan. 1937	IL
58	d. Tochter Isabel (Fr.)	21. Apr. 1937	IL
59	d. Tochter Isabel	6. Juni 1937	IL
60	d. Tochter Isabel	3. Aug. 1937	IL
61	d. Tochter Isabel	27. Aug. 1937	IL
62	d. Tochter Isabel	12. Dez. 1937	IL
63	Otto von Taube	31. Jan. 1938	StM
64	„Wille zum Reich"	24. Juli 1938	FH
65	Monty Jacobs	7. Dez. 1938	FH
66	Arend von der Pahlen	8. Apr. 1939	FH
67	Verlag Schünemann	20. Apr. 1939	FH
68	Verlag Schünemann	25. Apr. 1939	FH

69	Rigasche Rundschau	29. Juli 1939	BSt
70	Rigasche Rundschau	4. Aug. 1939	BSt
71	Otto von Taube	15. Okt. 1939	StM
72	Alfred Kubin	28. Dez. 1939	Len
73	Gabriele Ebermayer (Jella)	15. Febr. 1940	BSt
74	Verlag Schünemann	15. Febr. 1940	FH
75	Alfred Kubin	1. März 1940	Len
76	Verlag Schünemann	23. März 1940	FH
77	Verlag Schünemann	31. Jan. 1941	BSt
78	Alfred Kubin	9. Apr. 1941	Len
79	Verlag Schünemann	12. Apr. 1941	FH
80	Verlag Schünemann	17. Mai 1941	FH
81	Jella von Vegesack	3. Aug. 1941	BSt
82	Jella	6. Aug. 1941	BSt
83	Jella	8. Aug. 1941	BSt
84	Jella	18. Aug. 1941	BSt
85	Jella	28. Dez. 1941	BSt
86	Jella	12. Jan. 1942	BSt
87	Jella	7. Juni 1942	BSt
88	Jella	26. Juni 1942	BSt
89	Jella	(September 42)	BSt
90	Jella	30. Sept. 1942	BSt
91	Jella	12. Febr. 1943	BSt
92	Jella	3. März 1943	BSt
93	Jella	19. Mai 1943	BSt
94	Alfred Kubin	1. März 1945	Len
95	d. Tochter Isabel	15. Juni 1945	IL
96	Port-Verlag	1. März 1946	Port
97	Port-Verlag	17. Apr. 1946	Port
98	Port-Verlag	19. Juni 1946	Port
99	Clara Nordström	9. Nov. 1946	BSt
100	Alfred Kubin	31. März 1947	Len
101	Otto von Taube	11. Juli 1947	StM

102	Jakob Job	17. Juli 1947	BSt
103	Otto von Taube	29. Jan. 1948	StM
104	Staats-Herold-Corp.	18. Apr. 1948	FH
105	Keppler-Verlag	15. Mai 1948	FH
106	„Die Zeit"	12. Sept. 1948	BSt
107	Werner Richter	30. Dez. 1948	MAR
108	Werner Richter	13. Apr. 1949	MAR
109	Otto von Taube	2. Juli 1949	StM
110	Philipp Schweinfurth	19. Juli 1949	FH
111	Hermann Hesse	31. Okt. 1949	SL
112	Fritz Bondy	13. Nov. 1949	FH
113	Werner Richter	29. Dez. 1949	MAR
114	Frank Thiess	14. Febr. 1950	SM
115	Werner Illing	23. Mai 1950	BSt
116	Landratsamt Regen	20. Sept. 1950	FH
117	Alfred Kubin	25. Dez. 1950	Len
118	Werner Richter	7. Jan. 1951	MAR
119	Clara Nordström	30. Apr. 1952	BSt
120	Verlag Langen-Müller	24. Mai 1952	FH
121	Bund Naturschutz	13. Juli 1952	FH
122	Jakob Job	16. Nov. 1952	BSt
123	Wunderlich-Verlag	19. Nov. 1952	Ho
124	Alfred Kubin	26. Jan. 1953	Len
125	Thomas Mann	15. Apr. 1953	FH
126	Wunderlich-Verlag	17. Mai 1953	Ho
127	Hermann Hesse	3. Juni 1953	SL
128	Joachim Günther	19. Okt. 1953	MAR
129	Süddeutscher Rundf.	6. Nov. 1953	SDR
130	Joachim Günther	1. April 1954	MAR
131	Paul Rohrbach	9. Mai 1954	Ro
132	Wunderlich-Verlag	10. Juni 1954	Ho
133	Paul von Behr	Sommer 1954 (?)	BSt
134	Joachim Günther	11. Juni 1954	MAR
135	Joachim Günther	26. Juli 1954	MAR
136	Wunderlich-Verlag	4. Aug. 1954	Ho

137	Erich Müller-Kamp	24. Okt. 1954	MAR
138	Erich Müller-Kamp	3. Nov. 1954	MAR
139	Alfons von Czibulka	16. Dez. 1954	StM
140	Wunderlich-Verlag	18. Dez. 1954	Ho
141	Gustav Specht	31. Dez. 1954	FH
142	Styria-Verlag	17. Mai 1955	FH
143	Thomas Mann (Telegr.)	4. Juni 1955	ETH
144	Thomas Mann	13. Juni 1955	ETH
145	„Die Zeit"	18. Juni 1955	BSt
146	Clara Nordström	16. Nov. 1955	BSt
147	Gustav Specht	23. Dez. 1955	FH
148	Erich Müller-Kamp	22. Febr. 1956	MAR
149	Marie-Madeleine v. C.	11. Juni 1956	FH
150	Hermann Pörzgen	9. Dez. 1956	FH
151	Adolf Grimme	16. Dez. 1956	Geh
152	Hermann Kasack	16. Dez. 1956	BSt
153	Reclam-Verlag	10. Juni 1957	FH
154	Joachim Günther	30. Juni 1957	MAR
155	Alfred Kubin	31. Okt. 1957	Len
156	Clara Nordström	12. Nov. 1957	Len
157	Werner Illing	15. Dez. 1957	BSt
158	Jochen Bartsch	3. Febr. 1958	Bar
159	Werner Illing	24. Apr. 1958	BSt
160	Jakob Job	27. Mai 1958	BSt
161	K. F. Borée	1. Juni 1958	MAR
162	A. u. J. Grimme	28. Nov. 1958	Geh
163	Werner Illing	31. Mai 1959	BSt
164	Salzer-Verlag	30. Juli 1959	Sal
165	Jakob Job	8. Aug. 1959	BSt
166	Adolf Grimme	11. Aug. 1959	Geh
167	Jakob Job	13. Sept. 1959	BSt
168	Jella v. V.	16. Nov. 1959	BSt
169	Jella v. V.	22. Nov. 1959	BSt
170	Jella v. V.	10. Dez. 1959	BSt

171	d. Familie	27. Dez. 1959	BSt
172	Jella v. V.	21. Jan. 1960	BSt
173	Jella v. V.	2. Febr. 1960	BSt
174	Jella v. V.	4. Febr. 1960	BSt
175	Werner Illing	10. Febr. 1960	BSt
176	Langen-Müller-Verlag	23. Febr. 1960	LM
177	Manfred u. Adda v. V.	26. März 1960	FH
178	Adda v. V.	8. April 1960	FH
179	Werner Illing	6. Juni 1960	BSt
180	Werner Illing	2. Aug. 1960	BSt
181	„Nena"	16. Aug. 1960	Bau
182	Otto von Taube	27. Okt. 1960	StM
183	Otto von Taube	29. Okt. 1960	StM
184	Adolf Grimme	31. Okt. 1960	Geh
185	Alfons von Czibulka	21. Dez. 1960	FH
186	Otto Flake	4. Jan. 1961	FH
187	Salzer-Verlag	4. Jan. 1961	Sal
188	Langen-Müller-Verlag	16. März 1961	LM
189	„Nena"	28. Mai 1961	BSt
190	Clara Nordström	15. Aug. 1961	BSt
191	Hermann Hesse	20. Okt. 1961	SL
192	A. u. J. Grimme	20. Okt. 1961	Geh
193	Jakob Job	14. Dez. 1961	BSt
194	Südwestfunk	18. Jan. 1962	SWF
195	Oda Schaefer	8. Juni 1962	StM
196	Werner Illing	23. Aug. 1962	BSt
197	Salzer-Verlag	3. Nov. 1962	Sal
198	Werner Richter	10. Febr. 1963	MAR
199	A. u. J. Grimme	14. Febr. 1963	Geh
200	Franz Baumer	25. Febr. 1963	Bau
201	Hans Bleibrunner	10. Apr. 1963	BSt
202	Werner Illing	22. Juli 1963	BSt
203	Adolf Grimme	28. Juli 1963	Geh
204	Westdt. Rundfunk	18. Aug. 1963	WDR
205	Langewiesche-Brandt-Verlag	1. Febr. 1964	Lan

206	Verlag Langen-Müller	11. Febr. 1964	LM
207	Ingeborg Britting	2. Mai 1964	IB
208	Süddeutschen Verlag	14. Mai 1964	FH
209	Landratsamt Regen	18. Mai 1964	FH
210	Charlotte Bergengruen	8. Sept. 1964	CB
211	Norddt. Rundfunk	28. Sept. 1964	BSt
212	Wilhelm Lehmann	6. Nov. 1964	MAR
213	Bayerische Rundfunk	17. Nov. 1964	BR
214	Werner Illing	29. Jan. 1965	BSt
215	Oda Schaefer	4. Febr. 1965	StM
216	Langen-Müller-Verlag	24. Mai 1965	LM
217	Oda Schaefer	8. Aug. 1965	StM
218	„Nena"	6. Okt. 1965	Bau
219	Otto von Taube	21. Okt. 1965	StM
220	Oda Schaefer	24. Okt. 1965	StM
221	Jakob Job	14. Febr. 1966	BSt
222	Norddt. Rundfunk	21. Apr. 1966	BSt
223	Verlag Langen-Müller	22. Apr. 1966	LM
224	„Nena" (Fr.)	2. Juni 1966	Bau
225	Verlag Langen-Müller	7. Juli 1966	LM
226	Hans Bleibrunner	23. Okt. 1966	BSt
227	Bayer. Rundfunk	27. Okt. 1966	FH
228	Salzer-Verlag	6. Nov. 1966	Sal
229	Salzer-Verlag	1. Dez. 1966	Sal
230	Salzer-Verlag	10. Dez. 1967	Sal
231	Werner Illing	1. Mai 1967	BSt
232	Franz Baumer	17. Mai 1967	Bau
233	„Nena" (Fr.)	4. Sept. 1967	Bau
234	„Nena" (Fr.)	ca. 17. Okt. 1967	Bau
235	„Nena"	7. Nov. 1967	BSt
236	Norddt. Rundfunk	5. Febr. 1968	NDR
237	„Nena"	11. Febr. 1968	BSt
238	Rich. Coudenhove-Kalergi	16. Juli 1968	BSt
239	Werner Illing	3. Okt. 1968	BSt
240	„Die Zeit"	5. Dez. 1968	BSt

241	Hans Keim	1. Juli 1969	FH
242	Werner Illing	20. Jan. 1970	BSt
243	Paul Elbogen	20. Febr. 1970	BSt
244	Jakob Job	5. Okt. 1970	BSt
245	Claus von Aderkas	2. Febr. 1971	IL
246	Werner Illing	8. Febr. 1971	BSt

Die Abkürzungen beziehen sich auf die Personen und Einrichtungen, die die Briefe freundlicherweise zur Verfügung gestellt haben:

Bar: Jochen Bartsch, Gauting
Bau: Dr. Franz Baumer, München
BSt: Bayerische Staatsbibliothek, München
ETH: Thomas-Mann-Archiv der Eidgenössischen Technischen Hochschule Zürich
FH: Literaturarchiv im Fressenden Haus, Weißenstein b. Regen
FrB: Universitätsbibliothek Freiburg im Breisgau
Geh: Geheimes Staatsarchiv Preussischer Kulturbesitz, Berlin
Ho: Archiv der Verlagsgruppe Holtzbrinck
IL: Isabel Lundèn
Len: Alfred-Kubin-Archiv in der Städtischen Galerie im Lenbachhaus, München
LM: Archiv des Verlages Langen-Müller, München
MAR: Deutsches Literaturarchiv, Marbach
NDR: Norddeutscher Rundfunk
Port: Anneliese Port, Urach
Sal: Salzer-Verlag, Heilbronn
SL: Hermann-Hesse-Archiv in der Schweizer Landesbibliothek, Bern
SM Sigrid Mielke, Darmstadt
StM: Städtische Bibliotheken, München
WDR: Westdeutscher Rundfunk